HISTORISCHER
ATLAS
DEUTSCHLAND

MANFRED SCHEUCH

HISTORISCHER ATLAS DEUTSCHLAND

*Vom Frankenreich zur Wiedervereinigung
in Karten, Bildern und Texten*

Mit 107 Karten
und 266 Abbildungen,
davon 177 in Farbe

VERLAG CHRISTIAN BRANDSTÄTTER · WIEN – MÜNCHEN

Inhalt

Vorwort 6

DEUTSCHE GESCHICHTE IM ÜBERBLICK 7

Germanien und Rom 8
Die Völkerwanderung 10
Das Merowingerreich 13
Das Reich Karls des Großen 15
Karolingische Reichsteilungen 18
Die Ostsiedlung im Südosten 20
Die Ostsiedlung im Nordosten 22
Die Sachsenkaiser 24
Die Salier 27
Das Stauferreich 30
Der Deutsche Ritterorden 33
Die Hanse 35
Die Zeit der Wahlkönige 37
Die Luxemburger 39
Juden – geschützt und verfolgt 42
Der Aufstieg des Hauses Österreich 44
Das Burgundische Erbe 47
Maximilians Kreiseinteilung 49
Reformation und Gegenreformation 51
Die Bauernkriege 54
Der Dreißigjährige Krieg 56
Der Westfälische Friede und die Folgen 59
Die Türkenkriege 61
Kampf um die Westgrenze 63
Der Spanische Erbfolgekrieg 65
Der Österreichische Erbfolgekrieg 67
Der Siebenjährige Krieg 69
Kriege gegen die Revolution 72
Der Reichsdeputationshauptschluß 74
Das Ende des Reichs 76
Das Ringen mit Napoleon 78
Der Wiener Kongreß 81
Die gescheiterte Revolution 84
Deutscher Bruderkrieg 87
Das Zweite Reich 89
Deutschlands Kolonien 92
Der Erste Weltkrieg 94
Der Vertrag von Versailles 97

Die Weimarer Republik 100
Hitlers Aufstieg 103
Das Großdeutsche Reich 105
Gaueinteilung der NSDAP 108
Der Zweite Weltkrieg 110
Konzentrationslager und Holocaust 115
Potsdamer Beschlüsse und Vertreibung 117
Die Besatzungszonen 120
Das geteilte Berlin 123
Die Bundesrepublik 126
Die DDR 129
Die Wiedervereinigung 132
Der Weg nach Europa 135

AUS DER GESCHICHTE DER LÄNDER 137

Baden-Württemberg

Stammesherzogtum Schwaben 138
Württemberg 140
Baden 143
Vorderösterreich und Hohenzollern 145

Bayern

Stammesherzogtum Baiern 147
Teilungen und Vereinigungen 149
Kaiserfreunde und Reichsfeinde 151
Von Napoleon zur Räterepublik 154
Ansbach und Bayreuth 156
Die großen Bistümer 157
Die großen Reichsstädte 159

Berlin

Vom Fischerdorf zur Hauptstadt 161

Brandenburg

Vom Slawenland zur Kurmark 163
Preußens Aufstieg und Fall 165

Bremen

Hansestadt und Erzbistum 167

Inhalt

Hamburg
Deutschlands Tor zur Welt 169

Hessen
Stammesherzogtum Franken 171
Darmstadt und Kassel 172
Nassau und Waldeck 175
Reichsstadt Frankfurt 177

Mecklenburg-Vorpommern
Mecklenburg 179
Pommern 181

Niedersachsen
Stammesherzogtum Sachsen 182
Hannover und Braunschweig 184
Oldenburg, Schaumburg-Lippe, Ostfriesland 186

Nordrhein-Westfalen
Erzstift Köln 188
Westfalen und Lippe 190
Jülich, Berg und Kleve 191
Rheinland-Besetzung 193

Rheinland-Pfalz
Erzstifte Trier und Mainz 195
Kurpfalz 198

Saarland
Zweimal separiert 200

Sachsen
Von der Mark zum Königreich 202

Sachsen-Anhalt
Erzstift Magdeburg 205
Anhalt und Mansfeld 207

Schleswig-Holstein
„Up ewig ungedelt" 209
Zwischen Dänemark und Deutschland 211

Thüringen
Die Landgrafschaft 213
Die sächsischen Herzogtümer 215

FRÜHERE LÄNDER DES REICHES 217

Österreich
Von der Mark zum Herzogtum 218
Die habsburgische Großmacht 220
Tirol 223
Kärnten 225
Erzstift Salzburg 227

Elsaß
Drang zum Rhein 229

Lothringen
Ein Land „zwischen zweien" 231

Schweiz
Die Eidgenossenschaft 233

Savoyen
Vorposten in den Westalpen 236

Niederlande
Hollands Freiheitskampf 238

Belgien und Luxemburg
Die österreichischen Niederlande 240

Schlesien
Zwischen Österreich und Preußen 242

Böhmen und Mähren
Zwischen Symbiose und Trennung 244

ANHANG 247
Deutsche Herrscher, Präsidenten, Kanzler 248
Personenregister, Landesfürsten 250
Literatur, Bildnachweis 254

Vorwort

Deutschland war, die zwölf Jahre der Hitlerdiktatur ausgenommen, nie ein zentralistischer Einheitsstaat. Die frühen Könige und Kaiser, selbst Repräsentanten von Stammesherzogtümern, mußten ihre Reichspolitik gegen Partikulargewalten durchsetzen, deren Eigenleben auch familiäre Bindungen bedeutungslos machte. Dem imperialen Anspruch eines sakralen Kaisertums widersetzte sich das Papsttum mit Hilfe der zentrifugalen Kräfte im Reich; um dagegen zu bestehen, mußten die Kaiser ihrerseits Macht an die Fürsten abtreten. Die so eingeleitete Aufsplitterung in eine Unzahl von Herrschaftsgebieten verfestigte sich durch die Reformation und machte Deutschland zum bevorzugten Kriegsschauplatz europäischer Mächte. Der Westfälische Friede ließ Zeitgenossen das Reich als einen „einem Monstrum ähnlichen Staatskörper" (Pufendorf) empfinden, ein Gebilde, das aus einer Unzahl von Souveränitäten bestand, deren Herren durchaus auf ihre Eigenständigkeit und ihren persönlichen Vorteil bedacht waren. In den Händen der Träger der Kaiserkrone des weit über die Reichsgrenzen hinausgewachsenen Hauses Österreich wurden Reichs- und dynastische Politik unentwirrbar. Die Herausforderung durch die aufblühende zweite Partikularmacht Preußen mußte so notwendig eine gegen Kaiser und Reich gerichtete sein. Der Einbruch der Revolution und Napoleons schuf jene neue Ordnung deutscher Staaten, die dann vom Deutschen Bund übernommen wurde und, nach endgültiger Ausbootung Österreichs, im „Zweiten Reich" als ein Fürstenbund unter preußischer Dominanz ihre Fortsetzung fand; nach Absetzung der adeligen Häupter wurde sie in den Ländern der Weimarer Republik weitergeführt. Daß Deutschland nach der Diktatur zu einer Bundesrepublik zurückfand, lag also durchaus im Trend seiner mehr als tausendjährigen Geschichte.

Diese geraffte Sicht eines Hauptstroms der deutschen Geschichte wurde hier vorangestellt, weil sie zum Grundgedanken dieses Buches überleitet: Die deutsche politische Geschichte soll, soweit sich ihr Verlauf in Karten darstellbar zeigt, als Kontinuum des ständigen Ineinandergreifens von „nationalen" und partikularen Entwicklungen aufgezeigt werden. Daher wurde nicht nur der Ablauf der Reichsgeschichte mit dem Blick auf die historischen Grenzveränderungen betrachtet, sondern gleichgewichtig ein historischer Atlas der einzelnen Territorien erstellt. Das ermöglicht einen Überblick über die verschlungenen Pfade der Entwicklung, die zu den heutigen Bundesländern führte; darüber hinaus wurden die wichtigsten jener Gebiete berücksichtigt, die sich nur vorübergehend im Verband des Reiches befanden.

Es hätte den Rahmen dieses Buches gesprengt, wäre neben der politischen und dynastischen Geschichte auch der Kultur-, Sozial- und Wirtschaftsgeschichte breiter Raum eingeräumt worden. Die Konzeption des Buches als eine Reichs- und Ländergeschichte hat in einzelnen Kapiteln Überschneidungen zur Folge, was durchaus beabsichtigt ist – so bietet jeder Abschnitt eine in sich geschlossene Information.

Länger als alle anderen Nationen in Europa hat sich die deutsche aus einer Vielzahl von Souveränitäten zusammengesetzt. Es wäre einseitig, dies ausschließlich – wie so lange geschehen – als Benachteiligung gegenüber Entwicklungen anderswo zu betrachten. Die Einheit in der Vielfalt, wie sie gerade das alte Reich durch lange Perioden seiner Geschichte darstellte, hatte durchaus auch ihre guten Seiten; der übersteigerte Nachholbedarf einer verspäteten nationalen Einigung hingegen brachte nur Unheil über das Volk und die Welt. In einer neuen, nach all dem Hader endlich europäischen Phase unserer Geschichte bleibt die Erhaltung der Vielfalt in der Einheit eine Voraussetzung für deren Akzeptanz. Zu wissen, woher wir kommen, möge uns den Blick für den richtigen Weg in die Zukunft schärfen.

Wien, im Sommer 1997   Manfred Scheuch

DEUTSCHE GESCHICHTE IM ÜBERBLICK

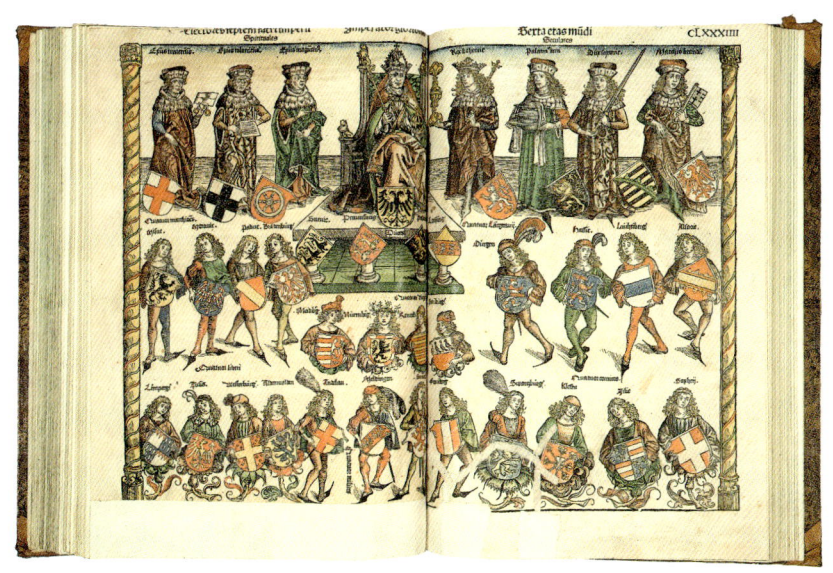

Germanien und Rom

Keineswegs als ein Volk fühlten sich die germanischen Stämme, die im Laufe des letzten vorchristlichen Jahrhunderts in langen Etappen vom Norden her im heutigen Deutschland vorrückten. Erst im Kampf gegen die Römer verschmolzen die Stämme allmählich zu Völkern – von einem „deutschen Volk" war freilich noch viele Jahrhunderte keine Rede.

Etwa um 500 vor Christi Geburt überschritten Kriegerscharen den Niederrhein und erschreckten die dort lebenden Kelten mit wilden Schlachtrufen. Die Überfallenen gaben ihnen mit einem keltischen Wort für „Geschrei" den Namen: Germanen. Das ist einer der Deutungsversuche für den Sammelnamen jener Völkerschaften (den sie selbst jedoch nie verwendet haben). Eine friedlichere Interpretation sucht die Ableitung bei einem anderen keltischen Wort, das für „Grenznachbarn" stehen könnte.

Es ist nichts außergewöhnliches, daß ein Volk von anderen nach einem Teilstamm bezeichnet wird; man denke nur an die französische Bezeichnung für die Deutschen, die den Stammesnamen der Alemannen auf das ganze Volk ausweitet. Auch die Germanen benannten ihre keltischen Nachbarn nach einem Einzelstamm, den Volken – davon leitet sich die deutsche Bezeichnung Walchen, Welsche für keltisch-romanische Völker ab.

Jener letztlich für die gesamte Sprachgruppe namengebende Stamm, der sich am linken Rheinufer festsetzte, nannte sich Tungrer (im belgischen Ort Tongern ist das Wort erhalten geblieben). Bei seinen Feldzügen in Gallien übernahm Cäsar diese Bezeichnung und führte so die Germanen in die Literatur ein. Doch blieb der Name als Sammelbegriff auf die antiken Autoren beschränkt; die Völker und Stämme, die damit bezeichnet wurden, zeigten kein Bewußtsein eines politischen Zusammenhangs. Was sie von den Nachbarn abhob, waren die gemeinsame Sprache und mehr oder weniger einheitliche religiöse Vorstellungen. Für die Römer waren „Germanen" lediglich die Bewohner der Landstriche zwischen Rhein und Elbe, nicht aber die Skandinavier.

Wie der Name der Germanen liegt auch ihre Entstehung im dunkeln. Die gängigste, aus der Archäologie abgeleitete Theorie ist die, daß sie aus der Verschmelzung der Ureinwohner Südschwedens, Dänemarks sowie Ostniedersachsens – Träger der „Trichterbecherkultur" und Errichter der mit riesigen Steinen markierten „Hünengräber" – mit einwandernden „Streitaxtleuten" entstanden sind. Diese kamen im Zuge der großen indogermanischen Wanderungen in das Gebiet. Ihre Sprache setzte sich allmählich durch und hob sich dabei von den anderen mit ihr verwandten Sprachen ab. Von ihrer nördlichen Urheimat drängten die Germanenstämme südwärts. Um die Mitte des letzten vorchristlichen Jahrtausends hielten sie die Tiefebene bis zu den Mittelgebirgen, gleichzeitig hatten sie von Skandinavien her die Ostsee überquert und siedelten zwischen unterer Oder und Weichsel. Zwei dieser Völker wurden bereits gegen Ende des zweiten vorchristlichen Jahrhunderts zum Schrecken der Römer: die Kimbern und Teutonen. Aus Jütland – möglicherweise durch eine Sturmflut – vertrieben, schlugen sie zwischen 113 und 105, auf der Suche nach Land, mehrere römische Heere, brachen dann in Italien ein und wurden 102/101 getrennt geschlagen und vernichtet.

Die germanische Landnahme setzte sich indes weiter fort. Bis zur Zeitenwende hatten westgermanische Völker auch den Mittel- und Oberrhein überquert und waren im Osten nach Böhmen (von den dem Land den Namen gebenden keltischen Bojern bewohnt) und bis an die Donau vorgedrungen. Im Elsaß kam es zum ersten Zusammenstoß zwischen Cäsar und dem Volk der Sweben, deren Anführer Ariovist die benachbarten gallischen Stämme unter seine Oberherrschaft zwingen wollte. Eben dies war auch die Absicht Cäsars, weshalb es unvermeidlich zum Konflikt kam. Im Jahr 58 v. Chr. wurde Ariovist von Cäsar im Elsaß über den Rhein zurückgeworfen.

Das Römische Reich machte Rhein und Donau zu seiner Grenze. Diesseits des Rheins wurden von Kaiser Augustus die Provinzen Germania inferior (Niedergermanien, Hauptort Colonia Agrippinensis/Köln) und Germania superior (Obergermanien, Hauptort Mogontiacum/Mainz) eingerichtet; die zweite reichte nach Südwesten weit über das germanische Siedlungsgebiet hinaus. Die Provinzen südlich der Donau, Rätien-Vindelizien, Noricum und Pannonien, waren zu jener Zeit noch vorwiegend von Kelten bewohnt. Nach einer Niederlage des römischen Statthalters Lollius durch die Sugambrer (an Lippe und Sieg) wollte Augustus die von ihm als große Gefahr erkannte Macht der Germanenvölker brechen. Zunächst traf die Sugambrer eine Strafaktion. Dann drangen Drusus und Tiberius, Stiefsöhne des Augustus, nach Unterwerfung der Alpenvölker in mehreren Feldzügen bis zur Elbe vor, so daß der Plan des Kaisers, ganz Germanien dem Reich einzuverleiben, in Erfüllung zu gehen schien. Im Jahr 9 n. Chr. jedoch fügte Armin (im 17. Jahrhundert fälschlich als „Hermann" eingedeutscht) aus dem Volk der Cherusker einem Römerheer unter Varus im Teutoburger Wald – über den genauen Schlachtort gibt es lediglich Theorien – eine vernichtende Niederlage zu. Obwohl Armin, in Streitigkeiten mit seinem Schwiegervater Segestes verwickelt, in den folgenden Jahren von dem römischen Feldherrn Germanicus (dem Sohn des Drusus) geschlagen und seine Gattin Thusnelda als Gefangene nach Rom gebracht wurde, blieb den Römern ein dauernder Erfolg in „Germania libera" oder „Germania magna" (freies bzw. großes Germanien) versagt. Lediglich zwischen Rhein und Donau wurde auf fast sechshundert Kilometer Länge ein mit mehr als hundert Kastellen bestückter Grenzwall, ein Limes, errichtet. Hinter dem Limes lagen die Agri decumates („Zehntlande"), die von Sweben bewohnt waren, aber auch römischen Veteranen zur Ansiedlung zur Verfügung gestellt wurden – ein Gebiet, das, ebenso wie das linksrheinische, römische Germanien, teilweise romanisiert wurde.

Kaiser Tiberius, der Germanicus von den nördlichen Schlachtfeldern abberief, dürfte der Verzicht auf die Eroberung Germaniens dadurch leichter gefallen sein, daß er auf innere Zwiste zwischen den germanischen Völkern bauen konnte: Neben seinen Feinden im

Das Hermannsdenkmal im Teutoburger Wald wurde im 19. Jahrhundert zur Erinnerung an den Sieg des Arminius errichtet.

113 v.-408 n. Chr.

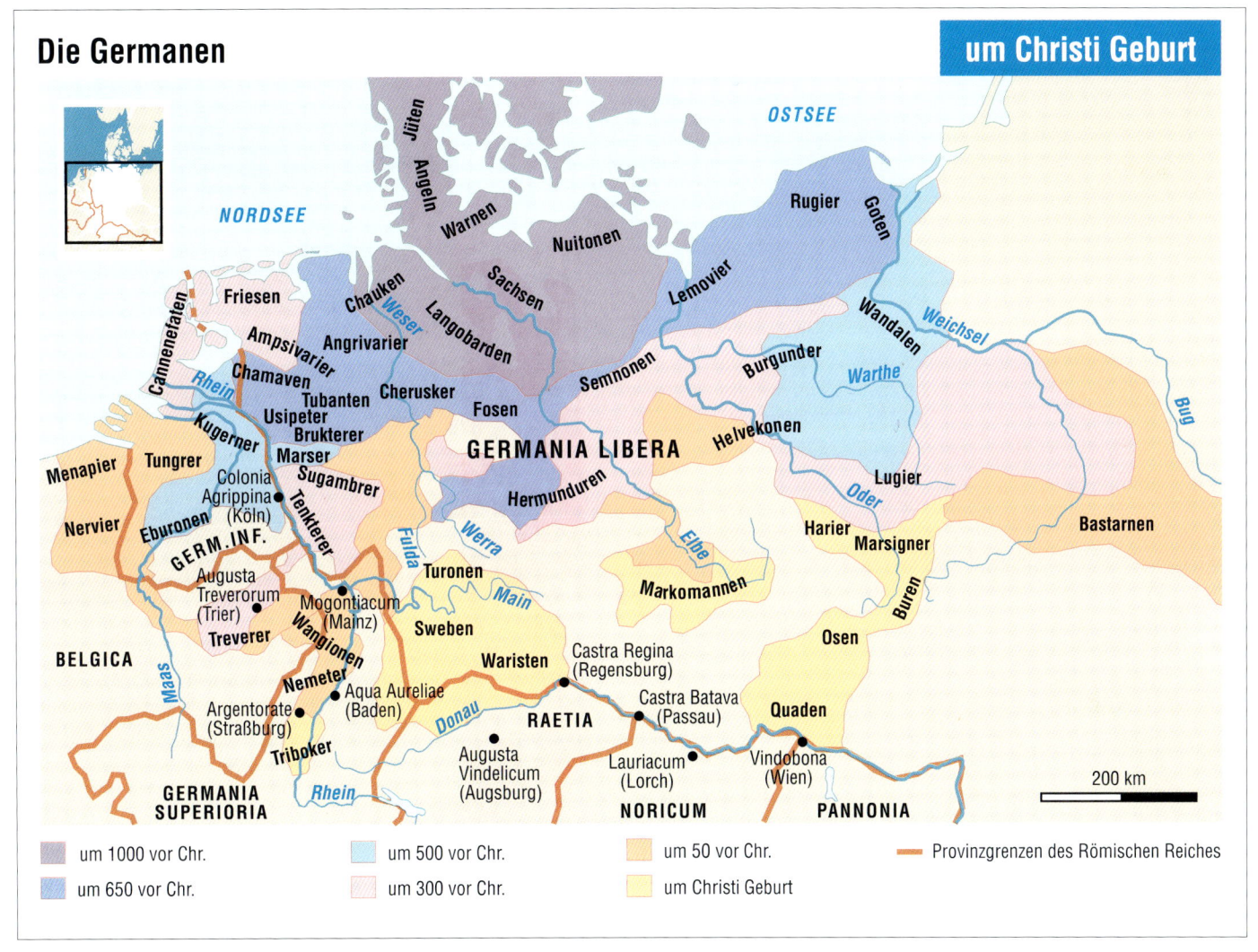

eigenen Stamm war Armin in dem Markomannenkönig Marbod ein gefährlicher Gegner erstanden. Bemerkenswerterweise waren beide, Armin wie Marbod, in jungen Jahren Offiziere im Dienst der Römer gewesen. Marbod hatte sein Volk nach Böhmen geführt. Er versuchte, eine Föderation zwischen Markomannen, Langobarden und Semnonen (an der Elbe zurückgebliebene Sweben) aufzubauen. Möglicherweise von römischen Agenten aufgestachelt, stellte er sich gegen den Römerfeind Armin. Um 17 n. Chr. kam es zwischen den beiden zum Krieg. Marbod wurde geschlagen und flüchtete nach Rom. Wenig später wurde Armin auf Betreiben eifersüchtiger Verwandter ermordet.

Die Römer waren bemüht, die in ihren Provinzen lebenden Germanen und die jenseits der Grenze seßhaften Stämme durch Einbeziehung als Bundesgenossen und Söldner zu befrieden; mitunter wurde ihnen auch Siedlungsland angewiesen. Eine Zeitlang funktionierte der Grundsatz „Divide et impera" (teile und herrsche), der selbst einzelne Stämme spaltete, vorzüglich. Dennoch kam es 69 n. Chr. zu einem Aufstand der Bataver an der Rheinmündung, dem sich, von der Seherin Veleda angefeuert, etliche andere Rheingermanenstämme anschlossen. Dann folgten relativ friedliche Zeiten, die bis in die Mitte des zweiten Jahrhunderts andauerten; sie wurden durch eine lange Periode harter Abwehrkämpfe der Römer an der Rhein- und Donaugrenze abgelöst. Die Chatten (Vorfahren der Hessen) versuchten ins Moselland vorzudringen, die Markomannen und Quaden bedrohten Noricum – ihre Scharen stießen bis in die Alpen vor, ehe Kaiser Marc Aurel sie zurückschlagen konnte –, und die Alemannen berannten den Limes, bis dieser, 258, endgültig aufgegeben werden mußte. Fortan waren die Alemannen eine ständige Gefahr für die Provinzen des Römischen Reichs; auch ihre 357 bei Straßburg erlittene, schwere Niederlage gegenüber Kaiser Julian dem Abtrünnigen brachte nur eine Atempause. Die trotz aller Abwehrmaßnahmen und Vergeltungsschläge ständig wachsende Stoßkraft der Stämme Germaniens und deren neu auftauchende Namen deuten darauf hin, daß die Verschmelzung der einzelnen kleineren Stämme zu größeren Einheiten, die Ethnogenese neuer Völker, voll im Gange war. Auch bei den Ostgermanen zeigte sich diese Entwicklung. Das stärkste ostgermanische Volk, die Goten, waren von der Weichsel an das Schwarze Meer abgewandert. Zusammen mit Herulern, Rugiern, Wandalen, Gepiden und anderen Völkern sorgten sie an der römischen Grenze an mittlerer und unterer Donau für Unruhe. Gleichzeitig stiegen Männer germanischer Abstammung zu höchsten Positionen im Römischen Reich auf. Flavius Magnentius, Sohn eines fränkischen Kriegsgefangenen, saß von 350 bis 353 auf dem Kaiserthron, der Wandale Stilicho wehrte als Reichsverweser wiederholt in Italien einfallende Germanenscharen ab, ehe er 408 durch römische Intriganten umgebracht wurde. Zwei Jahre später stand denn auch schon der Westgotenkönig Alarich in der Ewigen Stadt.

Die Völkerwanderung

Die Völkerwanderung führte zur Bildung germanischer Reiche in vielen Teilen Europas, aber nur die der Franken und der Angelsachsen waren von Dauer. Die zahlreichen kleinen germanischen Gemeinschaften auf dem Boden des späteren Deutschland wuchsen zu großen Stammesvölkern zusammen.

Der Einbruch der Hunnen in ukrainische Steppengebiete im Jahr 375 n. Chr. gilt als Anstoß zur Völkerwanderung. Doch waren die germanischen Völker schon in den Jahrhunderten davor in Bewegung geraten. Große Geburtenüberschüsse, die bei der noch sehr extensiven Bodenbearbeitung zu Ernährungskrisen führten, haben dazu ebenso beigetragen wie kriegerische Unternehmungen, bei denen es zunächst vor allem um das Beutemachen in wohlhabenderen Gebieten ging; dies war besonders dort der Fall, wo germanische Gebiete an das Römische Reich angrenzten. So brachen aus dem westgermanischen Raum schon im 3. Jahrhundert immer wieder Stammesgruppen in die römischen Provinzen ein; teils wurden sie vernichtet oder zurückgetrieben, teils wurden sie von Rom als „foederati" in Sold genommen und angesiedelt. Der Krieg war hier wohl auch der Vater einer „prädeutschen" Stammesbildung: die Kleingruppen wuchsen allmählich zu den Völkern der Franken, Sachsen, Thüringer und Alemannen zusammen; von den Bajuwaren, den Baiern, nimmt man hingegen an, daß die Volkwerdung erst auf dem Boden des neugewonnenen Siedlungsraums im Alpenvorland vor sich ging.

Sprachliche und namensgeschichtliche Forschungen weisen darauf hin, daß eine Verbindung der ostgermanischen Stämme jenseits der Oder zu Skandinavien bestand, ja daß diese erst aus dem nordgermanischen Raum (ein antiker Schriftsteller nannte ihn „vagina nationum", Völkergebärmutter) an die südliche Ostseeküste vordrangen oder die Stämme dort von nordgermanischen Kriegergruppen überlagert wurden. Schon im ersten nachchristlichen Jahrhundert stießen die Bastarnen in das Schwarzmeergebiet vor. Das bedeutendste Volk in diesem weiten östlichen Raum aber waren die Goten. Aus Südschweden abgewandert, siedelten sie zunächst an der unteren Weichsel und wanderten dann, um 200 n. Chr., an das Schwarze Meer; dort verdrängten sie die Bastarnen, die im Römischen Reich Aufnahme fanden. Diesseits des Dnjestr wohnten die Westgoten, jenseits, weit über den Dnjepr hinaus und auf der Halbinsel Krim, die Ostgoten.

Im 4. Jahrhundert nahmen die Goten den christlichen Glauben in der Form des Arianismus an. Der Priester Arius in Alexandria hatte den damals vor allem in den östlichen Gebieten des Römischen Reichs entbrannten Streit um die Dreifaltigkeit in der Weise zu lösen versucht, daß er Jesus als Geschöpf Gottes deutete, ihm also eine menschliche Natur zusprach. Sein Schüler Wulfila, Sohn einer Kriegsgefangenen, übersetzte die Bibel ins Gotische (als Codex Argenteus in Uppsala teilweise erhalten) und missionierte die Goten, andere ostgermanische Völker wurden in der Folgezeit ebenfalls Arianer. Auch wenn der Arianismus bereits im 4. Jahrhundert auf Konzilien zur Irrlehre erklärt worden war, hielt er sich teilweise noch bis ins 7. Jahrhundert hinein.

Im 5. Jahrhundert setzten Sachsen, Angeln und Jüten in mehreren Wellen nach Britannien über. Leben und Wunder des Hl. Edmund, um 1124/30; New York, The Pierpont Morgan Library

Das Mausoleum des Ostgotenkönigs Theoderich des Großen bei Ravenna, errichtet im Jahr 526.

375-534

Als die Hunnen, ein asiatisches Reitervolk, in das Ostgotenreich einbrachen, beging dessen König Ermanarich Selbstmord. Die Ostgoten wurden, wie die ihnen nahe verwandten Gepiden, Vasallen der Hunnen. Die Westgoten zwischen Donau und Dnjestr waren schon zuvor in teils friedlichen, teils kriegerischen Beziehungen zum Römischen Reich gestanden, nun übersetzten ihre Scharen die Donau, schlugen Kaiser Valens bei Adrianopel und wurden als „Foederati" im heutigen Bulgarien angesiedelt. Dann aber empörten sie sich gegen die römische Oberherrschaft, zogen unter ihrem König Alarich durch die Balkanhalbinsel und brachen schließlich in Italien ein; 410 plünderten sie Rom. Nach Alarichs Tod wandten sie sich nach Gallien, wo sie ein Reich gründeten; zur Zeit seiner größten Ausdehnung reichte es von der Loire bis Gibraltar. Im Jahr 506 mußten sie das Gebiet nördlich der Pyrenäen an die Franken abtreten, 711 versank das Westgotenreich unter dem Ansturm der Araber.

Die Hunnen mit ihren vorwiegend germanischen Hilfsvölkern wurden zu einer ständigen Bedrohung Ost- wie Westroms. Allerdings gelang es Rom, sie zeitweise als Bundesgenossen zu gewinnen. Mit ihrer Hilfe wurde den Burgundern – auch dieses Volk war aus Skandinavien gekommen und dann von der Weichsel an den Rhein gewandert – eine schwere Niederlage bereitet (436); dies bildet den historischen Hintergrund des Nibelungenliedes. Der römische Feldherr Aetius siedelte die Reste des Volkes in Savoyen an. Fünfzehn Jahre später mußte er sich auf den Katalaunischen Feldern selbst dem Heer des Hunnenkönigs Attila (westlich von Troyes) stellen; in der Schlacht, die die Hunnen zum Rückzug zwang, kämpften auch die Ost- gegen die Westgoten. Nach Attilas Tod zerfiel sein Reich rasch, die Ostgoten befreiten sich und wurden von Ostrom als Bundesgenossen anerkannt. In dessen Auftrag zogen sie nach Italien. Dort nämlich hatte das Römische Reich zu existieren aufgehört: Der römische Offizier Odoaker, ein Germane aus dem Stamm der Skiren, hatte 476 in einem Söldneraufstand den letzten Kaiser Romulus Augustulus für abgesetzt erklärt und sich zum König von Italien ausrufen lassen. Theoderich schlug Odoakers Truppen bei Ravenna (was in den Heldenlieder um Dietrich von Bern als „Rabenschlacht" bezeichnet wird) und ermordete den Feind bei Friedensgesprächen. Damit begann die Herrschaft der Ostgoten über Italien.

Germanische Reiche beim Tod Theoderichs des Großen — 526

Reich der Ostgoten | Mit Theoderich föderierte Völker | Reich der Westgoten
Reich der Franken | Reich der Vandalen | Thüringer | Angeln und Sachsen

Theoderich teilte zwar „seinen" Goten ein Drittel des Ackerbodens zu, suchte aber den Ausgleich mit den Bewohnern Italiens. Seine Herrschaft galt als milde und gerecht, auch war er bei den anderen Germanenvölkern als Schiedsrichter in Streitfällen geachtet und versuchte, Bajuwaren, Alemannen und Burgunder gegen das Vormachtstreben der Franken zu schützen. Nach seinem Tod (526), unter seiner Tochter Amalasuntha, geriet die ostgotische Macht rasch in Verfall, und Byzanz suchte wieder die Oberherrschaft über Italien zu erlangen. Trotz zähen Widerstandes der letzten Könige Witigis, Totila und Teja wurde das Ostgotenreich unterworfen. Doch konnte sich Ostrom nicht lange der Herrschaft über die Apenninenhalbinsel erfreuen. Denn die Langobarden, zunächst byzantinische Bundesgenossen, besetzten unter ihrem König Alboin bereits 568 die Lombardei und dehnten ihre Herrschaft in den folgenden Jahrzehnten über fast ganz Italien aus. Den Byzantinern blieb das sogenannte Exarchat um Ravenna, der Papst herrschte über den Kirchenstaat. Diese Teilung führte dazu, daß im Süden die selbständigen langobardischen Herzogtümer Spoleto und Benevent entstanden. Zum Unterschied vom Ostgotenreich war das langobardische Königreich auch nominell nicht mehr ein Teil Ostroms; Karl der Große hat es dann dem Frankenreich einverleibt.

Am weitesten nach Süden drangen die Wandalen vor. Sie dürften aus Dänemark gekommen sein und brachen um 400 von Schlesien nach Westen auf, wobei sie von swebischen Scharen und von den aus dem Iran abgewanderten Alanen begleitet wurden. Die Sweben setzten sich in Galicien fest, die

11

Die Völkerwanderung   375-534

gel aus Schleswig sowie Jüten und Friesen beteiligten sich an der Besiedlung der Insel. Es entstanden sieben Reiche: Essex, Sussex, Wessex, Eastanglia, Mercia, Northumbria und Kent. Nach ihrer Christianisierung wurden die Angelsachsen – nach den Iren – Träger der Missionierung der Germanen im Fränkischen Reich.

Die Völkerwanderung beendete die Periode der römischen Herrschaft im westlichen Europa. Sie trug zur Herausbildung der europäischen Ethnien bei, auch wenn das germanische Element in den meisten der von den Germanen gebildeten Reiche in der romanischen Bevölkerung aufging; ebenso beschleunigte sie die Entwicklung der deutschen Stämme. Von Dauer blieb die Staatsgründung der Franken und die der Angelsachsen – auch wenn das Frankenreich in zwei Teile zerfiel, die später Frankreich und Deutschland heißen sollten, und das Reich der Angelsachsen ab 1066 von den inzwischen französischsprachigen Normannen fortgeführt wurde.

Der Abzug großer Teile der germanischen Bevölkerung aus Osteuropa – auf der Krim lebten noch bis ins 16. Jahrhundert hinein Reste der Goten – hatte das Nachrücken der Slawen, zum Teil im Gefolge der Reitervölker der Awaren und der Bulgaren zur Folge. Ab dem 7. Jahrhundert war das östliche Mitteleuropa von slawischen Stämmen bewohnt – ihr Gebiet reichte von der Ostsee die Elbe und Saale entlang bis ins Maingebiet und erstreckte sich dann wieder diesseits des Böhmerwaldes bis zur Traun in Oberösterreich sowie über Steiermark und Kärnten bis Friaul und Istrien.

Wandalen wanderten von dem nach ihnen benannten Andalusien unter König Geiserich 428 nach Nordafrika aus, eroberten Karthago und gründeten hier ihr Reich. Rasch eigneten sie sich Seefahrerkünste an und beherrschten die nordafrikanische Küste und die Mittelmeerinseln; auch Rom wurde von ihnen geplündert. 534 wurde ihr Reich von den Byzantinern vernichtet.

Von kurzer Dauer waren die Reiche der Gepiden in Pannonien, der Heruler und der Rugier in Noricum. Die Reiche der Erstgenannten wurden von den Langobarden zerstört, die Rugier unterlagen Odoaker.

Um die Mitte des 5. Jahrhunderts begannen die Sachsen von der Elbmündung aus die Eroberung Britanniens; nachdem die römischen Truppen von dort abgezogen waren, wurden sie von den keltischen Provinzfürsten um Hilfe gegen die Einfälle der Pikten aus dem Norden gerufen, machten sich aber allmählich zu Herren des Landes. Auch die An-

Die Eiserne Krone der Langobarden wurde der Legende nach aus einem Nagel vom Kreuze Christi gefertigt. Wahrscheinlich 9. Jh.; Monza, Dom

Das Merowingerreich

481-751

Das Volk der Franken steht an den Anfängen zweier europäischer Staaten, die aus der Konkursmasse der Antike emporstiegen: Frankreichs und Deutschlands. Die Gründer dieses Reichs waren die Könige aus der Dynastie der Merowinger.

Der Name der Franken, der soviel wie „Freie" oder „Kühne" bedeutet, taucht zum ersten Mal im Jahre 258 n. Chr. auf. Auf welche Weise die von den römischen Geschichtsschreibern und Geographen erwähnten, in den Regionen um den Niederrhein heimischen Stämme der Chamaven, Amsivarier, Chattuarier, Sugambrer, Brukterer, Chatten und anderer zu einer größeren Einheit zusammengewachsen waren, bleibt im dunkeln. Die von den Römern gepflogene Vereinnahmung „barbarischer" Nachbarn als Bundesgenossen (foederati) und Söldner mag dazu beigetragen haben. Dazu stand keineswegs im Gegensatz, daß etwa der römische Kaiser Julianus am Rhein einen fränkischen Aufruhr niederschlagen mußte, ebensowenig, wie andrerseits beispielsweise der Franke Arbogast als römischer General im 4. Jahrhundert römische Kaiser absetzte und ernannte. Ein anderer Arbogast verwaltete im 5. Jahrhundert für die Römer Trier und das Moselland. Kaiser Julian hatte Franken auf römischem Reichsgebiet, in Toxandrien (Brabant) angesiedelt – sie sollten die Grenze gegen ihre Blutsverwandten am anderen Rheinufer verteidigen. Man zählte sie zu den Saliern, wie die Franken an der Rheinmündung genannt wurden; ihre Volksgenossen südlich davon, im Kölner Raum, erhielten den Namen Ripuarier (von lateinisch „ripa", Ufer des Rheins).

Um die Mitte des fünfen Jahrhunderts war die römische Herrschaft in Gallien in Auflösung begriffen. Der letzte römische Statthalter, Syagrius, beherrschte das Land faktisch als unabhängiger Fürst; die römische Vorherrschaft über die Franken war nur noch eine formelle. Der fränkische Kleinkönig Childerich I. aus dem Geschlecht der Merowinger, der sich zunächst als Bundesgenosse Roms verdient gemacht hatte, wandte die Waffen gegen Syagrius. Sein Sohn Chlodwig, der teils als Erbe, teils gewaltsam die salischen Teilgebiete vereinigt hatte, besiegte den Römer schließlich (486) und ließ ihn hinrichten. Chlodwig erweiterte seinen Machtbereich bis an die Loire und verlegte seine Residenz von Tournai nach Soissons. Dann wandte er sich, vom rheinfränkischen König Sigibert zu Hilfe gerufen, gegen die Alemannen, schlug sie bei Zülpich und verdrängte sie aus dem Maingebiet (496); auch die Ripuarier mußten sich nun seiner Macht unterwerfen. Unter dem Einfluß seiner burgundischen Frau, aber wohl auch aus politischem Kalkül ließ sich Chlodwig, zusammen mit dreitausend Mann seiner Leibgarde, katholisch taufen. Er fand dadurch in der im romanisierten Gallien wohlorganisierten Kirche eine starke Stütze für seine Herrschaft und verstärkte gleichzeitig die Konfrontation mit seinem arianischen Gegenspieler, dem Ostgotenkönig Theoderich dem Großen, der als Schutzherr der Germanenvölker gegen die fränkische Expansion aufzutreten versuchte. Im Bündnis mit den Burgundern besiegte Chlodwig 507 die Westgoten und dehnte seinen Machtbereich bis zur Garonne aus. So war aus einem kleinen Stammesherrscher innerhalb weniger Jahrzehnte der Gebieter über ein großes Reich geworden. Der größere Teil dieses Reiches war von romanisierten Galliern bewohnt, die Jahrhunderte unter der Herrschaft der Cäsaren gestanden waren; die Machtfülle, die Chlodwig über sie ausübte, wirkte auf die fränkische Bevölkerung zurück, die richterliche Gewalt ging auf den König und die von ihm Bevollmächtigten über, an die Stelle der Volksversammlungen trat allmählich ein staatliches Verwaltungssystem.

Nach Chlodwigs Tod teilten sich seine vier Söhne die Verwaltung des Erbes, ohne strenge Reichstrennungen vorzunehmen. Obwohl untereinander zerstritten, setzten sie die Eroberungspolitik des Vaters fort. Mit Hilfe der Sachsen wurde das Thüringerreich unterworfen und das Burgunderreich zerstört; die von den Byzantinern bedrohten Ostgoten mußten die Provence abtreten, Alemannien wurde ganz in das Frankenreich einbezogen, und auch die Baiern mußten die fränkische Oberhoheit anerkennen.

Während sich so der Machtbereich der Merowinger weiter ausdehnte, gestalteten sich deren innere Verhältnisse zu einer fortlaufenden Chronique scandaleuse, die von brutaler, unbeherrschter Machtgier zeugt.

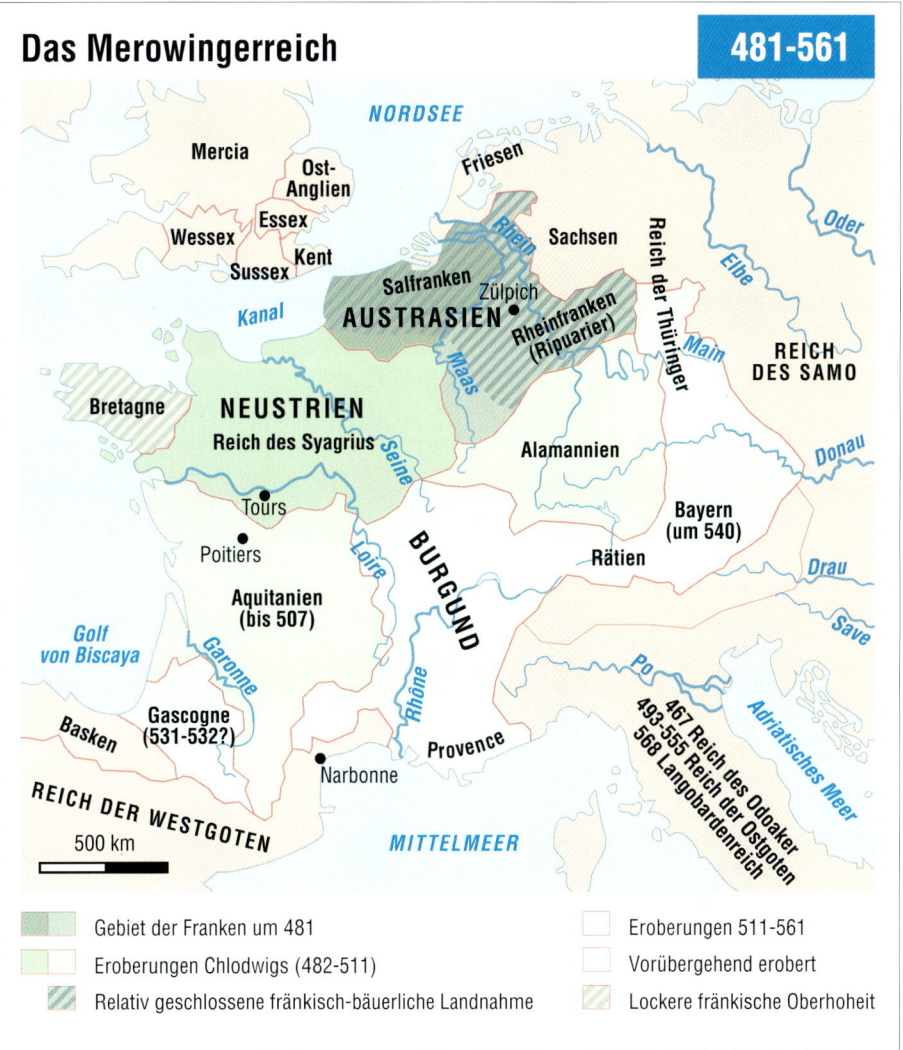

Das Merowingerreich 481-561

Das Merowingerreich 481-751

Chlothar I., König in Soissons, ein Sohn Chlodwigs, brachte nach dem Tod seines Bruders Chlodomer von Orléans dessen Kinder um und heiratete seine Witwe. Schließlich blieb er als Alleinerbe kurzfristig Gesamtkönig. Nach ihm kam es erneut zu Reichsteilungen; für den Osten mit Reims und Metz als Zentren kam der Name Austrasien oder Austrien, für den Nordwesten der Name Neustrien (mit Soissons und Paris) auf. Chlothars vier Söhne stammten von Nebenfrauen aus niederem Stand. Zwischen Chilperich I. von Soissons und Sigibert I. von Reims wurde eine Familienfehde, in deren Mittelpunkt zwei Frauen standen, mit unerbittlichem Haß ausgetragen. Chilperich hatte eine Schwester der westgotischen Prinzessin Brunichilde, der Frau seines Bruders Sigibert geheiratet, sie aber zugunsten seiner Geliebten Fredegunde verstoßen und auf deren Wunsch erdrosseln lassen. Das forderte die Rache Brunichildes heraus – zwischen den Brüdern kam es zum Krieg. Fredegunde stiftete Adelige zur Ermordung Sigiberts an. Ihr weiteres Leben galt dem einzigen Ziel, ihren Sohn Chlothar II., der erst einige Monate nach dem Tod seines Vaters geboren wurde und dessen Legitimität sie vor dem Adel beschwören mußte, zum fränkischen Gesamtkönig zu machen. Chlothar erreichte die Alleinherrschaft schließlich 613, nachdem er die Nachkommen Sigiberts vertrieben hatte und die greise Brunichilde von adeligen Empörern umgebracht worden war – indem man sie von Pferden zu Tode schleifen ließ. Der unbarmherzige Kampf zwischen den Königinnen dürfte im Nibelungenlied im Streit zwischen Kriemhild und Brunhild einen sagenhaften Nachhall gefunden haben.

Chlothar II. machte dem Adel, der ihn bei der Wiedervereinigung des Gesamtreichs unterstützt hatte, umfangreiche Zugeständnisse. Dieses Pariser Edikt von 614 ist ein frühes Zeugnis für den Schutz der Rechte des Einzelnen gegenüber der öffentlichen Macht. Indem der König zusagte, keine Landfremden als Beamte einzusetzen, setzte der Adel die Anerkennung der drei Reichsteile Neustrien, Austrien und Burgund durch. Die Macht einzelner Adelsfamilien stieg: als „Hausmeier" lenkten ihre Vertreter zunehmend die Politik schwacher oder zu junger Könige. Neben den Hausmeiern besaßen auch jene Adeligen beträchtlichen Einfluß, die die vier Hofämter versahen – Truchseß (der Vorsteher der Gefolgschaft), Marschall (Aufseher der Pferde), Kämmerer und Mundschenk; sie blieben als

Die von den Franken unterworfenen Thüringer glaubten noch an ihre alten Götter. Das bezeugt der Reiterstein von Hornhausen, der einen in Walhalla einreitenden Krieger zeigt. Halle a. d. Saale, Landesamt für archäologische Denkmalpflege

Erzämter auch im alten Deutschen Reich erhalten.

Die Machtausübung durch die Hausmeier wurde schon unter dem Sohn Chlothars II., Dagobert I. (dem Gründer von St. Denis, der Begräbnisstätte der Merowingerkönige), offenkundig. Es war insbesondere das Geschlecht der Pippiniden, das die Politik des Frankenreichs mehr und mehr bestimmte (aus ihm entstand mit Karl dem Großen die Dynastie der Karolinger). Die Hausmeier waren bemüht, die Einheit des Reiches, das an seinen Rändern bedroht war, zu wahren; so wurden die Loslösungsversuche der Alemannen verhindert, und Burgund wurde dem Reich wieder einverleibt. Die Pippiniden hatten ihren Ursprung vermutlich im Land zwischen Rhein und Maas. So bekam das fränkisch gebliebene Austrien wieder mehr Ge-

Mit Königtum und Taufe des Merowingers Chlodwig beginnt die Geschichte des Frankenreichs. Ausschnitt aus einem Gemälde des 19. Jh.

wicht im Reich; im Westen hatte der Prozeß, durch den die fränkische Oberschicht romanisiert wurde, bereits große Fortschritte gemacht. Die Sprache, die das Reich zusammenhielt, blieb das von den schreibkundigen Männern der Kirche weitertradierte Latein.

Zunächst blieben die Merowinger Träger der Krone, sanken dann aber zu einem bloßen Symbol für die Legitimität der Herrschaft herab – die in Wahrheit die Hausmeier ausübten. Pippin der Mittlere beseitigte die Anarchie, die das Reich um 670, durch Zwistigkeiten zwischen merowingischen Königen, erfaßt hatte, und setzte seine Anerkennung als alleiniger Hausmeier durch. Nach seinem Tod mußte sich sein unehelicher Sohn Karl Martell („der Hammer") gegen die Ansprüche seiner Stiefmutter, die das Maiordomus-Amt dem legitimen Erben erhalten wollte, durchsetzen. Er installierte hintereinander drei merowingische Könige auf dem Thron und ließ diesen dann überhaupt unbesetzt. Durch die Bestellung des angelsächsischen Missionars Bonifatius stärkte er mit der Ausbreitung des Christentums im östlichen Teil des Reiches auch die staatliche Macht. Bayern, Friesen und Aquitanier wurden wieder der fränkischen Botmäßigkeit unterworfen. Aus dem Süden drohte eine größere Gefahr: Die Araber hatten das Westgotenreich in Spanien zerstört und waren in Aquitanien eingedrungen. In den Schlachten bei Tours und Poitiers (732) und bei Narbonne (738) schlug Karl Martell sie zurück, so daß ihre Herrschaft nicht über die Pyrenäen hinausgelangte.

Als Karl Martell 741 starb, teilte er das Reich, als ob er König wäre, zwischen seinen Söhnen Pippin und Karlmann auf. Noch einmal versuchten diese, die Legitimität ihres Maiordomus-Status' gegenüber den Herzögen der Randländer durch die Inthronisierung Childerichs III., eines Merowingerkönigs, zu bezeugen (743). Nachdem sich Karlmann ein paar Jahre danach in ein Kloster zurückgezogen hatte, ließ Pippin bei Papst Zacharias anfragen, ob es im Sinne Gottes sei, daß der, der den Staat lenke, nicht auch König sein solle. Der Papst sprach sich für Pippin aus. Daraufhin wurde Childerich 751 das lange Haupthaar, das seit Chlothars Zeiten Zeichen der merowingischen Königswürde gewesen war, geschoren; als Schattenkönig verschwand er in einem Kloster. Mit der Herrschaft der Karolinger begann für das Frankenreich eine neue Ära.

Das Reich Karls des Großen

768-814

Mit Pippin kamen die Karolinger an die Macht im Frankenreich, mit seinem Sohn Karl dem Großen, im Jahr 800 in Rom zum Kaiser gekrönt, begann die Geschichte des Heiligen Römischen Reichs.

Pippin der Jüngere, Hausmeier von Austrien, dem Ostteil des Fränkischen Reichs, hatte das Schattenkönigtum der Merowinger mit Hilfe der Kirche beendet. Seine Anfrage bei Papst Zacharias in Rom, ob es gut sei, wenn Könige herrschten, die keine Amtsgewalt mehr besaßen, wurde klar beantwortet: „Es sei besser, daß derjenige König heiße, der die Gewalt habe, als der, dem keine königliche Gewalt verblieben sei." Um dem neuen König die magische Weihe zu geben, die das lange Festhalten an den Merowingern erklären mag, wurde Pippin 751 vom päpstlichen Legaten Bonifatius in Soissons gesalbt. Damit war ein neues Königshaus begründet.

Das päpstliche Entgegenkommen hatte seinen Preis. Zacharias' Nachfolger Papst Stephan II. kam 754 nach Soissons, um Pippin um Hilfe gegen die Langobarden anzuflehen. Diese hatten 558 in Italien ihr Reich gegründet, sie besetzten das von der Kirche beanspruchte Ravenna und bedrohten Rom. Pippin ließ sich noch einmal, nun vom Papst, zum König krönen und zum „Patricius Romanorum", zum Schutzherrn der Römer ernennen. Er zwang die Langobarden zur Herausgabe ihrer Eroberungen und garantierte deren Besitz dem Papst. Diese sogenannte Pippinsche Schenkung war die Geburt des Kirchenstaates. Die päpstliche Kanzlei produzierte daraus die Urkunde einer gleich ganz Italien einschließenden, kaiserliche Rechte einräumenden „Konstantinischen Schenkung", um zu beweisen, daß die Anerkennung des Papstes als weltlicher Herrscher bis auf Kaiser Konstantin zurückging, was wohl auch allfällige byzantinische Ansprüche ausschließen sollte. Diese Fälschung sollte im Laufe des Mittelalters noch schwerwiegende Folgen nach sich ziehen.

Pippin teilte sein Reich unter seinen Söhnen Karl und Karlmann. 768 traten sie das Erbe an, doch Karlmann starb schon drei Jahre später. Karl, der zunächst in Austrien geherrscht hatte und für seinen Hof die Pfalz in Aachen bevorzugte, bemächtigte sich auch des Reichsanteils des Bruders. Dessen Witwe floh mit ihren unmündigen Söhnen zum Langobardenkönig Desiderius. Dieser war über Karl verbittert, weil dieser seine erste Frau, eine Tochter des Desiderius, verstoßen hatte, um eine dreizehnjährige Alemannin zu heiraten. Karl riskierte erst gar nicht einen Angriff der Langobarden, er fiel selbst in Italien ein, belagerte Desiderius zehn Monate lang in seiner Hauptstadt Pavia und steckte nach deren Fall den König in ein Kloster. Seit 774 nannte sich Karl „König der Franken und Langobarden und Schutzherr der Römer".

Diese Reiterstatuette Karls des Großen ist möglicherweise zeitgenössisch; die meisten Bildnisse des Herrschers stammen aus späterer Zeit. Paris, Louvre

Das Reich Karls des Großen

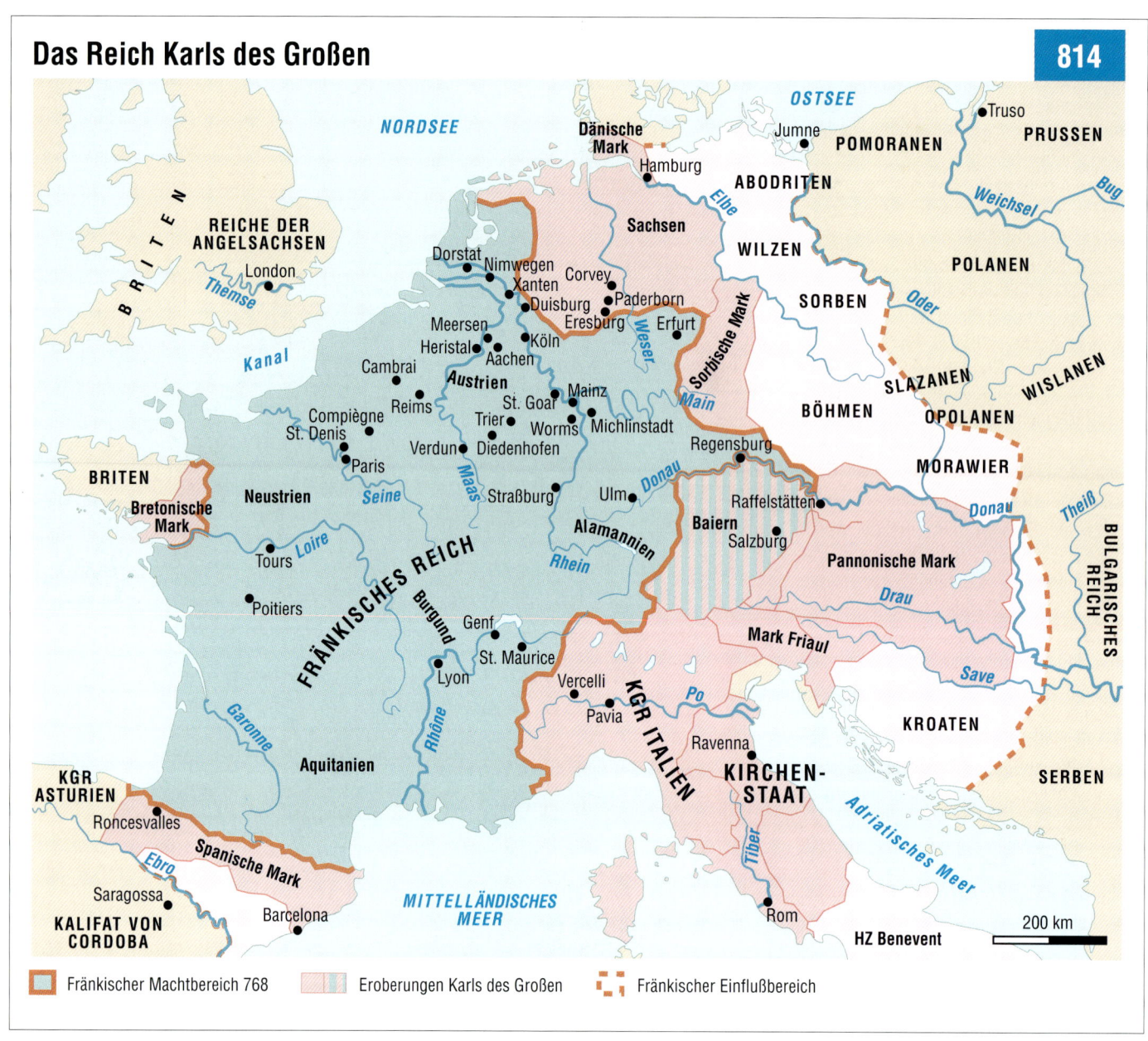

Das Reich Karls des Großen — 814

Fränkischer Machtbereich 768 · Eroberungen Karls des Großen · Fränkischer Einflußbereich

Die Langobarden waren die Bundesgenossen der Baiern gewesen, die sich in der Epoche der merowingischen Schwäche wieder ganz aus dem fränkischen Bannkreis gelöst hatten. Die dort einst eingesetzten Agilolfinger waren längst zu selbstbewußten bairischen Stammesherzögen geworden. Zwar hatte der junge Herzog Tassilo III. dem unter Pippin wieder erstarkten Frankenreich die Heeresfolge schwören müssen, aber er ignorierte Karls Aufforderung, an seinem Hof zu erscheinen. Karl bezichtigte ihn, mit den Awaren zu paktieren, ließ ihn verhaften und zum Tod verurteilen, begnadigte ihn dann aber zu lebenslänglicher Klosterhaft. Die Verwaltung Baierns und des mit diesem vereinigten Kärntens wurde fränkischen Grafen übergeben (788). Nun bereitete Karl den entscheidenden Schlag gegen die Awaren vor. Dieses asiatische Reitervolk war um 560 in Pannonien eingefallen, hatte dort die Slawen unterworfen und machte durch seine Raubzüge die Nachbarregionen unsicher. Um in einem langen Krieg den Nachschub zu sichern, ließ Karl sogar den Bau eines Main-Donau-Kanals beginnen – doch dann ging alles sehr schnell: 796 fielen Karls Armeen ins Awarenreich ein; dessen Fürst mußte sich unterwerfen, und die Franken kehrten mit reicher Beute nach Hause zurück. Pannonien wurde als fränkische Mark verwaltet.

Die schwierigste kriegerische Auseinandersetzung Karls zog sich jedoch über drei Jahrzehnte seiner Regierungszeit: es war die Unterwerfung der Sachsen. Sie hatten sich in den merowingischen Jahrhunderten nicht nur in England festgesetzt, sondern waren auch südwärts in das Gebiet fränkischer Stämme vorgedrungen. Im Jahr 772 beschloß die fränkische Reichsversammlung in Worms den Unterwerfungskrieg gegen die noch heidnischen Nachbarn. Karl überraschte sie, indem er nicht ins unmittelbar angrenzende Westfalen, sondern ins Kernland Engern einfiel, die Grenzfestung Eresburg zerstörte und das sächsische Nationalheiligtum, die Irminsul, vernichtete. Die Überfallenen gelobten Unterwerfung, doch bald, nachdem sich die Franken zurückgezogen hatten, drangen sie ihrerseits in deren Gebiet ein, um den Frevel zu rächen. Karl versuchte, den Widerstand teils mit harten Strafaktionen, teils mit Zugeständnissen an die sächsischen Adeligen zu brechen. In Ostfalen und Engern schien dies zu gelingen, hingegen bereitete sich der westfälische Herzog Widukind, der die freien, durch die Adelsprivilegien benachteiligten Bauern um sich scharte, auf einen neuen Aufstand vor. Die Chancen dafür schienen erfolgversprechend, als Karl die Pyrenäen überquert hatte, um die Mauren zu unterwerfen, sich aber unter hohen Verlusten zurückziehen mußte (das altfranzöische Rolandslied berichtet darüber). Die Sachsen erhoben sich und vernichteten ein fränkisches Heer am Süntel. Karl ließ daraufhin in einem großen Strafgericht bei Verden angeblich 4500 Sachsen enthaupten (782). Das aber führte erst recht zu einem allgemeinen Aufruhr. Erst nach schweren Niederlagen mußte Widukind aufgeben und ließ sich taufen (785). Nur die nordalbingischen Sachsen in Holstein waren noch nicht unterworfen. Gegen sie gewann der Frankenkönig die slawischen Abodriten als Bundesgenossen, die Nordalbingier wurden unterworfen und zum Teil deportiert; ihr Land wurde den Slawen überlassen. Sachsen wurde einem Schreckensregiment unterworfen und mit harter Hand missioniert. Durch die Kirche und die von Karl eingeführte fränkische Grafschaftsverfassung wurden das Land in die Verwaltung des Reichs einbezogen.

Rings um sein Reich, das nun eine gewaltige Ausdehnung erreicht hatte, errichtete Karl Marken, die den militärischen Grenzschutz sichern sollten. Hinter der weitläufigen und daher unsicheren Pannonischen Mark wurde im Donauland östlich der Enns eine eigene Mark gegründet, in die alsbald auch bairische Siedler strömten, an der Eidergrenze sicherte eine Mark das Reich gegen die Dänen ab, im Westen wurde eine Bretonische Mark gegen die keltischen Nachbarn geschaffen, und im Süden gelang es nach einem neuen Feldzug, am Südabhang der Pyrenäen eine Spanische Mark einzurichten. Die slawischen Nachbarn östlich der Elbe wurden in lose Abhängigkeit gezwungen. In Friedenszeiten entwickelte sich gerade in diesen Grenzgebieten ein lebhafter Handel.

Karl verstand sich als Haupt der Reichskirche, deren Bischöfe er einsetzte, und die ja, wie der Widerstand der Sachsen gegen die Christianisierung deutlich zeigt, auch ein Instrument der Unterwerfung unter die Frankenherrschaft war. Als Schutzherr Roms hatte er dem Papst 774 erneut das Patrimonium Petri, den Kirchenstaat, garantiert. Aber selbst in theologischen Fragen traf Karl Entscheidungen. Papst Leo III. gab der Anerkennung dieser Stellung des Königs speziellen Ausdruck: Er übersandte ihm die Schlüssel zum Grab des Petrus. Zugleich aber rechnete er damit, daß Karl ihn gegen die Übergriffe des römischen Stadtadels schützen würde. Dies wurde dringlich, als Leo aus der Stadt verjagt worden war und zu Karl nach Paderborn flüchtete. Dieser brachte Leo nach Rom zurück und bestrafte dessen Feinde.

Der Karlsschrein würdigt die größten deutschen Herrscher des Mittelalters. Um 1215; Aachen, Domschatz

Die Aachener Pfalzkapelle, im Jahr 800 geweiht, diente als Hofkirche und kaiserliche Kapelle; später wurde sie zur Grabeskirche Karls des Großen.

Am Christtag des Jahres 800, als Karl in der Petersbasilika vor dem Altar kniete, kam der Papst auf ihn zu, setzte ihm eine Krone auf, und der Chor jubelte: „Carlo Augusto, dem von Gott gekrönten großen und friedschaffenden Kaiser der Römer, Leben und Sieg!" Allerdings war Karl bereits an seinem Hof als „Imperator" tituliert worden, und möglicherweise war schon in Paderborn darüber gesprochen worden, daß ihm als mächtigsten Herrscher der Welt neben dem Kaiser in Byzanz die gleiche Würde gebühre. Dennoch sah er die Krönung durch den Papst distanziert: Wenn sein Biograph Einhard wahrheitsgetreu berichtet, der König habe gesagt, er wäre nicht in die Kirche gegangen, wenn er von der Krönung gewußt hätte, so könnte daraus auch geschlossen werden, daß er diesen Akt nicht vom Papst vollzogen wissen wollte. Dafür spricht auch, daß Karl selbst später seinen Sohn Ludwig zum Mitkaiser erhob. Jedenfalls bekannte sich der Kaiser nun zur „Renovatio Romani Imperii", zur Erneuerung des Römischen Reichs. Die Franken und nicht die Römer waren seine Fortsetzer, und die Erneuerung erfolgte durch den Schirmherrn der Christenheit: daher war es ein Sacrum Imperium, ein Heiliges Römisches Reich.

Karolingische Reichsteilungen

Unter den Nachfolgern Karls des Großen zerbrach das fränkische Universalreich, die Trennung zwischen Frankreich und Deutschland nahm Gestalt an. In letzterem erlosch die karolingische Dynastie bereits ein Jahrhundert nach dem Tod des großen Herrschers.

Obwohl Karl der Große fünfmal verheiratet und Herr über viele Nebenfrauen und Konkubinen war, hinterließ er, als er 814 im hohen Alter von zweiundsiebzig Jahren starb, nur einen Erben. Dabei war dem Kaiser bewußt gewesen, daß sein ausgedehntes Reich, das er im Laufe seiner Regierungszeit in mehr als fünfzig Militäraktionen erobert bzw. zusammengehalten hatte, von einer schwächeren Persönlichkeit kaum zu beherrschen war. Deshalb hatte er es 806 vorsorglich unter seinen drei Söhnen aufgeteilt – aber Karl und Pippin starben vor dem Vater, und so trat mit Ludwig, dessen Beiname „der Fromme" schon die ganz andere, unkriegerische, zum Mönchswesen neigende Wesensart dieses Karolingers bezeugt, ein einzelner das Erbe an. Zu seinen ersten Regierungshandlungen gehörte, daß er den Hof in Aachen von allem säuberte, was ihm unmoralisch schien. Mit der Geselligkeit war es vorbei, die Konkubinen wurden vertrieben, Karls illegitime Kinder ins Kloster gesteckt, die „heidnischen" alten Heldenlieder, die Karl hatte sammeln lassen, wurden verbrannt.

Der neue Herrscher, obwohl im besten Mannesalter, fühlte sich von seiner Aufgabe offenbar überfordert und erließ schon 817 eine neue Reichsordnung, die das Frankenreich unter seinen drei Söhnen Lothar, Pippin und Ludwig aufteilte; der älteste Sohn, Lothar, wurde zum Mitkaiser gekrönt und sollte eine gewisse Oberhoheit ausüben. Im Jahr darauf starb Ludwigs erste Frau, Irmengard, und der Kaiser wäre am liebsten ins Kloster gegangen – seine geistlichen Ratgeber bestimmten ihn jedoch dazu, eine zweite Ehe einzugehen. Seine Wahl fiel auf die bairische Welfin Judith. Seine anderen Söhne waren schon erwachsen, als sie ihm einen Sohn, Karl, gebar; ihr ganzes Streben war nun darauf ausgerichtet, die Reichsordnung diesem Spätling zuliebe umzustoßen. Als der Vater

dem nachgab, kam es zur Rebellion der Söhne aus erster Ehe. Im Jahr 833 liefen die Truppen Ludwigs auf dem „Lügenfeld" bei Colmar zu ihnen über; der Kaiser wurde von den Söhnen nach Reims gebracht und zu einem öffentlichen Schuldbekenntnis gezwungen, Judith wurde verbannt. Als der entmachtete Kaiser 840 starb – nicht ohne zuvor Karl „dem Kahlen" (der Beiname weist nicht auf eine Glatze, sondern auf seinen zunächst bestehenden Ausschluß vom Erbe hin) den Nordwesten des Reichs, Francien, zugeteilt zu haben – war der Bruderkrieg unvermeidlich geworden.

Allerdings hatten sich die Fronten geändert. Pippin war vorzeitig gestorben, und nun verbündete sich Ludwig „der Deutsche" (dem der Vater Baiern zugesprochen hatte) mit seinem Stiefbruder Karl gegen den Ältesten, Lothar, der die Oberherrschaft und große Teile des Reichs für sich beanspruchte. Sie schlugen Lothars Truppen und schworen einander in den „Straßburger Eiden" (842) brüderliche Treue. Bei dieser vor den Heeren der beiden Könige geleisteten Zeremonie kündigte sich schon der künftige Zerfall des Frankenreichs an: die Eide wurden in altfranzösischer und althochdeutscher Sprache geleistet, damit die versammelten Krieger aus allen Landesteilen sie verstehen konnten. Im Vertrag von Verdun mußte Kaiser Lothar einer Dreiteilung des Erbes zustimmen: er bekam die Kaiserkrone, den Mittelteil des Reichs von Friesland bis Burgund („Lotharingien") sowie Italien, Karl der Kahle wurde Herr über das Westreich, Ludwig der Deutsche über das Ostreich.

Mit der Schöpfung von Lotharingien war somit ein Streitobjekt zwischen West und Ost für ein Jahrtausend vorprogrammiert. Schon Lothars Erstgeborener mußte Italien samt der Kaiserkrone an einen jüngeren Bruder abgeben, nach seinem Tod teilten seine Onkel Karl der Kahle und Ludwig der Deutsche im Vertrag von Mersen (870) das Mittelreich. Karl, 875 auch zum Kaiser gekrönt, wollte sich nach Ludwigs Tod ganz Lothringen aneignen; dessen Söhne akzeptierten dies nicht und eroberten das ganze Land für ihr Ostfränkisches Reich.

Überraschenderweise erstand das Universalreich noch einmal auf, und das unter einem sehr schwachen Herrscher – dem jüngsten Sohn Ludwigs des Deutschen, Kaiser Karl III., den spätere Geschichtsschreiber „den Dicken" nannten. Er wurde weder der

Vereinigung Lotharingiens mit Deutschland
870, 879/80

▢ 870 durch Vertrag von Mersen
▢ 879/80 durch Vertrag v. Verdun-Ribemont

Wikinger, die als gefürchtete Räuber die Küsten des Frankenreichs und die reichen Städte an den Flüssen, die sie hinauffuhren, plünderten und brandschatzten, noch des unzufriedenen Adels Herr; seine elsässische Frau Richarda, von ihm des Ehebruchs verdächtigt, bezichtigte ihn öffentlich der Impotenz, und sein Neffe Arnulf von Kärnten vertrieb ihn 887 vom Thron.

Arnulf entstammte einer „Friedelehe"; die Kinder aus der Verbindung eines Adeligen mit einer Freien galten im altdeutschen Recht – zum Unterschied von den Kebskindern – als mit den ehelichen gleichberechtigt, und so wurde Arnulf als einzigem überlebenden Nachkommen Ludwigs des Deutschen die Huldigung der ostfränkischen Großen zuteil. Er war Präfekt der Marken im Ostland und Kärntens gewesen – daher sein Beiname. Mit ihm verlagerten sich die Schwerpunkte des Ostfränkischen Reichs nach Regensburg und Frankfurt (die Westfranken hatten inzwischen Nachkommen Karls des Kahlen zu ihren Königen erhoben).

Arnulf fügte den Wikingern bei Löwen eine so schwere Niederlage zu, daß sie fortan sein Reich unbehelligt ließen. 894 zog er, vom Papst aufgefordert, nach Italien, wo lokale Machthaber sich von der fränkischen Oberherrschaft gelöst und vom Papst sogar die Kaiserkrone erzwungen hatten. Um diese zu erlangen, mußte Arnulf den Widerstand des römischen Adels gewaltsam brechen. Aus Italien kehrte er krank zurück; weder im Konflikt mit dem erstarkten, slawischen Großmährischen Reich hatte er Erfolg, noch erkannte er die Gefahr, die mit den in Pannonien eingefallenen Ungarn heraufzog. Als er 899 starb, hatte ihn nur der erst sechsjährige Sohn Ludwig „das Kind" überlebt. Vergeblich stellte sich der kränkelnde Jüngling 910 den Ungarn in Schwaben entgegen, nachdem diese schon drei Jahre zuvor den bairischen Heerbann bei Preßburg aufgerieben hatten. Ein Jahr darauf starb Ludwig. Mit ihm endete die karolingische Dynastie im Ostfränkischen Reich, das sich als Reich der Deutschen vom westfränkischen Frankenreich zunehmend abzugrenzen begonnen hatte.

Der erste Herrscher des nach ihm benannten Lotharingien, Kaiser Lothar I. Lothar-Evangeliar, Tours, um 850; Paris, Bibliothèque Nationale

Die Ostsiedlung im Südosten

Die Kolonisation des deutschen Südostens erfolgte überwiegend durch den bairischen Stamm. Nach der Assimilierung der Romanen im Altland begann im 8. Jahrhundert der große Siedlungsvorstoß in die von Slawen bewohnten Regionen des Donau- und Alpenlandes.

Die Ethnogenese der Bajuwaren hatte sich durch die Verschmelzung germanischer Stämme und Stammessplitter mit den Resten der romanisierten Bevölkerung im Raum zwischen den Flüssen Lech und Traun, Eger und Etsch vollzogen; der Brennerpaß wurde noch vor 600 n. Chr. überschritten, die Verbindung zu den in Norditalien herrschenden Langobarden war eng.

Die östlichen Nachbarn des frühen bairischen Herzogtums waren Awaren und Slawen. Sie waren nach dem Ende der Hunnenherrschaft und der Abwanderung germanischer Völker in das Land im Osten des Baiernreichs vorgerückt, wobei die Slawen dem awarischen Reitervolk, dessen Khaganen (Heerführern) die slawischen Krieger Heerfolge leisten mußten, ihrer Anzahl nach überlegen waren (im Verhältnis der Ostgoten zu den Hunnen war dies ähnlich gewesen). Im Norden blieben Baiern und Slawen durch den dichten Urwald des Böhmerwaldes voneinander getrennt, doch östlich davon, insbesondere entlang der Donau, ergab sich die Möglichkeit friedlicher, aber auch von Eroberungen vorangetriebener Durchdringung. Im Norden der Donau dürften kleine slawische Herrschaften überwogen haben, während im Südosten die Begegnung mit romanischen Provinzialen schon um 600 zur Bildung des slawischen Herzogtums Karantanien – der uralte, auf die Keltenzeit zurückgehende Name zeigt an, daß hier Traditionen weitergegeben wurden – geführt hat. Allerdings mußten die Karantanenfürsten mit diplomatischem Geschick versuchen, zwischen den Mühlsteinen der Awarenherrschaft und der Expansion der Bajuwaren durchzulavieren. Schließlich gerieten sie unter bairische und dadurch später unter fränkische Oberhoheit.

Die Vorstellung fester Begrenzungen der Herrschaftsbereiche ist für jene Zeit ohnedies irrig. Schon ein Jahrhundert bevor Karl der Große seine Eroberungsfeldzüge ins Awarenland durchführte, dürfte, wie aus Ortsnamen geschlossen werden kann, ein erster bajuwarischer Vorstoß in das slawische Siedlungsgebiet bis gegen den Wienerwald erfolgt sein. Die Missionierung der zum Teil noch heidnischen Slawen durch Repräsentanten der fränkischen Reichskirche war die Voraussetzung für die Einverleibung dieser Regionen, weshalb sich die slawischen Aufstände im Karantanien des 8. Jahrhunderts vor allem gegen kirchliche Stützpunkte richteten und so den Anstrich götzendienerischer Rückständigkeit bekamen. Die Mission ging vom bairischen Bistum Salzburg aus. Klostergründungen wie die von Innichen und von Kremsmünster durch Herzog Tassilo III. dienten der Festigung bairischer Macht durch Christianisierung der Einheimischen und Heranholung von Siedlern aus dem Altland.

Das Fresko in der Kirche in Mals (Südtirol, um 800) zeigt einen bairischen Adeligen.

Die Missionierung der slawischen Karantanen ging vom bairischen Salzburg aus: Heidentaufe durch den hl. Rupert. Antiphonar von St. Peter, um 1160; Salzburg, Stiftsarchiv St. Peter

Die Südostpolitik der späten bairischen Stammesherzöge wurde von Karl dem Großen, nach der Absetzung Tassilos und der Unterwerfung der Awaren, in großem Stil fortgesetzt. Mit der Einverleibung des westlichen Pannonien rückte er die Reichsgrenze über den Plattensee hinaus weit nach Osten und Südosten, bis Istrien und zur nördlichen Adriaküste vor. Das Ostland (plaga orientalis) wurde eigenen Präfekten unterstellt, neben den Klöstern übernahmen nun Königshöfe die Kolonisation, die bairischen Bistümer Salzburg, Passau, Regensburg und Freising wurden mit großzügigen Landschenkungen dotiert. Die Weitläufigkeit des Gebietes erforderte es, daß stellenweise noch slawische Fürsten in die Verwaltung einbezogen wurden, so in Moosburg am Plattensee. Die deutsche Siedlungstätigkeit konzentrierte sich stärker auf die dem bairischen Altland naheliegenden Regionen jenseits von Traun und Enns, jenem Landstrich, den dann eine Urkunde aus dem Jahr 996 als „in der Volkssprache Ostarrichi genannt" ausweist; hier wurden Linz, Wels, Lorch (bei Enns), Ybbs, Mautern, Traismauer und Baden zu karolingischen Zentren – alles Orte, die schon in der Römerzeit Bedeutung gehabt hatten. Die kirchlichen Grundherren holten Siedler nach Ober- und Mittelkärnten mit dem zentralen Ort Karnburg und in die spätere Steiermark um den Königshof Leoben – die ohnedies schüttere slawische Bevölkerung wurde allmählich assimiliert.

Der Einbruch der Magyaren gegen Ende des 9. Jahrhunderts wurde zu einem Rückschlag für die bairische Kolonisation. Mit der vernichtenden Niederlage des bairischen Heerbanns 907 bei Preßburg, bei der Baiernherzog Luitpold und seine nicht minder streitbaren Kirchenfürsten ums Leben kamen, war Pannonien – das Kernland des neuen Ungarn – verloren. Obwohl nun die Grenze an die Enns zurückgeschoben wurde, dürfte sie durchlässig geblieben sein. So beweist etwa die Tatsache, daß der Freisinger Bischof Drakulf 926 im Donaustrudel bei Grein ertrank, daß weiterhin Beziehungen zu den kirchlichen Besitzungen im Ostland bestanden. Das widerlegt frühere Theorien, wonach die Ungarn die dortige bairische Kolonisation ausgelöscht hätten. Die Kontinuität war durchaus vorhanden: Kaiser Otto I. gründete nach dem Sieg auf dem Lechfeld (955) eine neue, vorerst kleine Mark jenseits der Enns. Die Ansprüche aus der Verteilung des Grundbesitzes in diesem Raum waren in den

8.-11. Jahrhundert

Jahrzehnten der ungarischen Besetzung keineswegs aufgegeben worden; bei der in Etappen bis zur Jahrtausendwende erfolgten Erweiterung der Mark bis über den Wienerwald hinaus lebten sie in vielen Fällen wieder auf.

Zu bedeutenden Ausweitungen nach Nordosten und Südosten kam es schließlich durch die Feldzüge Kaiser Heinrichs III. gegen Böhmen und Ungarn. Zunächst wurde das niederösterreichische Weinviertel für die deutsche Besiedlung erschlossen, später das fast menschenleere Marchfeld; im 11. und 12. Jahrhundert erfolgte dann die vor allem durch Rodung vorangetriebene Erschließung des Waldviertels. Nicht überall waren diese Vorgänge von einer Verschiebung der Grenzen abhängig. So erfolgte die über die Steiermark hinauswachsende deutsche Besiedlung Westungarns im Rahmen des Königreichs Ungarn und durchaus mit der Billigung von dessen Herrschern. Dabei scheint sowohl innerhalb des Reichs als auch in dessen Nachbarländern eine starke Territorialmacht die Kolonisation durch deutsche Bauern und die Gründung von Städten unter Beiziehung deutscher Handwerker und Kaufleute begünstigt zu haben; als Gegenbeispiel könnte das territorial zerrissene Gebiet von Krain und der Windischen Mark angeführt werden, wo sich eine flächendeckende bairische Besiedlung auf die Sprachinsel Gottschee beschränkte. Auch am Thaya-Fluß und im Böhmerwald ging der Zustrom von bairischen Siedlern in diese waldreichen, kaum bewohnten Gebiete über die Landesgrenzen hinaus; das Egerland hingegen, das bis zum 14. Jahrhundert nicht zu Böhmen gehörte, war bairisches Altland.

Weit weg von Deutschland holte der ungarische König Géza II. um 1150 die ersten moselfränkischen Siedler in das Land am Karpatenbogen, nach Siebenbürgen. Im 13. Jahrhundert übertrugen die ungarischen Könige dem Deutschen Ritterorden kurzfristig die Intensivierung der Besiedlung. Diese als „Sachsen" bezeichneten Siedler wurden mit umfassenden Freiheitsrechten ausgestattet. Sie gründeten etliche Städte und zahlreiche Dörfer und waren verläßliche Hüter der ungarischen Grenze. Nach 1520 schlossen sie sich der Reformation an; als Siebenbürgen nach dem Ende der türkischen Vorherrschaft dem Habsburgerreich eingegliedert wurde, blieb die Konfessionsfreiheit der Siebenbürger Sachsen unbehelligt, doch befahl Maria Theresia die Neuansiedlung protestantischer Landeskinder aus Oberösterreich und Kärnten, der „Landler", in dieser Region.

Maria Theresia und ihr Sohn Joseph II. veranlaßten auch den letzten großen Schub der deutschen Südostsiedlung. Für die nach der Türkenzeit verödeten Landschaften der Batschka, Baranya und des Banats, ebenso für die Region um Budapest und für die Stadt selbst (deren deutsche Bezeichnung zu jener Zeit Ofen war) wurden massenhaft Siedler angeworben, vor allem aus der Pfalz, aus Hessen, den vorderösterreichischen und den benachbarten schwäbischen Gebieten. Diese „Donauschwaben" kultivierten das ihnen entweder aus dem Kronbesitz oder von ungarischen Magnaten überlassene Land und machten es zu einer Kornkammer der Donaumonarchie.

Die Südostsiedlung — um 1000

Die Ostsiedlung im Nordosten

Unter den Sachsenkaisern begann die Eroberung des Gebietes östlich von Elbe und Saale, das damals von Slawen bewohnt war. Die deutsche Kolonisation im großen Stil begann nach dem „Wendenkreuzzug" von 1147/48.

Die deutsche Besiedlung des Nordostens setzte später ein, war von wechselvollen Kämpfen begleitet und dauerte länger als die des Südostens. Das Land an Elbe und Saale war seit dem 7. Jahrhundert Slawenland. Die Stämme der Elbslawen (Polaben) und der Sorben waren in diesen Raum nachgerückt, nachdem er von den germanischen Vorbewohnern größtenteil verlassen worden war. Die mittelalterlichen Chronisten haben eine beträchtliche Zahl von Volks- und Stammesnamen dieser Slawen überliefert. Sie schlossen sich, wohl auch angesichts der Bedrohung durch die Sachsen und später das Karolingerreich, meist zu größeren Bünden zusammen: die Abodriten im westlichen und die Liutizen (Wilzen) im südöstlichen Mecklenburg, die Heveller an der Havel in Brandenburg, die Ranen auf Rügen, die Pomoranen in Pommern östlich der Oder und die Sorben mit den Unterstämmen der Daleminzer und Lusizer zwischen Saale und Neiße; sorbische Streusiedlungen reichten bis zu Regnitz und oberem Main. Die Deutschen bezeichneten alles diese Slawen mit dem Sammelnamen Wenden.

Karl der Große hatte den Abodriten noch als Bundesgenossen gegen die aufständischen Sachsen Ostholstein (Wagrien) überlassen. König Heinrich I. führte mit seiner neuen Reiterei mehrere Feldzüge gegen Elbslawen und Böhmen und zwang sie zu Tributzahlungen. Ihm ging es vorerst vor allem um die Ruhigstellung der Grenze, an der er Markgrafen einsetzen. Sein Sohn Otto unterwarf nach seinem Ungarnsieg erneut die tributunwilligen Slawen und richtete auf ihrem Siedlungsgebiet Marken ein: das Land an der Saale wurde dem Markgrafen Gero anvertraut, im Abodritenland wurde Hermann Billung als Markgraf eingesetzt. Nach Geros Tod (965) richtete der Kaiser auf dessen Gebiet mehrere Marken ein: die Nordmark (Brandenburg), die Ostmark mit der Lausitz und die Thüringer Mark mit den Marken Zeitz, Merseburg und Meißen. Die Kombination von Machtdenken und religiöser Überzeugung im Denken des Herrschers verlangte zugleich die Missionierung der noch heidnischen Slawen; Otto gründete für diese Aufgabe das Erzbistum Magdeburg, der Papst gab ihm die Jurisdiktion von der Elbe bis nach Polen.

Slawische Kultfiguren von der Fischerinsel bei Neubrandenburg.

Das Debakel des Italienzugs Ottos II. erlaubte den Slawen, sich gegen die deutsche Herrschaft aufzulehnen (983). Die Heveller und Liutizen zerstörten die Bistümer Havelberg und Brandenburg und töteten die Besatzungen der Burgen. Die slawischen Krieger stießen über die Elbe auf sächsisches Gebiet vor, erst ein Angriff des bereits getauften Polenherzogs Mieszko in ihrem Rücken brachte den Sachsen Entlastung.

Auch die Tschechen hatten sich bekehren lassen. Ihr Apostel Wojtech, der als Adalbert getauft wurde, ging später in polnische Dienste und wurde bei einem Missionierungsversuch von den heidnischen Prussen erschlagen. Der junge Kaiser Otto III. war ihm freundschaftlich verbunden gewesen; er stiftete in Gnesen an seinem Grab ein Erzbistum, so daß Polen nicht mehr Magdeburg unterstand. Das stärkte die Macht des Polenkönigs Boleslaw Chrobry („der Kühne"), der die Oberhoheit über Pommern, die Lausitz und Mähren erlangte. Nach ihm zerbrach der polnische Staat wieder in mehrere Teilfürstentümer, Schlesien wurde zum Streitobjekt zwischen polnischen und böhmischen Fürsten.

Ein Abodritenfürst war zum Christentum übergetreten, doch seine heidnischen Gegenspieler erhoben sich gegen ihn; erst mit Hilfe der Billunger-Markgrafen konnte sein Sohn ein slawisch-christliches Fürstentum um Liubice (Lübeck) errichten. Der langwierige Investiturstreit schwächte die kaiserliche Macht, so daß die Oberherrschaft des Reichs zwischen Elbe und Oder in den meisten Gebieten nur noch nominell war. Zudem hielten viele slawische Fürsten angesichts der Erfahrung, die ihnen Christus als einen „deutschen

Heinrich der Löwe und seine Gemahlin Mathilde; links von ihnen Heinrichs gleichnamiger Vater sowie Kaiser Lothar III., rechts Heinrich II. Evangeliar Heinrichs des Löwen, Helmarshausen, um 1175; Wolfenbüttel, Herzog August Bibliothek

10.-13. Jahrhundert

Gott" erscheinen lassen mußte, zäh an ihrem alten Glauben fest. Nach dem Ersten Kreuzzug ins Heilige Land begannen die Bischöfe der Magdeburger Provinz, für einen Kreuzzug auch gegen ihre heidnischen Nachbarn zu werben. Der hl. Bernhard von Clairvaux verkündete 1147, ein Kreuzzug gegen sie sei gleichviel wert. Zwei mächtige Heere, eines unter dem Markgrafen Albrecht dem Bären (den Kaiser Lothar mit der Nordmark belehnt hatte), das andere unter dem Sachsenherzog Heinrich dem Löwen, brachen in die slawischen Gebiete ein. Der Fürst von Mecklenburg unterwarf sich, das Land der Liutizen wurde verwüstet, es kam zu Zwangstaufen und Massakern. Der Hevellerfürst Pribislaw überließ Albrecht Land an der Havel – er und seine Nachfolger, die Dynastie der Askanier (nach dem lateinischen Namen des Stammschlosses Aschersleben), weiteten es zur Mark Brandenburg aus. Der Holsteiner Graf Adolf II. von Schaumburg zerstörte das slawische Lübeck und gründete die Stadt neu. Im Süden wurden die Meißner Markgrafen aus dem Haus Wettin mit der Lausitz belehnt. Der dänische König besetzte Rügen, wo er dem dortigen Heidentum ein Ende machte. Die pomoranischen Fürsten hatten sich schon zuvor den Missionaren, die die polnischen Herzöge schickten, unterworfen. Heinrich der Löwe eignete sich Mecklenburg an, mußte es aber bei seiner Entmachtung an das alte, slawenstämmige Fürstengeschlecht zurückgeben.

Mit der Eroberung Hand in Hand ging die Besiedlung durch Bauern aus den alten Reichsgebieten. Die Bischöfe hatten schon für den „Wendenkreuzzug" mit Versprechungen von Neuland geworben. „Die Heiden sind schlimm, aber ihr Land ist sehr gut an Fleisch, Honig, Mehl ...", hieß es in einem Aufruf. „Daher, o ihr Sachsen, Franken, Lothringer und Flamen, ihr berühmten Männer und Bezwinger der Welt, hier könnt ihr eure Seelen retten und, wenn es euch so gefällt, das beste Land zum Bewohnen gewinnen." Zwischen den einzelnen Siedlungsgebieten der slawischen Stämme waren dichte Wälder unberührt geblieben, die der Rodung harrten. Durch die blutigen Eroberungszüge aber waren manche Landstriche entvölkert worden. Auch slawische Fürsten holten deutsche Siedler, weil sie sich von der höherentwickelten Agrartechnik, aber auch von Stadtgründungen (einschließlich der Übernahme des weit nach Osten verbreiteten Magdeburger Rechts) und damit der Ansiedlung von Hand-

werkern einen Aufstieg für ihr Land erwarteten. Die slawische Bevölkerung ging allmählich in der Masse der Neusiedler auf. Lediglich die Sorben in der Lausitz konnten ihre ethnische Identität bis in die Gegenwart bewahren, und die Kaschuben im ehemaligen Westpreußen waren von der Sprache her eher mit den einstigen Pomoranen als mit den Polen verwandt. Ansonsten dürfte die Germanisierung des Landes zwischen Elbe und Oder in der Zeit der Reformation bereits abgeschlossen gewesen sein.

Die Zahl der deutschen Erstzuwanderer in diese Ostgebiete wird auf 400.000 geschätzt; bedenkt man, daß Altdeutschland damals fünf bis sechs Millionen Einwohner hatte, so ist das ein beträchtlicher Prozentsatz. Das natürliche Wachstum der Bevölkerung führte in den folgenden Generationen dazu,

daß der Überfluß an Grund und Boden schwand; das trug zu neuen Kolonisationsunternehmungen bei, zu denen die Könige Polens, Böhmens und Ungarns ebenso einluden wie der Deutsche Orden.

Der Löwe von der Braunschweiger Burg, Symbol des Welfenherzogs. Braunschweig, um 1166; Braunschweig, Herzog-Anton-Ulrich-Museum

Die Sachsenkaiser

Unter den Herrschern aus dem sächsischen Herzogshaus bürgerte sich für das Ostfränkische Reich der Name „Reich der Deutschen" ein. Otto der Große nahm die Tradition Karls des Großen auf: Mit seiner Krönung zum Kaiser erneuerte das Römische Reich des Karolingers.

Nach dem Tod von Ludwig dem Kind, dem letzten ostfränkischen Karolinger, wurde das fränkische Erblichkeitsprinzip verlassen. Die Herzöge der deutschen Stämme wählten – was immerhin bereits auf ein gewisses Einheitsbewußtsein zu schließen erlaubt – einen Mann aus ihrer Mitte, den fränkischen Grafen Konrad vom Lahngau, zum König. Das Königtum des sich herausbildenden Deutschen Reichs war zum Wahlkönigtum geworden – und ist es seiner, zunächst ungeschriebenen Verfassung nach im Prinzip bis zu seinem Ende 1806 geblieben.

Allerdings konnte sich Konrad I. (911-918) gegen die Stammesherzöge nicht durchsetzen. Lothringen hielt überhaupt am Geblütsrecht fest: obwohl in den Verträgen von Mersen und Ribémont dem Ostfränkischen Reich überlassen, driftete es nun zum Westreich, wo die Karolinger noch bis 987 auf dem Thron saßen, ab. König Konrad suchte in der Geistlichkeit eine Stütze – mit ihrer Hilfe gelang es ihm zwar, die Herzöge von Schwaben auszuschalten, gegen Baiern und Sachsen aber richtete er ebensowenig aus wie gegen die Ungarn, die das Reich in Raubzügen heimsuchten. Es spricht für die Großmut dieses Königs, daß er auf dem Totenbett seinen Bruder beauftragte, seinem fähigsten Gegner, Herzog Heinrich von Sachsen, die Krone anzubieten.

Es waren zunächst nur die Franken und die Sachsen, die Heinrich I. (919-936) zum König ausriefen. Er erwies sich als umsichtiger und tatkräftiger Herrscher, der mit Geschick und Glück die Grenzen des Reiches erweiterte. Zunächst nützte er innere Schwierigkeiten des Westfrankenkönigs, um die Lehenshoheit des Reiches über Lothringen wieder herzustellen. Nach der Besetzung des Herzogtums Schwaben mit einem Verwandten und der Aussöhnung mit Baiern wandte er sich der ständigen Bedrohung durch die Ungarn zu. Durch einen glücklichen Zufall, die Gefangennahme eines magyarischen Großen, konnte der König einen neunjährigen Waffenstillstand aushandeln. Er nützte die Zeit zur Aufstellung einer schnellen Reiterei,

Diese beiden Figuren aus dem 13. Jahrhundert im Magdeburger Dom gelten als Otto der Große und seine englische Gemahlin Edgitha.

um den Ungarn wirksam begegnen zu können. Die neue Truppe bestand ihre Feuerprobe in Kriegszügen gegen die stets unruhigen Elbslawen – die Grenze wurde durch die Burg Meißen gesichert –, gegen Böhmen, das den Lehenseid ablegen mußte, und gegen die Dänen. Im Jahr 933 fielen die Ungarn ins Reich ein und drangen bis Thüringen vor. Bei Riade an der Unstrut erlitten sie – zum ersten Mal – durch Heinrichs Reiterheer eine schwere Niederlage.

Dem letzten Wunsch des Königs entspre-

Die Krone des Heiligen Römischen Reiches dürfte für Otto I. geschaffen worden sein. Westdeutschland, letztes Drittel des 10. Jhs.; Wien, Weltliche Schatzkammer

chend, übergingen die Großen dessen ältesten Sohn, Thankmar, und wählten Otto (aus der zweiten Ehe Heinrichs, mit Mathilde, einer Nachkommin des Sachsenherzogs Widukind) zum König. Anders als sein Vater legte Otto I. (936-973) Wert auf das königliche Zeremoniell: er ließ sich in Aachen wählen, krönen und salben – damit gab er zu verstehen, daß er sich als Nachfolger Karls des Großen fühlte. Seine Herrschaft war wiederholt von Adelsrebellionen, an denen auch seine Brüder und später auch sein ältester Sohn teilnahmen, überschattet. Immer mehr fand Otto in der Geistlichkeit seine sicherste Stütze, und er stattete sie reichlich mit Gütern aus. Auch die Slawen östlich der Elbe erhoben sich; nach ihrer Niederringung setzte Otto Hermann Billung und Gero als Markgrafen ein.

Ein Teil der gegen den König Rebellierenden versuchte, mit den Ungarn Kontakt aufzunehmen, was zu einem dramatischen Appell Ottos an die Großen und zu einer Wende in ihrem Verhalten führte: Als die Ungarn in Baiern einfielen, konnte ihnen der Herrscher mit einem geeinten Reichsheer entgegenziehen. Auf dem Lechfeld bei Augsburg kam es 955 zur Entscheidungsschlacht. An der Spitze seiner Panzerreiter schlug Otto die Ungarn in die Flucht. Damit hörten die Raubzüge des Reitervolks auf, die Ungarn wurden in der pannonischen Tiefebene seßhaft, nahmen das Christentum an und fügten sich in die Reihe der abendländischen Königreiche. Otto gründete östlich der Enns eine bairische Grenzmark und stellte damit das fünfzig Jahre zuvor untergegangene karolingische Ostland wieder her. Seine Markgrafen erweiterten in Kämpfen mit den Ungarn das Gebiet über den Wienerwald hinaus an March und Leitha; in der Volkssprache wurde es „Ostarrichi" genannt.

Noch vor der Ungarnschlacht war Otto einem Hilferuf aus dem von Machtkämpfen geschüttelten Königreich Italien gefolgt. Dort lag Markgraf Berengar von Ivrea mit der Witwe des letzten Karolingersprosses, Adelheid, im Streit um die Langobardenkrone. Politisches Kalkül ließ Otto über die Alpen ziehen, Berengar mußte sich unterwerfen. Der König heiratete die um zwanzig Jahre jüngere Adelheid, ließ sich in Pavia die Eiserne Krone aufsetzen und nannte sich nun, wie einst Karl der Große, „Rex Francorum et Langobardorum" (951).

Der Griff nach Italien hatte zehn Jahre spä-

919-1024

Deutschland unter den Ottonen

976

Grenze des Heiligen Römischen Reiches — Grenze zwischen den Königreichen Deutschland und Italien

ter schwerwiegende Folgen. Der junge Papst Johannes XII. rief Otto um Hilfe gegen Berengar an, dem der König die Verwaltung Italiens – nach Abtrennung der Marken Verona und Friaul – überlassen hatte. Otto ergriff die Gelegenheit, nun voll in die Fußstapfen des großen Karl zu treten. Er tat dies auch im Hinblick auf seine „Reichskirchenpolitik", die von ihm und seinen Nachfolgern praktizierte Übung, Bischöfe in wichtige Reichsämter einzusetzen und als Reichsfürsten mit Landbesitz auszustatten. Otto zog nach Rom und wurde dort am 2. Februar 962 zum Kaiser gekrönt.

Das Papsttum befand sich zu dieser Zeit in einem Zustand sittenloser Verwilderung. Die römischen Adelsfamilien stritten um die Tiara, Mätressen der Päpste hatten großen Einfluß – man sprach von einer „Pornokratie", zu der das höchste Amt der Kirche herabgesunken war. Allein in der ersten Hälfte des 10. Jahrhunderts wechselten einander zwölf Päpste in der Herrschaft ab. Der erst 18jährige Johannes XII. war ein typischer Vertreter dieser Epoche. Kaiser Otto bestätigte ihm die in der Karolingerzeit getroffenen Vereinbarungen über den Kirchenstaat; gleichzeitig aber wurde vereinbart, daß jeder neue Papst dem Kaiser den Treueid zu leisten habe. Johannes XII. verbündete sich daraufhin mit Berengar, Otto kehrte nach Rom zurück und ließ den Papst durch eine Synode absetzen. Kaum war der Kaiser abgezogen, bemächtigte sich Johannes wieder der Herrschaft und verjagte den neuen Papst Leo VIII.,

Die Sachsenkaiser 919-1024

doch starb er bald darauf beim Ehebruch an einem Schlaganfall. Römische Adelscliquen wählten daraufhin einen anderen Papst, doch Otto kehrte erneut nach Rom zurück und setzte Leo wieder ein. Das Spiel wiederholte sich nach Leos Tod, als mit der Wahl Johannes XIII. zunächst der Vorschlag des Kaisers berücksichtigte, Johannes aber nach dessen Abzug verjagt wurde. Nun kam Otto noch einmal nach Rom und suchte mit einem Strafgericht Ordnung zu schaffen: zwölf hohe Adelige und der Stadtpräfekt von Rom wurden hingerichtet. Der Kaiser blieb nun sechs Jahre in der Ewigen Stadt.

Durch Ottos Italienpolitik waren die Weichen für die Zukunft des Reiches gestellt. Der deutsche König wurde durch die Kaiserkrönung zum Gründer des „Heiligen Römischen Reichs"; in seinem Anspruch, auch Oberherr des „Bischofs von Rom" zu sein, waren Machtkämpfe zwischen Kaiser und Papst für die auf Otto folgenden Jahrhunderte vorprogrammiert. Ottos Bestreben, die Anerkennung seines Kaisertums auch durch Byzanz zu erhalten, wurde dort zunächst abgewiesen. Kurz vor seinem Tod aber erlangte der Kaiser die Genugtuung, daß es gelang, für seinen Sohn eine Verwandte des oströmischen Herrschers, Theophanu, zu freien. Als einziger deutscher Kaiser erhielt Otto I. den Beinamen „der Große" – damit wurde sowohl der Ungarnbesieger, als auch der eigentliche Reichsgründer ausgezeichnet.

Otto II. (973-983) mußte sich in den ersten Regierungsjahren, ähnlich seinem Vater, mit der aufmüpfigen Verwandtschaft herumschlagen; erst durch die Absetzung des Baiernherzogs Heinrich des Zänkers – verbunden mit der Abtrennung Kärntens als eigenes Herzogtum und aller Marken von Verona bis zur Steiermark, sowie der Einsetzung der Babenberger-Markgrafen in Österreich – schaffte er sich Ruhe im Inneren. So konnte er dem französischen Karolinger Lothar, der Lothringen an sich reißen wollte, erfolgreich entgegentreten. Danach brach er nach Italien auf, für das er sich, da schon zu Lebzeiten seines Vaters zum Kaiser gekrönt, verantwortlich fühlte. Er schlichtete die Streitigkeiten des römischen Adels und versuchte dann, das byzantinische Unteritalien unter seine Herrschaft zu bringen. Neapel, Salerno und Tarent waren schon in seiner Hand, doch dann griffen die auf Sizilien herrschenden arabischen Sarazenen in die Kämpfe ein. Der Kaiser erlitt bei Cotrone eine schwere Niederlage, flüchtete auf ein Schiff, von dem er nicht wußte, daß es unter byzantinischer Flagge fuhr, und entkam bei einer Zwischenlandung schwimmend ans Ufer. Wieder in Rom, starb er, erst 28jährig, an der Malaria. Er ruht als einziger deutscher Kaiser im Petersdom.

Christus krönt Heinrich II. und seine Gattin Kunigunde von Luxemburg. Bamberger Evangeliar, Reichenau, 1007 oder 1014; München, Staatsbibliothek

Sein gleichnamiger Erbe Otto III. (983-1002), den der Vater noch von den Fürsten zum Nachfolger hatte wählen lassen, war erst drei Jahre alt; seine Großmutter Adelheid und seine Mutter Theophanu führten die Vormundschaft, der später als Silvester II. zum Papst gewählte Bischof Gerbert von Aurillac war sein bedeutendster Lehrer. Heinrich der Zänker sah nun noch einmal die Chance, die Herrschaft an sich zu reißen, indem er die Vormundschaft über den kleinen Otto beanspruchte; die Herzöge von Böhmen und von Polen unterstützten ihn in diesem Anspruch. Die Gegenpartei erreichte schließlich eine Versöhnung dadurch, daß Heinrich im Herzogtum Baiern wieder eingesetzt wurde. Auch ein neuerlicher Angriff auf Lothringen konnte abgewehrt werden, hingegen waren die Marken im Nordosten nach einem großen Slawenaufstand vorerst verloren.

Der von seinen geistlichen Lehrern ausgebildete Jüngling träumte von einer Wiederherstellung des universellen Römischen Reichs unter christlichen Vorzeichen; seine Bewunderer nannten ihn „Mirabilia mundi", Weltwunder. Die ständigen Streitigkeiten um die Tiara beendete Otto III. 996 durch einen Zug nach Rom, wo er seinen jungen Neffen Bruno als Gregor V. zum ersten deutschen Papst wählen ließ; später folgte Gerbert. Der allgemeinen Stimmung zu Einkehr und Buße in Erwartung des Weltendes um die Jahrtausendwende trug der asketische Jüngling durch eine Wallfahrt zum Grab des Märtyrers Adalbert nach Gnesen Rechung; er gründete hier ein Erzbistum für Polen. Auch setzte er sich für die Christianisierung Ungarns ein; dort wurde das Erzbistum Gran/Esztergom gegründet. Der ungarische Herrscher ließ sich als Stephan I. taufen und erhielt von Papst Silvester die Königskrone. Wieder in Rom, wurde der Kaiser von Aufständischen in seinem Palast belagert, konnte nach Ravenna fliehen, starb jedoch, mit erst zweiundzwanzig Jahren, bald darauf.

Dem unvermählten Otto III. folgte der Sohn Heinrichs des Zänkers, Heinrich II. (1002-1024), der nächste direkte Nachkomme König Heinrichs I. Als Begleiter seines Vorgängers bemächtigte er sich der Reichskleinodien, und der Mainzer Erzbischof Willigis setzte seine Wahl durch. Den Widerstand einiger Fürsten mußte der König erst in Deutschland, dann auch in Italien gewaltsam brechen. In Rom ließ er sich – unüblicherweise zusammen mit seiner Gemahlin, Kunigunde von Luxemburg – vom Papst krönen. Heinrich verließ sich wie sein Vorgänger Otto der Große, dem er nacheiferte, vor allem auf die Kirchenfürsten. Unter seinen zahlreichen Stiftungen war die des Bistums Bamberg die bedeutendste; Bamberg wurde exemptes Bistum, das heißt, es wurde nicht dem Erzbischof von Mainz untergeordnet, sondern unterstand direkt dem Papst.

Seine anfängliche Aufgabe war die der Slawenmission, womit Heinrich in Wettstreit mit dem polnischen König Boleslaw Chrobry geriet. Seine Kriege gegen diesen verliefen nicht glücklich, er mußte ihm die slawischen Marken im Nordosten überlassen. Hingegen bereitete er durch einen Vertrag mit Rudolf II. von Burgund, der wie er kinderlos war, die Verbindung dieses Landes mit dem Reich vor. In Unteritalien begannen sich zu dieser Zeit normannische Grafen festzusetzen. Im Bündnis mit ihnen griff Heinrich die Byzantiner an, jedoch mußte er sich, als sich in seinem Heer Seuchen auszubreiten begannen, nach Deutschland zurückziehen. Das Kaiserpaar wurde im 12. Jahrhundert heiliggesprochen. Mit dem Tod Heinrichs II. erlosch das sächsische Königshaus, deren Mitglieder nach ihren Ahnherren auch als Liudolfinger oder Ottonen bezeichnet werden.

Die Salier   1024-1125

Mit Heinrich III. erreichte die Kaisermacht ihren Höhepunkt; sein Sohn Heinrich IV. jedoch geriet in eine folgenschwere Auseinandersetzung mit dem Papsttum, was die weitere Geschichte des Reiches entscheidend mitbestimmte.

Mit Heinrich II. war das Geschlecht der Sachsenkaiser im Mannesstamm ausgestorben. Die Großen des Reiches wählten Konrad II. (1024-1039) aus dem fränkischen Geschlecht der Salier, einen Nachkommen von Liutgard, der Tochter Ottos des Großen, zum König. Um zur lombardischen Krone und zur Kaiserkrone zu gelangen, mußte er den Widerstand norditalienischer Städte brechen. Aufgrund des Erbvertrages seines Vorgängers stand ihm auch die Krone des Königreichs Burgund ins Haus. Dagegen revoltierte eine Gruppe Adeliger, unter ihnen sein Cousin Konrad der Jüngere und sein Stiefsohn Ernst (König Konrad hatte die Witwe des Herzogs von Schwaben geheiratet). Der König schlug die Empörung nieder; das Schicksal Herzog Ernsts, der, geächtet, als Räuber im Schwarzwald umkam, wurde in einem Volksbuch besungen.

Im Jahr 1032 trat mit dem Tod des letzten Königs von Burgund der Erbfall ein: das Königreich Burgund, das das Tal der Rhone von deren Quelle in den Alpen bis zur Mündung bei Arles umfaßte, wurde, neben Deutschland und Italien, zum dritten Bestandteil des Imperiums. Im Osten zwang der kraftvolle König Polen zur Anerkennung der deutschen Oberhoheit in den Marken, die sich nach den Slawenaufständen losgelöst hatten.

Konrad II. war darum bemüht, die königliche Gewalt nicht nur zu festigen, sondern auch erblich zu machen. Gegen die hohen Lehensträger, deren Erbrecht von den Königen ohnedies kaum noch angefochten werden konnte, versuchte er sich dadurch zu schützen, daß er auch die kleinen, nicht unmittelbar vom Reich genommenen Lehen erblich machte. In Italien, wo sich die Valvassoren, Angehörige des Ritterstandes, gegen die Willkür des Erzbischofs von Mailand erhoben hatten, machte er dies durch ein Edikt sogar zum allgemeinen Gesetz. Sie erblickten nun im König den Schützer ihrer Rechte, ebenso die freien Bauern, deren Rechte aufgezeichnet wurden.

Heinrich III. (1039-1056) war schon während der Regierungszeit seines Vaters zum König gekrönt worden. Er setzte dessen Bemühungen um Ausweitung des Reichsgutes dadurch fort, daß heimgefallene Lehen nicht wieder vergeben wurden; insbesondere durch die Königsgutverwaltung des Silberbergbaus bei Goslar schuf er sich eine Machtbasis. Die Herzogtümer Franken und Schwaben blieben bei der Familie des Königs, Baiern und Kärnten vergab er an minder

Kaiser Heinrich III. und seine Gemahlin Agnes werden von der Gottesmutter gekrönt. Evangeliar für den Dom von Speyer, Echternach, vor 1046; Escorial, Biblioteca

mächtige Fürsten, den selbstherrlichen Billungern in Sachsen schließlich stellte er durch Verleihung von Grafschaften an den Erzbischof von Bremen einen Gegenspieler auf. Lediglich Lothringen mußte er im Kampf niederringen; der verdrängte lothringische Herzog Gottfried aber heiratete die Markgräfin Mathilde von Tuscien (Toskana), woraus dem Königtum noch schwere Probleme erwachsen sollten.

In seinem imperialen Anspruch fühlte sich Heinrich III. als Wahrer des Rechts: Herzog Bretislaw von Böhmen bestrafte er für einen Beutezug nach Polen und zwang ihn, 1041, die Lehenshoheit des Reiches anzuerkennen. Gegen die Ungarn, die ihren König vertrieben hatten, führte er mehrere Kriege, wodurch die Mark Österreich bis zur Leitha erweitert werden konnte.

Auch die Herrschaft über die Kirche war für Heinrich III. selbstverständlicher Teil der Kaisermacht. Er verstand sich dabei durchaus als Vollzieher der Reformbewegung, die von Cluny (im französischen Teil Burgunds) ausging und im Schwarzwaldkloster Hirsau ihren wichtigsten deutschen Stützpunkt fand. Der Forderung der Kirchenreformer, die Klöster und Bischöfe aus der Vormundschaft durch weltliche Eigenkirchenherren zu befreien, konnte er, als Träger der kaiserlichen Gewalt – die in der Geistlichkeit ihre Stütze sah – durchaus etwas abgewinnen. Heinrich befreite das Papsttum von der Bevormundung durch die römischen Adelsparteien, indem er, im Jahr 1046, drei miteinander rivalisierende Päpste durch die Synode von Sutri (bei Rom) absetzen ließ. An ihre Stelle traten hintereinander die Reichsbischöfe Suitger von Bamberg, der als Clemens II. Heinrich zum Kaiser krönte, der Brixener Poppo (Damasus II.), der Vetter des Königs, Bruno von Toul (Leo IX.) und Gebhard von Eichstätt (Victor II.). Damit war die Tradition der Berufung des Papstes durch den römischen Adel aufgehoben, was die päpstliche Autorität wesentlich stärkte. Als Leo IX. seine Jurisdiktion auf Unteritalien ausweiten wollte, kam es zum Bruch mit Byzanz und zur endgültigen Kirchenspaltung zwischen der römisch-katholischen und der griechisch-orthodoxen Kirche (1054).

Als Heinrich III., noch nicht vierzigjährig, starb, war sein gleichnamiger Sohn erst drei Jahre alt; dennoch wurde er in Aachen gekrönt. Die Vormundschaft führte seine Mutter Agnes von Poitou. Sie versuchte, die Großen des Reichs durch Vergabe der Herzogtümer zu gewinnen: Gottfried erhielt Lothringen zurück, Graf Rudolf von Rheinfelden wurde mit Schwaben belehnt, Berthold von Zähringen mit Kärnten und der sächsische Graf Otto von Northeim mit Baiern. Erzbischof Anno von Köln sah sich zurückgesetzt und brachte den zwölfjährigen König in seine Gewalt; seine harte Erziehung wurde durch die mildere Erzbischof Adalberts von Bremen abgelöst. Nach der Rückkehr von einem Feldzug gegen Ungarn wurde der 14jährige Heinrich IV. (1050-1106) für mündig erklärt und übernahm selbst die Regierung. Die Fürsten stemmten sich gegen den von Erzbischof Adalbert angestachelten Ehrgeiz des Jünglings, die Kaiserherrlichkeit seines Vaters wieder herzustellen. Auf dem Reichstag zu Tribur (heute Trebur in Hessen) wurde der König gezwungen, sich von seinem väterlichen Berater zu trennen und Bertha von Savoyen zu heiraten. Nach einigen Jahren fühlte sich Heinrich stark genug, sich für diese Demütigungen zu rächen. Er entmachtete ei-

27

Die Salier

nige der Herzöge, die seiner Mutter ihre Positionen abgerungen hatten. Von Otto von Northeim aufgestachelt, erhoben sich die Sachsen und zerstörten die königlichen Burgen. Erst als es Heinrich gelang, die Bauern auf seine Seite zu ziehen, konnte er die Adelsempörung niederwerfen. Auch bei den Städten, denen er Privilegien einräumte, fand er Unterstützung.

Nun fürchtete auch Rudolf von Rheinfelden um sein Lehen Schwaben. Er fand in Rom einen mächtigen Bundesgenossen: Papst Gregor VII., der schon zuvor als Kardinal Hildebrand die päpstliche Politik geleitet hatte. Hildebrand, der von nichtadeliger Herkunft war, hatte seine kirchliche Laufbahn als ein aus der Toskana stammender Mönch begonnen. Er war von dem Gedanken beseelt, den Papst als Nachfolger Petri und Stellvertreter Gottes auf Erden zum Herrn über alle geistlichen und weltlichen Großen, den Kaiser eingeschlossen, zu erheben. Er ließ sich von verschiedenen Fürsten den Lehenseid leisten; Bedeutung hatte dabei insbesondere jener der Normannen, die sich Sizilien und Unteritalien untertan gemacht hatten und nun zu streitbaren Bundesgenossen des Papstes wurden. Der Papst verlangte von den Weltgeistlichen die Einhaltung des mönchischen Zölibats, was keineswegs überall Zustimmung fand. Ein direkter Eingriff in die bestehenden staatsrechtlichen Verhältnisse war das von Gregor VII. ausgesprochene Investiturverbot; hierfür warb der Papst in der Weise, daß er die Investitur mit der Simonie gleichsetzte, dem von der cluniazensischen Reform bekämpften Ämterkauf. Das konnte weder vom Herrscher noch von vielen Kirchenfürsten, die ja zugleich Lehensträger waren, akzeptiert werden.

Heinrich hatte Schreiben des Papstes, in welchen dieser die Beachtung seiner Vorschriften einmahnte und sich für die fürstlichen Gegner des Königs einsetzte, ignoriert. Als ein offenes Anklageschreiben folgte, ließ Heinrich, im Januar 1076, auf einer Kirchenversammlung in Worms den Papst für abgesetzt erklären. Daraufhin geschah das bis dahin Unerhörte: Gregor VII. sprach über Heinrich den Bann aus und entband seine Untertanen ihrer Treueide. Das gab den Feinden des Königs Oberwasser. In Tribur beschlossen sie, daß ein Reichstag unter dem Vorsitz des Papstes über den König zu entscheiden habe.

Dem wollte Heinrich zuvorkommen: Nur

Der Gang nach Canossa: Heinrich IV. bittet Mathilde, Markgräfin von Tuszien, und den Abt von Cluny um Vermittlung bei Papst Gregor VII. Vita Mathildis des Donizo, Oberitalien, um 1115; Rom, Biblioteca Apostolica Vaticana

Einigung im Investiturstreit: Kaiser Heinrich V. und Papst Paschalis II. Weltchronik des Frutolf von Michelsberg, 1113; Cambridge, Corpus Christi College

von seiner Frau und seinem kleinen Sohn begleitet, zog er im Winter über die Alpen. Vor dem Schloß der Gräfin Mathilde in der Toskana, wo sich der Papst aufhielt, verharrte er drei Tage lang als Büßer mit bloßen Füßen und in härenem Gewand und erzwang so die päpstliche Absolution. Da er nun von der Exkommunikation befreit war, konnte er wiederum den Gehorsam der Fürsten einfordern. Trotzdem aber wählten seine Feinde Rudolf von Rheinfelden zum Gegenkönig. Heinrich stellte ein Heer auf – bestehend vor allem aus Bürgern der Städte und aus Bauern –, es kam zum Bürgerkrieg. Dieser zog sich solange hin, bis dem Gegenkönig in der Schlacht an der Elster (1080) die Schwurhand abgeschlagen wurde und er verblutete – ein Zeichen des Himmels, das Heinrich allenthalben Anerkennung brachte. Eine neuerliche Exkommunikation durch Gregor VII. hatte nur noch wenig Wirkung, die deutschen Bischöfe erklärten Gregor VII. auf einer Synode in Brixen für abgesetzt und wählten einen Gegenpapst. Heinrich IV. ließ sich von diesem in Rom zum Kaiser krönen und belagerte Gregor in der Engelsburg, bis ihn ein normannisches Entsatzheer befreite und nach Monte Cassino brachte.

Nachdem er nach Deutschland zurückgekehrt war, konnte Heinrich seines Sieges nicht froh werden. Zunächst mußte er einen neuen Gegenkönig, Hermann von Salm, niederwerfen, dann zog die Adelsopposition seinen älteren Sohn Konrad auf ihre Seite. Dieser ließ sich von den mit dem Papst verbündeten aufständischen Lombarden und von dem treulosen Baiernherzog Welf zum König von Italien krönen (Welf hatte übrigens, da er ihre Güter erben wollte, die um fünfundzwanzig Jahre ältere Mathilde von Tuscien geheiratet, trennte sich aber von ihr, als er erfuhr, daß sie sämtliche Besitzungen dem Papst vermacht hatte). Ein neuerlicher Bannfluch, ausgesprochen durch den neuen Papst Paschalis II., zeigte die Ohnmacht des Kaisers; fast alle Großen, auch die Bischöfe, rückten von ihm ab – sie sahen sich durch seine Politik der Privilegierung des Kleinadels und der Städte gefährdet. Schließlich gelang es ihnen, auch den zweiten Sohn des Kaisers, den von ihm so geliebten Heinrich, auf ihre Seite zu ziehen; dem Sohn gelang es, den Vater durch eine List gefangenzunehmen und ihn in Ingelheim zur Abdankung zu zwingen; ein Jahr später starb Heinrich IV. in Lüttich – inmitten der Vorbereitungen, den Verrat des Sohnes zu bestrafen.

1024-1125

Heinrich V. (1106-1125) sah sich, obwohl zunächst ein Mann der päpstlichen Partei, sehr bald vor die gleichen Probleme wie sein Vater gestellt, zumal Paschalis II. auf das Verbot der Laieninvestitur bestand. Der König verlieh den deutschen Kirchenfürsten weiterhin ihre Ämter; als der Papst dies scharf verurteilte, zog Heinrich mit einem gewaltigen Heer nach Italien. In Sutri vereinbarten König und Papst, daß die Kirche alle vom Reich empfangenen Güter und Würden zurückgeben sollte. Im Gegenzug verpflichtete sich der König, auf die Investitur zu verzichten. Das jedoch erwies sich als undurchführbar – bei den Kirchenfürsten erhob sich ein Entrüstungssturm. Unter diesem Druck gestand der Papst die Investitur schließlich zu und krönte Heinrich zum Kaiser (1111).

Kaum war Heinrich nach Deutschland zurückgekehrt, wurde, sehr zur Freude seiner innerdeutschen Feinde, der Kirchenbann über ihn verhängt. Im Jahr 1116 zog er erneut nach Italien. Er bemächtigte sich der Güter der verstorbenen Mathilde, vertrieb den Papst und stellte einen Gegenpapst auf. Erst nachdem es ihm gelungen war, den Reichsfrieden herzustellen, traten die Fürsten als Vermittler auf. Im Jahr 1122 kam es zwischen Heinrich V. und Calixtus II. zum Abschluß des Wormser Konkordats. Dieses teilte die bischöflichen Ämter in eine geistliche und eine weltliche Seite: In Deutschland wurden die Bischöfe und Äbte vor der Weihe mit Ring und Stab vom Kaiser oder seinem Stellvertreter mit dem Zepter für ihre Länder belehnt, in Italien und Burgund sollte die Reihenfolge umgekehrt sein.

Heinrich V. starb kinderlos, womit das salische Königshaus erloschen war. Daß die Kinderlosigkeit an dem Herrscher und nicht an seiner Gemahlin Mathilde von England lag, beweist die Tatsache, daß diese nach ihrer Wiederverehelichung die Stammutter der britischen Dynastie Anjou-Plantagenet wurde.

Das Reich der Salier — um 1050

Das Stauferreich

Unter dem schwäbischen Haus der Staufer erreichte das mittelalterliche Kaisertum seinen höchsten Glanz. Die Italienpolitik aber führte zum Endkampf mit den Päpsten; der Egoismus der deutschen Fürsten trug entscheidend zu deren Sieg und zur Entmachtung der Kaiser bei.

Das Wormser Konkordat beendete keineswegs die Einmischung des Papstes in die Angelegenheiten Deutschlands. Das zeigte sich bereits bei der Königswahl nach dem Tode Heinrichs V. Anders als beim Erlöschen des sächsischen Kaiserhauses wurde, auf Betreiben Roms und des Erzbischofs von Mainz, nicht, wie dies Heinrich V. gewünscht hatte, einer seiner staufischen Neffen gewählt, sondern der sächsische Graf Lothar von Supplinburg (1125-1137); er hatte versprechen müssen, die kaiserlichen Rechte aus dem Wormser Konkordat nicht in Anspruch zu nehmen. Lothar verbündete sich mit dem bairischen Welfenherzog Heinrich dem Stolzen und gab ihm seine Tochter zur Frau; eine Rebellion des Staufers Konrad wurde niedergeschlagen. Mit Erfolg machte Lothar dem Reich die abgefallenen Lande der Elbslawen untertan und übergab die Mark Brandenburg Albrecht dem Bären, dem Stammherrn der Askanier. Den aus Rom vertriebenen Papst Innozenz II. setzte Lothar mit Waffengewalt wieder ein, doch wurde ihm dafür, als er auch die Normannen Unteritaliens unterwerfen wollte, kein Dank zuteil. Auf dem Rückmarsch ereilte ihn in Tirol der Tod; die Reichsinsignien hatte er zuvor seinem Schwiegersohn übergeben.

Dieser aber, der nun zugleich Herzog von Baiern und Sachsen war, wurde dem Papst zu mächtig; er betrieb die Wahl jenes Staufers Konrad, den erst wenige Jahre zuvor der römische Bannfluch getroffen hatte. Konrad III. (1138-1152) erklärte die Vereinigung zweier Herzogtümer in einer Hand für unstatthaft, woraufhin der Kampf zwischen Welfen und Staufern mit aller Härte ausbrach. Konrad verlieh Sachsen dem Markgrafen Albrecht dem Bären, Baiern dem österreichischen Babenberger Leopold IV. Nach langen Kämpfen blieb der König bei Weinsberg Sieger; nach dem Tod Heinrichs des Stolzen wurde dessen kleiner Sohn Heinrich der Löwe im Herzogtum Sachsen eingesetzt; Baiern blieb vorerst dem Österreicher, wogegen der junge Welfe in der Folgezeit erneut rebellierte.

Auf dem Totenbett hatte Konrad die Fürsten gebeten, statt seines unmündigen Sohnes seinen Neffen Herzog Friedrich von Schwaben, der ihn auf dem Kreuzzug begleitet hatte, zum König zu wählen. Als Sohn eines Staufers und einer Welfin war Friedrich I. (1152-1190), der in Italien den Beinamen Barbarossa (Rotbart) erhielt, prädestiniert, den unseligen Streit zwischen den beiden Fürstenhäusern zu beenden. Sogleich begleitete Heinrich der Löwe den Cousin auf seinen ersten Italienzug, auf dem Friedrich seinen Anspruch auf die Oberhoheit über die lombardischen Städte kundtat, den Papst gegen die Römer in seine Rechte einsetzte und sich die Kaiserkrone holte. Nach der Rückkehr nach Deutschland, 1156, schlichtete er den Streit um das Herzogtum Baiern: der Welfe wurde wieder eingesetzt, die Markgrafschaft Österreich jedoch völlig von Baiern losgelöst und zum Herzogtum erhoben. Heinrich der Löwe wiederum erhielt völlig freie Hand im Norden und Nordosten Deutschlands. Er nützte seine Macht, um sich in Sachsen gegen kleinere Lehensträger durchzusetzen und jenseits der Elbe die deutsche Kolonisation mit großer Härte voranzutreiben.

Barbarossas Hauptinteresse aber galt Italien und Burgund; von achtunddreißig Regierungsjahren weilte er dreizehn im Süden.

Kaiser Friedrich Barbarossa mit seinen Söhnen, König Heinrich VI. und Herzog Friedrich von Schwaben. Historia Welforum, Weingarten, um 1190; Fulda, Hessische Landesbibliothek

Nachdem seine erste Ehe unter dem Vorwand zu naher Verwandtschaft geschieden worden war, heiratete er Beatrix, die Tochter des Grafen von Hochburgund. Er zog selbst nach Arles, um sich zum König krönen zu lassen und die der Reichsgewalt entfremdeten burgundischen Großen zur Huldigung zu zwingen.

Viel schwieriger war die Lage in Oberitalien. Der Anspruch auf die Oberhoheit über die reichgewordenen Städte entsprach sowohl Barbarossas Verständnis von kaiserlicher Autorität – es war kein Zufall, daß er Karl den Großen heiligsprechen ließ – als auch der Erwartung hoher Abgaben. Die meisten Städte fügten sich zunächst, doch führte der kaiserliche Kanzler Rainald von Dassel ein so rücksichtsloses Regiment, daß sie sich um das von Anfang an widerstrebende Mailand zusammenschlossen. Dieser Städtebund fand in Papst Alexander III. einen Verbündeten. Barbarossa begann die Belagerung Mailands; nach einem Jahr mußte sich die Stadt ergeben und wurde völlig zerstört (1162). Vier Jahre später besetzte der Kaiser Rom, Papst Alexander mußte fliehen, und ein Gegenpapst wurde auf seinen Thron gesetzt. Doch zwang eine furchtbare Seuche Friedrich zum Rückzug, und nun erhoben sich die lombardischen Städte. Nur mit Mühe konnte der Kaiser nach Burgund entkommen.

Papst Alexander III. hatte auch in Deutschland Anhänger gefunden; Barbarossa mußte die Anerkennung der von ihm geförderten Gegenpäpste in Salzburg, Österreich und Böhmen mit großer Härte durchsetzen. Zugleich stieg die Unzufriedenheit der Fürsten Norddeutschlands, weil der Kaiser nicht bereit schien, dem gewalttätigen Vorgehen Heinrichs des Löwen ernsthaft Einhalt zu gebieten. Friedrich I. wandte sich vielmehr erneut nach Italien, belagerte die nach dem Papst benannte Bundesfestung der Lombarden, Alessandria, und bat Heinrich den Löwen – vergeblich – um Unterstützung. Daraufhin erlitt er bei Legnano eine vernichtende Niederlage (1176).

Dem Friedensschluß mit dem Papst und den Lombarden folgte die Bestrafung des treulosen Löwen: Heinrich wurde geächtet, das Herzogtum Sachsen aufgeteilt. Dem Welfen blieb der Hausbesitz um Braunschweig und Lüneburg, doch mußte er nach England in die Verbannung gehen. Mit Baiern wurde Graf Otto von Wittelsbach belehnt. Im Jahr 1189 brach Friedrich I. zum Dritten Kreuzzug auf; das Heilige Land erreichte er jedoch nicht – beim Baden im kleinasiatischen

1138-1254

Flüßchen Saleph (Göksu) ertrank er, vom Schlag gelähmt.

Durch die Heirat mit Konstanze, der Erbin des normannischen Königreichs beider Sizilien, eröffnete sich für Barbarossas Sohn Heinrich VI. (1190-1197) die Möglichkeit, ganz Italien unter seine Herrschaft zu bringen. Allerdings mußte die Neuerwerbung erst erkämpft werden: Der normannische Adel wählte nach dem Tod des letzten rechtmäßigen Herrschers einen unehelich geborenen Nachkommen der Dynastie zum König. Vergeblich belagerte ein deutsches Heer Neapel, zeitweise geriet sogar die Frau des Kaisers in Gefangenschaft.

In Deutschland hatte Heinrich der Löwe den Krieg um die vormals welfischen Herzogtümer inzwischen neu entfacht; er stützte sich dabei auf die Hilfe Englands, war er doch mit der Schwester von König Richard Löwenherz verheiratet. Dessen Gefangennahme durch den Herzog von Österreich und seine Auslieferung an den Kaiser lähmte jedoch den welfischen Widerstand. Erst gegen beträchtliches Lösegeld und Leistung des Lehenseides wurde Löwenherz aus der Gefangenschaft entlassen. Nun konnte sich Heinrich ganz der Eroberung Siziliens zuwenden. Mit unbarmherziger Strenge setzte er sich gegen den normannischen Adel durch. Auf dem Höhepunkt seiner Macht angelangt, scheiterte er mit dem Wunsch, das Wahlkönigtum durch eine Erbmonarchie zu ersetzen, am Widerstand der Fürsten und am Bannfluch des Papstes. Dessen ungeachtet wollte Heinrich durch die Eroberung von Byzanz und des Orients die Universalität des Römischen Reiches, dem sein Vater erstmals den Beinamen „Heilig" vorangesetzt hatte, wieder herstellen. So überzogen, wie es scheinen mag, war dieser Plan nicht: Heinrichs jüngster Bruder Philipp von Schwaben war mit Irene, der Tochter des griechischen Kaisers Isaak Angelos vermählt, und dieser hatte den Schwiegersohn zum Erben bestimmt (wurde jedoch gestürzt). In der Vorbereitung seiner hochfliegenden Projekte raffte Heinrich ein Fieber hinweg; in der Kathedrale von Palermo wurde er beigesetzt.

Heinrichs einziger Sohn Friedrich war damals erst vier Jahre alt. Sein Onkel, Philipp, wollte ihn nach Deutschland holen – als dies mißlang kam Friedrich unter die Vormundschaft des Papstes Innozenz III nach Sizilien. Die Mehrheit der deutschen Fürsten wählte Philipp (1198-1208) zum König, die welfische Partei jedoch stellte Otto von Braunschweig, einen Sohn Heinrichs des Löwen, als Gegenkönig auf. Der Papst mischte sich in den Thronstreit ein und sprach sich für Otto aus. Es kam zu einem langwierigen Bürgerkrieg. Als der englische König Johann, der wie sein Vorgänger Richard Löwenherz den Welfen unterstützt hatte, aus Frankreich vertrieben wurde, neigte sich der Sieg Philipp zu. Auch der Papst war jetzt zur Versöhnung bereit – da wurde der staufische König in Bamberg von einem wittelsbachischen Pfalzgrafen (aus privaten Gründen) ermordet. Nunmehr erkannten die Fürsten Otto IV. (1198-1215) allgemein als König an. Der Papst krönte ihn zum Kaiser. Otto heiratete Philipps Tochter und nahm die staufischen Traditionen auf, indem er die königliche Gewalt über Italien wieder aufrichten wollte.

Das Stauferreich — 1194

Das Stauferreich   1138-1254

Daraufhin belegte ihn Innozenz III. mit dem Kirchenbann und erklärte sein Mündel Friedrich zum rechtmäßigen König Deutschlands. Der Jüngling zog über die Alpen und wurde insbesondere in Schwaben begeistert aufgenommen. Der Kampf aber wurde auf dem Schlachtfeld von Bouvines (bei Lille) entschieden, wo die Franzosen über die Engländer und den mit ihnen verbündeten Otto IV. siegten. Friedrich II. (1215-1250) wurde in Aachen gekrönt, der Welfe resignierte.

Diese Erfolge trugen dazu bei, daß sich Friedrich, ein Mann, der in seiner Bildung und seinem Denken seine adeligen Zeitgenossen turmhoch überragte, aus der Bevormundung durch den Papst zu lösen begann. Allerdings legte er das Schwergewicht seiner Politik auf Italien und baute seine Herrschaft in seinem Erbreich Sizilien durch ein neues Gesetzbuch, das als Vorwegnahme eines aufgeklärten Absolutismus angesehen werden kann, weiter aus. Rom suchte ein Gegengewicht, indem es die Erneuerung des gegen die Oberhoheit des Reiches gerichteten lombardischen Städtebundes förderte. Um Friedrich an sein Kreuzzugsversprechen zu binden, drängte Papst Honorius II. ihn nach dem Tod seiner ersten, spanischen Frau zur Heirat mit Jolanthe von Brienne, der Tochter des Titularkönigs Johann von Jerusalem (die Stadt Jerusalem war an Sultan Saladin verlorengegangen). Als Friedrich 1227 von Brindisi zum Kreuzzug aufbrach, wegen des Ausbruchs einer Seuche auf den Schiffen jedoch umkehren mußte, belegte ihn der neue Papst, Gregor IX., mit dem Kirchenbann und ließ angeworbene Soldaten in das Königreich Neapel einmarschieren. Gregor sah in der Umklammerung des Kirchenstaates durch die staufische Herrschaft in Süditalien eine unerträgliche Bedrohung. Friedrich gelang es indes, ohne großen Waffeneinsatz mit Sultan Alkamil einen Vertrag zu schließen, der Jerusalem für die Christen freigab. Er setzte sich die Krone des Königreichs auf. (Seither trugen alle Kaiser, bis herauf zu Österreichs Franz Joseph, den Titel eines Königs von Jerusalem, obwohl die Stadt selbst 1244 endgültig an die Muslime verlorenging.)

Friedrich II., auf Italien konzentriert, behandelte Deutschland als Nebenland – von achtunddreißig Regierungsjahren weilte er nur neun im Norden. Um die Hand frei für die Italienpolitik zu haben, vergab er zunächst an die geistlichen, dann auch an die weltlichen Fürsten die Regalien, die dem König vorbehaltenen Hoheitsrechte, wie Münz-, Zoll- und Bergrechte. Diese Privilegierung förderte die nach der Auflösung der Stammesherzogtümer in Gang gekommene Verselbständigung der feudalen Territorialherrschaften und machte deren Träger zu Landesherren. Den alten Hader zwischen Welfen und Staufen beendete er dadurch, daß er den Enkel Heinrichs des Löwen, Otto von Braunschweig-Lüneburg, in den Herzogsrang erhob.

In Italien kam indes der Kampf zwischen den Staufern und dem Papst voll zum Ausbruch. Der sinnenfrohe Kaiser verheiratete seinen unehelichen Sohn Enzio mit einer sardinischen Adeligen und erhob ihn zum König von Sardinien. Daraufhin wurde Friedrich erneut exkommuniziert, Gregor IX. bezichtigte ihn 1239 in einer haßerfüllten Denkschrift der Ketzerei und berief eine Kirchenversammlung ein, um ihn abzusetzen. Friedrich besetzte den Kirchenstaat und Enzio besiegte die mit dem Papst verbündeten Genueser zur See. Mit dem Tod Gregors und mit der Wahl Innozenz IV. schien der Friede wieder einzukehren. Das Amt machte aus dem vormaligen Freund Friedrichs jedoch dessen erbittertsten Gegner. Nach erfolglosen Verhandlungen predigte der Papst die Vernichtung nicht nur des Kaisers, sondern auch die Ausrottung der gesamten staufischen „Vipernbrut". 1245 ließ er Friedrich von einer nach Lyon einberufenen Kirchenversammlung absetzen; die deutschen Kirchenfürsten, allen voran der Mainzer Erzkanzler Siegfried von Eppstein, spielten dabei eine unrühmliche Rolle. Nacheinander wurden in Deutschland Heinrich Raspe von Thüringen und Wilhelm von Holland zu Gegenkönigen gewählt In Italien konnte sich Friedrich zwar behaupten, starb aber, innerlich gebrochen, bald nach der Gefangennahme seines Sohnes Enzio durch die Bolognesen, 1250 in Fiorentino (Apulien).

Konrad IV. (1250-1254), Sohn des Kaisers und der Jerusalem-Erbin, nominell schon seit 1237 deutscher König, hatte im Reich schwere Kämpfe mit der päpstlichen Partei und ihren Gegenkönigen zu bestehen, konnte sich aber, dank der Hilfe der Städte, in Süddeutschland behaupten. Obwohl der unversöhnliche Papst den Kampf der auf die Stärkung der eigenen Macht bedachten geistlichen und weltlichen Fürsten gegen den „Herodessohn" segnete, gelang es Konrad, mit einem Heer nach Italien zu ziehen. Mit Hilfe seines Halbbruders Manfred eroberte er Apulien, Neapel und Capua zurück. Schon wollte er gestärkt nach Deutschland zurückkehren, da erlag er einem Fieber. Sein Sohn Konradin war erst zwei Jahre alt.

Als König von Sizilien übernahm Manfred die Verteidigung des italienischen Stauferbes. Nachdem er mit Hilfe der Ghibellinen (der nach dem Stammschloß Waiblingen benannten Stauferpartei in Italien) in Mittelitalien Erfolge gegen die päpstlichen Guelfen erzielt hatte, sahen sich die Päpste eingekreist und riefen den Bruder des französischen Königs, Karl von Anjou, zu Hilfe. Dieser war von Papst Clemens IV. mit Neapel und Sizilien belehnt worden und wurde somit zum Exekutor des gegen die Staufer gerichteten päpstlichen Vernichtungswillens. Sein gegen den „Ketzer" Manfred geführtes Kreuzheer besiegte diesen bei Benevent (1266).

Der Tod Manfreds veranlaßte Konradin, mit einer kleinen Truppe von Schwaben nach Italien zu ziehen. Zwar schlossen sich ihm ghibellinische Städte an, doch konnte ihn Karl von Anjou bei Tagliacozzo schlagen. Der auf der Flucht verratene Konradin wurde gefangengenommen. Anjou machte ihm den Prozeß wegen Hochverrats und ließ ihn und seine Gefährten, trotz Freispruchs der Richter, 1268 in Neapel enthaupten. Als letzter männlicher Nachkomme der Staufer starb Manfreds Sohn Heinrich nach 52jähriger Gefangenschaft im Jahr 1318.

Kaiser Friedrich II., dargestellt in dem von ihm verfaßten Buch „De arte venandi cum avibus", 1232; Rom, Biblioteca Apostolica Vaticana

Der Deutsche Ritterorden 1226-1660

In einem Unterwerfungskrieg gegen die baltischen Pruzzen schuf der Deutsche Orden einen Staat, der zur Zeit seiner Hochblüte von Pommern bis zum Finnischen Meerbusen reichte. Der großen Kulturleistung und der Machtentfaltung in Preußen und im Baltikum folgte nach zwei Jahrhunderten der Niedergang.

Vor der belagerten Stadt Akkon wurde im Dritten Kreuzzug der Deutsche Orden gegründet. Zunächst widmete er sich der Krankenpflege. Nach dem Vorbild der schon zuvor im Heiligen Land entstandenen Orden der Templer und Johanniter wurde er 1198 in einen geistlichen Ritterorden umgewandelt. Außer den drei Mönchsgelübden – Armut, Keuschheit, Gehorsam – verpflichteten sich die Ordensmitglieder zum Kampf gegen die Heiden. Von ihrem Überkleid, einem weißen Mantel mit schwarzem Kreuz, leitet sich Schwarz-Weiß als die Farbe Preußens ab.

Von den Staufern wurde der Orden mit Gütern im ganzen Reich ausgestattet. 1211 lud der ungarische König Andreas II. den Hochmeister des Ordens, Hermann von Salza, ein, im siebenbürgischen Burzenland die Grenzwacht gegen die Kumanen (Polowzer) zu übernehmen, ein nomadisches Turkvolk, das Ungarn und Russen schwer zu schaffen machte. Der Orden legte Burgen an und begann mit der Kolonisation; er drohte ein Staat im Staate zu werden, weshalb er vom König des Landes verwiesen wurde.

Wenig später jedoch wurde den Deutschrittern ein neues Arbeitsgebiet eröffnet. Der polnische Herzog Konrad von Masowien suchte eine Streitmacht gegen die heidnischen Pruzzen, ein baltisches, mit den Litauern verwandtes Volk. Der Herzog versprach, dem Orden das umstrittene Kulmerland, wenn er es eroberte, als Geschenk zu vermachen. Sogleich belehnte Kaiser Friedrich II. den Orden – großzügig im voraus – mit dem ganzen Pruzzenland (1226).

Nun begann einer der unerbittlichsten Kolonialkriege, die sich seit der Antike je auf europäischem Boden abgespielt haben. Die Pruzzen hatten sich noch im 10. Jahrhundert allen Bekehrungsversuchen widersetzt und die Missionare Adalbert von Prag (als hl. Wojtech in Polen und Böhmen verehrt) und Bruno von Querfurt erschlagen. Nunmehr sollte ihnen das Christentum mit Feuer und Schwert beigebracht werden. Ein halbes Jahrhundert wurde der Krieg mit erschreckenden Grausamkeiten geführt.

Aus den Erfahrungen mit den polnischen Herzögen wußten die Pruzzen, daß die Taufe sehr rasch mit Frondiensten verbunden wurde. Dem Orden kam zugute, daß ihm die pruzzischen Stämme einzeln gegenübertraten; zum Unterschied von den mit ihnen verwandten litauischen Nachbarn hatten sie sich noch nicht zu einer übergeordneten staatlichen Einheit verbunden. Ihr Widerstand war dennoch zäh. Es bedurfte wiederholter Aufrufe des Papstes zum Kreuzzug, denen Fürsten und Ritter mit ihrem Kriegsvolk schließlich Folge leisteten. Schritt für Schritt eroberte der Orden die einzelnen Landesteile, legte Burgen an und rief Zuwanderer aus dem Reich. Erste Stützpunkte waren die Städte Kulm und Thorn, es folgten Marienwerder und Elbing. Ein Angriff Herzog Swantopluks von Pommern auf den Orden brachte den Pruzzen Entlastung. Ohne die Dampfwalze des Ritterheeres des Böhmenkönigs Ottokar Przemysls, der bis Samland vordrang und 1255 Königsberg gründete, hätte der ungleiche Kampf wohl noch viel länger gedauert.

Die Einigkeit der unterlegenen Pruzzen aber kam zu spät: Ihr Aufstand wurde – nachdem schon überall im Land die Kirchen und Burgen brannten – in einem erbittert geführten, jahrelangen Vernichtungskrieg niedergeschlagen (1283). Die Adeligen und früheren heidnischen Priester wurden umgebracht, die Reste der Bevölkerung in Ghettos gesteckt, zu den niedrigsten Frondiensten gezwungen und von jeder Bildung ferngehalten. Ihre Sprache verschwand – erhalten blieb nur der Name des Landes: Preußen. (Anmerkung: In sowjetischen Gefangenenlagern, so wird erzählt, träumten ein paar ostpreußische Romantiker von einer Wiederbelebung des Pruzzischen, ähnlich dem Gälischen in Irland. Doch zeigte der Sieger auch Phantasie: er machte Königsberg zu Kaliningrad ...)

Die Hochmeister, die ihren Sitz nach der Rückkehr aus Palästina zunächst in Venedig genommen hatten, machten die Marienburg zu ihrer Residenz. Der Strom der aus Deutschland gerufenen Siedler kultivierte das

Der Deutsche Ritterorden 1226-1660

Die Marienburg, errichtet 1272, wurde zur Zentrale des Ordensstaates.

Land rasch; der Ordensstaat war ihnen gegenüber vorerst freizügiger, als sie es von den oft drückenden feudalen Verhältnissen ihrer alten Heimat gewohnt waren. Seine höchste Machtentfaltung erlebte der Orden im 14. Jahrhundert unter dem Hochmeister Winrich von Kniprode.

Noch Hermann von Salza hatte 1237 die Vereinigung des Deutschordens mit dem Orden der Schwertbrüder vollzogen; diese hatten im Auftrag des deutschen Bischofs von Riga die heidnischen Liven, Letten und Esten unterworfen, sahen sich allerdings in Estland von Dänemark bedroht. Am zugefrorenen Peipussee scheiterte 1242 ein Vorstoß des Ordens nach Nowgorod. Doch waren Kurland und Livland nun Ordensland, auch wenn das Erzstift Riga seine Eigenständigkeit behielt. Im Jahr 1301 besetzten die Deutschherren die Hansestadt Danzig. Das von allen Nachbarn beanspruchte Pommerellen, dessen Herzogsgeschlecht ausgestorben war, fiel 1310 an den Orden, womit die Landverbindung zum Reich hergestellt war. 1346 eroberten die Ritter den noch dänischen Nordteil Estlands, 1402 kauften sie dem Luxemburger Sigismund die Neumark ab; vorübergehend beherrschten sie auch die Insel Gotland. Ständig im Kampf lagen die Deutschherren mit den Litauern, deren Fürsten damals auch Weißrußland beherrschten. Da sie noch Heiden waren, konnten die Hochmeister immer wieder Kreuzfahrer als „Gäste" aus aller Herren Länder einladen, die fast alljährlich „Kriegsreisen" ins Feindesland veranstalteten. Trotzdem blieb das zeitweise besetzte Schamaiten (Samogitien, ungefähr das heutige Gebiet Litauens) umstritten.

Die Wende zuungunsten des Ordens trat dann ein, als sich der litauische Großfürst Jagiello taufen ließ und die polnische Erbtochter Hedwig heiratete. Gegen dieses nunmehr christliche, mit Polen in Personalunion vereinigte Litauen konnte der Orden keine Kreuzfahrer mehr rufen. Zudem waren die Glanzzeiten des Ritterstaates vorüber: Seine Oberen, des Kampfes entwöhnt, mußten Söldner holen und dafür die Steuerlasten hinaufschrauben, das wieder verstärkte den Unmut der adeligen Gutsherren und der Stadtbürger, die am Wohlleben der ihre Mönchsgelübde längst abgelegten Deutschherren zunehmend Anstoß nahmen. In Westpreußen bildete sich der Eidechsenbund als Widerstandsorganisation; er hoffte auf Polen als Wahrer der ständischen Rechte.

Im Jahr 1410 fiel Wladyslaw Jagiello in Preußen ein. In der Schlacht bei Tannenberg/Grunwald erlitt das Ordensheer eine vernichtende Niederlage; selbst Hochmeister Ulrich von Jungingen wurde gefangengenommen. Erst vor der Marienburg konnten die Polen durch Heinrich von Plauen zurückgeworfen werden. So beschied sich Polen im Frieden von Thorn (1411) vorerst mit der Zahlung hoher Kontributionen durch den Orden. Das freilich verschärfte erneut die innere Situation des Staates. Immer wieder flammten Kämpfe mit Polen auf, die mit Söldnerheeren geführt wurden. Der Belastungen überdrüssig, bildeten Adel und Städte den Preußischen Bund; 1454 sagte dieser dem Hochmeister den Gehorsam auf und trug dem polnischen König Kasimir IV. die Herrschaft über Preußen an. Die Abtrünnigen besetzten zahlreiche Ordensburgen und fanden bald darauf militärische Unterstützung durch die Polen. Der Krieg, der sich über dreizehn Jahre hinzog, zehrte an den Mitteln des Ordens. Der Verkauf der Neumark an Brandenburg reichte nicht, weshalb Burgen und Ordensstädte einschließlich der ehrwürdigen Marienburg an die Söldner verpfändet wurden. Als die letzten Geldquellen versiegt waren, verkauften die Söldner ihre Pfandrechte an Polen; der Hochmeister war gezwungen, seine Residenz mit Königsberg zu vertauschen. Im zweiten Frieden von Thorn (1466) mußte der Orden Westpreußen mit Danzig, Thorn und Kulm sowie die Bistümer Kulm und Ermland (fortan „königliches Preußen") an Polen abtreten. Den Rest von Ostpreußen durfte er als „herzogliches Preußen" unter polnischer Lehenshoheit behalten.

Um diese Oberhoheit abzuschütteln, wählten die Ritter nun deutsche Fürsten – zuerst Friedrich von Sachsen, dann Albrecht von Brandenburg-Ansbach – zu Hochmeistern. Diese aber fanden keine Unterstützung bei Kaiser und Reich. Albrecht ließ sich von Luther bewegen, den Ordensstaat in ein weltliches Herzogtum, weiterhin als polnisches Lehen, umzuwandeln (1525). Kaiser Karl V. verhängte über Albrecht die Reichsacht und belehnte den Deutschmeister, den Ordensrepräsentanten im Reich, mit Preußen – was jedoch wirkungslos blieb. Die Hohenzollern blieben Herzöge in Ostpreußen, das ab 1611, mit Joachim Friedrich, von den Kurfürsten von Brandenburg in Personalunion regiert und 1660 von der polnischen Lehenshoheit gelöst wurde. Kurland, dem ein Landmeister aus dem Schwertritter-Orden vorstand, folgte dem preußischen Beispiel. Livland wurde an den polnischen König abgetreten, der dafür Kurland und Semgallen zu einem erblichen Herzogtum unter polnischer Lehenshoheit umwandelte.

Der Deutsche Orden bestand im Reich weiter; seine zahlreichen, im ganzen Reich verstreuten Güter verwaltete der Hoch- und Deutschmeister in zwölf Balleien (Verwaltungsbezirken). Kaiser Franz II. erhielt das Recht, die Hochmeisterwürde einem Mitglied des Hauses Habsburg erblich zu verleihen. Napoleon löste den Orden auf, der priesterliche Zweig blieb in Wien bestehen.

Die Hanse

1241-1669

Im 14. und 15. Jahrhundert beherrschte die Deutsche Hanse den Handel von England und Flandern bis nach Skandinavien und in das Baltikum. Der Aufstieg der Seemächte, das Versäumnis der Teilnahme am Überseehandel und der Dreißigjährige Krieg führten zu Niedergang und Zerfall.

„Hanse" ist ein schon im Gotischen belegtes Wort, das ursprünglich „streitbare Schar", dann soviel wie eine geschlossene Vereinigung bedeutete; allmählich wurde der Begriff auf kaufmännische Vereinigungen, wie sie sich im 12. Jahrhundert zu bilden begannen, eingeengt. Mit den Hansen wurde das Recht verbunden, in fremden Ländern Handel zu treiben, wofür die Kaiser Privilegien vergaben.

Den Handel mit England bestritten zunächst fünf Hansen flandrischer und niederrheinischer Städte; zur bedeutendsten wurde die von Kölner Kaufleuten gegründete, die im Londoner Stalhof ein weitgehendes Stapelrecht besaß. Köln trat mit Lübeck in Verbindung, wo eine Vereinigung von Kaufleuten den Handel mit Schweden, dem Baltikum und Rußland betrieb; wichtige Niederlassungen waren Wisby auf Gotland und der St. Petershof in Nowgorod. Doch bauten Lübecker und Hamburger Kaufleute auch die Verbindungen nach Westen aus und erhielten speziell in Brügge umfassende Privilegien.

Im Jahr 1241 schlossen Hamburg und Lübeck einen Bund zur Sicherung des Verkehrs zwischen Nord- und Ostsee. Im weiteren Verlauf des Jahrhunderts kam es zum Abschluß weitläufiger Bündnisse zwischen den Handelsstädten ganz Niederdeutschlands: im lübisch-wendischen Bund verband Lübeck die Ostseestädte Mecklenburgs und Pommerns, dazu märkische Städte wie Berlin und Frankfurt an der Oder; in Hamburg schlossen die niederrheinischen und niederländischen Städte einen Bund, der mit den Städten im preußischen Ordensland in engen Kontakt trat; Wisby (später Danzig) wurde das Zentrum für eine Vereinigung der Städte Livlands und Estlands. Schließlich schlossen sich, unter der Leitung Bremens, eine Anzahl niedersächsischer Städte zusammen. Bemerkenswert ist, daß sowohl freie Reichsstädte als auch Landstädte in den Bünden vereinigt waren. 1364 gaben sich die vier Bünde durch die „Kölnische Konföderation" eine gemeinsame Verfassung. Ihr Ziel war die Sicherung des Verkehrs zu Lande und zur See, die Wahrung und Erweiterung der gewährten Privilegien und eine weitgehende Autonomie, die auch die patrizische Ordnung in den Städten aufrechterhalten sollte. In den meisten Hansestädten galt das Stadtrecht von Lübeck, und hier kamen auch ihre Deputierten alle drei Jahre zu Tagsatzungen zusammen.

Als König Waldemar IV. von Dänemark das gotländische Wisby besetzt, erwies sich die Hanse als ein durchaus streitbares Bündnis. Eine Hanseflotte unter dem Lübecker Bürgermeister Hans Wittenberg nahm Kopenhagen ein und plünderte es; gegen den

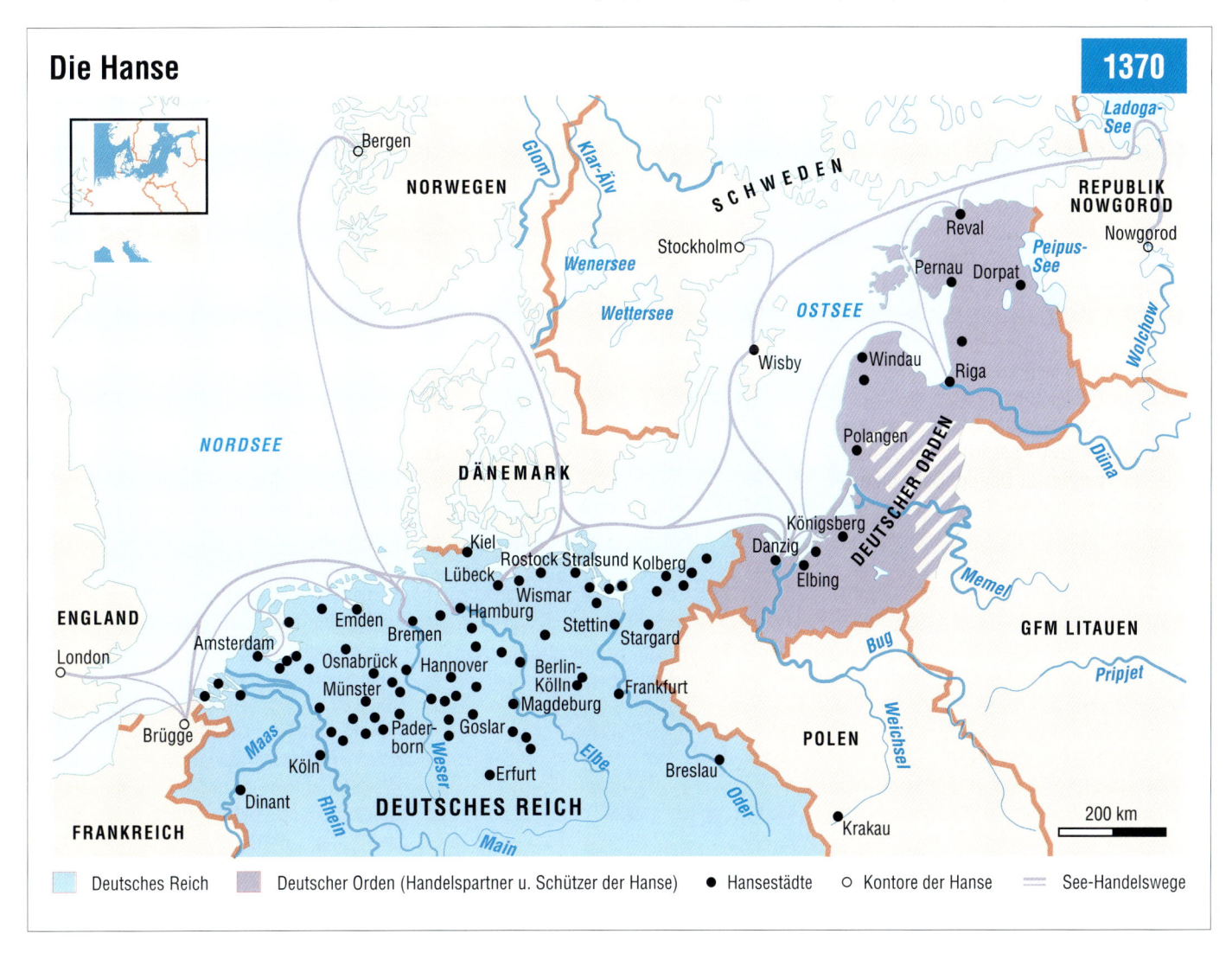

Die Hanse   1241-1669

Willen des Königs schlossen die dänischen Stände mit der Hanse den Frieden von Stralsund (1370). Auch zwang die Hanse den ihr feindlich gesinnten König von Schweden, Hakon Magnusson, zur Demission und setzte Albrecht von Mecklenburg auf den schwedischen Thron. Als die Union von Kalmar (1397) die Vereinigung der Königreiche Dänemark, Norwegen und Schweden brachte, konnten die Kaufleute der Hanse ihre Tätigkeit auf ganz Skandinavien ausdehnen. Dem Treiben der Vitalienbrüder, Freibeutern, deren Name von ihrer Versorgung des belagerten Stockholm mit Lebensmitteln herrührt, machten die Hanseflotten rasch ein Ende. Sie stellten die Seeräuber bei Helgoland; ihre Anführer Klaus Störtebeker und Godeke Michels wurden 1400 in Hamburg hingerichtet.

Auch in Frankreich und Portugal errichtete die Hanse Faktoreien. Der Handel mit den Städten Oberdeutschlands, die wieder die Verbindungen zu Italien, zu Konstantinopel und zum Orient pflegten, wurden ausgebaut. Dabei bildete die Stadt Erfurt einen Hauptplatz für den Austausch im Binnenhandel. So brachte das 13. und 14. Jahrhundert die Hochblüte der Hanse.

Frühe innere Streitigkeiten hatten der Hanse noch wenig schaden können, obwohl die holländischen Städte, in einem neuen Konflikt mit Dänemark, 1423 vom Bund abfielen; ihnen wurde daraufhin die Zufahrt zur Ostsee gesperrt. Hundert Jahre später war die Frage des Monopols der Hanse für die Durchfahrt durch Belt und Sund, von dänischen Königen vordem zugesichert, erneut Anlaß für einen Krieg Lübecks mit Dänemark. Die Initiative dazu lag bei Jürgen Wullenweber, der als Anhänger der Reformation von den demokratischen Kräften der Stadt zum Bürgermeister erhoben worden war. Zusammen mit Graf Christoph von Oldenburg wollte er Dänemark wieder unter den Einfluß der Hanse bringen; als der Krieg ungünstig verlief und zugleich das Reichskammergesetz der Stadt Lübeck mit der Acht drohte, sollte das aristokratische Regiment nicht wieder eingeführt werden – Wullenweber dankte ab. Sein Leben endete tragisch. Als er mit Erlaubnis des Rates im Land Hadeln Kriegsvolk anwerben wollte, wurde er vom Erzbischof von Bremen verhaftet und dem Herzog von Braunschweig ausgeliefert. Dieser ließ ihn foltern und das Geständnis abpressen, er habe in Lübeck ein demokratisches Wiedertäuferreich errichten wollen. In Wolfenbüttel wurde er hingerichtet (1537).

Für den Schütting in Lübeck fertigte Benedikt Dreyer 1527 das Wappen der Kaufmannsgesellschaft der Englandfahrer (oben) und der Nowgorodfahrer (unten) an. Lübeck, St.-Annen-Museum

Die konservative Gesinnung der Hanseaten trug wohl dazu bei, daß die Hansestädte es versäumten, nach der Entdeckung der Neuen Welt ihre Schiffe auch über die Weltmeere zu schicken. So liefen ihnen Engländer, Franzosen und Niederländer den Rang ab. Die Städte der Niederlande wurden ihre zunächst schärfsten Konkurrenten. Ein schwerer Schlag traf die Hanse auch in England: Königin Elisabeth I. forderte für ihre Untertanen die gleichen Privilegien in den Hansestädten, wie sie deren Kaufleute in England genossen. Die Hanse verweigerte dies, woraufhin ihre Rechte in England stark eingeschränkt wurden. Hamburg nahm zwar die englische Kompanie der Adventurers auf, Lübeck aber erhob Einspruch und erwirkte ein kaiserliches Verbot für deren Handel im Reich. Daraufhin ließ Elisabeth in Portugal sechzig Hanseschiffe kapern und sperrte den Stalhof in London (eine Maßnahme, die später wieder aufgehoben wurde). Nach dem Mißerfolg der Auseinandersetzungen mit Dänemark, der das Monopol der Hanse auf die Durchfahrt durch den Sund endgültig beseitigte, schüttelte auch Schweden die hansische Oberherrschaft über den Skandinavienhandel ab und behinderte den hansischen Handel im Baltikum.

Der Dreißigjährige Krieg gab der Hanse schließlich den Todesstoß. Die Treue der Hansestädte zum Luthertum hatte sie 1627 daran gehindert, ein Angebot Kaiser Ferdinands II., der nach den großen Siegen Wallensteins eine kaiserliche Flotte in der Nordsee aufbauen wollte, anzunehmen: bei einem vom Kaiser initiierten Hansetag in Lübeck bot Spanien den Hansestädten das Monopol des gesamten Handels mit seinen amerikanischen Kolonien an. Doch der Hansetag lehnte ein Bündnis mit den katholischen Habsburgern ab.

Die Invasion der Schweden unter Gustav Adolf und die weiteren Verwüstungen des Krieges führten zum völligen Zerfall der Hanse. Am letzten Hansetag (1669) nahmen nur noch sechs Städte teil, und zuletzt rückten nur Hamburg, Bremen und Lübeck in einem engeren Bund zusammen. Gemeinsam verwalteten sie noch bis ins 19. Jahrhundert die Kontore in London, Antwerpen und Bergen. Die drei Städte wahrten ihre Souveränität auch im Deutschen Bund, im Zweiten Kaiserreich und in der Weimarer Republik. Lübeck allerdings wurde 1937 durch das Groß-Hamburg-Gesetz Preußen eingegliedert und gehört heute zu Schleswig-Holstein. Bremen und Hamburg erstanden nach 1945 als deutsche Bundesländer wieder.

Die Zeit der Wahlkönige

1246-1347

Dem Interregnum in Deutschland folgte die Zeit der „springenden Königswahlen", in denen die geistlichen Kurfürsten ihre Macht zeigten. Die Könige aus den Häusern Habsburg, Wittelsbach und Luxemburg waren vor allem auf die Stärkung ihrer Hausmacht bedacht. Der Anspruch auf die Kaiserkrone führte zu neuen Konflikten mit dem Papst.

Nach dem Tod des letzten Stauferkönigs Konrad IV. regierte Wilhelm von Holland (1247-1256), von den drei geistlichen Kurfürsten als Gegenkönig gewählt, allein. Hatte er, durch Zuerkennung von Zollfreiheit, zunächst vor allem die Städte in den Niederlanden und jene am Rhein gewonnen, so anerkannten ihn nun auch die Fürsten Brandenburgs und Sachsens. Im Rheinischen Städtebund, der zur Selbsthilfe gegen das um sich greifende Raubrittertum gebildet worden war, fand er eine Stütze. Eine solche brauchte er, denn die Fronten hatten sich geändert: Der Papst wollte Wilhelm zum Kaiser krönen, der Erzbischof von Köln sowie Frankreich jedoch dachten schon an seine Ablöse. Dazu aber kam es nicht mehr: Wilhelm starb im Kampf mit den Friesen.

Nunmehr begann das eigentliche Interregnum, „die kaiserlose, die schreckliche Zeit". Schrecklich war sie für die Kaufleute und die Bauern, für die die mangels großer Kriege beschäftigungslos gewordenen Ritter zur Landplage wurden – zweifellos aber nicht für die großen geistlichen und weltlichen Fürsten, die sich nun, fern jeder Lehensberechtigung, in den Besitz von Reichs- und Königsgut setzen konnten. Wenn schon ein König, so meinten sie, dann sollte er möglichst fern und möglichst machtlos sein – und für seine Wahl mit Geld und Privilegien zahlen. Auf diese Weise wählte man, auch weil die rivalisierenden auswärtigen Mächte England und Frankreich mitmischten, gleich zwei Könige: Richard von Cornwall, den Bruder des englischen Königs Heinrich III., der seine Bestechungsgelder – ungeniert „Handsalben" genannt – aus den reichen Zinn- und Bleigruben seiner Heimat holte, und Alfons von Kastilien, den die Franzosen vorschoben. Für die beiden Herren war die deutsche Königskrone nur insofern interessant, als sie sich Hoffnung auf den Kaisertitel und damit auf das staufische Erbe in Italien machten. Richard von Cornwall zeigte sich mitunter im Rheingebiet, der Kastilier hat deutschen Boden überhaupt nicht betreten.

Die habsburgischen Stammlande

1291

Karte: Habsburgisch vor Rudolf I. – Erwerbungen Rudolfs I. – Reichsstadt – Landvogtei Oberelsaß (Sundgau) – Sonstige habsburgische Vogteien – Rh. = Rheinfelden

Der mächtigste deutsche Fürst in dieser Zeit war König Ottokar II. von Böhmen. Er hatte die Schwäche der Reichsgewalt genutzt, um sich in den Besitz von Österreich, und der Steiermark zu setzen, erbte Kärnten und Krain dazu, so daß sein Territorium von Schlesien bis zur Adria reichte. Das wäre ein Königskandidat gewesen, der wieder eine kraftvolle Reichspolitik hätte führen können – daran aber hatten weder der Papst noch die Fürsten Interesse. Erst als sich Rom, in gleicher Weise wie vordem von den Staufern, durch die Anjous bedrängt sah, schienen geordnete Verhältnisse wieder opportun.

Die Wahl der Kurfürsten – inzwischen hatte sich ein festes Kollegium herausgebildet, das aus den drei Erzbischöfen von Köln, Mainz und Trier sowie aus dem König von Böhmen, dem Herzog von Sachsen, dem Markgrafen von Brandenburg und dem Pfalzgrafen bei Rhein bestand – fiel auf den schwäbischen Grafen Rudolf von Habsburg (Ottokar hatte an der Wahl nicht teilgenommen). Rudolf, der damals schon fünfundfünfzig Jahre alt war, stammte aus einer staufertreuen Familie. Er hatte reichen Besitz im Breisgau, im Elsaß und in der späteren Schweiz.

Rudolf I. (1273-1291) bestritt die Rechtmäßigkeit der von dem Cornwaller nur schriftlich erteilten Belehnung Ottokars mit Österreich und Steiermark und lud den Böhmen vor einen Reichstag. Ottokar erschien nicht und wurde daraufhin geächtet. Im Jahr 1276 begann der Reichskrieg gegen ihn, und er wurde gezwungen, seine Erwerbungen herauszugeben. Zwei Jahre später glaubte sich Ottokar stark genug, Österreich erneut zu besetzen, verlor jedoch auf dem Marchfeld bei Wien Schlacht und Leben. Dennoch beließ Rudolf Böhmen und Mähren bei den Przemysliden. Seine Söhne belehnte er mit den Herzogtümern Österreich und Steiermark, Kärnten überließ er seinem treuen Gefolgsmann, dem Görzer Grafen. Was als zweites Standbein der habsburgischen Hausmacht neben den schwäbischen Besitzungen gedacht war, sollte in den folgenden Jahrhunderten zum neuen Kernland der Dynastie werden.

Eine solche Machtausweitung war nicht im Sinne der Kurfürsten: Sie wählten nicht Rudolfs Sohn Albrecht, sondern den Grafen Adolf von Nassau (1292-1298) zum König; die Erzbischöfe gaben dabei den Ausschlag.

Die Zeit der Wahlkönige
1246-1347

Als Adolf aber Meißen und Thüringen als erledigte Lehen einziehen wollte, um sich eine Hausmacht aufzubauen, erklärten ihn die Fürsten für abgesetzt; im Kampf gegen Albrecht von Österreich fand er den Tod. Doch auch Albrechts I. (1298-1308) wurden die geistlichen Kurfürsten, als dieser seine Hausmacht ausweiten wollte, bald überdrüssig – dem König drohte das gleiche Spiel wie seinem Vorgänger. Albrecht aber brachte die drei Erzbischöfe mit Hilfe der rheinischen Städte zur Räson und schaffte die dortigen, handelsbehindernden Zölle ab. Sein Bestreben, den böhmischen Thron beim Aussterben der Przemysliden mit seinem Sohn zu besetzen, scheiterte an dessen frühem Tod; Albrecht selbst wurde im Jahr darauf von seinem Neffen, der sich benachteiligt fühlte, im Schweizer Stammland der Habsburger ermordet.

Inzwischen war die Macht Frankreichs gewaltig angewachsen: König Philipp der Schöne hatte Papst Bonifatius VIII. kidnappen lassen, nachdem dieser ihn, in übersteigertem Machtanspruch, mit dem Kirchenbann belegt hatte. Die Nachfolger Bonifatius' wurden unter französisches Kuratel gestellt. Ebenso war Philipp bemüht, Frankreichs Grenze auf Kosten des Reichs nach Osten zu erweitern. Das gute Verhältnis zu den Grafen von Luxemburg schien dies zu begünstigen. Graf Heinrich war in Frankreich erzogen worden; seinen Bruder Balduin, obwohl erst zweiundzwanzig Jahre alt, erhob der Papst, auf Betreiben Philipps, zum Kurerzbischof von Trier. Philipp nämlich wollte seinen eigenen Bruder zum deutschen König wählen lassen. Balduin aber machte ihm einen Strich durch die Rechnung: sein Vorschlag, seinen Bruder Heinrich von Luxemburg zu wählen, war für die Kurfürsten weitaus akzeptabler.

Heinrich VII. (1308-1313) sicherte sich Rückendeckung bei Philipp, indem er ihm die burgundischen Gebiete am rechten Rhone-Ufer – das Vivarais und Lyon – überließ. Als Mehrer der luxemburgischen Hausmacht erwies er sich als tatkräftig: durch die Heirat seines Sohnes mit der letzten Przemyslidin wurden die Länder der böhmischen Krone luxemburgisch (1310). Danach glaubte Heinrich, die staufische Politik in Italien fortsetzen zu können. Von dem Ghibellinenfreund Dante Alighieri begeistert begrüßt, ließ er sich von den lombardischen Städten teils huldigen, teils bekriegte er guelfische Stadtherren und stieß schließlich nach Rom vor. Dort krönten ihn Vertreter des nach Avignon übersiedelten Papstes zum Kaiser; seit der Kaiserkrönung des Staufers Friedrich II. waren fast hundert Jahre vergangen. Nachdem er erst mit Neapel und dann mit Siena Krieg geführt hatte, starb der Luxemburger unerwartet und wurde in Pisa begraben.

Im Reich schien die Wahl des Habsburgers Friedrichs des Schönen gesichert. Durch eine Intrige des Erzbischofs von Mainz, Peters von Aspelt, ließ sich Ludwig von Wittelsbach ebenfalls zu einer Kandidatur bewegen. Aspelt zog drei der Kurfürsten auf seine Seite. So kam es 1314 in Frankfurt zur Doppelwahl Ludwigs IV. (1314-1347) und Friedrichs des Schönen (1314-1330), was zu einem achtjährigen Bürgerkrieg führte. Der streitbare Bruder Friedrichs, Herzog Leopold, erlitt bei Morgarten gegen das Bauernheer der Eidgenossen eine schwere Niederlage; Ludwig beeilte sich, den Habsburgern jedes Recht auf die Schweizer Waldstätte abzusprechen. Schließlich kam es bei Mühldorf am Inn zur Entscheidungsschlacht (1322), Friedrich wurde von seinem Gegner gefangengenommen. Ludwig bewog ihn zum Verzicht auf die Königskrone und ließ ihn unter der Bedingung frei, daß er seinen Bruder zur Einstellung der Kämpfe bewege. Da Leopold dazu nicht bereit war, kehrte der ritterliche Friedrich freiwillig in die Gefangenschaft zurück. Der gerührte Wittelsbacher erkannte ihn daraufhin als Mitkönig an.

Nunmehr hatte Ludwig der Bayer den Rücken frei für die Wiederaufnahme der Italienpolitik seines Vorgängers. Dort hatte Papst Clemens V., der von Avignon aus die französische Politik unterstützte, den Anjou-Herrscher von Neapel zum Reichsverweser für Italien ernannt. Der nächste Papst, Johannes XXII., ließ die Anerkennung einer der deutschen Könige offen und behauptete, solange er nicht entschieden habe, gäbe es überhaupt keinen deutschen König. Um diesen Ansprüchen entgegenzutreten, zog Ludwig 1323 nach Italien und bereitete an der Seite ghibellinischer Städte den päpstlichen Guelfen mehrere Niederlagen. Daraufhin erklärte ihn Johannes XXII. für abgesetzt. Als Ludwig erwiderte, dem Papst stehe nur die Kaiserkrönung, nicht aber die Wahl des deutschen Königs zu, wurde er exkommuniziert. Im Reich hatte der Bannfluch vorerst keine Folgen, und Ludwig konnte sich der Mehrung der wittelsbachischen Hausmacht widmen.

Der Kampf mit dem Papst war noch nicht ausgestanden. Das theoretische Rüstzeug dafür lieferte dem König der gelehrte Marsilius von Padua. Als Rektor der Pariser Universität hatte er die französischen Könige bei der Beseitigung der päpstlichen Bevormundung durch seine Lehre von der „Volkssouveränität" unterstützt. Freilich wollte Frankreich, das den päpstlichen Stuhl nun in Avignon beherrschte und mit Franzosen besetzte, solches nicht auch auf Deutschland angewendet wissen. Ludwig aber brach 1327 zu einem neuen Italienzug auf und ließ sich in Mailand zum König von Italien krönen. Endlich in Rom, verweigerten die päpstlichen Vertreter dem Exkommunizierten die Kaiserkrone. Der Rat des Marsilius zeigte den Ausweg aus dem Dilemma: Ein Vertreter des römischen Volkes sollte den Kaiser und seine Gemahlin krönen (1328). Der von Marsilius als „Störer des Friedens" bezeichnete Papst wurde für abgesetzt erklärt. Von Anjou aus dem Süden bedrängt, zog sich Ludwig zurück.

Nach dem Tod Johannes XXII. bemühte sich Ludwig, mit dessen Nachfolger zu einem Ausgleich zu kommen. Auch dies wurde von Frankreich hintertrieben. Die meisten deutschen Fürsten, auch die geistlichen, standen jedoch auf der Seite des Kaisers. Der Kurverein von Rhense, zu dem alle Kurfürsten bis auf Johann von Böhmen 1337 zusammenkamen, gab eine – danach von Ludwig durch ein Gesetz sanktionierte – unmißverständliche Interpretation der Reichsverfassung: Die königliche Würde stamme allein von Gott und bedürfe nicht der Zustimmung des Papstes; der von den Kurfürsten rechtmäßig Gewählte sei sogleich König und Kaiser.

Die Spannungen mit der Kurie wurden nicht nur dadurch, sondern auch durch einen folgenschweren Streit mit den Luxemburgern verschärft. Es ging dabei um Tirol. Die Erbtochter des letzten Grafen von Tirol, Margarete Maultasch, hatte ihren ersten, impotenten luxemburgischen Gatten verjagt und einen Wittelsbacher zum Ehegemahl genommen. Der Papst erklärte die Ehe für ungültig, Ludwig, dem der nach München gezogene Marsilius das Recht der Ehescheidung zusprach, ignorierte dies. Wegen des Machtzuwachses für die Wittelsbacher gingen die Kurfürsten jedoch auf Distanz zu ihm. Nach neuen päpstlichen Interventionen setzten sie Ludwig 1347 ab und wählten den Luxemburger Karl IV., zum König. Ludwig rüstete für einen neuen Bürgerkrieg, erlag jedoch bei einer Bärenjagd überraschend einem Herzschlag.

Die Luxemburger — 1346-1437

Gestützt auf ihre von Heinrich VII. begründete Hausmacht regieren die Luxemburger neun Jahrzehnte über das Reich. Diesem gab Kaiser Karl IV. mit der Goldenen Bulle ein im Prinzip bis 1806 gültiges Verfassungsgesetz.

Der Herzinfarkt, dem Ludwig der Bayer erlag, hatte dem Luxemburger Karl IV. (1346-1378) einen Bürgerkrieg erspart. Den Gegenkönig Günther von Schwarzburg, den die wittelsbachische Partei aufgestellt, dann aber kaum unterstützt hatte, konnte er zum Verzicht auf die Krone bewegen. Karl IV., der von den geistlichen Kurfürsten gewählt worden war und dem Papst zusagte, sich – zum Unterschied von seinen Vorgängern – nicht in italienische Angelegenheiten mischen zu wollen, wurde im Volk als „Pfaffenkönig" bezeichnet. Das Auftauchen des „falschen Waldemar", möglicherweise von Karl selbst inszeniert, gab ihm die Möglichkeit, den Wittelsbachern Brandenburg (s. d.) wegzunehmen; schließlich vermehrte er die luxemburgische Hausmacht über die Länder der böhmischen Krone hinaus durch Inbesitznahme dieses Landes (1373).

Zwar ließ sich Karl in Mailand und in Rom krönen, Herrschaftsansprüche in Italien aber lagen ihm fern; mit wenig Erfolg versuchte er, den Papst nach Rom zurückzuführen. Am Hof der Valois aufgewachsen – der französische König Karl VI. ersetzte als Firmpate den Taufnamen des Luxemburgers, Wenzel, durch seinen eigenen –, mit einer französischen Prinzessin verheiratet, ließ Karl geschehen, daß der letzte Graf der Dauphiné dieses burgundische Reichsland Frankreich vermachte. Mit seinem Vater Johann von Böhmen war der Luxemburger schon im Jahr seiner Wahl zum König den Franzosen gegen die in Calais gelandeten Engländer zu Hilfe gekommen; in der Schlacht bei Crécy wurde ihr Ritterheer besiegt, der blinde Vater Karls fiel, der Sohn entkam mit Mühe.

Kaiser Karl IV. und seine Gemahlin Elisabeth, die Tochter König Wenzels III. von Böhmen. Fresko in der Burgkapelle Karlstein, Tschechien, um 1355

Der letzte Luxemburger, Kaiser Sigismund, lud Papst Johannes XXIII. zum Konstanzer Konzil ein. Chronik des Konstanzer Konzils, Augsburg 1483

Das Wirken Karls IV. ist vor allem durch die im Jahr 1356 von ihm erlassene „Goldene Bulle" prägend gewesen. Dieses Reichsgrundgesetz legte die Rolle der sieben Kurfürsten als alleinige Königsmacher fest und stattete sie mit umfassenden Privilegien aus, die ihren Territorien eine Art Sonderstatus gaben. Ihre Person sollte als ebenso unverletzlich gelten wie die des Kaisers. Mit dieser Regelung begünstigte Karl seine eigene Dynastie, weil die Luxemburger als Könige von Böhmen ja Kurfürsten waren; die bayrischen Wittelsbacher und die Habsburger hingegen blieben ausgeschlossen. Insbesondere der junge Herzog von Österreich, Rudolf IV., der Stifter, wollte ähnliche Vorteile auch für sein Haus. Er ließ eine Urkunde fälschen, in der Österreich weitgehende Privilegien zugestanden wurden – wenn schon nicht Kurfürst, so sollten die habsburgischen Herrscher wenigstens den Titel Erzherzog tragen. Der italienische Gelehrte Petrarca machte den Kaiser auf die Fälschung aufmerksam, woraufhin Karl die Anerkennung dieses „Privilegium maius"

39

Die Luxemburger

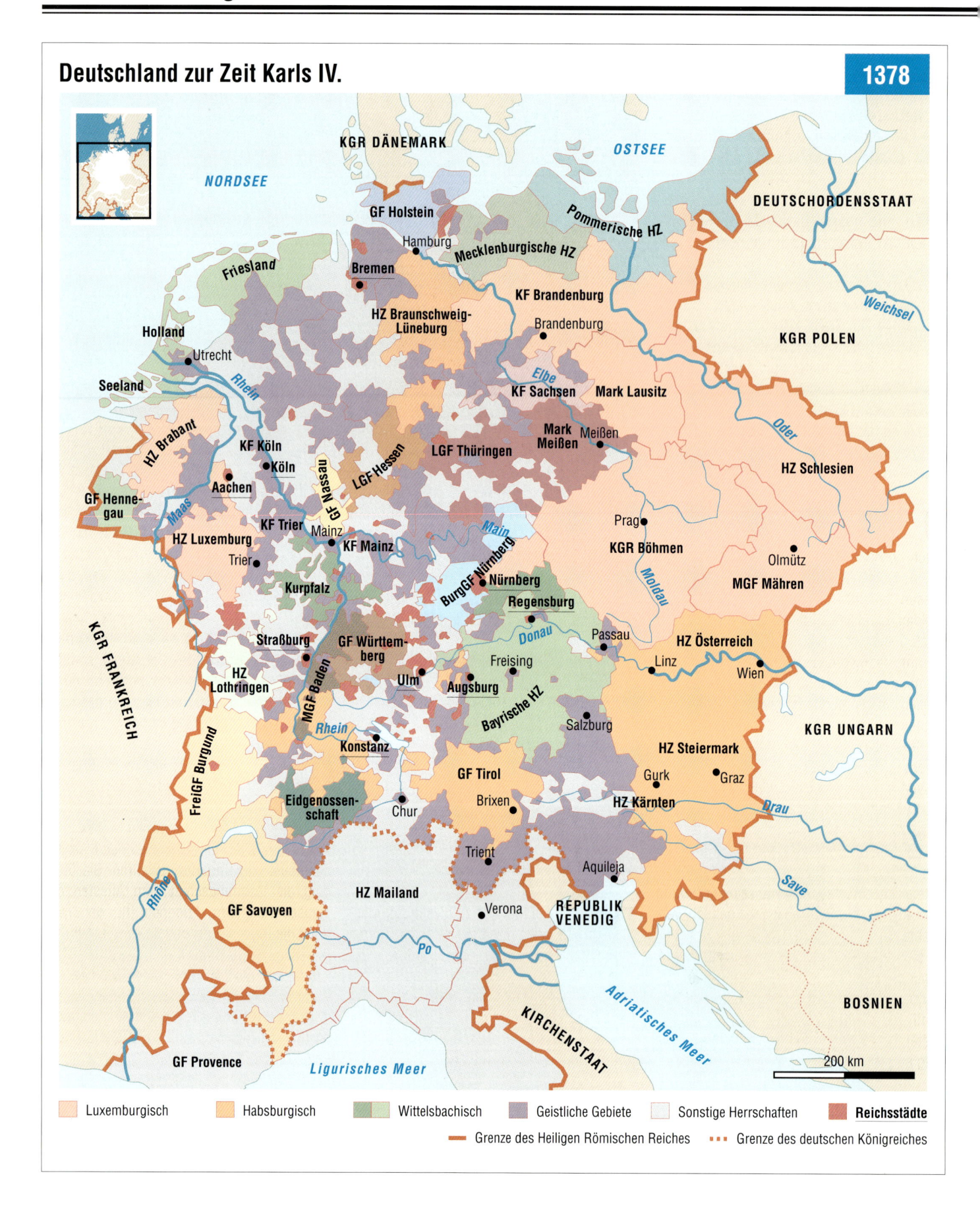

Deutschland zur Zeit Karls IV. — 1378

Legende:
- Luxemburgisch
- Habsburgisch
- Wittelsbachisch
- Geistliche Gebiete
- Sonstige Herrschaften
- **Reichsstädte**
- Grenze des Heiligen Römischen Reiches
- Grenze des deutschen Königreiches

1346-1437

verweigerte. Dem habsburgischen Kaiser Friedrich III. machte die Fälschung hundert Jahre später wenig Kopfzerbrechen – er unterzeichnete sie.

Seine böhmischen Erblande machte Karl zu Musterländern. Er sorgte für Sicherheit, förderte Handel und Handwerk, ließ Prag zum Erzbistum erheben und gründete dort im Jahre 1348 die erste deutsche Universität. Was er vom Wahlrecht der Kurfürsten wirklich hielt, zeigte sich, als er mit viel Geld und päpstlichem Druck die Wahl seines ältesten Sohnes Wenzel zum Nachfolger erkaufte. Karl hinterließ Wenzel Böhmen, Schlesien und die Lausitz, seinem Zweitgeborenen, Sigismund, Brandenburg, und seinem Jüngsten, Johann, Görlitz und die Neumark. Mähren war schon zuvor an seine Neffen Jobst und Prokop gefallen; diesen verpfändete Wenzel dann das Stammland im Westen, das Herzogtum Luxemburg.

Der unfähige und zugleich grausame Wenzel (1378-1400) setzte sich weder im Reich noch in Böhmen durch. In einen Streit mit dem Prager Erzbischof geraten, ließ er dessen Generalvikar Johann Nepomuk in der Moldau ertränken – der Legende nach, weil er als Beichtvater der Königin das Beichtgeheimnis nicht verraten wollte. Sein Bruder Sigismund und sein Cousin Jobst setzten schließlich den König in Prag in Haft, die Kurfürsten sprachen seine Absetzung aus und wählten den pfälzischen Wittelsbacher Ruprecht (1400-1410) zum König.

Wenzel war nicht zuletzt deswegen abgesetzt worden, da er – gegen Geld – die Herrschaft Mailand zum Herzogtum erhoben und sie den Visconti als Lehen gegeben hatte. Mit den französischen Königen verschwägert, bereitete Giangaleazzo Visconte seine Erhebung zum König von Italien vor. Vergeblich versuchte Ruprecht von der Pfalz, der von den Fürsten so wenig unterstützt wurde, daß er sogar die Reichskleinodien und sein Tafelgeschirr versetzen mußte, die Macht der Visconti zu brechen (ein halbes Jahrhundert später waren sie ausgestorben und Mailand ging an die Sforza über).

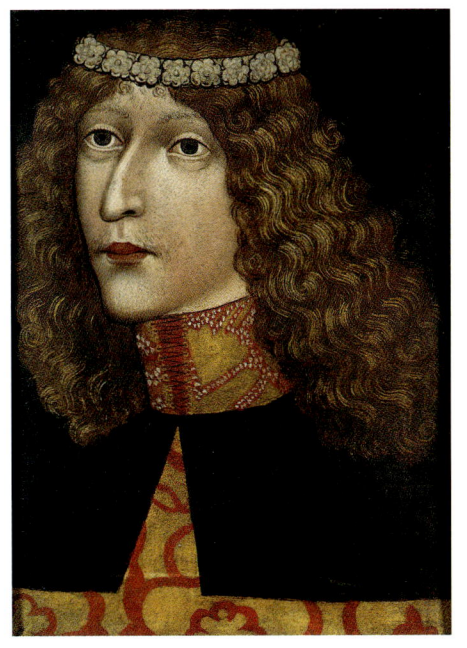

Der frühe Tod des Ladislaus Postumus verhinderte, daß Böhmen und Ungarn nicht schon im 15. Jh. an das Haus Habsburg fielen. Gemälde um 1460; Wien, Kunsthistorisches Museum

Zwischen den luxemburgischen Vettern Sigismund und Jobst war es zu einem heftigen Streit um Brandenburg gekommen. Ein neuerlicher Bürgerkrieg blieb nur deswegen aus, weil Jobst bereits 1411 starb, vier Monate nach einer Doppelwahl. Nun war Sigismund (1410-1437) unbestritten. Er hatte bereits eine andere Königskrone teuer erkauft: Um die ungarische Erbtochter zur Frau zu gewinnen, war er den bedrängten Ungarn zu Hilfe gekommen und hatte dafür Brandenburg verpfändet. Als König von Ungarn in Kriege mit den Türken und mit Venedig verwickelt, kehrte er erst 1414 nach Deutschland zurück.

Die Kirche befand sich zu dieser Zeit in einem traurigen Zustand: Nachdem Papst Urban VI., um sich dem französischen Einfluß zu entziehen, nach Rom zurückgekehrt war, kam es zu einer Spaltung unter den Kardinälen. Sowohl in Rom als auch in Avignon residierte ein Papst, 1409 wurde in Pisa ein dritter gewählt. Sigismund wollte diesen Zuständen ein Ende setzen und drängte auf Einberufung eines Konzils in Konstanz. Nicht nur die hohe Geistlichkeit, sondern auch zahlreiche Reichsfürsten nahmen daran teil. Das Konzil setzte alle drei Päpste ab und wählte einen neuen. Die Bestrebungen für eine Kirchenreform versandeten. Hingegen wurde der tschechische Prediger Jan Hus, dem Sigismund freies Geleit versprochen hatte, als Ketzer verurteilt und 1415 dem Feuer übergeben. Das verwickelte Sigismund in seinem böhmischen Erbland in lange, blutige Auseinandersetzungen mit den Hussiten, die auf ihren Kriegszügen auch die angrenzenden Länder verheerten (s. Böhmen). Erst kurz vor seinem Tod erreichte Sigismund die Anerkennung als König von Böhmen.

Sigismund hatte seine erst 13jährige Tochter Elisabeth mit Herzog Albrecht V. von Österreich verheiratet; männliche Nachkommen blieben ihm versagt, so daß die Dynastie der Luxemburger mit seinem Tod 1437 erlosch. Der Österreicher erhob nun den Anspruch auf die Wenzels- und die Stephanskrone. Trotz einer beträchtlichen antideutschen Opposition konnte er Böhmen und Ungarn mit Österreich vereinen. Im Jahr darauf wurde er von den Kurfürsten als Albrecht II. (1438-1439) zum deutschen König gewählt. Nach anderthalb Jahrhunderten gelangte so diese Krone erstmals wieder an Habsburg – und sollte dort bis zum Ende des Heiligen Römischen Reiches bleiben.

Ein gutes Jahr später allerdings starb Albrecht an der Ruhr. Seine Frau Elisabeth wollte ihrem noch ungeborenen Sohn – er erhielt den Namen Ladislaus, mit Beinamen Postumus, der Nachgeborene – die Kronen Böhmens und Ungarns bewahren. Sie übertrug die Vormundschaft dem Ältesten des Hauses Habsburg, Friedrich III., der 1440 auch die Reichskrone erhielt; er saß mehr als ein halbes Jahrhundert, bis 1493, auf dem Thron. Als Ladislaus jedoch in jungen Jahren verstarb, waren die Hoffnungen der Habsburger, ihrem Haus Böhmen und Ungarn zu erhalten, fürs erste dahin – in diesen Ländern wurden nationale Könige gewählt.

Juden – geschützt und verfolgt

Die Religion bot den Vorwand, Raubgier und Verschuldung waren die Hauptmotive für die Verfolgungen der Juden im Mittelalter. Von Landbesitz und Handwerk ausgeschlossen, wurden sie als Geldverleiher und Bankiers zu Motoren der Entwicklung von der Natural- zur Geldwirtschaft.

Schon in den ersten nachchristlichen Jahrhunderten gab es in den linksrheinischen römischen Provinzen Germaniens jüdische Gemeinden; für Köln ist dies durch ein Dekret Kaiser Konstantins aus dem Jahr 321 bezeugt. Im Fränkischen Reich waren Juden als Handwerker, Kaufleute und Ärzte tätig, Karl der Große stellte sie als gleichwertige Bürger unter seinen Schutz. Diese zumeist friedliche Zeit, in der die jüdischen Gemeinden, insbesondere entlang des Rheins, aufblühten, dauerte unter den Sachsen und Saliern an. Auch die Fürsten und Bischöfe, die an der ökonomischen Entwicklung ihrer Gebiete interessiert waren, hielten nichts von der gewaltsamen Bekehrung der Juden. So bestätigte Kaiser Heinrich IV. 1090 die den Juden vom Bischof von Speyer gewährten Privilegien und gestand ihnen darüber hinaus Handelsfreiheit im ganzen Reich zu.

All dies endete mit dem Beginn der Kreuzzüge. Der von der Kirche angestachelte Haß auf alle „Ungläubigen" richtete sich auch gegen die jüdischen „Gottesmörder"; als besonders judenfeindlich erwies sich Papst Gregor VII., der in einer Bulle Juden jede amtliche Stelle in christlichen Länder untersagte. Die Ausschreitungen gegen sie begannen in Frankreich und England und griffen mit den Zügen der ersten Kreuzfahrer, unter denen sich zahlreiche verarmte Kleinadelige mit einem Gefolge aus landlosen Bauern, Abenteurern und Bettlern befanden, auf Deutschland über. Die Raub- und Mordbanden des Peter von Amiens wüteten 1096 unter den jüdischen Gemeinden entlang des Rheins und in Lothringen; Speyer, Worms, Köln, Trier, Mainz, Metz wurden von ihnen heimgesucht; auch in Regensburg und Prag kam es zur Hatz auf die Juden. Wer sich nicht zwangstaufen ließ, wurde umgebracht oder suchte seinem Väterglauben durch den Freitod treu zu bleiben.

Vergeblich versuchte Heinrich IV., den Exzessen Einhalt zu gebieten; als die Gewaltwelle abebbte, erlaubte er den Überlebenden, zu ihrem Glauben zurückzukehren. Im Jahr 1103 stellte er in dem von ihm verkündeten Landfrieden die Juden unter die besonderen Schutzbestimmungen, die für Waffenlose – für Mönchen und Frauen – galten. Konrad III. und Friedrich Barbarossa erneuerten diese Privilegien während der folgenden Kreuzzüge, in denen die jüdischen Gemeinden immer wieder bedroht waren. Allerdings mußten die Juden dafür nun auch bestimmte Abgaben leisten.

Ein weiterer Schlag gegen die Juden erfolgte durch Papst Innozenz III. In seiner Amtszeit beschloß das 4. Laterankonzil ein Verbot der Ausübung aller handwerklichen Berufe durch Juden; aus Innungen und Zünften wurden sie ausgeschlossen. Das Tragen des „gelben Flecks" oder der spitzen Judenhüte wurde angeordnet (aber nicht überall eingehalten). Den Juden wurden besondere Wohnviertel, Ghettos, zugewiesen. So drängte man sie in die Rolle von Pfandleihern, Geldwechslern und Zinsnehmern. Christen wurde gleichzeitig das kanonische Zinsverbot auferlegt. Der „Wucherjude" wurde zum Haßobjekt für alle, die durch das Ausleihen von Geld in Not gerieten.

In dieser Zeit wurden auch die Legenden über das Schänden der Hostie durch Juden (dabei sollte der „Leib des Herrn" durch Nadelstiche gewissermaßen ein zweites Mal getötet werden) und über Ritualmorde (Blut von Christenkindern werde für die Herstellung der Mazze-Brote gebraucht) in Umlauf gebracht. Bezeichnenderweise war es wieder ein Kaiser, der mit dem Papst im Kampf lag, der Staufer Friedrich II., der diese Beschuldigungen untersuchen und als haltlos zurückweisen ließ. Die Ritualmordlegende lebte dennoch bis ins 20. Jahrhundert fort; und die Verehrung angeblich geschächteter Kinder – wie des Werner von Bacharach am Rhein oder des Anderl von Rinn in Tirol – wurde von der katholischen Kirche erst nach dem Grauen des Holocaust abgeschafft.

„Holocaust" 1421: Massenverbrennung von Juden. Weltchronik des Hartmann Schedel, 1493

Friedrich erließ einen umfassenden Schutzbrief für die Juden, der ihnen Bewegungsfreiheit auf allen Straßen und Aufenthaltsfreiheit versprach. Diese Freiheiten sollten ihnen dadurch gesichert werden, daß der Kaiser sie zu „servi camerae", zu gewissermaßen im kaiserlichen Privateigentum stehenden „Kammerknechten" machte. („Kammer" war der damals übliche Ausdruck für die fürstliche Haushalts-, also Finanzbehörde.) In der Folge, unter weniger toleranten Herrschern, trat freilich der Schutz vor den für diesen zu leistenden Abgaben in den Hintergrund; es wurde die Theorie aufgestellt, daß Leben und Vermögen den Juden nur „precario", bittweise, gewährleistet seien – sie mußten dies bei jeder Krönung erneuern und dafür eine außerordentliche Krönungssteuer zahlen. Auch konnte der Herrscher das Schutzrecht als königliches Regal auf Landesfürsten oder Städte übertragen, was zu erneuten Abgaben, verbunden mit weniger Freizügigkeit, führte.

Um die Wende vom 13. zum 14. Jahrhundert kam es erneut zu weitverbreiteten Judenverfolgungen am Rhein, in Bayern, Österreich und Brandenburg. Zunächst wurden angebliche Hostienfrevel zum Anlaß dafür genommen, dann wurde die Pest, die in Europa Millionen Menschen dahinraffte, den Juden – denen man nachsagte, die Brunnen vergiftet zu haben – in die Schuhe geschoben. Das Fehlen einer starken Herrschergewalt und das überhandnehmende Fehde- und Raubritterwesen trugen zum Anstieg der Exzesse bei. In Franken durchkämmte ein Edelmann aus Röttingen namens Rindfleisch mit seiner Mordbande das Land und tilgte von Mai bis September 1298 146 deutsche Judengemeinden aus – unter anderem in Würzburg, Nürnberg und Rothenburg. Ein lothringischer Ritter, der sich König Armleder nannte, hatte im Elsaß und am Rhein gewaltigen Zulauf, als er behauptete, im Auftrag Gottes alle Juden töten zu müssen. Tausende fielen ihm zum Opfer, bis ihn König Ludwig der Bayer gefangennehmen und enthaupten ließ. Aber auch hohe Fürsten scheuten sich nicht, blutige Exempel an den Juden zu statuieren: in Wien ließ Herzog Albrecht – der spätere deutsche König Albrecht II. – das Ghetto zerstören und mehr als zweihundert Juden öffentlich verbrennen (1420); die Steine der Synagoge wurden zum Bau der Universität verwendet. In jener Zeit begann der große Exodus der deutschen Juden nach Polen, wo ihnen König Kasimir den Großen Schutz angedeihen ließ; ihre Sprache, das Jiddische,

Größere Jüdische Gemeinden in Deutschland

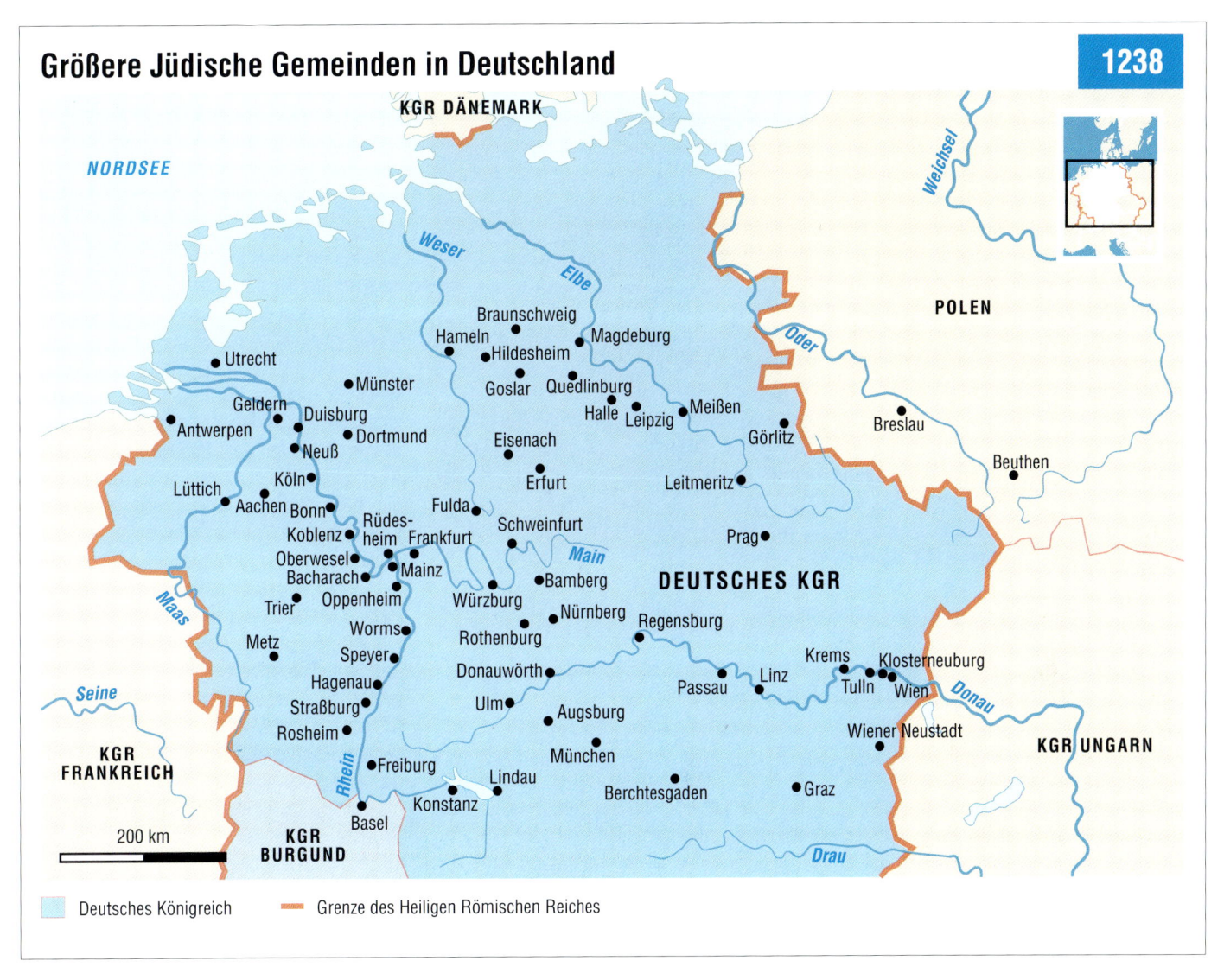

1238

legte durch Jahrhunderte Zeugnis ab von ihrer Herkunft aus dem Rhein-Main-Gebiet. König Wenzel erließ allen Untertanen die Schulden, die sie bei Juden hatten, wenn sie einen Bruchteil davon an ihn abführten.

Die Juden, die in Deutschland geblieben oder nach den Massakern aus wirtschaftlichen Gründen in den Städten wiederaufgenommen worden waren, setzten ihre Hoffnung auf die Reformation. Hatte doch Martin Luther 1523 betont, daß Jesus Christus ein geborener Jude war und die Verleumdungen der Juden als „papistisch" zurückgewiesen. Er gab der alten Kirche die Schuld, daß die Juden sich nicht zum wahren Glauben bekehrt hätten. Als aber protestantische Missionierungsversuche erfolglos blieben, erklärte er die Juden 1542 zu einem „verworfenen, verdammten Volk", dessen Synagogen und Schulen man anzünden und dessen Häuser man zerstören sollte. Der sächsische Kurfürst Johann Friedrich „der Großmütige" verwies die Juden daraufhin seines Landes, andere evangelische wie katholische Fürsten folgten dem Beispiel: so jene der Pfalz, Bayerns und Brandenburgs. Aus Wien wurden die Juden noch 1670, durch Kaiser Leopold I., vertrieben, ihr Wohnviertel erhielt den neuen Namen Leopoldstadt.

Oft waren es aber auch hochverschuldete Kleinbürger, die ihre sozialen Probleme durch einen Gewaltakt gegen die Juden lösen wollten. Dies versuchte beispielsweise der Lebkuchenbäcker Vinzenz Fettmilch 1614 in Frankfurt: Durch sein Pogrom sollten die Juden der Stadt ermordet oder vertrieben werden. Kaiser Matthias machte den Ausschreitungen ein Ende: Fettmilch wurde hingerichtet, die Juden, denen der Herrscher „auf ewige Zeiten" freies Wohnrecht in Frankfurt zusicherte, durften zurückkehren.

Die Juden blieben auch in den folgenden Jahrhunderten Untertanen mit sehr beschränkten Rechten; oftmals waren sie der Willkür der Herrscher ausgeliefert. Das bekamen auch „Hofjuden" zu spüren, die sich als Finanziers zeitweise der Gunst der Fürsten erfreuten, dann aber nicht selten, und freilich auch nicht ohne Mitschuld, als Sündenböcke für die Ausbeutung der Landeskinder fallengelassen wurden. Das war schon beim Brandenburger Münzmeister Lippold so gewesen, der nach dem Tod seines verschwenderischen Gönners Kurfürst Joachim Hektor 1573 geviertelt wurde, ebenso bei Joseph Süß-Oppenheimer in Württemberg, der 1738 am Galgen endete.

Erst „aufgeklärte" Fürsten des späten 18. Jahrhunderts, vor allem Kaiser Joseph II. mit seinem Toleranzedikt, machten zögernde Schritte hin zur Emanzipation der Juden; die Französische Revolution, Napoleon und das Jahr 1848 brachten ihre Gleichstellung als Staatsbürger. Die alte Judenfeindschaft aber sollte sich bald im neuen Gewand des Antisemitismus erheben und im 20. Jahrhundert zur vernichtenden „Endlösung" ansetzen.

Der Aufstieg des Hauses Österreich

Die Habsburger erheirateten sich im Laufe von nur vier Jahrzehnten ein Weltreich, das von Spanien und seinen Kolonien über Burgund bis nach Böhmen und Ungarn reichte. Zugleich Träger der Kaiserkrone, wurde das Haus Österreich in einen sich durch Jahrhunderte ziehenden Kampf mit Frankreich um die Vormachtstellung in Europa gezogen.

Als Friedrich III. (1440-1493) zum deutschen König gewählt wurde, war er soeben Senior in den damals geteilten habsburgischen Ländern geworden. Sowohl sein Cousin Albrecht II., König von Deutschland, Ungarn und Böhmen, als auch sein Onkel, der Tiroler Herzog Friedrich „mit der leeren Tasche", waren gestorben. Das war gewissermaßen der erste Glücksfall in seinem langen Leben (das er als Herzog der Steiermark begonnen hatte), und es blieb nicht der einzige: Es gelang ihm, alle seine Widersacher und Rivalen zu überleben. So konnt er, gemäß dem von ihm gewählten Wahlspruch, „rerum irrecuperabilium summa felicitas est oblivio" (frei übersetzt: „Glücklich ist, wer vergißt, was halt nicht zu ändern ist"), das seinem Charakter eigene Phlegma seine ganze lange Regierungszeit hindurch pflegen.

Senior der Habsburgerfamilie zu sein bedeutete freilich noch lange nicht, auch in allen Ländern des Hauses herrschen zu können. Friedrich war zwar Vormund über König Albrechts nachgeborenen Sohn Ladislaus, als dieser aber der Kindheit entwachsen war, verlangten die österreichischen Stände von Friedrich, den sie in Wiener Neustadt belagerten, den Fünfzehnjährigen für mündig zu erklären. Doch zwei Jahre später war der junge Herzog von Österreich und König von Böhmen und Ungarn tot. In diesen beiden Reichen wollte man ohnedies nichts von Friedrich wissen und wählte Könige aus dem einheimischen Adel. Auch das Kernland Österreich machte ihm sein eigener Bruder, gemeinsam mit Adel und Bürgern, streitig – mit Frau und Kind wurde der Herrscher in der Wiener Hofburg belagert. Wieder kam Friedrich das Schicksal zu Hilfe: die Pest raffte den Bruder hinweg.

Das Reich kümmerte Friedrich wenig; die internen Querelen erlaubten ihm überhaupt erst zwei Jahre nach seiner Krönung, seine Erblande zu verlassen. Zwar zeigte er sich willens, die geforderte Reichsreform, die vor allem das unerträgliche Fehdewesen eindämmen sollte, in Angriff zu nehmen, doch

Mit Kaiser Friedrich III. begann der Aufstieg der Habsburger. Gemälde von H. Burgkmair d. Ä., 1468; Wien, Kunsthistorisches Museum

da seiner Verkündigung eines Landfriedens der Wille zu wirksamer Exekution fehlte, blieb alles beim alten.

Friedrichs Ehrgeiz führte ihn nur dann zum Handeln, wenn es um die Erweiterung der

Kurzfristiger Triumph über Frankreich: der kaiserliche Doppeladler zerzaust den gallischen Hahn. Allegorie auf den Sieg Karls V. über Franz I. Stich von G. de Lairesse, 1544; Wien, Österreichische Nationalbibliothek

habsburgischen Hausmacht ging. Als die Stadt Zürich mit den übrigen Eidgenossen in Streit geriet, witterte Friedrich eine Chance, die 1415 verlorengegangenen Stammlande zurückzugewinnen; doch das Bündnis mit Zürich endete bald in einem Debakel. Auch die vom französischen König geliehenen Armagnaken, eine berüchtigte Söldnerschar, konnte das Kriegsglück nicht wenden. Da sie sich für ihre Niederlagen durch Raubzüge an der Bevölkerung des Elsaß schadlos hielten, wurden sie in einem Volksaufstand verjagt.

In der Kirchenpolitik hingegen erzielte Friedrich gewisse Erfolge dadurch, daß er sich nicht gegen den Papst stellte, sondern in dessen Streit mit dem Baseler Konzil, das die Oberhoheit über die Kirche beanspruchte, an die Seite Eugens IV. trat. Mit ihm schloß Friedrich das Wiener Konkordat, das den Habsburgern, und in der Folge auch anderen deutschen Fürsten, weitgehende kirchliche Rechte überließ, was die Eingriffsmöglichkeiten Roms in das innerdeutsche Kräftespiel minderte. Die Reformbedürftigkeit der kirchlichen Verhältnisse blieb freilich bestehen. Friedrich war der letzte deutsche König, der sich in Rom zum Kaiser krönen ließ; fortan galt der von den Kurfürsten Gewählte zugleich als Kaiser des „Heiligen Römischen Reiches Deutscher Nation" – der Zusatz tauchte in Friedrichs Regierungszeit zum ersten Mal auf.

Im Jahr 1453 eroberten die Türken Konstantinopel. Schon zuvor hatten sie ihre Macht über Bulgarien, Serbien und Bosnien ausgedehnt, und ihre Streifscharen stießen bis Kärnten vor. Erst spät dachte der Kaiser daran, eine wirksame Verteidigung zu organisieren, und hatte damit, als er nach siebenundzwanzig Jahren wieder auf einem Reichstag erschien, bei den Fürsten wenig Erfolg. Auch im Westen war die Reichsgrenze bedroht, hatte doch der Burgunderherzog Karl der Kühne den ehrgeizigen Plan, sein Land als dritte Macht zwischen Frankreich und Deutschland zu etablieren. Das Elsaß hatte ihm der Tiroler Neffe des Kaisers leichtfertig verpfändet, und schon streckte er die Hand nach dem Herzogtum Lothringen aus. Vom Kaiser wollte er die Erhebung zum König von Burgund, Friedrich verlangte dafür für seinen Sohn Maximilan die Hand Marias, der Tochter des Burgunders. Die Königskrönung Karls des Kühnen wurde durch Streitigkeiten um das von ihm besetzte Lothringen verzögert, wo sich das Volk gegen die Verpfändung an Burgund empörte. Als der Burgunder 1477

15.-18. Jahrhundert

Deutschland zur Zeit der Reformation — 1547

Legende:
- Habsburgisch: Österreichisch, Spanisch
- Hohenzollerisch: Brandenburgisch, Fränkisch
- Wittelsbachisch: Bayrisch, Pfälzisch
- Haus Oldenburg: Dänemark, HZ Schleswig; HZ Holstein; GF Oldenburg
- Geistliche Gebiete
- Sonstige Herrschaften
- Reichsstädte
- Grenze des Heiligen Römischen Reiches

bei Nancy gegen die Schweizer und Lothringer fiel, hatte sich das Problem von selbst erledigt; die Heirat Maximilians mit der Erbtochter aber kam zustande. Die Übernahme Burgunds – das von den Niederlanden bis an die Rhone reichte – stand somit ins Haus.

Diesen Zukunftsaussichten im Westen stand die Realität der Vertreibung Friedrichs aus seinem österreichischen Kernland gegenüber. Der ungarische König Matthias Corvinus hatte ihm den Krieg erklärt, Niederösterreich erobert und Wien zu seiner Residenzstadt erklärt. Friedrichs Devise, abzuwarten, bewährte sich auch hier. Fünf Jahre wartete er in Linz ab – dann war der Ungar gestorben. Was er von Corvinus hatte erdulden müssen, nahm er freilich von dem mit diesem verbündeten Erzbischof von Salzburg nicht hin: nach einer blutigen Auseinandersetzung mußte das Erzstift den Habsburgern Gebiete an der Grenze zu Kärnten abtreten.

Als Friedrich III. 1493, nach einer mehr als fünfzigjährigen Regierungszeit, in der man ihm die Tatkraft mancher seiner frühverstorbenen Vorgänger auf dem Kaiserthron gewünscht hätte, starb, waren nicht nur alle Gebiete, die seine habsburgischen Vorfahren erworben hatten (mit Ausnahme der nun engültig verlorenen Schweiz) wieder in einer Hand, sondern diese auch um das reiche burgundische Erbe vermehrt. Der Spruch, daß das glückliche Österreich nur zu heiraten brauche und die anderen Kriege führen lassen könne, war freilich nur eine halbe Wahrheit: Maximilian standen schwere Kämpfe um das Erbe seiner Frau bevor; auch mußte das Haus Österreich von nun an drei Jahrhunderte hindurch die Last und die letztlich vergebliche Mühe der Verteidigung der Reichsgrenze im Westen übernehmen. Das mußte schon Maximilian I. (1493-1519) erfahren, der um den Besitz von Burgund zwischen 1477 und 1493 zwei große Kriege mit Frankreich führte und danach – als er nach

45

Der Aufstieg des Hauses Österreich 15.-18. Jahrhundert

Kaiser Karl V., in dessen Reich „die Sonne nie unterging". Gemälde von J. Seisenegger, 1532; Wien, Kunsthistorisches Museum

seiner bei einem Reitunfall früh ums Leben gekommenen, geliebten burgundischen Maria eine Sforza, die Erbtochter von Mailand, geheiratet hatte – diesem Oberitalien überlassen mußte.

Unter dem „letzten Ritter" (siehe auch die beiden folgenden Kapitel) erreichte die habsburgische Heiratspolitik weltumspannende Ausmaße. Zwei Doppelhochzeiten sollten das Haus Österreich zu Herrschern über zwei Reiche machen. 1495 setzte Maximilian durch eine Verbindung mit Spanien auf eine Einkreisung Frankreichs: seine Kinder mit Maria, Philipp und Margarete, wurden mit Johanna von Kastilien-Aragón bzw. deren Bruder Juan verheiratet. Als Juan fünf Jahre später starb, waren Philipp der Schöne und Johanna, die wegen einer Geisteskrankheit „die Wahnsinnige" genannt wurde, die Erben der spanischen Königreiche. Durch Philipp kam es freilich auch zu der unglücklichen Verbindung Spaniens mit den Niederlanden, die zum burgundischen Erbe gehörten. Sein Sohn Kaiser Karl V. konnte dann von seinem Reich (zu dem die von Spanien nach der Entdeckung Amerikas 1492 annektierten Gebiete der „Neuen Welt" gehörten) sagen, daß die Sonne in ihm nie untergehe.

Kaiser Maximilians Ambitionen waren aber keineswegs nur auf den Westen gerichtet. Auch das Österreich viel näherliegende Interesse an der Wenzels- und der Stephanskrone, die schon einmal, mit Albrecht II. und Ladislaus Postumus, kurz im Besitz des Hauses waren, blieb in ihm wach. Der erste Versuch, sich Ungarn anzueignen, mißlang. Maximilian war sofort nach dem Tode von König Matthias Corvinus im Nachbarland eingefallen und hatte die Krönungsstadt Stuhlweißenburg erobert – seine Landsknechte aber meuterten, weil der Sold ausblieb, und der magyarische Adel zog den Böhmenkönig Wladyslaw Jagiello dem Habsburger vor.

Ein Vierteljahrhundert später setzte Maximilian lieber aufs Heiraten. Die drohende Türkengefahr ließ Habsburger und Jagiellonen zusammenrücken. Am 22. Juli 1515 wurde im Wiener Stephansdom die habsburgisch-jagiellonische Doppelhochzeit eingesegnet, und das auf höchst merkwürdige Weise: Da noch unentschieden war, welcher seiner unmündigen Enkel der Bräutigam der zwölfjährigen Anna von Ungarn werden sollte, ließ sich der 56jährige Kaiser zunächst pro forma selbst mit dem Mädchen vermählen (ein Jahr später war dann die Wahl auf den 13jährigen Ferdinand, den jüngeren Sohn Philipps gefallen, der im fernen Spanien aufwuchs). Annas Bruder, der neunjährige Jagiellonenerbe Ludwig, bekam die siebenjährige Kaiserenkelin Maria zur Gattin. Damit war der Grundstein für die spätere Donaumonarchie gelegt – auch wenn noch niemand wissen konnte, daß der Erbfall bereits 1526 mit Ludwigs Schlachtentod bei Mohács eintreten und dem Haus Österreich Böhmen und Ungarn bescheren würde.

Das Burgundische Erbe

1477-1797

Kaiser Maximilian I., nicht nur „letzter Ritter", sondern auch Renaissancemensch in seiner Machtpolitik und seiner reformerischen Staatslenkung, legte durch seine Heirat mit der Erbin von Burgund, Maria, und seinen zähen Kampf um ihr Erbe den Grundstein zur habsburgischen Weltmacht.

Als „Burgund" wurden im Lauf der Geschichte verschiedene Territorien bezeichnet (der Name „wanderte" – ähnlich dem Sachsens). Die Burgunder waren ein germanischer Volksstamm, der aus Skandinavien kam (Bornholm hieß noch lange „Burgundarholm"), sich an der Warthe, dann an der oberen Weichsel festsetzte, ins Maingebiet abwanderte und um Worms am Rhein jenes Burgunderreich gründete, das den historischen Kern der Nibelungensage bildet. Von Hunnen in römischem Auftrag aufgerieben, gründeten die Reste des Volkes in Savoyen ein neues Reich, das sich über das ganze Rhonetal ausbreitete, dann aber von den Franken unterworfen wurde. Beim Zerfall des Fränkischen Reichs ließ sich Graf Boso 879 vom Papst zum König von Burgund (auch Arelat, nach der Hauptstadt Arles) krönen. Nördlich davon entstand unter einem Adeligen aus der Welfenfamilie das Reich Hochburgund (um Besançon). Im Jahr 930 wurden die beiden Länder vereinigt. Ihr letzter König, Rudolf III., setzte Kaiser Konrad II., der mit dessen Nichte verheiratet war, als Erben ein. So wurde Burgund 1032 ein Teilreich des Römischen Reichs, blieb aber nur lose mit diesem verbunden.

Von diesem Königreich Burgund zu unterscheiden ist das Herzogtum Burgund (Bourgogne) mit der Hauptstadt Dijon. Es wurde von Bosos Bruder gegründet und fiel später an das französische Königshaus. Ein Zweitgeborener aus diesem, Philipp von Valois, wurde in den sechziger Jahren des 14. Jahrhunderts von Kaiser Karl IV. mit der Freigrafschaft Burgund (Franche Comté) und von Frankreich mit dem Herzogtum belehnt; damit war der Grundstein für ein neues Reich Burgund gelegt. Obwohl sich Karl IV. noch in Arles zum König von Burgund hatte krönen lassen, verlor das Reich die Provence und Dauphiné im 14. Jahrhundert an Frankreich. Durch wechselnde Bündnisse im Hundertjährigen Krieg zwischen England und Frankreich gewannen die Herzöge von Burgund eine fast unabhängige Stellung und suchten nun in nördlicher Richtung Landgewinn.

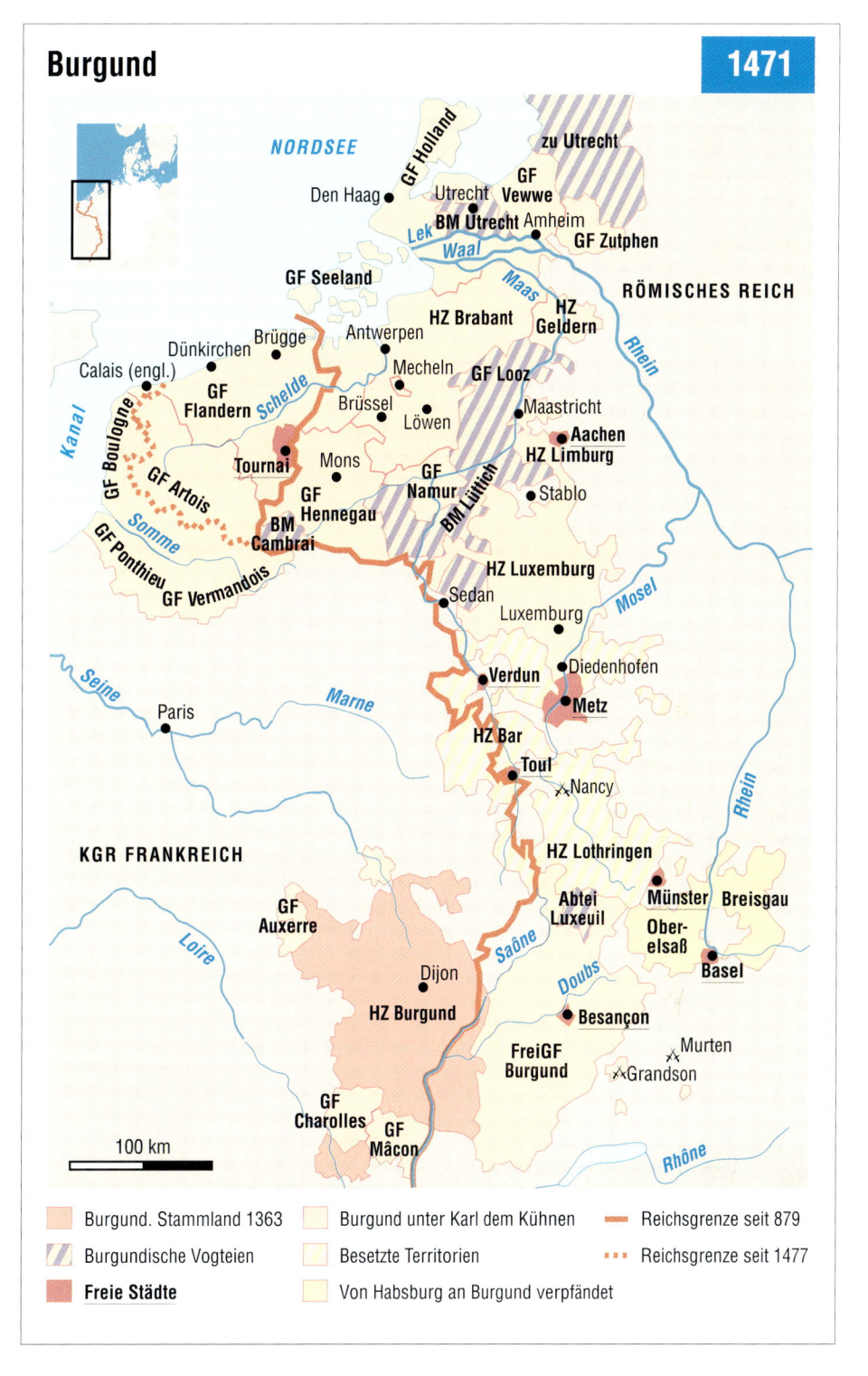

Durch Heirat erwarben sie Flandern, Brabant, Artois, Holland, Seeland, Friesland und den Hennegau, durch Kauf Namur und Luxemburg. Ihre Schutzrechte wurden auf die umliegenden geistlichen Fürstentümer ausgedehnt. So entstand zwischen Frankreich und Deutschland, von der Nordsee bis zur Rhone ein Zwischenreich, ähnlich dem alten Lothringien, das beim Zerfall des Frankenreichs nur kurzen Bestand gehabt hatte. Dem letzten Herzog von Burgund, Karl dem Kühnen, verpfändeten die Habsburger Sund- und Breisgau. Dann versuchte Karl, sein Reich gewaltsam auf Lothringen und Bar auszudehnen, geriet mit Frankreich, dem Kaiser und vor allem mit den Schweizern in einen verlustreichen Konflikt und fiel 1477 bei Nancy.

Da Karl keine Söhne hatte, galt seine Tochter Maria wegen ihres reichen Erbes bei den Fürsten Europas als begehrte Partie. Viele kamen als Freier. Doch als Karl gefallen

Das Burgundische Erbe 1477-1797

war, sah sich die noch nicht Zwanzigjährige von allen Freunden verlassen. Der französische König Ludwig XI. ließ seine Truppen in das Herzogtum und dann auch in die Freigrafschaft einmarschieren. In Flandern erhoben sich die Stände und erzwangen von Maria weitreichende Privilegien; dennoch wurde sie in Gent wie eine Gefangene gehalten. Von dort aber gelang es ihr, in geheimen Briefwechsel mit dem Kaisersohn Maximilian zu treten; dessen Vater, Kaiser Friedrich III., hatte mit ihrem Vater, Karl, über die Umwandlung Burgunds in ein Königreich verhandelt – dabei wurde auch eine Heirat zwischen den jungen Erben ins Auge gefaßt. Nun bot Maria Maximilian ihre Hand. Der 18jährige Kronprinz, der wie die meisten Habsburger immer in Geldnöten war, konnte zwar nicht mit einer Armee in die Niederlande eilen, kam aber mit dreihundert Rittern. Maria und Maximilian müssen so etwas wie ein „Traumpaar" für ihre Zeitgenossen gewesen sein, und mit seinem Einzug in Gent schlug die Stimmung in Flandern um. Maria vermachte ihrem Gatten in einem Schenkungsbrief für den Fall ihres Todes ohne Kinder all ihre Erbrechte; wenn sie Kinder haben sollte, würden diese die Erben und Maximilian Regent sein.

Das Schicksal wollte es, daß dieser Erbfall sich für das Paar, dessen Verbindung – bei den dynastischen Heiraten selten genug – zu einer richtigen Liebesehe geworden war, nur allzu früh eintrat: 1482 verunglückte Maria bei einem Reitunfall tödlich. Als Verteidiger der Erbrechte seiner Kinder Philipp und Margarete wurde Maximilian in einen langwierigen Konflikt mit Frankreich verwickelt.

Schon vor dem Tod Marias hatte König Ludwig XI. die flandrischen Provinzen mit ständigen Überfällen bedroht, die Picardie besetzt und die niederländischen Häfen durch eine Seeblockade geschädigt. Zugleich suchte er durch Geldgeschenke seine Parteigänger zu stärken. Als die Herzogin gestorben war, flammte Widerstand gegen Maximilian auf. In die Enge getrieben, mußte er 1483 mit Frankreich den Vertrag von Arras schließen. Darin wurde seinem kleinen Sohn Philipp zwar Flandern zugesichert, doch mußte er auf das Herzogtum Burgund und auf die Picardie verzichten und in die Verlobung des französischen Erbprinzen mit seiner kleinen Tochter Margarete, die, erst dreijährig, an den französischen Hof gebracht wurde, einwilligen; als Mitgift sollte sie die Freigrafschaft und Artois erhalten. Die Angst vor Maximilian war es, die das Heiratsabkommen hinfällig machte:

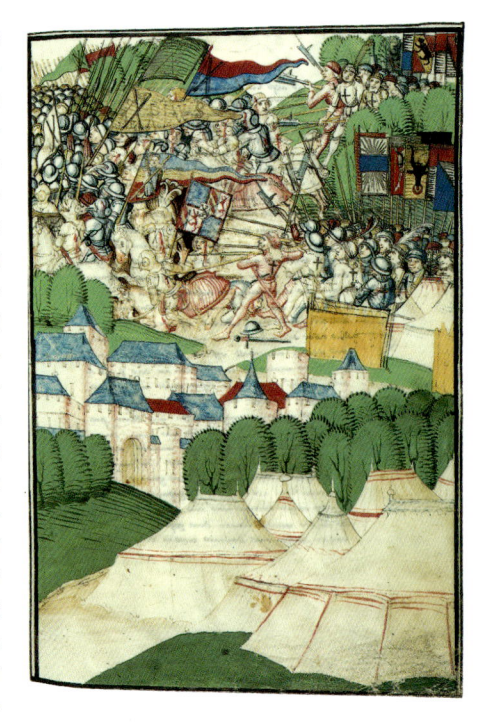

Die Schweizer traten dem Expansionsdrang Karls des Kühnen erfolgreich entgegen: 1474 belagerten sie den Burgunder in Héricourt. Diebold Schilling, Amtliche Berner Chronik, um 1481/83; Bern, Burgerbibliothek

Durch die Ehe Maximilians mit Maria wurden die Niederlande habsburgisch. Gemälde von N. Reiser, um 1500; Wien, Weltliche Schatzkammer

Als der verwitwete Habsburger sich um die Erbin der Bretagne bewarb, befürchtete Frankreich, den Feind dann auch im Rücken zu haben, und der Dauphin (der französische Kronprinz) nahm Maximilian die Begehrte durch „Brautraub" weg. Frankreich jedoch mußte das Heiratsgut mit Margarete wieder herausgeben. Im Vertrag von Senlis (1493) wurde die Rückkehr der Franche Comté und des Artois in das habsburgisch-burgundische Erbe bestätigt. Im Norden rückte die Reichsgrenze durch den Zugewinn Flanderns nach Westen.

Maximilian, seit 1493 auch deutscher König, festigte seine Position gegenüber Frankreich durch die Heirat mit der Erbin Mailands aus dem Hause Sforza. Seine Tochter Margarete verehelichte sich mit Philibert von Savoyen, dessen Fürstentum die Übergänge nach Frankreich kontrollierte. Die für Frankreich gefährlichste Folge der habsburgischen Heiratspolitik aber schien aus der Ehe von Maximilians Sohn Philipp dem Schönen mit Johanna von Kastilien, der Erbin des spanischen Throns, zu erwachsen. Philipp starb noch nicht dreißigjährig, noch vor seinem Vater. Sein Sohn Karl V. aber, als Erstgeborener Erbe auch der burgundischen Länder, forderte nach seiner Wahl zum Kaiser von Frankreich das Herzogtum Burgund zurück; 1526 mußte es an König Franz I. abgetreten werden, doch wurde es drei Jahre später zurückerobert. Die Verbindung des Burgundischen Kreises, in dem die Länder Marias durch die Reichseinteilung Maximilians zusammengefaßt worden waren, mit der spanischen Linie der Habsburger trug dazu bei, daß die Niederlande dem Reich entfremdet wurden und nach ihrer Erhebung gegen die drückende spanisch-katholische Fremdherrschaft aus dem Reichsverband ausschieden. In den Eroberungskriegen Ludwigs XIV. gingen Artois und Lille, im Frieden von Nimwegen (1678) auch die Freigrafschaft Burgund verloren. Der Rest des burgundischen Erbes, die südlichen Niederlande (Belgien), wurde nach dem Aussterben der spanischen Habsburger 1713 österreichisch und blieb es bis zum Jahr 1797.

Maximilians Kreiseinteilung 1512-1618

Die Reichsreform Kaiser Maximilians I. teilte das Reich in zwölf Kreise ein. Ihre Bedeutung blieb unterschiedlich, doch hatten sie bis zum Ende des Reiches Bestand.

Schon seit den Zeiten der Karolinger versuchten die Herrscher, das Fehdewesen zu bekämpfen. Die Fehde, die ihre Wurzeln wohl in der urtümlichen Blutrache hat, war – zum Unterschied vom Volkskrieg – ein Privatkrieg, den der tatsächlich oder vermeintlich Verletzte gegen den Verletzer führte, um zu seinem Recht zu gelangen. Es war das Bestreben der Kirche und der Könige, das Fehdewesen einzudämmen, das oft als nacktes Faustrecht den Schwächeren benachteiligte. Der Klerus war bemüht, durch Verkündung des „Gottesfriedens" die Fehden wenigstens zeitlich zu beschränken, die Herrscher ordneten, meist nur für Teile des Reiches und für begrenzte Zeiten, den „Landfrieden" an. Insbesondere in Epochen der Schwäche des Königtums, wie etwa im Interregnum nach dem Untergang der Staufer, hatten solche Regelungen wenig Wirkung. Da sich die Reichsgewalt nicht durchsetzen konnte, versuchten die Territorialfürsten, dem Fehdewesen zu begegnen. So erließen einzelne Landesherren Friedensordnungen, und kleinere Fürsten, vor allem aber die Städte, schlossen sich zu Friedensbündnissen zusammen. Diese beschränkten sich freilich nicht immer nur auf den gegenseitigen Schutz, sondern führten ihrerseits Fehden gegen andere Große, so etwa der Schwäbische Städtebund. Die Kaiser Sigismund und Friedrich III. versuchten vergeblich, einen allgemeinen Landfrieden durchzusetzen. Erst Maximilian I. gelang es 1495, auf dem Reichstag zu Worms, alle Reichsstände auf den „Ewigen Landfrieden" einzuschwören. Fortan sollte jede Fehde für immer untersagt, jede eigenmächtige Verwendung von Waffengewalt als Landfriedensbruch verboten und bestraft werden. Die letzten größeren Fehden waren die des Herzogs Ulrich von Württemberg gegen Reutlingen, Franz von Sickingens gegen den Erzbischof von Trier und die der fränkischen Reichsritter unter Wilhelm von Grumbach gegen Würzburg.

Zur Sicherung des Landfriedens, aber auch für militärische, polizeiliche und steuerliche Aufgaben, schritt Maximilian in der Folge zu der von seinen Vorgängern vergeblich angestrebten Reichsreform. Sie wurde mit den

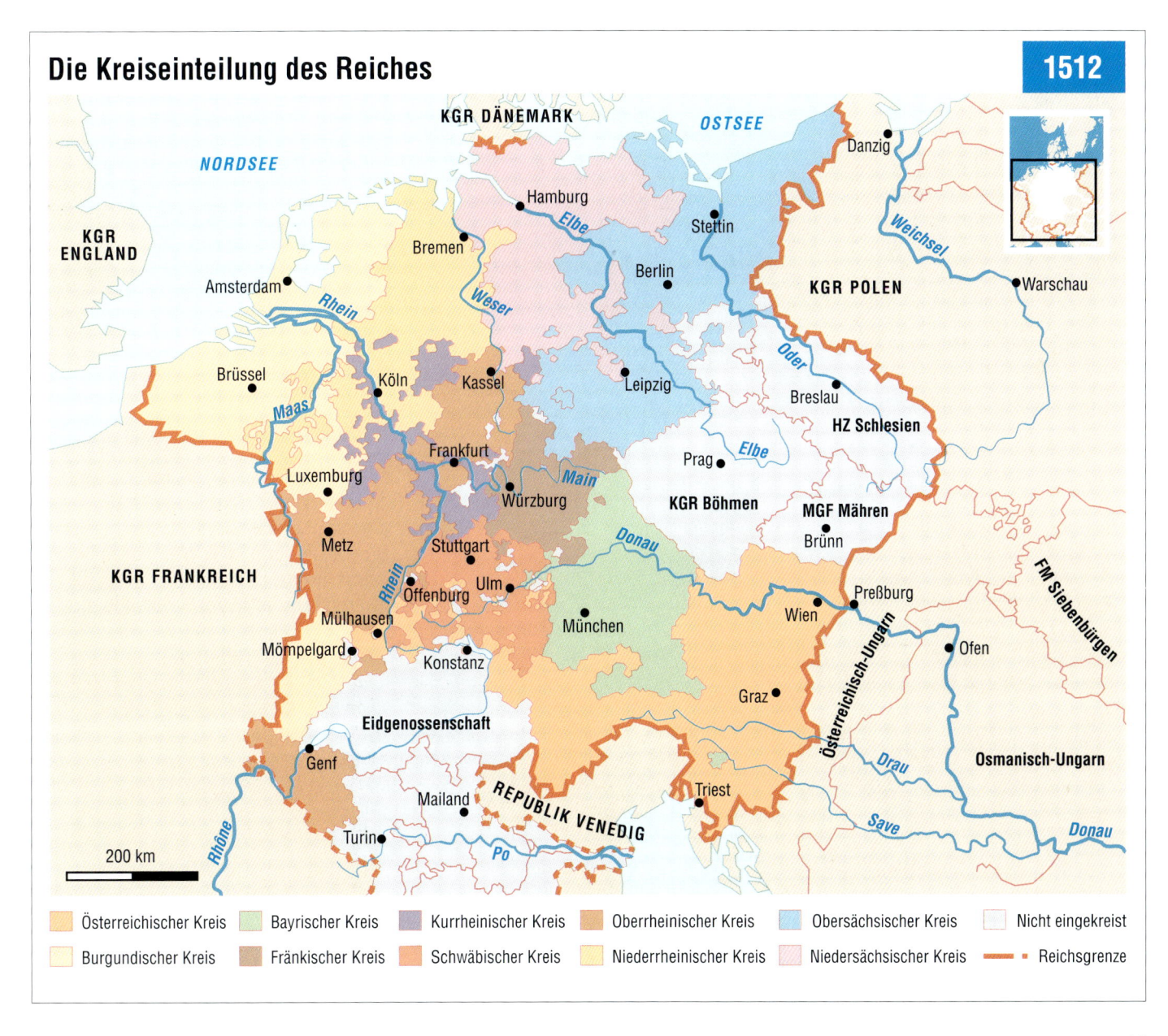

Die Kreiseinteilung des Reiches 1512

- Österreichischer Kreis
- Burgundischer Kreis
- Bayrischer Kreis
- Fränkischer Kreis
- Kurrheinischer Kreis
- Schwäbischer Kreis
- Oberrheinischer Kreis
- Niederrheinischer Kreis
- Obersächsischer Kreis
- Niedersächsischer Kreis
- Nicht eingekreist
- Reichsgrenze

Maximilians Kreiseinteilung   1512-1618

Maximilian und seine erste Frau, Maria von Burgund, im Kreis der Familie. Gemälde von B. Strigel, 1515; Wien, Kunsthistorisches Museum

Beschlüssen des Reichstags zu Augsburg (1500) eingeleitet. Dort wurde das Reichskammergericht und ein ständiger Ausschuß der Reichsstände, das Reichsregiment, errichtet, das aus zwanzig Mitgliedern – Vertretern der Kurfürsten, Fürsten und Städte – bestehen sollte. Letzteres hatte nur kurzen Bestand und wurde von Maximilian selbst wieder aufgelöst – er war über die Reichsstände verärgert, die ihn bei seinem Versuch, die Kaisermacht in Italien wiederherzustellen, nur mangelhaft unterstützt hatten. Neben das Reichskammergericht trat der kaiserliche Reichshofrat in Wien.

Das Reich wurde zunächst in sechs, dann in zehn Reichskreise eingeteilt. Zuerst waren die kurfürstlichen und habsburgischen Lande nicht in die Kreisordnung einbezogen; die sechs Reichskreise waren eine Erinnerung an die alten Stammeslandschaften: Fränkischer, Bayrischer, Schwäbischer, Oberrheinischer, Niederrheinisch-Westfälischer und Niedersächsischer Kreis. Erst 1512 wurde die Kreisordnung erweitert: Nun kamen der Österreichische und der Burgundische Kreis für die habsburgischen Gebiete sowie der Obersächsische und der Kurrheinische Kreis für die kurfürstlichen Territorien hinzu. Die Länder der böhmischen Krone wurden nicht eingekreist, weil sie zu dieser Zeit dem König von Ungarn unterstanden. Ebenfalls fern blieben die Eidgenossen, die sich weigerten, den Ewigen Landfrieden anzuerkennen, sich dem Reichskammergericht zu unterwerfen und den „Gemeinen Pfennig", eine Reichssteuer für Wehrzwecke, zu zahlen (die übrigens mangels Durchsetzbarkeit bald wieder aufgehoben wurde). Maximilian wollte die Schweizer gewaltsam zur Anerkennung der Reichsverfassung zwingen, wurde dabei nicht von den Reichsständen unterstützt und mußte faktisch die Entlassung der Eidgenossenschaft aus dem Reichsverband hinnehmen (de jure erfolgte diese dann 1648). Ebenfalls außerhalb der Kreisordnung blieb die Reichsritterschaft, Freiherren, die unmittelbar dem Kaiser untergeordnet und nicht im Reichstag vertreten waren; für sie wurden drei Ritterkreise gebildet, in Franken, Schwaben und den Rheinlanden.

Die Kreisordnung bestand, über die Auseinandersetzungen der Reformationszeit und des Dreißigjährigen Krieges hinweg, bis zum Ende des alten Reiches 1806. An der Spitze jedes Kreises stand ein von den Reichsständen gewählter Kreishauptmann, der später durch den angesehensten Fürsten des Kreises ersetzt wurde. 1555 wurde den Kreisen die Reichsexekutionsordnung zur Wahrung des Landfriedens, bald danach die Aufsicht über das Münzwesen übertragen. Nach dem Dreißigjährigen Krieg übernahmen die Reichskreise Aufstellung und Unterhalt des Reichsheeres. Während ihre Bedeutung in jenen Kreisen, in denen sich große Flächenstaaten bildeten, sank, blieben sie in den zersplitterten Gebieten des Südwestens und Westens ein wichtiges Ordnungselement. Dort kam es auch zu „Assoziationen" mehrerer Kreise, so 1697 zur Abwehr der Übergriffe König Ludwigs XIV. auf die Pfalz.

Reformation und Gegenreformation — 1517-1618

In der Reformation ging es keineswegs nur um religiöse Fragen. Der Übergang vieler deutscher Fürsten zum lutherischen Glauben erfolgte ebenso aus dem Motiv, sich Kirchenbesitz anzueignen – und aus dem Bestreben, die Ausformung einer kaiserlichen Zentralmacht zu verhindern.

Durch das „Große abendländische Schisma" in der Zeit von 1378 bis 1417, als zwei Päpste, in Rom und in Avignon, einander gegenüberstanden, hatte das Ansehen der Kirche stark gelitten. Aber auch nach Beendigung der Kirchenspaltung durch das Konzil von Konstanz, wo der tschechische Prediger Jan Hus als Ketzer verbrannt worden war, wollte der Ruf nach Reform der Kirche „an Haupt und Gliedern" nicht verstummen. Er wurde durch die Kritik an sittenlosen Päpsten wie Alexander VI. aus dem Haus Borgia und an dem wachsenden Geldbedarf des Kirchenstaates noch verstärkt. Dazu kam die Verunsicherung vieler Menschen deren altes Weltbild – die Erde als Mittelpunkt des Alls mit dem Himmel als Wohnstätte Gottes und der Seligen darüber, der Hölle als Reich des Teufels und der Verdammten darunter – durch die neuen astronomischen und geographischen Erkenntnisse zu zerbrechen begann. Die Kirche konnte dem Bedürfnis nach einer neuen religiösen Sinngebung zunächst nicht Rechnung tragen, die Herrschaft der Kirchenfürsten als Territorialherren wurde zudem immer stärker als im Widerspruch zu den Lehren des Evangeliums empfunden.

Als in Rom 1506 der Neubau des Petersdoms begonnen wurde, der viel Geld erforderte, schrieb Papst Julius II. einen Ablaß aus: Für Spenden konnten zeitliche Sündenstrafen, also das Fegefeuer, erlassen werden. Viele Menschen glaubten, auf diese Weise könnten sich Wohlhabende den Eintritt ins Himmelreich erkaufen, und der rege Ablaßhandel, der da und dort betrieben wurde, stieß auf Kritik. Zum äußeren Anstoß der Reformation wurde schließlich die schamlose Weise, mit der der Dominikanermönch Tetzel im Kurfürstentum Sachsen sogar für Verstorbene Ablässe verkaufte.

Der Theologieprofessor Dr. Martin Luther in Wittenberg wandte sich gegen diese Auswüchse. Er wurde 1483 in Eisleben geboren, war in Erfüllung eines im Gewittersturm geleisteten Gelübdes Augustinermönch geworden und hatte sich in das Studium der Heiligen Schrift vertieft. Am 31. Oktober 1517 veröffentlichte er „95 Thesen" (daß er sie an die Kirchentür nagelte, ist Legende). In ihnen forderte er eine Diskussion über Ablaß, Buße, Schuld, Strafe und Fegefeuer, was im katholischen Europa ein gewaltiges Echo hervorrief.

Im Jahre 1534 beendete Luther seine Bibelübersetzung, bereits ein Jahr später erschien in Augsburg diese für Fürsten gedachte Luxusausgabe. Berlin, Deutsches Historisches Museum

„Hier stehe ich, kann nicht anders, Gott helfe mir, Amen." Luther vor Kaiser Karl V. auf dem Reichstag zu Worms. Zeitgenössischer Holzschnitt

Luther wandte sich gegen die Ansicht, daß „wenn der Groschen im Kasten klingt, die Seele aus dem Fegefeuer springt", und sah in aufrichtiger Reue den einzigen Weg zur Sündenvergebung. In einer Disputation mit dem Theologen Johann Eck erklärte er, daß weder der Papst noch die Konzilien als unfehlbar gelten könnten und er sich nur durch die Bibel, das Wort Gottes, überzeugen ließe. Seine Ansichten legte er in den drei Schriften „An den christlichen Adel deutscher Nation", „Von der babylonischen Gefangenschaft der Kirche" und „Von der Freiheit eines Christenmenschen" nieder. Als ihm der Papst aufgrund dieser Schriften – „die allein würdig wären, daß man hunderttausend Ketzer darum verbrenne", wie es aus Rom hieß – mit dem Kirchenbann drohte, verbrannte Luther die Bannandrohungsbulle öffentlich. Das war die offene Kampfansage. Der Kirchenbann wurde rechtskräftig.

Trotzdem wurde Luther, unter Zusicherung freien Geleits, vor den Reichstag zu Worms (1521) geladen. Dort verweigerte er den Widerruf seiner Artikel, wobei er die Unterstützung von Reichsfürsten genoß, die der Reformation auch aus politischen Gründen gewogen waren. Kaiser Karl V., der sich als Schirmherr der Kirche fühlte und um die Einheit des Reiches und der habsburgischen Lande, zu denen ja auch Spanien gehörte, fürchtete, verhängte über Luther die Reichsacht und erließ das Wormser Edikt, das die Verbreitung seiner Lehre verbot. Daraufhin ließ der sächsische Kurfürst Friedrich III., der Weise, Luther – um dessen Leben zu retten –

Reformation und Gegenreformation

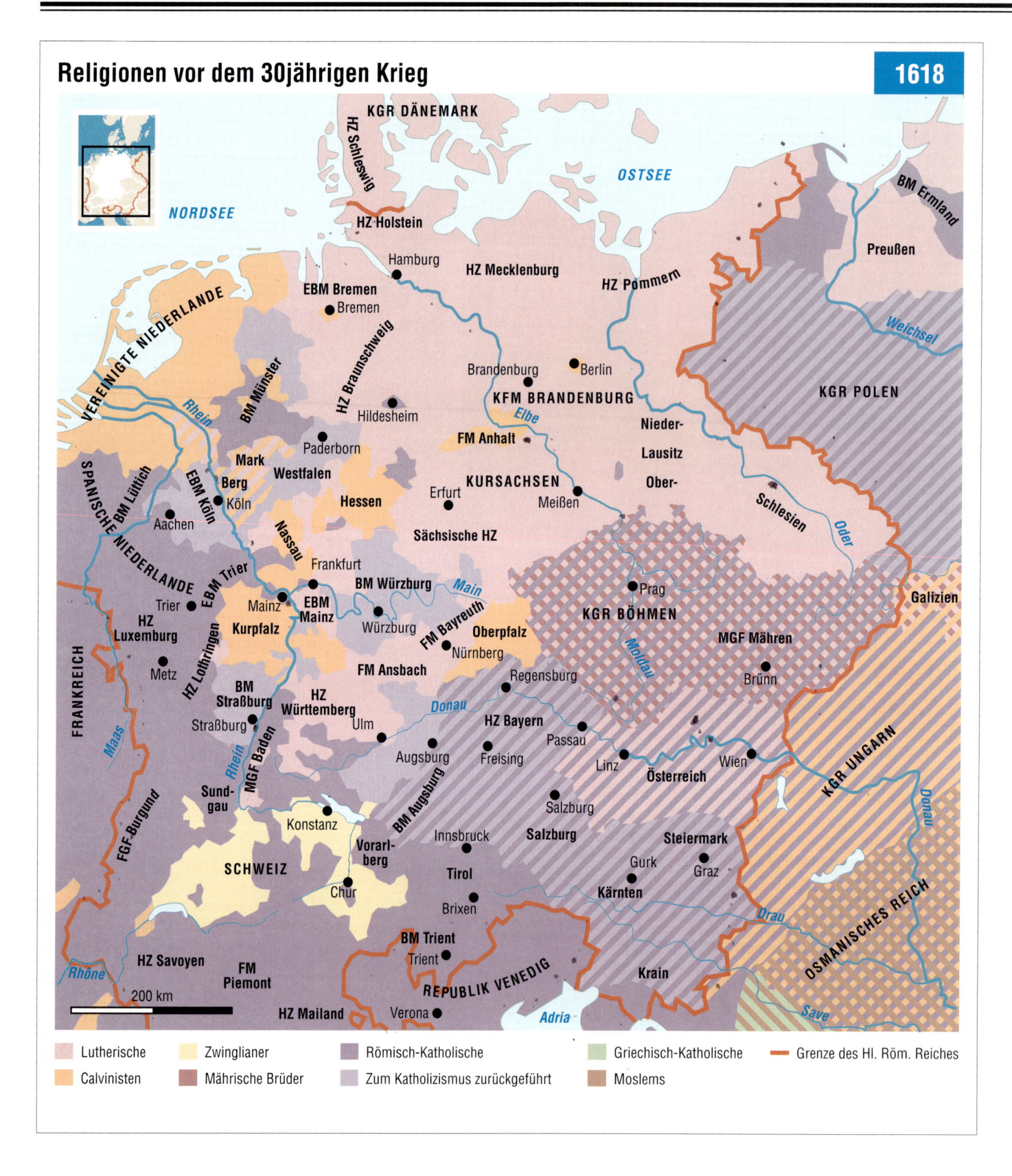

Religionen vor dem 30jährigen Krieg — 1618

Legende		
Lutherische	Zwinglianer	Römisch-Katholische
Griechisch-Katholische	Calvinisten	Mährische Brüder
Zum Katholizismus zurückgeführt	Moslems	Grenze des Hl. Röm. Reiches

zum Schein gefangennehmen. Auf der Wartburg in Thüringen versteckt, übersetzte Luther die Bibel ins Deutsche, um sie dem Volk zugänglich zu machen. Durch die Verwendung der sächsischen Kanzleisprache, die wiederum auf die vom Habsburgerhof gebrauchte Schriftsprache zurückging, trug er wesentlich zur Verbreitung einer einheitlichen neuhochdeutschen Umgangssprache bei.

Die neue „evangelische" Lehre fand rasch Verbreitung. „Neun Zehntel von Deutschland erheben das Feldgeschrei von Luther", berichtete der päpstliche Legat nach Rom. Die Verbreitung der Reformation wurde aber rasch ein Anliegen vieler Reichsfürsten, die an der neuen Konfession vor allem deshalb Gefallen fanden, weil sie es ihnen ermöglichte, sich die geistlichen Gebiete, den Besitz der

Bischöfe und Klöster anzueignen und sich selbst statt des Papstes zum Herrn ihrer Landeskirche zu machen. Wo die Reformation aber zur Volksbewegung wurde, die neben den konfessionellen auch soziale Ziele verfolgte, wie in den Bauernaufständen (s. d.) oder zu einer Rebellion der Ritter, wie im Aufruhr Franz' von Sickingen und Ulrichs von Hutten, wurde sie auch von den evangelischen Fürsten mit aller Härte bekämpft.

Die Haltung Kaiser Karls V. zur Reformation wurde nachgiebiger, als sich der Papst mit seinem Feind, dem französischen König Franz I. verbündete. Die Truppen des Kaisers eroberten und plünderten Rom, und Karl ließ die Fürsten von Sachsen und Hessen gewähren, als sie in ihren Territorien eine radikale Kirchenreform durchführten. Nach der Aussöhnung mit dem Papst jedoch trat er erneut als Verteidiger der katholischen Kirche auf. Als Karl auf dem Reichstag zu Speyer (1529) die Einheit erzwingen wollte, protestierten die evangelischen Fürsten – von diesem Zeitpunkt an wurden die Anhänger des neuen Glaubens auch Protestanten genannt. Karl weigerte sich, die Confessio Augustana (Augsburger Bekenntnis, A. B.), deren Grundsätze der Theologe Philipp Melanchthon zusammengefaßt hatte, anzuerkennen, und kündigte die Ausrottung der neuen Lehre an. Daraufhin schlossen sich die protestantischen Fürsten im Schmalkaldischen Bund zusammen; der drohende Konflikt brach jedoch noch nicht aus, da die Türken bis Wien vorgedrungen waren und die Stadt belagerten.

Im Nürnberger Religionsfrieden bewilligte Karl den Protestanten einen Aufschub bis zu einem einzuberufenden Konzil. Als jedoch auch Kur-Köln lutherisch zu werden drohte, unterbrach Karl seinen siegreichen Feldzug in Frankreich und setzte beim Papst die Einberufung eines allgemeinen Konzils durch. Die Evangelischen wollten aber nur an einem deutschen Nationalkonzil teilnehmen. Daraufhin brach 1546 der Schmalkaldische Krieg

Martin Luther, der große Reformator. Holzschnitt nach einem Gemälde von L. Cranach d. Ä.

aus. Karl konnte Herzog Moritz von Sachsen zunächst auf seine Seite ziehen und seine protestantischen Gegner ausschalten. Dann aber verbündete sich Moritz unter Berufung auf die „Libertät" der deutschen Fürsten mit Frankreich und machte die gegenreformatorischen Pläne des Kaisers durch einen Angriff auf die Erblande zunichte. Gegen das Reichsrecht überließen sie Frankreich das Vikariat über die Bistümer Metz, Toul und Verdun; auch die Zentren dieser drei Gebiete, die Reichsstädte waren, wurden 1552 von den Franzosen besetzt. Karl V., enttäuscht über sein Scheitern, überließ die Verhandlungen mit den Fürsten seinem Bruder Ferdinand, und 1555 wurde der Augsburger Religionsfriede geschlossen. Dieser stellte allen Reichsständen frei, katholisch oder lutherisch zu werden; die Untertanen mußten den Glauben ihres Landesherrn annehmen („cuius regio, eius religio") oder auswandern. Von diesem Vertrag blieben die Reformierten allerdings ausgeschlossen. Die reformierte Kirche war durch das Wirken von Ulrich Zwingli und Johann Calvin in der Schweiz entstanden; das „Helvetische Bekenntnis" (H. B.) wurde in Deutschland erst 1648 als gleichberechtigt anerkannt.

Das inzwischen nach Trient einberufene Konzil – es tagte von 1545 bis 1563 – war um eine Erneuerung der römischen Kirche bemüht. Seine Ergebnisse wurden in Reformdekreten niedergelegt. Eines regelte die Ernennung der Bischöfe durch den Papst, ein anderes legte die Amtspflichten der Kirche genau fest und verbot Häufung und Kauf geistlicher Ämter. Die Zahl der Sakramente wurde mit sieben festgelegt. Die kirchliche Tradition wurde der Bibel als Hauptquelle des Glaubens gleichgestellt. Die Zuständigkeit des Papstes für alle religiösen Belange blieb unangetastet. Der von dem Spanier Ignatius von Loyola gegründete Jesuitenorden bekam rasch Einfluß auf die katholischen Herrscherhäuser und wurde zu einer Speerspitze der Gegenreformation.

In den Ländern der österreichischen Habsburger hatte die Reformation bereits große Verbreitung gefunden. Unter den größeren weltlichen Fürstentümern Deutschlands war nur noch das Bayern der Wittelsbacher ein Hort des Katholizismus. Kaiser Maximilian II., der Sohn Ferdinands I., neigte selbst zum Luthertum und war dementsprechend tolerant gegenüber den Evangelischen. Dagegen trieben Maximilians in Spanien erzogene Brüder in den von ihnen verwalteten Ländern Tirol und Steiermark die Rekatholisierung energisch voran. Es war dies für sie nicht nur eine religiöse Frage; vielmehr ging es ihnen darum, die absolute Herrschergewalt gegen den Widerstand der Stände durchzusetzen. Ein großer Bauernaufstand in Nieder- und Oberösterreich (1596) trug dazu bei, daß sich der Adel auch im österreichischen Kernland den gegenreformatorischen Maßnahmen Kaiser Rudolfs II. und des Wiener Kardinals Khlesl beugte. Hatte das Reich seit dem Augsburger Religionsfrieden eine lange Periode relativen Friedens erlebt, so stand ihm nun mit Ausbruch des Dreißigjährigen Krieges die größte Tragödie seiner Geschichte bevor.

53

Die Bauernkriege

Die Bauern in Teilen Deutschlands glaubten, daß die Reformation auch ihre soziale und wirtschaftliche Lage verbessern würde. In Südwestdeutschland, Franken, Thüringen, Tirol und Salzburg kam es zu Erhebungen der Bauern; sie endeten überall mit Niederlagen.

Die durch die Reformation offenkundig gewordene Glaubenskrise fiel in eine Zeit, in der sich auch in der Bauernschaft beträchtliche soziale Unruhe breitmachte. Die Ersetzung der Natural- durch die Geldwirtschaft hatte den Geldbedarf der Grundherren erhöht; zudem erforderte die Bildung einer Staatsverwaltung den Ausbau des Steuersystems. So wurden neue Abgaben erfunden, wie der „Todfall", eine harte Erbschaftssteuer. Auch die Einführung des für das Volk unverständlichen Römischen Rechts brachte den einfachen Leuten oft Nachteile. All dies führte zu erhöhter Ausbeutung der Bauern. Zugleich verlor der Adel, der seiner Aufgabe des Schutzes vor äußeren Feinden nur noch unzureichend nachkam, an Daseinsberechtigung und Glaubwürdigkeit. Dort, wo geistliche Fürsten die Grundherren waren, erhob sich bei den Untertanen die Frage nach der Rückkehr zur evangelischen Armut Christi.

In den kleinen Territorien Südwestdeutschlands und Thüringens fühlten sich die Bauern von den Ansprüchen der vielen weltlichen und geistlichen Herren besonders bedrängt. Zu den wirtschaftlichen und sozialen Forderungen, die vor allem eine Rückkehr zum „guten alten Recht" (wie Recht auf Jagd, Fischfang und Waldnutzung) verlangten, kamen politische Wünsche. Die Bauern wollten die von Luther verkündete „Freiheit eines Christenmenschen" nicht nur religiös verstehen. Auch wenn sie die Adeligen als Grundeigentümer anerkannten, wollten sie sie nicht mehr als Herren über sich. Sie wollten ihre Gemeinden selbst verwalten, ihre Pfarrer selbst wählen, am liebsten wären sie reichsunmittelbar gewesen (wie es ja vereinzelt Reichsdörfer gab). Oftmals richteten sich ihre Hoffnungen auf den Kaiser, den sie gern anstelle der vielen Herren als einzige Herrschaftsinstanz gesehen hätten und dessen Gerechtigkeitssinn sie immer wieder – und fast immer vergeblich – anriefen. Aber auch die Eidgenossenschaft war für sie ein Beispiel, dem nachzueifern wert schien. „Das ganze Deutschland soll Schweiz werden" war eine Losung, die von Bauernführern da und dort erhoben wurde.

Nach örtlichen Unruhen in den vorangegangenen Jahrzehnten brach im Juli des Jahres 1524 im Schwarzwald ein Aufstand los, der sich rasch wie ein Flächenbrand ausweitete. Der Anlaß war geringfügig: Die Bauern der winzigen Landgrafschaft Stühlingen erhoben sich, weil ihnen die Gräfin befohlen hatte, mitten in der Erntezeit Schneckenhäuschen zu sammeln, auf die sie ihr Garn zu wickeln pflegte. Der Aufstand erfaßte die Bauern Schwabens, des Elsaß und des südlichen Franken. Er richtete sich vor allem gegen die geistlichen Besitzungen und einige als Bauernschinder verhaßte Adelige. Die in Klöstern und Burgen verwahrten Abgabenregister, die häufig Grund für Überfälle waren, wurden verbrannt. Einige Ritter schlossen sich der Sache der Bauern an und wurden ihre Führer, so Florian Geyer und – nur zeitweilig – Götz von Berlichingen.

Der Bundschuh (im Gegensatz zum Stiefel der Adeligen) war das Fahnen- und Namenssymbol der Bauernhaufen, und in „Zwölf Artikeln" stellten sie konkrete Forderungen an die Obrigkeit. Nicht überall verlief der Aufstand friedfertig. Es kam auch zu Gewalttaten – insbesondere beim Fall des Städtchens Weinsberg. Der Schwäbische Bund, eine Vereinigung der schwäbischen Reichsstände, zog eine gewaltige Truppenmacht zusammen und schlug die Haufen der Bauern in mehreren Schlachten. Danach begann das große Strafgericht; insgesamt sollen damals hunderttausend Menschen umgekommen sein.

Auch Bergknappen beteiligten sich an den Aufständen und wurden unerbittlich bestraft. Chronik des Diebold Schilling, 1513; Luzern, Zentralbibliothek (Eigentum Korporation Luzern)

Martin Luther, auf den sich die Bauern oftmals berufen hatten, verurteilte den Aufruhr scharf. Nicht genug, daß er auf seiner Lehre, daß jede Obrigkeit von Gott sei und daher Gehorsam verdiene, bestand, forderte er 1525 in seiner Schrift „Wider die mörderischen und räuberischen Rotten der Bauern" die Fürsten auf: „Drum soll hie zerschmeissen, würgen, stechen, heimlich oder öffentlich, wer da kann, und gedenken, daß nichts Schädlicheres und Teuflischeres sein kann denn ein aufrührerischer Mensch."

Als solch einen gefährlichen „Schwarmgeist" betrachtete Luther auch den Prediger und Reformator Thomas Münzer. Dieser wollte in seinen Schriften die religiöse Reform in eine gesellschaftliche überleiten: Er predigte die Gleichheit aller Menschen in einem zu errichtenden „Gottesstaat". Er bezichtigte die Herren und Fürsten „des Wuchers, der Diebereit und Räuberei" und verlangte: „Alle Dinge sollen gemeinsam sein und sollen jedem nach seinem Bedürfnis zugeteilt werden." Diese Theologie war ganz im Sinne der Wiedertäufer, einer radikalen Sekte. Gemeinsam mit ihnen riß Münzer im Frühjahr 1525 in der Reichsstadt Mühlhausen in Thüringen die Herrschaft an sich und agitierte dort für einen Kampf gegen die „Gottlosen" und für ein urchristlich-kommunistisches „Reich Gottes". Er sammelte ein Heer von Bauern, Bergknappen und Handwerkern um sich, das jedoch bei Frankenhausen den militärisch geschulten Truppen des Landgrafen von Hessen unterlag. Münzer wurde gefangengenommen, verurteilt und zusammen mit anderen Rädelsführern enthauptet.

Auch das habsburgische Tirol und das Erzstift Salzburg wurden 1525 von Bauernunruhen erfaßt. Die Bauern waren mit dem Bischof von Brixen in Streit geraten und fanden in dessen Sekretär Michael Gaismair ihren Feldhauptmann. Gaismair wurde nach Innsbruck vorgeladen und unter Wortbruch verhaftet. Es gelang ihm die Flucht nach Graubünden. Dort entwarf er eine „Landesordnung", die aus Tirol eine christliche Knappen- und Bauernrepublik machen sollte. Der „gemaine nuz" sollte Vorrang haben, alle Sonderrechte sollten abgeschafft, die Klöster in Spitäler umgewandelt, die Bergwerke „zu gemains Lands hannden" eingezogen wer-

1524/25

Der deutsche Bauernkrieg 1524-26

Legende:
- Gebiet der Bauernaufstände
- Gebiet erbitterter Kampfhandlungen
- Großes Bauernlager
- Züge der fränkischen Bauernhaufen
- Erhebung von Bergleuten
- Bedeutende Schlacht
- Siegreiche Schlacht der Bauern
- Züge des Truchseß v. Waldburg (Schwäbischer Bund)
- Stadtbelagerung durch Bauern
- Städtischer Aufstand
- Mit Bauern verbündete Stadt
- Züge des Landgrafen Philipp v. Hessen und der sächsischen Fürsten
- Grenze des Hl. Römischen Reiches
- Zug des bayer. Adelsaufgebotes
- Zug des Herzogs v. Lothringen

den. Gaismair griff noch einmal in den Bauernkrieg ein, als die Salzburger Bauern die Stadt erstürmt hatten, den Erzbischof in seiner Festung belagerten und ein Adelsheer besiegten. Schließlich mußten die Bauern auch hier der Übermacht eines bayrisch-österreichischen Heers weichen. Gaismair floh nach Venedig und wurde dort ermordet.

Die Wiedertäufer, die ihren Namen von der von ihnen geübten Erwachsenentaufe hatten, wurden sowohl von katholischen wie von protestantischen Fürsten verfolgt. Sie hatten insbesondere in der Schweiz, in Tirol und Oberösterreich, in Mähren und am Niederrhein Anhänger. Ihre Anführer Hutter und Hubmaier wurden in Innsbruck bzw. Wien als

Ketzer verbrannt. In der westfälischen Stadt Münster ergriffen holländische Wiedertäufer 1534 die Macht. Ihr „Neues Jerusalem" artete bald in eine Schreckensherrschaft aus. Die Rache der adeligen Belagerer, die die Stadt sechzehn Monate belagerten, war nach deren Fall entsprechend grausam. Ein Teil der Sekte fand in Amerika eine neue Heimat.

Der Dreißigjährige Krieg

Die religiösen Gegensätze, die den Dreißigjährigen Krieg ausbrechen ließen, erwiesen sich bald nur als Vorwand für einen Machtkampf zwischen dem Kaiser und den Fürsten; dieser wiederum entwickelte sich zu einem Krieg zwischen Habsburg und Frankreich um die europäische Vorherrschaft.

Der Krieg, der zur großen Tragödie der deutschen Geschichte wurde, läßt sich nicht aus einer einzelnen Ursache erklären. An der Oberfläche war er ein Konflikt zwischen den Konfessionen, ein Versuch, das durch die Reformation verlorengegangene Terrain für die Römische Kirche wiederzugewinnen. Zugleich aber waren die religiösen Gegensätze unentwirrbar verknüpft mit politischen Machtansprüchen: auf der einen Seite die des Kaisers, der die Herrscherpositionen der westlichen Nachbarstaaten, das starke Königtum Frankreichs, Spaniens, Englands vor Augen hatte, auf der anderen Seite die der Fürsten, deren Selbständigkeitsbestrebungen im Protestantismus eine Rechtfertigung – und große Landgewinne durch Einverleibung der geistlichen Gebiete – erhalten hatte. Schließlich aber wurde der Krieg, und das entkleidet ihn jeder vorgeschobenen religiösen Argumentation, zum Kampf zwischen dem katholischen Frankreich und dem katholischen Habsburg um die Vormachtstellung in Europa.

Der Anstoß zu dem großen und wechselvollen Ringen kam aus Böhmen. Die Stände dort hatten sich großteils der Reformation zugewandt und sahen nun mit Sorge, wie die Habsburger in ihren österreichischen Erblanden der Rekatholisierung, die zugleich eine Stärkung des Herrschers zu Lasten der Stände brachte, mit großer Härte den Weg bahnten. Dagegen wollte sich ein evangelischer böhmischer Adelsbund unter Führung von Graf Matthias Thurn zur Wehr setzen. Dessen ultimatives Verbot durch den Kaiser führte am 23. Mai 1618 zum Proteststurm auf den Prager Hradschin, in dessen Verlauf drei kaiserliche Beamte aus dem Fenster geworfen wurden (sie fielen auf einen Misthaufen und blieben unverletzt). Die Aufständischen konfiszierten die Güter kaisertreuer Adeliger, wiesen die Jesuiten aus und stellten eine Armee auf; die protestantische „Union" nahm Böhmen als Mitglied auf. Kaiser Matthias wollte den Konflikt durch Verhandlungen beilegen, obwohl es die Rebellen auf den Bruch mit ihrem Herrscher abgesehen hatten.

Im Frühjahr 1619 jedoch starb der bereits entmachtete Matthias, der wie sein Vorgänger und Bruder Rudolf II. kinderlos geblieben war. Matthias hatte seinen Cousin Ferdinand zum Nachfolger ernannt. Dessen streng katholische bayrische Mutter hatte ihn bei den Jesuiten in Ingolstadt erziehen lassen und mit einer Wittelsbacherin verheiratet. Um die Ansprüche der spanischen Habsburger auf die Erbfolge in Böhmen und Ungarn auszuschalten, hatte Ferdinand noch zu Matthias' Lebzeiten einen Geheimvertrag mit Spanien geschlossen. Darin war festgelegt worden, daß der spanische König das österreichische Elsaß – als Zwischenglied zu den bereits spanischen Reichsgebieten der Freigrafschaft Burgund und der Niederlande – als Reichsfürst übernehmen sollte.

Während Ferdinand II. (1619-1637) von den Kurfürsten, auch den protestantischen, einhellig gewählt wurde, erklärten die böhmischen Stände ihr Land zum Wahlkönigtum und kürten den calvinistischen Kurfürsten Friedrich V. von der Pfalz zum König. Im Spätherbst 1619 wurde er in Prag gekrönt. Ferdinand II. war nicht gewillt, diese Rebellion hinzunehmen. Da er von seiner Berufung, der römischen Kirche zum Sieg über das „Ketzertum" zu verhelfen überzeugt war und sich dabei auf spanische Hilfe verlassen konnte, ließ er sich nicht mehr auf Verhandlungen ein. Unbeeindruckt von einem Einfall der Böhmen in Niederösterreich und den Sympathien, die ihnen dort von den evangeli-

Albrecht von Wallenstein, Herzog von Friedland. Kupferstich von P. Isselburg, 1625

schen Adeligen entgegengebracht wurden, setzte er auf Krieg. Die von Bayern dominierte katholische „Liga" stellte ihm eine Armee zur Verfügung. Unter dem Feldherrn Johann Tserclaes von Tilly rückte diese in Böhmen ein, in der Schlacht am Weißen Berg bei Prag siegten die Kaiserlichen, der „Winterkönig" Friedrich flüchtete, und über seine adeligen Anhänger brach ein Strafgericht herein. Viele wurden hingerichtet, ihre Güter an habsburgtreue, zum Teil landfremde Adelige vergeben. Die bisherige Eigenständigkeit Böhmens wurde aufgehoben, das Land nunmehr absolutistisch von Wien aus verwaltet. Die gewaltsame Bekehrung der Oberösterreicher überließ Ferdinand dem Bayernherzog Maximilian, dem er das Land verpfändete. Den evangelischen Kurfürsten von Sachsen verpflichtete er durch die Verpfändung der Lausitz zu Neutralität im Konfessionsstreit.

Nach dem Sieg in Böhmen wandte sich der Kaiser der Bestrafung Friedrichs V. zu. Die katholischen Truppen besetzten die Kurpfalz; deren geflüchteter Fürst, auf Antrag seines wittelsbachischen bayrischen Vetters geächtet und seiner Kurwürde beraubt, suchte Hilfe bei der protestantischen „Union". Die Truppenführer Ernst von Mansfeld und Christian von Braunschweig kämpften gegen die Armee Tillys. Sie wandten als erste in großem Stil das verderbliche Prinzip „der Krieg nährt den Krieg" an: besetzte Gebiete wurden gnadenlos ausgesaugt, ihre männlichen Bewohner in die Armee gezwungen. Nach mehreren Siegen Tillys war dieser Böhmisch-Pfälzische Krieg (1618-1623), wie die Historiker den ersten Abschnitt des großen Ringens bezeichnen, entschieden.

Die kaiserliche Macht war gewachsen, und nun wurde auch das Ausland auf die deutschen Querelen aufmerksam. Ferdinand II. wurde die Absicht nachgesagt, eine Seemacht im Norden zu errichten, was Frankreich und England besorgt machte. Vom Ausland finanziell unterstützt und gedrängt von den evangelischen Fürsten, die angstvoll die Wiederherstellung des geistlichen Besitzes in den vom Kaiser eroberten Gebieten registrierten, griff der dänische König Christian, der als Herzog von Holstein auch Reichsfürst war, in die Auseinandersetzung ein. Der Dänisch-Niedersächsische Krieg (1625-1629) begann. In dieser Situation stellte der böhmische Adelige Albrecht von Wallenstein, den das Strafgericht von 1620 zu einem der begütertsten Grundbesitzer des Landes gemacht hatte, dem Kaiser auf eigene Kosten

1618-1648

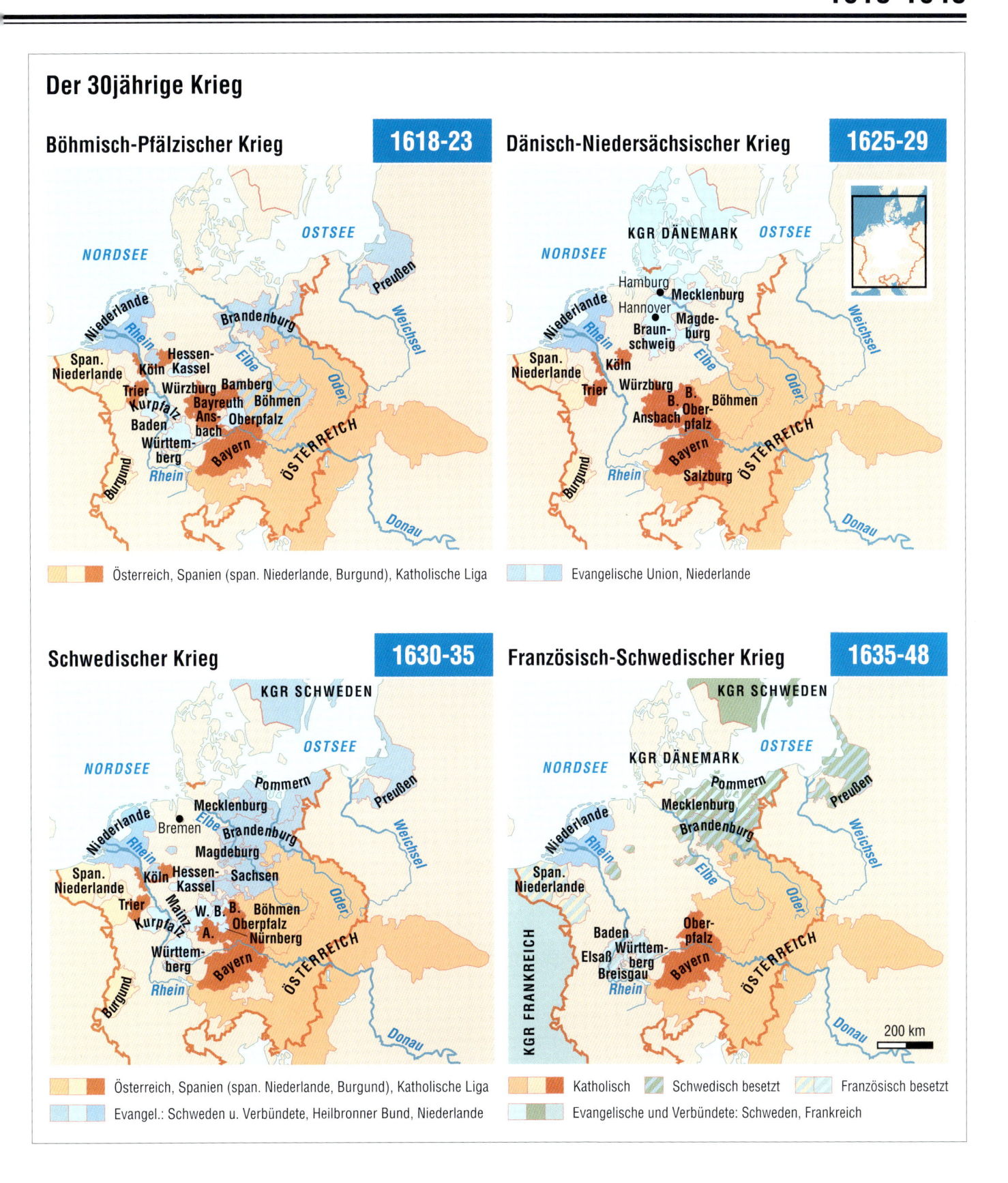

Der 30jährige Krieg

Böhmisch-Pfälzischer Krieg 1618-23

Dänisch-Niedersächsischer Krieg 1625-29

Österreich, Spanien (span. Niederlande, Burgund), Katholische Liga

Evangelische Union, Niederlande

Schwedischer Krieg 1630-35

Französisch-Schwedischer Krieg 1635-48

Österreich, Spanien (span. Niederlande, Burgund), Katholische Liga
Evangel.: Schweden u. Verbündete, Heilbronner Bund, Niederlande

Katholisch · Schwedisch besetzt · Französisch besetzt
Evangelische und Verbündete: Schweden, Frankreich

---

eine Armee zu Verfügung. Wallenstein marschierte nach Norddeutschland. Er trieb Mansfeld bis nach Ungarn, wandte sich dann zusammen mit Tilly gegen die Dänen und besetzte Jütland. Christian IV. sah sich daraufhin zum Frieden gezwungen. Wallenstein wurde zum Herzog von Mecklenburg erhoben und vom Kaiser zum „General des ozeanischen und baltischen Meeres" ernannt. Der Plan einer kaiserlichen Flotte schien nun zu reifen, scheiterte aber daran, daß die Hansestädte ihre Unterstützung verweigerten.

Kaiser Ferdinand II. glaubte, auf dem Gipfel seiner Macht befindlich, mit einer Zwangsmaßnahme die alte Kirche wieder in ihre Rechte einsetzen zu können. 1629 erließ er das „Restitutionsedikt", wonach die protestantischen Fürsten den konfiszierten Kir-

Der Dreißigjährige Krieg   1618-1648

Der Tod des schwedischen Königs Gustav Adolf II. in der Schlacht bei Lützen (1632). Zeitgenössischer Holzschnitt

chenbesitz, einschließlich der ihren Ländern angeschlossenen geistlichen Fürstentümer, wieder herausgeben sollten. Das traf offenbar tiefer ins Mark als alle Streitigkeiten darüber, ob das heilige Abendmahl in einer oder zwei Gestalten eingenommen werden sollte. Selbst der bisher neutrale Kurfürst von Sachsen wollte das nicht hinnehmen.

Auch Wallensteins Vorschlag, das Reich, gestützt auf ein starkes Militär, nach französischem Vorbild aus einer Wahl- in eine Erbmacht umzuwandeln, wäre wohl nach dem Geschmack des Kaisers gewesen. Aber so viel Macht schien selbst den katholischen Fürsten zu gefährlich zu sein. Sie drängten auf die Entlassung Wallensteins – und das zu einem Zeitpunkt, als der schwedische König Gustav Adolf, kräftig von französischen Geldern unterstützt und von den protestantischen Fürsten als Retter ihres Glaubens (und ihres bedrohten früheren Kirchenbesitzes) stürmisch begrüßt, bereits in Pommern gelandet war.

Im nun ausbrechenden Schwedischen Krieg (1630-1635) drangen die Invasoren in einem Siegeszug bis Süddeutschland vor, brachten den kaiserlichen Feldherrn Tilly in Not – er fiel in der Schlacht bei Rain am Lech (1632) –, so daß Ferdinand II. neuerlich Wallenstein um Hilfe bitten mußte. Dieser fiel in Sachsen ein, was die Schweden zum Rückzug veranlaßte. Bei Lützen (1632) stießen die beiden Feldherrn aufeinander; der Schwede gewann zwar die Schlacht, fiel aber im Kampf.

Der sich unentbehrlich wähnende Wallenstein versuchte nun, Politik auf eigene Faust zu betreiben. Er begann eigenmächtige Verhandlungen mit den Sachsen und versagte, trotz kaiserlichen Befehls, den Bayern militärische Hilfeleistung, weil er keinen aussichtslosen Winterfeldzug führen wollte. Dazu kam, daß Wallenstein, zum Unterschied vom bigotten Kaiser, religiös eher indifferent war. Er versuchte, Ferdinand zur Rückkehr zum Status des achtzig Jahre zurückliegenden Augsburger Religionsfriedens zu bewegen, um so den Frieden bei gleichzeitigem

„Nun liegt Friedland, gefällt durch spanisch' Mord und List ..." Zeitgenössische Darstellung der Ermordung Wallensteins in Eger (1634)

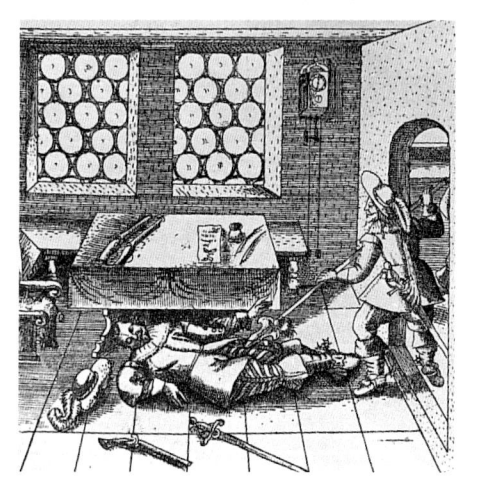

Machtzuwachs des Kaisers wieder herzustellen. Das alles wurde von der katholischen Partei am Wiener Hof, für die die Vertreter Spaniens und Bayerns auch den Kaisersohn Ferdinand gewonnen hatten, als Bedrohung ihrer Interessen empfunden. Schließlich willigte der Kaiser ein, den Feldherrn loszuwerden. Zunächst wurden dem Oberbefehlshaber die Offiziere abspenstig gemacht, und schließlich wurde Wallenstein 1534 in Eger ermordet. Das war der sprichwörtlich gewordene „Dank vom Hause Österreich".

Noch schien das Kriegsglück den Kaiser nicht zu verlassen. Nach einem Schlachtensieg bei Nördlingen war ganz Oberdeutschland in seiner Hand. Die Zurücknahme des folgenschweren Restitutionsedikts, dazu die Abtretung der Lausitz, machten den Friedensschluß mit Sachsen möglich; Brandenburg, Anhalt und andere Fürstentümer traten bei. Die Politik, die Wallenstein empfohlen hatte, schien Früchte zu tragen. Aber jetzt hatte es der Kaiser gar nicht mehr in der Hand, den Krieg zu beenden. Frankreichs Kardinal Richelieu sah voraus, daß bloße Subsidien nicht mehr ausreichen würden, um den Schweden mit den wenigen deutschen Bundesgenossen, die ihnen geblieben waren, noch auf Dauer eine Chance gegen die Übermacht Habsburgs zu geben. Deshalb nahm das katholische Frankreich nun offen am Krieg des protestantischen Schweden gegen den Kaiser und Spanien teil. Die religiösen Überzeugungen oder auch nur Vorwände, um derentwillen der Kampf begonnen worden war, traten im Französisch-Schwedischen Krieg (1635-1648) völlig in den Hintergrund.

Das Kriegsglück, das seinem Vater so oft hold gewesen war, verließ den neuen Kaiser Ferdinand III. (1637-1657). Der von Frankreich unterstützte Bernhard von Weimar eroberte Breisach und das habsburgische Elsaß; nach seinem unerwarteten Tod setzten sich die Franzosen in den Besitz dieses Landes und waren nicht mehr bereit, es herauszugeben. Der neue schwedische Oberbefehlshaber Thorstensson bedrohte, im Verein mit dem siebenbürgischen Fürsten Rakoczy, zeitweise sogar Wien. Im Jahr 1647 schließlich zwangen die vereinten Franzosen und Schweden Österreichs wichtigsten Verbündeten, Bayern, zu einem Waffenstillstand. So bekam der Frieden endlich seine Chance – in einem großteils verwüsteten Deutschland, das mehr als die Hälfte seiner Einwohner verloren hatte.

Der Westfälische Friede und die Folgen 1648

Der Westfälische Friede vom 24. Oktober 1648 änderte das politische System des Reiches grundlegend: die Kaisermacht war endgültig gebrochen, die Verfassung näherte sich einer Föderation souveräner Einzelstaaten. Frankreich sicherte sich durch Erreichen der Rheingrenze und als Garant des Friedens Einfluß.

Der Dreißigjährige Krieg war in seiner letzten Phase alles andere als ein deutscher Krieg. Er war der Krieg Frankreichs und des mit ihm verbündeten Schwedens gegen den Kaiser. Insbesondere für den ebenso überragend intelligenten wie machiavellistischen Träger der französischen Politik, Kardinal Richelieu, war es das erklärte Anliegen, „Habsburg zu ruinieren", um sein Land aus der bedrohlichen spanisch-österreichischen Umklammerung zu lösen und seine Grenze an den Rhein vorzuschieben.

Spätestens 1645 hatte das Kriegsglück Kaiser Ferdinand III. endgültig verlassen, 1648 standen die Schweden am Inn und vor Prag, zuvor waren sie zeitweise nördlich der Donau bis in die Nähe Wiens vorgedrungen. Der kaiserliche Chefminister Graf von Trautmansdorff legte seinem Herrn schriftlich nahe, daß es zu einem Friedensschluß keine Alternative mehr gab: „Consequenter sein Sie verlohren: nit allein aber sein diese land (die österreichischen Erblande) verlohren, sondern das kaiserthumb et omnis spes successionis (alle Hoffnung auf die Nachfolge, nämlich Habsburgs auf den Kaiserthron), warmit der cron Spaniens nichts anders aß einschlechter dienst, E. Mt. aber und dero posteritet ein irreparabile damnum (irreparabler Schaden) geschicht."

Friedensverhandlungen waren zu dieser Zeit schon seit Jahren im Gange, obwohl der

Deutschland nach dem 30jährigen Krieg 1648

59

Der Westfälische Friede und die Folgen 1648

Krieg fortdauerte. Man hatte sich über eine Zweiteilung der Verhandlungsorte geeinigt: In Osnabrück wurde zwischen den kaiserlichen, den reichsständischen und den schwedischen Gesandten verhandelt; in Münster kamen die Vertreter des Kaisers mit denen Frankreichs zusammen.

Zum Unterschied von den Ansprüchen der nationalen Königreiche Frankreich und Schweden war von einer Vertretung gemeinsamer deutscher Interessen bei den Verhandlungen kaum etwas zu bemerken. Für die Fürsten waren vor allem die Erhaltung ihres Besitzstandes (bei den Protestanten insbesondere der eingezogenen ehemals geistlichen Gebiete) sowie eine möglichst weitgehende Unabhängigkeit die vorrangigen Ziele. Für den Kaiser hatte der Zusammenhalt der Casa d'Austria, des Hauses Habsburg in Österreich und Spanien, Priorität – Ferdinand III. wollte ihn bis zuletzt bewahren. Frankreich hingegen zielte auf das genaue Gegenteil ab. Noch dauerte der Französisch-Spanische Krieg an. Der Kaiser sollte zur Neutralität verpflichtet werden und dem Burgundischen Reichskreis (Belgien und die Freigrafschaft Burgund, die dem spanischen König unterstanden) keinerlei militärische Hilfe mehr leisten. Das war zwar reichsverfassungsrechtlich eine Ungeheuerlichkeit, unter dem Druck der feindlichen Übermacht mußte Ferdinand aber schließlich nachgeben und einwilligen, den Friedensvertrag auch ohne seinen spanischen Vetter zu unterzeichnen.

Mit dem Verhältnis zu Spanien im Zusammenhang stand auch die Abtretung des einzigen kleinen, aber strategisch bedeutsamen Gebiets, der Österreich im Friedensvertrag zustimmen mußte. Es handelte sich um den oberelsässischen Sundgau, ein Stammland der Habsburger; dazu die Vogtei über zehn elsässische Reichsstädte (noch ohne Straßburg) sowie Landau in der Pfalz und Breisach am rechten Rheinufer. Damit hatte Frankreich sowohl das Nahziel einer militärischen Hilfe des Kaisers für Spanien in der Freigrafschaft, wie auch das Fernziel erreicht, endlich einen Fuß am Rhein stehen zu haben, um von dort aus die nun zerstückelte, wehrlose Westgrenze des Reichs aufzurollen.

Auch Schweden sicherte sich durch territoriale Abtretungen seinen Einfluß auf Deutschland. Durch die Übernahme von Vorpommern samt der Insel Rügen sowie der ehemaligen Hochstifte Bremen und Verden konnte es die bedeutendsten deutschen Flußmündungen kontrollieren. Brandenburg bekam Hinterpommern, weiters die ehemals geistlichen Gebiete Magdeburg, Halberstadt, Minden und Kammin. Die Schweiz und die Niederlande traten als nunmehr völlig unabhängige Staaten aus dem Reichsverband aus.

Die eigentlichen – konfessionellen – Gründe, die zum Ausbruch des Dreißigjährigen Krieges geführt hatten, traten demgegenüber in den Hintergrund. Die Reformierten wurden in die Bestimmungen des Augsburger Religionsfriedens („cuius regio, eius religio" – Bestimmung der Konfession der Untertanen durch den Landesherrn) eingeschlossen, für die geistlichen Territorien sollte der Besitzstand von 1624 gelten. Die evangelische Minorität durfte hinfort auf den Reichstagen in Religionsfragen nicht majorisiert werden.

Viel folgenschwerer waren die Bestimmungen, die das politische System des Reichs betrafen. Durch sie wurde der Westfälische Friede zu einem Staatsgrundgesetz des Deutschen Reichs. Dies bedeutete das endgültige Ende für die alte Kaiserherrlichkeit. Die vom Ausland diktierten Friedensbedingungen banden den Kaiser in allen wichtigen Reichsangelegenheiten an die Zustimmung der Fürsten. Deren Länder waren souveräne Staaten geworden, die Bündnisse mit ausländischen Mächten schließen konnten; der Zusatz „nicht gegen Kaiser und Reich" erwies sich häufig als unverbindliche Floskel, Verstöße gegen ihn wurden nur einmal, im Spanischen Erbfolgekrieg, sanktioniert (gegen Bayern und Kur-Köln). Diese Bestimmungen gaben zumindest den größeren unter den nun souverän gewordenen rund dreihundert „Landesherren" – wie Bayern, Brandenburg, Hannover, Savoyen – eine völlig selbständige Stellung. Frankreich konnte sich als Garant des Friedens in innerdeutsche Angelegenheiten einmischen.

Der zeitgenössische Staatsrechtler Samuel Pufendorf sah denn auch in seiner mit Kritik am Hause Österreich nicht sparenden Schrift „Über die Verfassung des Deutschen Reiches" diese 1667 so: „Es bleibt also nichts übrig, als Deutschland, wenn man es nach den Regeln der Politik klassifizieren will, einen unregelmäßigen und einem Monstrum ähnlichen Staatskörper zu nennen, der sich im Laufe der Zeit durch träge Nachgiebigkeit der Kaiser, durch den Ehrgeiz der Fürsten und die Ruhelosigkeit der Pfaffen aus einer Monarchie zu so einer ungeschickten Staatsform umgestaltet hat. Jetzt ist daher Deutschland weder eine Monarchie, auch nicht einmal eine beschränkte, wenn auch in gewisser Beziehung der äußere Schein darauf hindeutet, noch auch, genau genommen, eine aus mehreren Staaten zusammengesetzte Föderation, sondern vielmehr ein Mittelding zwischen beiden. Dieser Zwitterzustand aber verursacht eine zehrende Krankheit und fortwährend innere Umwälzungen ..."

Der Abschluß des Westfälischen Friedens im Rathaus von Münster. Gemälde von G. Ter Borch, 1648; London, National Gallery

Die Türkenkriege

1529-1739

Die Habsburger-Kaiser waren, seit sie Nachbarn des Osmanischen Reichs geworden waren, zwei Jahrhunderte hindurch von der Gefahr eines Zweifrontenkrieges bedroht. Das Mißlingen der zweiten Belagerung Wiens durch die Türken brachte die Wende und die Ausdehnung der österreichischen Herrschaft über ganz Ungarn.

Die geographische Lage ihrer Erblande führte dazu, daß die Habsburger seit der Eroberung der Balkanländer durch die Türken – fast zwei Jahrhunderte hindurch – die Reichsgrenze im Südosten verteidigen mußten. Das westliche Ungarn, das ihnen als Rest des ererbten ungarischen Königreichs zugefallen war, bildete dabei zugleich ein Vorfeld für diesen Abwehrkampf und eine Last: Von Siebenbürgen aus, das sich eine gewisse Autonomie gegenüber dem Sultan bewahren konnte, wurde es von national-ungarischen Thronprätendenten beansprucht.

Schon drei Jahre nachdem der junge ungarische Jagiellonenkönig Ludwig II. bei Mohács Schlacht und Leben verloren hatte (1526) – wodurch Ungarn an Habsburg gefallen war – standen die Türken vor Wien. Sultan Soliman war mit einem Riesenheer von einer Viertelmillion Mann im Mai von Konstantinopel aufgebrochen, hatte Ofen (Budapest) wiedergewonnen und rückte in die österreichischen Erblande vor. Wer sich nicht in schützende Burgen flüchten konnte, wurde getötet oder in die Sklaverei verkauft, viele Orte wurden niedergebrannt.

Während der Hof – zu dieser Zeit führte Kaiser Karl V. Krieg in Italien, Österreich wurde von seinem Bruder Ferdinand verwaltet – nach Linz flüchtete, rüstete sich in Wien eine schwache Besatzung zur Verteidigung. Bereits am 23. September 1529 war die Stadt von Solimans Truppen eingeschlossen, die Türken beschossen die Stadttore und bohrten Minen in die Stadtmauer. Doch Wien verteidigte sich zäh, und nach einem Monat zog Soliman unverrichteter Dinge ab. Der Versuch Ferdinands, sich in der Folge in den Besitz seines ganzen ungarischen Erbteils zu setzen, scheiterte jedoch. Er mußte sich einen Waffenstillstand mit einem hohen jährlichen Ehrengeschenk – eine Umschreibung für Tribut – erkaufen. In Frankreich hatte man inzwischen die Gunst der Stunde erfaßt, und der „allerchristlichste König" schloß bereits 1536 ein Bündnis mit den Osmanen. Diese französische Politik setzte die Kaiser in den folgenden Jahrzehnten der permanenten Gefahr des Zweifrontenkrieges aus. Um auch von anderen Reichsfürsten militärische und finanzielle Hilfe zu erhalten, mußten sie – es war die Zeit der Reformation – immer wieder politische Zugeständnisse machen.

Vom 14. Juli bis zum 12. September 1683 wurde Wien vom türkischen Heer Kara Mustaphas belagert. Gemälde von F. Geffes, Ende 17 Jh.; Historisches Museum der Stadt Wien

Auch Ferdinands Nachfolger Maximilian II. mußte sich gegen türkische Angriffe verteidigen, und unter Kaiser Rudolf II. kam es zum sogenannten „langen Türkenkrieg", der 1606 mit einem Patt endete. Sechzig Jahre später konnten Erfolge des verbündeten kai-

Die Türkenkriege 1529-1739

serlichen und brandenburgischen Heeres nicht genutzt werden, weil Kaiser Leopold I., um gegen die Angriffe Ludwigs XIV. freie Hand zu haben, einen raschen Friedensschluß mit dem Verzicht auf Grenzfestigungen erkaufen mußte. 1683 rückte erneut eine große türkische Armee unter dem Großwesir Kara Mustafa mit dem direkten Ziel des Angriffs auf Wien vor. Kaiser Leopold verließ fluchtartig seine Residenz, die schwachen kaiserlichen Truppen unter Karl von Lothringen zogen sich über die Donau zurück, die Verteidiger Wiens brannten die Vorstädte nieder, um den Feind zu längeren Nachschubwegen zu zwingen und ihm keinen Schutz in Gebäuden zu gewähren. Um so mehr hatte das bäuerliche Umland Wiens während der Belagerung zu leiden. Am 14. Juli hatte sich der Kreis eines riesigen Zeltlagers um Wien geschlossen. Die Belagerung dauerte drei Monate, und zeitweise stand das Schicksal der Stadt auf des Messers Schneide.

Der Kaiser hatte mit seinen Bitten um Hilfe bei den Reichsfürsten vor allem bei Bayern und Sachsen Erfolg; ihre Kontingente stießen zum Heer des Lothringers. Zudem gelang es, den Polenkönig Johann III. Sobieski für den Kampf um die Befreiung Wiens zu gewinnen. Sobieski hatte sich schon in den Jahren zuvor erfolgreich mit den Türken geschlagen. Er galt als Freund Frankreichs, dessen Einfluß ihm zur Krone Polens verholfen hatte. Dennoch verstand er sich als

Sultan Soliman II. stieß 1529 bis Wien vor, belagerte die Stadt aber vergeblich.

Kämpfer der Christenheit und folgte dem Hilferuf des Kaisers. Leopold war diplomatisch genug, ihm den Oberbefehl über das Entsatzheer zu überlassen. Durch einen Angriff über die Hänge des Wienerwaldes wurden die Türken überrascht. In einem blutigen Kampf – die polnischen Husaren lieferten den osmanischen Spahis eine der letzten großen Reiterschlachten – wurden die Belagerer in die Flucht geschlagen; ihr Lager ließen sie zurück, den Siegern fiel gewaltige Beute in die Hände. Der Sultan aber ließ seinen erfolglosen Großwesir in Belgrad erdrosseln.

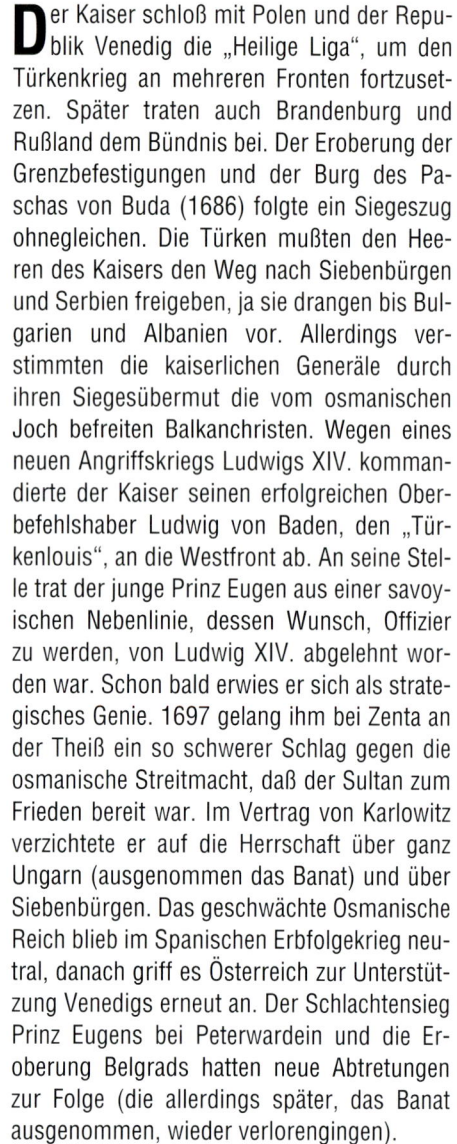

Der Kaiser schloß mit Polen und der Republik Venedig die „Heilige Liga", um den Türkenkrieg an mehreren Fronten fortzusetzen. Später traten auch Brandenburg und Rußland dem Bündnis bei. Der Eroberung der Grenzbefestigungen und der Burg des Paschas von Buda (1686) folgte ein Siegeszug ohnegleichen. Die Türken mußten den Heeren des Kaisers den Weg nach Siebenbürgen und Serbien freigeben, ja sie drangen bis Bulgarien und Albanien vor. Allerdings verstimmten die kaiserlichen Generäle durch ihren Siegesübermut die vom osmanischen Joch befreiten Balkanchristen. Wegen eines neuen Angriffskriegs Ludwigs XIV. kommandierte der Kaiser seinen erfolgreichen Oberbefehlshaber Ludwig von Baden, den „Türkenlouis", an die Westfront ab. An seine Stelle trat der junge Prinz Eugen aus einer savoyischen Nebenlinie, dessen Wunsch, Offizier zu werden, von Ludwig XIV. abgelehnt worden war. Schon bald erwies er sich als strategisches Genie. 1697 gelang ihm bei Zenta an der Theiß ein so schwerer Schlag gegen die osmanische Streitmacht, daß der Sultan zum Frieden bereit war. Im Vertrag von Karlowitz verzichtete er auf die Herrschaft über ganz Ungarn (ausgenommen das Banat) und über Siebenbürgen. Das geschwächte Osmanische Reich blieb im Spanischen Erbfolgekrieg neutral, danach griff es Österreich zur Unterstützung Venedigs erneut an. Der Schlachtensieg Prinz Eugens bei Peterwardein und die Eroberung Belgrads hatten neue Abtretungen zur Folge (die allerdings später, das Banat ausgenommen, wieder verlorengingen).

Die Habsburger richteten von der kroatischen Adria bis zu den siebenbürgischen Karpaten die sogenannte Militärgrenze ein; an dieser wurden 30.000 der türkischen Herrschaft entflohene serbische Familien angesiedelt, vor allem in der sogenannten Krajna und in Slawonien. Hier liegt einer der Gründe für die Auseinandersetzungen zwischen Serben und Kroaten beim Zerfall Jugoslawiens. In die verwahrlosten Gebiete des südlichen Ungarn und des Banat wurden Bauern aus Südwestdeutschland angesiedelt, die sogenannten Donauschwaben.

Der polnische König Johann Sobieski führte das kaiserliche Heer in die Entsatzschlacht um Wien. Zeitgenössischer Kupferstich; Wien, Österreichische Nationalbibliothek

Kampf um die Westgrenze

1414-1806

Die Verteidigung der Reichsgrenze im Westen durch die habsburgischen Kaiser wurde von deutschen Fürsten immer wieder hintertrieben. Die Folge war ein ständiger Abbröckelungsprozeß – bis hin zur Rheingrenze Napoleons.

Dem Habsburgerkaiser Friedrich III. scheint bewußt gewesen zu sein, daß seine Dynastie dem Reich auf Dauer nur dann erfolgreich würde vorstehen können, wenn sie zur stärksten Macht unter den deutschen Fürstentümern emporstieg. In diesem Sinne bahnte er den Anschluß des großen burgundischen Erbes an sein Haus an; das war, notwendigerweise, zugleich Hausmachts- und Reichspolitik, hatten doch die französischen Könige nach der Vertreibung der Engländer und der Konsolidierung ihrer Macht ihre auf Ausdehnung nach Osten gerichtete Expansion begonnen.

Friedrichs Sohn Maximilian I. hatte durch seine Heirat mit der Burgundererbin Anspruch auf ein von Friesland bis vor die Tore Lyons reichendes Territorium, wodurch er zugleich eine Last auf sich nehmen mußte, die er und seine Nachkommen drei Jahrhunderte lang zu tragen haben sollten: die der permanenten Konfrontation mit Frankreich. „Allzeit Mehrer des Reichs", gelang es ihm in langwierigen Kämpfen, die Freigrafschaft Burgund (Franche Comté) und die gesamten Niederlande (mit der über die alte Reichsgrenze aus karolingischer Zeit hinausgehenden Grafschaft Flandern) für sein Haus und so, mit dem gefährdeten Lothringen dazu, dem Reich zu erhalten. Durch die Verheiratung seines Sohnes Philipp mit der spanischen Erbin Johanna eröffnete sich dem alternden Kaiser jedoch die Möglichkeit, Frankreich von zwei Seiten in Schach zu halten.

Karl V. nahm denn auch den von seinem Großvater begonnenen Kampf mit Frankreich, welches das größte Hindernis bei der Realisierung seines Traums von einer „Monarchia universalis" darstellte, wieder auf. Dafür erschien ihm, der unter dem Einfluß seines Kanzlers Gattinara stand, Italien als der geeignete Angelpunkt. Diesen Plänen stand die Tatsache gegenüber, daß sich das Herzogtum Mailand, ein Reichslehen, seit 1515 in der Hand des französischen Königs Franz I. befand. Durch einen Glücksfall wurde Franz bei Pavia gefangengenommen und mußte 1526 auf seine Ansprüche auf Mailand, Neapel, Flandern und Artois verzichten. Nach einem mißglückten Frankreichfeldzug im Jahr 1544 erstand dem Kaiser in König Heinrich II. ein neuer gefährlicher Gegner: mit dessen Politik begann die lange Geschichte der Bündnisse Frankreichs mit den partikularistischen, gegen eine starke Zentralgewalt gerichteten Kräften in Deutschland. Ihnen war die Reformation ein willkommener Vorwand, sich gegen den Kaiser zu wenden. Das Doppelspiel des machiavellistischen, vom Kaiser zum Kurfürsten erhobenen Moritz von Sachsen, der Frankreich als Gegenleistung für die Finanzierung seiner Truppen Reichsgebiet, nämlich die Bistümer Metz, Toul und Verdun überließ, riß die Westflanke des Reichs auf.

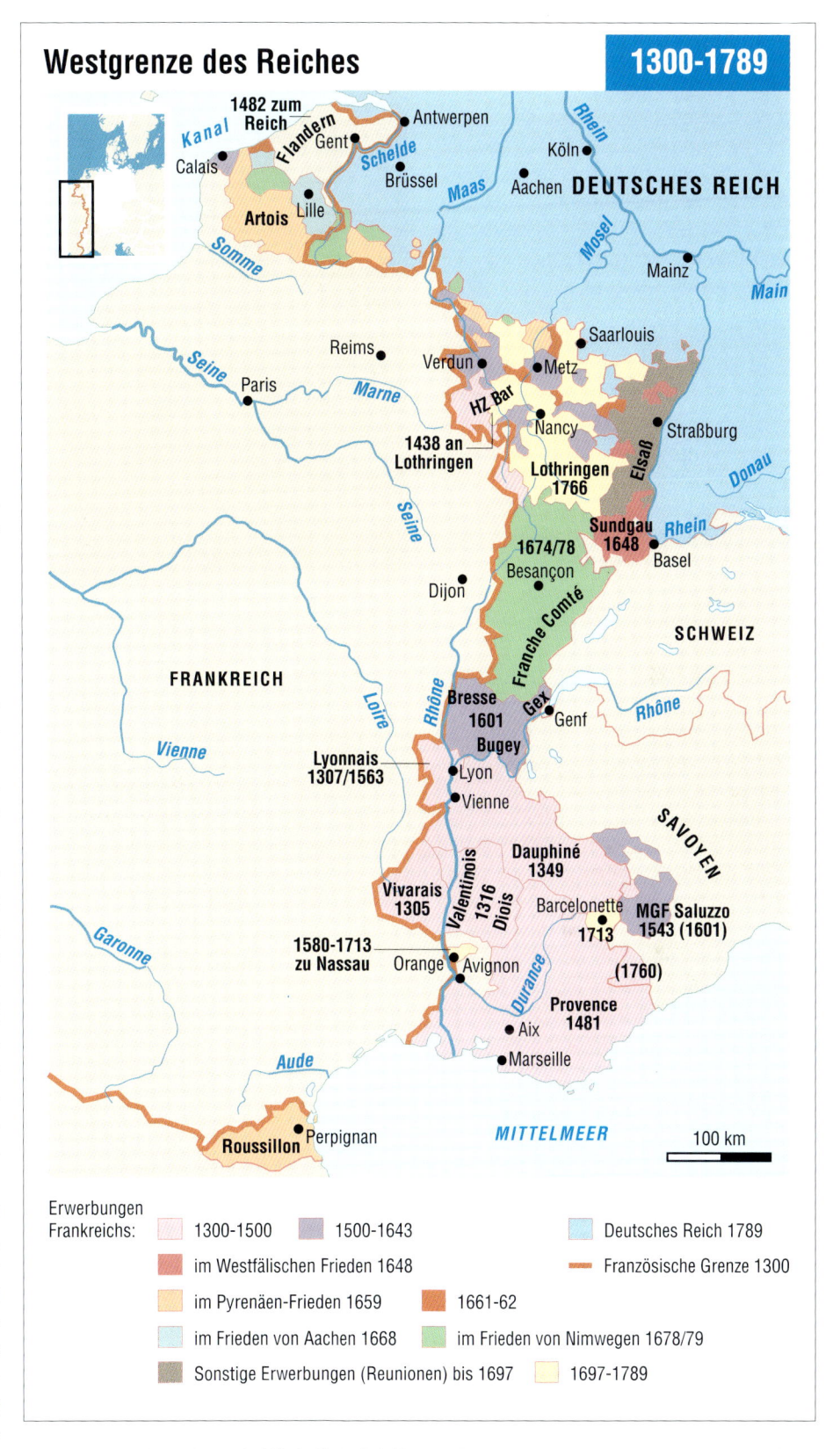

Kampf um die Westgrenze

1414-1806

Die Schaukelpolitik des Moritz von Sachsen war nur ein Vorspiel für die Vorgänge im Dreißigjährigen Krieg, in dem protestantische Fürsten mit Unterstützung des katholischen Frankreich den Kaiser erneut bekämpften. So war Bernhard von Sachsen-Weimar darauf aus, den Habsburgern ihre elsässischen Stammlande abzunehmen und aus ihnen einen souveränen Zwischenstaat zu machen. Kardinal Richelieu sicherte ihm dies in einem Geheimvertrag zu; sein früher, plötzlicher Tod läßt jedoch die Vermutung zu, daß ihn Gift zum betrogenen Betrüger gemacht hat. Frankreich selbst nämlich ließ sich im Westfälischen Frieden den habsburgischen Sundgau, die Landvogteien Ober- und Unter-Elsaß sowie die Vogteien über zehn elsässische Reichsstädte zuteilen und überschritt mit der Annexion der Festung Breisach sogar den Rhein. Der König von Frankreich wurde mit diesen Gebieten keineswegs nur belehnt, sondern sie schieden aus dem Reichsverband aus. Die dortige Westgrenze war nun völlig zerrissen.

Hingegen gehörten die Regionen, die bei der Teilung Habsburgs in eine österreichische und eine spanische Linie dieser zugeteilt worden waren, weiterhin zum Heiligen Römischen Reich. Karl V. hatte bei der Teilung geschwankt, die Niederlande und die Freigrafschaft entweder seinem Bruder, dem späteren Kaiser Ferdinand I., oder seinem Sohn Philipp II. zu überlassen, wobei er eher zu Ferdinand und damit zu Österreich tendierte. Seine Hoffnung, ein Sohn aus Philipps Ehe mit Maria der Katholischen („Bloody Mary") von England könnte eine dritte habsburgische Linie als nördliche Seemacht begründen, hielt ihn davon ab. Dieses Projekt blieb Schimäre, weil sich Maria als unfruchtbar und die Rekatholisierung Englands als undurchführbar erwies. So blieben die Gebiete bei Spanien; dessen Zwangsherrschaft führte zum Freiheitskampf der Niederlande und zu deren Ausscheiden aus dem Reich.

In der Folge verschoben Kriege zwischen Spanien und Frankreich die Reichsgrenze zugunsten Frankreichs weiter ostwärts. Mit Ludwig XIV. war 1643 ein König auf den französischen Thron gekommen, der sich als in höchstem Maße erfindungsreich erwies, wenn es darum ging, seine kriegerische Expansionslust juristisch zu begründen. So hatte er ein uraltes Lehensrecht in Brabant zum Vorwand für einen Überfall auf die Habsburgischen Niederlande genommen, doch wurde er zurückgeschlagen.

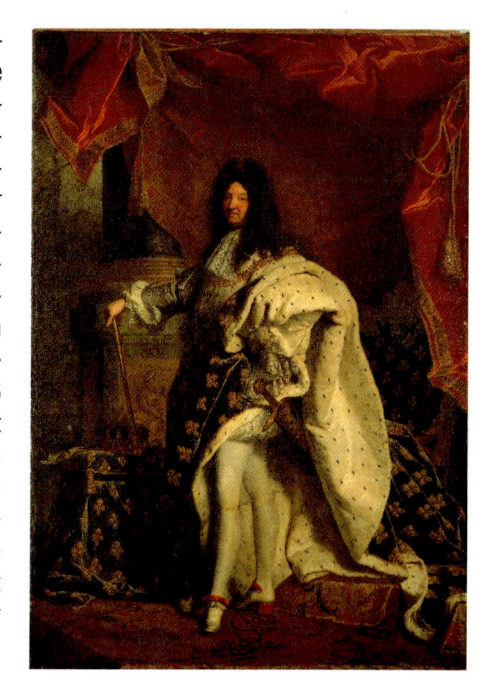

Der französische König Ludwig XIV. ließ mitten im Frieden die Freie Reichsstadt Straßburg besetzen. Gemälde von H. Rigaud; Paris, Louvre

Um das im Westfälischen Frieden gewonnene Gebiet zu arrondieren, richtete Ludwig XIV. sogenannte Reunionskammern ein, Gerichte, die, aufgrund unklarer alter Lehensverhältnisse, willkürlich gestellte französische Ansprüche auf Reichsgebiet konstruierten. Auf diese Weise wurde binnen zwei Jahren der größte Teil des dem Reich verbliebenen Elsaß Frankreich einverleibt; darüber hinaus okkupierten die Franzosen auch Lothringen, Luxemburg und den österreichischen Breisgau. Ohne jeden Rechtsvorwand ließ Ludwig im September 1681 schließlich die freie Reichsstadt Straßburg besetzen. Darüber erhob sich allgemeine Empörung in Süddeutschland, und Leopold I. ergriff die Initiative für eine gemeinsame Verteidigungsaktion. Doch Brandenburg-Preußen, von Frankreich mit Geld unterstützt, sperrte sich dagegen, und auch andere Fürsten, die nach Paris schielten, verzögerten eine wirkungsvolle Abwehr. Als Wien, nicht zuletzt dank reger französischer Diplomatie, 1683 unmittelbar von den Türken bedroht war, mußte der Kaiser schließlich nachgeben und im „Regensburger Stillstand" von 1684 die Reunionen provisorisch anerkennen.

Als Ludwig XIV. vier Jahre danach Erbansprüche auf die Pfalz erhob und binnen kurzem das ganze linke Rheinufer bis Köln besetzte, trat ihm eine europäische Koalition – der Kaiser verbündete sich mit den Seemächten und Savoyen – entgegen. Die Franzosen wurden aus der Pfalz vertrieben, wobei sie vor ihrem Rückzug die meisten Städte in Schutt und Asche legten. Im Frieden von Ryswijk (1697) mußte Frankreich Breisach und Freiburg an Österreich herausgeben. Das Desinteresse der Seemächte verhinderte die Rückgängigmachung der Reunionen im Elsaß.

Auch im Spanischen Erbfolgekrieg trugen die Partikularinteressen deutscher Fürsten, nun insbesondere Bayerns, dazu bei, daß die Kaiser Josef I. und Karl VI. die militärischen Siege Prinz Eugens und Marlboroughs nicht zur Festigung der Grenze im Westen und zur Stärkung der kaiserlichen Zentralmacht nutzen konnten. Ein Jahrzehnt später, 1725, wurde ein überraschendes Bündnis Karls VI. mit den spanischen Bourbonen, das unter anderem die Rückeroberung der verlorenen österreichischen Gebiete und der Reichsgebiete im Westen zum Ziel hatte, von Preußen und England durch das Bündnis von Herrenhausen hintertrieben. Zehn Jahre später war die Stellung des Kaisers wesentlich schwächer, und er mußte, als Ergebnis des Polnischen Erbfolgekriegs, das Land seines Schwiegersohns Franz Stephans von Lothringen den Franzosen überlassen – ein Ergebnis, zu dem sich Friedrich der Große in seinem „Testament" (1752) wie folgt bekannte: „Preußen darf nicht ruhig zusehen, daß Frankreich das Elsaß und Lothringen verliert, und die Diversionen, die Preußen zugunsten Frankreichs unternehmen kann, sind wirksam, denn sie tragen den Krieg sofort in das Herz der österreichischen Erblande".

Das revolutionäre Frankreich und Napoleon setzten die Expansionspolitik der Könige fort. Kaiser Franz II. führte einen zwanzigjährigen Abwehrkampf, in dessen Verlauf er von den deutschen Fürsten, die sehr bald Napoleon zu Füßen lagen und durch die Gründung des Rheinbunds dem alten Reich den Todesstoß versetzten, zunehmend alleingelassen wurde. Auch Preußen fiel ihm in den Rücken, als es 1795 die gegen Frankreich gerichtete europäische Koalition verließ, sich für neutral erklärte und keine Einwände gegen die Abtretung des gesamten linksrheinischen Gebiets an Frankreich erhob (weil es sich Hoffnungen auf die Einverleibung Hannovers machte). Die bitteren Erfahrungen einer dreihundertjährigen Geschichte mit einem von deutschen Partikularmächten unterstützten Frankreich trugen dazu bei, daß Österreich sich 1815 endgültig vom Rhein zurückzog.

Der Spanische Erbfolgekrieg 1701-1714

Das Aussterben der spanischen Habsburger führte zu einem europäischen Krieg um deren Erbe. Die Fronten verliefen quer durch das Reich: Der Kaiser hatte Brandenburg und Hannover zu Bundesgenossen, Bayern und Kur-Köln standen an der Seite Frankreichs. Das Ergebnis war ein Sieg der britischen „Gleichgewichtspolitik".

Der letzte spanische Habsburger, König Karl II., erschien geradezu als eine Verkörperung des Niedergangs der einstigen Weltmacht Spanien. Der herzkranke und impotente Monarch war das Ergebnis einer durch Generationen geübten Inzucht zwischen spanischen und österreichischen Habsburgern. Im Alter von vier Jahren auf den Thron gesetzt, hatte Karl in seiner österreichischen Mutter eine aktive Regentin, bis ihr das Heft von der – von Kaiser Leopold I. seinem jungen Schwager aufgezwungenen Ehegattin Maria Anna von Pfalz-Neuburg – aus der Hand genommen wurde. Während die europäischen Staatskanzleien schon um das zu erwartende spanische Erbe zu feilschen begannen, wurde Karl exorzistischen Praktiken zur Heilung seiner Impotenz unterworfen; für die realistische Wittelsbacherin war dies nur eine „Comedy mit lauter Hexereyen, Besessenen, Teufeln, Inquisitziones" und fruchtete natürlich nichts.

Der König war seiner Umgebung völlig ausgeliefert. 1698 unterschrieb er ein Testament zugunsten seines Großneffen, des bayrischen Kurprinzen Joseph Ferdinand, eines Enkels von Kaiser Leopold. Als der Prinz, der von England bevorzugte Kandidat, kurz darauf starb, begannen neue Intrigen. England schlug im Einverständnis mit Ludwig XIV. schließlich Leopolds jüngeren Sohn Karl als spanischen König vor. Die spanischen Besitzungen in Süditalien sollten an Frankreich fallen, Mailand im Tausch gegen Lothringen an dessen Herzog. Der kastilische Adel aber sah nur in der Macht Frankreichs die Rettung für die geschwächte spanische Monarchie. Unter seinem Druck setzte der kranke König Philipp von Anjou, einen Enkel Ludwigs XIV., zum Gesamterben ein.

Im Jahr 1700 schloß Karl II., erst 39jährig, für immer die Augen. Weder Kaiser Leopold noch die Seemächte England und Holland wollten eine derart große Machterweiterung Frankreichs, wie sie die Erfüllung des königlichen Testaments gebracht hätte. Der Kaiser verlangte unter Hinweis auf die vorrangigen Erbansprüche des Hauses Habsburg die Krone für seinen zweitgeborenen Sohn Karl. Frankreichs Ludwig XIV. wollte die Welt vor vollendete Tatsachen stellen, ließ seinen Enkel als Philipp V. von seinen Truppen auf den Thron in Madrid setzen und sperrte die südamerikanischen Häfen für britische und niederländische Schiffe. Nicht genug damit, anerkannte er den aus England verjagten Stuart Jakob III. als britischen Thronprätendenten.

Nun schlossen England, Holland und Österreich eine Tripelallianz, der sich auch Brandenburg, Hannover und Portugal anschlossen. Der bayrische Kurfürst Max Emanuel hingegen, der als Generalissimus des Kaisers gegen Türken und Franzosen gekämpft hatte und Statthalter in den Spanischen Niederlanden (Belgien) war, wechselte die Fronten, nachdem durch den frühen Tod seines Sohnes die Hoffnung auf die spanische Krone für Wittelsbach geschwunden war und Kaiser Leopold seinen Wunsch nach Erwerbung der Niederlande abgelehnt hatte. Großzügige Versprechen Frankreichs machten ihn und seinen kurerzbischöflichen Bruder Josef Clemens von Köln zu Verbündeten Ludwigs. Auch Savoyen trat an dessen Seite.

Der frühe Tod Kaiser Josephs I. verhinderte die Übernahme der spanischen Krone durch die Habsburger. Zeitgenössische Darstellung nach einem Gemälde F. Douvens

Der Spanische Erbfolgekrieg 1701-1714

Im Sommer 1701 begann der Krieg. Der kaiserliche Feldherr Prinz Eugen schlug in Italien zu. Seine Siege dort veranlaßten Savoyen, auf die Seite Österreichs überzutreten. In Deutschland drohte dem Kaiser hingegen unmittelbare Gefahr. Die vereinten französisch-bayrischen Truppen rückten zunächst die Donau entlang vor, besetzten Ulm und Passau und bedrohten Linz. Aber Max Emanuel wollte mit seinen Truppen Tirol erobern und in Italien eingreifen. Doch machte ein Volksaufstand im Alpenland den Plan zunichte. 1704 trat die entscheidende Wende im Kriegsgeschehen ein. Der englische Feldherr John Churchill, Herzog von Marlborough, besetzte das Kurfürstentum Köln und verdrängte die Franzosen aus dem von ihnen okkupierten Belgien. Prinz Eugen verständigte sich mit ihm zu einem Zangenangriff auf Bayern. Bei Höchstädt/Blenheim erstritten die vereinten Feldherren 1704 einen glänzenden Sieg. Ganz Bayern wurde besetzt, über die wittelsbachischen Kurfürsten die Reichsacht verhängt. Die Bayern aber hingen an ihrer Dynastie. Obwohl für Max Emanuel nach eigenen Worten ein Heustadel in Belgien mehr wert sei als in Bayern eine ganze Stadt, erhoben sich die Bauern gegen die kaiserliche Administration; der Aufstand wurde blutig niedergeworfen.

Inzwischen war Kaiser Leopold I. gestorben, und sein ältester Sohn, Josef I., war ihm auf den Kaiserthron gefolgt. Er setzte den Krieg mit großer Energie fort. 1706 brachte Prinz Eugen den Franzosen bei Turin eine weitere schwere Niederlage bei. Der habsburgische Thronprätendent Erzherzog Karl war inzwischen in Katalonien begeistert aufgenommen, vorübergehend konnte auch Madrid besetzt werden, doch Kastilien und die südlichen Provinzen blieben an der Seite Philipps V.

Unter dem Eindruck der französischen Niederlande zeigte sich Ludwig XIV. bereit, einzulenken und auf den ursprünglichen Teilungsplan der Seemächte einzugehen. Diese aber wollten die Macht Frankreichs völlig brechen. Der Krieg ging weiter. Nach einer schweren Niederlage bei Oudenaarde, durch die die Franzosen ein zweites Mal aus Belgien vertrieben wurden, war Ludwig bereit, auf jeden Landerwerb zu verzichten. Abtretungen aber lehnte er ab; nach einer neuen Niederlage bei Malplaquet (1709) jedoch zeigte er sich sogar willens, der Rückgabe von Straßburg und anderer Gebiete zuzustimmen. Der Übermut der Sieger aber kannte keine Grenzen: Sie verlangten die Teilnahme französischer Truppen zur Vertreibung Philipps V. aus Spanien.

Diese Demütigung fand Ludwig unzumutbar, doch zeigte sich ihm das Schicksal in der Folge geneigt: 1711 starb unerwartet Kaiser Josef I., und sein Bruder Karl wäre nun alleiniger Erbe eines Reichs gewesen, wie es sein großer Vorfahre Karl V. besessen hatte. Außerdem hatte in England ein Tory-Ministerium die bis dahin regierenden Whigs abgelöst, Marlborough war in Ungnade gefallen. Die Engländer, die ihre Gleichgewichtspolitik durch den Alleinerben Karl VI. gefährdet sahen, begannen Geheimverhandlungen mit Frankreich. Auf dem gegen den Willen des Kaiser einberufenen Friedenskongreß von Utrecht wurde Philipp V. gegen das Versprechen, für sich und seine Nachkommen auf die Erbfolge in Frankreich zu verzichten, als König von Spanien anerkannt. Die Briten als Hauptgewinner bekamen die französischen Kolonien Neufundland und die Hudson-Bai, sowie von Spanien Gibraltar und Menorca; dazu das Monopol für den Sklavenhandel nach Amerika. Preußen erwarb Obergeldern, das Fürstentum Neuenburg/Neuchatel sowie die internationale Anerkennung als Königreich.

Der Kaiser, von den meisten Reichsfürsten verlassen, mußte 1714 den Frieden von Rastatt schließen. Entgegen den Plänen des weitblickenden Prinzen Eugen, der die nun den Österreichern zugesprochenen südlichen Niederlande gegen Bayern eintauschen wollte, wurden die Wittelsbacher wieder in ihre Kurfürstentümer Bayern und Köln eingesetzt. Österreich erhielt neben Belgien auch Neapel, Sardinien (bald darauf mit Savoyen gegen Sizilien getauscht), Mantua und Mailand. 1738 mußten die Habsburger, am Ende des Polnischen Erbfolgekriegs, Sizilien und Neapel abgeben und erhielten dafür Parma und Piacenza. Bitterer für das Reich war der gleichzeitige Verlust Lothringens (s. d.): dessen letzter Reichsherzog, Franz Stephan, der Verlobte der Erbtochter Karls VI., Maria Theresia, mußte das Gebiet an den aus Polen vertriebenen französischen Günstling Stanislaus Leszczynski abgeben; er erhielt dafür die Toskana.

In der Schlacht von Malplaquet errangen die österreichischen, preußischen und britischen Truppen unter Prinz Eugen einen Sieg über die Franzosen. Gemälde von J. Parrocel; Wien, Stadtpalais des Prinzen Eugen

Der Österreichische Erbfolgekrieg — 1740-1748

Das Aussterben der Habsburger in männlicher Linie führte zum Österreichischen Erbfolgekrieg, einem zugleich innerdeutschen und europäischen Konflikt. Der preußische König Friedrich II. nützte die prekäre Lage der habsburgischen Erbtochter Maria Theresia, um Schlesien zu erobern.

Die spanischen Habsburger waren im Jahr 1700 ausgestorben; das gleiche Los drohte nun auch den österreichischen. Nach dem Tod seines Bruders Kaiser Josefs I., wodurch die Gründung einer neuen spanischen Linie der Habsburger verhindert worden war (s. Spanischer Erbfolgekrieg), war der 1711 zum Kaiser gekürte Karl VI. der letzte männliche Vertreter des Hauses Österreich. Seine Ehe mit der Welfin Elisabeth Christine von Braunschweig-Wolfenbüttel schien zunächst überhaupt kinderlos zu bleiben. Der erst 28jährige Kaiser wollte daher die Nachfolge in seiner Dynastie prinzipiell geregelt wissen.

So erließ Karl VI. 1713 die Pragmatische Sanktion, so etwas wie ein Staatsgrundgesetz für die österreichischen Erblande. Ihr zufolge sollten diese „unteilbar und untrennbar" beisammen bleiben. In Ermangelung eines männlichen Erben Karls sollte die Erbfolge auf dessen mögliche Töchter, und erst bei Kinderlosigkeit seiner Ehe auf die Töchter seines Bruders Josef bzw. deren Nachkommen übergehen. Mit dieser Regelung wurde die im Reich übliche, sogenannte „salische Erbfolge" – die den jeweils nächsten männlichen Nachkommen, häufig also die Söhne von Erbtöchtern aussterbender Häuser bevorzugte – für Österreich außer Kraft gesetzt. Als ob der Kaiser den Lauf der Dinge vorhergesehen hätte, starb sein 1716 geborener Sohn als Baby, erst die 1717 geborene Maria Theresia und eine weitere Tochter überlebten.

Karl VI. versicherte sich nicht nur in seinen österreichischen Erblanden sowie in Böhmen und Ungarn der Anerkennung der Pragmatischen Sanktion durch die Stände; er bemühte sich auch um die Zustimmung der auswärtigen Höfe. Von Karl Albrecht, dem Kurfürsten von Bayern, wurde diese jedoch verweigert. Und gleich nach dem Tod des Kaisers (1740) erhob der Wittelsbacher Anspruch auf die Erbfolge in der ganzen österreichischen Monarchie. Zwar hatte seine Frau, eine Tochter Kaiser Josefs I., auf alle Ansprüche verzichtet, doch berief sich Karl Albrecht auf einen zweihundert Jahre zurückliegenden Ehevertrag sowie darauf, daß seine Urgroßmutter eine Habsburgerin gewesen war. Der Bayer wußte den alten Feind Österreichs, Frankreich, hinter sich, und verbündete sich mit Preußen sowie mit August III. von Sachsen-Polen, der mit der ältesten Tochter Kaiser Josefs verheiratet war.

Der preußische König Friedrich II. (1740-1786), der eben die Nachfolge seines Vaters, des „Soldatenkönigs" Friedrich Wilhelms I. angetreten hatte, begann im Dezember des Jahres 1740 als erster den Krieg gegen Maria Theresia. Als Kronprinz hatte er in seinem „Anti-Machiavell" den Rechtsbruch als Staatsräson scharf verurteilt, nun aber, vom Thron aus, handelte er ganz anders. Dem Vorbild Ludwigs XIV. folgend, erhob er Ansprüche auf die einstigen schlesischen Herzogtümer Liegnitz, Brieg, Wohlau und Jägerndorf; im Fall der ersten drei Gebiete berief er sich auf Erbverbrüderungsverträge, die von Brandenburg mit schlesischen Piastenfürsten geschlossen, vom Kaiser aber schon 1546 für ungültig erklärt worden waren. Lediglich im Falle Jägerndorfs bestand ein Hauch von Berechtigung: dieses Herzogtum, 1642 von Brandenburg geerbt und mit Beuthen und Oderberg zusammengefaßt, war

Kaiser Karl VI. schuf mit der Pragmatischen Sanktion die rechtliche Voraussetzung für einen Gesamtstaat. Gemälde von J. G. Auerbach; Wien, Kunsthistorisches Museum

Der Österreichische Erbfolgekrieg 1740-1748

wegen der Teilnahme seines Fürsten (eines Zweitgeborenen aus dem Hohenzollernhaus) am böhmischen Aufstand zu Beginn des 30jährigen Krieges von Habsburg eingezogen und den Fürsten von Liechtenstein verliehen worden. Österreich entschädigte Brandenburg dafür später durch die zeitweilige Übergabe des Kreises Schwiebus. Friedrich verlangte nun die Abtretung ganz Niederschlesiens und bot Maria Theresia ein Bündnis an. Als dies von Österreich abgelehnt wurde, überschritt er mit seiner vom Vater wohlausgerüsteten und gedrillten Armee die österreichische Grenze und besetzte, nach dem Sieg bei Mollwitz, binnen weniger Wochen nahezu die gesamte Provinz Schlesien (1. Schlesischer Krieg, 1740-1742).

Das Vorgehen der Preußen ermunterte die übrigen Feinde Österreichs zum Angriff auf die scheinbar wehrlose Regentin. Frankreich, Spanien und Bayern schlossen in Nymphenburg einen Bündnisvertrag, dem sich Sachsen, Kur-Köln, Schweden und Neapel anschlossen. Die Franzosen besetzten das österreichische Belgien und bayrisch-französische Truppen marschierten in Oberösterreich ein. Karl Albrecht von Bayern rückte nicht gegen Wien vor, sondern schwenkte nach Böhmen ab, wohl, um dem Sachsen zuvorzukommen, der sich – für den Fall einer Teilung des Habsburgererbes – Hoffnungen auf dieses Land machte. Der Wittelsbacher ließ sich in Prag als König von Böhmen huldigen. Mit französischem Geld und nach seinem Versprechen an Friedrich II., ihm Schlesien zu überlassen, wählten ihn die Kurfürsten schließlich 1742 als Karl VII. Albrecht zum Kaiser.

Maria Theresia war nicht ohne Bundesgenossen geblieben. England, auf das europäische Gleichgewicht bedacht, dazu Holland und Rußland, traten an ihre Seite. Sie waren freilich von den Hauptkriegsschauplätzen weit entfernt. Als Königin von Ungarn hatte Maria Theresia, ihren kleinen Sohn Josef im Arm, in einem dramatischen Hilferuf in Preßburg an die Ehre der ungarischen Großen appelliert, eine Armee für sie aufzustellen. Auf englischen Rat schloß sie dann 1742 mit Preußen einen Separatfrieden, in dem sie auf den größten Teil Schlesiens (das umstrittene Jägerndorf blieb übrigens bei Österreichisch-Schlesien) und die böhmische Grafschaft Glatz verzichtete; der enttäuschte August II. von Sachsen trat dem Frieden bei.

Nun konnten sich die Österreicher mit ganzer Kraft gegen den Wittelsbacher wenden. Sie vertrieben die Soldaten Karls VII. aus Oberösterreich und eroberten in der Folge ganz Kur-Bayern, so daß der Kaiser nach Frankfurt flüchten mußte. Der französisch-bayrischen Armee in Böhmen drohte die Einschließung, sie mußte 1743, mitten im Winter, den Rückzug antreten. Am Niederrhein vertrieb die „pragmatische Armee" die Franzosen aus Belgien, bei Dettingen am Main fügte ihnen Englands hannoveranischer König Georg II. eine Niederlage bei, und die Verbündeten rückten über Süddeutschland bis ins Elsaß vor. Schon ließ sich Maria Theresia in München huldigen, da griff Friedrich – in der Erkenntnis, daß ihn eine österreichische Übermacht Schlesien kosten würde – erneut ein. Er nahm die Bedrängnis Karl Albrechts zum Anlaß, als „Beschützer des deutschen Kaisers und der deutschen Freiheit" in Böhmen einzufallen (2. Schlesischer Krieg, 1744-1745). Zunächst besetzte er dieses Land, mußte aber dann vor den Österreichern zurückweichen, die nun ihrerseits in Schlesien eindrangen. Erst sein Sieg über die nun mit Maria Theresia verbündeten Sachsen bei Kesselsdorf, in dessen Gefolge die Preußen das Kurfürstentum besetzten, führte zum Frieden von Dresden – der alles beim alten beließ.

Schon zuvor war Karl VII. Albrecht gestorben; sein Sohn verzichtete auf die wittelsbachischen Ansprüche auf Österreich. 1745 schloß Bayern in Füssen einen Separatfrieden, seine Bundesgenossen Frankreich und Spanien setzten den Krieg in wechselvollen Kämpfen in Italien und den Österreichischen Niederlanden fort. Die Franzosen konnten nicht mehr verhindern, daß der Gemahl Maria Theresias, Franz I. Stephan von Lothringen, der auf Druck Frankreichs sein Stammland gegen die Toskana hatte eintauschen müssen, zum Kaiser gewählt wurde. Nachdem die Russen ein Truppenkontingent an den Rhein geschickt und die Franzosen sich aus Belgien zurückgezogen hatten, schlossen die Seemächte mit Frankreich den Frieden von Aachen (1748), dem Österreich beitreten mußte. Maria Theresia wurde als Alleinerbin der habsburgischen Lande bestätigt, nur Schlesien verblieb bei Preußen. Parma und Piacenza wurden einer bourbonischen Sekundogenitur abgetreten, ein Teil des Herzogtums Mailand an Savoyen.

„Die Königin von Ungarn wird ihrer Kleider beraubt", steht unter dieser niederländischen Karikatur auf die Versuche der Feinde Österreichs, das Habsburgererbe unter sich aufzuteilen.
Kupferstich, 1742; Wien, G. S. Albertina

Der Siebenjährige Krieg 1756-1763

Der dritte Waffengang zwischen Preußen und Österreich um Schlesien wurde Teil des großen Machtkampfes zwischen England und Frankreich. Die Strategie Friedrichs des Großen ging schließlich endgültig auf: fortan standen im Reich zwei ebenbürtige deutsche Staaten einander gegenüber.

Österreichs Herrscherin Maria Theresia konnte den Verlust des reichen Schlesien nicht verschmerzen. Deshalb war sie auch geneigt, entgegen der Meinung ihrer anderen Räte, auf ihren Minister Graf Wenzel Anton von Kaunitz zu hören, der in der Isolierung Friedrichs II. von kontinentalen Verbündeten die einzige Möglichkeit sah, ihn zur Herausgabe seines Raubes zu zwingen. Er riet zu einem Bündnis mit Habsburgs altem „Erbfeind" Frankreich. Kaunitz wurde 1750 als Gesandter nach Paris geschickt, doch waren seine Bemühungen zunächst erfolglos. 1752 konnte sich Friedrich – das bezeugt sein „Testament" aus diesem Jahr – noch voll darauf verlassen, in Frankreich einen sicheren kontinentalen Verbündeten gegen österreichische Rückeroberungsversuche zu besitzen. So vermerkte er: „Zumal seit der Erwerbung Schlesiens verlangt unser gegenwärtiges Interesse, daß wir im Bunde mit Frankreich und ebenso mit allen Feinden des Hauses Österreich bleiben. Schlesien und Lothringen sind zwei Schwestern, von denen die ältere Preußen, die jüngere Frankreich geheiratet hat."

Wenige Jahre später zeitigten die von Kaunitz gesuchten diplomatischen Verbindungen – vor allem mit Madame Pompadour, die als Maitresse Ludwigs XV. maßgeblichen Einfluß auf die französische Politik hatte – ihre Früchte. Im fernen Nordamerika, wo die Kolonien der Franzosen und der Briten aneinandergrenzten, war 1754 der Konflikt zwischen den beiden Kolonialmächten offen zum Ausbruch gekommen. Die neuenglischen Kolonien fühlten sich durch Frankreichs Versuch eingeengt, deren Hinterland von Kanada bis Louisiana zu befestigen. England und Hannover waren damals durch König Georg II. in Personalunion verbunden, und London gelang es, mit Friedrich II. Anfang 1756 einen Vertrag zum Schutz Hannovers zu schließen. Das war das Signal, Frankreich zu einer „Umkehr der Bündnisse" zu bewegen.

Ein paar Monate später einigten sich Frankreich und Österreich über Vermittlung des sächsischen Ministers Graf Brühl, eines erbitterten Feindes Friedrichs II., ebenfalls auf einen Bündnisvertrag. Gleichzeitig wurde bekannt, daß Maria Theresia sich mit der russischen Zarin Elisabeth, die Friedrich wegen seines beißenden Spotts über sie haßte, verständigt hatte. Friedrich erkannte, was sich in der „Herrschaft der Unterröcke", wie er höhnte, zusammenbraute und griff am 29. August 1756 das benachbarte Sachsen an, das ihm ein Bündnis verweigert hatte. Ein Versuch der österreichischen Truppen, den Sachsen zu helfen, mißlang. Das Land wurde besetzt, als preußische Provinz behandelt und ausgesaugt, seine Soldaten wurden der preußischen Armee einverleibt. Daraufhin erklärte auch das Reich Preußen den Krieg – zumindest formell waren alle deutschen Staaten (ausgenommen Hannover, Braunschweig und Hessen-Kassel) nun mit Friedrich im Kriegszustand. Frankreich, Rußland und Schweden folgten – der Krieg ging nun nicht mehr um Schlesien, er war mit dem Machtkampf zwischen Frankreich und England in den Kolonien zusammengeflossen, sozusagen ein erster Weltkrieg.

Friedrich wollte durch einen raschen Angriff auf Österreich verhindern, daß dessen Verbündete auf dem deutschen Kriegsschauplatz aktiv werden konnten. Er marschierte in Böhmen ein und schlug die Österreicher im Mai 1757 bei Prag, erlitt aber wenige Wochen später bei Kolin eine schwere Niederlage. Böhmen mußte geräumt werden, und Österreichs General Daun konnte Schlesien zurückerobern. Die Franzosen besetzten Hessen und Hannover, die Russen Ostpreußen. Eine österreichische Streifschar drang sogar bis Berlin vor. Nun zeigte sich Friedrichs eigentliche Stärke, mit der er sich – neben seinen aufgeklärten Reformen, die Preußen zu einem modernen Staat machten – den Beinamen „der Große" verdient hat: trotz eines erschöpften Heers und verzweifelter Generäle hielt er durch. Sein strategisches Können ermöglichte ihm im Spätherbst des Jahres 1757 neue Siege: bei Roßbach (nahe Halle) über die vereinigte französische Armee und die Reichsarmee, bei Leuthen in Schlesien über die Österreicher. Diese Erfolge veranlaßten England, wieder Finanzhilfe zur Aufstellung einer neuen Armee lockerzumachen.

Der Siebenjährige Krieg

Im Jahr 1758 scheiterte Friedrichs Versuch, durch einen Einfall in Mähren ins österreichische Kernland vorzudringen – er mußte zurück, um die Russen bei Zorndorf aus der brandenburgischen Neumark zurückzuwerfen. Im Westen verzeichneten die britisch-preußischen Truppen Erfolge gegen die Franzosen. Im Sommer 1759 aber schien die Sache Preußens endgültig verloren: die österreichischen und russischen Truppen hatten sich vereinigt. Der König riskierte am 12. August bei Kunersdorf einen Angriff auf die Übermacht, erlitt aber eine vernichtende Niederlage. Uneinigkeit zwischen den Verbündeten hinderte diese daran, ihren Sieg voll auszunützen. Dennoch war Friedrichs Lage verzweifelt, und das um so mehr, als England das Interesse an der Fortführung des Krieges verlor – nachdem im gleichen Jahr General Wolfe die Franzosen in Kanada zur Kapitulation gezwungen hatte – und die britischen Subsidien für Preußen einstellte. Fast schien Maria Theresia am Ziel, Friedrich auf einen ohnmächtigen „Marquis de Brandebourg" zurückzustutzen. Der Preußenkönig konnte sich nur noch, gestützt auf die Rekrutierung von Veteranen und halben Kindern, auf die Verteidigung seiner Erblande beschränken, vergeblich versuchte er nochmals, Dresden wiederzugewinnen.

In dieser Situation trat ein, was Friedrich selbst als das „Mirakel des Hauses Brandenburg" bezeichnet hat. Der Tod der russischen Kaiserin Elisabeth im Sommer 1762 brachte Preußens Errettung: Ihr Nachfolger, Peter III., war ein glühender Bewunderer Friedrichs. Er schloß sofort Frieden, räumte Ostpreußen und schickte dem König sogar ein Truppenkontingent. Obwohl Peter noch im selben Jahr auf Veranlassung seiner Frau Katharina II. ermordet wurde, blieb Rußland fortan neutral. Friedrich gelang es, die Österreicher aus Schlesien zurückzudrängen. Die kriegsmüden, in den Kolonien geschlagenen Franzosen schlossen in Fontainebleau einen Waffenstillstand mit England und verzichteten im Februar 1763, im Frieden von Paris, auf Kanada und auf die weitere Teilnahme am Krieg in Deutschland.

Hier waren die preußischen Truppen in das wenig Widerstand leistende Süddeutschland vorgedrungen und ließen sich überall hohe Kontributionen zahlen. Österreich fühlte sich allein zu schwach, einem neuen Schlag Friedrichs wirksam entgegenzutreten, und schloß wenige Tage nach dem Pariser Vertrag den Frieden von Hubertusburg. Darin wurde Preußen der Besitz Schlesiens bestätigt; beide Seiten sahen von Kriegsentschädigungen ab. Preußen war durch seine Selbstbehauptung gegen eine scheinbar übermächtige Koalition von Gegnern, trotz der Verwüstungen, die es erlitten, und der schweren Opfer, die es hatte bringen müssen, in den Rang einer europäischen Großmacht aufgestiegen. In Deutschland standen einander damit zwei ebenbürtige Mächte gegenüber.

König Friedrich II. zeigte Österreich seine Macht auch noch in den letzten Jahren seiner Regierungszeit. 1765 war Franz I. Stephan gestorben, sein Sohn Joseph II. folgte ihm als Kaiser (in Österreich war er bis zu Maria Theresias Tod 1780 nur deren Mitregent). Joseph suchte zunächst die Verständigung mit Friedrich, als Polen – dem Namen nach ein Königreich, de facto eine Adelsrepublik – immer stärker unter russischen Einfluß geriet. Der Kaiser trat einem russisch-preußischen Abkommen bei, das Polen 1772 beträchtliche Gebietsabtretungen aufzwang: Preußen erhielt bei dieser „Ersten Teilung Polens" Westpreußen und das Ermland (noch ohne die Stadt Danzig), Österreich Galizien (ohne Krakau) und Rußland weite Gebiete im Osten, von Kurland über Litauen und Wolhynien bis Podolien. Maria Theresias anfänglichen Widerstand gegen diesen Gewaltakt kommentierte der „Alte Fritz" spöttisch mit den Worten „Elle pleure, mais elle prend" (sie weint, aber sie nimmt). In den Folgejahren verschwand Polen in zwei weiteren Teilungen (1793 und 1795) völlig von der Landkarte: Preußen nahm sich nicht nur seine spätere Provinz Posen („Südpreußen"), sondern

König Friedrich der Große begründete die Stellung Preußens als zweite deutsche Großmacht. Gemälde von J. H. Franke, 1763; Berlin, Staatliche Schlösser und Gärten

1756-1763

auch Warschau („Neu-Ostpreußen"), Österreich rückte seine Grenze über Lublin bis an die neue preußische Grenze vor, Rußland erhielt den östlichen Rest.

Das Einverständnis zwischen dem Kaiser und dem Preußenkönig war nur von kurzer Dauer. Joseph II., auf die Stärkung des Kaisertums bedacht, wollte Österreichs Standbein im Heiligen Römischen Reich stärken und einen Ausgleich für den Verlust Schlesiens finden. Die Chance schien sich ihm zu bieten, als 1777 der letzte Kurfürst der wittelsbachischen Hauptlinie, Maximilian Josef von Bayern, kinderlos starb. Sein nächster Erbe war Karl Theodor von der pfälzischen Linie, ein Welt- und Lebemann, der seine Jugend in den Österreichischen Niederlanden verbracht hatte und das ihm nun zugefallene Bayern wenig schätzte. Nach dem Brauch der Zeit erhob Joseph II. windige, auf uralte Zeiten zurückgehende Ansprüche auf Niederbayern – Karl Theodor willigte sofort ein. Der Kaiser ließ seine Truppen einmarschieren, doch war Friedrich II. an einer solchen Stärkung Österreichs keineswegs interessiert. Er verständigte sich mit Frankreich und Rußland und bewog den nächsten wittelsbachischen Verwandten, Karl von Pfalz-Zweibrücken, im Reichstag zu protestieren. Friedrich wollte sich auf den ungewissen

Maria Theresia war, obwohl als „Kaiserin" tituliert, dies nur als Gattin Kaiser Franz Stephans von Lothringen. Gemälde von M. Meytens, spätes 18. Jh.; Wien, Schloß Schönbrunn

Ausgang von Verhandlungen gar nicht erst verlassen, sondern ließ seine Soldaten in Böhmen einrücken. Die altgewordene Maria Theresia wollte Österreich nicht noch einmal in einen europäischen Krieg verwickeln und wirkte mäßigend auf ihren Sohn ein. Der sogenannte Bayrische Erbfolgekrieg (1777-1778) beschränkte sich auf Geplänkel. Im Frieden von Teschen erhielt Österreich den Landstrich bis zum Inn und das Innviertel mit dem Städtchen Braunau. (Übrigens: deren späterer „Makel", als Hitlers Geburtsort in die Geschichte eingegangen zu sein, trifft die Stadt zu unrecht: Hitlers Vater war nur als Zollbeamter nach Braunau versetzt worden, die Familie stammte aus dem niederösterreichischen Waldviertel.)

Nach dem Tod seiner Mutter glaubte der Kaiser noch einmal, seinen großen Plan verwirklichen zu können. Er bot Karl Theodor an, die Österreichischen Niederlande (Belgien), ohnedies ständig von Frankreich bedroht, gegen Bayern – dieses umfaßte damals nur „Altbayern", also Ober- und Niederbayern und die Oberpfalz – zu tauschen. Der Kurfürst, dem der Titel eines „Königs von Burgund" versprochen wurde, zeigte sich keineswegs abgeneigt. Der greise Preußenkönig – Joseph nannte ihn „einen vom Ausland unterstützten Gegenkaiser" – war fest entschlossen, diesen Plan zu vereiteln. Nach außen hin setzte er sich erneut für die Erbrechte des Zweibrückners ein; das war der Vorwand, eine Stärkung Österreichs und damit der kaiserlichen Macht zu verhindern. Es gehe darum, so Friedrich wörtlich, „ein für allemal den österreichischen Ehrgeiz zu ducken, damit ihre Autorität im Reiche nicht despotisch wird, was uns den größten Abbruch tun würde." Und weiter: „Umgeben von feigen und feilen Kanaillen" (gemeint waren die anderen deutschen Fürsten) werde Preußen „die deutsche Verfassung aufrechterhalten und sich der zügellosen Räuberei dieses verfluchten Wiener Tyrannen widersetzen". Auf diese Weise brachte Friedrich, unterstützt mit französischem Geld, einen deutschen Fürstenbund zustande. Wie ein Historiker vermerkte: Preußen wollte seine eben gewonnene Macht, und die anderen Fürsten wollten ihre Ohnmacht nicht dem Kaiser unterordnen – das einte sie. So mußte Joseph II. schließlich auf sein Vorhaben verzichten. Der „Dualismus" Preußen-Österreich wurde in den folgenden Jahrzehnten zu einem Grundelement der deutschen Geschichte.

Friedrichs harte Hand in Sachsen: Preußische Besatzungssoldaten führen Mitglieder des Leipziger Magistrats ab (1760). Lithographie des 19. Jh.

Kriege gegen die Revolution

In den drei Koalitionskriegen gegen das revolutionäre bzw. napoleonische Frankreich trug der Kaiser mit Österreich die Hauptlast und wurde bald von den anderen deutschen Fürsten im Stich gelassen. Mit der Bildung des Rheinbundes schuf sich Napoleon eine dritte, ihm hörige Kraft in Deutschland.

Bei den Versuchen, die durch die Französische Revolution verursachten gesellschaftlichen und politischen Umwälzungen rückgängig zu machen, stand das habsburgische Österreich an vorderster Front. Der Kampf zwischen den alten Mächten des Feudalismus und dem bürgerlich-revolutionären Frankreich entwickelte dabei seine eigene Dialektik. Sehr bald freilich verfolgte dieses neue Frankreich die gleiche Großmachtspolitik wie der vorrevolutionäre Absolutismus, und das wiederum beschwor Volkskriege gegen den französischen Imperialismus herauf. Trotz der zuletzt scheinbar siegreichen Restauration war, zu der Zeit als Napoleon nach Sankt Helena verbannt wurde, von der alten Ordnung Europas kein Stein auf dem anderen geblieben.

Noch Kaiser Leopold II. (1790-1792), der aus der Toskana nach Wien gerufene Bruder Josefs II., hatte nach dem mißlungenen Fluchtversuch des französischen Königspaares – seiner Schwester Maria Antoinette und ihres Gatten Ludwigs XVI. – in einem Rundschreiben die Fürsten Europas aufgerufen, in Paris zunächst auf diplomatischem Weg zu intervenieren. Das Echo war gering, doch die Girondisten, die sich ohnedies inneren Schwierigkeiten gegenübersahen, agitierten für einen Krieg gegen die „Tyrannen". Als Leopold überraschend starb, richtete die Revolutionsregierung an seinen jungen Sohn, Kaiser Franz II. (1792-1806, bzw. als österreichischer Kaiser Franz I. bis 1835) ein Ultimatum, sofort abzurüsten und Bündnisse, die sich gegen Frankreich richten konnten, aufzugeben. Als dies in Wien abgelehnt wurde, erklärte Frankreich am 20. April 1792 an Kaiser und Reich den Krieg.

Zunächst schienen die Österreicher in der Abwehr eines französischen Angriffs auf das habsburgische Belgien erfolgreich. Der zögernde Einsatz ihrer – zunächst einzigen – preußischen Bundesgenossen verhinderte ein sofortiges Nachstoßen. Stattdessen kündigten die Verbündeten in einem Manifest harte Vergeltung an den Revolutionären an; das stärkte deren Widerstand, und in der Folge konnte Kriegsminister Carnot durch eine „levée en masse" neue Armeen aus dem Boden stampfen, die nicht mehr mit den alten Söldnertruppen zu vergleichen waren. Die Revolution trat in Paris in ihr zweites, radikales Stadium. Die Königsfamilie wurde gefangengesetzt und die Republik ausgerufen. Nach der erfolglosen Kanonade von Valmy am 20. September 1792, als deren Augenzeuge Goethe die Sprengkraft der Revolution richtig erkannte („Und du kannst sagen, du bist dabeigewesen"), zogen sich die Preußen zurück und verlegten sich aufs Verhandeln. Die Österreicher wurden aus Belgien vertrieben, die Revolutionsheere stießen bis an den Rhein vor.

Angesichts der Hinrichtung Ludwigs XVI. am 21. Januar 1793 und auch, um ein völliges Debakel des Kaisers zu verhindern, traten Großbritannien, Spanien, die Niederlande und Sardinien an seiner Seite in den Krieg ein. Noch einmal konnte Belgien zurückerobert werden, und die Preußen machten der Rheinischen Republik, die die Franzosen in Mainz errichtet hatten, ein Ende. Als die von den Seemächten zugesagten Hilfsgelder an Preußen ausblieben, übte die preußische Armee de facto Neutralität. Nun konnten sich die Revolutionstruppen mit ganzer Kraft auf Belgien werfen. In der Folge überrannten die Revolutionstruppen auch die Niederlande, wo sie eine „Batavische Republik" installierten.

Preußen hatte unterdessen – nach der Hinrichtung Robespierres und dem Ende der „Schreckensherrschaft" (Sommer 1794) – Geheimverhandlungen mit Paris begonnen. Mißstimmungen wegen der 3. Teilung Polens waren für Preußen ein willkommener Anlaß, völlig aus dem Krieg auszusteigen. Es überließ im Frieden von Basel (1795) den Franzosen großzügig das gesamte linksrheinische Reichsgebiet mit dem Rhein als „natürlicher Grenze" Frankreichs.

Österreich mußte den Landkrieg gegen die Franzosen nun fast alleine führen. Auch Baden und Württemberg schlossen Separatfrieden. Der bayrische Kurfürst Karl Theodor, der gegenüber Österreich ohnedies mißtrauisch war, hatte versucht, Neutralität zu wahren. Als seine Rheinpfalz von den Franzosen überflutet wurde und sie bis zur Oberpfalz vordrangen, sah er sich notgedrungenerweise als Bundesgenosse des Kaisers, flüchtete jedoch nach Sachsen. In Pfaffenhofen an der Ilm erkaufte er sich unter schmählichen Bedingungen einen Waffenstillstand, deren Erfüllung ihm allerdings der beim Zurückdrängen der Franzosen inzwischen erfolgreiche Erzherzog Karl ersparte.

Der Krieg wurde aber nicht auf deutschem Boden, sondern in Italien entschieden. Die französischen Truppen unter dem Oberbefehl des jungen Generals Napoleon Bonaparte besetzten das österreichische Mailand.

So sahen es die Deutschen: Soldaten des revolutionären Frankreich ziehen plündernd und raubend durch die Pfalz. Darstellung von 1793

1792-1797

Deutschland im ausgehenden 18. Jahrhundert — 1789

Zwar konnten die Tiroler Landesverteidiger einen französischen Angriff verhindern, doch Napoleon marschierte mit seiner Hauptmacht durch Kärnten siegreich bis in die Steiermark. Daraufhin sah sich der Kaiser zum Präliminarfrieden von Leoben gezwungen. Napoleon wandte sich nun gegen das neutral gebliebene Venedig und beendete gewaltsam die Selbständigkeit der tausendjährigen Dogenrepublik. Im Frieden von Campoformio (bei Udine) mußte der Kaiser die Angliederung Belgiens sowie der übrigen linksrheinischen Gebiete des Reichs an Frankreich akzeptieren. Zum Ausgleich für den Verlust von Belgien und Mailand bekam Österreich Venedig, Friaul, Istrien und Dalmatien. Weiters wurde vereinbart, daß die aus ihren Territorien westlich des Rheins vertriebenen deutschen Fürsten durch andere Reichsgebiete entschädigt werden sollten (siehe Reichsdeputationshauptschluß).

Der Reichsdeputationshauptschluß

Durch die Siege Napoleons war Frankreich alles Gebiet links des Rheins zugefallen. Das machte die grundlegenden territorialen Veränderungen des Reichsdeputationshauptschlusses von 1803 notwendig, der das Ende des Heiligen Römischen Reichs einläutete.

Das französische Revolutionsregime hatte am Ende des Ersten Koalitionskrieges, nach wechselndem Schlachtenglück, dank dem militärischen Genie Napoleons das Ziel erreicht, das es bei seiner Kriegserklärung an Kaiser und Reich 1792 verkündet hatte: die „natürlichen Grenzen Frankreichs", womit der Rhein in seiner ganzen Länge bis zur Schweizer Grenze gemeint war. Österreich, von den anderen deutschen Staaten 1795/96 im Stich gelassen, hatte dies noch zwei Jahre hindurch im Alleingang verhindern wollen. Dann aber stand Napoleon bereits in der Steiermark, und im Vorfrieden von Leoben mußte sich der Kaiser zur Abtretung der linksrheinischen Gebiete des Reichs, der österreichischen Niederlande und der Lombardei bequemen; in Campoformio wurde 1797 der Friedensvertrag unterzeichnet, wobei Österreichs Verluste dadurch ausgeglichen wurden, daß ihm Napoleon die vormalige Republik Venedig überließ. Die Hoffnung, Napoleons ägyptisches Abenteuer als Chance zu nutzen, den Vertrag im Zweiten Koalitionskrieg zu revidieren, erwiesen sich als vergeblich. Im Frieden von Lunéville (1801) wurde das Ergebnis von Campoformio bestätigt.

Damit war für die Struktur des alten Reichs die Notwendigkeit einer umstürzenden Reform eingetreten – die letztlich zu seiner Auflösung führte. Bezeichnenderweise waren dafür das siegreiche Frankreich und Rußland, das sich aus der antifranzösischen Koalition vorzeitig zurückgezogen hatte, die Garantiemächte; das ohnmächtige Reich hatte nur zu vollziehen, worauf jene sich geeinigt hatten. Die Fürsten, deren Territorien links des Rheins gelegen waren, bzw. die deutschen Staaten, die dort Besitzungen gehabt hatten, verlangten eine Entschädigung auf dem rechten Rheinufer. Das Konzept dafür wurde von den Garantiemächten ausgearbeitet. „Besonders die französische Diplomatie, deren genialer wie skrupelloser Chef, Außenminister Talleyrand, bei dieser Gelegenheit nicht zum ersten und zum letzten Mal riesige Schmiergelder einsteckte, handelte nach einem klaren Plan: Wie schon unter Richelieu und Mazarin im Jahre 1648 durfte das Reich nie zu einer

Charles Maurice de Talleyrand-Perigord verstand es, französische Interessen in Deutschland durchzusetzen. Gemälde von A. Scheffer, um 1850; Chantilly, Musée Condé

Gefahr für Frankreich werden" (Dieter Reinhold). Dieses Ziel sollte vor allem durch die Stärkung einer unter französischem Protektorat stehenden Gruppe von Mittelstaaten als „dritte Kraft" neben den deutschen Großmächten Preußen und Österreich und durch eine weitere Schwächung der Stellung des Kaisers erreicht werden. Das Vorspiel dafür war bereits im Ersten Koalitionskrieg erfolgt, als nacheinander Preußen, Baden, Württemberg und Bayern mit Blick auf den

Karl Theodor von Dalberg erfreute sich der besonderen Gunst Napoleons. Zeitgenössischer Kupferstich

ihnen verheißenen Gebietszuwachs ausgeschert waren und Österreich die Verteidigung der Reichsgrenzen überlassen hatten.

Kaiser Franz II. verlangte vom Reichstag die Einsetzung einer Reichsdeputation, die die Neuordnung im einzelnen festlegen sollte. Ihr gehörten (als Repräsentanten der alten Kurfürsten) Mainz, Böhmen, Brandenburg und Sachsen, weiters Bayern, Württemberg, Hessen-Kassel sowie der Hoch- und Deutschmeister (für den Deutschen Orden) an. Die durch den Lunéviller Frieden benachteiligten Fürsten sollten durch die Säkularisierung der geistlichen Gebiete entschädigt werden; auch die meisten freien Reichsstädte sowie etliche kleinere Herrschaften wurden mediatisiert, d. h. in größere Flächenstaaten eingegliedert. Auch diese Säkularisierungen und Mediatisierungen bedeuteten eine Schwächung des Kaisers, denn gerade die kleinen reichsunmittelbaren Herrschaften hatten in ihm den Schutzherrn ihrer Unabhängigkeit gesehen. Der sogenannte Reichsdeputationshauptschluß vom 25. Februar 1803 brachte folgendes Ergebnis:

– Das Kurfürstenkolleg wurde erweitert bzw. abgeändert. Neben dem Erzbischof von Mainz (der zugleich Erzkanzler war, und für den ein nach Regensburg transferiertes Territorium als einziges geistliches erhalten blieb), den Vertretern Böhmens (Habsburg), Sachsens, Brandenburg-Preußens, Bayerns (statt der an Frankreich gefallenen Pfalz) und Hannovers waren nun mit neuen Stimmen Salzburg, Baden, Württemberg und Hessen-Kassel vertreten. Durch diese Neuverteilung und das Verschwinden von Kur-Köln und Kur-Trier waren die von Protestanten besetzten Kurwürden in der Überzahl. Dem Erzbischof von Mainz (die Stadt war französisch geworden) wurde als einziges verbliebenes Fürstentum Regensburg übergeben. Kaiser Franz mußte damit rechnen, daß bei einer Neuwahl kein Habsburger mehr zum Zug kommen würde.

– Von den zahlreichen Reichsstädten blieben nur Bremen, Hamburg und Lübeck sowie Frankfurt, Augsburg und Nürnberg bestehen. Als die wohlhabendsten Städte hatten sie genügend Bestechungsgelder zu ihrer Erhaltung aufbringen können.

– Zwei habsburgische Nebenlinien, die bisherigen Herrscher der Toskana und Modenas, wurden mit Salzburg (samt Passau und Eichstätt) bzw. mit dem österreichischen Breisgau entschädigt.

– Den Löwenanteil aus den territorialen

Veränderungen trugen neben Preußen die von Frankreich besonders geförderten Mittelstaaten Bayern, Württemberg, Baden, die beiden Hessen und Nassau davon. Preußen konnte seine Position in Westdeutschland durch die Eingliederung der Bistümer Münster und Paderborn festigen. Hessen-Darmstadt wurde durch Teile des vormals kur-kölnischen Westfalen, Hessen-Kassel durch das Bistum Fulda, Nassau durch trierisches und mainzisches Gebiet erweitert. Baden war nun entlang des ganzen Oberrheins zum Nachbarn Frankreichs geworden, Württemberg erweiterte sich nach Süden und Bayern (das die Kurpfalz sowie Jülich verloren hatte) wuchs durch die Einverleibung des Bistums Augsburg und der Abtei Kempten ins Schwabenland hinein, und, durch die Angliederung von Bamberg und Würzburg, auch nach Franken. Die tirolischen Bistümer Brixen und Trient, längst schon von Habsburg abhängig, wurden nun auch formell zum österreichischen Staatsgebiet.

– Neu geschaffen wurde (aus mainzischem Gebiet) für den Erzkanzler Dalberg das Fürstentum Aschaffenburg; für einige Fürsten, die alle Territorien links des Rheins verloren hatten, wurden neue gebildet, so Arenberg und Salm an der niederländischen Grenze und das Fürstentum Leiningen südlich des Mains.

In Summe erhielten durch die Veränderungen des Reichsdeputationshauptschlusses rund drei Millionen deutscher Untertanen eine neue Obrigkeit, 112 Reichsstände waren völlig verschwunden. Nicht zu übersehen ist freilich, daß die Neuordnung, die insbesondere bei der Übernahme der reichen geistlichen Bischofsterritorien durch Unverständnis und Bereicherung von Ministern und Beamten bittere kulturelle Verluste nach sich zog, auch sehr positive Seiten hatte. Die Reduzierung der zahlreichen deutschen Staaten trug zur Vereinheitlichung der Wirtschaftsgebiete, zur Modernisierung der Verwaltung und zum Einzug der Industrie bei. Mit der Aufhebung vieler Adelsherrschaften verminderten sich auch die Vorrechte großer Teile des Reichsadels, wobei durch die Säkularisierung für diese eine durch Jahrhunderte geübte Versorgungsmöglichkeit jüngerer Familienmitglieder wegfiel. Das wiederum machte den Weg frei für das Einströmen anderer Schichten in den geistlichen Stand und gab so der katholischen Kirche den überfälligen Erneuerungsschub.

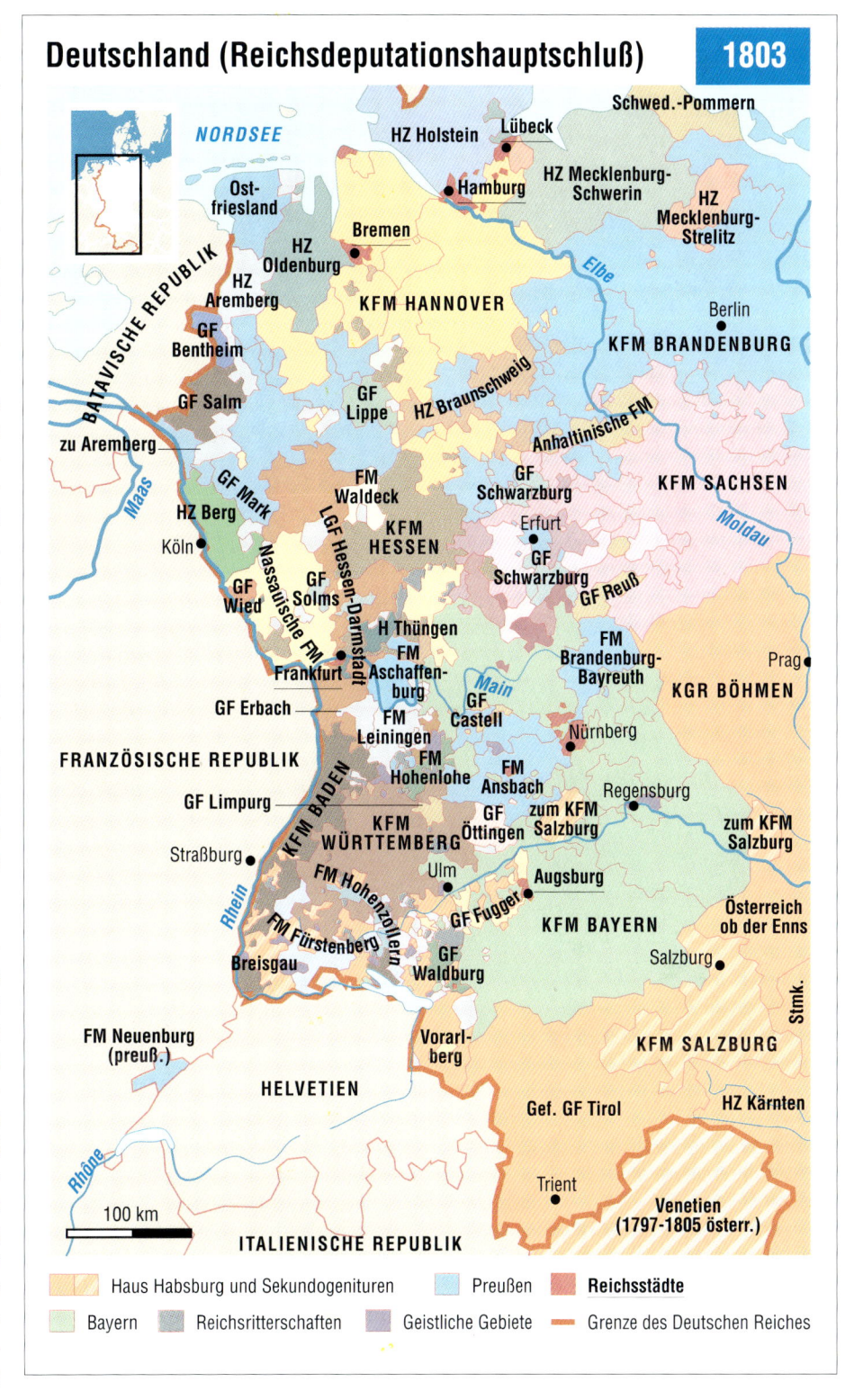

Schließlich trat ein, was die ausländischen Garantiemächte der Reform sicherlich nicht beabsichtigt hatten: die Auflösung der überkommenen staatlichen Gliederung des Heiligen Römischen Reichs sollte sich in der Zukunft als wichtige Voraussetzung für die nationalstaatliche deutsche Einigung erweisen.

Das Ende des Reichs

Am 6. August 1806 legte Kaiser Franz II. unter dem Eindruck der Gründung des Rheinbundes, eines napoleonischen Protektorats, die römische Kaiserkrone nieder. Das war das Ende des Heiligen Römischen Reiches Deutscher Nation.

Der Habsburger Kaiser Franz II. war, bestärkt durch das Scheitern der großangelegten aufklärerischen Reformpläne seines Onkels Josef II., zweifellos ein Mann konservativer, ja restaurativer Politik. Gerade dies aber ließ ihn die ihm übertragene Kaiserwürde in einer Auffassung ernst nehmen, die sich der Traditionen des Alten Reichs bewußt war – solange dies mit der politischen Situation und der Ehre seines Hauses noch vereinbar war. Sicherlich lag darin auch Verkennen einer Zeitenwende, die durch den Durchbruch des Kapitalismus im Bankwesen und im Handel, vor allem aber durch die Industrialisierung den großflächigen Nationalstaat als Zukunftsmodell verlangte, in dem das Bürgertum die Vorrechte des Adels durch eine (freilich auf Geld und Besitz beschränkte) Demokratie aufheben wollte.

Die Niederlegung der römischen Kaiserkrone durch Franz II. wurde von preußischen Geschichtsschreibern lange Zeit vorschnell als ein Akt unnötigen Verzichts, der Schwäche, ja des Verrats am Reich gewertet. Heute sieht dies eine – keineswegs den Habsburgern verpflichtete – neue deutsche Historikergeneration anders:

„Sichtbar wird dies [die Restauration der alten Kaiserwürde] vor allem 1792, als der schon romantischen Gefühlen zugängliche Franz II. mit Ernst und Würde an die pflichtgemäße Wahrnehmung seiner Reichsaufgaben heranging, besonders aber dann nach der Kriegserklärung des revolutionären Frankreich an Österreich und während der Jahre des Reichskrieges, der 1793 ausgerufen wurde. Der Kaiser verlor Schlacht auf Schlacht, Preußen trat aus dem Krieg aus und distanzierte sich von der Reichsgemeinschaft, das Reich selbst brach unter den Schlägen Napoleons zusammen: Aber das Kaisertum und der Reichsgedanke erlebten eine ungeahnte Auferstehung an Ansehen und Sehnsucht, die bis zu Aufrufen zur Volkserhebung für Deutschland und seinen Kaiser, lange noch vor den Befreiungskriegen, reichte." (Schindling/Ziegler).

Der Friede von Lunéville (1801) war der Anfang vom Ende des alten Reichs. Napoleon hatte die Abtretung aller deutschen Gebiete

Kaiser Franz II. trug ab 1804 die neue österreichische Kaiserkrone. Gemälde von F. von Amerling, 1832; Wien, Kunsthistorisches Museum

links des Rheinufers durchgesetzt. Er konnte das um so leichter, als Preußen nicht nur längst aus dem Krieg ausgeschieden, sondern ihm in Geheimverhandlungen diese Abtretung auch bereits zugestanden hatte. Den „Reichskrieg" hatte Österreich praktisch alleine geführt; das zeitweilig eingesetzte Reichsheer war militärisch ungeeignet, zudem zogen einzelne Fürsten ihre Kontingente nach Belieben zurück und schielten nach Sonderverträgen mit Frankreich. Unter diesen traurigen Voraussetzungen begann die Tagung der letzten außerordentlichen Reichsdeputation zwecks Fassung eines „Hauptschlusses". Dieser brachte – gegen vergebliche kaiserliche Proteste – eine radikale Änderung der bis dahin bestehenden Ordnung. Anstelle von nahezu zweitausend kleinen und kleinsten Territorien entstand eine Reihe von Mittelstaaten. Dennoch war die Auflösung des Reichs noch keine ausgemachte Sache. Das läßt sich unter anderem daran erkennen, daß noch 1803 vier neue Kurfürstenwürden (Baden, Württemberg, Hessen-Kassel und Salzburg, später Würzburg) vergeben wurden.

Der Vorwurf, Franz II. habe schon das Ende des Römischen Reichs im Sinne gehabt, als er 1804 „vorsorglich" das Kaisertum Österreich proklamierte, trifft nicht. Die Annahme des österreichischen Erbkaisertitels war nicht mit Fragen der Reichsverfassung verbunden, weshalb Franz kein „Verfassungsbruch" angelastet werden kann. Sie war vielmehr die unmittelbare Antwort auf die Proklamation des französischen Erbkaisertums durch Napoleon. Daß die deutschen Fürsten einer erblichen römischen Kaiserwürde zustimmen würden – alle Versuche früherer Herrscher in diese Richtung scheiterten – war in der gegebenen Situation undenkbar. Der römische Kaiser Franz II. sicherte sich als Franz I. von Österreich die Ranggleichheit mit Napoleon und war auch ausdrücklich nur bereit, die Kaiserwürde Napoleons auf Gegenseitigkeit anzuerkennen. Auch wurden in dieser Zeit in Wien noch Pläne für die Reichsverfassung nach einem Rückzug Napoleons vom Rhein geschmiedet – der Reichsritter Stadion handelte da in vollem Einvernehmen mit dem Kaiser.

Die von Napoleon und seinen Trabanten aufgezwungene Wendung kam 1806. Durch den Reichsdeputationshauptschluß gab es im Regensburger Reichstag keine kaiserliche Mehrheit mehr, zumal auch das katholische Bayern längst auf die französische Karte setzte. Als im September 1805 erneut der Krieg mit Frankreich begann, wurde das Reich gar nicht mehr aufgefordert, daran teilzunehmen, und Bayern verband sich offen mit Napoleon. Keine Hand in Deutschland rührte sich für den Kaiser als die französischen Truppen bis Wien vorrückten. Im Frieden von Preßburg mußte Franz Bayern und Württemberg als Königreiche anerkennen und auf jedes Einschreiten gegen Souveränitätsakte der beiden neuen Monarchen verzichten. Sie waren damit de facto aus der Verfassungsgemeinschaft des Reiches bereits ausgeschieden.

Am 12. Juli 1806 unterzeichneten sechzehn deutsche Fürsten, von Bayern bis Liechtenstein, mit dem Reichserzkanzler an der Spitze, in Paris die Rheinbundakte. Sie erklärten damit ihren Austritt aus dem Reichsverband; Napoleon wurde Protektor dieser „rheinischen Bundesstaaten", die sich zugleich zu Verbündeten Frankreichs erklärten. Im Laufe der nächsten Monate folgten die restlichen deutschen Staaten, Preußen und Österreich ausgenommen. Napoleon verlangte sofort nach Gründung des Rheinbunds von Franz

1806

ultimativ die Niederlegung der römisch-deutschen Kaiserkrone.

Bereits im Juni hatte sich diese Entwicklung angedeutet. Nach einem Vortrag Graf Stadions wurde von Franz eine Resolution formuliert, in der die Absicht präzisiert wurde, „Meine Monarchie eher ganz von allem Reichsverbande loszureißen, als sie in einem Verbande zu belassen, welches Napoleon oder wem immer von ihm ganz abhängigen zum Oberhaupte haben und den er zu Erreichung seiner Absichten benützen sollte". Daß der Kaiser in derselben Entschließung auch davon sprach, Gesandten Metternich zu beauftragen, in Paris die Bereitwilligkeit zum Verzicht auf die Kaiserwürde, „nur gegen große, für Meine Monarchie zu erhaltende Vortheile merken zu lassen", haben deutschnationale Historiker Franz II. angekreidet; doch ist verständlich, daß Österreich aus einer Situation, in der sich das, was noch nominell als Reich galt, völlig von ihm losgesagt hatte, das Beste auch für sich herauszuholen versuchte.

Am 6. August 1806 stellte Franz II. fest, die letzten Ereignisse hätten es ihm unmöglich gemacht, weiterhin die Pflichten seines kaiserlichen Amtes zu erfüllen; er legte die Kaiserkrone nieder und erklärte Amt und Würde des Römischen Kaisers für erloschen. Die Erklärung des Erlöschens schien ihm insofern von großer Bedeutung, als er ständig hatte befürchten müssen, daß die Fürsten Napoleon als „neuem Karl den Großen" die Reichskrone anbieten würden. Nach Auflösung der Reichsbehörden in Wien verdeutlichte Franz unter Hinweis auf die 533 Jahre, die das Haus Österreich „beinahe ununterbrochen mit ebenso großem Ruhme als wichtigen Aufopferungen" das Amt bekleidete, nochmals seine Entscheidung: „Durch die am 6. August laufenden Jahres von mir bewirkte Niederlegung der deutschen Reichsregierung ist nicht eine abermalige Unterbrechung [wie in Maria Theresias Anfangszeit 1740-1745], sondern ein gänzliches Aufhören derselben eingetreten."

Der Krieg, den Österreich 1809 gegen Napoleon im Alleingang wagte, der Sieg Erzherzog Karls bei Aspern, der Aufstand Andreas Hofers (mit dem bitteren Beigeschmack von Franzens bald gebrochenem Versprechen, Tirol nie mehr den Feinden zu überlassen), hatten der nationalen deutschen Befreiungsbewegung neue Hoffnung gegeben. Der Gedanke an das Kaisertum, dem Goethe beim Erlöschen des Reichs nur eine beiläufige Bemerkung gewidmet hatte, besaß im Volk noch Wurzeln, und Österreich war wie selbstverständlich die Würde zugefallen, das Oberkommando über die Streitkräfte, die Napoleons Niederlage besiegelten, zu übernehmen. In Frankfurt wurde Franz mit einem Jubel empfangen, der alles übertraf, was dort bei Krönungen vor sich gegangen war, und seine Fahrt vom Mainz nach Aachen wurde zum Triumphzug. England-Hannover stand überhaupt auf dem Standpunkt, das Reich sei nicht aufgelöst und plädierte für dessen Wiederherstellung. 29 Fürsten und Reichsstädte wandten sich später an den Wiener Kongreß mit dem gleichen Ersuchen. Die persönliche Enttäuschung über das Verhalten dieser Fürsten in den Jahren zuvor, politisches Kalkül, daß er als Kaiser von Österreich, mit Ungarn und Italien, als Präsidialmacht eines zu gründenden deutschen Staatenbundes weit mächtiger sein werde, und der Ausgleich mit Preußen bestimmten Franz, die Wiederaufnahme der Kaiserkrone abzulehnen. Es wird von ihm das Wort überliefert „Wenn sie mi wieder so machn wolln, wie i gwest bin, so dank i gar schön – wolln sie mi aber anders machn, so bin i curios, wie sie das anstelln werdn", und daß er über „eine solche Sippschaft" nicht neuerlich das Herrscheramt übernehmen wolle.

Die Kaiserkrone Ottos des Großen und die Reichsinsignien hatte Franz von Nürnberg nach Wien (und als Frankreichs Truppen nahten, vorübergehend nach Temesvar) bringen lassen, um sie vor dem Zugriff Napoleons zu bewahren. Hitler ließ sie nach Nürnberg schaffen, die Alliierten stellten sie Österreich zurück – historisch gesehen wohl nicht zu Unrecht, hatte doch Österreich das alte Reich noch mit Aufopferung und Würde zu retten versucht, als es seine übrigen Mitglieder längst aufgegeben, ja verraten hatten.

Das Ringen mit Napoleon

Napoleon schien unbesiegbar. Nach dem Scheitern neuerlicher Koalitionen zerschlug er Preußen; Österreichs Alleingang gegen ihn endete katastrophal. Erst das Debakel des Rußlandfeldzugs brachte die Wende und erlaubte den Deutschen, in den Befreiungskriegen gegen Napoleons Macht aufzustehen.

Die Anmaßung, mit der Frankreichs Vertreter in Rastatt in die Reichsangelegenheiten eingriffen, und die Abwesenheit des Generals Napoleon Bonaparte, der sich in das Abenteuer seiner Ägypten-Expedition gestürzt hatte, ließen die konservativen Mächte einen zweiten Waffengang wagen. Die Bundesgenossen dieses 2. Koalitionskrieges waren Österreich, England, Rußland, die Türkei und der Papst. Zunächst wurden die in Süddeutschland eingefallenen französischen Truppen zurückgedrängt, Rußlands General Suworow errang Siege in Italien und in der Schweiz, hingegen schlug die Vereinigung mit der in Deutschland operierenden russischen Armee fehl. Dazu kam Mißstimmung über die Politik des österreichischen Staatsministers Thugut, der Piemont annektieren und Belgien gegen Bayern tauschen wollte, so daß Zar Paul seine Soldaten bereits im Herbst 1799 heimberief.

Inzwischen war Bonaparte aus Ägypten zurückgekehrt, hatte das Direktorium am 18. Brumaire (9. November) gestürzt und sich zum Ersten Konsul erheben lassen. Französische Siege bei Marengo und bei Hohenlinden in Bayern – von hier aus stießen Napoleons Truppen bis zur Enns vor – zwangen Österreich in die Knie. Im Frieden von Lunéville (1801) mußte der Kaiser die Ergebnisse von Campoformio bestätigen. Daraufhin schloß auch England Frieden; als zweite Garantiemacht mischte sich nun Rußland in die Aufteilung des verbliebenen Reichsgebiets unter die von links des Rheins vertriebenen Fürsten ein. Napoleons Konzept ging auf: durch Bevorzugung von Bayern, Baden, Württemberg und Hessen-Kassel schaffte er sich eine „dritte Kraft" in Deutschland, die ihm als französischer Vasall Vorfeld und Aufmarschgebiet gegenüber den beiden deutschen Großmächten bieten konnte.

Nachdem Napoleon auch Holland und die Schweiz in seinen Einflußbereich gebracht hatte und sich zum König von Italien hatte krönen lassen, trat Österreich einem Bündnis Englands und Rußlands gegen ihn bei, Preußen hingegen, das sich Hoffnungen auf das mit England in Personalunion verbundene Hannover machte, blieb fern. Bayern, Baden und Württemberg wurden nun offen zu Bundesgenossen Frankreichs. Der 3. Koalitionskrieg (1805-1807) begann. Eine österreichische Armee, die sich nach ihrem Vormarsch durch Bayern in Ulm eingeigelt hatte, mußte kapitulieren, eine zweite, die von Italien in die Provence vordringen wollte, wurde zurückgeworfen. Im Gegenstoß rückten die Franzosen bis Wien vor. In der „Dreikaiserschlacht" bei Austerlitz in Mähren blieb Napoleon Sieger, die Russen zogen sich zurück, und Österreich mußte den Frieden von Preßburg schließen, in dem es Vorderösterreich an Baden und Württemberg abgeben, Tirol und Vorarlberg den Bayern überlassen mußte.

Obwohl Preußen im 2. und 3. Koalitionskrieg neutral geblieben war, mußte es sich dem Druck Napoleons unterwerfen. Er verlangte die Abtretung Ansbachs an Bayern und zwang Berlin einen Bündnisvertrag auf, der es zur Sperre der Häfen für britische Schiffe verpflichtete. Dafür überließ er Preußen Hannover. Aber schon im Jahr darauf, im Oktober 1806, sah sich Preußen durch französische Truppenbewegungen an seiner Grenze derart bedroht, daß es Frankreich den Krieg erklärte. In der Doppelschlacht von Jena und Auerstedt wurde die preußische Armee vernichtend geschlagen, Napoleon zog in Berlin ein, König Friedrich Wilhelm III. flüchtete nach Ostpreußen. Im

In dieser zeitgenössischen Darstellung wird Napoleon mit einem Spinnennetz dargestellt.

Dankgebet für den Sieg: König Friedrich Wilhelm II., Kaiser Franz I. und Zar Alexander nach der Völkerschlacht bei Leipzig. Lithographie von 1813

1797-1815

Frieden von Tilsit (1807) mußte Preußen nicht nur Hannover wieder herausgeben, sondern auch alles Gebiet westlich der Elbe abtreten; ebenso wurden Bayreuth und der größte Teil seiner Erwerbungen aus den Teilungen Polens abgetrennt – die Fläche Preußens wurde um die Hälfte reduziert. Sogar Schlesien bot Napoleon den Österreichern für ein Bündnis an, was diese ablehnten.

Als in Spanien ein Volksaufstand die französische Herrschaft abschüttelte, hielten der österreichische Kanzler Graf Stadion und andere Berater des Kaiser Franz die Zeit für gekommen, die Macht Napoleons auch in Deutschland zu brechen. Flugschriften und Aufrufe kursierten, und Erzherzog Karl nannte die Soldaten des Rheinbunds in einer Proklamation „deutsche Brüder, jetzt noch in den feindlichen Reihen, die ihrer Erlösung harren". Österreich rechnete mit der Teilnahme Preußens an dem Befreiungskampf, und sowohl Freiherr Karl vom Stein, dessen Reformgesetze die dortige Bauernbefreiung gebracht hatten, als auch Königin Luise waren dafür. Napoleon aber forderte die Entlassung Steins, und der König, unterstützt von reaktionären Adeligen, die Steins Reformen mißbilligten, fügte sich. Stein ging nach Prag.

Österreich wagte den Alleingang gegen Napoleon dennoch. Ein Volksaufstand der Tiroler gegen die bayrische Herrschaft sollte das Signal geben. Die Tiroler Bauern hatten in blutigen Kämpfen, vor allem in den Schlachten am Bergisel, Anfangserfolge erzielt – ihr Führer Andreas Hofer regierte einige Monate in der Innsbrucker Hofburg. Das Tiroler Beispiel wurde im übrigen Deutschland aber nur ausnahmsweise befolgt, so durch den preußischen Major Ferdinand von Schill, der mit seinen Truppen erst Dessau, dann Stralsund besetzte. Dort fiel er im Kampf mit Hilfstruppen der Franzosen, elf seiner Offiziere wurden in Wesel erschossen. Ähnlich erging es den Offizieren des Oberst von Wilhelm Dörnberg, die sich vergeblich gegen die Herrschaft von Napoleons Bruder Jérôme in Westphalen aufgelehnt hatten. Allgemein zeigte sich, daß Napoleon sich auf die Truppen der deutschen Satellitenstaaten verlassen konnte.

Der Franzosenkaiser konnte sich daher mit seiner Hauptmacht gegen Wien wenden. Sein strategisches Genie machte den versuchten Einmarsch Erzherzog Karls in Bayern zunichte, und im Mai 1809 besetzte er zum zweiten Mal die Reichshaupt- und Residenzstadt Wien. Zwar gelang es seinem österreichischen Gegenspieler, bei Aspern im Marchfeld den Nimbus der Unbesiegbarkeit Napoleons zu brechen, doch im Juli, nach einem Sieg der Franzosen bei Deutsch-Wagram, mußte Kaiser Franz um Waffenstillstand bitten. Im Frieden von Schönbrunn übergab Bonaparte Salzburg und Teile Oberösterreichs den Bayern; Teile Kärntens, Istrien und Dalmatien wurden als „Illyrische Provinzen" direkt an Frankreich angeschlossen. Fürst Clemens Metternich, der an die Stelle des Grafen Stadion gerückt war, hoffte, durch die Vermählung der Kaisertochter Marie Louise mit Napoleon Österreich eine Überlebenschance als „Bundesgenossen" Frankreichs zu geben (der Kaiserhof empfand die Heirat mit dem geschiedenen „Emporkömmling" insgeheim als schwere Demütigung). Die Tiroler fühlten sich durch den Friedensschluß verraten und kämpften weiter; Andreas Hofer und andere ihrer Führer wurden vor Standgerichte gestellt und hingerichtet.

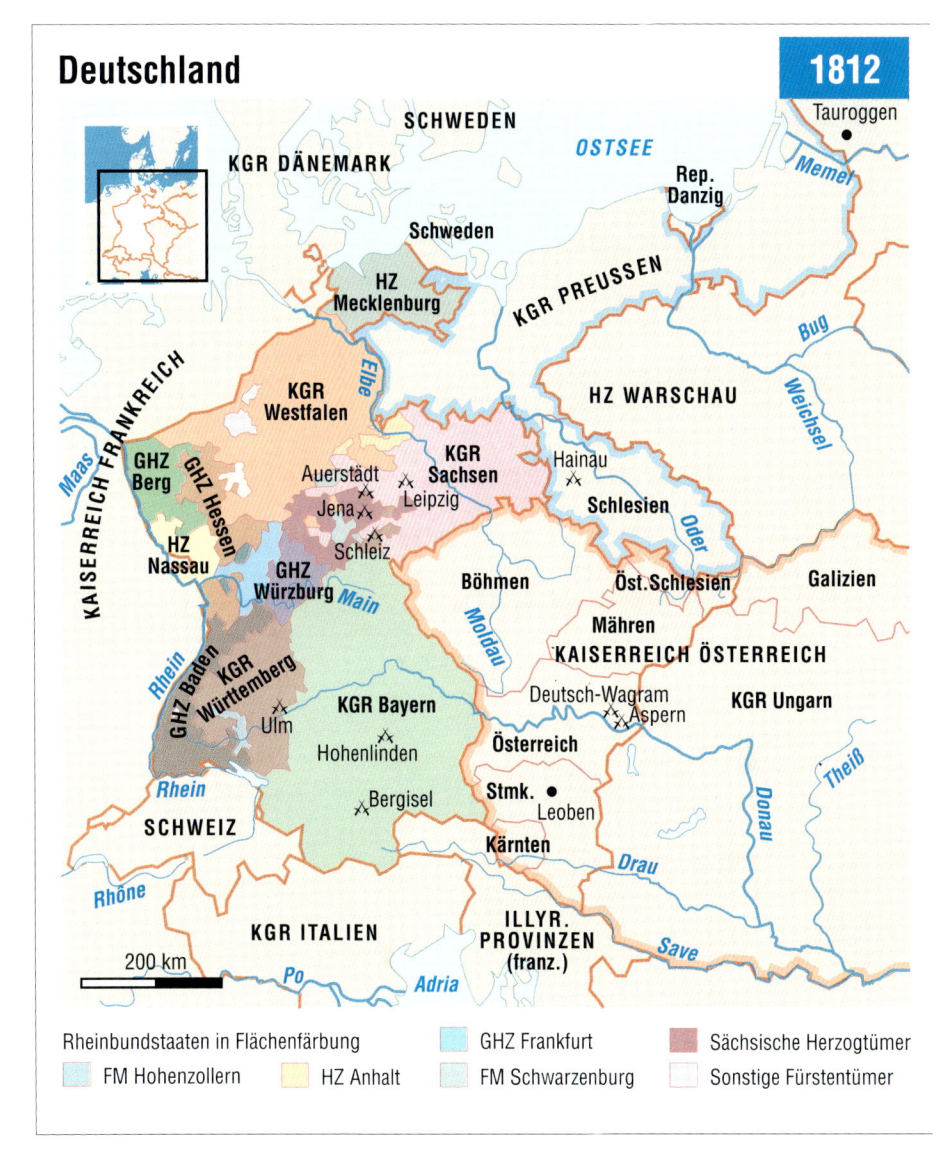

Im Jahre 1810 ordnete Napoleon eine „Neuordnung" Deutschlands an, die alle Patrioten zutiefst empörte. Das bis dahin von seinem Bruder Louis regierte Königreich Holland und das Gebiet der gesamten Nordseeküste – über Oldenburg, Bremen, Hamburg bis Lübeck – wurden direkt Frankreich angeschlossen und in Departements eingeteilt. Damit wollte Napoleon seine gegen England gerichtete Kontinentalsperre konsequent durchführen.

Im Jahre 1812 erlitt Napoleons „Grande Armée", die bis Moskau vorgestoßen war, in Rußland ihre große Niederlage. Auch von den 200.000 Deutschen, die an dem Feldzug mitmachen mußten, kamen Zehntausende um. General Yorck, der das preußische Kontingent dieser Hilfstruppen kommandierte, erfaßte die Situation: beim Rückzug schloß er,

79

Das Ringen mit Napoleon   1797-1815

auf eigene Faust, mit den Russen zum Jahreswechsel 1812/13 die Konvention von Tauroggen (Litauen). Sie leitete den Abfall Preußens von Napoleon und damit die Befreiungskriege ein. Noch versuchte Metternich, für den nunmehrigen Schwager seines Kaisers goldene Brücken zu bauen, aber der „wollte sich partout nicht retten lassen", sondern vertraute immer noch auf sein Feldherrngenie. Am 27. März 1813 erklärten der preußische König und Zar Alexander I. Frankreich den Krieg. Zum Ziel des Kampfes erklärten die beiden Herrscher die Befreiung des deutschen Volkes vom französischen Joch. Da und dort bildeten sich Freikorps, das berühmteste war die „Schwarze Schar" der Jäger des Majors Adolf von Lützow. Noch aber wagten die deutschen Vasallen, die ja von Napoleons Gunst durch Gebietszuwachs profitiert hatten, nicht, sich gegen Napoleon zu erheben, und Lützows Korps wurde in Württemberg aufgerieben. Nach ersten Erfolgen der Russen und Preußen schien Napoleon die Oberhand zu gewinnen. Er eroberte Sachsen zurück, das sich ihm sofort wieder anschloß, und strafte Hamburg für seinen Abfall hart. Napoleons Verluste aber waren so schwer gewesen, daß er im Juni einem Waffenstillstand zustimmte. Nun gab Österreich seine zögernde Haltung auf und erklärte Frankreich im August den Krieg, schließlich traten auch England und Schweden der Koalition bei. Nach wechselvollen Kämpfen kam es am vom 16. bis 19. Oktober 1813 zur „Völkerschlacht" bei Leipzig. Diese brachte den entscheidenden Sieg der Alliierten. Napoleon mußte sich geschlagen zurückziehen; die Rheinbundstaaten beeilten sich, die Seiten zu wechseln. Einen Kompromißfrieden lehnte der verblendete Franzosenkaiser ab, und so stießen die Alliierten im folgenden Frühjahr bis Paris vor. Der dort gebildete französische Senat setzte die Dynastie Bonaparte ab und den Bourbonen Ludwig XVIII. auf den Thron. Der Friedensschluß beließ Frankreich in seinen Grenzen von 1792 und verzichtete auf Reparationen; Napoleon wurde die Insel Elba als Fürstentum zugewiesen.

Während der Wiener Kongreß (s. d.) tagte, landete Napoleon am 1. März 1815 in Cannes. Die Truppen des Königs gingen zu ihm über, nach drei Wochen konnte er in Paris einziehen. Die alliierten Mächte waren nicht bereit, auf seine Friedensvorschläge einzugehen. Am 18. Juni 1815 erlitten die französischen Truppen gegen die britischen unter Wellington und die preußischen unter Blücher bei Waterloo/Belle Alliance (Belgien) eine vernichtende Niederlage. Der Korse wurde auf die Insel St. Helena im Südatlantik verbannt; dort starb er, erst 52jährig, 1821 an Magenkrebs.

„Ich wollte, es wäre Nacht oder die Preußen kämen": Wellington verteidigt La Haye in der Schlacht bei Waterloo/Belle. Gemälde von A. Norton, 1852; Hannover, Niedersächsisches Landesmuseum

Der Wiener Kongreß

1814/15

Der Wiener Kongreß verkannte die Zeichen der Zeit: Sein Ziel war die Restauration der alten Fürstenmacht. Für nationale Bestrebungen zeigte er ebensowenig Verständnis wie für den Wunsch des Bürgertums, sich durch politische Mitsprache im Staat die für seinen weiteren wirtschaftlichen Aufstieg notwendigen Freiheiten zu verschaffen.

Im Wiener Kongreß, der vom 18. September 1814 bis zum 9. Juni 1815 andauerte, nahm der Versuch, das Rad der Geschichte zurückzudrehen, Gestalt an. Sein Ziel war die Wiederherstellung der alten Fürstenmacht. Daß dabei das rückwärtsgewandte Prinzip der Legitimität eine Richtschnur war, ließ sich schon daran erkennen, daß Frankreich als fünfte Macht neben Rußland, England, Österreich und Preußen auftreten konnte. Damit kam zum Ausdruck, daß nur der Usurpator Napoleon und nicht Frankreich als der Besiegte betrachtet wurde – so, als ob es in den Kriegen des abgelaufenen Vierteljahrhunderts eben nur darum gegangen wäre, die Bourbonen gegen die Revolution in Schutz zu nehmen und sie wieder auf den Thron zu setzen. Was für Frankreich die Wiederherstellung des durchaus schon national geeinten Königreichs bedeutete, hieß für Deutschland die Aufrechterhaltung der alten, wenn auch durch die napoleonische Neuordnung umgeformten Zersplitterung.

Österreichs leitender Staatsmann Fürst Metternich, ein gebürtiger Rheinländer, war ein besonders eifriger Verfechter einer Politik der Schonung Frankreichs. Sein Ziel war es, „ein politisches Gleichgewicht zwischen den Mächten einzurichten, das so perfekt wie irgend möglich ist." Dies schien für Österreich schon deshalb sinnvoll, weil Rußland im Krieg gegen Napoleon machtvoll in Zentraleuropa eingegriffen hatte und Preußen fast als Satellit in seinem Fahrwasser schwamm. Da Preußen den Wunsch hatte, sich ganz Sachsen einzuverleiben, wurden die Spannungen zwischen den Mächten mühevoll durch einen Kompromiß – Reduzierung Sachsens auf die Hälfte seines Umfangs – gelöst. Preußen konnte sein Gebiet aber nicht nur auf Kosten Sachsens kräftig erweitern; am Rhein wurden ihm das früher bayrische Jülich und Berg, die einstigen Erzbistümer Köln und Trier sowie Teile Hessens überlassen.

Metternich war bewußt, daß innerhalb Deutschlands Preußen der schärfste Rivale

Die Monarchen des Wiener Kongresses bei der Aufteilung Europas. Karikatur von 1815

Österreichs sein würde. Deshalb wurden die drei süddeutschen Staaten Bayern, Württemberg und Baden, obwohl unter Napoleon groß geworden, großzügig behandelt. Österreich verzichtete auf die Rückgabe Belgiens sowie der vorderösterreichischen Gebiete, was für die Zukunft die direkte Konfrontation mit Frankreich am Rhein ausschloß (während sich nun Preußen durch die Angliederung der Rheinprovinz dieser Aufgabe gegenübersah). Belgien samt Luxemburg wurden mit dem Königreich der Niederlande vereinigt – eine Lösung, die bereits 1830 zerbrach.

Auch die Frage der Wiederbelebung des Heiligen Römischen Reiches war nach der Niederlage Napoleons gestellt worden. Kaiser Franz, über das Verhalten der deutschen Fürsten in der napoleonischen Zeit enttäuscht, war wenig geneigt, die Krone Ottos des Großen aus der Wiener Schatzkammer hervorzuholen. Ein starkes, souveränes Österreich schien ihm wie seinen Beratern die bessere Gewähr, seine Vormachtstellung über die deutschen und italienischen Fürsten zu behaupten und Preußen auf die Rolle der „zweiten Geige" im deutschen Konzert zu beschränken. Vor allem aber waren nicht nur die Fürsten der deutschen Mittel- und Kleinstaaten, sondern auch die europäischen Großmächte Rußland, Frankreich und England gegen ein national geeintes Deutschland. So blieb es bei dem, was die Alliierten noch während des Krieges in Chaumont vereinbart hatten: „Deutschland besteht aus unabhängigen Staaten und wird von einem föderativen Bund zusammengehalten." Österreich wurde zur Präsidialmacht in diesem Deutschen Bund.

Metternich war nicht immer der finstere Reaktionär, als der er den Revolutionären von 1848 erschienen ist. Er erwies sich, was die künftige Gestaltung des Habsburgerreichs anlangte, jedenfalls als weiterblickend als sein Kaiser. Sein Plan einer föderativen Lösung für Italien scheiterte aber sowohl am Widerstand des Kaisers als auch des Königreichs Piemont-Sardinien. Angesichts einer solchen Haltung war an eine föderative Lösung im Kaisertum Österreich selbst nicht zu denken, obwohl nicht nur Metternich spürte, daß der aufkeimende Nationalismus zur großen Gefahr für den Vielvölkerstaat werden sollte.

So beschied sich der Staatskanzler mit der für sein Denken zweitbesten Lösung: der Unterdrückung aller Wünsche nach einer Konstitution, da eine solche ein allzu hohes Maß an Sprengkraft in sich zu bergen drohte. All jene Kräfte, die in den Befreiungskriegen auf ein neues, geeintes und liberales Deutschland gehofft hatten, wurden bitter enttäuscht. Nicht nur in Deutschland, in halb Europa drohte der latente Widerstand gegen die „Neuordnung" früher oder später zum Ausbruch zu kommen. Dem vorzubeugen, bedurfte es der „Heiligen Allianz" Österreichs mit

Der Wiener Kongreß

den ebenso absolutistisch denkenden Herrschern von Rußland und Preußen als Wächtern dafür, daß alles so bleiben sollte, wie es war. Die obersten Prinzipien waren die Legitimität der herrschenden Dynastien und die daraus entspringende Solidarität der Fürsten gegen nationalliberale und republikanische Ideen. Für Österreich und die von ihm bevormundeten Länder des Deutschen Bundes bedeutete dies die Verfolgung der demokratischen Strömungen; diese waren nicht nur auf Änderungen in den Einzelstaaten ausgerichtet, sondern gingen mit Vorstellungen von einem einheitlichen Deutschland einher. Dabei stellte sich alsbald die Frage, ob man einer großdeutschen Lösung unter Einschluß Österreichs den Vorzug geben sollte, oder einer kleindeutschen, die sich an Preußen orientierte.

Mit der Unterzeichnung der Bundesakte vom 8. Juni 1815 war das Heilige Römische Reich auch offiziell erloschen – und lebte dennoch in der Konstruktion des Deutschen Bundes mit seinen 39 souveränen Staaten und einem über den Bund letztlich machtlosen Oberhaupt fort. Die 35 souveränen Fürstentümer und vier Reichsstädte (Frankfurt, Hamburg, Bremen, Lübeck) waren

Clemens Wenzel Fürst Metternich, der „Kutscher Europas". Gemälde von T. Lawrence, um 1820/25; Wien, Kunsthistorisches Museum

„von den Vorteilen überzeugt, welche aus ihrer festen und dauerhaften Verbindung für die Sicherheit und Unabhängigkeit Deutschlands und die Ruhe und das Gleichgewicht Europas hervorgehen würden". Das innenpolitische Ziel der Mitgliedsstaaten war, wenn auch in den Bundesakten mit „Erhaltung der äußeren und inneren Sicherheit" umschrieben, die Unterdrückung aller liberal-demokratischer Regungen.

Dem alten Reich nicht unähnlich war auch die Teilung Österreichs und Preußens in dem Bund angehörige und außerhalb des Bundes liegende Gebiete. So waren zwar Böhmen und Mähren Bundesgebiet, hingegen blieben sowohl das ungarische wie das lombardo-venetische Königreich der Habsburger dem Bund fern. Das gleiche galt für Posen, West- und Ostpreußen. (Der Großteil der Erwerbungen Preußens bei der 2. und 3. Teilung Polens waren beim Kongreß an Rußland abgetreten worden, ebenso Österreichs Zugewinn von 1795; sie hatten als „Kongreßpolen" bis 1863 eine beschränkte Autonomie.) Andrerseits waren ausländische Fürsten als Souveräne über deutsche Gebiete Bundesmitglieder: England für Hannover, die Niederlande für Luxemburg, Dänemark für Holstein. Zwar war für Verteidigungszwecke und für die Exekution von Beschlüssen des Bundestags bzw. der Bundesversammlung ein Bundesheer vorgesehen, das aus den Kontingenten der Einzelstaaten bestehen sollte – mangels Hoheitsrechten des Bundes wäre es im Ernstfall aber genauso ineffektiv gewesen wie das alte Reichsheer. Ebensowenig war an eine gemeinsame Außenpolitik des Bundes zu denken – sie blieb den Einzelstaaten überlassen, wobei die beiden deutschen Großmächte den Ton angaben.

Trotz der restaurativen Grundhaltung der Metternichschen Politik bot die Bundesakte im Artikel 13 eine Möglichkeit zu Veränderungen in Richtung auf eine Konstitution: „In allen Bundesstaaten wird eine landständische Verfassung stattfinden". Die in den Befreiungskriegen gegründeten Burschenschaften verlangten auf dem Wartburgfest (1817) die Einlösung dieser Zusage, die allerdings von Metternich beschränkend auf die restaurative Rückkehr zu den alten Ständeversammlungen interpretiert wurde. Die süddeutschen Staaten Bayern, Baden und Württemberg sowie Hessen-Darmstadt und Nassau beeilten sich dennoch, diesen Artikel für die Erlassung zaghafter Konstitutionen zu nützen, die einer aus dem Besitzbürgertum gebildeten Vertretung Mitspracherechte bei Gesetzgebung und Finanzen gewährten. Es geschah dies zweifellos weniger aus besonderer Hinneigung zu größeren Freiheiten als vielmehr aus dem Wunsch, die in Napoleons Zeiten aus vielen vormals selbständigen Ter-

Beim Wartburgfest am 18. Oktober 1817 gedachten 500 Burschenschafter aus zwölf Universitäten des Reformationsjahres 1517 und der Leipziger Völkerschlacht.

1814/15

Deutscher Bund 1815-1866

Gebiet des Deutschen Bundes in Flächenfärbung:
- Kaiserreich Österreich
- Königreich Preußen
- Reichsstädte
- Landesgrenzen
- Gebietsverluste und -gewinne

ritorien zusammengeschneiderten Staaten zu vereinheitlichen – immerhin eine Einschränkung des absolutistischen Prinzips. Mit den „Wiener Schlußakten" von 1820 und mit den gegen die nationalliberalen Tendenzen der Burschenschaften gerichteten „Karlsbader Beschlüssen" des Deutschen Bundes setzte Metternich weiteren konstitutionellen Lockerungen vorerst ein Ende.

Im Jahr 1830 brachte die Julirevolution in Frankreich, die den „Bürgerkönig" Louis Philipp auf den Thron setzte, neue Bewegung auch nach Deutschland. Braunschweig, Kurhessen, Sachsen und Hannover erhielten Verfassungen; zugleich führte die wirtschaftliche Entwicklung zur überfälligen Bildung des Deutschen Zollvereins (1834), mit dem das (neben den Hansestädten) damals noch nicht beigetretene Österreich erst 1853 durch einen Vertrag in Verbindung trat.

Auf internationalem Gebiet erlitt Metternichs Prinzip der Fürstensolidarität einen heftige Stoß durch die „Orientalische Krise" der Jahre 1839/40. Im Streit zwischen der Türkei und dem sich von ihr lösenden Ägypten stellte sich Frankreich auf die Seite Ägyptens, Rußland und England hingegen traten für die Wahrung der Rechte des Sultans ein. Als Österreich und Preußen sich dieser Haltung anschlossen, drohte Ministerpräsident Thiers mit Krieg und nannte die Rheingrenze sein Ziel. Das löste in Deutschland patriotische Empörung aus; das neue gesamtdeutsche Nationalgefühl fand in zu jener Zeit entstandenen Liedern wie der „Wacht am Rhein" und dem „Deutschlandlied" seinen Ausdruck. Unter dem Druck der anderen Mächte wurde die Krise beigelegt. Dennoch waren dem vom Wiener Kongreß geschaffenen politischen System nun nur noch wenige Jahre des Fortbestands beschieden.

Die gescheiterte Revolution

Im Jahr 1848 versuchte das deutsche Bürgertum, nationale Einheit und politisches Mitspracherecht auf revolutionärem Weg durchzusetzen; doch die angestrebte Änderung der Verhältnisse „von unten" scheiterte an der Übernationalität Österreichs und am Kleinmut Preußens.

Der Anstoß für die Revolution von 1848 in Deutschland kam von außen: Im Februar war in Paris – zum dritten Mal innerhalb von sechs Jahrzehnten – eine Revolution ausgebrochen. Sie endete mit der Abdankung des Königs Louis Philipp und der Ausrufung der zweiten Französischen Republik. Doch auch in Deutschland hatte sich, unter der Decke der metternichschen Reaktion und versteckt im heimeligen Gewand der vormärzlichen Biedermeier-Kultur, der Wunsch nach Freiheit und politischer Mitsprache im Bürgertum gewaltig angestaut. Dieser Drang zu grundlegenden Veränderungen wurde aus verschiedenen und doch miteinander verschlungenen Motiven gespeist. Die Revolution trug denn auch die Signale sowohl eines nationalen wie eines sozialen Aufbruchs. National, weil das liberale Bürgertum und insbesondere die Intelligenz nach dem einheitlichen Nationalstaat riefen, und sozial, weil Industrie, Gewerbe und Handel die feudalen Hindernisse für die Entwicklung der Wirtschaft weggeräumt, die Träger beider Strömungen ihre persönliche Freiheit gewährleistet sehen wollten. In den späteren Phasen der Revolution und zum Schrecken der Bürger gingen zum ersten Mal auch die Arbeiter für bessere Lebensverhältnisse auf die Barrikaden; die Bauern, eher passiv, wurden Nutznießer der Beseitigung der letzten feudalen Beschränkungen – allerdings auch mit allen Risiken, die die wirtschaftliche Freiheit mit sich brachte. Freilich: schon zeigte sich, was der Umbruch speziell für die habsburgische Monarchie und, in geringerem Maß, für Preußen bedeuten würde – in den nichtdeutschen Gebieten, in Prag, in Ungarn, in Italien, und auch in Posen stand die Revolution im Zeichen des auch dort erwachten eigenständigen Nationalismus.

Revolution in Berlin: Barrikadenkampf in der Breiten Straße (18./19. März 1849). Zeitgenössische Lithographie; Berlin, Stiftung Preußischer Kulturbesitz, Kunstbibliothek

Die Nationalversammlung in der Frankfurter Paulskirche. Lithographie von Paul Bürde, nach 1848

Schon wenige Tage nach den Ereignissen in Frankreich griff die Unruhe auf das Großherzogtum Baden über. Eine Volksversammlung in Mannheim verlangte Presse- und Vereinsfreiheit, Schwurgerichte und die allgemeine Volksbewaffnung. Schon hierbei zeigte sich die Teilung in einen liberal-gemäßigten und einen demokratisch-radikalen Flügel; dieser ging mit seinen Forderungen viel weiter. Sein Sprecher Gustav von Struve verlangte ein allgemeines deutsches Parlament sowie Wohlstand, Bildung und Freiheit für alle. Die badische Regierung wechselte einige unbeliebte Minister aus und gab den gemäßigten Forderungen nach. Diesem Beispiel folgten rasch einige andere deutsche Klein- und Mittelstaaten.

Im eher konservativen und königstreuen Bayern hatte die Unzufriedenheit über die Einmischung der Geliebten König Ludwigs I., Lola Montez, in Regierungsangelegenheiten zur Ausweisung der Tänzerin geführt. Unter dem Eindruck der Vorgänge in den Nachbarländern demissionierte der Monarch im März zugunsten seines Sohnes Maximilian II.

Am 13. März 1848 zog in Wien eine Demonstration von Studenten und Bürgern zum Landhaus und verlangte Einlaß, um den dort tagenden Ständevertretern eine Petition mit der Forderung nach einer Konstitution zu überreichen; einige Tage zuvor hatten dies die Ungarn in Preßburg verlangt.

Ein übereilter Schießbefehl Erzherzog Al-

1848/49

Das Revolutionsjahr 1848/49

| Konstitutionelle | Absolute | Ständische Monarchie | **Stadtrepubliken** | Erhebungen | Schlachten | Kerngebiete der Revolution |

brechts schuf der Revolution die ersten Blutzeugen; ein Aufstand brach los, Barrikaden wurden errichtet, Straßenschlachten forderten zahlreiche Opfer. Studenten, Klein- und Großbürger und auch Arbeiter bildeten eine einzige Front gegen die Regierung. Gegen Abend erhielt das Militär den Befehl, sich zurückzuziehen. Die Regierung entsprach der ultimativen Forderung der Aufständischen und entließ Kanzler Metternich; er flüchtete nach England. Kaiser Ferdinand, nur beschränkt regierungsfähig, mußte der Bewaffnung der Bürger in einer „Nationalgarde" zustimmen. Sie stellte die Ordnung in den Vorstädten wieder her, die Märzgefallenen wurden würdig bestattet. Die Pressefreiheit wurde gewährt und eine Verfassung versprochen. Als diese nur beschränkte Mitsprache des Großbürgertums gewährte, erzwangen die Wiener im Mai allgemeine Urwahlen für einen Reichstag; der Kaiser und der Hof flüchteten daraufhin nach Innsbruck. Der Reichstag konstituierte sich und beschloß die Befreiung der Bauern von allen feudalen Lasten – seine einzige bleibende Leistung.

In Berlin war die Revolution fast zeitgleich mit dem Aufstand in Wien ausgebrochen. Nach dem Rücktritt Metternichs schlug König Friedrich Wilhelm IV. in einer Proklamation die Umwandlung Deutschlands in einen Bundesstaat vor, doch sein Versuch, sich an die Spitze einer konstitutionellen Bewegung zu stellen, kam zu spät. Am 18. März, nach Geplänkeln mit dem Militär, verlangte eine Menschenmenge vor dem Schloß den Abzug der Truppen aus der Hauptstadt. Der König befahl, „dem Skandal ein Ende zu machen". Es kam zu blutigen Straßenkämpfen, bei denen die Soldaten mit äußerster Brutalität vorgingen (die Zahl der Märzgefallenen lag hier bei 190, darunter auch Frauen und Kinder, während nur zwanzig Soldaten ums Leben kamen). In der folgenden Nacht gab der König den Befehl zur Räumung der Stadt. Die

85

Die gescheiterte Revolution
1848/49

Leichen der Opfer wurden am Tag darauf in den Schloßhof gebracht, Friedrich Wilhelm mußte sich vor ihnen verneigen. Zwei Tage danach versuchte er die Situation dadurch zu retten, daß er, mit den deutschen Revolutionsfarben Schwarz-Rot-Gold geschmückt – abgeleitet von den Fahnen der studentischen Burschenschaften –, durch die Stadt ritt (ein Eingeweihter behauptete später, auf dem Pferd sei nur ein dem König äußerlich ähnlicher Schauspieler gesessen). In Posen begann indes ein Aufstand der Polen gegen die preußische Herrschaft.

Im badischen Heidelberg hatten einundfünfzig liberale Politiker aus verschiedenen süd- und westdeutschen Ländern die Einberufung eines deutschen Parlaments gefordert. In Frankfurt, bis dahin Sitz des Deutschen Bundestages, kamen Ende März 500 von den Bürgerkomitees zahlreicher deutscher Städte entsandte Delegierte zusammen. In diesem „Vorparlament" kam es bald zu Streitigkeiten zwischen den Radikalen, die eine Republik wollten, und der gemäßigten Mehrheit, die für eine konstitutionelle Monarchie eintrat; die Radikalen verließen schließlich die Beratungen. Ihre Führer Struve und Hecker, unterstützt von einer vom Dichter Herwegh in Paris gegründeten „Deutschen Legion", riefen in Konstanz die Republik aus, wurden aber binnen zwei Wochen von badischen und württembergischen Truppen verjagt.

Im gesamten Bundesgebiet, also auch in Österreich, fanden Wahlen zu einer verfassunggebenden Nationalversammlung statt. In der Frankfurter Paulskirche traten am 18. Mai die 600 Delegierten, vorwiegend Advokaten, Professoren, Lehrer und Beamte, zum Beschluß einer Verfassung für ein künftiges Deutsches Reich zusammen. Erste Fraktionsbildungen zeichneten sich ab: Konservative, Liberale, Demokraten. Der führende Liberale Heinrich von Gagern wurde zum Präsidenten gewählt. Zum „Reichsverweser" bestimmte man den Bruder des 1835 verstorbenen Kaisers Franz, Erzherzog Johann. Er erhielt ein neunköpfiges Reichsministerium – was freilich nichts an seiner Machtlosigkeit und der des Parlaments änderte. Dieses ließ sich in seinen langwierigen Diskussionen über die „Grundrechte des deutschen Volkes" allerdings weder durch einen linksradikalen Aufstand in Frankfurt noch durch einen neuen Putschversuch in Baden irritieren.

Das Schicksal der Revolution erfüllte sich anderswo. In der habsburgischen Monarchie schlugen die Generäle Windischgraetz und Radetzky die nationalen Aufstände in Prag bzw. Mailand nieder. Gegen die ungarische Revolution formierten sich die kaisertreuen Kroaten. Im Oktober sollten Grenadiere aus Wien zur Bekämpfung der ungarischen Revolution abmarschieren. Als sie meuterten, kam es zu einem Aufstand der Studenten, die sich mit Arbeitern verbrüdert hatten. Der Kriegsminister wurde von der erregten Menge gelyncht. Das war für die vom kaiserlichen Hof dirigierten Truppen Windischgraetz' der Anlaß, die aufrührerische Hauptstadt zu unterwerfen. Vom 26. Oktober bis 1. November dauerten die Kämpfe, die viertausend Todesopfer kosteten; ein ungarisches Entsatzheer wurde östlich von Wien zurückgeschlagen. Die Sieger nahmen blutige Rache: Standgerichte fällten zahlreiche Todesurteile, auch der Abgeordnete der Frankfurter Nationalversammlung, Robert Blum, wurde hingerichtet.

Erzherzog Johann von Österreich, für kurze Zeit „Reichsverweser".

Der Sieg der Reaktion in Wien ließ auch in den meisten anderen deutschen Staaten die Uhren rückwärts laufen. In Preußen fühlte sich Friedrich Wilhelm wieder stark genug, die Nationalversammlung, die die Abschaffung des Adels und den Abbau der letzten bäuerlichen Lasten beschlossen hatte, zu ignorieren. Ein Arbeiteraufstand in Berlin flackerte als letztes Zeichen des Widerstands auf. Danach wurde die Bürgerwehr aufgelöst, die Abgeordneten wurden nach Brandenburg abgeschoben. Schließlich löste der König die Nationalversammlung auf und verkündete von sich aus eine Verfassung (deren fortschrittliche Bestimmungen bald wieder aufgehoben wurden).

In Österreich war der erste gewählte Reichstag im Oktober 1848 aus dem bereits von den kaiserlichen Truppen eingekreisten Wien nach dem mährischen Kremsier verlegt worden. Seine Abgeordneten sahen eine Chance, die Vielvölkermonarchie in eine neue Zeit hinüberzuretten: In ihrem Verfassungsentwurf sollten an die Stelle der Kronländer gleichberechtigte Bundesländer der einzelnen Nationalitäten treten. Aber die Kanonen siegten über die Vernunft: der junge Kaiser Franz Josef, der Neffe des demissionierten Ferdinand, und sein Minister Felix Fürst zu Schwarzenberg verfügten am 7. März 1849 die Auflösung des österreichischen Reichstags. Sie glaubten, den Völkern unter der Fuchtel von Militär und Polizei jenen Zusammenhalt aufzwingen zu können, der – vielleicht – in einer freien Föderation erhalten geblieben wäre.

Sodann forderte Schwarzenberg die Aufnahme des gesamten österreichischen Kaiserstaats in den Bundesstaat, obwohl das Frankfurter Parlament diesen nur für deutsche Länder offenhalten wollte. An der Spitze sollten jährlich abwechselnd der Kaiser und der preußische König stehen. Das gab den Kleindeutschen in Frankfurt Auftrieb: In einer Trotzreaktion wurde mit 267 gegen 263 Stimmen ein erblicher deutscher Kaiserstaat beschlossen, und am Tag darauf wählte eine Minderheit der Abgeordneten (die großdeutsche Mehrheit enthielt sich der Stimme) den preußischen König Friedrich Wilhelm IV. zum Kaiser. Dieser lehnte die Krone, der „der Ludergeruch der Revolution" anhafte, ab, wohl auch, weil er keinen Krieg mit Österreich riskieren wollte. In der Folge wurde das Parlament nach Stuttgart verlegt; nur noch die radikalen Republikaner hielten an ihm fest, bis württembergische Truppen es schließlich auseinanderjagten.

Die mißglückte bürgerliche Revolution hatte noch einige Nachspiele: am Niederrhein, in der Pfalz und in Baden gab es Unruhen, in Sachsen kam es zu einem Aufstand. Der König flüchtete aus Dresden, und für ein paar Tage übernahm der russische Anarchist Bakunin die Leitung; unter anderen nahmen Gottfried Semper und Richard Wagner an der Erhebung teil. Dann machten preußische Truppen dem Intermezzo ein Ende.

In den deutschen Landen füllten sich die Gefängnisse mit Revolutionären, soweit ihnen nicht die Flucht nach Amerika oder in die Schweiz gelungen war. Die deutsche Einheit schien in weite Ferne gerückt.

Deutscher Bruderkrieg 1866

Die Verdrängung Österreichs aus Deutschland durch die Politik des Fürsten Bismarck wurde mit dem Sieg Preußens im „Deutschen Bruderkrieg" von 1866 abgeschlossen. Die „kleindeutsche" Lösung war die Voraussetzung für die Bildung des deutschen Nationalstaates.

Die Einigung Deutschlands durch die Revolution von 1848 war an der reaktionären Politik der deutschen Großmächte Österreich und Preußen gescheitert. Es zeigte sich immer deutlicher, daß die Habsburgermonarchie, deren Kaiser den Vorsitz im Deutschen Bund führte, durch ihre Multinationalität ein Hindernis für die Bildung eines deutschen Nationalstaates war. Schon die Abgeordneten des Frankfurter Parlaments hatten den König von Preußen als deutschen Kaiser sehen wollen; wirtschaftlich war die preußische Hegemonie durch den preußisch-deutschen Zollverein enorm gestärkt worden. Da eine „großdeutsche" Lösung unter Einschluß Österreichs mit dem Bestand der Donaumonarchie unvereinbar schien, bot sich für die Gründung des deutschen Nationalstaates die „kleindeutsche" Lösung an. In Fürst Otto von Bismarck fand König Wilhelm den Mann, der die Frage der nationalen Einigung „mit Blut und Eisen" zu lösen bereit war.

Auch Bismarck hatte nicht von vornherein an die Gründung eines gesamtdeutschen Staates geglaubt; Anfang der sechziger Jahre dachte er noch daran, dem Dualismus durch eine Zweiteilung des Deutschen Bundes entlang der Mainlinie eine neue staatsrechtliche Form zu geben, doch Österreich winkte ab. Mit dem Krieg Preußens und Österreichs gegen Dänemark 1864 (siehe Schleswig-Holstein) schien das gemeinsame Vorgehen der beiden deutschen Großmächte nach außen hin gewahrt, doch war das Kondominium über die eroberten Gebiete – Preußen verwaltete Schleswig und Lauenburg, Österreich Holstein – von Bismarck, wohl unter Einkal-

Deutscher Bruderkrieg   1866

kulierung der dadurch sich rasch ergebenden Spannungen, nur als eine Übergangslösung geplant; ein österreichischer Vorposten in Norddeutschland war sicher das letzte, was seine Politik anstrebte. Die Gasteiner Konvention zwischen Kaiser Franz Joseph und König Wilhelm I. von 1865 schien die Gegensätze noch einmal zuzudecken, doch spann Bismarck indes seine diplomatischen Fäden: er sicherte sich bei Napoleon III. ab, schloß mit dem durch die Verdrängung der habsburgischen Vorherrschaft entstandenen neuen Königreich Italien einen Bündnisvertrag und trat mit den ungarischen Nationalisten in Verbindung. Das Bündnis mit Italien war mit der Verfassung des Deutschen Bundes nicht vereinbar, doch zeigte Bismarck durch sein Verlangen nach einer Reform ohnehin, was er von diesem hielt: Es sollte ein deutsches Parlament nach dem allgemeinen Wahlrecht einberufen werden – eine Forderung, deren Motiv keineswegs Bismarcks Vorliebe für mehr Demokratie, sondern das Ziel der Verdrängung Österreichs aus dem Bund war.

Die Staaten begannen zu mobilisieren. Als Preußen – gegen den Willen der Bevölkerung – immer offener die Annexion Schleswigs betrieb, rief Österreich am 1. Juni 1866 den Bundestag zur Entscheidung an. Das von Österreich verwaltete Holstein wurde daraufhin von Preußen besetzt. Am 14. Juni beschloß der Bundestag mit neun gegen sechs Stimmen die Mobilmachung des Bundesheeres. Preußen erklärte seinen Austritt aus dem Deutschen Bund.

Der nun beginnende Krieg, mit Österreich als Bundespräsidialmacht an der Spitze, war

Franz Joseph I., Darstellung von 1867

formell ein Krieg Deutschlands gegen Preußen; Italien eröffnete eine zweite Front gegen Österreich. Schon am 3. Juli 1866 fiel bei Königgrätz/Sadowa in Böhmen die Entscheidung. Trotz der Bedenken des italienerfahrenen Feldzeugmeisters Ludwig von Benedek, der infolge von Hofintrigen an die Nordfront abkommandiert worden war und in ersten Gefechten die Überlegenheit der Preußen erkennen mußte, drängte Kaiser Franz Joseph auf eine Hauptschlacht. Die österreichisch-sächsischen Truppen – noch mit alten Vorderladern ausgerüstet, während die Preußen unter dem auch taktisch überlegenen Helmuth von Moltke bereits über das Zündnadelgewehr verfügten – erlitten eine kriegsentscheidende Niederlage. Die siegreichen preußischen Armeen konnten bis ins nördliche Niederösterreich vordringen.

Trotz der raschen Umgruppierung der österreichischen Truppen vom lombardischen Kriegsschauplatz (wo die Italiener bei Custoza geschlagen worden waren) an die Donau wollte der Kaiser einen Kampf um die Hauptstadt Wien nicht mehr riskieren. Waffenstillstandsverhandlungen begannen. Napoleon III. trat als Vermittler auf; ihm wurde Venetien abgetreten, das Österreich den zu Land und zur See geschlagenen Italienern nicht direkt übergeben wollte. Von Abtretungen an Preußen blieb Österreich im Frieden von Prag (23. August 1866) verschont: Der vorausblickende Bismarck vermied – entgegen Wünschen seines Herrscherhauses – eine Demütigung Österreichs, um sich die Tür für spätere Bündnisse offenzulassen.

Auch bei den Feldzügen in Mitteldeutschland konnten die Preußen rasche Erfolge erzielen. Ehe die Hannoveraner sich mit den Bayern vereinigen konnten, wurden sie schon bei Langensalza außer Gefecht gesetzt. Im sogenannten Mainfeldzug wurden die Hessen und Bayern geschlagen und ersuchten um Frieden. Die Staaten, die entsprechend der Verfassung des Deutschen Bundes an Österreichs Seite gekämpft hatten, mußten schwer dafür büßen. Zwar nahm Bismarck von der von seinem König gewünschten Annexion des Königreichs Sachsen Abstand, nachdem sowohl Napoleon III. für dieses eingetreten war als auch Kaiser Franz Joseph seine Erhaltung als „Ehrenpunkt" bezeichnet hatte; Sachsen mußte allerdings sofort dem von Preußen dominierten Norddeutschen Bund beitreten.

Hingegen gab es mit den anderen Fürstentümern im Norden Deutschlands, die sich gegen Preußen gestellt hatten, keinen Pardon. Preußen verleibte sich nicht nur Schleswig-Holstein als Provinz ein, sondern annektierte auch das welfische Königreich Hannover sowie Kurhessen, Nassau und Frankfurt am Main. Den süddeutschen Staaten wurden beträchtliche Kriegsentschädigungen auferlegt. Den Deutschen Bund gab es nun nicht mehr. Deutschland bestand vielmehr aus dem zweiundzwanzig staatliche Gebilde vereinigenden, zur Gänze von Preußen dominierten Norddeutschen Bund und aus den souveränen Königreichen Bayern und Württemberg sowie dem Großherzogtum Baden – ein Zustand, der allerdings nur vier Jahre, von 1867 bis 1871, währen sollte.

Die preußischen Truppen in Nikolsburg, Südmähren, wo Bismarck König Wilhelm I. zu einem „schmählichen Frieden" überreden konnte. Lithographie von 1866; Wehrgeschichtliches Museum, Rastatt

Das Zweite Reich   1871-1918

**Am 18. Januar 1871 wurde nach dem Sieg im Deutsch-Französischen Krieg im Spiegelsaal des Schlosses zu Versailles das „Zweite Reich" gegründet.
Es war ein Fürstenbund, der allerdings von der starken Stellung des zum Kaiser erhobenen Königs von Preußen und des Reichskanzlers dominiert wurde.**

Der Sieg über Österreich, die Einverleibung von Hannover, Kurhessen, Nassau und Frankfurt und das Ende des Deutschen Bundes hatten Preußen ein gewaltiges Übergewicht verschafft. Dieses trat im 1867 geschaffenen Norddeutschen Bund mit aller Deutlichkeit in Erscheinung. In ihm dominierte Preußen die einundzwanzig übrigen Staaten, die ihm angehörten. Nur Baden, Württemberg, Bayern und das Großherzogtum Hessen (das allerdings durch seine nördliche Provinz Oberhessen im Norddeutschen Bund vertreten war) blieben vorerst selbständige Länder außerhalb des Bundes. Gemäß der von Bismarck ausgearbeiteten Verfassung war König Wilhelm von Preußen Präsident des Bundes. Der Norddeutsche Reichstag setzte ein Budgetrecht durch – was auch deshalb für die Zukunft bedeutsam war, weil die Verfassung des Bundes zum Modell für das spätere Kaiserreich werden sollte. Die liberale Fortschrittspartei begrüßte den Bund als „ersten Anfang einer wahren Einigung des deutschen Vaterlandes", die Konservativen, die Bismarck für die Absetzung der Dynastien in den von Preußen annektierten Ländern kritisierten, waren zurückhaltender, obwohl sie sonst die Politik des Kanzlers stützten.

Da in den süddeutschen Staaten, insbesondere bei der unter dem Einfluß der Geistlichkeit stehenden Landbevölkerung, aber auch beim Adel wenig Sympathie für den

Wilhelm I. wird im Spiegelsaal des Schlosses von Versailles zum deutschen Kaiser ausgerufen. Gemälde von A. von Werner, 1885

Das Zweite Reich

Norddeutschen Bund bestand, versuchte Bismarck, die Einigungsbewegung durch Wahlen für ein Parlament des gemeinsamen Deutschen Zollvereins voranzutreiben. Das Ergebnis war allerdings enttäuschend: nur rund ein Viertel der gewählten Abgeordneten waren „Kleindeutsche", die Mehrheit war gegen die „Verpreußung" eingestellt.

Indes verschärfte sich der Gegensatz zwischen Frankreich und Preußen. Die Zeiten, da Napoleon III. durch seine Unterstützung des preußischen Bündnispartners Italien den Zweifrontenkrieg gegen Österreich gefördert hatte, waren vorbei. Das zeigte sich bereits 1867 in der Luxemburg-Krise. Da Luxemburg, das im Deutschen Bruderkrieg neutral geblieben war, mit dem Ende des Deutschen Bundes nicht mehr dessen Mitglied sein konnte, war auch das Besatzungsrecht, das Preußen dort hatte, erloschen. In dieser Situation schloß der niederländische König Wilhelm II., zugleich Großherzog von Luxemburg, mit Napoleon III. einen Vertrag über den Verkauf des Ländchens an Frankreich. Preußen protestierte dagegen, es kam zu einer internationalen Konferenz, in der der Abzug der preußischen Truppen, zugleich aber die Neutralität Luxemburgs vereinbart wurde.

Kaiser Napoleon III. revanchierte sich für diesen Prestigeverlust, als 1868 in Spanien Königin Isabella gestürzt und ein Nachfolger für den vakanten Thron gesucht wurde. Leopold von Hohenzollern-Sigmaringen (eine katholische Seitenlinie) schien den Spaniern der geeignetste Kandidat, mußte aber nach energischen Protesten aus Paris verzichten. Das genügte Napoleon nicht: er verlangte von König Wilhelm, ein für allemal einer Hohenzollern-Kandidatur in Spanien zu entsagen. Der König weilte eben zur Kur in Bad Ems. In seiner von Bismarck durch Kürzungen verschärften Antwort, die als „Emser Depesche" in die Geschichte einging, wurde dieses Ansinnen schroff abgelehnt. Der auch wegen interner Schwierigkeiten ohnehin schon zum Waffengang entschlossene Napoleon erklärte Preußen daraufhin, am 19. Juli 1870, den Krieg. Die französischen Hoffnungen, daß Österreich „Rache für Sadowa" (Königgrätz) nehmen und sich am Krieg beteiligen würde, gingen nicht auf; Kaiser Franz Josef erklärte, als „deutscher Fürst" zu handeln; auch war Österreich schlecht gerüstet, und ein neuer Krieg gegen Preußen wäre zudem auf den Widerstand des eben erst durch den „Ausgleich" von 1867 verselbständigten Ungarn gestoßen.

Bismark als Siebzigjähriger, 12. April 1885. Nach einer Photographie von Loescher und Petsch in Berlin.

Die reorganisierte preußische Armee, unterstützt von den Truppen der Südstaaten, die den Angriff als Bündnisfall betrachteten, konnte den Vorteil ihres rascheren Aufmarsches nützen. Nach der Kapitulation der bei Sedan eingeschlossenen Armee des Marschalls MacMahon, im Zuge derer auch Napoleon III. in Gefangenschaft geriet, schien der Krieg bereits im September zu Ende. Die nun ausgerufene Französische Republik suchte jedoch die „Schmach von Sedan" durch eine allgemeine Volksbewaffnung zu tilgen und leistete heftigen Widerstand. Trotzdem stießen die Deutschen bis Paris vor und schlossen die Stadt ein. Nach einer mehrmonatigen Belagerung war Paris ausgehungert, Frankreich Ende Januar zum Waffenstillstand bereit. Die deutschen Truppen saßen noch in den Vororten, als in Paris der Aufstand der Commune – deren Führer auch den Vorfrieden mit den Deutschen ablehnten – ausbrach. Die Regierung Thiers ging mit ausdrücklicher Erlaubnis Bismarcks mit gewaltiger Truppenmacht gegen die Communarden vor; der Aufstand endete in einem Blutbad, etwa 17.000 Pariser kamen dabei ums Leben.

In den süddeutschen Staaten hatte der Krieg gegen den „Erbfeind", als nationale Aufgabe verstanden, zu einem Meinungsumschwung geführt, so daß der Widerstand gegen den Beitritt zum Norddeutschen Bund erlosch. Bismarck trat nun dafür ein, den Titel des Bundespräsidenten durch den Titel „Kaiser" zu ersetzen. Der bayrische König Ludwig II. zögerte noch; schließlich, gedrängt von den anderen Fürsten, bot er dem Preußenkönig die Kaiserwürde an. Am 18. Januar 1871, also noch während des Krieges, fand im Spiegelsaal des Schlosses von Versailles die Gründung des sogenannten „Zweiten Reiches" statt. Bismarck verlas eine Proklamation Wilhelms. Dieser war persönlich keineswegs begeistert von diesem Schritt. „Morgen ist der unglücklichste Tag meines Lebens. Da tragen wir die preußische Königskrone zu Grabe", gestand er seinem Kanzler am Vorabend des großen Tages.

Vom liberalen Bürgertum und von der deutschen Intelligenz wurde die Reichsgründung mehrheitlich begrüßt. Zur nationalen Begeisterung trug auch bei, daß Bismarck – eher aus strategischen Erwägungen denn aus nationalistischen Beweggründen – die „Professorenidee" aufgriff und Frankreich die Abtretung des Elsaß und Ost-Lothringens aufzwang. Diese Grenzänderung beflügelte in den folgenden Jahrzehnten den französischen Wunsch nach Revanche. Auch im „Reichsland Elsaß-Lothringen" stand die Mehrheit der Bevölkerung der „Rückkehr" zu Deutschland, nach mehr als zwei Jahrhunderten, ablehnend gegenüber.

Der Staat, der sich in Versailles konstituiert hatte, war kein Einheitsstaat. Genaugenommen lebten die Deutschen gar nicht in einem Staat, sondern vielmehr als Preußen, Bayern, Sachsen etc. in einem „ewigen Bund" ihrer Fürsten; oder, wie es ein Staatsrechtslehrer der Bismarckzeit ausdrückte: „Das Deutsche Reich ist nicht eine juristische Person von 40 Millionen Mitgliedern, sondern von 25 Mitgliedern." Im Bundesrat als Verfassungsorgan waren diese 25 Souveräne mit Gesandten vertreten, die Diplomatenstatus hatten. „Der König von Preußen bildete – unter dem romantisch schmückenden Kaisertitel – ‚das Präsidium', und der Reichskanzler, von ihm ernannt und entlassen, war sein Geschäftsführer" (Christian Graf von Krockow).

Allerdings hatte der Kaiser weitreichende Machtbefugnisse. Er war Oberbefehlshaber von Heer und Kriegsflotte, vertrat das Reich völkerrechtlich und schloß so die Verträge mit dem Ausland ab. Für Kriegserklärungen brauchte er die Zustimmung des Bundesra-

1871-1918

Das Deutsche Reich 1871-1918

tes; in diesem hatte der Reichskanzler – zugleich preußischer Ministerpräsident – den Vorsitz, alle politischen Verfügungen bedurften seiner Gegenzeichnung. Er konnte zwar im Bundesrat überstimmt, aber nur vom Kaiser abberufen werden. Von den 58 Bundesratsstimmen hatte Preußen 17, doch konnte es sich auf die Gefolgschaft der meisten Kleinstaaten verlassen.

Die Einheit des Bundesstaates wurde neben dem Kaiser durch den Reichstag repräsentiert. Er ging aus allgemeinen, direkten und geheimen Wahlen (der Männer) hervor, besaß somit eines der fortschrittlichsten Wahlrechte Europas – in den einzelnen Bundesstaaten hingegen bestand zumeist noch ein beschränktes Wahlrecht, so in Preußen ein Dreiklassenwahlrecht. „Ein Krupp war – als Deutscher – seinen Arbeitern gleichgestellt; als Preuße dagegen besaß er mehr Stimmen als sie alle zusammen" (Krockow). Der Reichstag hatte auf die Zusammensetzung der Regierung, auf die Außenpolitik und auf Kriegserklärungen keinen Einfluß. Dem stark föderalistischen Prinzip dieser Verfassung stand so die weitreichende Macht des Kaisers und des Reichskanzlers gegenüber.

Deutschlands Kolonien

Erst nach der Gründung des Bismarckschen Reichs versuchte auch Deutschland, in den Besitz von Kolonien zu kommen. Das führte zu Konfrontationen mit den großen Kolonialmächten; der Widerstand afrikanischer Völker wurde gewaltsam gebrochen. 1918 war die vier Jahrzehnte dauernde deutsche Kolonialzeit wieder zu Ende.

Deutschland beteiligte sich erst sehr spät am Wettlauf um überseeische Kolonien. Frühe Versuche in diese Richtung schlugen fehl. So hatte Kaiser Karl V. dem Augsburger Bankhaus Welser 1528 Venezuela verpfändet, doch führte die brutale Landsknechtherrschaft unter Ambrosius Alfinger zu so schweren Klagen, daß der Herrscher das Land 1545 wieder unter die spanische Krone stellte. Das Fort Groß-Friedrichsburg, das eine kleine, 1683 im Auftrag des Großen Kurfürsten von Otto Friedrich von Groeben gegründete brandenburgische Kolonie an der Goldküste (Ghana) schützen sollte, wurde bereits 1721 an die Niederlande abgetreten. Ebenso erfolglos blieben österreichische koloniale Unternehmungen unter Kaiser Karl VI., dessen Ostende-Kompagnie in Indien Faktoreien gründete; unter dem Druck der Seemächte mußten sie wieder aufgelassen werden.

Im 19. Jahrhundert verlegte sich das Schwergewicht in der Erwerbung von Kolonien durch europäische Mächte auf Afrika, was zu Konflikten zwischen Frankreich und England führte. Nach der Gründung des Deutschen Reichs begann der von Handelsfirmen begünstigte Kolonialverein Bismarck zu drängen, sich am Erwerb von Kolonien zu beteiligen. Der Kanzler stand diesem Wunsch sehr distanziert gegenüber, weil er Deutschland aus internationalen Verwicklungen in Übersee heraushalten wollte. Schließlich gab er in der Weise nach, daß er private Kolonialgesellschaften mit Freibriefen ausstatten ließ, die ihnen hoheitliche Rechte verliehen.

Als erster erhielt der Bremer Kaufmann Adolf Lüderitz, der Verträge mit Häuptlingen in Südwestafrika abgeschlossen hatte, einen solchen „Schutzbrief". Vorarbeit hatte die „Rheinische Mission" geleistet, die zwischen den Herero im Norden und den Nama (Hottentotten) im Süden einen Frieden vermittelte. 1890 wurde das Gebiet in Verhandlungen mit England um den „Caprivi-Zipfel" (benannt nach dem damaligen Kanzler) im Norden erweitert. 1904 erhoben sich die Herero unter ihrem König Samuel gegen die deutsche Oberhoheit. Nach blutigen Kämpfen wurden sie von General von Trotha am Waterberg besiegt und in wasserlose Steppengebiete getrieben. Von den rund 80.000 Hereros kam die Mehrheit um. Ähnlich brutal wurde auch ein Aufstand der Nama niedergeworfen.

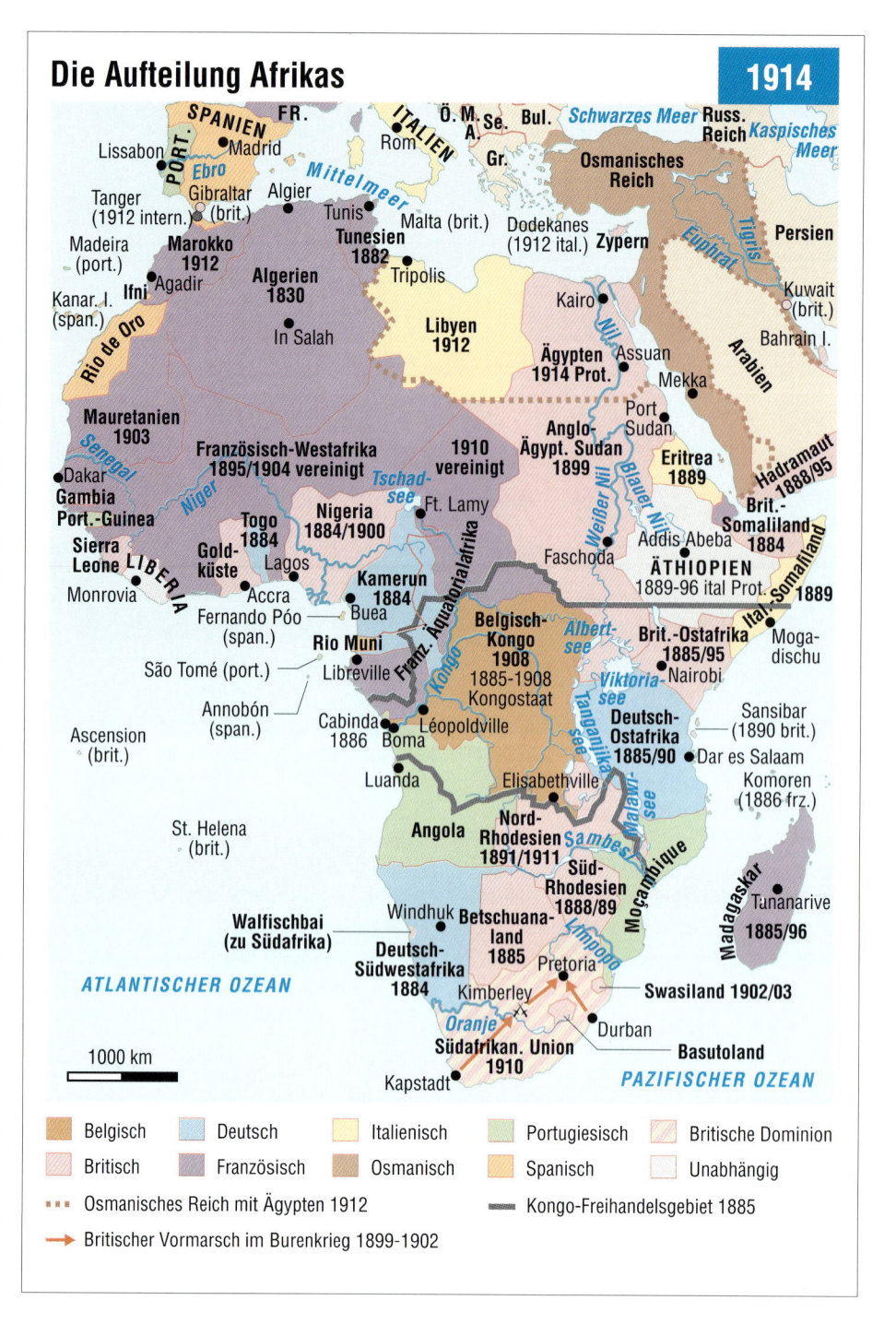

Der deutsche Militärarzt und Afrikaforscher Gustav Nachtigal, der als erster Europäer das Innere der Sahara bereiste, unterstellte durch Verträge mit den Fürsten von Duala und anderen Herrschern die von anderen Staaten noch nicht beanspruchten Gebiete von Kamerun und Togo an der afrikanischen Westküste unter deutschen Schutz. Dieser erwies sich für die Stämme an der Mündung des Kamerunflusses als blutig: Ihr Aufstand wurde 1884 niedergeschlagen, deutsche Kriegsschiffe zerstörten die dort liegende Stadt, an ihrer Stelle wurde der Regierungssitz der Kolonialverwaltung errichtet. 1891 wurden die Stämme im Inneren von einem Expeditionskorps unterworfen. Kamerun wurde 1911 auf Kosten Frankreichs im Marokko-Kongo-Abkommen vergrößert.

Extremer Vertreter einer imperialistischen Kolonialpolitik war Carl Peters. Er nützte Aufstände der Schwarzafrikaner auf dem ost-

1884-1918

Carl Peters war er extremer Vertreter der imperialistischen Kolonialpolitik. Photographie von 1895

afrikanischen Restland gegen die Sklavenjagden des Sultans von Sansibar 1884 zum Abschluß von Schutzverträgen und versuchte, die deutsche Oberhoheit auch auf Sansibar und Uganda auszudehnen. In einem Vertrag mit Großbritannien aber wurden diese Gebiete gegen Helgoland ausgetauscht (1890). Hingegen wurden auch Rwanda und Burundi unter deutschen Schutz gestellt; die dortige Oberherrschaft des Tutsi-Adels über die Hutu-Mehrheit wurde nicht angetastet. Bismarcks Idee, die Schutzgebiete von Kolonialgesellschaften verwalten zu lassen, wurde von Wilhelm II. aufgegeben, und 1898 übernahm das Reich deren direkte Verwaltung. Peters wurde zum Reichskommissar in Deutsch-Ostafrika ernannt. Er brach den hartnäckigen Widerstand des Hehe-Volkes unter ihrem Fürsten Mkwawa und unterdrückte 1905 einen Aufstand im Süden der Kolonie. Seine brutalen Kolonialmethoden führten zu einer parlamentarischen Untersuchung, Peters wurde abgesetzt.

Außerhalb Afrikas wurde der Nordosten der großen Insel Neuguinea als Kaiser-Wilhelm-Land, die Inseln davor als Bismarck-Archipel zum deutschen Schutzgebiet. 1899 kaufte Deutschland den Spaniern die pazifischen Inselgruppen Karolinen, Marianen und Palau (ohne Guam) ab. Samoa wurde zwischen Deutschland und den USA geteilt. Nach der Ermordung deutscher Missionare (1897) hatte Berlin von China die Abtretung von Kiautschou mit der Hafenstadt Tsingtau erzwungen; von hier aus nahm ein deutsches Expeditionskorps an der Niederschlagung des Boxeraufstandes durch die europäischen Mächte teil.

Die Kolonien waren zwar Absatzgebiete für den deutschen Handel, für Investitionen der Banken und Konzerne wurden sie aber nur wenig genutzt. Deren Interessen lagen vielmehr auf dem Balkan und im Nahen Osten. Für eine Ansiedlung Deutscher waren die Schutzgebiete aus klimatischen Gründen wenig geeignet. 1914 lebten dort insgesamt 23.000 Deutsche, die Hälfte von ihnen in Südwestafrika; im Vergleich dazu war allein zwischen 1887 und 1906 eine Million Menschen aus dem Reich ausgewandert.

Im Ersten Weltkrieg waren alle Kolonien mit Ausnahme Deutsch-Ostafrikas, das Lettow-Vorbeck bis 1918 hielt, in kurzer Zeit in der Hand der Briten oder Franzosen. Im Friedensvertrag von Versailles mußte Deutschland alle Kolonialgebiete an den Völkerbund abtreten. Dieser übergab sie Mandatsmächten zur Verwaltung: Südwestafrika (heute Namibia) an Südafrika, Ostafrika (heute Tansania) an Großbritannien, Rwanda und Burundi an Belgien; Kamerun und Togo wurden zwischen Frankreich und England geteilt. Kiautschou und die mikronesischen Inseln wurden Japan, Nordost-Neuguinea Australien und West-Samoa Neuseeland überantwortet.

So sahen es die Kolonialherren: Die aufständigen Herero überfallen eine Abteilung der Deutschen „Schutztruppe". Später wurde das Volk in die wasserlose Omaheke-Steppe getrieben, wo ein Großteil von ihnen umkam. Zeitgenössische Lithographie; Berlin, Museum für deutsche Volkskunde.

Der Erste Weltkrieg

Die dilettantische Außenpolitik Kaiser Wilhelms II. hatte eine Isolierung Deutschlands zur Folge. Die sich zuspitzenden Gegensätze unter den Großmächten führten zum Ausbruch des Ersten Weltkriegs. Deutschlands Niederlage brachte das Ende des „Zweiten Reichs" und den Zerfall der Doppelmonarchie Österreich-Ungarn.

Die vorsichtige Außenpolitik Bismarcks, der das neue Reich durch einen Rückversicherungsvertrag mit Rußland – dieses sollte im Falle eines Angriffs Frankreichs neutral bleiben, Deutschland im Falle eines Angriffs Österreichs – vor einem Zweifrontenkrieg absichern wollte, war nach dem Tod Kaiser Wilhelms I. und den wenigen Monaten der Regierung dessen Sohnes Friedrich III. zu Ende: Wegen innenpolitischer Kontroversen zwang der 29jährige Kaiser Wilhelm II. (1888-1918) den Kanzler zum Rücktritt. Wilhelm unterstützte Österreich-Ungarn in dessen Balkanpolitik und nahm das Angebot Rußlands, den Rückversicherungsvertrag zu erneuern, nicht an; er setzte vielmehr auf eine Annäherung an England. Diese schien sich zwar im Tausch ostafrikanischer Gebiete gegen die Insel Helgoland zu bewähren, doch Wilhelms Worte und Taten – von Sympathieerklärungen für die Buren bis hin zur fieberhaften Flottenrüstung – führten rasch zu einer Entfremdung. In einer zwischen Frankreich und Rußland geschlossenen Militärkonvention, dann in der nach Abgrenzung der Interessenssphären in Afrika zwischen Frankreich und England geschlossenen Entente cordiale (1904) und deren Erweiterung mit Rußland zum Dreiverband zeichnete sich die Isolierung des Reichs ab. Die Ergänzung des in „Nibelungentreue" beschworenen deutsch-österreichischen Zweibunds durch Italien zum Dreibund war demgegenüber eher fragwürdig, weil Italien beträchtliche Gebietswünsche gegenüber der Doppelmonarchie erhoben hatte.

Durchhalteparolen waren bei allen Kriegführenden an der Tagesordnung. Diese Postkarte zeigt Kaiser Wilhelm II. und seine wichtigsten Generäle.

Die markigen Aussprüche des Kaisers ebenso wie sein unsensibles außenpolitisches Eingreifen, das die Entente 1906 und 1911 in zwei „Marokkokrisen" zusammenschweißte, verschärften die Gegensätze; der enorme industrielle Aufstieg Deutschlands, verbunden mit einer starken Rüstung, ließ die Westmächte wirtschaftlich wie politisch eine deutsche Übermacht befürchten. Dazu kam der Wunsch Frankreichs, „Revanche" für den Verlust Elsaß-Lothringens zu üben. Rußland wiederum beanspruchte zunehmend eine Schutzmachtfunktion über alle Slawen, was zu Konflikten mit Österreich-Ungarn führen mußte; die Gegensätze waren speziell durch die Annexion von Bosnien-Herzegowina verschärft worden, sowie dadurch, daß Österreich nach den Balkankriegen einen Zugang Serbiens zur Adria durch die Schaffung Albaniens (1912) verhindert hatte.

Mißtrauisch betrachtet wurden die Pläne des habsburgischen Erzherzogs Franz Ferdinand, der nach dem Selbstmord des Kronprinzen Rudolf als Thronfolger für Kaiser Franz Joseph ausersehen war. Franz Ferdinand schien einen „Ausgleich" mit den slawischen Völkern der Monarchie anzustreben, die diesen eine ähnliche Autonomie wie den Ungarn gebracht hätte. Das hätte den großserbischen Expansionswünschen einen Riegel vorgeschoben. Als der Erzherzog und seine Frau am 28. Juni 1914 die bosnische Hauptstadt Sarajewo besuchten, wurden sie von dem Gymnasiasten Gavrilo Princip bei der Autofahrt durch den Ort erschossen. Die Fäden des wohlvorbereiteten Attentats reichten zu Geheimdienststellen in Belgrad. Österreich versicherte sich für den – von den Militärs schon lange gewünschten – Angriff auf Serbien der Unterstützung des deutschen Bündnispartners. Am 23. Juli wurde Belgrad ein Ultimatum überreicht, das so harte Forderungen enthielt, daß eine Annahme unwahrscheinlich schien. Dennoch wollte Serbien alle Punkte bis auf jenen erfüllen, der Österreichs Polizei Untersuchungen auf serbischem Boden gestatten sollte. Kaiser Wilhelm, der Österreich zu einer Strafaktion gegen Serbien ermuntert und seine Bündnistreue zugesagt hatte, schrieb unter dem ihm vorgelegten Text: „Ein großer moralischer Sieg für Wien, aber damit fällt jeder Kriegsgrund fort ..." Dennoch erklärte Österreich-Ungarn am 28. Juli Serbien den Krieg.

Das Grauen des jahrelangen Stellungskrieges fand in den Kämpfen um Verdun seinen opferreichsten Höhepunkt. Aquarell von M. Frost, 1917

1914-1918

Nun begann – aufgrund der diversen Bündnisverträge – die Mobilmachung in Rußland, Deutschland und Frankreich. Am 1. August erklärte Deutschland Rußland, am 3. August Frankreich Deutschland den Krieg. Noch hatte man in Berlin gehofft, Großbritannien werde neutral bleiben; als aber die deutschen Militärs den seit langem ausgearbeiteten Schlieffen-Plan unverzüglich zu verwirklichen begannen, nach welchem Frankreich durch Umgehung seiner Grenzbefestigungen über das neutrale Belgien rasch niedergeworfen werden sollte, fand auch England den Anlaß zum Kriegseintritt. Der Plan des deutschen Generalstabs, durch den Überraschungsvorstoß über Belgien bis Paris sowie zu den Kanalhäfen vorzustoßen, ging nicht auf, obwohl sich die französische Regierung bereits nach Bordeaux absetzte. Zunächst leisteten die Belgier erbitterten Widerstand. Nach der Schlacht an der Marne im September gab Generalstabschef Moltke den – möglicherweise vorzeitigen – Befehl zur Zurücknahme der Front hinter die Aisne. Moltke wurde daraufhin durch Falkenhayn ersetzt; im Westen begann der langwierige und von beiden Seiten furchtbare Opfer an Toten und Verwundeten fordernde Stellungskrieg, der in den Kämpfen um die Festung Verdun, den Materialschlachten an der Somme und schließlich im Einsatz von Tanks (Panzern) und Giftgas gipfelte.

Die Hauptfronten im Osten lagen in Ostpreußen und im österreichischen Galizien. Zunächst schienen die angreifenden Russen im Vorteil. Sie brachen in Ostpreußen ein, doch wurde ihre Armee Ende August 1914, in der Schlacht bei Tannenberg, von General Hindenburg eingeschlossen; eine Winterschlacht in den Masuren brachte den Truppen des Zaren eine neue vernichtende Niederlage. Die Österreicher hingegen mußten vor den Russen zurückweichen und das östliche Galizien mit der Hauptstadt Lemberg aufgeben; erst vor Krakau konnten die Angreifer aufgehalten werden, eine Abwehrschlacht in den Karpaten verhinderte den Einbruch in Ungarn. Im Gegenstoß der Deutschen im Jahr 1915 wurden Russisch-Polen mit Warschau, Litauen und Kurland besetzt. Die Österreicher gewannen den größten Teil ihrer verlorenen Gebiete zurück. Den im Sommer und Herbst 1916 vom russischen General Brussilow geführten Offensiven blieb der Durchbruch versagt; die hohen Verluste hatten eine wachsende Demoralisierung der russischen Armee zur Folge.

Die beiden Mittelmächte hatten zunächst nur einen Verbündeten: das Osmanische Reich. Mit ihm war ein Bündnis für den Fall eines Angriffs Rußlands geschlossen worden. Trotzdem blieb der Sultan neutral, doch erklärten ihm Rußland, England und Frankreich (die in einem Geheimvertrag die Aufteilung der Türkei beschlossen hatten) im November 1914 den Krieg, nachdem deutsche Schiffe die Meerengen besetzt hatten.

Italien, obwohl im Dreibund, blieb vorerst neutral, wechselte dann aber auf die Gegenseite und erklärte Österreich-Ungarn im Mai 1915 den Krieg. Die Entente hatte Italien große Gebietsgewinne (Südtirol, Triest, Istrien, Dalmatien) auf Kosten Österreichs zugesagt; die Kriegserklärung Roms an Deutschland erfolgte erst im August 1915. In den Isonzoschlachten versuchten die Italiener 1916 vergeblich den entscheidenden Durchbruch; dann, im Herbst 1917, stießen die Österreicher in einem letzten Kraftakt bis an den Piave vor und nur das Eingreifen der Westmächte verhinderte den Zusammenbruch der italienischen Front.

Der Angriff der Österreicher gegen Serbien und Montenegro scheiterte zunächst an deren heftigem Widerstand. Erst mit Hilfe deutscher Truppen unter General Mackensen gelang die Erstürmung Belgrads und die Besetzung ganz Serbiens; Bulgarien, das Mazedonien gewinnen wollte, trat im Herbst 1915 an der Seite der Mittelmächte in den Krieg ein. Die Alliierten landeten in Griechenland, ehe die Mittelmächte bis Saloniki vorstoßen konnten. Die Front erstarrte an der Südgrenze Serbiens und im besetzten (neutralen) Albanien. Im August 1916 erklärte Rumänien, verlockt von großen territorialen Zusagen der Entente und in der Hoffnung auf einen Erfolg der Brussilow-Offensiven, den Mittelmächten den Krieg; es wurde jedoch binnen weniger Monate niedergeworfen.

Inzwischen hatte sich der amerikanische Präsident Woodrow Wilson um Vermittlung für einen allgemeinen „Frieden ohne Sieg" bemüht. Der deutsche Reichskanzler Bethmann-Hollweg zeigte sich im Dezember 1916 in einer Friedensdeklaration zu Verhandlun-

Der Erste Weltkrieg   1914-1918

Der Erste Weltkrieg - Die Westfront — 1914-1918

Legende:
- Neutrale Staaten
- Von deutschen Truppen besetztes Gebiet (Winter 1914/15)
- Von Alliierten gehaltenes Gebiet (Winter 1914/15)
- Weitestes dt. Vordringen Sept. 1914
- Front Winter 1914-1917
- Dez. 1917
- Juli 1918
- Rückzug: Okt. 1918
- Nov. 1918

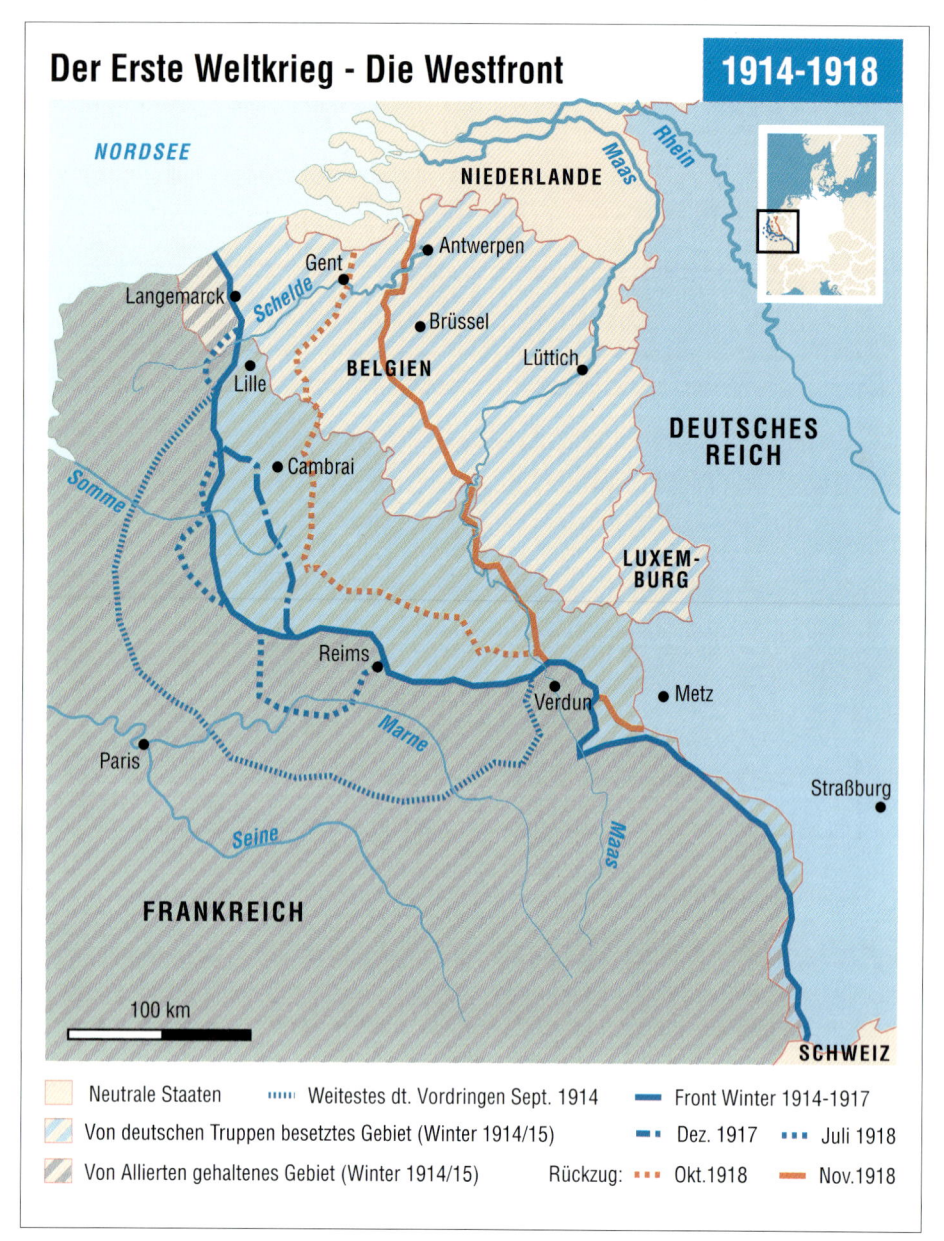

gen bereit. Die Entente lehnte zwar vorerst ab, nannte wenig später aber als Bedingung eine Neuordnung Europas nach dem Nationalitätenprinzip, was vor allem zu Lasten Österreich-Ungarns gehen mußte. Ehe Gegenvorschläge der Mittelmächte vorlagen, beschlossen Kaiser Wilhelm und die Armeeführung – entgegen den Bedenken des Reichskanzlers – den „unbeschränkten U-Boot-Krieg", der vor allem England von US-Lieferungen abschneiden sollte. Daraufhin brachen die USA die diplomatischen Beziehungen zum Reich ab. Als der britische Geheimdienst auch eine deutsche Note entzifferte, in der Mexiko ein Bündnisangebot gemacht wurde, erklärten die Amerikaner am 6. April 1917 dem Deutschen Reich den Krieg.

Als im März 1917 der Zar gestürzt wurde, schien sich für das deutsche Oberkommando die Hoffnung auf einen Sonderfrieden mit Rußland zu erfüllen. Doch die neue republikanische Regierung stand zum Entente-Bündnis. Die mit Erlaubnis des Kaisers und des Generalstabs erfolgte Reise Lenins im „plombierten Waggon" aus dem Schweizer Exil über Deutschland und Schweden nach Rußland förderte die Antikriegs-Agitation der Bolschewiken gegen die Regierung. Doch zunächst konnte der Kriegsminister und spätere Chef der Provisorischen Regierung, Alexander Kerenskij, im Frühsommer 1917 noch eine Offensive starten. Sie blieb zwar erfolglos, verhinderte aber eine Entscheidung im Westen vor dem Eingreifen der Amerikaner. Der Frieden mit Rußland in Brest-Litowsk am 3. März 1918 kam erst nach der bolschewistischen Oktoberrevolution zustande. Zwei Monate zuvor hatte Präsident Wilson seine „14 Punkte" bekanntgegeben, die die Basis für den künftigen Weltfrieden im Selbstbestimmungsrecht und in einem Völkerbund sahen.

Die Entlastung vom Zweifrontenkrieg kam für Deutschland zu spät. Fünf Offensiven zwischen März und Juli 1918 brachten keine Entscheidung, danach waren die deutschen Kräfte erschöpft; die Gegenoffensiven der Franzosen, Engländer und Amerikaner drängten sie auf die „Siegfried-Stellung" zurück. Trotz der gegnerischen Übermacht wurde hier die Front noch gehalten. Hingegen war der österreichische Bündnispartner, nachdem Ungarn am 17. Oktober seine Unabhängigkeit erklärt hatte, nicht mehr in der Lage, die Piave-Linie zu verteidigen. Der Zerfall der Donaumonarchie war nicht mehr aufzuhalten.

Die deutsche Oberste Heeresleitung unter Hindenburg und Ludendorff hatten schon Mitte August die Fortführung des Krieges als aussichtslos bezeichnet. Am 4. Oktober machte die deutsche Regierung unter dem neuen Reichskanzler Prinz Max von Baden ein Angebot zu einem Waffenstillstand auf Grundlage der „14 Punkte". Am 28. Oktober meuterten die Matrosen in Kiel, in den ersten Novembertagen breitete sich die Revolution in vielen Städten aus, am 8. November schließlich wurde in München der „Freistaat Bayern" ausgerufen. Am 9. November entsagte Kaiser Wilhelm II. dem Thron und ging nach Holland ins Exil. Auch in den deutschen Bundesstaaten dankten die Fürsten ab. Eine neue Regierung als „Rat der Volksbeauftragten", von den Sozialdemokraten und der von ihnen abgespalteten USPD dominiert, schloß am 11. November den Waffenstillstand mit den Alliierten.

Parallel dazu verliefen die Vorgänge in Österreich. Kaiser Karl – er war dem im Dezember 1916 verstorbenen greisen Franz Joseph gefolgt – ging ins Schweizer Exil. Das nach dem Ausscheiden der anderen Nationalitäten aus der Monarchie verbliebene „Deutschösterreich" erklärte sich am 12. November, unter Anspruch auf alle deutschsprachigen Gebiete der ehemaligen Monarchie, zur demokratischen Republik als „Bestandteil der Deutschen Republik".

Der Vertrag von Versailles 1919

Der Friedensvertrag von Versailles erlegte Deutschland drückende Bedingungen auf. Neben Gebietsabtretungen brachte er eine teilweise Besetzung und Belastungen durch die Reparationen. Seine Folgen trugen dazu bei, daß sich die junge Demokratie in Deutschland nicht durchsetzen konnte.

Der Friedensvertrag von Versailles, geschlossen am 28. Juni 1919, dem fünften Jahrestag der Ermordung des österreichischen Thronfolgers in Sarajevo, war – darüber ist sich die Geschichtsschreibung in der historischen Distanz von heute weitgehend einig – „in der Tat ein Frieden, der schon die Züge der künftigen Tragödie trug" (so der amerikanische Diplomat und Historiker George F. Kennan). Die Friedenskonferenz hatte knapp drei Monate nach der Kapitulation der deutschen Armee, am 18. Januar 1919, in Paris begonnen. Die Besiegten waren von der Beteiligung an der Konferenz ausgeschlossen. Es zeigte sich sehr bald, daß gegenüber den im Krieg Unterlegenen nicht die „14 Punkte" des US-Präsidenten Wilson die Leitmotive des Vertrages bildeten, sondern zuvor geschlossene Geheimabkommen sowie der Wunsch, Deutschland auf lange Zeit zu schwächen und als wirtschaftlichen Konkurrenten zurückzudrängen.

Diese Bestrebungen waren insbesondere seitens Frankreichs, das 1,4 Millionen Tote beklagte und dessen industrieller Nordosten durch die Kriegsereignisse weitgehend zerstört war, verständlich. Ministerpräsident Clemenceau, der die Friedenskonferenz leitete, mußte zwischen den Maximalforderungen der Rechten im eigenen Land und der wesentlich milderen Haltung Englands und besonders Amerikas hindurchsteuern. Oberbefehlshaber Marschall Foch verlangte die Loslösung des Rheinlandes als Separatstaat unter französischem Schutz und spekulierte auch mit der Bildung autonomer süddeutscher Staaten. Clemenceau wußte, daß damit bei den Verbündeten nicht durchzukommen war, zumal eine solche Regelung dem von Wilson verkündeten Selbstbestimmungsrecht total widersprochen hätte. So arbeitete er auf eine von der Pariser Warte als Kompromiß verstandene Lösung hin.

Die britische Regierung, im eigenen Land mit beträchtlicher Unruhe unter der Arbeiterschaft konfrontiert, befürchtete, daß ein zu harter Vertrag die Ausbreitung des Kommunismus fördern könnte. Premier Lloyd George mahnte: „Die größte Gefahr, die ich in der gegenwärtigen Lage sehe, ist die, daß Deutschland sich mit dem Bolschewismus zusammentun und seine Hilfsmittel, seinen Verstand, seine breite Organisationskraft zur Verfügung der revolutionären Fanatiker stellen könnte, deren Traum es ist, die Welt mit Waffengewalt für den Bolschewismus zu erobern."

Die Bedingungen, die am 7. Mai 1919 in Versailles einer deutschen Delegation überreicht wurden, mögen im Vergleich zu dem, was Berlin im Falle eines „Siegfriedens" seinen Gegnern zugedacht hatte, noch immer erträglich scheinen – in Deutschland lösten sie panisches Entsetzen aus. „Ein Dokument des Hasses und der Verblendung", so nannte Philipp Scheidemann, der sozialdemokratische Chef der ersten republikanischen Regierung, den Entwurf und trat mit seinem Kabinett zurück. Insbesondere die Abtretung von Gebieten ohne vorherige Volksabstimmung, wie Wilsons Konzept sie versprochen hatte, die Besetzung des Rheinlandes und die Übernahme der alleinigen Kriegsschuld schien den Deutschen von ganz links bis ganz rechts untragbar.

Daraufhin gestanden die Siegermächte Abstimmungen (neben den Masuren und Eupen-Malmedy) auch für Schlesien und für Nord-Schleswig zu, verbanden aber die neuen Bedingungen mit einem Ultimatum: der Vertrag sei bis 23. Juni, 19 Uhr, zu unterzeichnen, andernfalls würden die Kriegshandlungen wieder aufgenommen. Die drohende

Die Vertragsunterzeichnung im Spiegelsaal des Schlosses von Versailles. Gemälde von W. Orpen, um 1925; London, Imperial War Museum

Der Vertrag von Versailles

Protestplakat gegen die Besetzung des Ruhrgebiets; Deutschland war 1923 mit seinen Reparationszahlungen im Rückstand geblieben.

Besetzung ganz Deutschlands und möglicherweise seine Aufteilung, die Hungerblockade und die Angst vor kommunistischen Unruhen veranlaßten schließlich die Regierung Gustav Bauer (ebenfalls SPD), dem „Diktat" zuzustimmen; zuvor hatte sie sich dafür im Parlament einer Mehrheit von 99 Stimmen versichert. Am 28. Juni 1919 wurde der Vertrag im Spiegelsaal des Schlosses von Versailles unterzeichnet – symbolhafte Darstellung der gelungenen „Revanche" Frankreichs, hatte doch Bismarck hier das „Zweite Reich" proklamieren lassen.

Der Vertrag legte folgende territoriale Veränderungen fest:
- Ohne Abstimmung mußte Elsaß-Lothringen an Frankreich zurückgegeben werden, alle nach 1870 zugewanderten Deutschen hatten das Land zu verlassen.
- Ebenfalls ohne Abstimmung fielen Posen und der Großteil Westpreußens an Polen, das Hultschiner Ländchen an die Tschechoslowakei.
- Von Deutschland getrennt wurde das Saargebiet und unter Völkerbundverwaltung, mit Ausbeutung der Kohlengruben durch Frankreich, gestellt. Nach 15 Jahren sollte eine Volksabstimmung über den künftigen Status entscheiden.
- Danzig wurde zur Freien Stadt mit Zugangsrechten für Polen erklärt.
- Das Memelland kam zunächst unter alliierte Verwaltung und wurde 1923 Litauen übergeben.
- Eupen-Malmedy wurde entgegen den ursprünglichen Zusicherungen ohne Referendum an Belgien abgetreten.

In den übrigen Abstimmungsgebieten kam es nur zum Teil zu Grenzänderungen:
- In Nord-Schleswig stimmte der Großteil der Bewohner für Dänemark.
- In den Masuren (dem südlichen Ostpreußen) stimmten die Bewohner, auch die Mehrheit der dort ansässigen ethnischen Polen, zu 88 Prozent für den Verbleib beim Deutschen Reich.
- In Oberschlesien stimmten 60 Prozent für Deutschland, woraufhin die Alliierten das Gebiet so teilten, daß der Ostteil mit den meisten Kohlengruben an Polen fiel. In der Folge kam es zu Kämpfen zwischen Freikorps und polnischen Milizen (siehe Kapitel Schlesien).

Weitere Bestimmungen des Versailler Vertrages waren:
- Das Rheinland sollte – zur Sicherung der Reparationszahlungen – 15 Jahre lang besetzt und dauernd entmilitarisiert werden; die Besetzung durch französische Truppen wurde 1923 sogar auf das Ruhrgebiet ausgedehnt (siehe Kapitel Rheinland-Pfalz).
- Sämtliche deutsche Kolonien in Afrika und in der Südsee wurden als Mandatsgebiete des Völkerbundes an Frankreich, Großbritannien, Südafrika, Australien, Neuseeland und Japan übergeben.
- Der Anschluß Österreichs sollte nur mit Zustimmung des Völkerbundes erlaubt sein (Österreich wurde im Vertrag von Saint-Germain entgegen den Erklärungen seines Parlaments zur Unabhängigkeit verpflichtet).

Der Tisch der Vertragsunterzeichnung

Ministerpräsident Georges Clemenceau war bei den Friedensverhandlungen bemüht, Deutschland möglichst zu schwächen.

Weitere Vertragsbedingungen legten eine weitgehende Entwaffung sowie die alleinige Kriegsschuld Deutschlands fest; die Höhe der daraus folgenden Reparationszahlungen wurde zunächst nicht angegeben. Gegen Kaiser Wilhelm II. sollte ein Kriegsverbrecherverfahren eingeleitet werden, doch verweigerte Holland, wohin sich der Kaiser ins Exil begeben hatte, die Auslieferung.

Der Vertrag wurde von der Rechten wie von der extremen Linken als „Diktat" und „Schandvertrag" heftig angegriffen, die Politiker und Parteien, die ihn, nicht aus Überzeu-

1919

Der Vertrag von Versailles

Legende:
- Grenzen nach 1919
- Grenzen 1914
- Ohne Volksabstimmung abgetreten
- Abstimmung nach 15 Jahren
- Nach Abstimmung abgetreten
- Freie Stadt Danzig
- Nach Abstimmung weiter deutsch
- Besetztes Gebiet
- entmilitarisierte Zone

gung, sondern um noch Schlimmeres zu verhindern, unterzeichnet bzw. ihm zugestimmt hatten, wurden als Volksverräter diffamiert. Das vergiftete das politische Klima in der Weimarer Republik von Anfang an. Die Reparationszahlungen und die Besetzung hatten schwerwiegende wirtschaftliche Folgen für Deutschland. Die meisten Deutschen empfanden Versailles als Unrecht und tiefe Demütigung. Das war der Nährboden, auf dem die Nationalisten und später vor allem die Hitler-Bewegung ihre Propaganda entfalten konnten. Aber auch die Kommunisten nahmen vehement gegen den Vertrag Stellung, den Lenin als Ausfluß des Imperialismus betrachtete, der eines der „fortgeschrittensten, gebildetsten, kultiviertesten" Völker „in koloniale Abhängigkeit, Elend, Hunger, Ruin und Rechtlosigkeit", also in Verhältnisse versetzt habe, „unter denen noch kein zivilisiertes Volk gelebt hat" (Rede beim Komintern-Kongreß 1920). Und noch 1930 versprach die KPD, zweifellos in Einvernehmen mit Moskau, die Revision des Vertrages. Nicht zufällig also stand auf der Liste, die laut dem Sowjethistoriker Lew Besymenski die Themen aufzählte, deren Behandlung die Sowjetunion beim Nürnberger Prozeß nicht wünschte, als Punkt eins „das Verhältnis der UdSSR zum Versailler Vertrag". Allerdings – auf der nationalistischen Welle waren die Kommunisten 1930 schon längst von anderen überholt worden.

Die Weimarer Republik

Die junge deutsche Republik gab sich in Weimar eine demokratisch-parlamentarische Verfassung. Die Lasten aber, die dieser „Weimarer Republik" auferlegt wurden, führten zu Unruhen von Links und Rechts; nach einer kurzen wirtschaftlichen Konsolidierung begann mit der großen Weltwirtschaftskrise der Zerfall des politischen Systems.

Die junge, durch die Niederlage entstandene erste deutsche Republik trug von Anfang an die Last eines Friedensvertrages mit sich, der von vielen als Diktat empfunden wurde. Neben den territorialen Verlusten waren die gewaltigen Reparationen, die Deutschland auferlegt worden waren, ruinös für die durch die Kriegsanstrengungen ohnehin geschädigte Wirtschaft. Dazu kam die Besetzung des Rheinlandes (s. d.) und deren Ausdehnung auf das Ruhrgebiet, weiters eine überbordende Inflation. Hunger und Arbeitslosigkeit weiter Teile der Bevölkerung standen in krassem Gegensatz zum neureichen Protzertum der Schieber und Schwarzhändler; der Verfall bisher gültiger moralischer Wertvorstellungen, die freilich oft nur Tünche über einer innerlich morbiden Gesellschaft gewesen waren, ließ viele Menschen verzweifeln. Diese Situation war ein günstiger Nährboden für Gewaltaktionen linker und rechter Extremisten.

Die Revolution im November des Jahres 1918 war keineswegs eine spontane Erhebung der Massen mit dem Ziel grundlegender gesellschaftlicher Veränderungen. Die Absetzung des Kaisers erfolgte einerseits aus Enttäuschung über sein Versagen, andrerseits auch deshalb, weil die Siegermächte nur mit einer demokratischen Regierung verhandeln und Wilhelm II. sogar vor ein Kriegsverbrechertribunal stellen wollten (Holland verweigerte aber seine Auslieferung). Die „Mehrheitssozialisten", also die gemäßigten Sozialdemokraten mit Friedrich Ebert (dem ersten Reichspräsidenten), Philipp Scheidemann, Wilhelm Bauer und Hermann Müller (nacheinander bis Juni 1920 Kanzler) sowie Gustav Noske an der Spitze waren sich mit den Vertretern von Kapital und Armee sowie mit den Alliierten in einer Sache einig: Deutschland sollte nicht den bolschewistischen Weg gehen, dessen Agitatoren in der aufgeregten Zeit der sich allenthalben bildenden Arbeiter- und Soldatenräte mit ihren Aufrufen für die Fortsetzung der Revolution hin zum Sozialismus Zulauf hatten.

Die Umwandlung Deutschlands in eine parlamentarische Demokratie wurde von einer verfassunggebenden Nationalversammlung, die in Weimar zusammentrat, vorgenommen. Die Wahlen zu dieser Nationalversammlung hatten eine Dreiviertelmehrheit für jene Parteien erbracht, die die parlamentarische Republik uneingeschränkt bejahten (SPD, Zentrum, Demokratische Partei); distanziert standen ihr die linken Unabhängigen Sozialdemokraten (USPD) und die Rechtsparteien DVP und DNVP gegenüber. Der Staat behielt den offiziellen Namen Deutsches

Der nationalliberale Politiker Gustav Stresemann suchte die Verständigung mit Frankreich.

Reich. Die bundesstaatliche Konstruktion des Kaiserstaates wurde beibehalten, die Zentralgewalt gegenüber den nunmehr achtzehn Ländern (die thüringischen Fürstentümer waren zum Land Thüringen zusammengelegt worden) wurde aber gestärkt. Die Regierungsbildung sollte von den Mehrheitsverhältnissen in dem alle vier Jahre zu wählenden Reichstag abhängen, wodurch den Parteien eine maßgebende Stellung eingeräumt wurde. Alle sieben Jahre sollte der Reichspräsident (auf Ebert folgte 1925 der volkstümlichste Heerführer des Weltkriegs, Paul von Hindenburg) vom Volk gewählt werden; er hatte insofern beachtliche Machtbefugnisse, als er den Ausnahmezustand verfügen und der Regierung genehmigen konnte, mit Notverordnungen zu regieren.

In Deutschland bildeten sich aus ehemaligen Frontsoldaten Freikorps, die zunächst – mit Zustimmung der Entente – gegen die Rote Armee im Osten eingesetzt wurden. Dann aber waren sie dem sozialdemokrati-

Die am 10. November 1918 gebildete revolutionäre Reichsregierung, gestellt von Vertretern der SPD und USPD, nannte sich „Rat der Volksbeauftragten". Postkarte, Berlin 1918

1918-1933

Die Weimarer Republik

1918-1933

Legende:
- Preußen
- Bayern
- Anhalt
- Thüringen
- Mecklenburg
- Oldenburg
- Württemberg
- Hohenzollern
- Danzig
- Hessen
- Lippe
- Sachsen
- Braunschweig
- Baden
- Reichsstadt
- Dt. Grenze 1914
- Abstimmungsgebiete
- Besatzungszone
- Sudetendt. Gebiete (ohne Abstimmung an CSR)
- Demarkationslinie
- Staatsgrenzen 1919

schen Innenminister Noske und der sich aus den Resten der alten Armee gebildeten Reichswehr willkommene Helfer gegen den linksradikalen Spartakusbund und die im Januar des Jahres 1919 gegründete KPD, die die parlamentarische Republik gewaltsam in eine Räterepublik umwandeln wollten. Ihre Führer Rosa Luxemburg und Karl Liebknecht wurden bei der Niederschlagung des Aufstandes in Berlin brutal ermordet.

Die Rechte machte nur wenige Monate nach Kriegsende den sogenannten „Dolchstoß" zu ihrem politischen Glaubensbekenntnis. Obwohl es der Generalstab gewesen war, der nach dem Scheitern der letzten Offensive im Westen zum Waffenstillstand geraten hatte, behauptete nun auch Hindenburg, die im Feld unbesiegte deutsche Armee sei vom Hinterland verraten worden; die Rechtsradikalen nannten Sozialisten und Juden als die dafür Schuldigen. Dazu kamen haßerfüllte Attacken auf die „Erfüllungspolitiker", die unter der alliierten Drohung, die Kriegshandlungen wieder zu eröffnen, den Versailler Vertrag unterzeichnet hatten. Rechtsradikale ermordeten demokratische Politiker wie den ersten Ministerpräsidenten des Freistaats Bayern, Kurt Eisner (USPD), den früheren Finanzminister Matthias Erzberger (Zentrum) und den Außenminister Walther Rathenau. „Verräter" aus den eigenen Reihen wurden in „Fememorden" beseitigt.

Die innere Zerrissenheit Deutschlands fand in Umsturzversuchen von rechts und links ihren Niederschlag. Nach der Ermordung Eisners war 1919 in München eine von Kommunisten geführte Räterepublik ausgerufen worden; Reichswehr und Freikorps schlugen sie blutig nieder. Im Jahr 1920 wollten Freikorps in einem von Wolfgang Kapp und General Lüttwitz versuchten Putsch in Berlin die Monarchie wieder einführen; ein

Die Weimarer Republik │ 1918-1933

Generalstreik brachte ihn zu Fall. Im Ruhrgebiet, in Sachsen und in Hamburg kam es zu kommunistischen Aufständen. Von München aus wollte der Österreicher Adolf Hitler, der in der deutschen Armee gedient hatte, im November 1923, zusammen mit General Ludendorff, eine „nationale Erhebung" auslösen; der Versuch endete unter den Kugeln der bayrischen Polizei.

Beunruhigt wurde der Westen durch das zwischen Deutschland und Sowjetrußland im Jahr 1922 abgeschlossene Abkommen von Rapallo. Darin verzichteten beide Staaten gegenseitig auf Kriegsentschädigungen. Zwischen der (insgeheim trotz der Versailler Restriktionen schon wieder aufrüstenden) Reichswehr und der Roten Armee begann eine geheime Zusammenarbeit in Ausbildung und Information.

Durch den Friedensvertrag und seine Folgen sank das Vertrauen in die deutsche Währung auf einen Tiefpunkt. Man verkaufte Mark und kaufte dafür fremde Währungen. Die Bekanntgabe der Reparationslasten – 132 Milliarden Goldmark, deren Zahlung bis 1988 gedauert hätte – verschärfte die Talfahrt. Die

Als „Erfüllungspolitiker" angegriffen, wurde Außenminister Walther Rathenau im Juni 1922 Opfer rechtsextremer Mörder.

Reichsbank gewährte hohe, ungedeckte Kredite, um die Wirtschaft in Gang zu halten, der ausländische Kredite versagt blieben. Die Besetzung des Ruhrgebiets durch die Franzosen hatte schließlich eine Hyperinflation zur Folge. Hatte in Deutschland bei Kriegsausbruch ein Roggenbrot 32 Pfennig gekostet, so betrug der Preis im Juli 1923 bereits das Zehntausendfache, und im Dezember die unvorstellbare Summe von 399 Milliarden Mark!

Von Juni 1920 an hatten verschiedene von Politikern des katholischen Zentrums geführte Regierungen (Fehrenbach, Wirth, Cuno) versucht, der Lage Herr zu werden. Aber erst Gustav Stresemann (Deutsche Volkspartei), zunächst kurzfristig Kanzler in einer großen Koalition, der sowohl das Zentrum als auch die Sozialdemokraten angehörten, hatte durch seine Außenpolitik Erfolg. Gegen die Zusage, den passiven Widerstand gegen die Rhein-Ruhr-Besetzung einzustellen, wurden die Reparationsbedingungen gemildert. Stresemann, von 1923 bis 1930 unter den Reichskanzlern Marx, Luther und Müller Außenminister, war um eine Aussöhnung mit Frankreich bemüht. Er fand im französischen Außenminister Aristide Briand einen aufgeschlossenen Partner. Der Vertrag von Locarno (1925) bereitete die Aufnahme Deutschlands in den Völkerbund und die Räumung der besetzten Gebiete vor. Die Zahlungsfähigkeit des Reichs sollte durch amerikanische Kredite wiederhergestellt werden. Von 1926 bis 1929 ließ eine kurze Wirtschaftsblüte die Menschen aufatmen.

In die Hoffnungen auf eine bessere Zukunft platzte der „Schwarze Freitag" der New Yorker Börse (25. Oktober 1929). Die Aktienkurse fielen ins Bodenlose. Als die amerikanischen Banken Kapital aus den europäischen Staaten zurückzogen, wurden auch diese von der Wirtschaftskrise erfaßt. Die Industrieproduktion in Deutschland brach zusammen. Die Zahl der Arbeitslosen stieg von 630.000 (Ende 1925) auf 6,1 Millionen (Anfang 1933). Immer mehr Menschen glaubten den Propagandisten totalitärer Ideen, die der parlamentarischen Demokratie (die in Deutschland noch keine lange Tradition hatte) und auf der Linken dem Kapital, auf der Rechten den Juden die Schuld an dem Elend gaben. Die Politik radikalisierte sich zusehends. Die KPD, mehr noch aber Hitlers NSDAP, fuhren bei Wahlen große Stimmengewinne ein. Allen Warnungen zum Trotz sahen immer mehr Deutsche, wie ein Nazi-Plakat verkündete, in Hitler ihre „letzte Hoffnung".

Reichstagswahlen in Berlin: Vertreter der verschiedenen Parteien nehmen mit ihren Plakaten vor den Wahllokalen Stellung.

Hitlers Aufstieg   1923-1933

Die junge Demokratie der Weimarer Republik war wenig gefestigt. Wie rasch sich unter dem Eindruck nationaler Demütigung und im Gefolge einer großen Wirtschaftskrise der Aufstieg einer radikalen Kleinpartei zur stärksten politischen Kraft vollziehen konnte, zeigte das – für die ganze Welt tragische – Beispiel Hitler.

Trotz der von der extremen Linken heraufbeschworenen Bürgerkriegswirren hatten sich die Deutschen bei den ersten Wahlen in der Republik (1919) für einen demokratischen Mittelkurs entschieden. Eine Dreiviertelmehrheit für die Parteien, die sich voll zum parlamentarischen System bekannten (Sozialdemokraten, das katholische Zentrum und die liberale Deutsch-Demokratische Partei), schien Hoffnungen auf die Konsolidierung der Republik zu bestätigen.

Die harten Bestimmungen des Friedensvertrags von Versailles, die auch von den Regierungsparteien als ungerecht empfunden wurden, führten zu einem Stimmungsumschwung. Im Krisenjahr 1923 kam dies in kommunistischen Unruhen in Sachsen und Hamburg, im Herbst im Putschversuch Hitlers in München zum Ausdruck. Die NSDAP war danach zwar im gesamten Reichsgebiet verboten worden, und Hitler wurde (in einem sehr milden Urteil) zu Festungshaft verurteilt. Dennoch traten die Nazis, die sich bis dahin von Wahlen ferngehalten hatten, am 4. Mai 1924 zum ersten Mal als „Völkischer Block" in Bayern und als „Nationalsozialistische Freiheitspartei" im übrigen Deutschland zu Reichstagswahlen an. Sie erreichten auf Anhieb mehr Mandate (32) als die Deutsch-Demokraten (28), in München wurden sie sogar stärkste Partei. Noch mehr profitierte die rechtskonservative Deutschnationale Volkspartei (DNVP), der es gelang, die Sozialdemokraten zu überflügeln; diese wieder verloren ihren linken Rand an die Kommunisten, die ihre Mandatszahl verdreifachen konnten.

Die allmähliche Konsolidierung der Wirtschaft und das zunehmende Entgegenkommen der Siegermächte brachten in den folgenden Jahren einen Rückgang der extremistischen Parteien. Trotz intensiver Propaganda war der NSDAP, die von Hitler nach seiner Enthaftung wiedergegründet und neu organisiert worden war, bei der Reichstagswahl vom 20. Mai 1928 kein Erfolg beschieden. Die Wende trat binnen zweier schicksalhafter Jahre ein, in denen die Weltwirtschaftskrise Millionen Deutsche arbeitslos gemacht und darüber hinaus das Erstarken der Linken weite Kreise des Bürgertums verunsichert hatte. Nach verschiedenen bürgerlichen Koalitionen bildete der Zentrums-Politiker Heinrich Brüning eine rechtslastige Koalition; sie hielt sich freilich nur einige Monate.

Am 14. September 1930 gaben mehr als 6,3 Millionen ihre Stimme für die Hitler-Partei ab, und anstelle der bisherigen zwölf zogen 107 NSDAP-Abgeordnete als zweit-

Der Aufstieg der NSDAP   Wahlen 1919 bis 1933

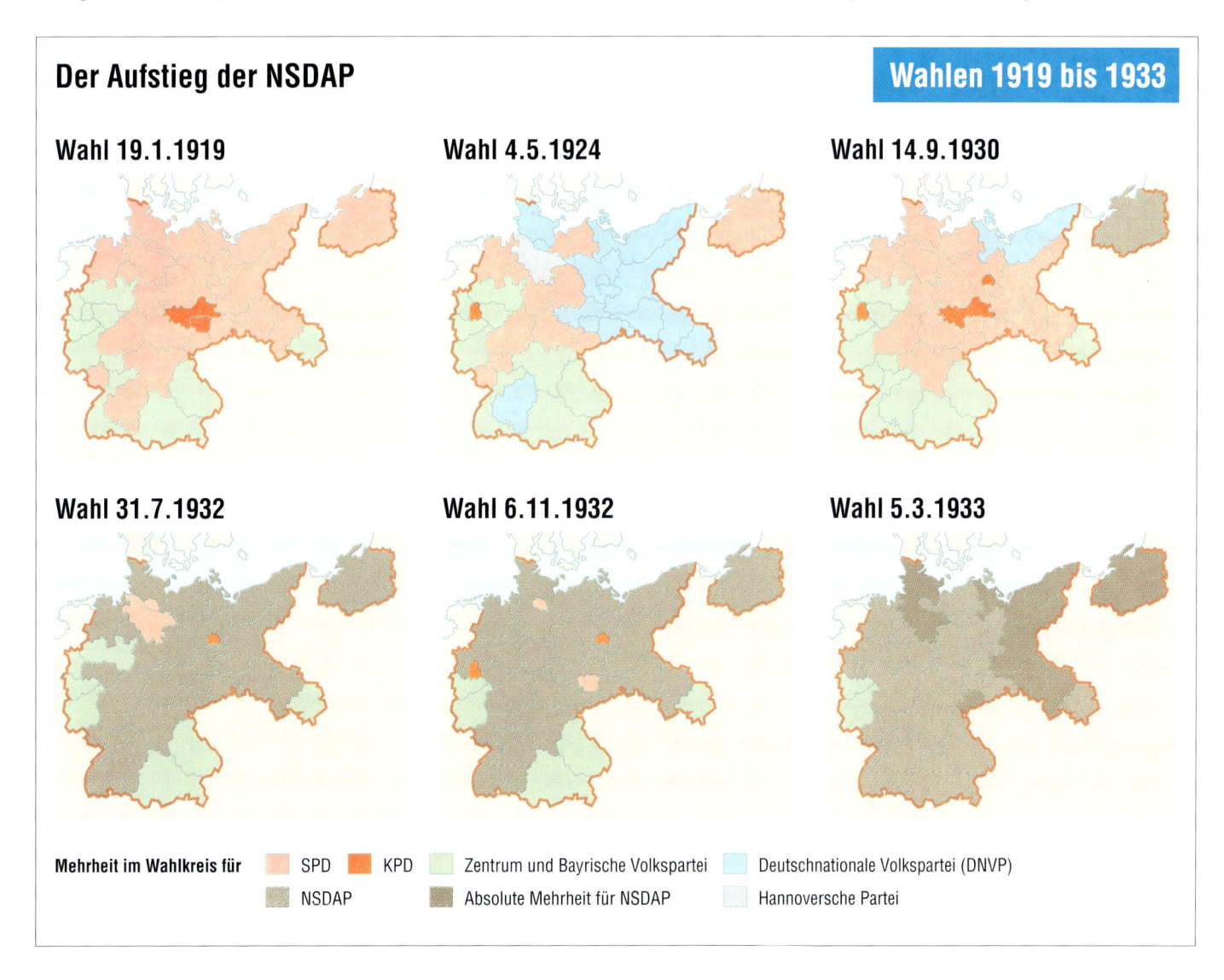

Wahl 19.1.1919   **Wahl 4.5.1924**   **Wahl 14.9.1930**

Wahl 31.7.1932   **Wahl 6.11.1932**   **Wahl 5.3.1933**

Mehrheit im Wahlkreis für — SPD — KPD — Zentrum und Bayrische Volkspartei — Deutschnationale Volkspartei (DNVP) — NSDAP — Absolute Mehrheit für NSDAP — Hannoversche Partei

103

Hitlers Aufstieg 1923-1933

stärkste Fraktion in den Reichstag ein. In einem deutschen Wahlkreis, in Ostpreußen, waren die Nazis nun bereits stärkste Partei. Der neuerlich vom Reichspräsidenten Hindenburg berufene Brüning konnte nur mit einem „Präsidialkabinett" unter parlamentarischer Duldung der an seiner Regierung nicht beteiligten SPD und mit Notverordnungen des Reichspräsidenten regieren. Am 13. März 1932 gab es Präsidentenwahlen. Beim ersten Wahlgang entfielen auf Hindenburg 48,6, auf Hitler 30 und auf den Kommunisten Thälmann 6,8 Prozent der Stimmen. Aus der Stichwahl ging Hindenburg mit 55 Prozent als Sieger hervor.

Die Arbeitslosenzahlen erreichten Anfang 1932 die Rekordzahl von 6,04 Millionen. Die Situation wurde immer dramatischer. Die Kampforganisationen der Nazis und der KP lieferten einander blutige Auseinandersetzungen, die SPD versuchte, der Gewaltmethoden mit Bildung einer „Eisernen Front" Herr zu werden. Brüning ließ im April 1932 SA und SS verbieten. Ende Mai gab er auf und machte dem rechtskonservativen Zentrumsmann Franz von Papen Platz. Dieser hob das Verbot wieder auf und erhoffte sich davon die Duldung durch die Hitlerpartei. Unruhen in Berlin nahm Papen zum Anlaß, die sozialdemokratische Regierung Preußens zu stürzen.

Bei den Reichstagswahlen am 31. Juli 1932 verzeichnete die NSDAP ihren größten Wahltriumph. Sie erhielt 37,3 Prozent der Stimmen und 230 Mandate; das deutschnationale Lager war zwar rückläufig, doch stellten seine 5,9 Prozent den Nazis sichere Bündnispartner. Auch der Anteil der Kommunisten war auf 14,5 Prozent gestiegen. SPD (133) und KPD (89) hätten zusammen über 222 der insgesamt 608 Reichstagssitze verfügt, doch war Stalins Politik damals noch von strikter Gegnerschaft gegen die „Sozialfaschisten" geprägt (der Schwenk zur „Volksfront"-Politik kam erst drei Jahre später). So zeigte das Wahlergebnis eine Parlamentsmehrheit der Parlamentsfeinde: ohne einen von den beiden, NSDAP oder KPD, konnte keine arbeitsfähige Koalitionsregierung mehr gebildet werden.

Papen regierte daher weiter mit einem Präsidialkabinett. Die Regierung hinderte SA und SS kaum daran, ihren Triumph an den politischen Gegnern auszutoben. Eine Terrorwelle erschreckte Deutschland und ließ ahnen, was für die Zukunft bevorstand. Als am 6. November 1932 abermals Wahlen abgehalten werden mußten, weil Papen an einer Notverord-

Wirtschaftskrise und Massenarbeitslosigkeit trieben Millionen Wähler den Nazis in die Arme.

nung scheiterte, erhielt Hitler die Quittung. Gegenüber den Juliwahlen sank die Nazipartei auf 33,5 Prozent, verlor 2 Millionen Wähler und mußte sich mit 196 (von 584) Sitzen zufriedengeben; ein Teil der Wähler war zu den Deutschnationalen zurückgekehrt. Der KPD-Anteil stieg auf 16,9 Prozent.

Deutschland war unregierbar geworden. Die Versuche des neuen Reichskanzlers General von Schleicher, die NSDAP mit Hilfe des „linken" Georg Strasser zu spalten, schlugen fehl. Hitler einigte sich mit Papen und dessen Rechtskonservativen; und Hindenburg, der Schleichers „Diktatur" ablehnend gegenüberstand, berief den Naziführer am 30. Januar 1933 zum Reichskanzler. Allerdings schien die Zusammensetzung seines Kabinetts, in dem von Papen als Vizekanzler fungierte und er zusammen mit Männern aus seiner Umgebung das Übergewicht besaß, eine Hoffnung, die Alleinherrschaft Hitlers zu verhindern. Die Nationalsozialisten aber wollten die ganze Macht. Am 1. Februar wurde der Reichstag aufgelöst, Neuwahlen wurden ausgeschrieben. Eine ungeheure Propagandawelle rollte über Deutschland hinweg. Am 27. Februar kam es in Berlin zum Reichstagsbrand. Was entweder die Aktion eines Einzeltäters oder von den Nazis mit Wissen des Vertrauten Hitlers, des preußischen Präsidenten Hermann Göring, selbst initiiert worden war, wurde sofort der KPD als Organisator zu Last gelegt. Die linke Presse wurde verboten,

Verhaftungen von KP-Funktionäre begannen.

Am 5. März wurde gewählt. Die Ergebnisse stellen die letzte annähernd zutreffende Wiedergabe der politischen Willensbildung im Zwischenkriegs-Deutschland dar. Bemerkenswert ist, daß die NSDAP trotz Propaganda, Aufhebung der Pressefreiheit und Terrorisierung der Gegner mit 288 (von 647) Mandaten und 43,8 Prozent zwar stärkste Partei, aber noch immer weit entfernt von der absoluten Mehrheit blieb. Sie konnte sich nur mit Zuziehung der rechtskonservativen Front Schwarz-Weiß-Rot auf eine knappe Mehrheit von 52 Prozent berufen. Die Kernwähler von Zentrum, SPD und KPD waren ihren Parteien selbst noch unter Hitler treu geblieben. Allerdings wurden die Mandate der Kommunisten wegen der Schuldzuweisung für den Reichstagsbrand sofort gelöscht, der Reichstag trat mit nur 566 Abgeordneten zusammen.

Die Todesstunde des Parlamentarismus der Weimarer Republik war das „Ermächtigungsgesetz" vom 24. März 1933. Es bedurfte einer Zweidrittelmehrheit der Parlamentarier und sollte der Regierung „zur Behebung der Not von Volk und Reich" die Möglichkeit geben, für vier Jahre ohne Mitwirkung des Reichstages regieren zu können.

Die bürgerlichen Parteien, soweit sie nicht in der Koalition des Hitler-Kabinetts waren, hätten die Möglichkeit gehabt, das Ermächtigungsgesetz zu verhindern: Der NSDAP fehlten 40 Stimmen für die Zweidrittelmehrheit. Eingeschüchtert und traditionell gegen die Linke eingestellt, stimmten sie dennoch ihrer Selbstentmachtung zu. Ausschlaggebend wurde dabei das Verhalten der katholischen Zentrumspartei, die im Rheinland noch immer stärkste Partei war. Abgesehen davon, daß sie die Verfolgung der Kommunisten begrüßte, glaubten ihre Abgeordneten, durch Zustimmung ihre Organisation retten zu können. Zudem drängte der Vatikan darauf, das Konkordat mit dem Reich nicht zu gefährden.

So wahrte einzig die SPD die Ehre der demokratischen Parteien und stimmte gegen das Gesetz. Ihr Vorsitzender Otto Wels sagte unter anderem: „Die Verfassung von Weimar ist keine sozialistische Verfassung. Aber wir stehen zu den Grundsätzen des Rechtsstaates, der Gleichberechtigung, des sozialen Rechts, die in ihr festgelegt sind. ... Wir grüßen die Verfolgten und Bedrängten. Wir grüßen unsere Freunde im Reich. Ihre Standhaftigkeit und Treue verdienen Bewunderung. Ihr Bekennermut, ihre ungebrochene Zuversicht verbürgen eine hellere Zukunft."

Das Großdeutsche Reich 1938-1945

Bis zum Jahr 1938 schien es vielen maßgebenden Staatsmännern in der Welt sowie der Masse der Deutschen, daß es Hitler darum ging, den nationalen Traum von einem Großdeutschland, der Vereinigung aller Deutschsprachigen in einem Reich, zu verwirklichen. Die Besetzung Tschechiens im Jahr 1939 machte endgültig klar, daß dies eine Täuschung war.

Hier bringt mich niemand mehr lebend heraus", sagte Adolf Hitler, als er am 30. Januar 1933 in die Reichskanzlei einzog. Wie wenig andere Worte des „Führers" sollten sich diese bewahrheiten, freilich erst, nachdem er Leid und Tod über Millionen und Abermillionen von Menschen gebracht und Deutschland als Trümmerhaufen zurückgelassen hatte.

Nach dem Reichstagsbrand, als dessen Urheber die Kommunisten beschuldigt wurden, begann, zunächst durch das „Ermächtigungsgesetz" gedeckt, der systematische Umbau der parlamentarischen Republik zum Einparteien- und Führerstaat. Obwohl die NSDAP bei den letzten Wahlen im März 1933 – trotz gewaltigem propagandistischen Aufwands und Repressionen gegen die politischen Gegner – keine absolute Mehrheit erreichen konnte, wurden noch vor dem Sommer 1933 die anderen Parteien verboten, die Gewerkschaften aufgelöst und der „Arierparagraph" erlassen, durch den alle Juden aus dem öffentlichen Dienst entlassen wurden – entsprechend dem Programm der NSDAP, in dem bereits dekretiert wurde, daß kein Jude Deutscher sein könne. Die Länder wurden durch Reichsstatthalter gleichgeschaltet, die Presse und das kulturelle Leben der Kontrolle des Reichspropagandaministers Joseph Goebbels unterworfen, politische Gegner in Konzentrationslager gebracht oder durch die von der Polizei geduldeten, gewalttätigen Übergriffe der SA eingeschüchtert.

Da zugleich – nicht zuletzt durch die Ankurbelung der Rüstung und die Einführung eines Reichsarbeitsdienstes, aber auch, weil sich die weltwirtschaftliche Lage besserte – die Arbeitslosigkeit zurückging, die Kirchen in den Nazis Kämpfer gegen den „gottlosen Bolschewismus" sahen und insbesondere im Bürgertum begrüßt wurde, daß da endlich ein Mann „Ordnung machte", gab es keinen von einer breiten Bewegung getragenen Widerstand. Im Juni 1934 brach Hitler auch die letzte innerparteiliche Opposition in der SA, deren Stabschef Ernst Röhm aus dieser Kampfformation in einer „zweiten Revolution" ein Volksheer in Konkurrenz zur Reichswehr machen wollte. Rollkommandos der SS ermordeten Röhm und seinen Stab, gleichzeitig wurde mit anderen mißliebigen Personen abgerechnet, wie dem früheren Reichskanzler von Schleicher. Der NS-Staat zeigte erstmals ganz offen sein Gesicht, als Hitler diese Mordaktion als „Staatsnotwehr" gegen

Das "Großdeutsche Reich" 1933-1945

Deutsches Reich 1933 | 1935 | 1938 | März 1939 | Herbst 1939 | 1940 | 1941
"Operationszonen" 1943 — Grenze "Großdeutsches Reich"

105

Das Großdeutsche Reich

Als Hitler am 15. März 1938 auf dem Wiener Heldenplatz auftrat, jubelten ihm die Massen zu.

Putschisten rechtfertigte. Der „Reichsführer" der SS, Heinrich Himmler, baute die Geheime Staatspolizei (Gestapo) zu einem gefürchteten Herrschaftsinstrument aus.

Trotzdem hatte Hitlers außenpolitisches Taktieren Erfolg. Ein Konkordat mit dem Vatikan, ein Flottenarrangement mit Großbritannien und ein Nichtangriffspakt mit Polen sollten die Welt von seinen friedlichen Absichten überzeugen. Mit für Frankreich unannehmbaren Abrüstungsvorschlägen stellte er sich als Friedensengel dar, um mit gespielter Empörung den Austritt Deutschlands aus dem Völkerbund zu vollziehen. Im Januar 1935 fand die 1919 vereinbarte Volksabstimmung über die künftige Zugehörigkeit des bis dahin vom Völkerbund verwalteten, von Frankreich dominierten Saargebiets statt. Sie brachte Hitler einen überwältigenden 90-Prozent-Erfolg. Dadurch gestärkt, führte er im März 1935 die allgemeine Wehrpflicht ein und brach damit erstmals offen den Versailler Vertrag, ohne daß dies Folgen gehabt hätte. Ein Jahr später riskierte er die Besetzung des entmilitarisierten Rheinlands – der Jubel der Deutschen übertönte die lahmen Proteste der Mächte, die Hitler jetzt noch hätten stoppen können.

Das Programm der NSDAP, das sich die Vereinigung aller Deutschen in einem Staat zum Ziel setzte, mußte notwendigerweise gegen die Neuordnung gerichtet sein, die die Siegermächte Europa 1919 in den Verträgen von Versailles und Saint-Germain verschrieben hatten. Als Deutsche verstanden sich die Österreicher, deren Parlament beim Zerfall der Monarchie den „Anschluß" an die deutsche Republik beschlossen hatte. Die Alliierten hatten dies verboten. Die österreichischen Parteien bekannten sich weiterhin prinzipiell zum Gedanken einer Verbindung mit Deutschland, die krisengeschüttelte kleine Republik hielt sich selbst nicht für lebensfähig. Die Sozialdemokraten nahmen den Anschlußparagraphen erst nach der Machtergreifung Hiters aus ihrem Programm; die Großdeutschen waren ohnehin für den Anschluß, die Christlichsozialen, seit 1920 regierungsverantwortlich, waren – teils wegen der Bittgänge um Finanzhilfe in die westlichen Staatskanzleien, teils weil viele ihrer Anhänger noch mit einer habsburgischen Restauration liebäugelten – noch am ehesten bereit, von der Anschlußidee abzurücken. Trotzdem befürworteten auch sie eine Zollunion mit Deutschland, die aber 1930 von Frankreich verhindert wurde.

Im Jahr 1933 hatte sich der österreichische Nationalrat durch eine Geschäftsordnungspanne lahmgelegt – was die unter dem Schutz Mussolinis auf autoritären Kurs geschwenkten Christlichsozialen zusammen mit den austrofaschistischen Heimwehren zur Ausschaltung des Parlamentarismus benützten. Zuerst wurden die Nationalsozialisten und die Kommunisten (beide waren zu diesem Zeitpunkt noch ohne Vertretung im Parlament) verboten, nach einem Aufstand der Sozialdemokraten im Februar 1934 gab es in Österreich nur noch die „Vaterländische Front" als Staatspartei des nunmehr vom christlichsozialen Bundeskanzler Engelbert Dollfuß autoritär regierten Landes. Zweifellos im Einverständnis mit Berlin versuchten die illegalen Nazis, in einem Putsch die Macht zu ergreifen; Dollfuß wurde in dessen Verlauf ermordet, doch Polizei und Bundesheer unterdrückten die Rebellion rasch. Der Fehlschlag und vor allem die Drohungen Mussolinis ließen Hitler auf Distanz zu seinen österreichischen Anhängern gehen.

Das änderte sich jedoch, als die Parteinahme des Westens für das von Mussolini überfallene Äthiopien zu einer Annäherung zwischen Deutschland und Italien führte. Die gemeinsame militärische Unterstützung des gegen die spanische Republik rebellierenden Generals Franco schweißte die „Achse Rom-Berlin" zusammen. Der „Duce" zog seine schützende Hand vom austrofaschistischen „Ständestaat" ab, Hitler setzte den österreichischen Bundeskanzler Kurt Schuschnigg unter Druck, Nazis in seine Regierung aufzunehmen. Als Schuschnigg in letzter Minute den Ausgleich mit der ebenfalls in die Illegalität gedrängten Linken suchte, um eine Volksabstimmung abzuhalten, drohte Hitler mit militärischem Eingreifen. Daraufhin trat Schuschnigg zurück, der nationalsozialistische Eintagskanzler Seyß-Inquart rief (in Vereinbarung mit Göring) deutsche Truppen „um Hilfe", und die Wehrmacht marschierte, gefolgt von Hitler, unter dem Jubel eines beträchtlichen Teils der Bevölkerung in Österreich ein. Das war insofern verständlich, als das autoritäre Regime wenig beliebt war und die Menschen hofften, daß nun die jahrelange Massenarbeitslosigkeit ein Ende haben würde. Auf dem Wiener Heldenplatz verkündete der „Führer" am 15. März 1938 die „Wiedervereinigung" seiner Heimat mit dem Reich. Die Westmächte, die 1919 die Erfüllung eines demokratischen Willensaktes verweigert hatten, nahmen nun den Gewaltakt eines Diktators widerstandslos zur Kenntnis.

Im gleichen Jahr konnte sich Hitler noch einmal auf das Selbstbestimmungsrecht der Deutschen berufen, obwohl dies für ihn nur ein Mittel für einen ganz anderen Zweck, nämlich den der Eroberung der Vorherrschaft in Europa, war. In den Randgebieten der Tschechoslowakei lebten drei Millionen Deutsche. 1919 hatte die Republik Österreich diese Gebiete für sich reklamiert, doch ihre Ansprüche blieben – ebenso wie im Falle Südtirols – ungehört. In der Tschechoslowakei hatte sich als dem einzigen Staat Mittel- und Osteuropas die parlamentarische Demokratie halten können, allerdings waren Autonomiewünsche der großen Minderheiten der Deutschen und der Ungarn nicht berücksichtigt worden. Die Wirtschaftskrise, die die Industriegebiete in den nördlichen Randzonen besonders hart traf, und der Aufstieg der Nazis in Deutschland führten zur Abkehr von der bis dahin stärksten politischen Kraft im Sudetenland, den Sozialdemokraten, und brachte dem Nazi-Ableger „Sudetendeutsche Partei" des Konrad Henlein großen Zulauf. Henlein, durch die Ereignisse in Österreich und durch Zuspruch aus Berlin gestärkt, stellte Maximalforderungen, die Prag als Vorstufe für eine Abspaltung dieser Landesteile ansehen mußte und daher ablehnte. Angesichts der unverhohlenen Drohungen Hitlers wähnte Englands Premier Neville Chamberlain, eingeschworen auf „Appeasement"- (Beschwichtigungs-) Politik, den Frieden durch Nachgeben retten zu können. Mussolini, der sich erst 1942 genügend gerüstet für einen Krieg glaubte, brachte die Regierungschefs Großbritanniens und Frankreichs nach München. Die Tschechoslowakei mußte, ohne an den Verhandlungen teilnehmen zu dürfen, die deutschsprachigen Gebiete abtreten (woraufhin sich auch Ungarn und Polen ihre Anteile holten).

Hitler verkündete, nun seien allen territorialen Forderungen Deutschlands in Europa erfüllt, aber schon im März 1939 bewies er das Gegenteil – und zeigte damit gleichzeitig, daß es ihm gar nicht nur um die Vereinigung aller Deutschen in einem Reich ging. Unter der Drohung, sie sonst Ungarn zu übergeben, veranlaßte er den slowakischen Nationalistenführer Tiso, die Slowakei als „deutschen Schutzstaat" für unabhängig zu erklären, und ließ seine Wehrmacht in die „Rest-Tschechei" einmarschieren. Sie wurde nun als „Protektorat Böhmen und Mähren" Teil des Reiches. Eine Woche danach mußte das hilflose Litauen das Memelland an das Deutsche Reich zurückgeben.

Hitler, der noch im Herbst versichert hatte „wir wollen gar keine Tschechen", hatte mit seinem Einzug in Prag vor aller Welt bekundet, daß er keinerlei Zusagen einzuhalten gedachte und daß seine Ziele auf die Vorherrschaft in Europa gerichtet waren. Im Westen erkannte man nun endlich, daß dieser Diktator mit Appeasement nicht zu befriedigen war. Ein neuerlicher Schritt zur deutschen Machterweiterung sollte nicht mehr hingenommen werden.

Der Einmarsch der deutschen Truppen in Prag hingegen verursachte Wut und Verzweiflung in der Bevölkerung.

Gaueinteilung der NSDAP

Das totalitäre nationalsozialistische Regime duldete keinen Föderalismus. Schon 1933 wurden die deutschen Länder gleichgeschaltet. Die Gaue der NSDAP traten in Konkurrenz zur Staatsverwaltung.

Bei der Machtergreifung der NSDAP wies das Deutsche Reich die inneren Verwaltungsgrenzen auf, die die Republik vom Kaiserreich übernommen hatte. Aus dem Bund souveräner Fürsten, den das wilhelminische Reich zumindest seiner Verfassung nach dargestellt hatte, leitete die Republik ihre föderale Struktur ab. Mit Ausnahme Thüringens, das aus den „Ministaaten" der sächsischen Herzogtümer gebildet worden war, und dem 1929 an Preußen angeschlossenen Waldeck blieben diese Länder als Verwaltungsstrukturen bestehen.

Das nationalsozialistische Staatsverständnis, vom „Führerprinzip" geleitet und durch die Monopolpartei exekutiert, duldete keine föderalen Sonderstellungen; es widersprach damit der tausendjährigen Geschichte Deutschlands, konnte aber freilich auf die Vereinheitlichung in den größeren der früheren Einzelstaaten, allen voran Preußen und Bayern, verweisen. Nun sollte das ganze Reich in einen straffen zentralistischen Einheitsstaat umgebaut werden. Dieser Umbau wurde jedoch nicht durch einen einmaligen historischen Gesetzesakt vollzogen, wie es etwa im Frankreich der Revolution der Fall gewesen war, wo historisch gewachsene Provinzen in gleichförmige Departements umgewandelt worden waren.

Bei den Wahlen vom 5. März 1933, von denen die Kommunisten nach dem Reichstagsbrand bereits ausgeschaltet worden waren, erreichten die Nationalsozialisten nur zusammen mit der deutschnationalen „Kampffront Schwarz-Weiß-Rot" eine knappe Mehrheit von 52 Prozent. Ausgestattet mit dieser Mehrheit ging Hitler an den Umbau des Staates, indem er sich durch Gesetze freie Hand geben ließ: ein „Ermächtigungsgesetz", das der Reichsregierung die Erlassung von Gesetzen ohne Reichstag erlaubte, und die beiden Gesetze „zur Gleichschaltung der Länder mit dem Reich". Durch sie wurden die Länderparlamente ohne Wahl nach dem Verhältnis der Reichstagswahl gebildet, und es wurde das Amt des „Reichsstatthalters" eingeführt. Bis zum Juli 1933 hatten sich die demokratischen Parteien selbst aufgelöst, allein die SPD mußte noch verboten werden; die Neubildung von Parteien wurde per Gesetz untersagt. Die NSDAP war fortan die einzig erlaubte, die Einheitspartei. Bei der Neuwahl im November erhielt sie 92 Prozent der abgegebenen Stimmen – der Reichstag hatte jede parlamentarische Bedeutung verloren.

Der formelle Schritt zum Einheitsstaat wurde am 30. Januar 1934 durch das Gesetz „über den Neuaufbau des Reiches" vollzogen. Es hob die Volksvertretungen der Länder auf, ihre Hoheitsrechte gingen auf das Reich über. Selbst Hitlers Paladin Hermann Göring, der letzte Ministerpräsident Preußens, versuchte vergeblich, für „sein" Land eine Sonderstellung zu wahren. Nur den Titel Ministerpräsident durfte Göring behalten, Preußen bekam keinen Reichsstatthalter.

Die Ermordung des SA-Führers Ernst Röhm, der Hitlers Verhältnis zur Reichswehr gestört hatte und eine „zweite Revolution" wollte, im Juni 1934, die Umwandlung der SS in eine Hitler direkt unterstellte Parteigarde und der Tod des Reichspräsidenten Hindenburg brachten das „Führerprinzip" vollends zum Durchbruch. Das Amt des Reichspräsidenten wurde mit dem des Reichskanzlers vereint – dieser wurde somit zugleich Staatsoberhaupt –, die Wehrmacht nun sofort auf den „Führer und Reichskanzler" vereidigt. In den späteren Jahren wurde auch die Bezeichnung „Reichskanzler", deren erster Träger Bismarck gewesen war, fallengelassen. „Der Führer" war die unumschränkte, an nichts gebundene Instanz des NS-Staates.

In der Verwaltungsstruktur trat zunehmend die Organisation der NSDAP, die das Reichsterritorium in (zunächst 38) „Gaue" gegliedert hatte, in den Vordergrund. Das Nebeneinander von Staatsverwaltung und Parteiorganisation zeigte allerdings, daß Hitlers Reich keineswegs der monolithische Block war, der es, von der Führungsspitze aus gesehen, zu sein schien. Zwar wurden in der Absicht, Partei und Staat miteinander zu verschmelzen, leitende Parteiämter oft mit entsprechenden Staatsämtern durch Personalunion verbunden. Da aber die Zahl der früheren Länder kleiner war als die der Gaue, war dies doch nur in beschränktem Ausmaß möglich. Eine Stufe tiefer in der Hierarchie bewährte sich das Prinzip überhaupt nicht: die Personalunion zwischen NSDAP-Kreisleiter und Landrat wurde, wo sie bestand, 1938 aufgehoben.

Der Grundsatz der Einheit von Partei und Staat konnte also zunächst keineswegs einheitlich verwirklicht werden. „Theoretisch bezeichnete das Führerprinzip zwar die nach unten totale Gewalt. Aber verwirrend war die Führerinflation, die zu erbitterten Kämpfen um Kompetenzen und Entscheidungswege führen mußte. Nachdem einmal der gemeinsame Feind, die parlamentarischen und demokratischen Einrichtungen, beseitigt worden war, brachen auch wieder die Unterschiede zwischen politischem Führerprinzip und staatlicher Hierarchie auf." (K. D. Bracher). Allerdings blieben, ausgenommen vielleicht im Bereich der Wehrmacht, die Parteiinstanzen in der Regel tonangebend.

Nach dem „Anschluß" Österreichs bekam auch die „Ostmark" zunächst einen Reichsstatthalter. Doch schien es Hitler sehr bald günstiger, Österreich als Verwaltungseinheit überhaupt nicht mehr bestehen zu lassen. Wie Österreich der Boden war, auf dem angesichts der antisemitischen Exzesse in den Anschlußtagen die „Judenfrage" mit weitaus radikaleren Mitteln angegangen werden konnte, schien es nun auch das geeignete Experimentierfeld für die künftige Organisation des Gesamtreichs; zudem sollte jedes Österreichbewußtsein ausgetilgt werden.

So wurde also der Status des „Reichsgaus" eingeführt; die sieben Gaue des ehemaligen Österreich sowie das der Tschechoslowakei durch das Münchener Abkommen abgepreßte Sudetenland kamen als erste in den Genuß dieser Unterscheidung zwischen Reichsgau und gewöhnlichem Gau. Die einzelnen Gauleiter wurden nun zugleich Reichsstatthalter, also auch als Verwaltungsinstanz direkt dem Führer unterstellt. Selbst das Wort „Ostmark" verschwand wieder aus dem Sprachgebrauch; brauchte man dennoch eine einheitliche Bezeichnung für das ehemalige Österreich, so war diese offiziell „die Alpen- und Donau-Reichsgaue".

Mit den Eroberungen des Krieges vermehrte sich die Zahl der Reichsgaue. Das von Deutschland besetzte polnische Staatsgebiet wurde geteilt: Im Westen, weit über das Gebiet hinausreichend, das das Kaiserreich eingenommen hatte, wurden die Reichsgaue Danzig-Westpreußen und Wartheland gegründet, die nun nicht mehr mit Preußen wiedervereinigt wurden. Zu Ostpreußen, das noch im Frieden von Litauen das Memelland zurückerhalten hatte, wurde südwärts ein beträchtliches Territorium bis an die Weichsel hinzugeschlagen. Der verbliebene Rest wurde das Generalgouvernement, das nicht einmal einen Schein von Autonomie besaß – zum Unterschied von dem schon im

1933-1945

Die Gaue des Großdeutschen Reiches — 1942

März 1939 dem Reich einverleibten Protektorat Böhmen und Mähren, wo eine solche durch die tschechische Marionettenregierung noch aufrechterhalten wurde, auch wenn der „Reichsprotektor" das Sagen hatte.

Im Westen wurden nach der Niederlage Frankreichs aus Baden, Saarpfalz und Koblenz-Trier die Reichsgaue Baden-Elsaß, Westmark (mit Lothringen) und Moselland (mit Luxemburg). Das 1919 an Belgien abgetretene Eupen-Malmedy wurde in den Gau Köln-Aachen eingegliedert. Alle diese Angliederungen erfolgten ohne staatsrechtliche Verträge; ihre deutschsprachigen Bewohner unterlagen aber der Wehrpflicht. Bei der Aufteilung Jugoslawiens wurde das nördliche Slowenien – die Untersteiermark und Oberkrain – den benachbarten Reichsgauen angeschlossen.

Nach dem Vorstoß in die Sowjetunion wurde das Gebiet von Bialystok Ostpreußen angegliedert; der Distrikt Lemberg kam zum Generalgouvernement. Wie die Niederlande und Norwegen wurden auch die im Hinterland der eroberten sowjetischen Gebiete gebildeten Zivilverwaltungen – „Ostland" (Estland, Lettland, Litauen und „Weißruthenien") und Ukraine – einem Reichskommissar unterstellt. Schließlich wurden nach dem Abfall Italiens an der Südgrenze des Reiches „Operationszonen" gebildet, die der Jurisdiktion der von dem von einem Sonderkommando befreiten Mussolini gegründeten „Sozialen Republik" entzogen waren; sie unterstanden den Gauleitern der benachbarten Reichsgaue Tirol und Kärnten; die deutschen Südtiroler wurden zu Wehrmacht oder Waffen-SS eingezogen.

Mit Kriegsausbruch war das von den Gauen getragene zentralistische Prinzip sukzessive zum Durchbruch gekommen, und der Unterschied zwischen „Gauen" und „Reichsgauen" wurde zunehmend theoretischer Natur. Die Gauleiter erlangten nun überall besondere Bedeutung, es wurden ihnen immer mehr administrative und kriegspolitische Aufgaben übertragen, und schließlich wurden sie zu „Reichsverteidigungskommissaren" für ihren Gaubereich erhoben. Als solche waren sie in etlichen Fällen auch für die sinnlose Fortführung des Kampfes verantwortlich, der zum Teil noch nach dem Tod Hitlers geleistet wurde, zugleich aber oft selbst Gefangene der SS, die als das totalitäre Terrorsystem des NS-Staates und vollends seit dem fehlgeschlagenen Attentat auf Hitler am 20. Juli 1944 die eigentliche Macht ausübte.

Der Zweite Weltkrieg

Mit einem Angriff auf Polen begann Hitler 1939 den Krieg, durch den er Deutschland zur Weltmacht erheben wollte. Nach „Blitzsiegen" gegen Frankreich und auf dem Balkan führte der deutsche Überfall auf die Sowjetunion und die Kriegserklärung an die USA schließlich zur totalen Niederlage im Jahr 1945. Der Zweite Weltkrieg kostete 55 Millionen Menschen das Leben.

Mit der Besetzung von Böhmen und Mähren hatte Hitler für den Westen „den Rubikon überschritten". Da anzunehmen war, daß er sich nun gegen Polen wenden würde, gab Großbritannien eine Garantieerklärung für dieses Land ab. Zur Überraschung der Welt schloß Hitler am 23. August 1939 mit Stalin einen Wirtschafts- und Nichtangriffspakt ab; in einem geheimen Zusatzprotokoll teilten Deutschland und die Sowjetunion nicht nur Polen, sondern das ganze östliche Vorfeld Rußlands unter sich auf. Noch einmal wurde Hitler von den englischen und französischen Staatsmänner beschworen, eine friedliche Lösung für den „Korridor" zu suchen, der seit 1919 Ostpreußen vom übrigen Deutschland trennte. Doch die Wehrmacht stand schon für den Angriff bereit. Am 1. September 1939 verkündete Hitler in einer Reichstagsrede dem deutschen Volk: „Seit 5 Uhr 45 wird jetzt zurückgeschossen!" Der Krieg begann damit mit einer Lüge: SS-Männer in polnischen Uniformen hatten einen Angriff auf den deutschen Sender Gleiwitz in Schlesien vorgetäuscht.

Daraufhin erklärten England und Frankreich dem Deutschen Reich den Krieg, während des „Blitzkrieges" gegen das unterlegene Polen blieben sie jedoch untätig. Nachdem die polnische Armee zerschlagen war, marschierten sowjetische Verbände in Ostpolen ein. Das Land wurde entlang der Flüsse Bug und Narew, also in etwa der Sprachgrenze zwischen dem Polnischen und dem Ukrainischen bzw. Weißrussischen geteilt. Das entsprach übrigens der schon nach dem Ersten Weltkrieg als Ostgrenze Polens vorgeschlagenen „Curzon-Linie". Von dem von den Deutschen besetzten Territorium wurde, neben der bisherigen Freien Stadt Danzig, ein weitaus größeres Gebiet, als Preußen es bis 1918 besessen hatte, zum Reichsgebiet gemacht. Das restliche Polen wurde als Generalgouvernement ein Nebenland des Reiches, wobei Polen nicht mal mehr dem Namen nach genannt wurde. Zum Sitz des Generalgouverneurs wurde statt des durch Flächenbombardements schwer beschädigten Warschaus die Stadt Krakau ausersehen. Die jüdische Bevölkerung wurde in Ghettos gesperrt, die polnische Intelligenz in Konzentrationslager, Polen massenweise als Zwangsarbeiter nach Deutschland geschickt. Tragischerweise mißglückte der Bomben-

„Seit 5. 45 Uhr wird jetzt zurückgeschossen." Mit diesen Worten, deren „zurück" eine Lüge war, gab Hitler in der Berliner Kroll-Oper den Angriff gegen Polen bekannt. Photographie vom 1. September 1939

110

anschlag eines Einzelgängers, Georg Elsers, auf Hitler; Hitler war im Münchner Bürgerbräu am 8. November, dem Vorabend des Parteifeiertags, als Redner aufgetreten, aber früher als gewohnt gegangen. Elser wurde auf der Flucht in die Schweiz verhaftet und starb im KZ.

In den folgenden Monaten beeilte sich Stalin, sich die ihm von Hitler zugestandenen Interessenssphären einzuverleiben: Finnland nahm er nach dessen tapferer Gegenwehr im „Winterkrieg" Karelien mit der Stadt Wiborg weg, die drei baltischen Staaten wurden ultimativ zum Anschluß an die Sowjetunion gezwungen, und Rumänien mußte Bessarabien (heute Republik Moldau) und die nördliche Bukowina mit Czernowitz abtreten.

Um von vornherein auszuschließen, daß die Alliierten durch ein Bündnis mit Norwegen Deutschland von der kriegswichtigen Zufuhr des schwedischen Eisenerzes abblocken könnten, besetzten Wehrmacht und Kriegsmarine im April 1940 Dänemark und Norwegen. Während Dänemarks König im Land blieb, flüchtete König Haakon von Norwegen nach England; der für Norwegen ernannte Reichskommissar fand in Vidkun Quisling, dem Führer der norwegischen Nazipartei, einen willigen Helfer. Sein Name wurde zur Gattungsbezeichnung für alle Kollaborateure. Die Niederlage der britischen Landetruppen in Norwegen führte zum Sturz Chamberlains; ihm folgte als Premier Winston Churchill, der entschlossen war, den Krieg bis zur Vernichtung der Hitlerherrschaft zu führen.

Die deutsche Armee umging, wie im Ersten Weltkrieg, die zur Maginot-Linie ausgebaute Ostgrenze Frankreichs, wobei diesmal nicht nur Belgien, sondern auch die neutralen Niederlande okkupiert wurden. Die Panzerwaffe und die Luftwaffe entschieden den raschen Sieg über die französische Armee; allerdings konnte sich das britische Expeditionskorps zusammen mit französischen und belgischen Truppenteilen in letzter Minute aus dem Kessel von Dünkirchen retten. Nach dem Durchbruch durch die „Weygand-Linie" besetzten die Deutschen kampflos Paris. Am 22. Juni 1940 mußte Frankreich im Wald von Compiègne – im selben Waggon, in dem die Deutschen 1918 kapituliert hatten – den Waffenstillstand unterzeichnen. Der Nordteil von Frankreich mit Paris und die Atlantikküste bis zur spanischen Grenze wurden besetzte Zone; das Zentrum und der Süden blieben vorerst unbesetzt. Hier etablierte sich eine faschistische Satellitenregierung unter dem greisen Weltkriegsmarschall Philippe Pétain als Staatschef. Elsaß-Lothringen, Luxemburg und Eupen-Malmedy wurden ohne Vertrag den benachbarten Reichsgauen angegliedert, ihre Bewohner als Reichsbürger behandelt – was vor allem bedeutete, daß die Männer zur Wehrmacht oder SS eingezogen wurden. Wie Norwegen erhielten auch die Niederlande einen Reichskommissar, Belgien und Frankreich eine Militärverwaltung.

Da ein Friedensangebot Hitlers an England von Churchill ignoriert wurde, begannen Vorbereitungen für eine Invasion der Insel. Nachdem aber die „Luftschlacht um England" mit einer Niederlage der deutschen Luftwaffe endete, wurde das Unternehmen abgeblasen. Hitler begann bereits 1940 mit der Vorbereitung des „Unternehmens Barbarossa", eines Angriffs auf die Sowjetunion, obwohl Stalin bisher keinen Anlaß für einen Bruch des mit dem Reich geschlossenen Vertrags gegeben hatte und Züge mit kriegswichtigen Gütern unentwegt nach Deutschland rollten. Der Überfall war für das Frühjahr des Jahres 1941 geplant, dann aber verzögerte sich der Termin um möglicherweise entscheidende sieben Wochen.

Während der spanische Diktator Franco, dem die Achsenmächte zur Macht verholfen hatten, sich Hitlers Wunsch nach einem Kriegseintritt verschloß und sein Land zum Unterschied von den Neutralen als „nichtkriegführend" bezeichnete, war am 10. Juni auch Italien in den Krieg gegen die Westmächte eingetreten und hatte Truppen an der Cote d'Azur vorrücken lassen. Offenbar befürchtete Mussolini, bei der Teilung der Beute zu kurz zu kommen – wollte er doch Nizza und Korsika für Italien erwerben. Schon nach der Besetzung Tschechiens durch Hitler hatte er Albanien unterworfen. Von Albanien aus begann der „Duce" Ende Oktober 1940 einen Krieg gegen Griechenland, doch wurden die italienischen Truppen im Epirus zurückge-

Der Zweite Weltkrieg

Europa unter der Herrschaft der Achsenmächte — 1942

Legende:
- "Großdeutsches Reich"
- Besetzte u. eroberte Gebiete:
- Verbündete des "Großdeutschen Reiches"
- Von westlichen Alliierten besetzte Gebiete
- Angegliederte Gebiete
- unter "Reichskommissaren"
- Vichy-Frankreich
- Generalgouvernement
- unter Militärverwaltung
- "Anti-Hitler-Koalition"
- Einflußgebiet der Achsenmächte

nun den vorbereiteten Krieg gegen die Sowjetunion. Der Angriff begann ohne Kriegserklärung am 22. Juni 1941. Der Führer der NSDAP wollte damit die beiden Wahnideen realisieren, die sein politisches Handeln bestimmten. Es waren dies die Vernichtung des Judentums und die Gewinnung von „Lebensraum" für ein Großdeutsches bzw. Großgermanisches Reich im Osten. Finnland, Ungarn, Rumänien, die Slowakei und Italien beteiligten sich an dem Krieg. Dieser hatte in den ersten Monaten den Anschein eines neuen Blitzkriegs: die Truppen besetzten das Baltikum und einen Großteil der Ukraine und schlossen um Leningrad einen Belagerungsring. Ostgalizien mit Lemberg wurde dem Generalgouvernement angegliedert, der Bezirk Bialystok kam zu Ostpreußen; im Hinterland der Front wurden zwei Reichskommissariate errichtet: Ukraine und Ostland (Estland, Lettland, Litauen und „Weißruthenien"). Nach Kesselschlachten, in denen Hunderttausende Gefangene gemacht wurden (viele von ihnen kamen in den Lagern um), stießen die Verbände der Wehrmacht bis zu den westlichen Vororten Moskaus vor. Dann aber brach der russische Winter mit aller Härte ein, und die darauf unvorbereiteten Hitlertruppen mußten sich unter schweren Verlusten von der Front vor der Sowjethauptstadt zurückziehen.

Drei von 260 000: Am Ende der Schlacht von Stalingrad waren zwei Drittel der deutschen Soldaten gefallen, erfroren oder an Erschöpfung gestorben. Nur 6000 kehrten nach Deutschland zurück.

schlagen und gerieten in arge Bedrängnis. Ebenso wurden die Italiener von den Briten in ihrer Kolonie Libyen zurückgeworfen.

Hitler suchte unterdessen in Südosteuropa Bündnispartner. Er gewann Ungarn, Bulgarien und auch Rumänien für den Dreimächtepakt Deutschland-Italien-Japan, obwohl diesem Land 1940 im „2. Wiener Schiedsspruch" die Abtretung eines Teils von Siebenbürgen an Ungarn aufgezwungen worden war. Dann schien auch Jugoslawiens Beitritt gesichert, doch wurde die Unterzeichnung durch einen Offiziersputsch verhindert. Daraufhin besetzte die Wehrmacht, im Frühjahr 1941, Jugoslawien, in einem Zug kam Hitler auch seinem bedrängten Freund zu Hilfe und bezog Griechenland in den „Blitzkrieg" ein. Jugoslawien wurde aufgeteilt: Kroatien wurde als faschistischer Satellitenstaat formell unabhängig, Ungarn erhielt die Batschka und Baranya zwischen Donau und Theiß, Bulgarien durfte das jugoslawische Mazedonien und die griechische Ägäisküste bis zur Struma besetzen, Italien bekam Laibach und Norddalmatien. Es schloß den Kosovo an Albanien an und übernahm das Protektorat über Montenegro. Deutschland gliederte die frühere Südsteiermark und Oberkrain den Nachbargauen ein und stellte Rest-Serbien unter Militärverwaltung. Schließlich bekamen die Italiener in Nordafrika durch deutsche Truppen unter General Rommel Unterstützung. Sie eroberten die britisch besetzte Cyrenaika zurück und drangen an der ägyptischen Küste vor.

Das freilich hatte enorme militärische Kräfte gebunden und gewaltige Nachschubwege verursacht. Trotzdem riskierte Hitler

1939-1945

Am 7. Dezember 1941 überfielen die Japaner Pearl Harbour und eröffneten damit den Krieg gegen die Vereinigten Staaten und Großbritannien. Obwohl Japan, dessen Truppen seit 1937 einen Krieg gegen China führten, keine „zweite Front" gegen die Sowjetunion eröffnete, erklärten Deutschland und Italien drei Tage später den USA den Krieg. Über die Motive Hitlers für diese im Grunde unprovozierte Kriegserklärung wird immer noch gerätselt. Unter anderem wird vermutet, daß er Amerika als jüdisch beherrscht betrachtete und ihn sein Judenhaß, der in seinem Herrschaftsgebiet nun in der „Endlösung" in seiner abscheulichsten Form Gestalt annahm, zu diesem Schritt bestimmt hat.

Der Vernichtungskrieg, als den Hitler durch seine Befehle den Feldzug gegen die Sowjetunion außerhalb allen Kriegsrechtes stellte, traf, neben den kommunistischen Kommissaren, in erster Linie die jüdische Bevölkerung im Osten tödlich. Schon beim Vormarsch der Wehrmacht kam es zu Massenmorden großen Stils. Sie waren das unmittelbare Vorspiel zum Holocaust (s. d.). Die Zivilbevölkerung in den Reichskommissariaten war rechtlos, Hunderttausende wurden als Zwangsarbeiter ins Reich geschickt. Der Partisanentätigkeit gab das starken Auftrieb. Erst als sich die Niederlage Deutschlands abzeichnete, wurde eine „Russische Befreiungsarmee" unter General Wlassow aufgestellt und Einheiten der Waffen-SS aus bisher als „Untermenschen" betrachteten Slawen und Balten, auf dem Balkan aus Bosniern und Albanern gebildet. Zuvor schon waren „germanische", wallonische, spanische und französische Freiwillige für den nun als europäischen Abwehrkampf gegen den Bolschewismus ausgegebenen Krieg angeworben worden.

Im Frühjahr 1942 begann eine Offensive in Südrußland. Ziel war die Eroberung der Ölfelder im Kaukasus und der großen Stadt Stalingrad an der Wolga, wobei deren Name im Symboldenken Hitlers eine Rolle gespielt haben dürfte. Der Kampf um Stalingrad wurde zur Wende im Krieg. Hitler untersagte, als sich schon ihre Einkesselung abzeichnete, ausdrücklich den Rückzug der 6. Armee unter General Paulus. Im Januar 1943 mußten die Reste der Armee in den Trümmern der Stadt kapitulieren; eine Viertelmillion Mann waren auf deutscher Seite gefallen oder traten den Weg in die Gefangenschaft an, aus der nur wenige zurückkehrten. Die Verluste der Sowjettruppen, die Stalin zu größtem Einsatz anspornte, lagen noch höher.

Auch in Afrika war bei El-Alamein die Wende eingetreten; General Montgomery drängte die Truppen Rommels bis Tunesien zurück, 250.000 deutsche und italienische Soldaten mußten sich ergeben.

Auf der Konferenz von Casablanca im Januar 1943 kamen US-Präsident Roosevelt und der britische Premier Churchill überein, den Krieg bis zur bedingungslosen Kapitulation Deutschlands zu führen. Das verstärkte nur den Widerstand des Hitlerregimes, und Propagandaminister Goebbels rief im Berliner Sportpalast den „totalen Krieg" aus. Die Luftwaffe war nicht mehr in der Lage, die massiven Bombenangriffe auf deutsche Städte zu behindern.

Die Erfindung des Radars legte auch die deutsche U-Boot-Waffe lahm. Im Juli 1943 landeten alliierte Truppen auf Sizilien – das war allerdings noch nicht die entscheidende „zweite Front", die Stalin immer wieder urgierte. Es kam zum Sturz Mussolinis, und Italien unterzeichnete am 3. September einen Waffenstillstand. Die Wehrmacht besetzte sofort den größten Teil Italiens, Mussolini wurde befreit und proklamierte in Mailand eine „Italienische Sozialrepublik", einen Satellitenstaat Deutschlands als Gegengewicht zum Königreich Italien, das Deutschland den Krieg erklärt hatte. Zwei „Operationszonen", „Alpenvorland" (Provinzen Bozen, Trient, Belluno) und „Adriatisches Küstenland" (Udine, Triest, Laibach, Görz, Pola), wurden der Verwaltung der Gauleiter von Tirol und Kärnten unterstellt.

Der Zweite Weltkrieg   1939-1945

Der Kessel von Stalingrad: Im November 1942 waren die deutschen Truppen eingeschlossen, ein Ausbruch der 6. Armee wurde von Hitler untersagt. Hier die Stadtmitte nach dem Ende der Kämpfe 1943.

Am 6. Juni 1944 landeten die Alliierten in der Normandie. Die „Invasions"-Armee gewann nach Überwindung des deutschen „Atlantikwalls" rasch an Boden: im August war sie in Paris, im Herbst an der deutschen Grenze. Am 20. Juli 1944 war das im Zuge einer weitverzweigten militärischen und zivilen Verschwörung von Oberst Stauffenberg auf Hitler in dessen ostpreußischem Hauptquartier „Wolfsschanze" verübte Bombenattentat mißglückt; eine Massenverfolgung mit rund fünftausend Hinrichtungen und die Oberaufsicht der SS über die Wehrmacht waren die Folge. Die „Wunderwaffen" V 1 und V 2, Raketen, die vor allem auf London abgefeuert wurden, zeigten geringe Wirkung, während Deutschlands Städte in Schutt und Asche fielen. Im Oktober betraten sowjetische Truppen in Ostpreußen erstmals den Boden des Reichs, zugleich erfolgte die alliierte Landung in Griechenland, die Wehrmacht zog sich

Im Endkampf um Berlin scheute Hitler nicht davor zurück, halbe Kinder an die Front zu schicken. Für die, die überlebten, brach eine Welt zusammen.

über Jugoslawien zurück. Als erste deutsche Stadt wurde Aachen von den Amerikanern erobert; die von Hitler befohlene Ardennenoffensive im Dezember 1944 erwies sich als sinnloser, opferreicher letzter Kraftakt. Hitlers „Nerobefehl", wonach dem vorrückenden Feind nur noch Trümmer hinterlassen werden sollten, wurde nur in Ausnahmefällen befolgt. Die Truppen der westlichen Alliierten überschritten im Februar 1945 den Rhein und stießen in den folgenden Wochen im Norden bis zur Elbe, im Süden bis Tirol vor. Anfang April standen die Russen in Wien, erreichten Mitte April die Oder und begannen am 26. April den Kampf um Berlin. Dort entzog sich Hitler in seinem Führerbunker vier Tage später der Verantwortung durch Selbstmord. Sein Nachfolger als Staatsoberhaupt, Admiral Karl Dönitz, ließ am 7. Mai 1945 in Reims und am 8. Mai im sowjetischen Hauptquartier in Karlshorst die Kapitulation unterzeichnen.

Konzentrationslager und Holocaust 1933-1945

Schon bei Kriegsausbruch prophezeite Hitler für den Fall eines neuen Weltkriegs „die Vernichtung der jüdischen Rasse in Europa". Mit der Ermordung von Millionen von Juden im Zuge der „Endlösung" ist er diesem Ziel erschreckend nahe gekommen.

Der Antisemitismus war ein Grundelement der Ideologie des Nationalsozialismus. Schon in den zwanziger Jahren hatte Hitler diesen Kern seines Programms unverhohlen offen in dem Buch „Mein Kampf" dargelegt. Dort war zu lesen, daß ein Sieg des Judentums mit Hilfe des Marxismus „der Totentanz der Menschheit" sein würde: „ ... dann wird dieser Planet wieder wie einst vor Jahrmillionen menschenleer durch den Äther ziehen ... So glaube ich heute im Sinne des allmächtigen Schöpfers zu handeln: indem ich mich des Juden erwehre, kämpfe ich für das Werk des Herrn." Hätte man den Autor dieses – gesperrt gedruckten! – Satzes ernst genommen, dann hätte man daraus folgern müssen, daß ein solch paranoides Programm sich nicht mit Ladenboykott, Ausbürgerungen, rassistischen Ehegesetzen und gelegentlichen Pogromen begnügen würde. Die physische Ausrottung als Endziel wäre von Juden wie Nichtjuden erkannt worden.

Der Todessturm des Holocaust hat die europäische Landkarte der Verbreitung des Judentums völlig verändert. Nach den Vertreibungen aus Spanien und aus vielen deutschen Territorien bildete das Gebiet des Königreichs Polen, das auch Litauen, Weißrußland und die Ukraine umfaßte, sowie die walachischen Fürstentümer (Rumänien) Hauptsiedlungsgebiete des europäischen Judentums. Bis 1917 war die Linie Petersburg-Rostow die durch einen Ukas des Zaren festgelegte Ostgrenze des jüdischen „Ansiedlungsrayons". In diesem Gebiet lebte im 19. Jahrhundert mehr als die Hälfte der Juden der gesamten Welt.

Die volle Gleichberechtigung, die der Liberalismus den Juden endlich brachte, hatte zur Folge, daß diese im Geschäftsleben und in den akademischen Berufen in Deutschland und Österreich-Ungarn als unerwünschte Konkurrenz empfunden wurden. Der in alten religiösen Vorurteilen wurzelnde, nun politische Antisemitismus zunächst sogenannter christlicher Parteien erwies sich als wirksames Agitationsmittel, auch gegen die aufsteigende Sozialdemokratie. Diese antisemitische Grundstimmung seiner Umgebung ließ in Theodor Herzl den Gedanken einer nationaljüdischen Heimstätte in der Urheimat Palästina reifen. Pogrome in Rußland führten zu Auswanderungsströmen vor allem nach Amerika. Nach Ausbruch des Ersten Weltkrieges und dem anfänglichen Vordringen der russischen Armeen flüchteten Zehntausende in die nichtbedrohten Gebiete der Donaumonarchie und des Reiches. Eine neue Welle von Immigranten folgte, als es im Bürgerkrieg in Rußland durch die Truppen der zarentreuen „Weißen" und der ukrainischen Nationalisten zu wilden Verfolgungen der Juden kam, die als Sympathisanten der Kommunisten angesehen wurden; in der Tat waren ja auch etliche Führer der Bolschewiken jüdischer Herkunft. Die Aufnahme dieser „Ostjuden" verstärkte den ohnehin schon vorhandenen und durch antisemitische Populisten und Radaupolitiker aufgeheizten Judenhaß, der in den kirchenfernen nationalistischen Strömungen als Rasse-Antisemitismus seine menschenfeindlichste Ausprägung erhielt. In Deutschland wurde er mit der „Dolchstoßlegende" verknüpft, die den „Juden im Hinterland" die Schuld an der Niederlage im Krieg zuschob.

Die Nationalsozialisten trieben einen Teil der Juden Deutschlands bereits nach ihrer Machtergreifung in die Emigration. Die Annexion Österreichs war, insbesondere in Wien, von so haßerfüllten und natürlich auch von Besitzgier getriebenen Ausschreitungen begleitet, daß sie selbst die Naziführung überraschte – die ihr aber zugleich einen Freibrief für weitere, noch schärfere Maßnahmen ausstellte. In der Gewaltorgie der sogenannten Reichskristallnacht im November 1938 kam der geradezu als politische Tugend geforderte Judenhaß in erschreckenden Formen

In der „Verwertung" der den in den Konzentrationslagern Ermordeten abgenommenen Gegenstände, ja selbst ihrer Goldzähne und ihrer Haare, offenbarte sich der Zynismus einer barbarischen Ideologie.

Das Aufbäumen der in das Warschauer Ghetto zusammengepferchten Juden wurde von der SS brutal niedergeworfen. Photographie von 1943

Konzentrationslager und Holocaust 1933-1945

zum Ausbruch. Immerhin gelang bis zum Kriegsbeginn 170.000 der in Deutschland lebenden Juden die Auswanderung, aus Österreich konnten nach dem „Anschluß" noch 110.000 ihre Rettung in der Emigration finden. Aus der Tschechoslowakei entkamen nur noch einige Zehntausend. Mit Kriegsausbruch fand auch der abenteuerliche Naziplan, die Juden in Madagaskar anzusiedeln, sein Ende.

Zunächst wurde das in den ersten Wochen des Krieges eroberte Polen mit seinem gewaltigen jüdischen Bevölkerungsanteil zum Exerzierfeld der Judenausrottung. Die jüdische Bevölkerung wurde in Ghettos zusammengepfercht und zum Teil in Arbeitslager gebracht; etwa ein Fünftel der drei Millionen polnischen Juden starb bereits in diesen Ghettos, vor allem an Hunger und Seuchen. Der Ghettoaufstand in Warschau im Jahre 1943, als schon längst die Transporte in die Vernichtungslager rollten, war ein ebenso heroischer wie verzweifelter Ausbruch.

Nach dem Überfall auf die Sowjetunion und der Kriegserklärung an die Vereinigten Staaten schritten Hitler und die SS an den systematischen Völkermord. Am 20. Januar 1942 fand im Berliner Villenvorort Wannsee eine Konferenz unter dem Vorsitz des SS-Führers Reinhard Heydrich statt, bei der die „Endlösung der Judenfrage" im deutschbeherrschten Europa beschlossen wurde. Schon in den ersten Wochen des Krieges gegen die Sowjetunion, bei der Eroberung der Städte in der Ukraine, in Weißrußland und im Baltikum, war es zu von den Besatzern geduldeten Pogromen und zu Massenerschießungen von Juden gekommen. Nun aber sollte die Ausrottung der Juden mit dem Einsatz technischer Mittel betrieben werden. Das wirksamste dafür hatte Hitler wieder schon in „Mein Kampf" angesprochen. Dort war für alle lesbar der Satz gestanden: „Hätte man zu Kriegsbeginn und während des Krieges einmal zwölf- oder fünfzehntausend dieser hebräischen Volksverderber so unter Giftgas gehalten wie Hunderttausende unserer allerbesten Arbeiter aus allen Schichten und Berufen es im Felde erdulden mußten, dann wäre das Millionenopfer der Front nicht vergeblich gewesen. Im Gegenteil: Zwölftausend Schurken zur rechten Zeit beseitigt, hätte vielleicht einer Million ordentlicher, für die Zukunft wertvoller Deutscher das Leben gerettet."

Während im besetzten Polen die Vernichtungslager vorbereitet wurden, begann im Herbst 1941 im großen Maßstab die Deportation der völlig entrechteten Juden aus Deutschland, zunächst nach Theresienstadt im „Protektorat" Böhmen-Mähren, einem zum KZ umgewandelten Ort, von dem in einem Nazi-Propagandafilm zynisch behauptet wurde: „Der Führer schenkt den Juden eine Stadt". Auch Theresienstadt entpuppte sich bald, von den schrecklichen Verhältnisse dort ganz abgesehen, nur als Durchgangsstation zu den Vernichtungslagern. Von den 141.000 Juden, die in dieses „Vorzugslager" eingeliefert wurden, haben nur 23.000 überlebt.

In das Programm der „Vernichtung der jüdischen Rasse", das von Hitler bereits in seiner Reichstagsrede vom 30. Januar 1939 angekündigt worden war, wurden auch die Satellitenländer einbezogen. Bei den Transporten aus allen Teilen des besetzten Europa gingen die Mordbehörden mit solch wahnwitziger Akribie vor, daß selbst kriegswichtige Transporte Nachrang gegenüber den Deportationszügen hatten. Lediglich das verbündete Finnland, der dänische König und die bulgarische Regierung konnten ihre jüdischen Bürger vor dem Holocaust schützen (die Bulgaren allerdings nicht in den ihnen zur Besetzung überlassenen Gebieten in Mazedonien und Thrakien).

Die Zahl der ermordeten Juden kann nur geschätzt werden. Nach übereinstimmenden wissenschaftlichen Forschungen darf angenommen werden, daß in der Zeit von September 1939 bis Mai 1945 annähernd sechs Millionen Juden durch Ermordung im Zuge von Pogromen, Massakern und insbesondere durch die systematische Vernichtung in den Todeslagern sowie durch Hunger und Seuchen in den Ghettos ums Leben gekommen sind.

Potsdamer Beschlüsse und Vertreibung — 1945

Die Flucht und die Vertreibung der deutschen Bevölkerung aus den Ostgebieten im letzten Stadium des Zweiten Weltkrieges und danach mit Billigung der Siegermächte durch das Potsdamer Abkommen brachte die größte gewaltsame Bevölkerungsverschiebung in der Geschichte Europas mit sich. Rund 15 Millionen Menschen waren betroffen. Gegenüber dem Stand von 1937 verlor Deutschland fast ein Viertel seines Staatsgebietes.

Es war das nationalsozialistische Regime, das dem Volkstumskampf, der sich aus der Idee des Nationalstaates ableitete und entwickelte, eine Wende zum Rassismus gegeben hatte. Er äußerte sich nicht allein in dem bis zur letzten Konsequenz des millionenfachen Mordes getriebenen antisemitischen Wahn. Er teilte auch die Völker in hoch- und minderwertige, in Menschen und Untermenschen ein. Die Planungen für das „Großgermanische Reich", das sich die Weiten des Ostens untertan machen sollte, sahen nach dem „Endsieg" die Assimilierung des „rassisch wertvollen Menschenmaterials" und die Versklavung oder massenweise Aussiedlung der slawischen „Untermenschen" nach Sibirien vor. Die Behandlung der Bevölkerung in den besetzten Ostgebieten gab einen Vorgeschmack davon – ein Kapitel jener ideologischen Verblendung, die für eine Zusammenarbeit mit antikommunistischen Kräften dort keinen Spielraum ließ. Die Sieger von 1945 erwiesen sich als gelehrige Schüler: sie führten aus, was Hitler ihnen zugedacht hatte: „Während es bis dahin stets darum gegangen war, die Einheit von Volk und Staat dadurch herzustellen, daß man die Staatsgrenze dem Siedlungsgebiet des Volkes in etwa anzupassen und vor allem verstreute völkische Minderheiten zu assimilieren versuchte, so wurde das Prinzip von Hitler und vor allem von den Siegern des Zweiten Weltkriegs umgedreht: An ein willkürlich abgestecktes Staatsgebiet sollten jetzt die Siedlungsgebiete der Völker angepaßt werden, indem man Menschen um ihrer Volkszugehörigkeit willen wie Vieh von einer Weide auf die andere trieb …" (Jürgen Mirow, Geschichte des deutschen Volkes, 1990).

Zuallererst aber traf Hitlers Umsiedlungskonzept Deutsche. Das erste Opfer dieser neuartigen Methode – die vor Ende des Jahrhunderts dann als „ethnische Säuberung" einen makabren Terminus technicus erhalten sollte – wurde eine Volksgruppe, die schon anderthalb Jahrtausende auf dem Boden ihrer Heimat lebte. Bereits in „Mein Kampf" hatte Hitler sein Desinteresse an den Südtirolern angekündigt (auch wenn das viele von ihnen nicht wahrhaben wollten). Nun erwies der. „Führer" Mussolini, seinem Freund in Rom, seinen Dank für dessen Akzeptanz des „Anschlusses" Österreichs, indem er mit ihm die Umsiedlung der Südtiroler vereinbarte. Gemäß einem im Juni 1939 abgeschlossenen Übereinkommen sollten sie sich entscheiden: entweder für das Reich (und den damit verbundenen Verlust der Heimat) zu „optieren" oder für Italien (mit der Aussicht auf Assimilierung wenn nicht gar Umsiedlung nach Süditalien oder Libyen).

Die optionsberechtigten deutschen und sogar die ladinischen Südtiroler sowie die Bewohner des kleinen vormals Kärntner Kanaltales bekannten sich mit großer Mehrheit (86

Hitlers Umsiedlungen 1939-1942

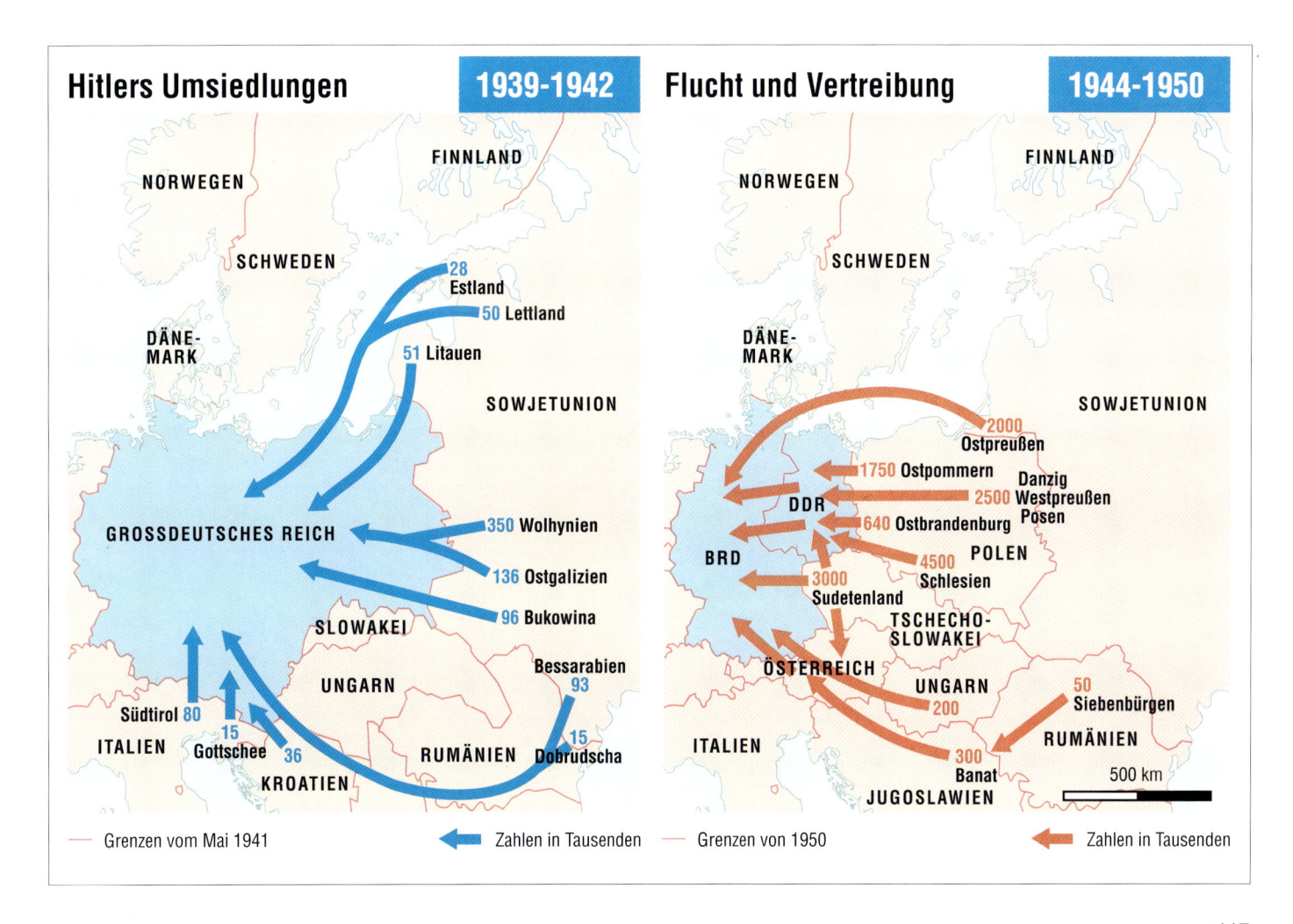

- 28 Estland
- 50 Lettland
- 51 Litauen
- 350 Wolhynien
- 136 Ostgalizien
- 96 Bukowina
- 93 Bessarabien
- 15 Dobrudscha
- 80 Südtirol
- 15 Gottschee
- 36 (Kroatien)

Grenzen vom Mai 1941 — Zahlen in Tausenden

Flucht und Vertreibung 1944-1950

- 2000 Ostpreußen
- 1750 Ostpommern
- 2500 Westpreußen, Danzig, Posen
- 640 Ostbrandenburg
- 4500 Schlesien (POLEN)
- 3000 Sudetenland (TSCHECHOSLOWAKEI)
- 200 Ungarn
- 50 Siebenbürgen (RUMÄNIEN)
- 300 Banat (JUGOSLAWIEN)

Grenzen von 1950 — Zahlen in Tausenden

500 km

Potsdamer Beschlüsse und Vertreibung

bzw. 55 Prozent) zum Reich. Bürokratische Hemmnisse und der Kriegsverlauf verhinderten die Entvölkerung des Landes an Etsch und Eisack. Immerhin: Rund 80.000 wurden umgesiedelt, vorwiegend nach Nordtirol, Vorarlberg und Kärnten. (Zwei Drittel von ihnen konnten nach dem Krieg in ihre Heimat zurückkehren.) Als sich Italien 1941 das südliche Slowenien einverleibte, wurde auch die 600 Jahre alte Sprachinsel der Gottschee durch „Heimholung" ins Reich aufgelöst. Als dann Italien aus dem Kriegsbündnis ausschied, war wieder alles anders: Südtirol kam unter deutsche Zivilverwaltung, und die wehrfähigen Männer, Optanten oder nicht, wurden eingezogen.

Eine Umsiedlung großen Stils erfolgte, nachdem Hitler und Stalin (der sich mit der Massenabschiebung der „Kulaken" nach Sibirien bereits als brutaler Umsiedlungsspezialist erwiesen hatte) in ihrem Geheimabkommen zum Nichtangriffspakt über die Teilung Osteuropas handelseins geworden waren: Das Naziregime holte die „Volksdeutschen" (ein Begriff, den Meyers Lexikon von 1930 noch gar nicht kannte!) aus den drei baltischen Republiken, den bis dahin zu Polen gehörenden Gebieten Ostgalizien und Wolhynien und den früher rumänischen Territorien der Bukowina, Bessarabiens und der Dobrudscha „heim ins Reich". Die Zuwanderer wurden zwecks Eindeutschung vor allem in Westpreußen, Südostpreußen und dem Wartheland (Posen) angesiedelt, also in Gebiete, die, weit über die Grenzen des Kaiserreichs vor 1918 hinaus, zum Reichsgebiet erklärt worden waren – eine Aufgabe, die fünf Jahre später in eine neuerliche Flucht münden sollte, auch wenn ihnen Stalins Deportation „seiner" Deutschen von der Wolga nach Kasachstan und Sibirien erspart blieb.

Als sich die Sowjetarmeen dem Reichsgebiet näherten, ergriffen Hunderttausende die Flucht. Schon damals wurde besonders Ostpreußen entvölkert, und auch Pommern und Schlesien wurden von einem beträchtlichen Teil der Bevölkerung verlassen. Die Zurückgebliebenen, und ebenso die Deutschen in der Tschechoslowakei und in Jugoslawien, traf in den ersten Monaten nach Kriegsende die oft grausame Rache der bis dahin von der Nazi-Herrschaft Unterdrückten. Pogrome und Lynchjustiz, Hunger und Seuchen in den Lagern, in die die Deutschen zum Teil eingewiesen wurden, Grausamkeiten und Erschöpfung auf den Fußmärschen der aus ihren Dörfern und Städten Verjagten kostete in dieser Zeit der „wilden Vertreibung" Zehntausenden das Leben.

Der nach dem Münchner Abkommen zurückgetretene tschechoslowakische Präsident Eduard Benesch war im englischen Exil sehr bald offen für die Ausweisung der rund 3,5 Millionen Sudetendeutschen aus der Tschechoslowakei eingetreten und hatte eine Zusammenarbeit mit sozialdemokratischen sudetendeutschen Emigranten abgelehnt. Die dann im von der Roten Armee bereits befreiten ostslowakischen Kaschau residierende tschechoslowakische Regierung, in der die Kommunisten großen Einfluß hatten, verfügte zunächst die entschädigungslose Enteignung aller früheren tschechoslowakischen Staatsbürger deutscher Sprache und deren Heranziehung zur Zwangsarbeit. Auf der Potsdamer Konferenz der Siegermächte im August 1945 wurde dann auf Antrag der CSR-Regierung beschlossen, alle Sudetendeutschen auszuweisen. Ebenso wurden die Ausweisung aus Polen und aus dem im Krieg mit Deutschland verbündeten Ungarn angeordnet. Die Westalliierten bemühten sich dabei, die insbesondere in der Tschechoslowakei angelaufenen Vertreibungen in geordnete Aussiedlungsaktionen umzuwandeln. Nur etwa 200.000 Sudetendeutsche blieben in der alten Heimat zurück, vor allem unentbehrliche Facharbeiter und aktive kommunistische Antifaschisten. Die Aneignung des gesamten Besitzes von drei Millionen bisherigen Mitbürgern durch das Mehrheitsvolk wurde von den Kommunisten als revolutionärer Akt interpretiert und bereitete deren Machtübernahme im Jahr 1948 vor.

Schon vor der Konferenz hatte Stalin in der Grenzfrage, was die deutschen Ostgebiete anlangt, vollendete Tatsachen geschaffen. Bereits im Februar 1945 übergab er die Gebiete östlich von Oder und Görlitzer Neiße der polnischen Verwaltung und gliederte das nördliche Ostpreußen mit Königsberg (das in Kaliningrad umbenannt wurde) der Sowjetunion an. Die Westmächte (die ursprünglich nicht die Görlitzer, sondern die weiter östlich liegende Glatzer Neiße als Grenzfluß betrachtet hatten) kritisierten zwar den Umfang der Grenzverschiebung, die Polen auch als Ersatz für die Gebiete gegeben wurden, die es – bereits durch den Hitler-Stalin-Pakt – im Osten verloren hatte; doch war der Hinweis auf das Provisorium der Grenzziehung bis zu einem Friedensschluß nur noch ein Formalakt. Soweit die Deutschen aus diesen Gebieten nicht bereits mit der sich zurückziehenden Wehrmacht geflüchtet waren, wurde nun deren Einweisung in Lager und ihr Abtransport von den polnischen Behörden durchgeführt. Rund eine Million der Bewohner wurden allerdings als „Autochthone" – ethnische Polen, die in den Masuren und in Oberschlesien zunehmender Germanisierung ausgesetzt gewesen waren – für das neue Polen reklamiert;

Als die ersten russischen Panzerspitzen die Reichsgrenze in Ostpreußen erreichten, brachen, in panischer Angst, Bauerntrecks auf. Während der russischen Offensive im Januar 1945 wurden die meisten getötet.

118

auch von ihnen bewarben sich später viele als „Umsiedler" um die Ausreise in die Bundesrepublik.

Nach der Besetzung Jugoslawiens – im Banat und in der Batschka lebte die Hauptmasse der etwa eine halbe Millionen Deutscher, die von Maria Theresia und Kaiser Joseph II. hier angesiedelten sogenannten Donauschwaben – hatte das Hitlerregime die Einziehung dieser „Volksdeutschen" in die Waffen-SS verfügt. Batschka und Baranja waren Ungarn übergeben worden, das Banat unterstand der deutschen Militärverwaltung. Als sich die Front Jugoslawien näherte und auch die Aktionen der Tito-Partisanen auf diese Gebiete übergriffen, wurde ein Teil der deutschen Bevölkerung evakuiert oder schloß sich der zurückweichenden Wehrmacht an (man schätzt, daß dies etwa der Hälfte gelang). Nach der Übernahme der Verwaltung durch die Tito-Partisanen kam es zu zahlreichen Gewalttaten, und tausende Arbeitsfähige, zum überwiegenden Teil Frauen, wurden in die Sowjetunion deportiert. Die in Jugoslawien verbliebenen Deutschen wurden enteignet, die Arbeitsfähigen in Ortslager gebracht, die übrigen, vor allem Alte und Kinder, kamen in Sammellager. Ein Teil von ihnen wurde abgeschoben, oder ihre Flucht nach Ungarn und Österreich geduldet. 1948 wurden die Lager aufgelöst, doch hielt man Arbeitsfähige noch lange von einer Ausreise in die Bundesrepublik zurück.

Für die in Ungarn lebenden Deutschen wurde eine Umsiedlung erst von den Alliierten im Potsdamer Abkommen angeordnet; in der ersten ungarischen Nachkriegsregierung gab es Widerstände dagegen. Etliche tausend Arbeitsfähige wurden in die Sowjetunion deportiert. Schließlich beschloß man die Aussiedlung jener ungarischen Staatsbürger, die sich offen zum deutschen Volkstum bekannt hatten oder ihre Namen hatten regermanisieren lassen. Die Aussiedlung vollzog sich ohne Ausschreitungen und wurde nur etwa zur Hälfte durchgeführt; etwa 200.000 Personen waren betroffen.

Die seit dem 13. Jahrhundert in Siebenbürgen ansässigen „Sachsen" und die Donauschwaben im rumänischen Teil des Banats blieben von einer Umsiedlung verschont, soweit sie nicht ohnedies beim Herannahen der Russen geflohen waren. Nach dem Einmarsch der Roten Armee wurden mehr als 100.000 Volksdeutsche aus Rumänien zur Zwangsarbeit in die Sowjetunion

Auf der Potsdamer Konferenz legten die „großen Drei" (Präsident Truman, Ministerpräsident Stalin und Premier Churchill) die Richtlinien für die Zukunft des besiegten Deutschland fest.

verschleppt; die Hälfte der Überlebenden – die Verlustquote betrug etwa 15 Prozent – blieb nach ihrer Entlassung in Deutschland. Rumänien selbst organisierte keine Vertreibungen, die Deutschen hatten freilich wie die übrige Bevölkerung die Folgen der kommunistischen Machtübernahme, Bodenreform und Kollektivierung, Gleichschaltung und Gesinnungsterror zu ertragen. Sie erhielten jedoch beschränkte Minderheitenrechte. In späteren Jahren machte das Ceausescu-Regime aus der Genehmigung der Ausreise in die Bundesrepublik ein ertragreiches Geschäft. Die Sprachinseln der Sachsen und Schwaben gerieten durch die Abwanderung, vor allem der jüngeren Bewohner, in Auflösung.

Insgesamt haben in den Jahren von 1944 bis 1950 durch Flucht, Vertreibung oder Umsiedlung an die 15 Millionen Deutsche ihre Heimat verloren. Die „Vertreibungsverluste", also die Zahl derjenigen, die durch Kriegshandlungen, Hunger, Seuchen und Pogrome das Leben verloren, wird auf etwa zwei Millionen geschätzt. Die deutsche Ostsiedlung war ein geschichtlicher Prozeß mit unterschiedlichen Ursachen gewesen, der sich durch fast ein Jahrtausend hinzog. Hitler, der die Eroberung des „Lebensraums" im Osten proklamiert hatte, löste ihre Vernichtung binnen weniger Jahre aus. Er öffnete die Pforten der Hölle, durch die dann auch die Deutschen des Ostens gehen mußten. Für viele begannen die Leiden erst mit dem Kriegsende. „Aber wir dürfen nicht im Ende des Krieges die Ursache für Flucht, Vertreibung und Unfreiheit sehen. Sie liegt vielmehr in seinem Anfang" (Bundespräsident Richard von Weizsäcker am 40. Jahrestag des Kriegsendes).

Die Besatzungszonen

Nach der bedingungslosen Kapitulation wurde Deutschland von 1945 bis 1949 von einer Militärregierung der vier Besatzungsmächte regiert. Die zunehmende Konfrontation zwischen den Westmächten und der Sowjetunion führte schließlich zur Gründung zweier deutscher Staaten: der Bundesrepublik Deutschland und der DDR.

Die deutschen Streitkräfte zu Lande, zu Wasser und in der Luft sind vollständig geschlagen und haben bedingungslos kapituliert, und Deutschland, das für den Krieg verantwortlich ist, ist nicht mehr fähig, sich dem Willen der siegreichen Mächte zu widersetzen. Dadurch ist die bedingungslose Kapitulation Deutschlands erfolgt, und Deutschland unterwirft sich allen Forderungen, die ihm jetzt oder später auferlegt werden."

So beginnt die Viermächte-Erklärung vom 5. Juni 1945, in der die Übernahme der Regierungsgewalt „durch die Regierungen des Vereinigten Königreiches, der Vereinigten Staaten von Amerika und der Union der Sozialistischen Sowjetrepubliken und durch die provisorische Regierung der Französischen Republik" festgelegt wird. Begründet wird dies so: „Es gibt in Deutschland keine zentrale Regierung oder Behörde, die fähig wäre, die Verantwortung für die Aufrechterhaltung der Ordnung, für die Verwaltung des Landes und für die Ausführung der Forderungen der siegreichen Mächte zu übernehmen." Die Regierungsgewalt wurde einem gemeinsamen Alliierten Kontrollrat übertragen. Er bestand aus den Oberbefehlshabern der vier Besatzungszonen, in die das Gebiet des Deutschen Reiches „in den Grenzen vom 31.12.1937", wie es in den Erklärungen der Siegermächte hieß (das Reich hatte staatsrechtlich nicht zu bestehen aufgehört) eingeteilt wurde.

Während des Krieges hatten die USA und Großbritannien an die Aufteilung Deutschlands in mehrere Staaten gedacht. So gab es einen Entwurf, der das Gebiet in fünf voneinander unabhängige Länder (Preußen, Hannover, Sachsen, Hessen und Bayern, dazu ein Rhein-Ruhr-Gebiet unter internationaler Kontrolle) teilte. Ein anderer Plan sah einen Nord- und einen Süddeutschen Staat (diesen zunächst unter Einschluß Östereichs) vor; in der Moskauer Deklaration von 1943 bekannten sich allerdings die Alliierten bereits zur Wiederherstellung eines unabhängigen Österreichs. Die Denkschrift des US-Finanzministers Henry Morgenthau plädierte dafür, Deutschland überdies auf den Status eines Agrarstaates zu reduzieren.

Als erster erteilte Josef Stalin in seiner Siegesrede unmittelbar nach Kriegsende solchen Plänen offiziell eine Absage: „Die Hitlers kommen und gehen, das deutsche Volk wird bestehen bleiben", war der Tenor dieser Aussage. Auch die Westmächte rückten von den Zerstückelungsplänen ab und setzten auf die Erhaltung der deutschen Wirtschaftseinheit, offensichtlich in der Absicht, weitgehende Sozialisierungen in der Sowjetzone hintanzuhalten. Zu dieser gehörten nach der Aufteilung der Viermächteerklärung nicht nur die Länder Mecklenburg, Brandenburg, Sachsen-Anhalt, Sachsen und Thüringen (die Amerikaner, die zum Teil weiter vorgedrungen waren, zogen sich zurück), sondern auch Pommern, Schlesien und Ostpreußen. Stalin stellte seine Verbündeten allerdings vor vollendete Tatsachen, als er noch im Krieg die Gebiete östlich der Oder und der Görlitzer Neiße der polnischen Regierung zur Verwaltung übergab und durch Ostpreußen eine gerade Linie als Grenze zwischen Sowjetrußland nördlich und Polen südlich davon zog (womit Polen für seine Ostgebiete entschädigt werden sollte, die 1939 von Hitler den Russen überlassen worden waren).

Bei der Konferenz von Potsdam am 17. Juli 1945 zeigten sich in den Fragen der künftigen Behandlung Deutschlands erstmals Gegensätze zwischen dem Westen und den Sowjets. Stalin verlangte eine Beteiligung an der Besetzung und Kontrolle des Ruhrgebiets. Dies lehnte der Westen ab, fand sich aber mit der neuen Grenzregelung „vorbehaltlich der Bestätigung in einem Friedensvertrag" ab. Jedoch sollte die Sowjetunion auch aus den Westzonen einen Teil der demontierten Industrieanlagen bekommen; überdies sollte die künftige industrielle Erzeugung Deutschlands gedrosselt und mit bestimmten Erzeugungsverboten belegt werden. In der Folge begann man in den westlichen Besatzungszonen die Konzerne und Großbanken zu entflechten, im Osten wurden alle Industriefirmen zunächst sowjetisch verwaltet und später in „volkseigene Betriebe" umgewandelt.

Nicht nur zwischen Ost und West, sondern auch mit Frankreich gab es folgenschwere Meinungsverschiedenheiten. Die drei anderen Mächte hatten in Potsdam der Einrichtung von gesamtdeutschen Gremien (Staatssekretariate unter Aufsicht des Kontrollrats) zugestimmt, doch Paris legte sich quer. Dadurch sah die Sowjetregierung einen weiteren Versuch verhindert, auf gesamtdeutsche

Händedruck an der Elbe: Am 25. April 1945 trafen bei Torgau amerikanische und sowjetische Truppen erstmals aufeinander.

1945-1949

Besatzungszonen Deutschland und Österreich — 1945

Legende:
- Amerikanische Zone
- Britische Zone
- Französische Zone
- Sowjetische Zone
- Wien (bis 1955) und Berlin, unter Viermächtestatus
- Saarland, 1946-57 autonom, bis 1959 wirtschaftlich zu Frankreich
- Kontrollgebiet der Internationalen Ruhrbehörde 1948-52
- Staatsgrenzen
- Westzonengrenze/Grenze BRD und DDR
- Länder- und Bezirksgrenzen
- Weitestes östliches Vordringen der Westalliierten am 8.5.1945
- Grenze Deutschlands und Danzigs 1937
- Oder-Neiße-Linie

Bereiche Einfluß zu erlangen, und forcierte die Sowjetisierung in ihrer eigenen Zone.

Weiters wurde im Potsdamer Abkommen die Bestrafung hitlerischer Kriegsverbrecher beschlossen; dafür wurde im August 1945 ein Internationaler Militärgerichtshof zur Aburteilung der deutschen Hauptkriegsverbrecher gebildet; er führte die „Nürnberger Prozesse" durch. Im Hauptprozeß wurden zwölf der 23 Angeklagten zum Tode verurteilt. In Potsdam gaben die Siegermächte grünes Licht für die – zum Teil bereits im Gang befindliche – Vertreibung (s. d.) der deutschen Bevölkerung („Überführung unter geregelten und humanen Bedingungen") aus den polnisch verwalteten Gebieten, der Tschechoslowakei und Ungarn.

Ohne Widerspruch nahm die Konferenz das von den Amerikanern vorgeschlagene „4-D-Programm" an: Demilitarisierung, Denazifizierung, Dezentralisierung und Deindustrialisierung. Die Dezentralisierung bestand vorweg in der Bildung von Bundesländern. Diese lagen zum Teil in den historischen Grenzen früherer deutscher Staaten bzw. preußischer Provinzen, zum Teil wurden verschiedene traditionelle Territorien zusammengelegt. Als ein „Hort des deutschen Militarismus" wurde Preußen von den Alliierten aufgelöst.

In der Sowjetzone wurde Mecklenburg um das, was von Vorpommern geblieben war, erweitert. Brandenburg hatte die Neumark östlich der Oder verloren. Sachsen bekam den deutsch gebliebenen Rest Schlesiens, die vordem preußische Provinz Sachsen wurde mit Anhalt vereinigt. Zu Thüringen kamen das ehemals preußische Erfurt und die Enklave Schmalkalden.

In der britischen Zone wurde aus Hannover, Oldenburg, Braunschweig und Schaumburg-Lippe das Land Niedersachsen gebildet. Schleswig-Holstein blieb in seinen Grenzen unverändert. Zu Nordrhein-Westfalen zusammengelegt wurden das preußische Westfalen, der Nordteil der Rheinprovinz und Lippe; damit blieb das Kerngebiet der deutschen Schwerindustrie in einem Land vereint. Hier lag auch die künftige Bundeshauptstadt Bonn. Die Hansestadt Hamburg blieb eigenständig, ebenso Bremen, das allerdings der

Die Besatzungszonen   1945-1949

Im April 1945 erließ General Eisenhower ein Fraternitätsverbot. Private Kontakte der US-Soldaten mit der deutschen Bevölkerung sollten unterbunden werden. Wenig später wurde das Verbot gelockert: Nun durften amerikanische Soldaten mit Kindern sprechen.

US-Besatzung unterstellt wurde. Die amerikanische Zone umfaßte Bayern in seinem alten Umfang (jedoch ohne Pfalz), weiters das aus dem ehemaligen Land Hessen und dem Großteil der preußischen Provinz Hessen-Nassau gebildete neue Hessen; das dritte Land der US-Zone, Württemberg-Baden, umfaßte zunächst nur den Nordteil dieser beiden Länder.

Auch die französische Zone bestand aus drei Ländern: Rheinland-Pfalz (der Südteil der Rheinprovinz und die vordem bayrische Pfalz), (Süd-)Baden und Württemberg-Hohenzollern (diese beiden Gebiete wurden 1952 mit dem Land der US-Zone zu Baden-Württemberg vereinigt). Das Saarland wurde wirtschaftlich an Frankreich angeschlossen und erst 1957 zu einem deutschen Bundesland.

Die ehemalige Reichshauptstadt Berlin bekam einen Viermächtestatus und wurde in vier Sektoren, die unter einer interalliierten Kommandantur standen, aufgeteilt; deren Trennung in ein deutsches Bundesland Westberlin und in Ostberlin wurde 1961 durch den Bau der Berliner Mauer durch das DDR-Regime abgeschlossen. Infolge der Spaltung konnte Bonn jenen Artikel des Grundgesetzes von 1949, der Großberlin zu einem Land der Bundesrepublik machte, bis zum Jahr 1990 nicht verwirklichen. Während die DDR Ostberlin, obwohl es vom westlichen Standpunkt aus kein Bestandteil der Sowjetzone war, integrierte und zu ihrer Hauptstadt machte, bildete Westberlin eine eigene staatliche Einheit. Die Bundesorgane konnten hier keine unmittelbare Staatsgewalt ausüben; die Abgeordneten Westberlins hatten kein Stimmrecht im Bundestag.

Bereits im Juni 1945 hatten die Besatzungsmächte als ersten Schritt ihres „Umerziehungsprogramms" wieder demokratische Parteien zugelassen. Es waren dies KPD, SPD, CDU (in Bayern CSU) und in der Sowjetzone die Liberaldemokraten (LDPD), in den Westzonen die FDP. Schon im April 1946 wurde in der Ostzone der Zusammenschluß von KPD und SPD zur Sozialistischen Einheitspartei Deutschlands (SED) erzwungen. In den Jahren 1946/47 erfolgten in den Ländern die ersten Wahlen.

Die Jahre von 1945 bis 1947 waren die schwerste Zeit für die Deutschen. Neben Hunger, Wohnungselend und Arbeitslosigkeit infolge der Demontagen wurde die triste Situation durch das gewaltige Flüchtlingsproblem verschärft. An die 13 Millionen Flüchtlinge aus den Ostgebieten mußten aufgenommen werden (nur 1,5 Millionen davon in der Ostzone, knapp eine halbe Million in Österreich). Dazu kamen in der Folgezeit noch jene Menschen, die aus der Sowjetzone nach Westen gingen – bis 1961 wuchs ihre Zahl auf 3 Millionen an. Millionen deutscher Männer befanden sich in Kriegsgefangenschaft.

Daß sich die Lage für die Deutschen rascher und grundlegender, als nach den ursprünglichen Plänen der Sieger zu erwarten gewesen war, verbesserte, lag an der Verschlechterung der Beziehungen zwischen Ost und West. Die Amerikaner erkannten, daß eine wirtschaftliche Genesung Westeuropas – die eine Voraussetzung dafür war, die Ausbreitung des Kommunismus zu verhindern – nur unter Einbeziehung Deutschlands in die Marshallplan-Hilfe zu erzielen war. Schon 1947 wurde das Doppelzonenabkommen zwischen Briten und Amerikanern geschlossen („Bizonien"). Als die Bemühungen um eine gemeinsame Deutschlandpolitik erfolglos blieben, wurde am 20. Juni 1948 im Westen eine Währungsreform durchgeführt, die der Inflation und dem Schwarzmarkt ein Ende bereitete. Aus Protest gegen diese Maßnahme verließ die Sowjetunion den Alliierten Kontrollrat – damit war die Viermächte-Regierung beendet. In weiterer Folge führte dies zur Berlinkrise (s. d.); die Blockade Westberlins dauerte von Juni 1948 bis Juli 1949. Im Juni 1949 schloß sich auch die französische Zone an die Doppelzone an, womit die Voraussetzungen für ein geeintes Westdeutschland gegeben waren.

Schon unter dem Eindruck der Berliner Blockade waren die Ministerpräsidenten der Westzonenländer im Juli 1948 von den Militärgouverneuren aufgefordert worden, Richtlinien für die Verfassung eines deutschen Bundesstaates auszuarbeiten. Nachdem Bedenken, ob auf diese Weise eine Spaltung Deutschlands verewigt würde, durch die mutige Haltung des Berliner Bürgermeisters Ernst Reuter zerstreut worden waren, wurde ein „Parlamentarischer Rat" unter dem CDU-Vorsitzenden Konrad Adenauer einberufen. Unter Federführung von Carlo Schmid (SPD) wurde die neue Verfassung als „Grundgesetz" formuliert. Nach dessen Annahme durch die Landtage und dessen Proklamation durch die Westalliierten am 23. Mai 1949 lösten diese in einem Besatzungsstatut die Militärregierung durch „Hohe Kommissare" ab. Dies war die Geburtsstunde der Bundesrepublik Deutschland. Die Sowjetunion zog am 7. Oktober 1949 mit der Gründung der Deutschen Demokratischen Republik nach. Damit war die Spaltung Deutschlands in zwei Staaten vollzogen.

Das geteilte Berlin

1948-1989

In der Blockade Westberlins durch Stalin erreichte der Kalte Krieg auf deutschem Boden 1948 einen ersten Höhepunkt. Der Bau der Berliner Mauer 1961 brachte für mehr als 28 Jahre die völlige Teilung der Stadt. Seit 1990 ist Berlin wieder Hauptstadt Deutschlands.

Nach dem Endkampf um Berlin, in dessen Verlauf sich Hitler durch Selbstmord der Verantwortung entzog, setzte die Sowjetarmee in der durch Luftangriffe und Kampfhandlungen schwerstens zerstörten ehemaligen Reichshauptstadt am 17. Mai 1945 den Parteilosen A. Werner als Oberbürgermeister ein. Am 11. Juli wurde das Gebiet von Groß-Berlin entsprechend den Abmachungen der Alliierten in vier Besatzungssektoren eingeteilt. Zugleich wurde als gemeinsame Verwaltungsinstanz die Alliierte Hohe Kommandantur in Berlin gebildet. Berlin war nicht mehr – wie ununterbrochen seit 1871 – der Sitz einer deutschen Regierung; eine solche gab es ja zunächst überhaupt nicht.

Schon im April des Jahres 1946 kam es in der sowjetischen Zone und auch im Sowjetsektor Berlins zu der den Sozialdemokraten aufgezwungenen Vereinigung von KPD und SPD zur Sozialistischen Einheitspartei Deutschlands (SED). Auf deutschem Boden war dies das erste Signal des nun einsetzenden „Kalten Krieges". In den Westsektoren blieb die Sozialdemokratische Partei bestehen. Das führte dazu, daß die ersten demokratischen Wahlen am 20. Oktober 1946 in Groß-Berlin zur herben Enttäuschung für die Russen und ihre Anhänger ausfielen. Die SED erreichte nur 19,8 Prozent der Stimmen. Die

Geteilte Stadt: Am Brandenburger Tor verlief die Grenze zwischen den Sektoren der Westalliierten und den Sowjets.

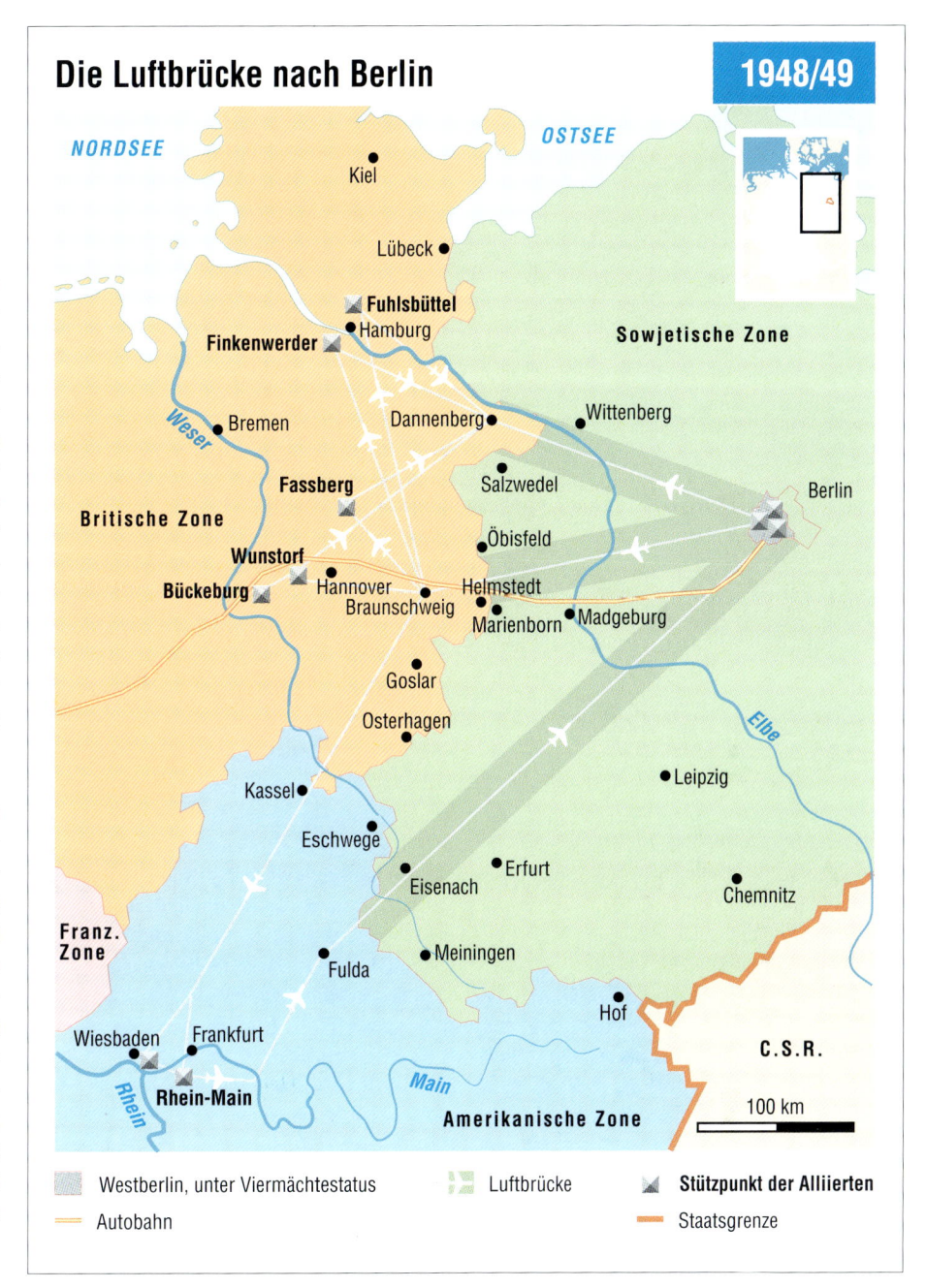

weitaus stärkste Partei wurde mit 48,7 Prozent die SPD. Zusammen mit der CDU (22,2 Prozent) und der LPD (Liberaldemokratische Partei, 9,3 Prozent) stand der SED eine überwältigende antikommunistische Mehrheit gegenüber. Es dauerte noch mehr als ein halbes Jahr, bis die Stadtverordnetenversammlung einen neuen Oberbürgermeister wählen konnte. Ihre Wahl fiel auf den Sozialdemokraten Ernst Reuter. Reuter hatte sich als russischer Kriegsgefangener am Ende des Ersten Weltkriegs Lenin angeschlossen und war einige Monate Volkskommissar der damals gegründeten Wolgadeutschen Republik gewesen. Nach seiner Rückkehr nach Deutschland schloß er sich der SPD an, schuf als Mitglied des Berliner Magistrats die „Berliner Verkehrsgesellschaft" und wurde dann Oberbürgermeister von Magdeburg. 1933 emigrierte er und war in der Türkei als Professor für Kommunalwissenschaft tätig. Die sowjetische Militäradministration lehnte die Amtsübernahme durch Reuter ab; daraufhin bekleidete die Sozialdemokratin Louise Schröder provisorisch die Funktion des Stadtoberhaupts.

Inzwischen verschärften sich die Ost-West-Gegensätze. Die amerikanische und die britische Zone Deutschlands waren Anfang 1947 zu „Bizonien" vereint worden, ein Jahr später zeichnete sich die Bildung eines west-

Das geteilte Berlin

deutschen Staates ab. Nach vergeblichen Außenministerkonferenzen zog der sowjetische Vertreter am 20. März 1948 aus dem Alliierten Kontrollrat für Deutschland aus. Als die Westmächte in ihren Besatzungszonen einschließlich Berlins im Juni 1948 eine Währungsreform durchführten, nahmen die Russen dies zum Anlaß, am 24. Juni alle Straßen-, Bahn- und Schiffsverbindungen

Die sowjetische Blockade Berlins wurde durch die von den Berlinern zärtlich „Rosinenbomber" genannten amerikanischen Versorgungsflugzeuge wirkungslos.

Mit dem Bau der Berliner Mauer wurde am 13. August 1961 begonnen. Sie sollte die Bewohner der DDR für fast drei Jahrzehnte vom Westen abschotten.

zwischen den Westzonen und Westberlin zu sperren und die Lieferung von Kohle, Elektrizität und Lebensmitteln aus der sowjetischen Besatzungszone in Berlins Westsektoren zu stoppen. Moskau verlangte, daß die neue Währung der Sowjetzone auch in Westberlin Gültigkeit haben sollte; vor allem aber ging es Stalin wohl darum, den Vorbereitungen für einen westdeutschen Staat einen Schuß vor den Bug zu geben. Die Berliner Blockade hatte begonnen.

Sie traf die Westmächte nicht ganz unvorbereitet. Die Amerikaner richteten mit Unterstützung ihrer Verbündeten eine in der Geschichte bis dahin beispiellose Luftbrücke zur Versorgung Westberlins ein. Von Juli 1948 bis Mai 1949 wurden in 212.621 Flügen 1,736.781 Tonnen an Gütern aller Art eingeflogen. Es war dies auch eine bis dahin nicht für möglich gehaltene flugtechnische Meisterleistung. Auf den drei Westberliner Flugplätzen landete am Höhepunkt der Krise oft alle paar Minuten eine der von den Berlinern zärtlich „Rosinenbomber" genannten Maschinen.

Am 6. September 1948 stürmten SED-Aktivisten die im Sowjetsektor tagende Stadtverordnetenversammlung. Das hatte die endgültige Spaltung in Ost- und Westberlin zur Folge. Nun wurde im Westen Ernst Reuter als Oberbürgermeister bestätigt. Und es war auch dieser standhafte Sozialdemokrat, der bei der Tagung der Ministerpräsidenten der Westzonen-Bundesländer die zögernden Politiker, die Bedenken gegen eine Teilung Deutschlands äußerten, beschwor, den staatlichen Neubeginn zu wagen; denn nur dann bestünde die Aussicht, daß auch der Osten wieder dazukäme. Reuter tat dies auch in der Überzeugung, daß „seine" Berliner trotz aller Mühen die Aushungerungstaktik Stalins überstehen würden. Und er sollte recht behalten.

Die Berliner begannen, sich auf die Blockade einzurichten. Infolge der Hilfe des Westens mußten die Russen langsam einsehen, wie unwirksam ihre Blockademaßnahmen waren. Zudem fiel das Bekenntnis der Westberliner zur Demokratie gerade in diesen Tagen deutlicher denn je aus. Bei den Wahlen im Dezember 1948 erhielt die SPD 61,5 Prozent, die CDU 19,4 Prozent und die LPD 16 Prozent der Stimmen. Die SED hatte es vorgezogen, sich nicht an den Wahlen zu beteiligen, und war so dem sicheren Debakel entgangen. In Ostberlin wählte eine ernannte Stadtverordnetenversammlung Friedrich

1948-1989

Ebert, einen Sohn des vormaligen Reichspräsidenten in den ersten Jahren der Weimarer Republik, zum Oberbürgermeister. Schon zuvor hatte sich infolge der Blockade die administrative Teilung der Stadt faktisch vollzogen. Nun hatte sie auch zwei Oberhäupter – die Trennung war also auch de jure abgeschlossen. Inzwischen war auch die Teilung Deutschlands definitiv geworden. Wenige Wochen vor der Gründung der Bundesrepublik fanden der Westen und die Russen im Jessup-Malik-Abkommen einen Weg zur Aufhebung der Blockade am 4. Mai 1949.

Am 1. Oktober 1950 trat in Westberlin eine neue, von den drei Westmächten genehmigte Verfassung in Kraft. Danach galt Westberlin zwar als Land der Bundesrepublik Deutschland, doch durfte der Bund in Berlin keine Staatsgewalt ausüben, und Bundesgesetze, die auch in Berlin gelten sollten, mußten gesondert von den Berliner Abgeordneten beschlossen werden; diese waren zwar im Bundestag und Bundesrat vertreten, hatten aber dort kein Stimmrecht. Aufgrund der neuen Verfassung wählte das Westberliner Abgeordnetenhaus Ernst Reuter 1951 zum regierenden Bürgermeister.

Neue kritische Tage kamen für Berlin 1953, als von Ostberlin aus am 16./17. Juni der Arbeiteraufstand in der DDR seinen Lauf nahm. Die Kommunisten verleumdeten ihn als „faschistischen Putschversuch" und behaupteten, die Drahtzieher und Provokateure seien in Westberlin gesessen. Wieder machte sich bei den Berlinern das Gefühl breit, „Frontstadt" zu sein; es wurde durch die besonderen Begünstigungen, die Berlins Bevölkerung seitens der Bundesrepublik erhielt, kompensiert. Hoffnungen, die sich viele im Jahr darauf von einem Ergebnis der „Berliner Konferenz" der vier Mächte über die Deutschlandfrage machten, blieben unerfüllt.

Am 27. Oktober 1958 verlangte der sowjetische Ministerpräsident Chruschtschow auf Drängen der DDR von den Westmächten die Umwandlung Westberlins in eine entmilitarisierte „Freie Stadt". Der Kreml kündigte alle Vereinbarungen über Berlin. Der Versuch, den Viermächtestatus aufzuheben, wurde von den Westmächten zurückgewiesen. Die DDR hatte ihre Grenzen inzwischen dichtgemacht; lediglich in Berlin konnte der Westen noch mehr oder weniger ungehindert erreicht werden. Ein steigender Strom von Flüchtlingen ergoß sich aus der DDR nach Westberlin, als die Sowjetunion nach vergeb-

Die Teilung Berlins — 1961

lichen Gesprächen mit den beiden deutschen Staaten mit einem Separatfrieden für die DDR winkte. Der DDR-Wirtschaft drohte insbesondere die Abwanderung vieler qualifizierter Kräfte. Auch politisch war die Anziehungskraft des Westens auf die Bürger des „Arbeiter- und Bauernstaates" für das SED-Regime unerträglich. Um den Flüchtlingsstrom zu unterbinden, errichtete die Regierung Ulbricht im August 1961 eine 45 Kilometer lange, mit Stacheldraht und Wachttürmen befestigte Betonmauer entlang den Sektorengrenzen zwischen Ost- und Westberlin. Die verlogene Bezeichnung der Mauer als „antifaschistischer Schutzwall" sollte übertünchen, daß es die eigenen Bürger waren, die das DDR-Regime am Weggang hindern wollte. Da Westberliner zunächst nur noch mit einer Ausnahmegenehmigung in den Ostteil der Stadt durften, für dessen Bewohner die Arbeit im Westen überhaupt unterbunden wurde, war die Freizügigkeit innerhalb der Stadt beendet. Erst später folgte durch ein Passierscheinabkommen eine gewisse Lockerung, um Westberlinern Verwandtenbesuche zu ermöglichen. Von den vordem bestandenen 81 Sektorenübergängen blieben nur sieben bestehen. Die mitten durch die Stadt laufende Mauer-Grenze wurde durch die „Volkspolizei" scharf bewacht, „Republikflucht" wurde unter Strafe gestellt; im Laufe der Jahre forderte dies bei Fluchtversuchen zahlreiche Todesopfer.

Im Jahr 1957 war der Sozialdemokrat Willy Brandt Regierender Bürgermeister von Berlin geworden. Als Gegner Hitlers hatte er die Jahre der Diktatur im skandinavischen Exil verbracht. Sein hohes Ansehen und seine Kontakte mit den Staatsmännern des Westens galten dem Ziel, die Weltöffentlichkeit auf die Lage der geteilten Staat aufmerksam zu machen. Ein Höhepunkt des Ausdrucks der Solidarität mit Westberlin war der Besuch des US-Präsidenten John F. Kennedy, der an der Mauer verkündete: „Ich bin ein Berliner!"

Als Willy Brandt Bundeskanzler geworden war, erreichte er im Rahmen seiner neuen Ostpolitik weitere Erleichterungen im Verhältnis zwischen den beiden Teilen der Stadt. Es war aber offensichtlich der Wille der kommunistischen Machthaber, daß sie sich auseinanderleben sollten (auch wenn es für den „Ernstfall" Pläne zur Vereinnahmung der ganzen Stadt gab). Die DDR-Regierung gab dem Ostteil schließlich die offizielle Bezeich-

Die Bundesrepublik

Vier Jahrzehnte lang bestand die Bundesrepublik Deutschland als westdeutscher Staat. Während Kanzler Adenauer der DDR die Anerkennung grundsätzlich versagte, führte Willy Brandts Realitätssinn zu einem international akzeptierten Nebeneinander zweier deutscher Staaten. Der Zusammenbruch des Kommunismus machte dem ein Ende.

Am 14. August 1949 fanden auf dem Gebiet der neugeschaffenen Bundesrepublik die ersten freien Wahlen für ein gesamtstaatliches Parlament seit 1933 statt. Die überwiegende Mehrheit der Wähler entschied sich für die Parteien, die auf dem Boden des Grundgesetzes standen: Im Bundestag erhielten die CDU/CSU 139, die SPD 131, die FDP 52, die Deutsche Partei (DP) 17 Sitze, die Bayernpartei (BP) ebenfalls 17, das Zentrum 10 und einige Splitterparteien zusammen 16 Sitze. Die Totalablehner des Grundgesetzes, die KPD und die rechtsradikale Deutsche Reichspartei, blieben mit 15 bzw. 5 Sitzen eine kleine Minderheit.

Die CDU/CSU bildete zusammen mit FDP und DP eine bürgerliche Koalitionsregierung unter der Kanzlerschaft Konrad Adenauers; er regierte in insgesamt fünf Kabinetten von 1949 bis 1963. Der bei seinem Regierungsantritt 73jährige Adenauer war in der Weimarer Republik Präsident des Preußischen Staatsrates und Oberbürgermeister von Köln gewesen. Sein außenpolitisches Hauptanliegen als Kanzler war die Verständigung zwischen Deutschland und Frankreich, ebenso genoß er das Vertrauen der USA. Seine klare Frontstellung zum Kommunismus und zu sozialistischen Experimenten trug dazu bei, daß die Bundesrepublik rasch in die westliche Gemeinschaft integriert wurde. Mit der Gründung der Montanunion 1951, der Frankreich, die Bundesrepublik, Italien und die Beneluxländer beitraten, war eine Vorstufe auf dem Weg zur europäischen Einigung erreicht. Im gleichen Jahr erfolgte die Aufnahme Deutschlands in den Europarat. Für die von den Amerikanern geförderte Aufstellung einer Bundeswehr mußte das Mißtrauen der Westeuropäer und die innenpolitische Opposition gegen eine „Remilitarisierung" überwunden werden; schließlich aber war der Weg der Bundesrepublik Deutschland in die NATO (Nordatlantikpakt, gegründet 1949) geebnet.

Mit den Pariser Verträgen wurde am 5. Mai 1955 das Besatzungsstatut aufgehoben und der Bundesrepublik Deutschland die volle Souveränität – bis auf wenige Sonderrechte der drei Mächte – zugestanden; die Bundesregierung wurde vom Westen als einzige rechtmäßige Regierung Deutschlands anerkannt. Darauf basierte die „Hallstein-Doktrin", die auf dem Alleinvertretungsrecht der Bundesrepublik im Ausland (ausgenommen in der Sowjetunion) bestand. Die Bundesrepublik wurde nun – genau zehn Jahre nach der Kapitulation Deutschlands – vollberechtigtes Mitglied der NATO. Nach einer Volksabstimmung im Saarland wurde dieses 1957 zum zehnten Bundesland der Bundesrepublik Deutschland. In den Römischen Verträgen vom 25. März 1957 wurde die Bildung der Europäischen Wirtschaftsgemeinschaft (EWG) beschlossen, der vorerst die sechs Montanunion-Staaten angehörten (die übrigen westeuropäischen Staaten bildeten zunächst die Freihandelszone EFTA). Eine Reise Adenauers nach Moskau brachte die Aufnahme diplomatischer Beziehungen mit der Sowjetunion.

Die deutsche Wirtschaft blühte nach der Währungsreform rasch auf, nicht zuletzt durch den Wirtschaftsboom während des Koreakrieges und durch die Politik der „sozialen Marktwirtschaft", die wachsenden Wohlstand und soziale Sicherheit auf breiteste Bevölkerungsschichten verteilte. Diese Entwicklung ließ auch die oppositionelle SPD von ihren ursprünglichen, durch Kurt Schumacher vertretenen Sozialisierungsideen 1959 in ihrem Godesberger Programm abrücken. Von Wahl zu Wahl zeigte sich deutlicher, daß nur noch drei Parteien – CDU/CSU, SPD und FDP – den Weg in den Bundestag schafften. Obwohl die CDU zeitweilig die absolute Mehrheit errang, hielt sie an ihrem Koalitionspartner FDP fest. Nach dem Rücktritt des 87jährigen Adenauer im Jahr 1963 war bis 1966 Ludwig Erhard Bundeskanzler; eine Ironie der Geschichte wollte es, daß ausgerechnet er, der als „Vater des Wirtschaftswunders" galt, infolge eines zeitweiligen wirtschaftlichen Rückschlags scheiterte. Die dadurch entstandenen Meinungsverschiedenheiten mit dem Koalitionspartner FDP veranlaßten Erhard zum Rücktritt.

Der bisherige CDU-Ministerpräsident von Baden-Württemberg, Kurt-Georg Kiesinger (1966-1969) einigte sich, auch im Hinblick auf wichtige Gesetze, die eine Zweidrittelmehrheit benötigten, nun rasch mit der bei den Wahlen von 1965 erstarkten SPD auf die Bildung einer großen Koalition; der Berliner Bürgermeister Willy Brandt wurde Vizekanzler. In diese Jahre brachte der von Amerika ausgehende und über Frankreich auch Deutschland erfassende Jugendprotest der sogenannten „68er" nicht nur in die politi-

Erster Schritt zur europäischen Einigung und zur Aussöhnung mit Frankreich: Am 18. April 1951 unterzeichnet Bundeskanzler Adenauer den Vertrag zur Bildung der Montanunion.

sche Landschaft Bewegung, sondern brach auch verkrustete gesellschaftliche Zustände und Haltungen auf. Der vor allem von den Studenten getragene Protest wandte sich gegen den Vietnamkrieg und gegen den Schah des Iran ebenso wie gegen den Konservativismus, mit dem die Adenauer-Ära das Land geprägt hatte; er setzte sich vehement für weitgehende sexuelle Freiheit, für die Gleichberechtigung der Frau, für neue Formen aktiver Bürgerbeteiligung ein und nahm auch manche Anleihen von einem jenseits des erstarrten Sowjetsystems liegenden Marxismus auf, nicht zuletzt in Bewunderung für Mao Tse-tungs chinesische Kulturrevolution. Der Protest gegen die geplante Notstandsgesetzgebung formierte sich in der „Außerparlamentarischen Opposition" (APO).

Nach den Wahlen im Herbst 1969 trat Willy Brandt als Bundeskanzler an die Spitze einer SPD-FDP-Koalition; die CDU/CSU mußte, erstmals seit der Gründung der Bundesrepublik, die Oppositionsrolle übernehmen. Da mit Brandt ein Mann mit untadeliger antifaschistischer Vergangenheit an die Regierungsspitze getreten war, verlor die Protestbewegung der APO rasch an Wirkungskraft. Ein kleiner radikaler Flügel allerdings glaubte, als RAF („Rote Armee Fraktion") seine revolutionären Ziele durch Terror durchsetzen zu müssen. Was mit Kaufhausanschlägen begann, mündete in Mordattentaten auf Repräsentanten des „kapitalistischen Systems".

Brandt und sein Außenminister Walter Scheel forcierten die bereits von der „Großen Koalition" begonnenen Bemühungen um eine Verständigung mit dem Osten einschließlich der DDR. Zunächst ging es darum, die Oder-Neiße-Grenze zwischen Polen und der DDR und auch die Grenze zwischen der Bundesrepublik und der DDR als „unverletzlich" anzuerkennen; dies war die Kernaussage des 1970 geschlossenen Moskauer Vertrages. Der Vertrag aber, so Scheel an seinen Amtskollegen Gromyko, stehe „nicht im Widerspruch zu dem politischen Ziel der Bundesrepublik Deutschland, auf einen Zustand des Friedens in Europa hinzuwirken, in dem das deutsche Volk in freier Selbstbestimmung seine Einheit wiedererlangt." Gleichzeitig wurden die Rechte Westberlins gesichert. Dem Vertrag in Moskau folgte ein solcher in Warschau. Die „Hallstein-Doktrin" wurde mit der Aufnahme diplomatischer Beziehungen mit den Oststaaten aufgegeben. Gegenüber der Tschechoslowakei anerkannte Bonn die „Nichtigkeit" des Münchner Abkommens von 1938.

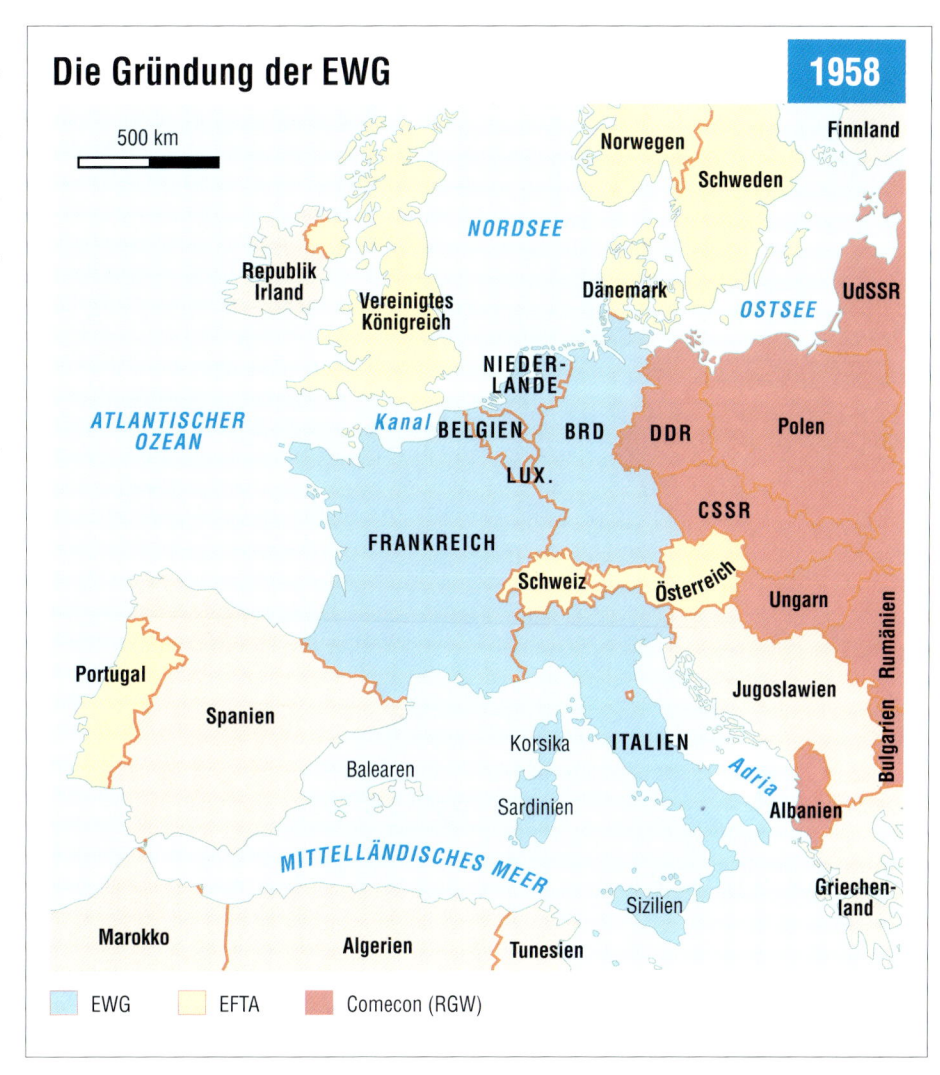

Die Gründung der EWG — 1958

Der Absprung einiger FDP-Abgeordneter von der Unterstützung der Koalition machte vorzeitige Neuwahlen notwendig. 1972 bekamen Brandt und Scheel durch eine Stärkung ihrer Mehrheit vom Wahlvolk die Bestätigung ihrer Ostpolitik. Das machte den „Grundlagenvertrag" mit der DDR möglich, mit dem Bonn dem Austausch „ständiger Vertretungen" (nicht Botschaften) und dem Beitritt beider deutscher Staaten in die Vereinten Nationen zustimmte. Die Normalisierung der Beziehungen brachte unter anderem Reiseerleichterungen, vor allem für Bundesbürger in Richtung DDR.

Willy Brandt demissionierte 1974, als ein Mann seiner engsten Umgebung als DDR-Spion enttarnt wurde. Ihm folgte sein bisheriger Finanzminister Helmut Schmidt als Kanzler (1974-1982). In seiner Amtsperiode mußten inländische wie ausländische Terroristen durch harte Reaktionen erkennen, daß der Staat nicht beliebig erpreßbar war. Das Wettrüsten der Supermächte, das im von Schmidt unterstützten sogenannten „NATO-Doppelbeschluß" einen Höhepunkt erreichte, führte zu Massendemonstrationen, die von den Ideen der Atomkraftgegner und der Friedensbewegung getragen waren. Zusammen mit zunehmenden Sorgen um die Umwelt und daraus zu folgernden alternativen Lebensplanungen wurden sie die Basis für den Aufstieg der Grünen.

Im Herbst 1982 kam es zwischen SPD und FDP aufgrund unterschiedlicher Auffassungen, mit welchen wirtschafts- und sozialpolitischen Maßnahmen der wachsenden Arbeitslosigkeit entgegenzutreten sei, zum Bruch. In einem „konstruktiven Mißtrauensvotum" wurde, mit Hilfe der Mehrheit der gespaltenen FDP, der CDU-Chef und Ministerpräsident von Rheinland-Pfalz, Helmut Kohl, zum Kanzler gewählt. Bei den Wahlen 1983 wurde diese „Wende" von den Wählern deutlich bestätigt. Die Grünen zogen erstmals in den Bundestag ein. Das brachte der SPD Stimmenverluste, die FDP sackte überhaupt auf den vierten Platz ab. Da Kohl in seinen

Die Bundesrepublik — seit 1949

Drei große Gestalten jüngerer deutscher Vergangenheit: Willy Brandt, dessen Kniefall vor dem Denkmal für den Ghettoaufstand in Warschau (7. Dezember 1970) für das Eingeständnis deutscher Schuld an den Verbrechen der Nazizeit steht (oben); Bundeskanzler Helmut Schmidt, der vor allem durch die Bekämpfung des Terrorismus vor schwierige Probleme gestellt wurde und in der Ostpolitik Brandts Entspannungskurs fortsetzte (oben rechts); und schließlich Richard von Weizsäcker, der während seiner Amtszeit als Bundespräsident (1984-1994) die völlige Aussöhnung mit den Völkern der ehemaligen Ostblockstaaten suchte (unten rechts).

wirtschaftlichen Konsolidierungskurs Kürzungen auf sozialem Gebiet einbezog, brachte ihm die Wahl von 1987 Verluste, doch blieb seine Koalitionsregierung mit der FDP ungefährdet. Drei Jahre später fuhr er, im Zeichen der von ihm durch die Verständigung mit Gorbatschow rasch zuwege gebrachten Wiedervereinigung (s. d.), bei den ersten gesamtdeutschen Wahlen wieder eine satte Regierungsmehrheit ein. Trotz einer – auch infolge der durch die Wiedervereinigung entstandenen Belastungen – sich zunehmend verschlechternden Wirtschaftslage konnte er die Mehrheit auch 1994 knapp halten.

Die wichtigsten Aktivitäten der Ära der Regierung Kohl lagen, abgesehen von der Wiedervereinigung (und auch im Zusammenhang mit ihr), auf außenpolitischem Gebiet. Der CDU-Politiker setzte in der Zusammenarbeit mit dem sozialistischen französischen Ministerpräsidenten Mitterrand neue positive Akzente, so durch die Bildung einer gemeinsamen französisch-deutschen Truppe, hatte in den USA, ungeachtet des sich in diesen Jahren vollziehenden Parteiwechsels in der Präsidentschaft, fundamentalen Rückhalt und gewann das Vertrauen sowohl des letzten Präsidenten der Sowjetunion, Michail Gorbatschows, als auch des ersten Präsidenten des aus ihr hervorgegangenen neuen Rußlands, Boris Jelzins. Die deutsche Wirtschaftshilfe für Rußland hatte nicht zuletzt in der zwischen Washington und Moskau umstrittenen Frage der NATO-Erweiterung ein nicht geringes Maß an Bedeutung.

Die DDR

1949-1990

Fast ein halbes Jahrhundert mußten Millionen Deutsche in einem Staat leben, den sie ablehnten, und der ihnen nach zwölf Jahren Hitler eine neue Diktatur brachte. Erst die Auflösung des kommunistischen Blocks brachte auch das Ende der DDR.

Das Los der Deutschen als Buße für den Hitlerkrieg, der über die Menschheit so viel Leid gebracht hatte, war unterschiedlich. Das schlimmste Schicksal erlitten jene 16 Millionen, die aus den früheren Ostgebieten, aus Polen, der Tschechoslowakei, Jugoslawien und Ungarn vertrieben wurden; an die zwei Millionen verloren dabei nicht nur die Heimat, sondern auch das Leben. Aber auch die Deutschen, die in der Sowjetzone lebten, hatten eine schwere Last zu tragen; für sie bedeutete der Frieden letzten Endes, daß sie von einer Diktatur unter eine andere kamen.

Während sich der Westen mit Reparationszahlungen in der Gesamthöhe von einer halben Milliarde Dollar begnügte, bestand die Sowjetunion, die in der Tat durch den deutschen Überfall schwerste Verluste erlitten hatte, auf etwa 13 Milliarden Dollar an Kriegsentschädigungen. Sie erfolgten insbesondere in Form von Demontagen von Industrieobjekten und in Entnahmen aus der laufenden Produktion; zudem gingen rund 200.000 Kunstwerke als Beutegut nach Rußland.

Die DDR, der gehorsamste Satellit: Das Regime stellte seinen Bürgern die Sowjetunion als Vorbild, den Westen hingegen als Hort der Kriegsverbrecher hin. Plakat von 1951

Deutsche Demokratische Republik — 1952

Grenzen der Bezirke (1952-1989)

Während man im Westen um eine Demokratisierung bemüht war, trat im Osten die stalinistische Diktatur ihre Macht an. Moskau bediente sich dabei vor allem der „Gruppe Ulbricht", einer Anzahl kommunistischer Exilanten, die ihre Willfährigkeit schon bewiesen hatten, als Stalin seine großen Säuberungen durchführte und der KP sogar den Pakt mit Hitler zumutete. Die Entnazifizierung in der Sowjetzone war zweifellos rigoroser als im Westen; die Kommunisten benutzten sie, um alle bedeutsamen Stellungen in die Hand zu bekommen. Ihr damaliges Ziel war es – in Übereinstimmung mit dem Kreml –, ganz Deutschland in die Hand zu bekommen. Eine Sowjetisierung wurde deshalb in Abrede gestellt, KP-Chef Walter Ulbricht proklamierte sogar einen „besonderen Weg zum deutschen Sozialismus". Als die Sozialdemokraten dafür nicht zu gewinnen waren, wurde unter dem Druck der Besatzungsmacht die Zwangsvereinigung von KP und SPD zur Sozialistischen Einheitspartei Deutschlands (SED) vollzogen. In der Folge machte eine Politik des „antifaschistischen Blocks" die anderen Parteien zu Erfüllungsgehilfen.

Die DDR

Dem Kreml auf Gedeih und Verderb ergeben, versuchte Walter Ulbricht, die DDR nach dem Muster osteuropäischer Volksdemokratien umzuformen.

Der Kalte Krieg ließ Ost und West immer weiter auseinanderdriften und erreichte 1948/49 in der Berliner Blockade (s. d.) einen ersten Höhepunkt. Stalin mußte erkennen, daß seine Idee eines „neutralisierten" Deutschland (mit der Hoffnung auf eine spätere Umwälzung) keine Chance hatte, und so verschwand die gesamtdeutsche Option aus der SED-Planung. Vorsorglich hatte die Partei ohnedies bereits alle Weichen gestellt, um als Staatspartei ähnlich wie ihr großes sowjetisches Vorbild zu fungieren, auch wenn, wie in den „Volksdemokratien" der osteuropäischen Satellitenstaaten, nominell andere Parteien weiter bestanden.

So war denn die Gründung der Deutschen Demokratischen Republik (DDR) am 7. Oktober 1949 keineswegs nur eine Reaktion auf die Bildung der Bundesrepublik. Die „volksdemokratische Ordnung" als „eine Form der Diktatur des Proletariats" hatte sich schon längst etabliert, und das Politbüro der SED war im Grunde nur das Ausführungsorgan des Kreml. Darüber konnte auch Stalins Glückwunschschreiben an den ersten DDR-Präsidenten („Staatsratsvorsitzenden") Wilhelm Pieck nicht hinwegtäuschen, das von einem „Wendepunkt in der Geschichte Europas" sprach, weil nun neben einem reaktionären auch ein fortschrittlicher deutscher Staat bestehe. Propagandistisch hielt die SED noch eine Weile am Ziel der deutschen Einheit fest. Das brachte noch Johannes R. Becher in der DDR-Nationalhymne zum Ausdruck, als er „Deutschland, einig Vaterland" textete. Bezeichnenderweise wurde sie seit den siebziger Jahren dann nur noch gespielt, nicht mehr gesungen.

Der von der SED 1952 proklamierte „Aufbau des Sozialismus" führte zu weitgehender Vergesellschaftung von Industrie und Handel. Die Bauern, die zunächst durch eine Bodenreform das Land der Junker erhalten hatten, wurden in die Landwirtschaftlichen Produktionsgenossenschaften (LPG) getrieben. Alle diese Maßnahmen, zusammen mit der weiterhin tristen Wirtschaftslage und der politischen Repression, führten zu einer ständigen Fluchtbewegung in Richtung Westberlin und Bundesrepublik. Dem wurde bald durch Befestigung der Zonengrenze und schließlich, nachdem die DDR bereits 2,75 Millionen Menschen verloren hatte, durch den Bau der Berliner Mauer ein ebenso wirksamer wie brutaler Riegel vorgeschoben.

Schon Jahre vorher hatte sich gezeigt, wie wenig Konsens in der Bevölkerung mit der kommunistischen Politik bestand. Bei der letzten zwar manipulierten, aber doch noch Alternativen erlaubenden Wahl im Juni 1949 erhielt die von der SED-dominierte Einheitsliste nur 66 Prozent. Ein gutes Jahr später mußte sich der Sinn der zu DDR-Bürgern mutierten Zonenbewohner völlig gewandelt haben: Nun begannen die berüchtigten 99-Prozent-Wahlen für die Einheitsliste der „Nationalen Front".

Wie gering die Fähigkeit der SED-Führung war, die wirkliche Stimmung der Bevölkerung wahrzunehmen, zeigte sich am 17. Juni 1953. Die rigorosen Erhöhungen der Arbeitsnormen führten zum Aufstand der Arbeiter in Berlin und anderen Städten. Die durch den Tod Stalins ohnedies verunsicherte DDR-Regierung konnte sich nur mit Hilfe sowjetischer Panzer am Leben erhalten. Die Hilflosigkeit des Regimes kam in der Behauptung zum Ausdruck, es habe sich um einen „faschistischen Putschversuch" gehandelt. Bertolt Brecht sah klarer: In dem sarkastischen Gedicht „Die Lösung" riet er der Regierung,

„Wer zu spät kommt, den bestraft das Leben" – Erich Honecker wollte die Mahnung Michail Gorbatschows nicht zur Kenntnis nehmen. Der Empfang in Berlin-Schönefeld, 6. Oktober 1989.

das Volk aufzulösen und sich ein anderes zu wählen. Die SED-Führung griff dann freilich lieber zu einem anderen Mittel: sie sperrte ihr Volk mit dem Bau der Berliner Mauer endgültig ein.

Wie der nationalsozialistischen, so waren auch der kommunistischen Diktatur aus der Geschichte gewachsene, landsmannschaftliche Territorien ein Dorn im Auge. 1946 hatten sich auf dem Boden der Sowjetzone die Länder Mecklenburg-Vorpommern, Brandenburg, Sachsen-Anhalt, Sachsen, Thüringen und Berlin konstituiert; ihre Verfassungen gingen – wie die der Gemeinden – vom Prinzip der Selbstverwaltung aus. Dieses wurde in den Jahren darauf systematisch abgebaut. 1952 wurden die Länder überhaupt abgeschafft und durch 14 Bezirke, dazu Ostberlin, ersetzt. 1957 hob man auch die Selbstverwaltung der Gemeinden auf. Begründet wurde die Neugliederung mit den Erfordernissen der Planwirtschaft.

Die glanzvolle Parade der „Volksarmee" am 40. Jahrestag der Gründung der DDR konnte über die innere Brüchigkeit des kommunistischen Staates nicht hinwegtäuschen.

Die DDR-Führung machte als treuester Vasall alle Wendungen der Sowjetpolitik widerspruchslos mit, obwohl sie wirtschaftlich und auch militärisch sehr bald zur stärksten Stütze des Comecon beziehungsweise des Warschauer Pakts geworden war. Noch unter Stalin fanden, wie in den anderen Volksdemokratien, Säuberungen der SED von „Titoisten" statt. Aber auch später kam es immer wieder zur Entfernung und häufig auch Verurteilung von „Abweichlern" sowohl in der Parteiführung als auch unter Intellektuellen. Manche von ihnen wanderten ins Zuchthaus oder wurden mit Berufsverbot belegt, anderen wieder wurde die „Gnade" der Ausreise ohne Wiederkehr erteilt, wie beispielsweise dem Philosophen Ernst Bloch oder dem Liedermacher Wolf Biermann. Im Bewußtsein seiner existentiellen Abhängigkeit blieb das SED-Regime auch außenpolitisch treuer Diener seines Moskauer Herrn: so stellte es 1968 ein Truppenkontingent für die Zerschlagung des „Prager Frühlings" zur Verfügung und zeigte sich auch bereit, der polnischen „Solidarnosc"-Bewegung ein Ende zu bereiten – was durch die Ausrufung des Kriegsrechts durch Jaruzelski überflüssig wurde.

Zunächst erlebte die DDR mit dem 1963 eingeführten „Neuen Ökonomischen System der Planung und Leitung" einen beachtlichen Aufschwung und wurde zum Vorbild für die anderen Ostblockstaaten. Die Spaltung Deutschlands, die durch die Eingliederung der „Nationalen Volksarmee" in das östliche Militärbündnis ohnedies in aller Deutlichkeit vollzogen war, ging nun auch in die Neuformulierung der Verfassung (1968) ein: sie sprach von einem „sozialistischen Staat deutscher Nation". Aber auch das war dem Regime noch zuviel Anklang an Gemeinsamkeit: 1973 wurde aus der „deutschen" eine namenlose „sozialistische Nation". Dem war der durch die Versöhnungspolitik von Bundeskanzler Willy Brandt ermöglichte „Grundvertrag" zwischen der DDR und der Bundesrepublik sowie die Aufnahme beider deutscher Staaten in die Vereinten Nationen vorausgegangen. Zum Unterschied von der DDR hat allerdings die Bundesrepublik ihren Anspruch auf ein einiges Deutschland und auf die Vertretung aller Deutschen als ihre Staatsbürger nie aufgegeben.

Freilich – die „Wiedervereinigung" war im Westen höchstens noch ein Thema für Sonntagsreden, im Osten war sie ohnehin schon längst tabu. Die dramatische Entwicklung des Jahres 1989 sah niemand voraus. Der „Grundvertrag" hatte den DDR-Bürgern gewisse Reiseerleichterungen gebracht, und das Konsumparadies und die Freizügigkeit des Westens wurde für viele, die sich bisher innerhalb des Ostblocks bevorzugt wähnten, zum Wunschziel. Das Regime, in dem nach Ulbricht und Willi Stoph 1976 der SED-Chef Erich Honecker auch das Amt des Staatsoberhaupts übernahm, verließ sich weiterhin auf das ausgedehnte Spitzelsystem seines Staatssicherheitsdienstes und lehnte jede Lockerung des Polizeistaates ab. Im Grunde sektiererisch geblieben, wollte die SED-Spitze auch nicht wahrhaben, daß die Wirtschaft stagnierte und sich immer deutlicher die Folgen der marktfernen Planwirtschaft und der übermäßigen Beanspruchung durch den Rüstungswettlauf zeigten.

In Moskau aber gingen die Uhren bereits anders. Michail Gorbatschow glaubte, durch ein völliges Abgehen von der bisherigen Politik, durch „Glasnost" und „Perestroika" die Wirtschaft konsolidieren und die Sowjetunion vor dem Zerfall retten zu können. Sein Abgehen von der Bevormundung der Satellitenstaaten äußerte sich für das DDR-Regime verhängnisvoll: Im Spätsommer 1989 nutzte Ungarn die neue Freiheit zur mutigen Öffnung der Schlagbäume für Tausende DDR-Bürger, die in den Westen wollten; danach wurde auch in der Tschechoslowakei eine Massenausreise durchgesetzt. Noch wollte SED-Chef Honecker die Brüchigkeit seines Regimes nicht hinnehmen, dachte an eine Unterdrückung der sich formierenden Protestbewegung. Am 7. Oktober 1989, bei der Feier des 40. Jahrestages der Gründung der DDR, mußte er sich von Gorbatschow sagen lassen: „Wer zu spät kommt, den bestraft das Leben ..." Die Tage der DDR waren gezählt.

Die Wiedervereinigung

45 Jahre nach Kriegsende wurde das durch Besatzung und Kalten Krieg zweigeteilte Deutschland zu einem Staat vereint – zugleich ein Triumph des marktwirtschaftlich-kapitalistischen Systems über den zusammenbrechenden Kommunismus.

Michail Gorbatschows Reformversuche offenbarten die tiefe Krise, in die, mit dem gesamten kommunistischen Staatensystem, auch die DDR geraten war. Am 40. Jahrestag der Gründung der DDR, dem 7. Oktober 1989, als Gorbatschow in seiner Festrede mahnte, „wer zu spät kommt, den bestraft das Leben", begannen in Leipzig Massendemonstrationen. „Wir sind das Volk – keine Gewalt!" war die Losung der Sprechchöre, mit der die täglich größer werdenden Demonstrantenzüge vom SED-Regime Mitsprache einforderten. Als die Protestwelle auf andere Städte überzugreifen begann, dachte Staatschef Honecker an eine gewaltsame Unterdrückung, mußte aber erkennen, daß die sowjetischen Panzer dafür nicht mehr zur Verfügung stehen würden; das böse Pekinger Beispiel vom Tiananmen-Platz konnte in der durch Gorbatschow grundlegend veränderten Situation nicht Schule machen.

Am 18. Oktober trat Honecker von allen seinen Ämtern zurück. Sein Nachfolger wurde Egon Krenz. Die Demonstrationen, vor allem in Leipzig, dauerten an. Die Protestler verlangten die Einbeziehung des „Neuen Forums", einer Gruppierung von Dissidenten vornehmlich aus protestantischen Kreisen, in Demokratisierungsgespräche. Schließlich gab die Verwandlung des Rufes „Wir sind das Volk" in „Wir sind e i n Volk" und „Deutschland, einig Vaterland" dem Begehren der Massen eine neue Note.

Am 9. November gab Günter Schabowski vom Politbüro der SED eine Pressekonferenz. An ihrem Ende wurde die Frage gestellt, was die Regierung gegen die Ausreisewelle – schon in den Wochen vor dem Akutwerden der Krise hatten tausende DDR-Urlauber aus Ungarn und der CSSR die Ausreise nach Österreich bzw. in die Bundesrepublik ertrotzt – zu tun gedenke. Darauf meinte Schabowski, als ob es das Selbstverständlichste der Welt wäre: „Etwas haben wir ja getan ... Privatreisen nach dem Ausland können ohne Voraussetzungen beantragt werden ... Ständige Ausreisen können über alle Grenzübergangsstellen der DDR zur BRD beziehungsweise Berlin-West erfolgen."

Das war der zündende Funke – und die

Der ungarische Außenminister Gyula Horn und sein österreicherreichischer Amtskollege Alois Mock zerschneiden den „eisernen Vorhang". Ungarn hatte schon im Spätsommer 1989 hunderten DDR-Bürgern die Ausreise nach Österreich ermöglicht.

Ostberliner legten die Mitteilung weitergehend aus, als es das Regime möglicherweise an diesem Abend gemeint hatte. Immer mehr Menschen sammelten sich an den Übergängen nach Westberlin, und dann versuchten es die ersten: Sie gingen, dann fuhren sie auch über die Grenze – und wurden von den Volkspolizisten nicht behindert! Auch die Fernsehstationen hatten Wind davon bekommen, daß sich etwas Unvorhergesehenes vorbereitete, und ihre Teams an die Mauer geschickt. So wurden die unbeschreiblichen Szenen des Jubels und der Freude, die Umarmungen wildfremder Menschen aus beiden Teilen Berlins, die Jungen und Mädel, die über die Mauer kletterten, vor aller Welt dokumentiert.

Bundeskanzler Kohl befand sich gerade auf Staatsbesuch in Warschau, flog aber, als die

„Gestern nacht war das deutsche Volk das glücklichste Volk auf der Welt", so Walter Mompert, Regierender Bürgermeister von Berlin, zum 9. November 1989.

1990

Neuigkeiten eintrafen, sofort nach Berlin. In den ahnungslosen Bundestag in Bonn gelangte die Nachricht von dem überwältigenden Ereignis mitten in eine Debatte. Die überraschten Abgeordneten stimmten die Nationalhymne an. Der frühere Bürgermeister von Berlin und Altbundeskanzler Willy Brandt verließ mit Tränen in den Augen den Saal. „Jetzt wächst zusammen, was zusammengehört", waren die Worte, mit denen er der Presse gegenüber seine Überzeugung ausdrückte, daß die Wiedervereinigung nicht mehr aufzuhalten war. Am nächsten Morgen – dem ersten Tag seit mehr als 28 Jahren, an dem die Mauer zwar noch bestand, die Stadt aber nicht mehr trennte – sagte Berlins Bürgermeister Walter Mompert: „Gestern nacht war das deutsche Volk das glücklichste Volk auf der Welt!"

Am 17. November ging das Amt des Ministerpräsidenten der DDR von Willy Stoph auf Hans Modrow über; er galt als Vertreter des Reformerflügels in der SED. Die bisher zu Statistenrollen verurteilten Vertreter der anderen Parteien begannen mit Oppositionspolitik, allgemeine freie Wahlen wurden vorbereitet. Bei einem Treffen von Bundeskanzler Kohl mit Modrow wurde eine „baldige Vereinigung von DDR und BRD zu einem deutschen Bundesstaat" in Aussicht gestellt. Bei den Wahlen in die DDR-Volkskammer am 18. März 1990 wurde die CDU mit mehr als 40 Prozent der Stimmen zur stärksten Partei, gefolgt von der SPD und der sich zur „Partei des Demokratischen Sozialismus" (PDS) gemauserten SED. Nach 44 Tagen Funktionszeit von Krenz, der das Amt des Staatsoberhauptes schon im Dezember an den Nichtkommunisten Manfred Gerlach abgegeben hatte, übernahm Gregor Gysi den Vorsitz der Exkommunisten. Aufgrund des Wahlergebnisses wurde der CDU-Vorsitzende Lothar de Maizière Ministerpräsident; die CDU-Vertreterin Sabine Bergmann-Pohl wurde das letzte DDR-Staatsoberhaupt. Bei den nun intensiv aufgenommenen deutsch-deutschen Gesprächen trat an die Stelle ursprünglicher Vorstellungen über eine Union der beiden Staaten immer mehr die Absicht der völligen Integration der wiederherzustellenden ostdeutschen Länder in die Bundesrepublik.

Nun zeigte sich auch Gorbatschow bereit, der Wiedervereinigung der beiden Teile Deutschlands zuzustimmen. Bei einem Treffen in Bonn verständigten sich die Vertreter der vier Siegermächte und der beiden deutschen Staaten darauf, „den Einigungsprozeß zügig und ohne Zeitverlust auf den Weg zu bringen." Bei einer Begegnung von Kohl und Außenminister Genscher mit Gorbatschow im Kaukasus wurden die letzten Weichen zur Wiedervereinigung gestellt. Mit 1. Juli 1990 wurden Bundesrepublik und DDR in einer „Wirtschafts-, Währungs- und Sozialunion" verbunden. Am 23. August beschloß die Volkskammer in einer Sondersitzung den Beitritt der DDR zur Bundesrepublik; als Vollzugstag wurde der 3. Oktober 1990 festgelegt.

Im Artikel 1 des neun Kapitel umfassenden Einigungsvertrages heißt es: „Mit dem Wirksamwerden des Beitritts der Deutschen Demokratischen Republik gemäß Artikel 23 des Grundgesetzes am 3. Oktober 1990 werden die Länder Brandenburg, Mecklenburg-Vorpommern, Sachsen, Sachsen-Anhalt und Thüringen Länder der Bundesrepublik Deutschland." Das inzwischen wieder ungeteilte Berlin – zugleich Land der Bundesrepublik – wurde zur künftigen Hauptstadt Deutschlands ausersehen. In vielen Details wurden in dem Vertrag unter anderem Probleme der Rechtsangleichung und der Finanzverfassung behandelt; die Privatisierung

Die Wiedervereinigung   1990

Nach dem Fall der deutsch-deutschen Grenze reisten Millionen DDR-Bürger für einen Kurzbesuch in den Westen. Drei junge Ostberliner freuen sich über die Öffnung eines weiteren Übergangs.

der „Volkseigenen Betriebe" durch eine Treuhandgesellschaft wurde festgelegt. Der „Deutschland-Vertrag", der einem Friedensvertrag, der mit Deutschland ja nie geschlossen worden war, gleichkam, gab seitens der vier Siegermächte dem vereinten Deutschland die volle Souveränität zurück.

Die Leistungen Bundeskanzler Helmut Kohls als Motor der Wiedervereinigung wurden bei den unmittelbar danach abgehaltenen Wahlen voll honoriert: Seine Koalitionsregierung erhielt mit 319 CDU/CSU-Sitzen und 79 FDP-Sitzen eine gewaltige Mehrheit, die SPD hielt 239 Sitze, die PDS bekam 17 Mandate, die Grünen fielen auf 8 Sitze zurück.

Der „Erstürmung der Gipfel" folgten nun freilich die langen „Mühen der Ebene". Die Integration der wirtschaftlich zerrütteten, gesellschaftlich umgepolten ostdeutschen Gebiete in das marktwirtschaftliche System der Bundesrepublik Deutschland erlegte ihren „alten" wie ihren „neuen" Bürgern große Lasten auf. Diese waren um so schwerer zu tragen, als sie in eine Zeit wirtschaftlicher Rückschläge in ganz Europa fielen. Größte Sorge rief das Anwachsen der Arbeitslosenzahlen hervor, die an die Prozentsätze der ersten Nachkriegsjahre heranreichten – allerdings unter gänzlich anderen Voraussetzungen, da ein engmaschiges soziales Netz ein Massenelend wie etwa zu Anfang der dreißiger Jahre ausschloß. Deshalb schien auch das in fünfzig Jahren gefestigte demokratische System ungefährdet.

Die große Mehrheit der politisch-gesellschaftlichen Kräfte Deutschlands setzte sich auch unter diesen Umständen für die Fortentwicklung der europäischen Einigung ein. Die Europäische Union (EU), wie die frühere EWG, dann EG, nun angesichts der Zielrichtung auf eine über das Wirtschaftliche hinausgehende politische Gemeinschaft genannt wurde, war auf fünfzehn Mitglieder angewachsen; die schrittweise Integration früherer Ostblockstaaten wurde gegen Ende der neunziger Jahre bereits ins Auge gefaßt. Die Ereignisse in der Zeit von 1991 bis 1994 im ehemaligen Jugoslawien führten in erschreckender Weise vor Augen, was ein Rückfall in nationalistisches Denken bedeuten kann. Demgegenüber galt es, das Konzept einer Europäischen Union als einer Staatengemeinschaft, deren oberster Sinn im Ausschluß von Krieg als Mittel der Politik liegt, zu verfolgen und den Wohlstand des Kontinents im Wettbewerb einer auf Globalisierung ausgerichteten Weltwirtschaft zu erhalten.

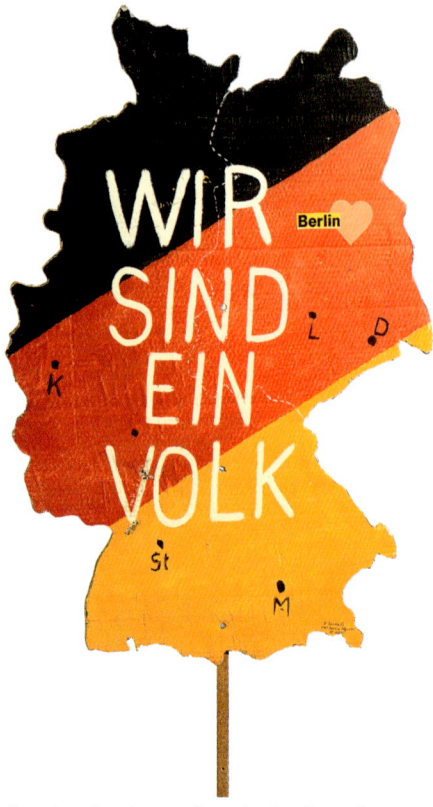

Zuerst verlangte man Demokratie, dann die Wiedervereinigung: Aus „Wir sind das Volk" wurde „Wir sind ein Volk".

134

Der Weg nach Europa

Ab 1950

Die europäische Integration, in die Deutschland dank eines Umdenkens der Siegermächte von Anfang an einbezogen war, stellt einen Wendepunkt in der Geschichte des Kontinents dar: Sie eröffnet die Chance einer Friedensunion jenseits nationaler Egoismen und der daraus entspringenden Konflikte.

Dafür, daß Menschen und Völker nichts aus der Geschichte lernen, gibt es zahllose Beispiele. Die Gegenbeispiele sind äußerst rar. Um so bemerkenswerter ist es, daß ein Großexperiment, mit dem Lehren aus einer langwierigen und opferreichen Geschichte gezogen wurden, sich nun fast schon ein halbes Jahrhundert bewährt – daß eine politische Utopie zu einer handfesten, in ihrer Entwicklung kaum noch umkehrbaren Realität geworden ist. Dieses grundsätzlich Neue in der europäischen und damit in der deutschen Geschichte ist der Prozeß der Integration innerhalb Europas.

Welcher Quantensprung sich da vollzogen hat, läßt sich ermessen, wenn man die Lage nach dem Ersten mit der nach dem Zweiten Weltkrieg vergleicht. Die Sieger des Ersten Weltkriegs, allen voran Frankreich, waren entschlossen, dem besiegten Deutschland alle Möglichkeiten zu nehmen, sich zu einer gleichwertigen europäischen Großmacht zu entwickeln und damit in die Lage zu kommen, erneut einen Waffengang zu wagen. Das Vertragswerk von Versailles sollte die politische und wirtschaftliche Überlegenheit der Siegerstaaten auf lange Zeit sichern. Es erwies sich jedoch als kontraproduktiv: Europa erlebte einen kurzen, von sozialen und politischen Spannungen erschütterten Zeitraum, der eigentlich nur ein Vorspiel zum fürchterlichsten aller bisherigen Kriege war.

Auch in der Spätzeit des Zweiten Weltkriegs gab es bei Deutschlands Gegnern Vorstellungen, die nur in der Aufteilung und Entindustrialisierung des europäischen Zentralraums die Gewähr für dessen dauernde Befriedung sehen wollten. Angesichts der Aggressivität, mit der die Hitlerdiktatur den Krieg vom Zaune gebrochen hatte, und insbesondere angesichts der Verbrechen, die es durchführen ließ, war eine solche Haltung verständlich. Die Vertreibung von Millionen von Deutschen aus ihrem angestammten Siedlungsraum und die offenbar auf Dauer eingerichtete Vierteilung und Besetzung ließen anfänglich eine solche Entwicklung erwarten.

Der sehr bald einsetzende Gegensatz zwischen den früheren Kriegsalliierten erlaubte kein Vakuum im Herzen Europas. Die Einbeziehung Westdeutschlands in die Marshallplan-Hilfe war erster Ausdruck der Erkenntnis, daß Europas Zukunft in der Einheit und nicht in der Trennung lag. Die Überwindung des Nationalismus war eine Voraussetzung dafür, und der beste Weg dahin war die Schaffung größerer Wirtschaftsräume. Deshalb förderten die USA die Gründung der Organisation für europäische wirtschaftliche Zusammenarbeit (später OECD), der bald alle nichtkommunistischen Staaten mit Ausnahme Franco-Spaniens angehörten (1948).

Über den Schatten eines jahrhundertealten Spannungsverhältnisses sprang der französische Außenminister Robert Schuman, als er 1950 vorschlug, die deutsche und französische Stahl- und Kohleproduktion einer gemeinsamen Behörde zu unterstellen; auch andere Staaten waren zum Beitritt eingeladen. Das bis dahin nicht Dagewesene an diesem „Schuman-Plan" war, daß Staaten auf ihre nationalen Souveränitätsrechte auf einem wirtschaftlich überaus bedeutsamen Gebiet verzichten sollten. So kam es 1951 zur Gründung der Europäischen Gemeinschaft für Kohle und Stahl, auch Montanunion genannt; neben Frankreich und der Bundesrepublik Deutschland traten ihr Italien, die Niederlande, Belgien und Luxemburg bei. Was auf wirtschaftlichem Gebiet einen Erfolgskurs einleitete, erwies sich in militärischer Hinsicht allerdings offenbar als zu früh vorgenommen und daher nicht durchführbar: eine Europäische Verteidigungsgemeinschaft (EVG) wurde vom französischen Parlament abgelehnt.

Hingegen erwies sich die Integration auf ökonomischem Gebiet als durchaus aus-

Die Europäische Union — 1997

- Gründungsmitglieder der EWG
- Später beigetretene EU-Mitglieder
- GUS (Gemeinschaft unabhängiger Staaten)

135

Der Weg nach Europa — Ab 1950

baufähig. Bundeskanzler Adenauer nutzte die mit dem Beitritt zur NATO (1955) wiedererlangte volle Souveränität der Bundesrepublik zu neuen Initiativen in dieser Richtung. Der belgische Außenminister Paul-Henri Spaak trat an die Spitze einer Kommission, die die Entwürfe für eine künftige Europäische Wirtschaftsgemeinschaft (EWG) ausarbeiten sollte. Unter den Politikern gab es so manchen Skeptiker, der dieser Vereinigung keine große Zukunft voraussagte; auch Adenauers Wirtschaftsminister Ludwig Erhard gehörte zu ihnen. Vor allem Frankreich brachte bei den Verhandlungen immer wieder Abänderungswünsche vor, schließlich aber kam es zu einer Einigung: Am 25. März 1957 wurden die Römischen Verträge geschlossen, die durch die EWG und die Europäische Atomgemeinschaft (Euratom) am 1. Januar 1958 Wirklichkeit wurden. Welche Bedeutung Adenauer diesen Verträgen beimaß, zeigte sich daran, daß er persönlich zu ihrer Unterzeichnung nach Rom reiste, während die übrigen fünf Staaten der Montanunion sich mit den Unterschriften ihrer Außenminister begnügten.

Die EWG hatte die Errichtung eines gemeinsamen Marktes mit freiem Waren-, Dienstleistungs- und Zahlungsverkehr zum Ziel. Adenauer, getragen von dem Gedanken, die Spaltung Deutschlands nicht noch weiter zu vertiefen, setzte für das Verhältnis zur DDR insofern Sonderbedingungen durch, als

Ein Jahrtausend deutsch-französischer Auseinandersetzungen ist zu Ende: François Mitterand und Helmut Kohl reichen sich über den Gräbern von Verdun die Hand (22. September 1984).

der Interzonenhandel auch weiterhin ein deutscher Binnenhandel ohne Zollgrenzen bleiben durfte.

Die Europäische Wirtschaftsgemeinschaft umfaßte ein Gebiet, das nahezu deckungsgleich mit jenem Reich war, das mehr als elf Jahrhunderte zuvor Karl dem Großen untertan war. Das Vertrauensverhältnis zwischen Frankreich und Deutschland vertiefte sich rasch, wobei die oft unterschiedliche politische Herkunft der Staatsmänner, die für diese gute Kooperation standen, kaum eine Rolle spielte. Die Anziehungskraft der EWG nahm mit ihren wirtschaftlichen Erfolgen, die den Bewohnern der Mitgliedstaaten einen zuvor nie gekannten Wohlstand brachten, derart zu, daß 1973 auch Großbritannien (dessen Bindungen zu seinem Commonwealth an Bedeutung verloren hatten), Irland und Dänemark beitraten. 1981 wurde die EWG um Griechenland, 1986, nach dem Ende der autoritären Systeme auf der iberischen Halbinsel, auch um Spanien und Portugal erweitert.

Die Gründungsverträge wurden mit 1. November 1993 um die Bestimmungen des Vertrags von Maastricht erweitert. Er sah die Errichtung der Europäischen Union (EU) vor, die den Mitgliedstaaten die Erreichung von „Konvergenzkriterien" auferlegte, um eine Angleichung der Volkswirtschaften zu erreichen. Durch Preis- und Währungsstabilität und Begrenzung staatlicher Haushaltsdefizite wurden sie angehalten, sich auf eine einheitliche Währung (den Euro) vorzubereiten.

Deutschland und Frankreich waren die treibenden Motoren eines weiteren Fortschreitens der innereuropäischen Integration. Im Jahr 1995 umfaßte diese ein Gebiet mit einer Gesamtfläche von 3,24 Millionen Quadratkilometern und 370 Millionen Einwohnern. Das wirtschaftliche Ziel war das Bestehenkönnen gegenüber den Vereinigten Staaten, Japan und dem aufstrebenden südostasiatischen Raum, doch ging die Zielrichtung über bloß wirtschaftliche Anliegen längst hinaus. Organe wie das Europäische Parlament (mit einer vorerst allerdings noch beschränkten Kontrollfunktion), der aus Ministern der einzelnen Staaten zusammengesetzte Rat der EU als Entscheidungsorgan und Hauptgesetzgeber, die Europäische Kommission mit ihren (seit 1995) zwanzig Kommissaren, die „EU-Regierung", der Europäische Gerichtshof und der Europäische Rechnungshof stellten die Weichen für künftige Weiterentwicklungen. Die Aufwertung der Westeuropäischen Union (WEU), eines seit 1954 bestehenden kollektiven Beistandspaktes, zum militärischen Arm der EU blieb hingegen vorerst eine Absichtserklärung.

Das Ende des kommunistischen Systems brachte die Aussicht auf die Vereinigung zu einem größeren Europa, doch stand einem EU-Beitritt, wie er nun von den meisten Staaten im Vorfeld Rußlands angestrebt wird, deren wirtschaftliche Rückständigkeit entgegen. Aber auch in den meisten EU-Ländern nehmen seit Beginn der neunziger Jahre die wirtschaftlichen Schwierigkeiten zu, was insbesondere in den steigenden Arbeitslosenzahlen zum Ausdruck kommt. Die neue Bundesrepublik leidet insbesondere unter den schweren Lasten, die die Wiedervereinigung mit sich brachte, da sich die Wirtschaftssituation der ehemaligen DDR als weit trister als ursprünglich angenommen erweist. Dennoch hält die Regierung unter Bundeskanzler Helmut Kohl mit aller Energie am Konzept der Vertiefung der Integration fest, besonders an den Bemühungen zur Erreichung der Maastricht-Kriterien mit dem Ziel der Einführung der Währungsunion im Jahr 1999. Reserviert hingegen bleibt sie gegenüber den nach Neuwahlen in Großbritannien und Frankreich (1997) von den nun dort regierenden Sozialdemokraten eingeleiteten Bestrebungen, neben dem Ziel der Währungsunion auch eine gemeinsame Beschäftigungspolitik zu forcieren. Breitgestreuter Wohlstand und soziale Sicherheit, auf welchem Weg auch immer sie erreicht werden mögen, werden jedoch Voraussetzung dafür sein, daß die Zukunft Europas und damit Deutschlands auf Dauer eine friedliche sein wird.

AUS DER GESCHICHTE
DER LÄNDER

Baden-Württemberg

Das alte Stammesherzogtum Schwaben reichte vom Lech bis an die Vogesen, und nach Süden weit hinein in die heutige Schweiz. Durch den Untergang der Staufer zerfiel es in eine Vielzahl von Territorien.

Der Name Schwaben ist uralt. Er geht auf eine große germanische Völkergruppe zurück, die Sweben oder Sueven, die um Christi Geburt vor allem zu beiden Seiten der Elbe saßen. Aus diesen „gentes Suevorum" gingen die Alemannen hervor, die schon im 3. Jahrhundert begannen, den römischen Limes, die Grenzbefestigung, die von den Donauquellen zum Rhein errichtet worden war, zu berennen; schließlich mußten ihnen die Römer die Ansiedlung im sogenannten Dekumatenland am Neckar zugestehen. Ihre Heerhaufen stießen plündernd bis Gallien und Oberitalien vor. Obwohl ihnen Kaiser Julian Apostata 357 bei Straßburg eine blutige Niederlage bereitete, waren sie nicht aufzuhalten. Sie überschritten den Rhein und besiedelten das Elsaß, drangen nach Süden in die Schweizer und Vorarlberger Alpen ein und trugen jenseits des Lechs zur Volkwerdung der Baiern bei. Aus dem von ihnen besetzten Maingebiet hingegen wurden sie vom Frankenkönig Chlodwig verdrängt, der sie 496 bei

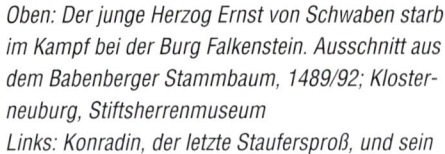

Oben: Der junge Herzog Ernst von Schwaben starb im Kampf bei der Burg Falkenstein. Ausschnitt aus dem Babenberger Stammbaum, 1489/92; Klosterneuburg, Stiftsherrenmuseum
Links: Konradin, der letzte Staufersproß, und sein Freund Friedrich von Baden auf der Falkenjagd. Manessische Liederhandschrift, Zürich (?), um 1310/20; Heidelberg, Universitätsbibliothek

Zülpich besiegte und ihnen die fränkische Oberhoheit aufzwang.

Zur Christianisierung der Alemannen trugen die von den Merowingern gegründeten Bistümer Konstanz und Augsburg und die von irischen Mönchen – wie Columban und Gallus – gestifteten Klöster bei. Unter den Merowingern blieb Alemannien Herzogtum, doch wurde die Herzogswürde nach einem Aufstand des Herzogs Theobald gegen den ersten Karolingerkönig Pippin abgeschafft; fränkische Grafen und Kammerboten, die die für den König eingezogenen Güter beaufsichtigten, regierten das Land.

Mit dem Verfall der karolingischen Königsmacht lebte die Herzogswürde wieder auf. Ein erster Versuch des Kammerboten Erchanger, sich als „Herzog von Alemannien" zu etablieren, schlug allerdings fehl; auf Befehl König Konrads I. wurde er als Landfriedensbrecher hingerichtet. Nach ihm schwang sich Burkhard, Graf von Churrätien (Graubünden und Vorarlberg), zum ersten Herzog des Landes auf, für das sich nun der Name Schwaben einbürgerte. (Während der Name der Alemannen in der französischen Sprache für alle Deutschen als „Allemands" fortlebt, wurden die Reichsdeutschen in den alemannischen Dialekten der Schweizer und Elsässer oft „Schwaben" genannt.) Die sächsischen und salischen Kaiser vergaben das

Stammesherzogtum Schwaben

Stammesherzogtum, dem 925 auch das Elsaß unterstellt worden war, zumeist an Verwandte, was jedoch Aufstände gegen die Königsmacht nicht verhinderte. Herzog Ernst II. aus dem Geschlecht der österreichischen Babenberger, der sich gegen Kaiser Konrad II. zuerst im Streit um Burgund und dann aus Treue zu seinem geächteten Freund Werner von Kyburg empörte, wurde der Held eines überaus beliebten, sagenhaft ausgeschmückten Volksbuches.

Die Mutter des unmündigen Heinrich IV. berief den Grafen Rudolf von Rheinfelden auf den Herzogsstuhl von Schwaben (1057). Als Heinrich in Kampf mit Papst Gregor VII. lag ließ, sich der Herzog 1077 als Gegenkönig krönen. In der Schlacht an der Elster wurde ihm 1080 – von den Zeitgenossen als Strafe für seinen Treuebruch betrachtet – die Schwurhand abgeschlagen; er starb an der Verletzung. Nun hatte Heinrich IV. freie Hand in Schwaben. Im Jahr 1079 belehnte er seinen Schwiegersohn, den schwäbischen Adeligen Friedrich von Staufen, gegen den Widerstand der damals mächtigen Familie der Zähringer mit dem Herzogtum. Von dieser Machtbasis aus begann der Aufstieg des Geschlechts zu den Herrscherhöhen des Reichs. Friedrichs älterer Sohn, Konrad III., bestieg als erster Staufer den Königsthron, der jüngere, Friedrich, blieb Herzog von Schwaben; sein gleichnamiger Sohn wurde als Barbarossa einer der hervorragendsten deutschen Herrscher des Mittelalters. Fortan blieb die Herzogswürde bis zum Untergang der Staufer in deren Hand, zumeist verwalteten jüngere Söhne bzw. Brüder das Land. Als Philipp in einer Doppelwahl zum König gewählt wurde, sah er sich gezwungen, etliche staufische Hausgüter zu verschenken, um Bundesgenossen im Kampf gegen den Welfen Otto IV. zu gewinnen. Den Rest der Besitzungen verpfändete dann der junge Konradin, um die Mittel für seinen Italienzug aufzubringen; dieser endete 1268 mit seiner Hinrichtung in Neapel.

Nach dem Erlöschen der Staufer wurde das Herzogtum Schwaben nicht wieder besetzt; ein Versuch König Rudolfs von Habsburg, seinen jüngeren Sohn damit auszustatten, scheiterte. Habsburg mußte sich mit der Einrichtung der kleinen Landvogteien Ober- und Niederschwaben zur Verwaltung der königlichen Güter begnügen und konnte seine Besitzungen, die zunächst vor allem im Elsaß und im Aargau lagen, auch rechts des Rheins allmählich erweitern (s. Vorderösterreich). Durch die staufischen Zugeständnisse an weltliche und geistliche Herren war Schwaben zersplittert worden. Neben den Grafen von Habsburg nahmen die Grafen von Württemberg (s. d.) die hervorragendste Stelle ein. Die Reichsstände wurden reichsunmittelbar, doch waren den kleineren unter ihnen Landvögte vorgesetzt; so etwa erhielt Württemberg die Landvogteien in Niederschwaben und im Elsaß.

Die Vielzahl von Interessen brachte dauernde Konflikten und Fehden mit sich. So führten Übergriffe Württembergs 1331 zur Bildung des Schwäbischen Städtebundes, dessen Macht durch die Fürsten erst nach einem halben Jahrhundert gebrochen werden konnte. Eine Vereinigung aller Stände hingegen bildete der zur Aufrechterhaltung des Landfriedens 1486 gegründete Schwäbische Bund. Dieser ging 1519 gegen den gewalttätigen Herzog Ulrich von Württemberg vor und vertrieb ihn. Unter Führung des Truchsesses von Waldburg schlug ein Heer des Bundes den großen Bauernaufstand nieder, der 1525 weite Teile von Schwaben erfaßt hatte. Wenige Jahre später löste sich der Bund auf.

Der von Kaiser Maximilian im Zuge seiner Reichsreform gebildete Schwäbische Kreis bestand noch bis zum Untergang des Reichs. Seine östlichen Teile fielen in der napoleonischen Zeit an Bayern, und unter König Ludwig I. wurde aus dem „Iller-", dann „Oberdonaukreis" der Regierungsbezirk Schwaben.

Baden-Württemberg

Noch im Mittelalter, nach dem Ende des schwäbischen Stammesherzogtums, war Württemberg zur größten Grafschaft des Reiches angewachsen. Die Verschwendungssucht seiner Herrscher hatte wiederholt Unruhen zur Folge. Napoleon brachte dem Land schließlich die Erhebung zum Königreich.

Auf dem Rotenberg zwischen Cannstatt und Esslingen lag die Burg Wirtinisberc; gegen Ende des 11. Jahrhunderts wird sie zum ersten Mal erwähnt. Nach ihr nannte sich ein Adelsgeschlecht, als dessen erster historisch faßbarer Graf Ulrich I. zur Zeit Kaiser Friedrichs II. als Herr über das Remstal auftritt. Durch Heirat erwarb er Stuttgart, das nach der Zerstörung der Stammburg durch die Eßlinger (1321) zur Residenz der Württemberger wurde. Vom letzten Staufer Konradin erhielt Ulrich das Marschallamt in Schwaben, in der Zeit des Interregnums eigneten sich er und seine Nachfolger Reichsgut an; König Rudolf von Habsburg, der für seinen zweitgeborenen Sohn das Herzogtum Schwaben wiedererrichten wollte, forderte es vergeblich zurück.

Im 14. Jahrhundert gerieten die Grafen in Konflikt mit den schwäbischen Städten, die sich der Ausübung der Landvogtei, die den Württembergern zugestanden worden war, widersetzten. Es kam zu langwierigen kriegerischen Auseinandersetzungen mit dem Schwäbischen Städtebund, bis Eberhard II. 1388 bei Döffingen den entscheidenden Sieg davontrug. Die Württemberger konnten ihre Besitzungen weiter abrunden, durch Heirat erwarben sie zudem das ferne Mömpelgard (Montbeliard) jenseits der Vogesen. Mit der Zeit war Württemberg zur größten Grafschaft im Reich angewachsen; die Einführung des Erstgeburtsrechts sollte künftige Teilungen verhindern – nachgeborene Prinzen wurden lediglich mit linksrheinischen Besitzungen versorgt. Kaiser Maximilian I. erhob die Grafen zu Herzögen von Württemberg.

Die Selbstherrlichkeit und Verschwendungssucht der frischgebackenen Herzöge verärgerten die Landstände und bedrückten das Volk. Noch vor dem Ausbruch des großen Bauernkrieges bildete sich im Remstal der „Arme Konrad", ein geheimer Bauernbund; seine Erhebung wurde von Herzog Ulrich I. 1514 niedergeschlagen. Der Landtag sah die Position der herrschenden Stände durch die Mißwirtschaft des Herzogs gefährdet und übernahm im Tübinger Vertrag die gewaltigen Schulden des Herrschers. Dieser mußte sich dafür verpflichten, keinen Krieg ohne Zustimmung des Landtags zu beginnen, kein Gebiet zu verpfänden und niemanden ohne Gerichtsurteil zu bestrafen. Aber Ulrich erwies sich als unbelehrbarer Tyrann. Er lud neue Not auf sein Land, als er 1515 den Ritter Hans von Hutten umbrachte, mit dessen Frau er ein Verhältnis hatte. Seine Gattin flüchtete daraufhin zu ihren Brüdern nach Bayern, und die Empörung der bayrischen Herzöge und der Ritterschaft bewogen Kaiser Maximilian, Ulrich als Mörder zu ächten. Das bekümmerte diesen zunächst wenig, als er aber auch noch die Reichsstadt Reutlingen überfiel, war das Maß voll. Die Truppen des Schwäbischen Bundes vertrieben Ulrich aus dem Land, dieses wurde für einen hohen Geldbetrag an Kaiser Karl V. verkauft. Württemberg war nunmehr österreichisch. Ulrich, der sich nach Mömpelgard zurückgezogen hatte, schloß sich der Reformation an, der Landgraf von Hessen besetzte als sein Bundesgenosse Württemberg, das der Herzog, wenn auch zunächst nur als „Afterlehen" unter österreichischer Oberhoheit, 1534 im Kaadener Vertrag zurückbekam. Aus dieser Lehenshoheit wurde Württemberg erst 1599 durch Kaiser Rudolf II. – gegen eine hohe Abfindung – entlassen.

Aus dem Dreißigjährigen Krieg hielt sich Württemberg, obwohl nun evangelisch, lange Zeit heraus. Erst als die Schweden in den Krieg eintraten, schloß es sich an, wurde Kriegsschauplatz und von den Kaiserlichen besetzt. Im Westfälischen Frieden erhielt Herzog Eberhard III. das Land entvölkert und verarmt zurück. Mit der allmählichen Konsolidierung der Verhältnisse begannen die Herzöge absolutistisch zu regieren und frönten ihrer Prunksucht und Mätressenwirtschaft. Eberhard Ludwig baute für seine Mätresse die neue Prachtresidenz Ludwigsburg, sein Nachfolger Karl August, der zuvor österreichischer Offizier gewesen war, trat gegen die Bedenken der Landstände zum Katholizismus über und überließ die Staatsfinanzen seinem jüdischen Minister Süß Oppenheimer. Dieser trachtete danach, die herzoglichen Einnahmen bei Umgehung der Landstände durch merkantilistische Grundsätze, Steuererhöhungen und zum Teil fragwürdige Manipulationen zu erhöhen. Der Nachfolger Karl Augusts, Karl Rudolf, lenkte die Volkswut vom Herrscherhaus ab, indem er den Finanzminister henken ließ. (Süß Oppenheimers Biographie wurde von Wilhelm Hauff und Lion Feuchtwanger literarisch ausgeschmückt, die Nazis verarbeiteten sie zu einem antisemitischen Hetzfilm.)

Herzog Eberhard Ludwig ließ sich zu Beginn des 18. Jahrhunderts mit dem barocken Prachtbau Schloß Ludwigsburg eine neue Residenz errichten.

Württemberg

Württemberg und Hohenzollern 1789

Legende				
Württemberg vor 1265	Österreichisch	Geistliche Gebiete	Reichsstädte	
Württemberg 1789	Hohenzollerisch	Sonstige Herrschaften	Landesgrenze 1815-1945	

Verschwendungssucht und Willkür erreichten einen neuen Höhepunkt unter Karl Eugen (1737-1793), dessen glänzende Feste und Prachtbauten (wie die Schlösser Solitüde und Hohenheim sowie der Neubau in Stuttgart) Unsummen verschlangen. Dazu leistete er sich ein stehendes Heer, das an der Seite Maria Theresias im Siebenjährigen Krieg – glücklos – operierte. Das Geld verschafften sich die Minister des Herzogs nicht selten durch Erpressungen, Ämterverkauf, Zwangsanleihen, Monopole und Lotterien, zum Teil kam es auch aus Frankreich. Kritiker wie der Dichter Schubart mußten für offene Worte jahrelang mit Kerkerhaft auf der Festung Hohenasperg büßen. Erst in den letzten Regierungsjahren Karl Eugens zeichnete sich, wohl unter dem Einfluß seiner Geliebten, die er zur Gräfin von Hohenheim gemacht und nach dem Tod seiner Gattin geheiratet hatte, ein Umschwung in der Haltung ein. Er gab Mittel für die Verbesserung des Weinbaus und für den Straßenbau frei und gründete die Karlsschule, zunächst eine Militärakademie, später zur Universität erhoben. Auch Söhne aus armen Familien hatten hier ihre Chance, wenn sie bereit waren, den dort geübten Kasernendrill auf sich zu nehmen, unter dem der junge, rebellische Friedrich Schiller so gelitten hat. (Nach dem Erfolg der „Räuber" unter-

Baden-Württemberg   Württemberg

sagte der Herzog dem Dichter übrigens die weitere poetische Betätigung und veranlaßte ihn so zur Flucht aus Württemberg.)

Als Württemberg im Zweiten Koalitionskrieg 1802 von den Franzosen besetzt wurde und Frieden schließen mußte, bot Napoleons Politik dem Herzog Friedrich II. – nun wieder ein protestantischer Herrscher – die große Chance zu einer Vergrößerung des Landes. Bereits durch den Reichsdeputationshauptschluß wurde Württemberg für den Verlust seiner linksrheinischen Besitzungen durch die Eingliederung von geistlichen Gebieten sowie der neun Reichsstädte Weil, Reutlingen, Eßlingen, Rottweil, Aalen, Giengen, Hall, Gmünd und Heilbronn reichlich entschädigt. Dazu erhielt der Herzog die Kurwürde. Nun zum Bundesgenossen Napoleons geworden, wurden ihm 1805 im Preßburger Frieden auch die österreichischen Grafschaften Nellenburg (1810 an Baden) und Hohenberg sowie die Schwäbischen Vogteien überlassen. Dazu kamen noch die Fürstentümer Hohenlohe und Waldburg. 1806 wurde Württemberg Königreich und trat dem Rheinbund bei, der König verheiratete seine Tochter mit Jérôme Bonaparte, König von Westphalen.

Herzog Ulrich mußte Württemberg vorübergehend Österreich überlassen.

1810 wurden Württemberg die zunächst bayrisch gewordenen Gebiete der früheren Reichsstädte Ulm, Ravensburg, Wangen und Leutkirch sowie jene der zuvor habsburgischen Grafschaft Montfort-Tettwang zugeteilt.

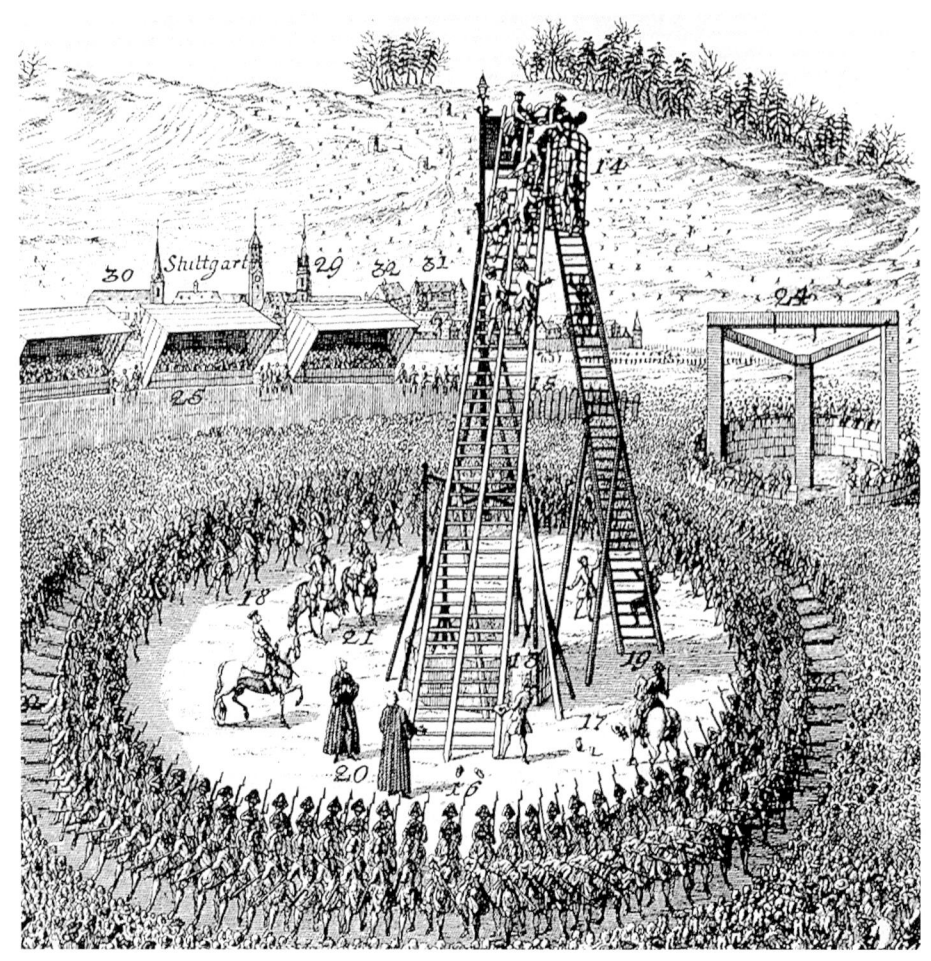

Nach der Schlacht bei Leipzig und einer Garantieerklärung Metternichs für den Besitzstand Württembergs fiel dieses von Napoleon ab. Dem Beitritt zum Deutschen Bund begegnete König Friedrich mißtrauisch und vollzog ihn als einer der Letzten. Als ihm 1816 sein Sohn Wilhelm I. folgte, tobte im Land ein Verfassungsstreit – die Stände wollten ihr „gutes altes Recht" und lehnten einen freisinnigen Entwurf ab –, 1819 kam es in dieser Frage zu einem Kompromiß. 1848 sah eine demokratisch-nationale Bewegung eine neue Chance und erzwang vom König die Entlassung reaktionärer Minister und die Unterzeichnung der Frankfurter Reichsverfassung. Als die Radikalen über diese Zugeständnisse hinausgehen wollten, ließ der gemäßigt-liberale Minister Römer das von jenen besetzte Rumpfparlament durch Militäreinsatz sprengen. Danach hob der Landtag die gewährten Grundrechte wieder auf. Württemberg schloß sich eng an die österreichische Politik an und trat entschieden gegen Preußen auf.

Und auch nach der Niederlage von 1866 – die württembergischen Truppen wurden bei Tauberbischofsheim geschlagen – hätte der neue König Karl und seine Regierung eine süddeutsche Union der Verbindung mit den auch im Volk ungeliebten Preußen vorgezogen; in den Landtag wurden fast nur Großdeutsche, Ultramontane und Demokraten, alles Preußenfeinde, gewählt. Erst Frankreichs Kriegserklärung 1870 brachte einen nationalpatriotischen Umschwung, die württembergischen Divisionen kämpften unter preußischem Oberkommando, und Württemberg trat in das neue Deutsche Reich ein, wobei es sich einige Sonderrechte sicherte.

Im November 1918 legte der letzte König, Wilhelm II., die Krone nieder. Württemberg wurde „Freier Volksstaat" in der Weimarer Republik. 1945 wurden die Länder Württemberg-Hohenzollern (französische Zone) und Württemberg-Baden (amerikanische Zone) gebildet. Nach einer Volksabstimmung im Jahre 1951 gingen diese beiden Länder im neuen Bundesland Baden-Württemberg auf.

Herzog Karl Rudolf lenkte den Zorn der Bevölkerung über die hohen Steuern dadurch ab, daß er den Finanzminister Süß Oppenheimer hinrichten ließ. Darstellung von 1738; Nürnberg, Germanisches Nationalmuseum

Baden Württemberg — Baden

Die kleine Markgrafschaft Baden wurde erst durch Napoleon zu einem der Mittelstaaten Deutschlands. Von den Anfängen bis 1918 regierten hier die Zähringer.

Über den Resten der Ruinen des römischen Badeorts Aquae Aureliae errichtete Hermann II. aus dem alten alemannischen Geschlecht der Zähringer um 1100 die Burg Baden. Hermann nannte sich Markgraf, obwohl sein Ländchen, das damals mitten im Reich lag, keineswegs eine Grenzmark war. Zu dem Titel der Markgrafschaft ist denn Baden auch auf andere Weise gekommen: Hermanns Großvater war, nachdem ihm trotz kaiserlichem Versprechen Schwaben vorenthalten worden war, zum Herzog von Kärnten erhoben worden. Er dürfte dieses Land ebensowenig betreten haben wie sein jüngerer Sohn Hermann I., den er dennoch zum Markgrafen von Verona (das damals Kärnten unterstand) erhob. Dessen gleichnamiger Sohn bestand auf Beibehaltung des Titels – und so war Baden von Anbeginn an Markgrafschaft.

Die Zähringer der älteren Linie mit dem Stammbesitz im Breisgau starben schon 1218 aus, hingegen blüht der jüngere, badische Zweig bis in die Gegenwart fort. Aus dem zähringischen Stammbesitz erbten die Badener zunächst allerdings nichts, er ging an die Uracher und die Kyburger, die Schwestern des letzten Zähringers geheiratet hatten. Als Gefolgsleute der Staufer erwarben sie Pforzheim und Durlach, nach dem Erlöschen des Kaiserhauses konnten sie ihren Besitz weiter abrunden. Hermann VI. war mit der Babenbergerin Gertrud verheiratet und beanspruchte nach Erlöschen dieser Herzogsfamilie im Mannesstamm Österreich; sein Sohn Friedrich wurde als treuester Freund des Staufers Konradin mit diesem 1268 in Neapel hingerichtet. Unter den Erwerbungen der folgenden Jahrhunderte seien die Grafschaften Sponheim und Hochberg genannt.

Im Jahr 1515 teilten zwei Brüder ihr Erbe: Bernhard III. bekam den nördlichen Teil, also Baden-Baden, Ernst als Stammvater der Linie Baden-Durlach verfügte über die breisgauischen Güter, das sogenannte Markgräflerland; er residierte in Pforzheim und trat zur Reformation über. Im Dreißigjährigen Krieg kam es zum Konflikt zwischen den beiden Baden, weil die Durlacher die Ebenbürtigkeit eines Erben bestritten. Sie besetzten Baden-Baden, wurden aber von den Kaiserlichen nach der Schlacht bei Wimpffen (1622) vertrieben; der baden-badische Markgraf Wilhelm, wieder eingesetzt, kehrte zur römischen Kirche zurück. Sein Enkel Markgraf Ludwig Wilhelm wurde als Kampfgefährte Prinz Eugens in den Türkenkriegen als „Türken-Louis" berühmt, als Reichsfeldmarschall eroberte er das von den Franzosen besetzte Heidelberg zurück. Mit seinen Söhnen erlosch 1771 das Haus Baden-Baden, das Territorium fiel an die Durlacher Linie.

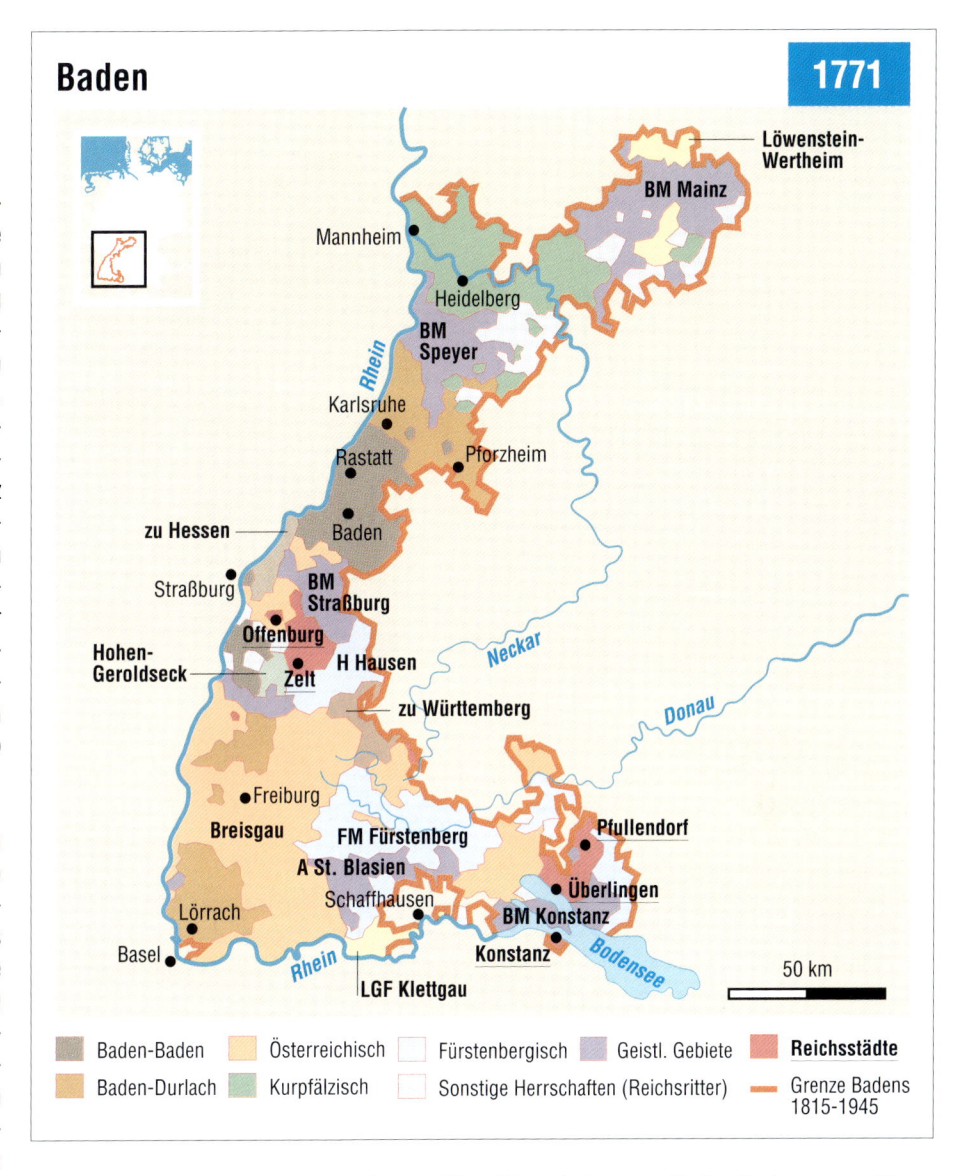

Dort waren nach dem Dreißigjährigen Krieg, infolge der Einfälle der Franzosen, die Markgraf Friedrich VII. Magnus zweimal aus seinem Land vertrieben, weitere Notzeiten gefolgt. Unter Friedrichs Sohn Karl III. Wilhelm, der Karlsruhe als seine neue Residenz gründete, erholte sich das Gebiet. Mit dessen Enkel Karl Friedrich schließlich wurde es von einem der aufgeklärtesten deutschen Fürsten regiert – er führte das unter seiner Herrschaft um Baden-Baden vergrößerte Land zum Wohlstand und hob die Leibeigenschaft auf.

Im Zweiten Koalitionskrieg besetzten die Franzosen Karlsruhe, Karl Friedrich mußte vorübergehend fliehen und im Frieden auf den linksrheinischen Streubesitz Badens verzichten. Bei den Verhandlungen zum Reichsdeputationshauptschluß wurde er von Rußland begünstigt – Zar Alexander I. war mit Elisabeth von Baden verheiratet. Baden wurde 1803 Kurfürstentum und erhielt umfassende Besitzungen der Bistümer Konstanz und Straßburg sowie andere geistliche Gebiete, die Reichsstädte Offenburg, Gengenbach, Zell, Überlingen und Pfullendorf sowie das, was von der bayrischen Kurpfalz rechts vom Rhein übriggeblieben war (Heidelberg). Nunmehr schloß Baden ein Bündnis mit Napoleon, was ihm bald weiteren Zugewinn einbrachte: 1805, im Frieden von Preßburg,

Baden-Württemberg — Baden

mußte Österreich den Breisgau mit Freiburg, die Grafschaft Bonndorf, die Landvogtei und die Stadt Konstanz abtreten. Als nunmehr unumschränkter Souverän trat Karl Friedrich dem Rheinbund bei und wurde mit dem Titel Großherzog belohnt; die letzten reichsunmittelbaren Stände in seinem Gebiet, vorweg Fürstenberg (mit Baar), Leiningen und Löwenstein, wurden mediatisiert. 1810 erhielt Baden von Württemberg auch noch das vordem österreichische Nellenburg im Südosten, mußte hingegen im Norden Amorbach an Hessen abtreten.

Das nunmehr geschlossene Territorium wurde reorganisiert und in zehn Kreise eingeteilt, gleichzeitig mußte Baden seine Landeskinder im Heer Napoleons kämpfen und sterben lassen und hohe Kriegsausgaben auf sich nehmen.

Die Verbindung zum Franzosenkaiser war für Karl Friedrichs Enkel Karl, der ihm 1811 folgte, notgedrungen eng, war er doch mit Napoleons Stieftochter Stephanie Beauharnais verheiratet worden. Deren Söhne starben beide kurz nach der Geburt. Gerüchte vermuteten eine Intrige, und als 1828 der Kaspar Hauser genannte Findling auftauchte, wurde in ihm der rechtmäßige Erbprinz Badens vermutet. Da nämlich Karl bei seinem Tod 1818 keine männlichen Erben hinterlassen hatte, kam ein Sohn aus der zweiten, nicht ebenbürtigen Ehe Karl Friedrichs, Ludwig von Hochberg, zum Zug. Bayern, das Heidelberg zurückhaben wollte, protestierte, doch die Großmächte garantierten den Besitzstand Badens.

Durch seine relativ freiheitliche Verfassung wurde Baden im Vormärz zu einem Hort des Liberalismus. Dennoch fand die Agitation der Radikalen, die 1847 in Offenburg ein zum Teil von sozialistischen Ideen getragenes Programm veröffentlichten, Zuspruch, und 1848 kam es zu zwei republikanischen Putschversuchen; zu den badischen Freischaren gesellte sich auch die aus Straßburg angerückte französisch-deutsche Legion des Dichters Herwegh, doch der Aufstand wurde niedergeworfen. Freisprüche der Geschworenen in den darauffolgenden Prozessen ermutigten im Mai 1849 zu einer offenen Revolution, die sich die Durchsetzung der Frankfurter Reichsverfassung zum Ziel setzte. Sogar das Militär meuterte, Großherzog Leopold flüchtete ins Ausland. Schließlich wurde der Aufruhr durch preußische Truppen niedergeschlagen.

Um die Herkunft des Findelkindes Kaspar Hauser kam es zu Spannungen zwischen Baden und dem Königreich Bayern. Nach einem Stich der Zeit

Obwohl zunächst Österreich zugetan, nahm Baden an der Reichsgründung von 1871 teil. Im November 1918 mußte der letzte Großherzog, Friedrich II., abdanken. Sein Thronfolger Max von Baden hatte, im Oktober 1918 zum Reichskanzler berufen, wenige Tage zuvor die Abdankung des Kaisers verkündet.

Im Jahr 1940 wurde das Elsaß, nach der Besetzung Frankreichs, dem Gau Baden angegliedert. Die nach 1945 in der französischen Zone einsetzenden Bemühungen der südbadischen Regierung Wohler, das Land in seinem früheren Umfang wiedererstehen zu lassen, scheiterten 1951 an einer Volksabstimmung, durch die Baden-Württemberg als neues Bundesland entstand.

Unter den Gebieten, die im Zuge der napoleonischen Neuordnung im Großherzogtum Baden mediatisiert wurden, war Fürstenberg das größte. Seine Herren leiteten sich von der uralten Linie der Grafen von Urach ab (welches selbst schon 1265 an Württemberg verlorenging). Ihre Stammburg steht bei Donaueschingen. Die Fürstenberger teilten sich wiederholt in mehrere Linien; 1664 wurden sie zu Reichsfürsten erhoben. Als Abrundung ihres Besitzes erwarben sie im Laufe der Zeit die Landgrafschaften Heiligenberg, Baar und Stühlingen; ein anderer Zweig hatte in Böhmen reichen Besitz.

Eine für die deutsche Geschichte unrühmliche Rolle spielten die Brüder Franz Egon und Wilhelm Egon von Fürstenberg, deren Intrigen 1681 den Überfall auf Straßburg durch Ludwig XIV. begünstigten. Sie verfielen beide der Reichsacht, Wilhelm Egon wurde sogar gefangengenommen und in Wien zum Tode verurteilt. Auf päpstliche Intervention wurde er jedoch wenig später freigelassen und zum Bischof im nunmehr französischen Straßburg erhoben. 1804 erlosch die „fürstliche" Linie, und Fürstenberg fiel an die „landgräfliche" österreichische; 1806 kam es an Baden.

Das ebenfalls mediatisierte Gebiet des Fürstentums Leiningen in Nordbaden trug seinen Namen erst seit 1804. Es gehörte zuvor zum Erzbistum Mainz und war den Fürsten von Leiningen als Ersatz für ihre links des Rheins gelegenen Territorien übertragen worden. Bereits 1806 wurde auch Leiningen der badischen Oberhoheit unterstellt.

Protektion half gelegentlich auch gegen Napoleons Flurbereinigungen: So blieb das winzige Hohengeroldseck (westlich von Zell) vorerst souveräner Staat im Rahmen des Rheinbunds: sein Fürst Philipp Franz von Leyen pflegte beste Beziehungen zu Napoleons erster Gattin Josephine.

Die Freischaren im badischen Oberland versuchten, die Demokratie gewaltsam durchzusetzen. Hier ihre Führer Struve, Hecker und Schimmelpfennig. Stahlstich, 1848; Konstanz, Rosengarten Museum

Baden-Württemberg — Vorderösterreich und Hohenzollern

Die Habsburger hatten in den schwäbischen Landen von alters her Streubesitzungen. Bis zu den napoleonischen Kriegen bestand hier, im sogenannten Vorderösterreich – auch „Vorlande" genannt –, die österreichische Herrschaft.

Die weitverzweigten Herrschaftsrechte der Habsburger mit ihren Stammlanden im Oberelsaß und in der Schweiz spannten sich bereits unter dem zum König gekürten Grafen Rudolf von Habsburg im Streubesitz von den Alpen zum Neckar und von den Vogesen bis zur Donau.

Alle Versuche, die Vorlande oder Vorderösterreich, wie die alemannisch-schwäbischen Gebiete Habsburgs genannt wurden, zu einem einheitlichen Territorium zusammenzufassen, blieben Stückwerk. Im Laufe eines Jahrhunderts, zwischen 1350 und 1460, gingen die Schweizer Stammlande verloren. Anfang des 16. Jahrhunderts schien eine neuerliche Stärkung der österreichischen Macht in Südwestdeutschland eine Chance zu haben, als nach der Ächtung Herzog Ulrichs wegen gemeinen Mordes Württemberg von den schwäbischen Ständen für 220.000 Gulden an Kaiser Karl V. verkauft wurde. Das hätte eine hervorragende Landbrücke zu den österreichischen Besitzungen in Breis- und Sundgau gebildet. Doch Ulrich bekehrte sich über Nacht zum Protestantismus, gewann Gleichgesinnte als Bundesgenossen und erpreßte von Österreich, das durch den Türkenkampf gebunden war, 1534 die Herausgabe des Herzogtums.

Ein schwerer Verlust in den Vorlanden traf Österreich und das Reich im Westfälischen Frieden von 1648. Der Kaiser mußte den Sundgau (ohne das eidgenössische Mülhausen), die Landgrafschaften Ober- und Unterelsaß und zehn Vogteien über elsässische Städte an Frankreich abtreten. Dieses hatte damit die Rheingrenze erreicht.

Nach diesen Gebietsverlusten unterstanden (neben Vorarlberg, das zeitweise als Teil Vorderösterreichs, zeitweise mit Tirol verwaltet wurde) bis 1805 folgende Vorlande der österreichischen Verwaltung:

– Der vorderösterreichische Breisgau mit Freiburg (1368 österreichisch) als Hauptort, rechtlich ein buntes Gemisch aus Städten (Freiburg, Breisach, Kenzingen, Villingen, Rheinfelden), Grafschaften (Hauenstein), Herrschaften (Triberg, Kastelberg, Schwarzenberg, Rheinfelden, Laufenburg) sowie Klostergut, Besitz von Ritterorden (vor allem der Johanniter) und Rittergütern. Der größte Teil des Breisgaus kam durch Hedwig, der Frau Rudolfs I., zu Habsburg, Freiburg wurde 1340 den Grafen von Urach abgekauft. 1801 wurde der Breisgau an den aus Modena vertriebenen Herrscher aus der habsburgischen Seitenlinie Este abgetreten, 1805 wurde das Gebiet (zunächst ohne Triberg und Villingen, bis 1810 württembergisch) badisch.

– Die österreichischen „vier Waldstädte" lagen am Rhein westlich von Schaffhausen: Säckingen, Waldshut, Laufenburg, und Rheinfelden (1330 als Reichsstadt von Kaiser Ludwig dem Bayern an Österreich verpfändet), dazu das Fricktal. Die beiden ersten, am rechten Rheinufer, wurden badisch, der Rest kam 1803 zur „Helvetischen Republik" (heute Schweizer Kanton Aargau).

– Die Landvogtei Ortenau, als Reichsgut häufig von den Kaisern verpfändet, wurde nach einem Bündnis der dort herrschenden Fürstenberg mit Frankreich von Ferdinand I. eingezogen, im 18. Jahrhundert an Baden verpfändet und von 1771 bis 1805 wieder österreichisch verwaltet, dann von Napoleon Baden zugeschlagen.

– Die Grafschaft Hohenberg, im Besitz einer Zollern-Seitenlinie, wurde 1381 von Her-

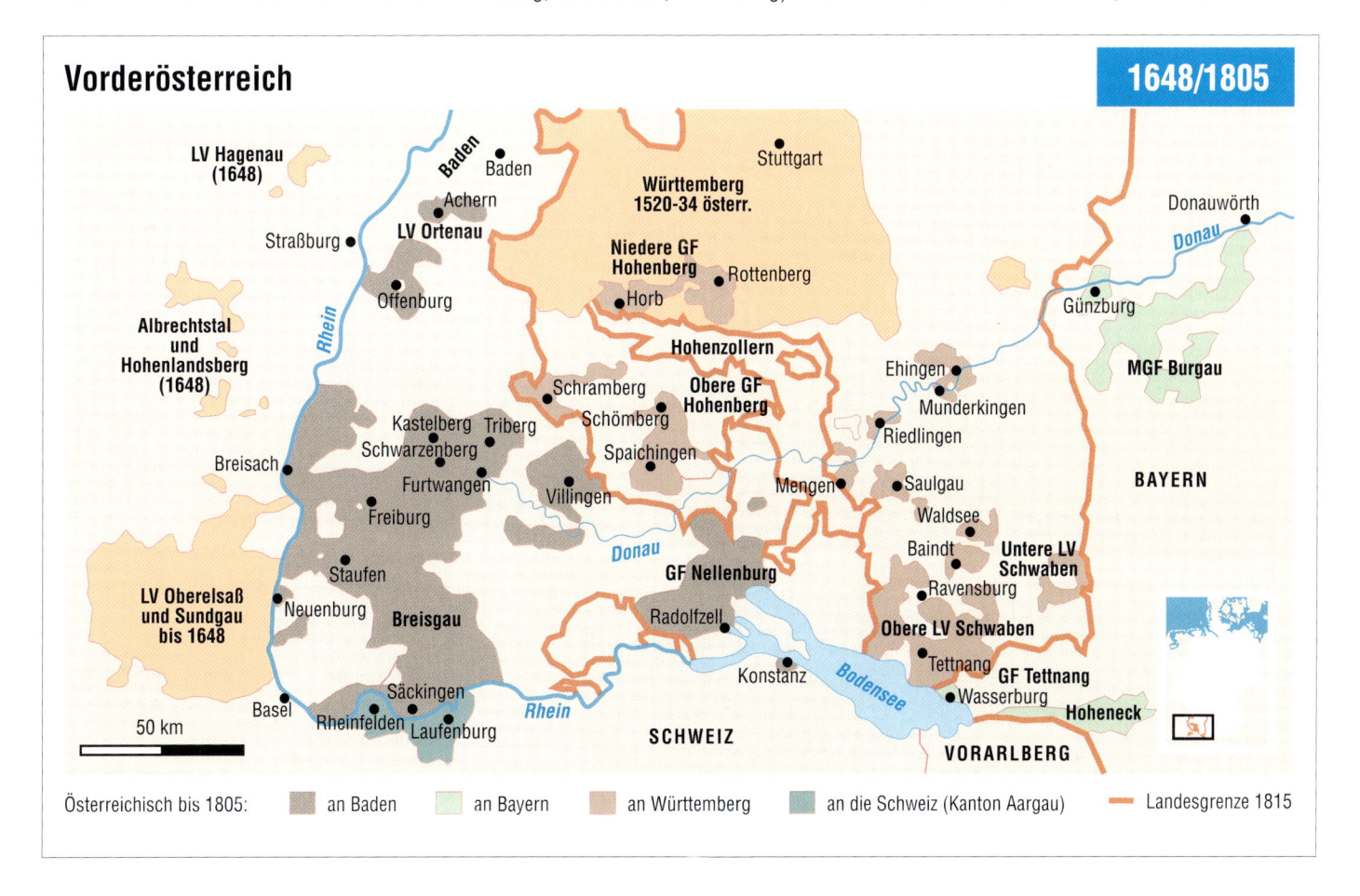

Baden-Württemberg — Vorderösterreich und Hohenzollern

zog Leopold III. von Österreich käuflich erworben. Die zerrissenen Territorien gliederten sich in Nieder- und Oberhohenberg. Die Grafschaft kam 1805 zur Gänze an Württemberg, 1810 fiel ein Gebietsteil (Werenwag und Stetten) an Baden.

– Die Landgrafschaft Nellenburg mit dem Städtchen Stockach im Hegau wurde 1465 von Erzherzog Sigmund gekauft. Sie wurde 1805 württembergisch, 1810 badisch.

– Die Stadt Konstanz, zuerst Bischofssitz, dann Reichsstadt, schloß sich der Reformation an und wurde von Kaiser Karl V. wegen der Teilnahme am protestantischen Schmalkaldischen Bund geächtet. Die Bürgerschaft ergab sich 1548 Ferdinand I. 1805 kam die Stadt an Baden.

– Die Untere und Obere Landvogtei Schwaben, oft verpfändetes Reichsgut, wurde 1468 von Kaiser Friedrich III. endgültig für Österreich abgelöst. Sie fiel 1805 an Württemberg.

– Die Grafschaft Montfort-Tettnang wurde 1779 von Österreich erworben. Sie kam 1805 mit Lindau (die Reichsstadt war erst 1804 an Österreich gefallen) an Bayern, 1810 (ohne Wasserburg) an Württemberg.

– Die Städte Munderkingen, Mengen, Riedlingen, Saulgau und Waldsee wurden als die „österreichischen Donaustädte" zusammengefaßt, obwohl nur die erste Stadt unmittelbar am Fluß liegt; sie wurden württembergisch.

– Die Herrschaft Hoheneck und das Gericht Simmerberg im Allgäu, als Teile der Grafschaft Bregenz 1451 bzw. 1523 habsburgisch, wurden 1805 zusammen mit Vorarlberg an Bayern abgetreten und verblieben ab 1814 endgültig bei diesem.

– Die Reichsgrafschaft Falkenstein, einst Sitz mächtiger Grafen, war 1667 lothringisch geworden. Sie war das einzige Gebiet, das Österreich von dem Stammland Franz I. Stephan, dem Gemahl Maria Theresias, verblieben war. Sie kam 1801 an Frankreich und fiel 1816 der bayrischen Pfalz zu.

– Die Markgrafschaft Burgau mit den Städten Günzburg und Burgau, entstanden unter den Staufern und vom letzten Grafen von Berg 1301 an Habsburg verkauft, fiel 1805 an Bayern. Petitionen an den Wiener Kongreß änderten nichts mehr daran. Günzburg war übrigens unter Maria Theresia der Sammelplatz für die Schiffstransporte der „Donauschwaben" ins Banat.

Metternichs politisches Konzept, das die süddeutschen Staaten – als Gegengewicht zu Preußen – zu Verbündeten Öster-

Das Schloß von Sigmaringen an der Donau geht auf das 11. Jahrhundert zurück; um 1500 wurde es von der schwäbischen Linie der Hohenzollern erworben.

reichs machen wollte, dazu der Wunsch der österreichischen Militärs, die Jahrhunderte währende Konfrontation mit Frankreich am Rhein aufzugeben, trug dazu bei, daß die napoleonische Neuordnung der Grenzen in

Das Wappen auf dem Alkoven dieses Freiburger Kaufmannshauses aus dem 16. Jahrhundert bezeugt die Jahrhunderte währende habsburgisch-österreichische Herrschaft im Breisgau.

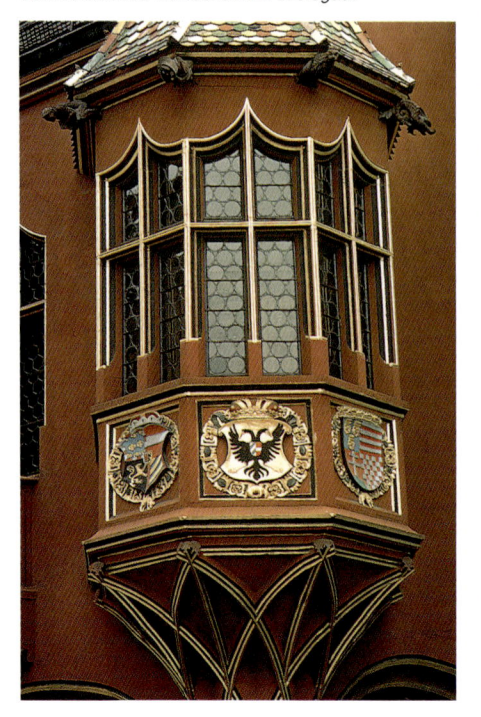

Südwestdeutschland, die den Verzicht Habsburgs auf die Vorlande einschloß, beim Wiener Kongreß erhalten blieb.

Bis 1945 war Hohenzollern neben Württemberg und Baden das dritte politische Gebilde, das das Alte Reich überdauert hatte. Seit 1849 war es ein politischer Bezirk Preußens, mit Sigmaringen an der Donau als Hauptort. Das Ländchen lag auf dem Plateau von Oberschwaben, als langer, schmaler Landstrich, der vom Ostabhang des Schwarzwaldes über die Rauhe Alb bis zur Donau und im Süden bis nahe zum Bodensee reichte. Seinen Namen hatte es von der Burg Hohenzollern, auf dem gleichnamigen Berg bei Hechingen gelegen. Sie gilt als Stammburg jenes Geschlechts, das durch Hervorbringen brandenburgisch-preußischer Fürsten und zuletzt auch deutscher Kaiser in die Geschichte einging.

Der Hohenzoller Friedrich III. hatte das Burggrafenamt 1191 von Nürnberg erhalten; unter seinen Söhnen teilte sich das Haus in eine schwäbische und eine fränkische Linie (von dieser stammten die Herrscher Preußens ab). In der in den Stammlanden verbliebenen schwäbischen Linie kam es zu weiteren Teilungen, unter anderem 1403 zwischen den Brüdern Friedrich und Eitelfriedrich, die einander in wildem Haß bekämpften, den auch die Verwandten in Brandenburg nicht dämpfen konnten. Die Nachkommen Eitelfriedrichs I. konnten das Zollernland wieder in einer Hand vereinen und schlossen eine Erbverbrüderung, wonach beim Aussterben der schwäbischen Linie das ganze Land an die Hohenzollern in Brandenburg fallen sollte. 1576 zerfiel die Grafschaft erneut, nun für dauernd, in zwei Linien: Eitelfriedrich IV. erhielt Hohenzollern-Hechingen, Karl II. Hohenzollern-Sigmaringen; in der Folge wurden die Grafen in den Reichsfürstenstand erhoben. Die Vertreibung der Bauern vom Waldbesitz und von der Jagd führte allein zwischen 1584 und 1796 zu fünfzehn Aufständen. Für die 1423 im Schwäbischen Städtekrieg zerstörte, mit Hilfe Brandenburgs wieder aufgebaute Stammburg bedingte sich Österreich ein Besatzungsrecht aus, das von 1650 bis 1798 galt. Von der Mediatisierung in der Napoleonzeit blieben die Fürstentümer dank ihrer Nähe zu Preußen verschont. Nach Unruhen im Jahre 1848 traten im Jahr darauf die letzten Hohenzollernschen Fürsten ihre Länder an Preußen ab. 1945 mit dem südlichen Württemberg vereint, ging Hohenzollern 1952 im Land Baden-Württemberg auf.

Bayern — Stammesherzogtum Baiern

Die Baiern als „Findelkinder" der Völkerwanderung sind erst in ihrem Siedlungsraum zu einem Stamm zusammengewachsen. Ihr Herzogtum, zu einem Teil des Frankenreichs geworden, reichte um die Jahrtausendwende im Osten bis Ungarn, im Süden bis Verona.

Im dunkeln bleibt, woher jenes Volk kam, das für die Besiedlung des Südostens des deutschen Sprachgebiets von bestimmender Bedeutung werden sollte und das Bayern seinen Namen gab – die Bajuwaren. Um 550 tauchen sie unvermittelt in den Schriftquellen auf: „Das Land der Sueben (Schwaben) hat im Osten die Baiwaren (Baiern) zu Nachbarn", heißt es da. Ihr Name wird als „die Leute aus Baiahem" (Böhmen) gedeutet. Die alten keltischen Boier, die Böhmen den Namen gaben, können da freilich nicht gemeint sein. Vielfach wurde vermutet, es handle sich bei den Baiern um Markomannen, die als Neuankömmlinge im schon von den Alemannen erreichten Gebiet Vindeliziens eben nach ihrem Herkunftsland benannt wurden. Das scheint aber nur eine Teilerklärung zu sein. Die Bajuwaren als „Findelkinder" der Völkerwanderung dürften erst in ihrem neuen Siedlungsraum zu Baiern geworden sein. „Zweifellos sind die Baiern das Produkt der Vereinigung zahlreicher Ethnika germanischen wie nichtgermanischen Ursprungs, von Zuwanderern und germanisch-romanischen Einheimischen." (Herwig Wolfram)

Gemeinsamkeiten zwischen Bajuwaren und Langobarden, wie sie die Ausgrabungen bezeugen, lassen auf einen maßgebenden Anteil der zweiten bei der bairischen Stammesbildung schließen; auch Thüringer, Alemannen und Rugier dürften dabei eine wichtige Rolle gespielt haben. Das Prestige der Zuwanderer muß aber jedenfalls groß gewesen sein, denn die sie benennende Mehrheit ging in der Minderheit auf. Die „böhmischen Männer" haben sich ja nicht selbst so genannt, sondern wurden so bezeichnet, als sie südlich der Donau auftauchten. Das Überschreiten des Stroms mußte als „Ur-Tat" empfunden worden sein, die die Einwanderer miteinander verschmelzen, ihre ursprüngliche Herkunft vergessen ließ. Die Namen ihrer Wandergeschlechter aber blieben in den unzähligen, typisch bairischen „-ing"-Orten (auch im späteren, östlichen Kolonisationsraum) erhalten, zu denen sich bald die „-ham" und „-kam", die „-stetten", „-hofen" und „-hausen" gesellten.

Von etwa 550 bis 788 herrschte das Herzogsgeschlecht der Agilolfinger in Baiern. Schon früh bestanden, nachdem die Schutzherrschaft des Ostgotenkönigs Theoderich über die Bajuwaren ausgeklungen war, enge Verbindungen zum Frankenreich der Merowinger. Dessen König Chlothar I. gab die Königswitwe Waldarada, eine Langobardin, dem ersten Agilolfinger Garibald I. als „einem der Seinen" zur Frau. Der Ehe entsproß Theudelinde – diese Baiernprinzessin wurde, nacheinander mit den Langobardenherrschern Authari und Agilulf verheiratet, Königin von Italien.

Diese frühbairische Heiratspolitik umreißt auch schon die Situation des Herzogtums, das zwischen Franken und Langobarden seine Selbständigkeit zu erhalten suchte, wozu als drittes teils feindliches, teils verbündetes Element die Awaren und Slawen hinzukamen. Das bairische Fürstentum umfaßte neben dem bajuwarischen Kernland mit Regensburg als Herzogssitz auch große Teile des heutigen Österreichs: Tirol (bis südlich von Bozen), den Pinzgau, Pongau, Traungau und Attergau. Nach anfänglichen Niederlagen gegen Slawen und Awaren (610 bei Agunt/Lienz) wurden die Baiernherzöge auch Oberherrn des slowenischen Herzogtums Karantanien (Kärnten).

Schon der Merowingerkönig Dagobert I. zwang die Baiern in ein loses Abhängigkeitsverhältnis; auf seinen Befehl wurden 630 neuntausend bulgarische Flüchtlinge auf oberösterreichischem Gebiet massakriert. Über das Frankenreich erreichte die Baiern auch die Christianisierung. Um diese war insbesondere Herzog Theodo bemüht. Um 710 holte er den Mönch Emmeram aus Poitiers nach Regensburg. Der Missionar nahm allerdings nach dreijährigem Wirken ein trauriges Ende – er wurde von einem Herzogssohn umgebracht, weil er angeblich dessen Schwester verführt hatte. Zum eigentlichen „Apostel der Baiern" aber wurde Rupert, der aus Worms kam und über den Herzogssitz Regensburg nach Salzburg zog. Hier hatte noch eine Romanengemeinde die Völkerwanderungsstürme überlebt – bei ihr hatte Rupert wohl einen leichteren Stand als beim zunächst störrischen bairischen Adel. Ein hal-

Bayern — Stammesherzogtum Baiern

bes Jahrhundert später aber war im Baiernvolk der neue Glaube schon so gefestigt, daß nun von Salzburg aus die Missionierung der Alpenslawen erfolgen konnte.

Die Schwäche der Merowinger ließ die Baiern wieder erstarken, doch der machtvollen Politik des Hausmeiers Karl Martell (des Großvaters Karls des Großen) mußten sie sich, durch Familienzwiste in ihrem Herzogshaus gelähmt, beugen. Karl Martell brachte sich von seinem Baiernfeldzug die Agilolfingerin Swanahild als Geliebte heim, und ihr gemeinsamer Sohn Grifo – den der alternde Karolingerahnherr seinen ehelichen Söhnen vorzog – war treibende Kraft bei einem vergeblichen bairischen Abkoppelungsversuch vom Frankenreich. Grifos Stiefbruder König Pippin setzte den siebenjährigen Agilolfinger Tassilo III. auf den Herzogsthron, führte selbst die Vormundschaft über ihn und ließ ihn 757 den Lehenseid schwören.

Als Tassilo flügge geworden war, fühlte er sich, obwohl Gefolgsmann des Frankenkönigs, stark genug, eigenmächtig den Kriegsschauplatz in Aquitanien zu verlassen. Er knüpfte Fäden zu den Langobarden und erlangte gegenüber dem gleichaltrigen neuen Frankenkönig Karl zunächst Unabhängigkeit – diese ermöglichte ihm, sein Land in ein blühendes Gemeinwesen umzugestalten. Dazu trugen die Klostergründungen (Kremsmünster, Innichen) und die Erneuerung des Salzburger Bistums ebenso bei wie ein siegreicher Feldzug gegen die slowenischen Karantanen, die sich gegen die bairische Oberherrschaft aufgelehnt hatten. Mit 772 ist die endgültige Christianisierung und der Beginn einer massiven bairischen Kolonisation in Kärnten anzusetzen.

Inzwischen hatte Karl die aufständischen Basken, die Sachsen und die Langobarden unterworfen. Jetzt war Baiern an der Reihe. Nach einem Überraschungsangriff Karls mußte Tassilo 781 in Worms erneut den Vasalleneid ablegen. Bald danach aber knüpfte der Baier Fäden zu den aufständischen Langobarden in Süditalien, es kam erneut zu Zusammenstößen mit den Franken, Vermittlungsversuche des Salzburger Bischofs wurden vom Papst unterbunden, und 787 unterwarf sich Tassilo erneut. Waren es adelige Feinde im eigenen Land, die ihn bei Hof ange-

Die Agilolfinger-Prinzessin Theudelinde heiratet den Langobardenkönig Authari. Fresko des 15. Jh.; Theudelinden-Kapelle, Dom von Monza

schwärzt hatten, oder hatte Tassilo wirklich Verbindungen zu den Awaren geknüpft – am Reichstag von Ingelsheim wurde er des Hochverrats angeklagt. König Karl setzte ihn daraufhin ab; ein zuerst ausgesprochenes Todesurteil wurde in lebenslange Klosterhaft umgewandelt, auch Tassilos Sohn Theodo wurde „vermöncht". Das war das Ende der Agilolfinger.

Dies gab Karl dem Großen freie Hand, die Awaren zu unterwerfen und in Baiern nach Gutdünken zu schalten und zu walten. Noch vor Tassilos Absetzung hatte Graf Ottachar die Awaren auf dem Ybbsfeld besiegt. Diese errichteten daraufhin Grenzsperren am Kamp und im westlichen Wienerwald. Doch den Heeren Karls waren sie auf Dauer nicht gewachsen, auch wenn sich die Awarenkriege über mehr als ein Jahrzehnt hinzogen. In der eroberten „Avaria", zunächst zwischen Enns und Leitha, dann weit nach Pannonien hinein, setzte Karl den Markgrafen Gerold I. ein. Nach dessen Tod in einem Awarenaufstand (799) wurde die Verwaltung der alt- und neubairischen Gebiete durch Zweiteilung neu geregelt: Es kam zu einer Gliederung in das Territorium des alten Baiernherzogtums, Baioaria genannt, mit Regensburg als Zentrum, und in die „plaga orientalis" (Ostland), ein Gebiet, das den altbairischen Traungau, Karantanien und Oberpannonien (einschließlich des niederösterreichischen Donautals) umfaßte, mit Lorch, dem alten Lauriacum (bei Enns) als Hauptort. Beide Gebiete wurden von Präfekten verwaltet, doch war der des Ostlands dem bairischen untergeordnet. Dem Ostlandpräfekten unterstellt waren fränkische Grafen, aber auch Fürsten der einheimischen slawischen Stämme.

Dem bairischen Ostland drohte im Aufstieg des Mährerreichs um die Mitte des 9. Jahrhunderts eine neue Gefahr. Zum äußeren Feind kamen die permanenten Konflikte zwischen den adeligen Herren. Das Adelsgeschlecht der Wilhelminer aus dem Traungau nahm in diesen Auseinandersetzungen ein grausames Ende, das niederösterreichische Donauland wurde vom Mährerfürsten Swatopluk (Zwentibald) verwüstet. Schließlich setzte sich Luitpold, gefördert von dem mit ihm verwandten Kaiser Arnulf von Kärnten, zunächst im Ostland durch. Bald aber kam es auch zu einem Machtkampf mit Graf Engildeo, der im bairischen Altland herrschte. Luitpold blieb mit Unterstützung des Kaisers Sieger, doch sollte er sich seiner Machtstellung nicht lange erfreuen.

Inzwischen war nämlich eine neue Gefahr aus dem Osten aufgetaucht: 881 mußte im Ostland bei Wenia (Wien) ein erster Angriff der Magyaren abgewehrt werden. Dennoch gingen die Streitigkeiten zwischen den bairisch-fränkischen Adeligen weiter; auch mit den Mährern fand man zu spät zu einer gemeinsamen Abwehr des neuen Reitervolks aus dem Osten. Am 4. Juli 907 wurde der bairische Heerbann unter Luitpold bei Preßburg vernichtend geschlagen. Der Markgraf selbst, der Erzbischof von Salzburg, die Bischöfe von Freising und Säben sowie etliche Grafen fielen in der Schlacht. Oberpannonien ging verloren, die bairische Grenze und damit die Grenze des sich herausbildenden Deutschen Reichs lag wieder am Fluß Enns. Luitpolds Sohn Arnulf „der Böse" verteidigte die Ennsgrenze wacker gegen die Ungarn, konnte aber deren Raubzüge nicht verhindern. Seine Stellung im bairischen Stammesherzogtum war so stark, daß er die Wahl Konrads I., dem ersten nachkarolingischen König, ignorieren konnte; erst die Oberhoheit von König Heinrich I. erkannte er an, nicht, ohne sich für Baiern wichtige Hoheitsrechte vorzubehalten.

Bayern — Teilungen und Vereinigungen

Nach Welfen und Babenbergern bekam Baiern – eingesetzt durch Kaiser Friedrich Barbarossa – Herzöge aus jenem Haus, das es bis 1918 regieren sollte: dem der Wittelsbacher.

Nach dem Sieg Kaiser Ottos des Großen über die Ungarn auf dem Lechfeld bei Augsburg (955) wurde östlich der Enns eine neue bairische Grenzmark gegründet. Kaiser Otto II. setzte 976 Luitpold aus dem vermutlich bairischen Adelsgeschlecht der jüngeren Babenberger als Markgrafen ein. Bereits um die Jahrtausendwende war für das Gebiet, wie eine Schenkungsurkunde an das Kloster Freising bezeugt, der Name „Ostarrichi" gebräuchlich; die ungarische Grenze war bis an March und Leitha zurückgeschoben worden.

Kaiser Otto II. schuf sich in den Babenbergern eine Stütze gegen die aufmüpfigen bairischen Stammesherzöge. Heinrich der Zänker, aus einer Nebenlinie des sächsischen Königshauses, hatte sich gegen ihn aufgelehnt und war abgesetzt worden. Die gewaltige Ausdehnung des bairischen Herzogtums wurde 976 drastisch verkleinert: Kärnten wurde zu einem eigenen Reichsherzogtum erhoben, dem auch der Markengürtel von der Steiermark bis Verona unterstellt war. Der Sohn Heinrichs des Zänkers, wieder Herzog von Baiern, wurde 1002 als Heinrich II. deutscher König, Baiern daraufhin an Herzöge aus verschiedenen Geschlechtern vergeben. Als schwerer Fehlgriff erwies sich, daß Agnes, die Witwe Kaiser Heinrichs III. und Mutter des unmündigen Heinrichs IV., 1061 Otto von Northeim mit dem Herzogtum belehnte; von seiner Machtposition aus wurde der treulose Vasall einer der gefährlichsten Gegner von Agnes' Sohn. Im Jahr 1070 verlor der Northeimer Baiern an Welf I., den Stammvater der jüngeren Linie des Welfenhauses, die aus der Verbindung der letzten Welfentochter mit Azzo von Este hervorgegangen war.

Der bairische Welfenherzog Heinrich der Stolze wurde zum mächtigsten Fürsten des Reichs: Kaiser Lothar III. gab ihm nicht nur seine Tochter Gertrud zur Frau, sondern belehnte ihn auch mit dem großen Herzogtum Sachsen. Beim Tod des Herrschers rechnete der Welfe mit der deutschen Königskrone. Auf päpstliches Betreiben aber wählten die stets auf Beschränkung kaiserlicher Macht bedachten Fürsten nicht ihn, sondern den schwäbischen Grafen Konrad von Hohenstaufen zum König. Er verlangte von Heinrich den Verzicht auf eines der beiden Herzogtümer. Als Heinrich sich dagegen auflehnte, wurde sein Widerstand gebrochen und die Reichsacht über ihn verhängt.

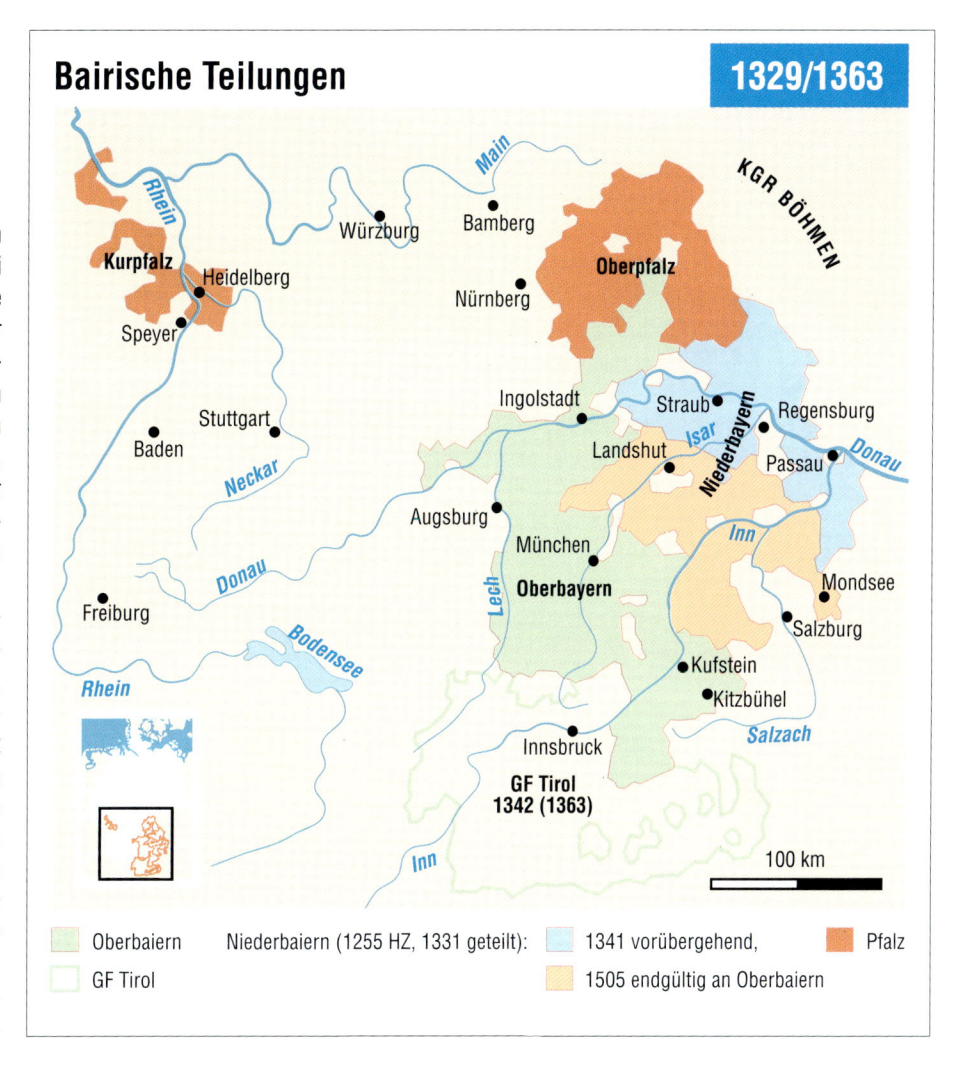

Das war die Stunde zweier Babenberger, die durch die gemeinsame Mutter Agnes zu Halbbrüdern des neuen Königs geworden waren: König Konrad III. setzte seinen babenbergischen Halbbruder Leopold IV. als Herzog von Baiern ein, ein weiterer Halbbruder, Otto, wurde Bischof von Freising; ihm verdanken wir eine Weltchronik und eine Chronik der Herrschaft Friedrich Barbarossas. Nach dem frühen Tod Leopolds IV. übernahm dessen Bruder Heinrich II. Jasomirgott Herzogtum und Markgrafschaft. Inzwischen suchte der neue Stauferkönig Friedrich I. Barbarossa die Aussöhnung mit den Welfen und beschloß, Heinrich dem Löwen, dem Sohn Heinrichs des Stolzen, das Herzogtum Baiern zurückzugeben. Heinrich Jasomirgott widersetzte sich dem, und es bedurfte zäher Verhandlungen um einen Ausgleich für Österreich, ehe er schließlich einwilligte.

Auf dem Reichstag zu Regensburg am 8. September 1156 wurde Jasomirgott zum Herzog von Österreich erhoben, womit Österreich aus der Oberhoheit Baierns entlassen war. Die dabei ausgestellte Urkunde, das sogenannte „Privilegium minus", machte das neue Herzogtum nahezu selbständig und bildete eine Voraussetzung für die eigenständige Entwicklung Österreichs. Ebenso mußte Baiern steirische Grafschaften aus seiner Lehenshoheit entlassen. Zwischen Österreich und Baiern blieb nur noch die durch die bairische Kolonisation bedingte Gemeinsamkeit des Dialekts.

Als Heinrich der Löwe, der mit der Ausweitung Sachsens in die slawischen Gebiete östlich der Elbe beschäftigt war, dem Kaiser die Heerfolge nach Italien verweigerte, setzte ihn Barbarossa erneut ab. Das Herzogtum Baiern wurde dem Pfalzgrafen Otto von Wittelsbach (die Stammburg der Wittelsbacher lag bei Aichach in Oberbayern) übertragen; er hatte sich auf Barbarossas Römerzügen ausgezeichnet.

Bairische Teilungen 1329/1363

Legende:
- Oberbaiern
- GF Tirol
- Niederbaiern (1255 HZ, 1331 geteilt): 1341 vorübergehend, 1505 endgültig an Oberbaiern
- Pfalz

Bayern — Teilungen und Vereinigungen

Die Wittelsbacher waren ein fruchtbares Geschlecht. Das hatte sehr bald Erbteilungen zur Folge, die das Land in mehrere Territorialherrschaften zerfallen ließen.

Ludwig I., der Sohn des Dynastiegründers, wurde 1214 mit der Pfalzgrafschaft bei Rhein belehnt; das brachte dem Wittelsbacher die Kurwürde ein. Sein Sohn Otto II. hatte als Parteigänger Kaiser Friedrichs II. das päpstliche Interdikt über Baiern zu tragen; dies begünstigte die Loslösung der geistlichen Gebiete, insbesondere Salzburgs, Passaus, Brixens und Trients, aus der bairischen Oberhoheit. Die Bischöfe – auch die von Freising und Regensburg (allerdings nur mit eng begrenztem Machtbereich ausgestattet) – wurden Reichsfürsten. Schon 1180 war die Steiermark zum Herzogtum erhoben worden; dadurch war Baiern der Traun- und der Attergau verlorengegangen.

Die Söhne Ottos II. waren die ersten, die das Land teilten: Das wittelsbachische Erbe zerfiel in ein kleines Oberbaiern (nicht identisch mit dem heutigen Regierungsbezirk) mit der Kurpfalz und in ein größeres Niederbaiern. In Oberbaiern regierte Ludwig der Strenge, zeitweise der mächtigste Fürst in Süddeutschland und Stütze des Nach-Interregnum-Königs Rudolf von Habsburg. In der nächsten Generation erzwang der jüngere Ludwig von seinem zunächst alleinregierenden Bruder Rudolf die Mitregierung und dann die Abtretung halb Oberbaierns mit Ingolstadt.

In Niederbaiern regierten um dieselbe Zeit gleich drei Brüder – in Landshut, Straubing und Burghausen. Sie waren derart große Schuldenmacher, daß König Albrecht sie in Regensburg auslösen mußte. Und der Landshuter Otto war ein Abenteurer dazu: als Sohn einer ungarischen Prinzessin beanspruchte er die Stephanskrone, schlug sich verkleidet nach Ungarn durch, wurde aber nach kurzem Glück gefangengesetzt und heimgejagt.

Wie sehr die Brüder Rudolf und Ludwig einander feind waren, zeigte die deutsche Königswahl von 1314: Die Mehrheit der Fürsten wählte Ludwig (1314-1347), hingegen gab der Minderheit, die den Habsburger Friedrich den Schönen kürte, auch der Kurpfälzer seine Stimme. Ludwig nahm seinen Feinden den Wind aus den Segeln, indem er bei Mühldorf die Österreicher besiegte, mehr noch aber durch seine Aussöhnung mit Friedrich – diesen machte er von seinem Gefangenen zu seinem Mitregenten. Mit dem Hausvertrag von Pavia (1329) wurden die Verhältnisse in der Weise geklärt, daß Ludwig ganz Oberbaiern übernahm, die Söhne Rudolfs hingegen die Pfalz mit der Kurwürde samt der Oberpfalz im bairischen Nordgau behielten. Als die niederbairische Linie wenig später ausstarb, fiel auch deren Land an Kaiser Ludwig. Er wollte durch den Erwerb von Brandenburg, Holland und Tirol die wittelsbachische Hausmacht ausbauen, doch gingen diese Territorien unter seinen Nachfolgern bald wieder verloren. Die sechs Söhne Kaiser Ludwigs gaben, entgegen dem Vermächtnis des Vaters, die gemeinsame Regierung rasch auf und teilten sich ihr Erbe wiederum wie einen Privatbesitz. Dabei bildeten sich vier bairische Territorien: Ingolstadt, München, Straubing und Landshut. Ihre Fürsten führten zeitweise regelrecht Krieg gegeneinander. Die wittelsbachischen Sitten waren überhaupt rauh: Schon Ludwig der Strenge hatte seine Gattin in einem Eifersuchtsanfall hinrichten lassen; ein Ingolstädter Herzog wurde im Verlauf der Konflikte vom eigenen Sohn in den Kerker geworfen, und Herzog Ernst von Baiern-München ließ die seinem Sohn Albrecht III. heimlich angetraute Baderstochter Agnes Bernauerin als Hexe ertränken (1435).

Die Straubinger Linie war 1425 erloschen; ihre Güter vergab Kaiser Sigismund an Habsburg (was zu späten Ansprüchen Kaiser Josefs II. führen sollte), vier Jahre später jedoch mußten sie an die drei verbliebenen bairischen Herzogtümer verteilt werden. 1447 starb die Ingolstädter Linie aus, 1503 schließlich die Landshuter. Als Albrecht IV. von Oberbaiern das gesamte Erbe antreten wollte, griffen die pfälzischen Wittelsbacher ein. Kaiser Maximilian I. konnte schließlich diesen hausinternen Bairischen Erbfolgekrieg in der Weise schlichten, daß das Fürstentum Neuburg (an der Donau um die Lechmündung sowie nördlich von Regensburg) den Pfälzern überlassen wurde, Niederbaiern hingegen mit Oberbaiern wiedervereint wurde. Herzog Albrecht IV. setzte daraufhin (1506) die Unteilbarkeit des bairischen Herzogstums und für die Nachfolge die Primogenitur, das Erbrecht des Erstgeborenen, fest. So blieben die altbairischen Stammlande fortan vereint (und wurden 1628 mit der Oberpfalz abgerundet).

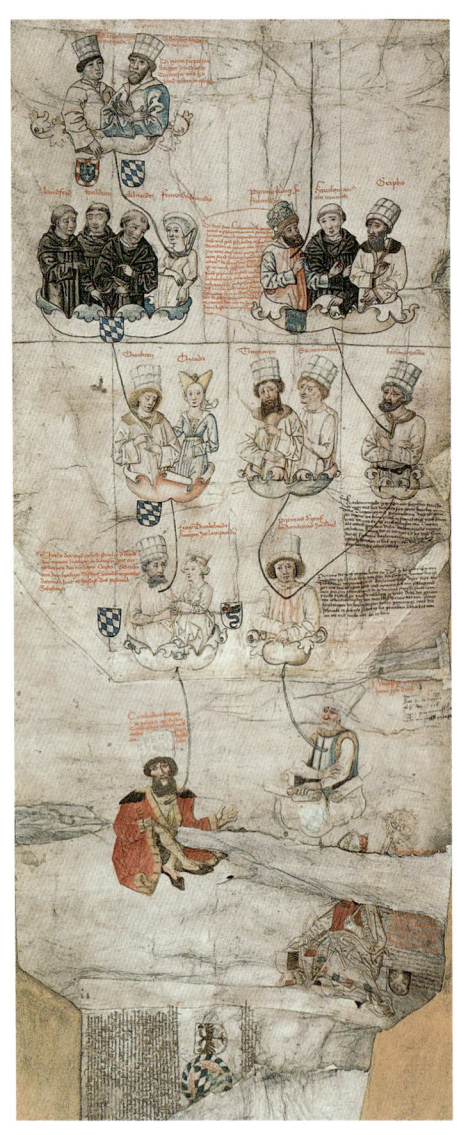

Der Stammbaum der Wittelsbacher im Schloß Berchtesgaden führt deren Herkunft auf den Agilolfinger Garibald I. (gest. 590) zurück.

Bayern — Kaiserfreunde und Reichsfeinde

Im Kampf gegen die Protestanten engster Verbündeter der Habsburgerkaiser, suchte Bayern später die Bundesgenossenschaft Frankreichs. Der Versuch, ihr Land zur deutschen Großmacht aufzuwerten, machte seine Fürsten zu „Reichsfeinden".

In den Auseinandersetzungen, die die Reformation auslöste, wurde Bayern zum Hort der römisch-katholischen Kirche in Deutschland. In keinem anderen Land des Reichs, das habsburgische Österreich eingeschlossen, konnten die Protestanten so wenig Fuß fassen, keine andere Dynastie verfolgte sie von Anfang an mit solcher Konsequenz wie die bayrischen Wittelsbacher (während jene in der Kurpfalz lutherisch, dann calvinistisch wurden). Persönlichen Einfluß auf die Durchführung der Gegenreformation in Österreich nahm Maria, die Tochter Herzog Albrechts V. von Bayern, als Gattin von Erzherzog Karl von Innerösterreich. Ihr gemeinsamer Sohn, der spätere Kaiser Ferdinand II., führte Österreich dann mit großer Härte in den Schoß der Römischen Kirche zurück.

Sein engster Verbündeter beim Ausbruch des Dreißigjährigen Krieges wurde Herzog Maximilian I. (1597-1651). Von Jesuiten erzogen, hatte er sich schon in den Jahren zuvor an die Spitze der „Liga", des Bundes der katholischen deutschen Fürsten, gestellt. Als die Bürger des protestantisch gewordenen Donauwörth katholische Prozessionen störten und die Stadt der Reichsacht verfiel, kassierte Maximilian als deren Vollstrecker die bis dahin freie Reichsstadt. Die konfessionelle Eintracht ging für den Herzog allerdings nicht so weit, daß er die Vereinnahmung der Propstei Berchtesgaden durch den Salzburger Erzbischof Wolf Dietrich von Raitenau dulden wollte; er erzwang gewaltsam die Absetzung des Kirchenfürsten und ließ ihn für den Rest seines Lebens auf der Festung Hohensalzburg festhalten – wie ja überhaupt in dem tragischen Kapitel der deutschen Konfessionsspaltung die Glaubensfragen allenthalben als Vorwand für die fürstliche Raff- und Machtgier dienten. So war der gegenreformatorische Eifer schon von Maximilians Großvater durch vom Papst gewährte ansehnliche Rechte gegenüber den Bischöfen und Klöstern angespornt worden.

Auch Kaiser Ferdinand II. zeigte sich gegenüber seinem Bundesgenossen erkenntlich. Nachdem sein Vetter Friedrich von der Pfalz, der als „Winterkönig" ein paar Monate im aufständischen Prag saß, verjagt

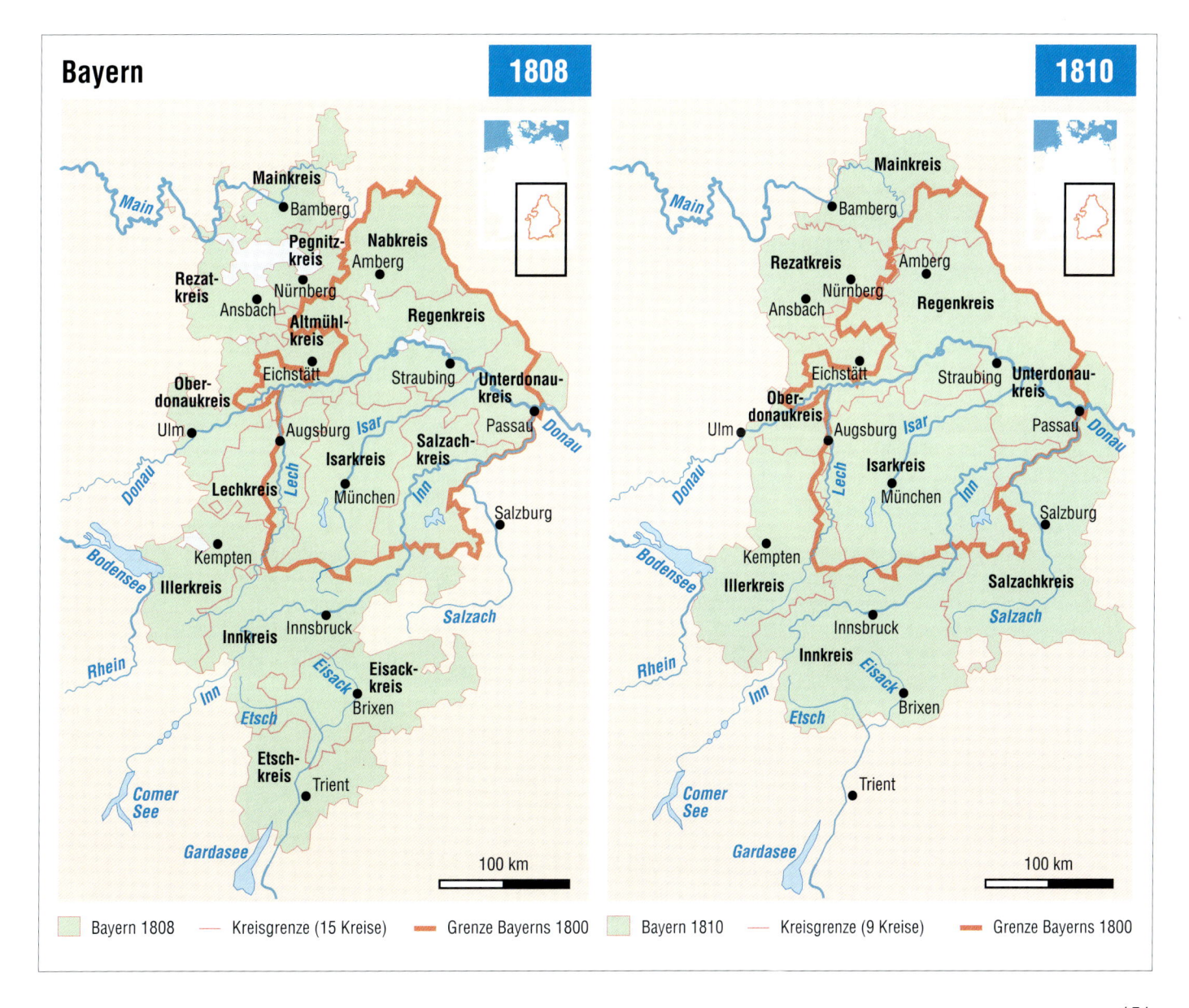

Bayern

Die „Sendlinger Mordweihnacht": Die Aufständischen haben ihre Waffen – Sensen, Heugabeln, Spieße und Gewehre – fortgeworfen und flehen die kaiserlichen Infanteriesoldaten um Gnade an. Ausschnitt aus einer Votivtafel von 1707; Egern, Pfarrkirche

worden war, erhielt Maximilian die der Pfalz aberkannte Kurwürde für Bayern. Zudem hatte der Kaiser 1620 Oberösterreich an Bayern verpfändet – vielleicht hätte das Land ob der Enns das Schicksal der Lausitz geteilt, die damals an Sachsen verpfändet worden war und Österreich für immer verlorenging, wenn sich die oberösterreichischen Bauern nicht gegen die bayrische Besatzung erhoben hätten. Zwar warfen Kaiserliche und Bayern die Rebellion gemeinsam blutig nieder, die Unzufriedenheit im Land hielt aber an; 1628 wurde es wieder habsburgisch.

Gegen Ende des Jahrhunderts glaubte sich die bayrische Dynastie der Erfüllung von Großmachtsträumen nahe. Maximilian II. Emanuel (1679-1726), der zunächst in den Türkenkriegen militärischen Ruhm erworben hatte, suchte dies in einer Schaukelpolitik zwischen Österreich und Frankreich zu erreichen. Kaiser Leopold I. ernannte ihn zum Generalstatthalter der damals noch spanischen Niederlande (Belgien). Max Emanuels Ehe mit der Kaisertochter Maria Antonia war ein Desaster. Während er prunkvoll in Brüssel residierte, starb seine Frau nach der Geburt des Sohnes Josef Ferdinand in Wien am Kindbettfieber. Es war wohl Rache für die ihr angetanen Demütigungen, daß sie auf dem Totenbett für sich und ihre Erben auf alle spanischen Ansprüche verzichtete.

Für Frankreich aber war der Sohn des bayrischen Kurfürsten ein willkommener Thronprätendent für die Ablösung der erlöschenden Linie der spanischen Habsburger; es wollte auf keinen Fall wieder von zwei Habsburgerreichen in die Zange genommen werden. Max Emanuel verständigte sich mit Versailles, und schon schien die Thronfolge sicher, da starb der junge Prinz. Um die Nachfolge in Madrid brach der Spanische Erbfolgekrieg aus. Nach der Niederlage von Höchstädt (1704) besetzten die Österreicher ganz Bayern. Max Emanuel, der gegen die Bestimmung des Westfälischen Friedens, wonach deutsche Fürsten Bündnisse mit dem

Kurfürst Max Emanuel der sich mit Frankreich gegen den Kaiser verbündete, verfiel der Reichsacht.

Ausland „nicht gegen Kaiser und Reich" schließen durften, verstoßen hatte, verfiel der Reichsacht, Bayern wurde zum „heimgefallenen Lehen" erklärt. Die harte kaiserliche Herrschaft über Bayern löste einen Aufstand aus, der brutal niedergeworfen wurde („Sendlinger Mordweihnacht"). Erst nach dem Tod Kaiser Josephs I. mußte Karl VI., den die Gleichgewichtspolitik der Seemächte nicht zugleich als Kaiser und spanischen Thronerben haben wollte, Frieden schließen, und Max Emanuel erhielt sein Land zurück.

Sein Sohn Karl Albrecht (1726-1745), der ebenfalls mit einer Habsburgerin, Maria Amalia, verheiratet war, sah erneut eine Chance, die Macht Bayerns zu vergrößern, als Karl VI. ohne männlichen Erben starb. Er erkannte die „Pragmatische Sanktion", mit der Karl VI. seine Tochter Maria Theresia als Nachfolgerin in den Erblanden eingesetzt hatte, nicht an und verlangte für sich und seine Frau einen Teil der habsburgischen Länder. Da zugleich Friedrich von Preußen in Schlesien eingefallen war, glaubte er, leichtes Spiel zu haben. Bayrische und französische Truppen marschierten in Oberösterreich und Böhmen ein, Karl Albrecht ließ sich als König von Böhmen huldigen und wurde 1742 zum deutschen Kaiser gewählt. Indessen aber hatten die Österreicher Bayern besetzt und erst ein neuerlicher Vormarsch der Preußen erlaubte Karl Albrecht die Rückkehr nach München, wo er 1745 überraschend starb. Sein Sohn Maximilian III. Josef beschied sich mit dem Status quo ante und schloß Frieden. Als er 1777 kinderlos starb, war die bayrische Linie der Wittelsbacher erloschen.

Als nächster Verwandter trat Kurfürst Karl Theodor von der Pfalz das Erbe an. Er war rasch bereit, Kaiser Joseph II. das Straubinger Ländchen abzutreten. Eine solche Stärkung der kaiserlichen Macht wollte Friedrich der Große nicht dulden, er schob den Schutz der Erbansprüche des Hauses Pfalz-Zweibrücken vor und setzte seine Truppen in Marsch. Die Großmächte Rußland und Frankreich brachten ihre Diplomaten in Bewegung, und im Frieden von Teschen begnügte sich Österreich mit der Abtretung des Innviertels (1779). Doch ein paar Jahre später versuchte Joseph II. noch einmal, die deutsche Basis Österreichs auszuweiten: Er vereinbarte mit Karl Theodor den Tausch Bayerns gegen Belgien und versprach dem Wittelsbacher die Krone eines „Königs von Burgund". Dagegen organisierte Friedrich, unterstützt von franzö-

Kaiserfreunde und Reichsfeinde

Kurfürst Karl Albrecht wurde mit Unterstützung Preußens zum Kaiser gekrönt. Zeitgenössischer Kupferstich

sischen Geldern, einen deutschen Fürstenbund, der die hochfliegenden Pläne des Kaisers vereitelte.

Als auch Karl Theodor ohne legitime Nachkommen starb, war Maximilian IV. Josef von Pfalz-Zweibrücken (1799-1825) am Zug. Ihm gelang es im napoleonischen Zeitalter, durch die rechtzeitige Hinwendung zum jeweiligen Sieger Bayern eine zuvor nicht gekannte Größe und Bedeutung zu verschaffen. Der erste große Gebietszuwachs erfolgte 1803 durch den Reichsdeputationshauptschluß nach der Niederlage der konservativen Mächte – zunächst waren auch bayrische Truppen mitmarschiert – gegen das revolutionäre Frankreich. Zwar mußte Bayern die linksrheinische Kurpfalz an Frankreich abtreten, wurde aber mit den Bistümern Würzburg, Bamberg, Freising, Augsburg sowie mit zwölf Reichsstädten reichlich entschädigt. Von Frankreich begünstigt, wandte es sich diesem offen als Bundesgenosse zu, als 1805 ein neuerlicher Krieg zwischen Napoleon und Österreich ausbrach. Im Frieden von Preßburg mußte der Kaiser Tirol, Vorarlberg, die Markgrafschaft Burgau und kleinere schwäbische Gebiete an Bayern abtreten und die Erhebung des Kurfürsten zum König von Bayern anerkennen.

Die zentralistischen Reformen, die der zum Minister berufene Montgelas bereits 1803 begonnen hatte, wurden auch auf die annektierten Gebiete ausgeweitet. Das stieß insbesondere in Tirol auf Ablehnung, und als 1809 zwischen Frankreich und Österreich wiederum Krieg ausbrach, hatte die bayrische Besatzung mit den aufständischen Tirolern unter Andreas Hofer hart zu kämpfen. Noch einmal konnte das frischgebackene Königreich auf Kosten Österreichs wachsen: Nun wurden auch Salzburg, das Inn- und das Hausruckviertel bayrisch, dazu kam das preußische Bayreuth; allerdings mußte das südliche Tirol an Italien abgetreten werden.

Nach Napoleons unglückseligem Rußlandfeldzug, bei dem auch ein bayrisches Korps schwere Blutopfer bringen mußte, wendete sich das Blatt – und mit ihm Bayern. Nach den Niederlagen Napoleons im Jahre 1813 knüpfte es Fäden zum österreichischen Staatskanzler Metternich.

Österreich war daran interessiert, Bayern als Bundesgenossen in der zu erwartenden künftigen innerdeutschen Rivalität gegenüber Preußen zu gewinnen. Im Vertrag von Ried wurde Bayern, obwohl es der große Nutznießer der napoleonischen Siege war, sein Besitzstand und seine Souveränität garantiert. Im Oktober 1813 schloß sich das Königreich den Verbündeten gegen Napoleon an. Der Pariser Frieden und der Wiener Kongreß legten die neuen Grenzen fest: Tirol, Vorarlberg, Salzburg, das Innviertel mußten mit kleinen Korrekturen an Österreich zurückgegeben werden. Zur Entschädigung wurde Bayern um Würzburg und Aschaffenburg vergrößert und erhielt die Rheinpfalz (aber ohne deren rechtsrheinische Teile um Mannheim und Heidelberg) zurück. Darüber hinaus beanspruchte der bayrische Vertreter Wrede beim Wiener Kongreß die volle Souveränität für das Königreich; so trug er, wohl im Einverständnis mit Metternich, dazu bei, daß der neue Deutsche Bund auf einen völkerrechtlichen Verein beschränkt blieb.

Maximilian Graf Montgelas schmiedete Bayern zu einem einheitlichen modernen Staat.
Lithographie von Eduard Heuß, um 1830;
München, Stadtmuseum

Bayern

Das bayrische Königreich stemmte sich zunächst gegen die preußische Vorherrschaft in Deutschland. Nach dessen Ende war Bayerns Boden Austragungsort für links- und rechtsextreme Experimente.

Bayerns Politik in der Ära des Vormärz war darauf ausgerichtet, sich nicht von einer der beiden deutschen Großmächte vereinnahmen zu lassen. In einem gewissen Gegensatz zu diesen wollte König Maximilian Joseph seine Untertanen, deren Gebiete eine sehr unterschiedliche Geschichte hinter sich hatten – die napoleonischen Neuerwerbungen hatten Bayern auch eine beträchtlich große protestantische Bevölkerung eingebracht – durch liberale Reformen zu treubayrischen Staatsbürgern machen. Über den Napoleonfreund und aufklärerisch-zentralistischen Montgelas war die Zeit hinweggegangen – er wurde 1817 entlassen. Die neuen acht Kreise (entsprechend den späteren Regierungsbezirken) erhielten eine als „Landrat" organisierte ständische Vertretung, die Gemeinden Selbstverwaltung, und schließlich bekam Bayern 1818 als erster größerer deutscher Staat eine Volksvertretung mit zwei Kammern. Die Verfassung sicherte die Gleichheit vor dem Gesetz, die Glaubensfreiheit und andere Grundrechte.

1825 folgte König Ludwig I. seinem Vater auf den Thron. Er berief den liberalen Fürsten von Ottingen-Wallerstein zum Premier, schien zunächst viele der in ihn gesetzten Hoffnungen zu erfüllen, schaffte Mißbräuche ab und erwies sich als Förderer von Kunst und Wissenschaft (so wurde die Universität von Landshut nach München verlegt). Im bayrischen Landtag aber gewannen die Kräfte des politischen Katholizismus („Ultramontane") an Stärke, und auch der König geriet zunehmend in das Fahrwasser der Metternichschen Politik. Der neue Staatsminister Abel hob die Zensurfreiheit auf und führte die Prügelstrafe wieder ein. Als Ludwigs jüngerer Sohn Otto zum König des wiedererstandenen Griechenland berufen wurde, verweigerte der Landtag Ludwig den Plan, jenen durch bayrische Truppen unterstützen zu lassen. Schließlich geriet der König ganz unter den Einfluß seiner Geliebten, der Tänzerin Lola Montez, einer unversöhnlichen Feindin der Ultramontanen. Als Abel den Plan Ludwigs enthüllte, seine Mätresse zu adeln und zur bayrischen Staatsbürgerin zu machen, wurde das Kabinett entlassen, und Ludwig berief einen protestantischen Liberalen. Nun war der Weg frei für Lola Montez als Gräfin Landsberg. Sie mischte sich in die Politik ein, und im Unruhejahr 1848 kam es zu einem Bündnis der Unzufriedenen ultramontanen und demokratischen Kräfte, die beim König die Ausweisung der Lola Montez erzwangen; wenige Wochen später dankte Ludwig I. ab.

Karikatur auf die Abdankung Ludwigs I. von Bayern. Der König, der sich gleichzeitig für einen begabten Dichter hielt, wird hier mit seinen eigenen Knüppelversen und seiner Geliebten Lola Montez karikiert.

Unter Maximilian II. zeigte sich Bayern gegenüber der deutschen Einigung in Frankfurt zunächst aufgeschlossen; als die Bundesversammlung sich jedoch mehrheitlich einer kleindeutschen Lösung unter Preußens Führung zuneigte, wurde die Idee

„Mein Vorgänger Ludwig I. hat München zur schönsten Stadt Deutschlands gemacht. Ich mache es zur freiesten." Karikatur Kurt Eisners von O. Gulbranson © VBK, Wien, 1997

der Einigung rasch unpopulär. Allerdings wurden die Preußen gebraucht, um einen 1849 in der Pfalz ausgebrochenen Aufstand niederzuschlagen. Dennoch schloß Bayern 1850 mit Sachsen, Hannover und Württemberg das „Vierkönigsbündnis", mit dem Ziel, eine deutsche Verfassung unter Einschluß Österreichs herzustellen. 1866 stand Bayern – seit zwei Jahren war nun Ludwig II. König – an der Seite Österreichs, doch Bismarck war klug genug, ihm nach der Niederlage keine hohen Belastungen aufzuerlegen. Der Krieg mit Frankreich brachte die Wende zum Eintritt in das neue Deutsche Reich. Ludwig II., ein verschwenderischer Kunstfreund und Förderer Richard Wagners, wurde wegen Geisteskrankheit entmündigt und ertrank 1886 im Starnberger See. Sein Onkel Luitpold wurde Prinzregent, bis ihm dessen Sohn Ludwig III. kurz vor dem Ersten Weltkrieg als letzter bayrischer König nachfolgte.

Am 7. November 1918 wurde in München der „Freistaat Bayern" ausgerufen. Kurt Eisner, der sich, als Pazifist, im Krieg der von der SPD abgespaltenen USPD angeschlossen hatte, wurde zum Vorsitzenden des Arbeiter- und Soldatenrates gewählt. Mit einem kleinen Trupp revolutionärer Soldaten hatte er die Münchner Kasernen hinter sich gebracht. Nach der Flucht des Königs bildete er zusammen mit dem SPD-Führer Erich Auer eine Koalitionsregierung. Die Revolution war ohne jedes Blutvergießen vollzogen. Bei den Wahlen aber erhielt die Partei des als Schwärmer und Hitzkopf verschrienen gebürtigen Berliners nur 3 von 180 Mandaten: Eisner wollte daraufhin zurücktreten, wurde aber, am 21. Februar 1918, auf dem Weg in den Landtag von dem jungen Grafen Arco erschossen. Zunächst bildete der Sozialdemokrat Johannes Hofmann eine neue Regierung, wich jedoch schon bald aus dem sich zunehmend radikalisierenden München nach Bamberg aus. Eine linke revolutionäre Gruppe von Literaten, Bohemiens und Studenten – noch ohne Kommunisten – putschte und proklamierte am 7. April die „Räterepublik Bayern". Zentralratsvorsitzender und damit Staatsoberhaupt wurde der erst 25jährige Dichter Ernst Toller.

Die Kommunisten nannten dieses anarchistische Wirrwarr eine „Schein-Räterepublik"; die aus Rußland ausgewanderten Berufsrevolutionäre Levien und Leviné machten ihr nach einer Woche durch ihre Machtergreifung ein Ende. Das Sowjet-Ungarn Béla Kuns war ihr Vorbild. Sie stellten eine „Rote Armee" auf,

Von Napoleon zur Räterepublik

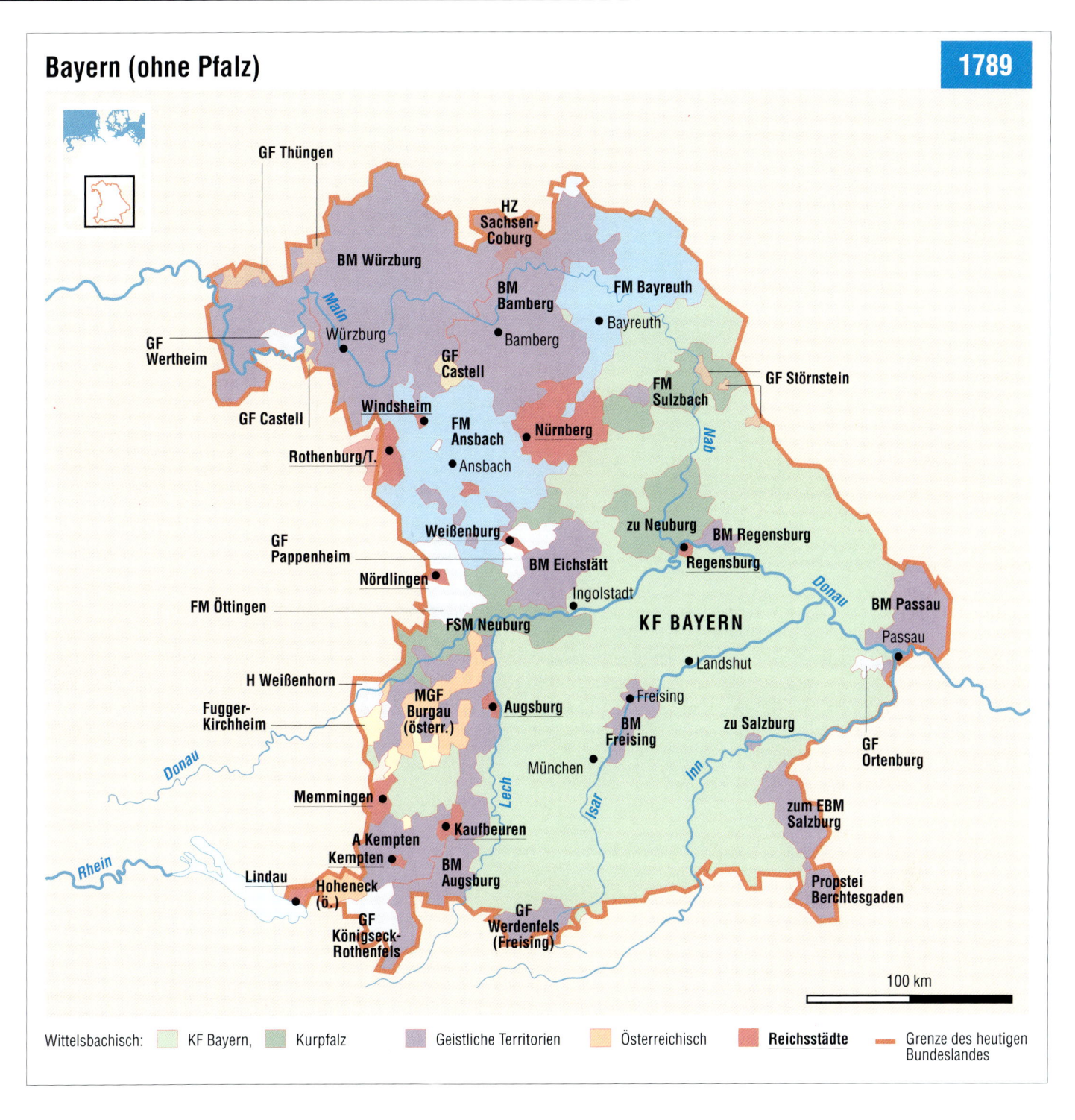

Bayern (ohne Pfalz) — 1789

Wittelsbachisch: KF Bayern, Kurpfalz | Geistliche Territorien | Österreichisch | Reichsstädte | Grenze des heutigen Bundeslandes

die zunächst bei Dachau die anrückenden „Weißen" zurückschlagen konnte. Dann schlossen die von Hofmann zu Hilfe gerufenen Reichstruppen und Freikorps einen Ring um München. Als bekannt wurde, daß im Luitpold-Gymnasium zehn Geiseln, Mitglieder der rechtsextremen „Thule"-Gesellschaft, ermordet worden waren, begann der Angriff. Die Eroberung Münchens wurde zum Gemetzel unter den Aufständischen. Danach war in Bayern die „Ordnung" – mit rund 600 Todesopfern – wieder hergestellt.

Durch die Weimarer Reichsverfassung verlor Bayern fast alle Sonderrechte. Der neue Ministerpräsident Ritter von Kahr, der die „Ordnungszelle Bayern" zum restaurativen Zentrum Deutschlands machen wollte, konnte 1923 nicht für den Putsch gewonnen werden, mit dem Adolf Hitler eine „nationale Revolution" einleiten wollte. Bei der Feldherrnhalle wurde die von General Ludendorff unterstützte Rebellion niedergeschlagen. Nach Kahr versuchte Heinrich Held vergeblich, die deutsche Verfassung in föderalistischem Geist zu ändern. Für Hitler wurde München, obwohl in Bayern bis zuletzt die katholische Bayrische Volkspartei die Mehrheit hielt, zur „Hauptstadt der Bewegung"; er setzte General Ritter von Epp 1933 als Reichsstatthalter ein.

Die zu Napoleons Zeiten erworbenen, im Wiener Kongreß festgelegten Grenzen blieben Bayern bis 1945 erhalten; 1920 hatte sich noch Coburg in einer Volksabstimmung dem „Freistaat Bayern" angeschlossen. Nur die Pfalz wurde 1940 endgültig von Bayern getrennt.

Bayern — Ansbach und Bayreuth

Bis an die Grenzen Altbayerns reichte Preußens Arm vor den napoleonischen Grenzänderungen: die Markgrafschaften Ansbach und Bayreuth wurden über Jahrhunderte von Fürsten aus dem Haus Hohenzollern regiert.

Das Gebiet um das bereits 786 als Onolzbach erwähnte Ansbach lag im alten Stammesherzogtum Franken. Hier hatte der erste deutsche König, Konrad I., Besitzungen; im 12. Jahrhundert scheinen die Grafen von Oettingen als Vögte des Chorherrenstifts Ansbach auf. Deren Rechte wurden 1331 von den Grafen von Hohenzollern gekauft, die seit 1192 Burggrafen von Nürnberg waren.

Die bayrischen Grafen von Andechs hatten sich nach dem Aussterben der Markgrafen von Schweinfurt (1067) am oberen Main festgesetzt. Sie erbauten die Plassenburg bei Kulmbach und gründeten im 12. Jahrhundert Bayreuth. Nach dem Aussterben des letzten Andechsers erbte Burggraf Friedrich von Hohenzollern 1248 Kulmbach-Bayreuth.

Zunächst wurden Ansbach und Kulmbach gemeinsam verwaltet, 1398 wurden sie bei einer Erbteilung in das Land unter dem Gebirge (Ansbach) und ob dem Gebirge (Kulmbach, dann Bayreuth) geteilt. Dabei blieb es auch, als der Ansbacher Friedrich VI. 1415 Kurfürst von Brandenburg wurde; den brandenburgischen Markgrafentitel nahmen auch die fränkischen Linien an. Im Zeitalter der Reformation, die in beiden Ländern durchgeführt wurde, taten sich zwei Kulmbacher Markgrafen durch besondere Grausamkeit hervor. Nach der Niederschlagung der aufständischen Bauern begab sich Markgraf Kasimir auf einen Rachefeldzug. In Kitzingen, wo ihm die Bürger vordem zugerufen hatten, sie wollten ihn nicht mehr sehen, erfüllte er diesen Wunsch nun auf zynischste Art: er ließ sechzig von ihnen die Augen ausstechen. Sein Sohn Albert Alkibiades, ein zügelloser Haudegen, der einmal für den Kaiser, dann wieder für die Protestanten kämpfte, wurde wegen seiner Raubzüge durch Franken von einem Fürstenbund vertrieben und mußte nach Frankreich flüchten; die Plassenburg wurde geschleift und Bayreuth in Brand gesteckt. Nach seinem Tod wurden Ansbach und Bayreuth vereinigt. Als der letzte Abkömmling des alten Ansbacher Hauses kinderlos starb, traten zwei jüngere Söhne des brandenburgischen Kurfürsten Johann Georg die Herrschaft an (1603); nun wurde Bayreuth statt Kulmbach Residenz.

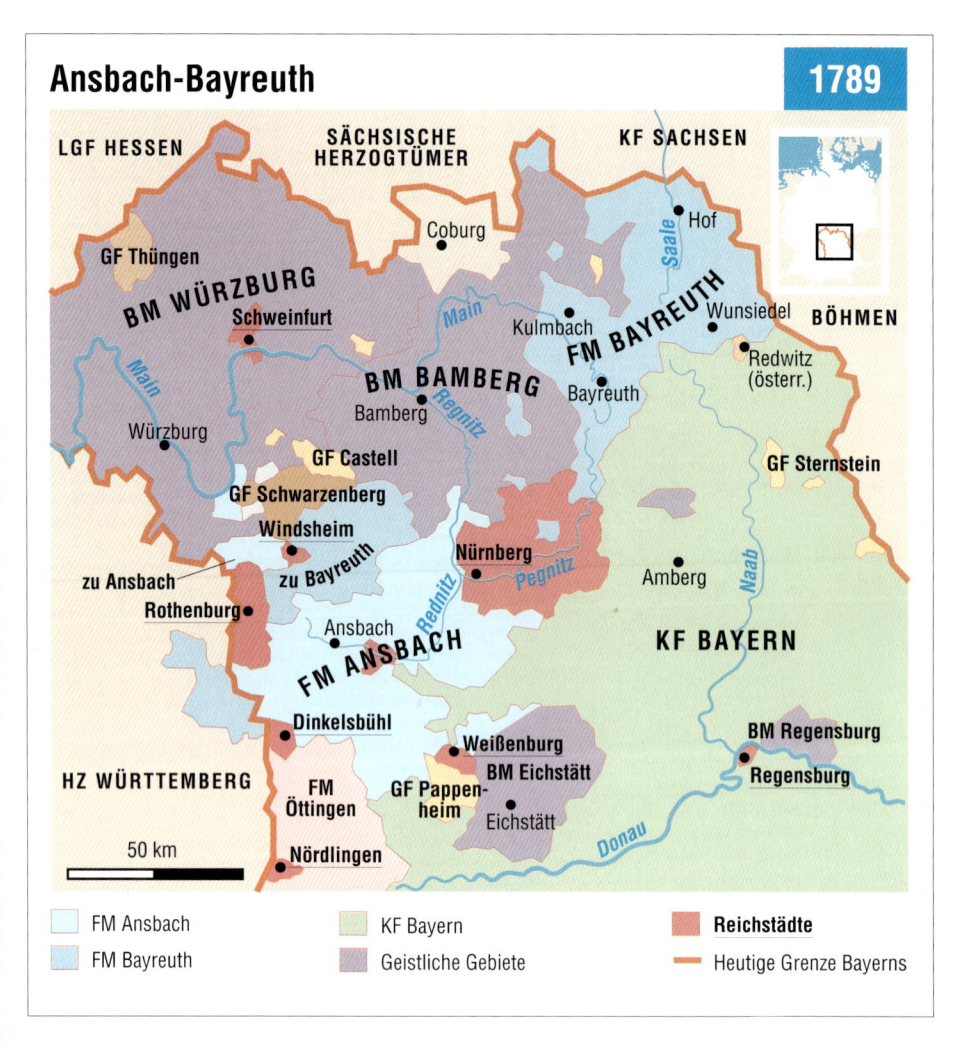

In den folgenden Jahrzehnten hatten vor allem die Bewohner Ansbachs einiges zu erleiden – zunächst durch die Verheerungen des Dreißigjährigen Krieges, danach durch die wüste Wirtschaft des Markgrafen Wilhelm Friedrich. Verdienste um das Land erwarb sich erst dessen Sohn Karl Wilhelm Friedrich, der die Grafschaft Sayn-Altenkirchen erwarb. Zu seinen preußischen Verwandten hatte er keine guten Beziehungen; denn obwohl mit Friederike Luise, der Schwester König Friedrichs II. verheiratet, trat er 1756 dem Bund der Kaiserin Maria Theresia gegen jenen bei.

Auch die Lieblingsschwester des großen Preußenkönigs, Wilhelmine, sollte das Band zu der fränkischen Linie festigen – sie wurde mit dem Bayreuther Markgrafen Friedrich verheiratet. Ihre „Denkwürdigkeiten" zeugen von Witz und Zynismus, was ihre Freundschaft mit dem französischen Philosophen Voltaire verständlich macht. Unter Friedrich und Wilhelmine erlebte Bayreuth eine glanzvolle Zeit. Friedrich gründete die Universität von Erlangen und ließ das Neue Schloß und das Markgräfliche Opernhaus, sowie nahe der Stadt das Lustschloß Eremitage errichten (das seinen Namen einer seltsamen Laune von Friedrichs Vater verdankt, hier als Einsiedler verkleidet zu hausen). Die Markgrafenehe blieb kinderlos, und als auch Friedrichs Bruder 1769 ohne Nachkommen starb, wurde Bayreuth mit Ansbach vereinigt.

Auch in Ansbach nahte das Ende der fränkischen Hohenzollern. Der letzte Markgraf, Alexander, von seiner Mätresse Lady Craven beherrscht, zog 1791 eine Jahresrente dem Fürstendasein vor und trat dafür das Land an König Friedrich Wilhelm von Preußen ab. Die preußische Herrschaft währte in Ansbach bis 1805, dann mußte es an Bayern abgetreten werden; Bayreuth, das zunächst französisches Besatzungsgebiet blieb, folgte 1810. Der Wiener Kongreß bestätigte Bayern diesen Gebietsgewinn.

Bayern — Die großen Bistümer

Im Jahr 1802/3 wurde eine ganze Reihe geistlicher Fürstentümer säkularisiert und Bayern einverleibt. Dadurch wurden große Teile der Landschaften Franken und Schwaben Alt-Bayern angeschlossen.

Der Legende nach starb der irische Missionar Kilian im Jahr 689 in Würzburg den Märtyrertod. Er soll von einem Frankenherzog ins Land gerufen und dann ermordet worden sein – Kilian hatte verlangt, dieser solle sich von seiner Frau trennen, die die Witwe seines Bruders war. 741 stiftete der „Apostel der Deutschen", Bonifatius, ein Bistum in Würzburg. Die Bischöfe zählten bald zu den angesehensten geistlichen Fürsten Deutschlands. Sie erwarben die meisten Grafschaften in ihrem Sprengel und verdrängten die Henneberger Grafen, die Vögte des Hochstifts gewesen waren. Friedrich Barbarossa bestätigte den Würzburger Bischöfen die herzogliche Gewalt in Franken. Sie nahmen den Herzogstitel an, ohne daß das alte Stammesherzogtum wieder aufgerichtet werden konnte.

Die Stadt Würzburg, deren Bürger – im Gegensatz zu ihrem bischöflichen Landesherrn – zur Reformation neigten, wurde im Mai 1525 von aufständischen Bauern unter Führung des Ritters Götz von Berlichingen eingenommen. Nur die bischöfliche Festung Marienberg leistete erfolgreich Widerstand, bis die Truppen des Schwäbischen Bundes die Bauern verjagten. Fürstbischof Conrad von Thüngen zog mit den Verbündeten in seine Hauptstadt ein und ließ sogleich dreiundsechzig Bürger auf dem Marktplatz enthaupten. Das war erst der Beginn der Bestrafung aller, die der Reformation angehangen waren oder mit den Bauern sympathisiert hatten. Dem berühmten Bildhauer und Altarschnitzer Tilman Riemenschneider, Schöpfer auch von bischöflichen Grabmalen und bis dahin würzburgischer Ratsherr, wurden in der Folter Arme und Beine gebrochen, er wurde enteignet und eingekerkert.

Im Dreißigjährigen Krieg war das Bistum heftig umkämpft. Nachdem es die Schweden erobert hatten, gaben sie ihrem Mitstreiter Bernhard von Weimar Würzburg und Bamberg als Herzogtum Franken zum Lehen; doch mußte Bernhard das Land nach der Niederlage bei Nördlingen aufgeben und den Fürstbischöfen zurückgegeben. In den folgenden Jahrzehnten standen diese, was ihre Prachtliebe betraf, den weltlichen Fürsten um nichts nach – wovon insbesondere die von Balthasar Neumann errichtete Residenz Zeugnis ablegt.

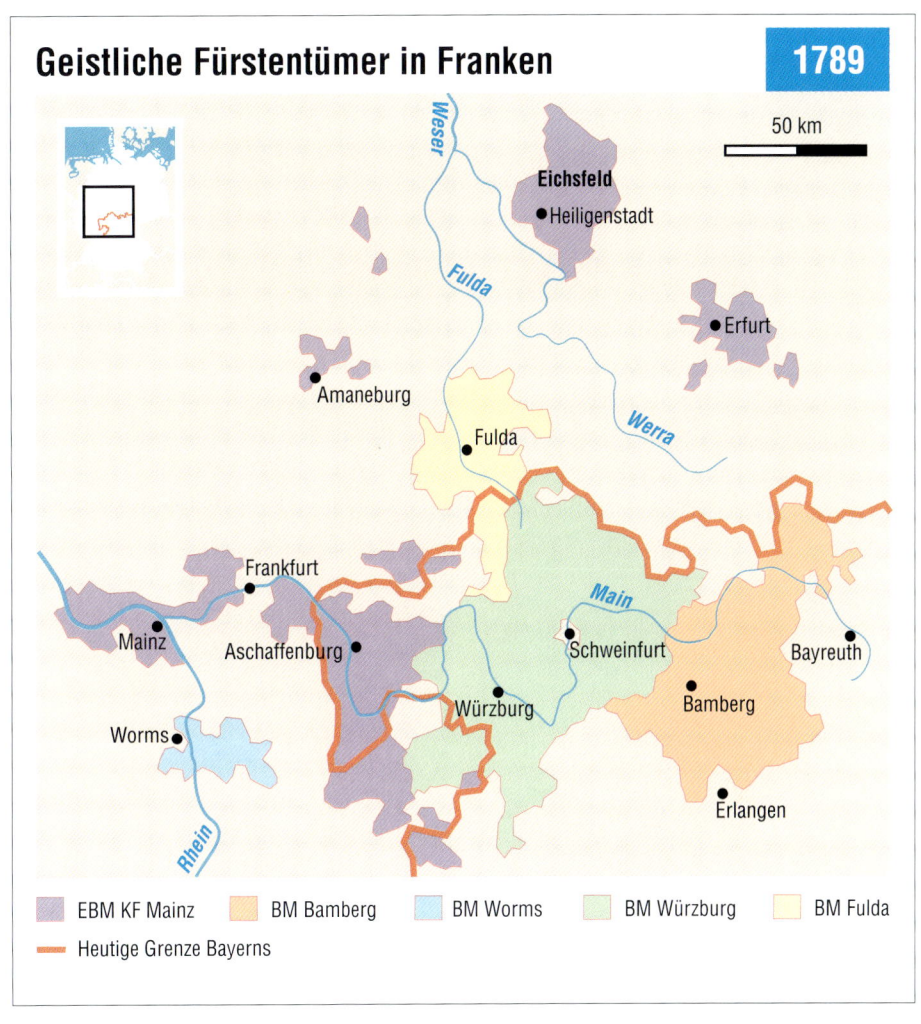

Der Reichsdeputationshauptschluß säkularisierte das Hochstift und übergab es Bayern. Schon zwei Jahre später jedoch kam es im Frieden von Preßburg zu einem Ländertausch: Bayern erhielt von Österreich Tirol, diesem wurde Salzburg angegliedert, das 1803 dem Habsburger Ferdinand als Entschädigung für die Toskana gegeben worden war; Ferdinand wurde damit zum Kurfürsten von Würzburg; beim Eintritt in den Rheinbund nahm er den Titel eines Großherzogs an. Als ihm der Wiener Kongreß die Toskana zurückgab, kam Würzburg erneut an Bayern, wo es heute den bayrischen Regierungsbezirk Unterfranken bildet.

Die Burg Babenberg war der Stammsitz des Adelsgeschlechts der Babenberger (das aber nicht mit dem späteren, österreichischen gleichen Namens verwechselt werden darf). Um 900, in langwierigen Fehden gegen die fränkischen Konradiner, gingen die Babenberger unter, Bamberg wurde Königsgut. Kaiser Heinrich II. und seine Gemahlin Kunigunde von Luxemburg stifteten hier ein Bistum; der Papst erklärte es für exempt, also nicht, wie Würzburg, dem Mainzer Erzbischof, sondern direkt dem Papst unterstellt. Von hier aus sollte die Bekehrung der noch nicht christianisierten Slawen betrieben werden. Besonders erfolgreich hierbei war Bischof Otto I., dem es im Jahre 1124 gelang, die Pommern ans Taufbecken zu bringen. Im spätromanischen Dom befindet sich das von Riemenschneider geschaffene Grabmal seiner Gründer, des heiliggesprochenen kaiserlichen Paares Heinrich II. und Kunigunde, sowie die berühmte Statue des „Bamberger Reiters".

Das Bistum, dessen Territorium relativ klein blieb, wurde von den Kaisern mit reichen Schenkungen vor allem in Bayern und Kärnten bedacht; so war z. B. Villach in Kärnten bis 1759 bambergisch. Kaiser Friedrich II. erhob die Herren Bambergs zu Fürstbischöfen. Diese setzten sich im 15. Jahrhundert gegen die Bürger durch, obwohl Kaiser Sigismund der Stadt mehr Rechte hatte geben

Bayern — Die großen Bistümer

wollen. Bischof Georg III. von Limburg erließ 1507 die Bamberger Halsgerichtsordnung; sie wurde Vorbild für das kaiserliche Strafrecht Karls V., die Constitutio Criminalis Carolina. Nach dem Zwischenspiel des kurzlebigen Herzogtums Franken im Dreißigjährigen Krieg (s. o.) waren Würzburg und Bamberg zeitweilig unter Fürstbischöfen aus dem Grafenhaus Schönborn vereint, die in Bamberg eine Universität gründeten und es durch Prachtbauten verschönten. 1803 wurde das Hochstift säkularisiert und mit Bayern vereint, 1817 wurde es Sitz eines Erzbischofs.

Auf Umwegen kam auch das von Bonifatius gegründete Bistum Eichstätt zu Bayern. Es war zunächst vom Reichsdeputationshauptschluß dem Land Salzburg zugeteilt worden, als dessen Herrscher Ferdinand von Toskana vorgesehen war. Beim erwähnten Tausch mit Würzburg fiel es an Bayern. Von 1817 bis 1832 überließ Bayern das Gebiet Napoleons Stiefsohn Eugène de Beauharnais als einem Herzog von Leuchtenberg.

Das Bistum Augsburg ist das älteste auf heute bayrischem Boden. Es bestand bereits zur Römerzeit, wurde in der Völkerwanderungszeit nach Säben (in Südtirol) verlegt und unter den fränkischen Merowingerkönigen nach ihrem Sieg über die Alemannen neu gegründet. Die Güter des Bistums lagen verstreut zwischen den Flüssen Lech und Iller. Zunächst hatte der Bischof seine Residenz in Augsburg, wo auch der Dom gebaut wurde; in einer Fehde mit Herzog Welf von Bayern wurde die Bischofsstadt zerstört. Kaiser Friedrich Barbarossa grenzte die Rechte zwischen dem Bischof und den Bürgern ab, doch kam es zwischen ihnen immer wieder zu Streitigkeiten. Im Jahre 1276 wurde Augsburg Reichsstadt (s. d.), in der Folge verlegten die Bischöfe ihre Residenz nach Dillingen. 1802/3 wurde das Hochstift säkularisiert und Bayern eingegliedert. Das gleiche geschah mit der gefürsteten Abtei Kempten, die an die augsburgischen Besitzungen im Süden grenzte. Das Kloster war im 8. Jahrhundert gegründet worden; auch hier hatte die gleichnamige Stadt im 13. Jahrhundert die Reichsfreiheit erlangt.

Ganz vom wittelsbachischen Bayern umschlossen war das 739 von Bonifatius gegründete Bistum Freising. Bei seiner Säku-

Der Bamberger Reiter – möglicherweise ein Abbild König Konrads II. oder Philipps von Schwaben – wurde zum idealisierten Symbolbild für den mittelalterlichen deutschen Herrscher. Zwischen 1225 und 1237; Bamberg, Dom St. Peter

larisierung verfügte es nur noch über ein sehr kleines Gebiet, während es im Mittelalter zahlreiche Güter in Österreich und in den Alpenländern besessen hatte. Freisingisch war bis 1803 auch die Grafschaft Werdenfels mit Garmisch und Mittenwald. 1817 wurde das Erzbistum München-Freising gebildet.

Auch Castra Regina, das spätere Regensburg, war wohl schon in römischer Zeit Bischofssitz. Im Zuge der Bekehrung der Bajuwaren wurde es religiöses Zentrum, dem aber infolge der Übersiedlung Ruperts nach Salzburg (s. d.) durch dieses der Rang abgelaufen wurde. Bonifatius erneuerte das Bistum 739. Unter den frühen Bischöfen ragt der später heiliggesprochene Wolfgang von Pfullingen hervor, der sich, um nicht in den Streit zwischen Kaiser Otto II. und Herzog Heinrich dem Zänker hineingezogen werden, ins Kloster Mondsee und dann in eine Klause am Abersee (heute Wolfgangsee) im Salzkammergut zurückzog. Doch war sich Wolfgang auch seiner Reichsfürstenpflichten bewußt gewesen: er zog mit dem Kaiser gegen den französischen König Lothar und reiste zur Krönung nach Rom. Der Bischof von Regensburg war niemals Stadtherr; von der späteren Reichsstadt (s. d.) gehörte ihm nur der Dombezirk. Auch das Umland des Hochstifts blieb sehr klein; zu den Herrschaften Donaustauf und Wörth kam Streubesitz im bayrischen Nordgau und in Österreich. 1803 wurde das Bistum mit der Reichsstadt zum Fürstentum Regensburg vereinigt. Damit wurde ein Territorium für den von Frankreich begünstigten Kurerzbischof von Mainz, Karl von Dalberg, geschaffen, der auch den Titel des Erzkanzlers des Reiches trug. Er schloß sich eng an Napoleon an und wurde Fürstprimas des Rheinbundes. Allerdings wurde Regensburg 1810 bayrisch und Dalberg bekam ein neues Großherzogtum Frankfurt, das freilich den Wiener Kongreß nicht überlebte.

Ebenfalls auf dem Boden eines alten Römerkastells – benannt nach dem in einer römischen Söldnertruppe dienenden Germanenstamm Batavis – bestätigte Bonifatius im Jahr 739 Passau als Bischofssitz. Passau wurde zum Ausgangspunkt für die Mission und die Neubesiedlung des österreichischen Donauraums, anfangs auch für die Bekehrung Böhmens und Ungarns, wo Bischof Pilgrim als Missionar wirkte. Die Jurisdiktion Passaus erstreckte sich durch Jahrhunderte hindurch – bis zur Gründung des Bistums Wien (1469) – bis an die Grenzflüsse zu Ungarn, an March und Leitha. Durch die Belehnung mit seinem nördlichen Hinterland, dem Ilzgau, wurde Passau 1217 zum Fürstbistum. Die Bischöfe waren und blieben die Stadtherren. Hier trug, um 1260, der mittelalterliche Gelehrte Albertus Magnus die Mitra. Im 15. Jahrhundert verschönte Bischof Leonhard von Layming die Stadt durch die Errichtung einer neuen Residenz.

Als Wien Erzbistum und damit der Passauer Kirchenbereich weiter verkleinert wurde, löste der Papst Passau aus der Kirchenprovinz Salzburg, mit dem das Hochstift an der Innmündung durch Jahrhunderte gewetteifert hatte. 1741 okkupierten bayrische Truppen Stadt und Festung des neutralen Passau, die Österreicher erzwangen die Übergabe und richteten den Kommandanten hin. 1803 kam die Stadt zu Bayern, während das Umland noch zwei Jahre ein Teil des neugeschaffenen Kurfürstentums Salzburg blieb.

Bayern   Die großen Reichsstädte

Auf dem Gebiet des heutigen Bayern liegen einige der bedeutendsten früheren Reichsstädte. Diese waren unmittelbar unter dem Kaiser stehende, also reichsunmittelbare Städte (zum Unterschied von den Landstädten, die einem Landesherrn unterstanden). Im Vergleich zu den Untertanen der Fürsten genossen die Bewohner der Städte größere persönliche Freiheit.

Nürnberg war eine der ältesten Städte in jenem Teil Deutschlands jenseits von Rhein und Donau, der nicht einst dem Imperium Romanum untertan gewesen war. Schon im Jahr 1062 wurde Nürnberg als Stadt bezeichnet. Zunächst von Burggrafen aus dem österreichischen Geschlecht derer von Raabs verwaltet, war sie Königsgut. Kaiser Lothar überantwortete sie den welfischen Bayernherzögen, doch schon deren staufischer Gegenspieler Konrad III. nahm sie wieder für das Reich in Besitz. Kaiser Friedrich II. stattete Nürnberg 1219 mit einem Freiheitsbrief aus, das war der Beginn des Aufstiegs zur Reichsstadt. Sie entwickelte sich zu einem der wichtigsten Handelsplätze des Reichs und zu einem blühenden Gewerbezentrum.

Das Burggrafenamt hatten seit 1192 die Grafen von Hohenzollern inne. Die kaiserlichen Privilegien führten zu einer allmählichen Einschränkung von deren Rechten, die Burggrafen hielten sich durch Landerwerb in Franken (Ansbach und Kulmbach-Bayreuth) schadlos. Ihren Sitz verlegten sie nach Cadolzburg. Nach ihrer Belehnung mit der Mark Brandenburg gaben sie den Burggrafentitel auf, 1427 verkauften sie die Burg in Nürnberg und ihre Rechte für 120.000 Gulden an die wohlhabende Reichsstadt.

Die Stadt Nürnberg war bereits von Kaiser Karl IV. 1356 in der Goldenen Bulle durch die Bestimmung ausgezeichnet worden, daß jeder neugewählte deutsche König seinen ersten Reichstag in Nürnberg abhalten sollte. Karl IV. war es auch, der eine Rebellion eines Teils der Bürger gegen die Patrizier niederschlug und den gestürzten Rat wieder einsetzte. 1424 wurde Nürnberg die Aufbewahrung der Kaiserkrone und der übrigen Reichsinsignien anvertraut. Sie wurden 1796 vor den Franzosen nach Wien (und, als Napoleon anrückte, nach Temesvar) in Sicherheit gebracht, wo sie (mit einer Unterbrechung von 1938 bis 1945) bis heute in der kaiserlichen Schatzkammer in der Wiener Hofburg aufbewahrt werden.

Um 1500 war Nürnberg auf dem Höhepunkt seiner Macht. Es erwarb ausgedehnte Gebiete mit Städten und Märkten im Umland, teils durch Kauf, teils durch Eroberungen im Landshuter Erbfolgekrieg, so daß es zur Reichsstadt mit dem größten Herrschaftsgebiet wurde. Reichtum und politische Bedeutung fanden ihren Ausdruck auch in einer Blütezeit der Kunst, die Namen Albrecht Dürer und Veit Stoß seien für eine ganze Schar von Malern, Bildhauern und Baumeistern genannt. Hans Sachs und die Meistersinger pflegten das volkstümliche Fastnachtspiel und die Lieddichtung.

Im Jahre 1524 führte Nürnberg die Reformation ein. Das ersparte der Stadt aber keineswegs verlustreiche Auseinandersetzungen mit dem Hohenzollerschen Markgrafen Albrecht Alkibiades von Kulmbach. Im Dreißigjährigen Krieg stellte sich Nürnberg unter den Schutz der Schweden, mußte aber dann einen Ausgleich suchen. Die Glanzzeiten der Stadt waren vorbei, und ihre hohe Verschuldung veranlaßte Nürnberg 1796, dem König von Preußen (der Ansbach-Bayreuth geerbt hatte) die Unterwerfung anzubieten. Doch es kam nicht mehr dazu, daß

Wie die meisten Städte öffnete sich auch Nürnberg der Reformation: Titelseite der „verneuten" Reformation, 1564; Bad Windsheim, Stadtbibliothek

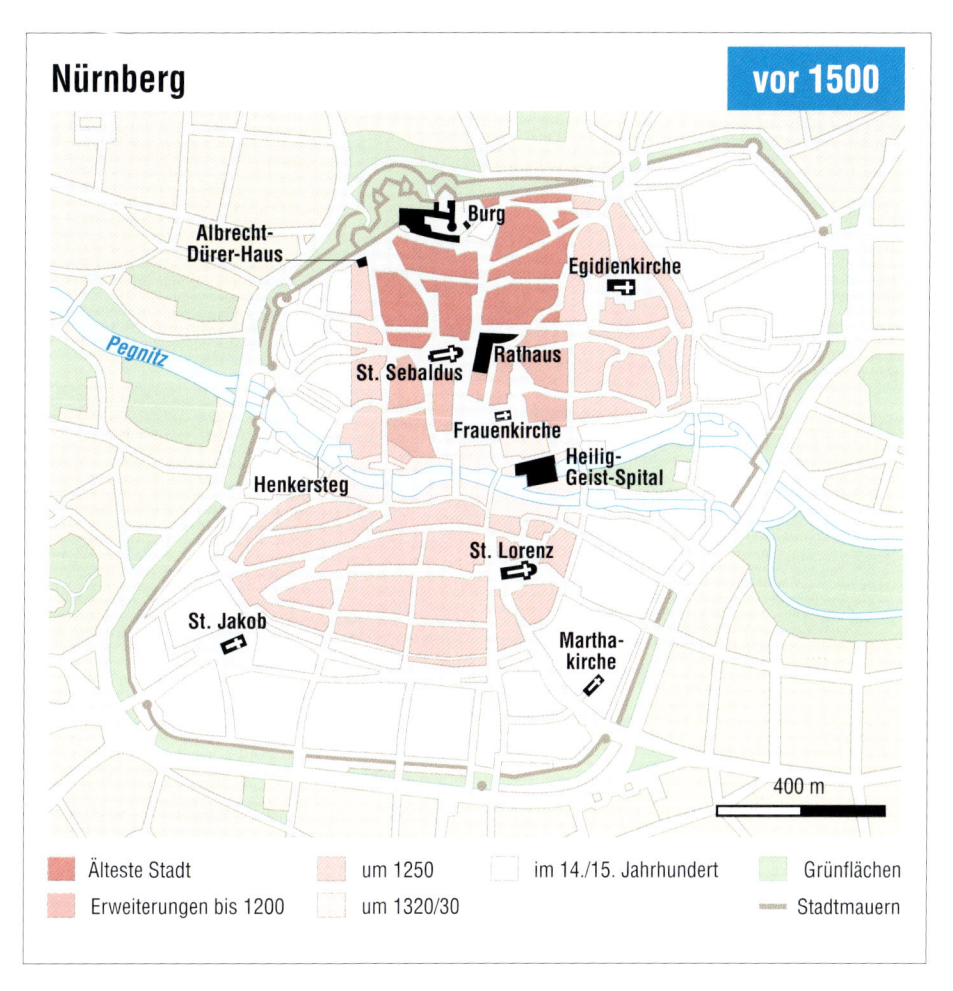

Nürnberg — vor 1500

- Älteste Stadt
- Erweiterungen bis 1200
- um 1250
- um 1320/30
- im 14./15. Jahrhundert
- Grünflächen
- Stadtmauern

159

Bayern — Die großen Reichsstädte

Reichtum und Bürgerstolz zeichneten die Reichsstadt Augsburg aus. Hier der feierliche Umzug der Ratsherren im Dezember. „Winter" von J. Breu d. Ä., 1531; Berlin, Deutsches Historisches Museum

Nürnberg zu den Hohenzollern zurückkehrte, die von dieser Stadt zu ihrem Höhenflug angetreten waren. Zum Unterschied von den meisten anderen freien Städten blieb durch den Reichsdeputationshauptschluß von 1803 ihr Status als Reichsstadt zwar gewahrt, doch teilte Napoleon sie 1806 dem Königreich Bayern zu.

Die Bürger der alten Stadt Augsburg, die schon in der Römerzeit als Augusta Vindelicum Hauptstadt der Provinz Rätien gewesen war, erhoben sich 1250 gegen den Bischof und Stadtherrn. Rudolf von Habsburg, der das Vogteirecht über das Bistum erworben hatte, machte Augsburg 1276 zur Reichsstadt, Ludwig der Bayer gab den Augsburgern 1316 volle Reichsfreiheit; Augsburg trat dem Schwäbischen Städtebund bei. Die durch den Handel reich gewordenen Patrizier mußten im 14. Jahrhundert mit der Zunft der Barchentweber ihre Macht teilen. Im 15. Jahrhundert begann die Blütezeit der Stadt, die, ähnlich Nürnberg, vom Nord-Süd-Handel profitierte; die Handelshäuser der Fugger und der Welser wurden zu Kreditgebern für Kaiser und Papst. Kaiser Karl V. mußte dem Großhändler Bartholomäus Welser die Provinz Carácas in Venezuela als Pfand überlassen, doch gaben die Augsburger die Kolonie nach einem Vierteljahrhundert wieder auf. Die Romanze des Habsburger-Erzherzogs Ferdinand mit Philippine, der „schönen Welserin", fand durch deren Schwiegervater Kaiser Ferdinand I. dadurch ihre Bereinigung, daß die Nachkommen aus dieser Verbindung auf Erbrechte verzichten mußten, aber in den Freiherrnstand erhoben wurden.

Die Nachkommen Jakob Fuggers des Reichen, der sich durch sein Kupfermonopol und auch durch den Ablaßhandel ein Riesenvermögen erwirtschaftet hatte, wurden sogar Grafen und Reichsfürsten und hatten Besitzungen in Schwaben; 1803 fielen diese teils an Bayern, teils an Württemberg.

Die Reformation fand in Augsburg rasch Eingang. Das Luthertum erhielt von der Stadt, in der 1555 der Religionsfriede geschlossen wurde, der die lutherischen den katholischen Fürsten gleichstellte, seinen Namen als „Augsburger Bekenntnis" (Confessio Augustana) – zum Unterschied von der vorerst von dem Kompromiß ausgeschlossenen reformierten oder helvetischen Konfession Calvins. Im Schmalkaldischen Krieg mußte Augsburg für seinen Protestantismus büßen, und Kaiser Karl V. stellte die aristokratische Stadtregierung anstelle des demokratischen Zunftregimenmts wieder her.

Im Dreißigjährigen Krieg wechselte der Besitz Augsburgs mehrmals zwischen Schweden und Kaiserlichen. Im Spanischen Erbfolgekrieg besetzten die Bayern die kaisertreue Stadt und zwangen ihr beträchtliche Kontributionen auf. 1803 blieb Augsburg noch als Reichsstadt erhalten und bekam die Güter der Stifte Sankt Ulrich und Afra. 1805 fiel Augsburg endgültig an Bayern.

Die dritte große Stadt, die durch Napoleon bayrisch wurde, war Regensburg. Keltensiedlung, Römerlager, Bistum, bayrische Herzogs-, dann Königspfalz und früh bedeutende Handelsstadt an der Donau, konnte sich die Stadt der Ambitionen sowohl des Bischofs als auch des Bayernherzogs, Stadtherren zu werden, erwehren und wurde 1245 durch Kaiser Friedrich II. zur Reichsstadt. Obwohl Regensburg die Reformation annahm, wurde die Stadt durch Zuwanderung aus dem Umland wieder überwiegend katholisch. Im Jahr 1663 wurde sie Tagungsort des „immerwährenden Reichstages"; fortan ließen sich die meisten deutschen Fürsten hier durch Gesandte vertreten, anstatt selbst am Reichstag teilzunehmen. 1806 verlor Regensburg mit der Auflösung des Heiligen Römischen Reiches die Reichsfreiheit und wurde, zusammen mit dem Bistum Regensburg, dem Erzkanzler und Mainzer Kurfürsten Dalberg als Fürstentum übergeben. Dieses wurde 1810 bayrisch.

Andere Reichsstädte, die bereits 1803 bayrisch wurden, waren Schweinfurt, Windsheim, Rothenburg, Weißenburg, Nördlingen, Memmingen, Kaufbeuren, Kempten und Lindau. 1803 konnte sich Bayern auch die Reichsstadt Ulm einverleiben, die ebenfalls über ein relativ großes Umland verfügte. Ulm, von den Welfen niedergebrannt und vom Staufer Friedrich Barbarossa mit einem viele Freiheiten gewährenden Stadtrecht ausgestattet, stand im 14. Jahrhundert an der Spitze des Schwäbischen Städtebundes. 1803 wurde es Hauptstadt des bayrischen Donaukreises, mußte aber 1809 von Bayern an Württemberg abgetreten werden.

Berlin — Vom Fischerdorf zur Hauptstadt

Aus dem kleinen Kern zweier Nachbarsiedlungen an der Spree, des älteren Kölln und des jüngeren Berlin, entwickelte sich die Residenzstadt der Hohenzollern und weiter die Weltstadt Berlin. Berlin, ab 1871 Hauptstadt des Deutschen Reichs, ist heute zugleich Bundesland.

Zwischen Köpenick und Spandau floß die Spree in alten Zeiten durch sumpfiges Wiesen- und Aueland. Dort, wo sie sich an einem niedrigen Sandhügel in zwei Arme teilte und diesen zu einer kleinen Insel machte, war der günstigste Übergang. Hier entstand die Fischersiedlung Kölln, deren Name auf eine slawische Bezeichnung für „Hügel" zurückgeht. Schon 1232, ein Jahrhundert nach der endgültigen Unterwerfung des slawischen Brandenburg (s. d.) durch die Askanier-Markgrafen, besaß Kölln das Stadtrecht. In dieser Zeit dürfte Markgraf Johann I. gegenüber von Kölln, am nördlichen Spreeufer, Berlin gegründet haben. Es hat seinen Namen nicht von einem Bären, wie sein Wappentier vermuten ließe; der entsprang wohl einer volksetymologischen Deutung des Stadtnamens, als man nicht mehr erkannte, daß dieser wohl auf „Wehr" (im Sinne von Staudamm) zurückzuführen ist.

Die beiden Städte bestanden fast ein Jahrhundert nebeneinander, erst Markgraf Hermann vereinigte sie 1307; auf der langen Brücke über die Spree wurde das gemeinsame Rathaus erbaut. Berlin wurde damit zur bedeutendsten Stadt Brandenburgs und trat an die Spitze des Märkischen Städtebundes, der hier seine Bundesversammlungen abhielt. Die Stadt erwarb das Münzrecht und die Blutgerichtsbarkeit und es schien, als ob sie sich aus der Oberhoheit der Landesherren lösen und reichsunmittelbar werden würde.

Die Belehnung der Hohenzollern mit der Mark stoppte diese Entwicklung. Der zweite Hohenzollernsche Markgraf, Friedrich II., der Eiserne, nützte einen Streit zwischen dem Patrizierrat und den Bürgern, löste als „Friedensstifter" den Rat auf, kehrte zur Trennung der beiden Städte zurück, indem er das gemeinsame Rathaus niederreißen ließ, und verbot alle Bündnisse der märkischen Städte untereinander. Einen Aufruhr der Bürger, den „Berliner Unwillen", unterdrückte er gewaltsam (1348). Seine neue Burg erbaute er auf der Köllner Spreeinsel – an jener Stelle, wo später das Berliner Schloß errichtet werden sollte (das im Zweiten Weltkrieg schwer beschädigt und durch die DDR-Behörden abgerissen wurde). Berlin wurde die Hauptstadt der Markgrafschaft und blieb es auch, als sich die preußischen Könige im 18. Jahrhundert in Potsdam eine zweite Residenz errichteten. Nachdem sich Brandenburg der Reformation angeschlossen hatte, ließ Joachim II. hier nicht nur das neue, dem Renaissancestil folgende Schloß errichten, sondern machte auch die alte Dominikanerkirche zum Dom, der die Hohenzollernsche Fürstengruft aufnahm.

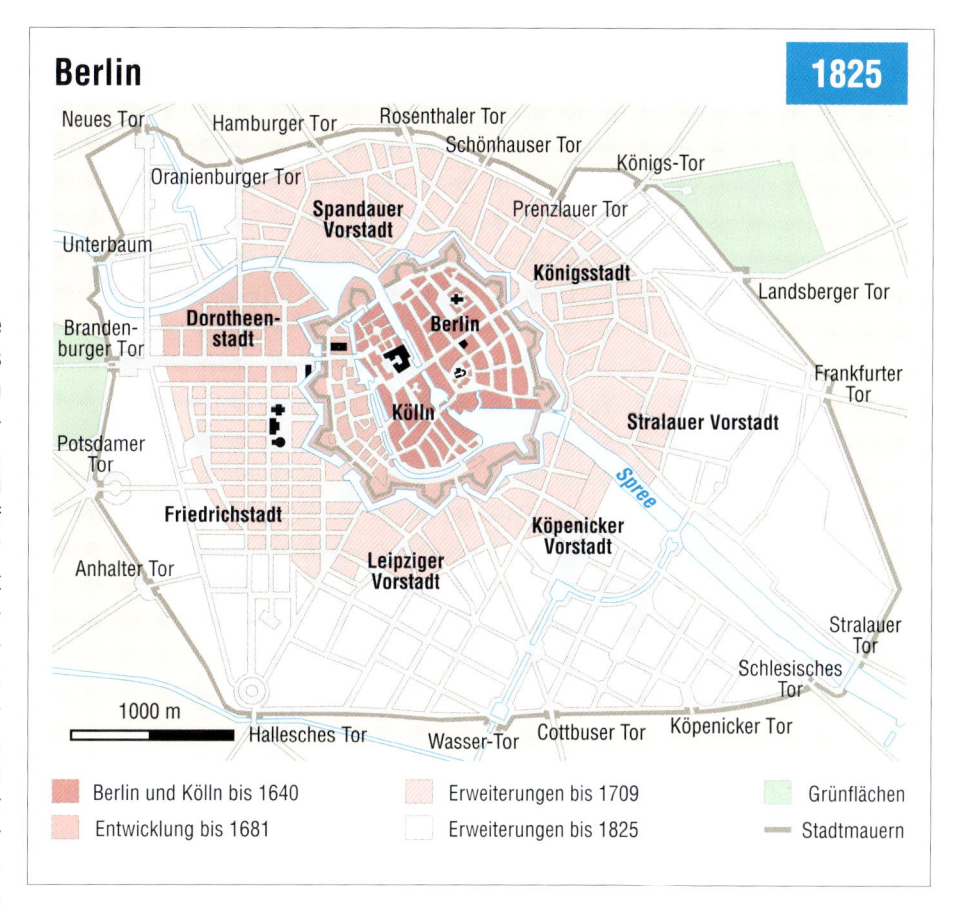

Kleines Berliner Stadtwappen während der Wilhelminischen Ära.

Im Dreißigjährigen Krieg wurde Berlin wiederholt von den Schweden und von den Kaiserlichen besetzt und mit schweren Kontributionen belegt; die Einwohnerzahl sank um mehr als die Hälfte auf 6000. Um so bedeutsamer für die weitere Entwicklung war, daß die Herrscher an Berlin festhielten und sein langsam wieder wachsender Wohlstand vor allem vom Hof, von den Beamten und dem Militär angekurbelt wurde. Der Große Kurfürst umgab das über die alten Stadtmauern hinausgewachsene Berlin und Kölln mit Wällen und machte es zur Festung. Außerhalb des Grabens lag bereits Friedrichswerder, vorerst eine eigene Stadtgemeinde. Nun setzte eine vorausplanende Stadtentwicklung ein. Dorothea, die zweite Gattin des Großen Kurfürsten, ließ auf einem ihr geschenkten Boden beiderseits der breiten Straße „Unter den Linden" die Dorotheenstadt errichten. Ihr Stiefsohn König Friedrich I. gründete dann südlich davon die Friedrichstadt. Unter ihm wurden auch die fünf Stadtteile unter einem Magistrat vereinigt. Sein Sohn Friedrich Wilhelm I. ergänzte als erster die Datierung seiner Edikte nicht mehr mit der Ortsangabe „Kölln an der Spree" sondern mit „Berlin". Die unter den ersten Königen entstandenen Barock- und Rokokobauten – das Schloß wurde in eine ausgedehnte Barockanlage um-

161

Berlin — Vom Fischerdorf zur Hauptstadt

gewandelt – zeugten für den mit dem Anstieg der Macht und politischen Stellung des nunmehrigen Königreichs Preußen einhergehenden Aufstieg der Hauptstadt. Dem konnte auch die Tatsache keinen Abbruch tun, daß der österreichische General Hadik 1757, in der Zeit des Siebenjährigen Krieges, kurzfristig die Vorstädte besetzte. 1760 schließlich drangen die Russen ein und verlangten hohe Kontributionen. Als Friedrich der Große starb, zählte die Stadt bereits 150.000 Einwohner.

Unter dem Neffen des „Alten Fritz", Friedrich Wilhelm II., wurde das Brandenburger Tor errichtet, das zum Wahrzeichen Berlins und ganz Deutschlands werden sollte. Obwohl von der Siegesgöttin Victoria gekrönt, war es kein Schlachtensieg, der den unmittelbaren Anlaß für die Errichtung dieses klassizistischen Triumphbogens gab – vielmehr ruhte man sich auf den Lorbeeren Friedrichs II. aus. Napoleon nahm die Victoria mit nach Paris, doch mußte sie 1814 zurückgegeben werden. In der Zeit nach dem Ende des Dritten Reichs stand dann das Tor, lange Zeit des Siegeswagens beraubt, im Niemandsland zwischen zwei deutschen Staaten.

Schon Friedrich der Große hatte den Zuzug von gewerblichen Unternehmungen gefördert. Mit dem Einsetzen der Industrialisierung wuchs die Stadt rasch über ihre alten Grenzen hinaus, die Erhebung zur Reichshauptstadt 1871 gab diesem Wachstum weitere kräftige Impulse. 1861 waren die Zollmauern gefallen, die Stadtteile Wedding, Moabit und Gesundbrunnen wurden Berlin einverleibt. Bereits 1880 überschritt die Bevölkerungszahl die Millionengrenze – Berlin war zur drittgrößten Metropole Europas (nach London und Paris) geworden. 1881 schied die Stadt aus der Provinzverwaltung von Brandenburg aus und wurde ein eigener Verwaltungsbezirk.

Die Entwicklung der Industrie hatte Berlin zum Zentrum der sozialdemokratischen Arbeiterbewegung gemacht; bei der Reichstagswahl 1912 erhielt die SPD drei Viertel aller Stimmen. Die Novemberrevolution brachte den Sturz des Kaisers, ihr folgte der Spartakistenaufstand von links und der Kapp-Putsch von rechts. 1920 wurden die umliegenden Ortsgemeinden Charlottenburg, Köpenick, Lichtenberg, Neukölln (in das Rixdorf 1912 umbenannt worden war), Schöneberg, Spandau, Wilmersdorf, dazu 56 Dörfer und 29 Gutsbezirke eingemeindet. Groß-Berlin war nun, mit vier Millionen Einwohnern, die drittgrößte Stadt der Welt. Sie wurde zum Brennpunkt der Kultur der zwanziger Jahre, zugleich wuchsen mit den wirtschaftlichen Schwierigkeiten die sozialen und politischen Spannungen, die insbesondere seit dem Auftreten der NSDAP zu harten Auseinandersetzungen zwischen der SA und den Kommunisten führten; die Hitler-Partei errang hier allerdings in demokratischen Wahlen nie die Mehrheit.

Nach der Machtübernahme der Nazis erfolgte die völlige Trennung Groß-Berlins von Brandenburg, 1937 wurde das Amt des „Oberbürgermeisters und Stadtpräsidenten" geschaffen; das Sagen aber hatte der Berliner Gauleiter und Reichspropagandaminister Joseph Goebbels. Durch zahlreiche Luftangriffe und schließlich den Endkampf zwischen der am 23. April 1945 ins Stadtgebiet vordringenden Roten Armee erlitt die Stadt schwerste Zerstörungen (mehr als eine halbe Million Wohnungen, 32 Prozent des Bestandes, wurden vernichtet). Im Bunker der von ihm errichteten neuen Reichskanzlei machte Hitler am 30. April 1945 seinem Leben ein Ende.

Am 17. Mai 1945 setzten die Sowjets einen Magistrat unter Oberbürgermeister Werner ein. Gemäß dem Abkommen der Siegermächte wurde Berlin in vier Sektoren aufgeteilt; die Truppen der Westmächte besetzten die drei westlichen Zonen der Stadt. Die ersten freien Wahlen brachten der SPD 48,7, der CDU 22,2 und den Kommunisten nur 19,3 Prozent der Stimmen ein. Das entsprach nicht den Erwartungen der Sowjetunion. Die Mehrheit der Stadtverordneten wählte Ernst Reuter zum Oberbürgermeister, doch die Russen verhinderten dessen Amtsantritt. In seiner Vertretung übernahm Louise Schröder das Amt. Der Ost-West-Konflikt verschärfte sich, im Juni 1948 zog sich die Sowjetunion aus der gemeinsamen Alliierten Hohen Kommandantur zurück. Es folgte die Blockade (s. d.). Die Stadtverwaltung zog sich nach von den Kommunisten initiierten Unruhen in den Westteil zurück. Nach nur noch im Westen durchgeführten Neuwahlen wurde Reuter Regierender Bürgermeister. 1950 wurde Westberlin ein Land der Bundesrepublik Deutschland, wenn seine Vertreter auch kein volles Stimmrecht im Bundesrat hatten. Westberlin hatte sein eigenes Abgeordnetenhaus, die Hoheitsgewalt übten die westlichen Alliierten aus.

Im August 1961 – Bürgermeister Westberlins war damals Willy Brandt (er regierte von 1957 bis 1966) – errichtete das DDR-Regime eine 45 Kilometer lange Mauer entlang der Sektorengrenze zwischen Ost- und Westberlin, um die permanente Fluchtbewegung aus ihrem Staatsgebiet zu stoppen. Damit war die Stadt vollends geteilt. Ihr Ostteil erhielt in der Folge die offizielle Bezeichnung „Berlin – Hauptstadt der DDR". Damit war es ab dem 9. November 1989 zu Ende, als sich die Grenzübergänge öffneten und die Mauer unter ungeheurem Jubel fiel. Seit dem 3. Oktober 1990 ist Berlin wieder die Hauptstadt des vereinigten Deutschland.

Die Lindenallee zur Zeit des Großen Kurfürsten. Ansicht M. Merians, Frankfurt a. M., 1652; Kupferstichkabinett, Staatliche Museen zu Berlin – Preußischer Kulturbesitz

Brandenburg
Vom Slawenland zur Kurmark

Die Mark Brandenburg war Kolonisationsboden, den die Askanier den Slawen abrangen. Mit der Belehnung der Hohenzollern setzte sich der Aufstieg der Mark fort, mit der Verbindung ihrer Herrscher zu Preußen begann im Reich die Entwicklung einer zweiten Macht neben der des Kaisers.

Nach dem Abzug der Germanen, die das Gebiet des heutigen Brandenburg bewohnt hatten, wurde das Land östlich der Elbe nach der Völkerwanderungszeit von slawischen Völkern – Hevellern, Liutizen (Wilzen), Abodriten – besiedelt. Die Residenz der Hevellerfürsten war die von den Deutschen so genannte Brennaburg. König Heinrich I., als Sachsenherzog Nachbar der Elbslawen, wollte mit dem Aufbau einer schnellen Reiterei den ständigen Einfällen der Ungarn begegnen. Im Winter 928/29 erprobte er seine Kavallerie in einem Feldzug gegen die Heveller. Die Brennaburg wurde nach einer längeren Belagerung eingenommen. Dann zog Heinrich nach Süden gegen die Daleminzen, stürmte deren Festung Gana und ließ die Burg Meißen errichten.

Der Hevellerfürst Tugumir wurde als Geisel ins Sachsenland mitgenommen. Als sich die Heveller in den dreißiger Jahren des 10. Jahrhunderts gegen die sächsische Oberhoheit erhoben, erschien Tugumir in seiner Heimat, behauptete, aus der Gefangenschaft geflohen zu sein, beseitigte seinen Neffen und ermöglichte dem von Otto I. mit der Grenzwacht beauftragten Grafen Gero die neuerliche Besetzung Brandenburgs. Die deutsche Herrschaft über diese sächsische Nordmark ging dann jedoch im großen Slawenaufstand von 983 unter.

Bis in die Mitte des 12. Jahrhunderts waren die Heveller, obwohl wiederholt von Deutschen und Polen bedrängt, wieder Herrn im eigenen Land. Ihr letzter Fürst, Pribislaw, der bereits eigene Münzen prägte, ließ sich taufen. Nach seinem Tod besetzte Albrecht der Bär aus dem Geschlecht der Askanier, Herr der Altmark westlich der Elbe, zunächst die Prignitz und eroberte dann zusammen mit Erzbischof Wichmann von Magdeburg die Brennaburg. Fortan nannten sich Albrecht und seine Nachkommen Markgrafen von Brandenburg. Deutsche Siedler wurden ins Land geholt, die slawische Bevölkerung, häufig zu Unfreien gemacht, wurde germanisiert.

Die Askanier konnten ihr Territorium mit der Erwerbung von Stargard, der Uckermark, Barnim, Teltow, Lebus und der Neumark (östlich der Oder) beträchtlich erweitern. Zudem gewannen sie die Lehensoberhoheit über die zunächst noch slawischen Herzöge von Mecklenburg und Pommern. Doch mit dem Tod des Markgrafen Waldemar erlosch 1319 der brandenburgische Zweig der Askanier (in Anhalt regierten ihre Nachkommen bis 1918).

Nun begannen heftige Kämpfe um das herrenlose Land. Kaiser Ludwig der Bayer zog die Mark als erledigtes Lehen ein und belehnte mit ihr seinen unmündigen Sohn. Die Wittelsbacher konnten sich nicht durchsetzen, der Papst belegte das Land wegen seines Streits mit Kaiser Ludwig mit dem Interdikt, das Raubritterwesen nahm überhand, ein polnisches Heer drang ein, und eine Intrige des Erzbischofs von Magdeburg und der anhaltischen Askanier ermöglichte den Aufstand des „falschen Waldemar", eines dem verstorbenen Fürsten äußerlich ähnlichen Knappen. Der Luxemburger Karl IV. belehnte ihn zunächst, um den Wittelsbachern den Besitz Brandenburgs abzusprechen, setzte ihn dann aber als Betrüger wieder ab und gewährte dem Wittelsbacher Markgrafen Ludwig dem Römer 1356 die Kurfürstenwürde. Von dessen Nachfolger aber kaufte Karl IV. die Mark schließlich – sie wurde luxemburgisch. Auch diese Herrschaft war nicht erfolgreich, es kam zu Teilungen, die Neumark wurde an den Deutschen Orden verkauft. Am 8. Juli 1411 schließlich belehnte König Sigismund den Nürnberger Burggrafen Friedrich aus dem Haus Hohenzollern mit Brandenburg.

Die ersten Hohenzollernschen Kurfürsten, Friedrich I. und Friedrich II., mußten sich erst gegen den rebellischen Adel und die Selbständigkeitsbestrebungen des Märkischen Städtebundes unter Führung Berlins durchsetzen. Auch gelang es ihnen, die Altmark aus der Lehensoberhoheit Magdeburgs zu lösen und die Neumark zurückzugewin-

Brandenburg — Vom Slawenland zur Kurmark

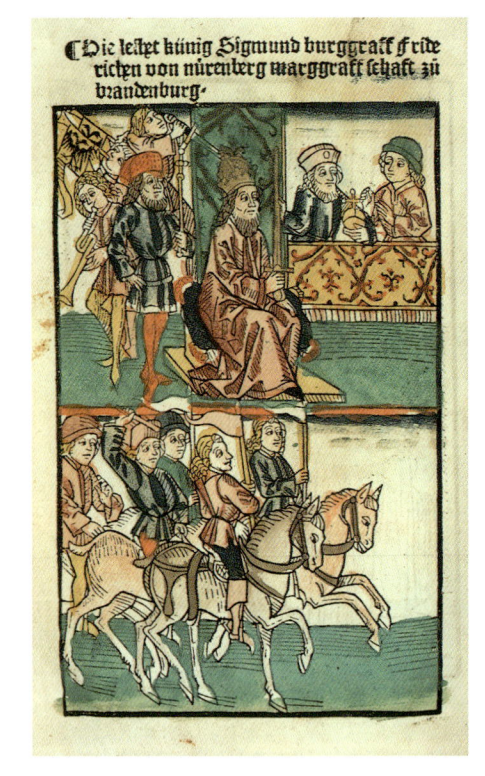

Kaiser Sigismund belehnt den Hohenzoller Friedrich I. mit der Mark Brandenburg (1417). Aus der Chronik des Ulrich von Richental

nen. 1445 kaufte Brandenburg Cottbus mit dem Spreewald, das vorerst unter böhmischer Lehenshoheit stand. Markgraf Albrecht Achilles hielt sich jedoch lieber in seinen fränkischen Besitzungen auf und verfügte 1473 die Trennung Brandenburgs von diesen (s. Ansbach-Bayreuth). Joachim I. gründete die Universität Frankfurt an der Oder, seine Söhne traten 1539 zum Luthertum über. Das ermöglichte die – bis zum Westfälischen Frieden umstrittene – Einziehung der geistlichen Fürstentümer Magdeburg und Halberstadt.

Von überragender Bedeutung für den weiteren Aufstieg Brandenburgs aber wurde, daß der aus der fränkischen Linie der Hohenzollern stammende Albrecht, der 1511 zum Hochmeister des Deutschen Ordens gewählt worden war, das unter polnischer Oberhoheit stehende Restgebiet des Ordensstaates (Ostpreußen) ebenfalls säkularisierte. 1525 wurde er in Krakau mit Preußen als erblichem Herzogtum belehnt. Seine Enkelin Anna brachte als Erbtochter ihrem Mann, dem brandenburgischen Kurfürsten Johann Sigmund, 1618 das Herzogtum Preußen ein (es blieb, zunächst polnisches Lehen, außerhalb der Grenzen des Heiligen Römischen Reichs). Johann Sigmund gelang weiters die Festsetzung Brandenburgs im Westen Deutschlands: im Jülichschen Erbfolgestreit konnte er 1614 Kleve, Mark und Ravensberg erwerben (s. Jülich-Berg).

Sein Enkel Friedrich Wilhelm, der Große Kurfürst (1640-1688), legte schließlich die Grundlagen für den brandenburgisch-preußischen Staat. Als er seinem schwachen Vater Georg Wilhelm in der Regierung folgte, war sein Land in einer kläglichen Verfassung: aus dem Dreißigjährigen Krieg 1635 ausgeschieden, war es von den Schweden verwüstet worden. Der junge Kurfürst versicherte sich durch die Heirat mit einer Prinzessin von Oranien des niederländischen Schutzes für die brandenburgischen Besitzungen in Nordwestdeutschland. Gegen den Widerstand der Landstände begann er, absolut zu regieren. Seine Sorge galt vor allem der Aufstellung einer schlagkräftigen Armee und dem Ausbau der Infrastruktur in seinen Landen. Im Westfälischen Frieden mußte er zwar – obwohl Brandenburg aufgrund eines Erbvertrags die Nachfolge in ganz Pommern hätte antreten sollen – Vorpommern mit Stettin den Schweden überlassen und sich mit Hinterpommern begnügen, bekam aber Halberstadt, Minden und die Anwartschaft auf Magdeburg. Sein neues Heer leistete ihm für seine ganz auf die Erweiterung seiner Hausmacht ausgerichtete Politik gute Dienste. Im Machtkampf zwischen Schweden und Polen erlangte er durch zweimaligen Parteiwechsel erst von Schweden, dann von Polen die Anerkennung seiner Souveränität im Herzogtum Preußen. In den Kriegen Ludwigs XIV. griff er zuerst dessen Verbündeten Schweden an, der große Sieg von Fehrbellin (1675), dem die vorübergehende Eroberung Vorpommerns folgte, brachte dennoch keine Grenzänderung. Daraufhin wechselte Friedrich Wilhelm zu Frankreich und unterstützte dessen gegen das Reich gerichtete Politik, indem er französischen Truppen das Durchzugsrecht durch seine Gebiete gewährte. Zudem versprach er, bei einer Kaiserwahl anstelle der Habsburger Ludwig XIV. selbst oder einen ihm genehmen Kandidaten zu unterstützen. Straßburg wurde von den Franzosen annektiert; auch lehnte es der Kurfürst ab, an der Befreiung des von den Türken belagerten Wien teilzunehmen. Erst 1686 trat er durch einen Geheimvertrag wieder auf die Seite des Kaisers und ließ sich dafür mit dem Landkreis Schwiebus belohnen.

Als der Große Kurfürst 1688 starb, war er auf diese Weise jedenfalls der neben dem Kaiser mächtigste Herrscher Deutschlands und darüber hinaus als Herzog von Preußen Träger einer nicht mehr dem Reich angehörenden Krone. Die Geschichte Brandenburgs war in die Geschichte Preußens eingemündet.

Erst aus der Erbmasse des verschwundenen Preußen ist Brandenburg nach 1945 als Land wiedererstanden. Hauptstadt ist Potsdam, das als slawisches „Poztupimi" („Bergabhang") bereits im Jahre 993 urkundlich erwähnt wird. 1952 wurde Brandenburg durch die Gebietsreform der DDR in die Bezirke Potsdam, Frankfurt an der Oder und Cottbus eingeteilt. Im Jahr 1990 kam es – mit einigen Grenzberichtigungen gegenüber Sachsen und Mecklenburg – zu einer Neubildung des Bundeslandes. Den Vorschlag der Vereinigung mit dem Land Berlin lehnte die Bevölkerung Brandenburgs 1996 mehrheitlich ab.

Brandenburg — Preußens Aufstieg und Fall

Was mit dem Großen Kurfürsten begann und über König Friedrich den Großen zu den Kaisern Wilhelm I. und II. führte, ist nicht Regional-, sondern Weltgeschichte. Im Verlauf des Aufstiegs Brandenburg-Preußens kam es zu einer Verzwölffachung der Staatsfläche.

Kurfürst Friedrich III. (1688-1713), der Sohn des Großen Kurfürsten, nützte die Zwangslage Kaiser Leopolds I., in die dieser geraten war, als die Franzosen im Spanischen Erbfolgekrieg an Österreichs Grenzen standen: Gegen die Zusicherung, dem Bündnis gegen Frankreich beizutreten, erhielt er die Zustimmung der Erhebung Preußens zum Königreich. Am 18. Jänner 1701 setzte er sich als „Friedrich I., König in Preußen" in Königsberg die Krone auf sein Haupt. Obwohl Brandenburg mit der Hauptstadt Berlin und der Königsresidenz in Potsdam das Kernland des Königreichs Preußen blieb, besitzt dessen Geschichte von diesem Zeitpunkt an nicht mehr nur regionale Bedeutung, sondern muß im Rahmen der gesamtdeutschen, ja europäischen Geschichte behandelt werden. Hier soll daher nur der Landgewinn des Hohenzollernstaates von seiner Erhebung zum Königreich bis zu seinem Ende dargestellt werden.

Der Gebietsgewinn, den Preußens erster König seinem Land einbrachte, war bescheiden. Aus dem Erbe seiner oranischen Mutter erhielt er die Grafschaft Lingen in Westfalen; sie wurde in ihrer Verwaltung mit dem käuflich erworbenen Tecklenburg verbunden. Als Oranier-Erben wählten die Stände von Neuenburg (Neuchatel), eines unter dem Schutz der Eidgenossen stehenden kleinen Fürstentums in der Westschweiz, Friedrich I. zu ihrem Fürsten. Mit Ausnahme der Napoleon-Zeit blieb der König von Preußen bis 1848 Fürst von Neuenburg, obwohl das Ländchen schon 1814 zu einem Kanton der Schweiz geworden war.

Der sogenannte „Soldatenkönig" Friedrich Wilhelm I. (1713-1740) besetzte im Nordischen Krieg Vorpommern. Als Vorwand führte er an, es vor den Russen, die mit den Schweden Krieg führten, schützen zu müssen. Der schwedische König Karl XII., der durch seinen zwölftägigen Gewaltritt von der Türkei nach Stralsund bekannt geworden ist, hatte dafür wenig Verständnis. So befand sich nun auch Preußen in der gegen Schweden gerichteten Allianz. Im Frieden von Stockholm mußte Schweden 1620 Stettin und den östlichen Teil Vorpommerns bis zum Fluß Peene abtreten. Zuvor schon hatte Preußen als Teilnehmer am Spanischen Erbfolgekrieg im Frieden von Utrecht (1713) einen Teil des Herzogtums Geldern erhalten und damit seine Stellung in Nordwestdeutschland weiter gefestigt.

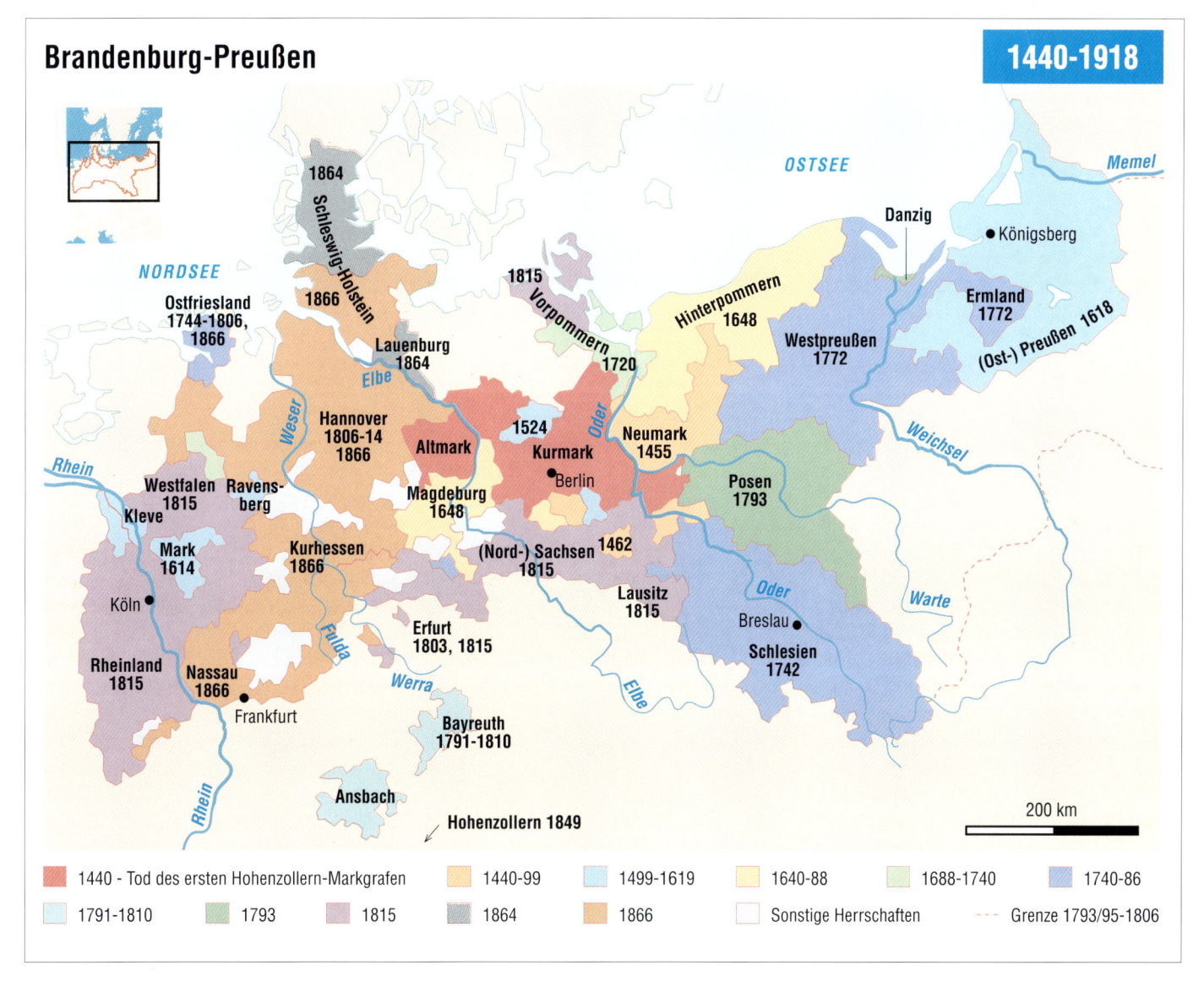

Brandenburg-Preußen 1440-1918

- 1440 - Tod des ersten Hohenzollern-Markgrafen
- 1440-99
- 1499-1619
- 1640-88
- 1688-1740
- 1740-86
- 1791-1810
- 1793
- 1815
- 1864
- 1866
- Sonstige Herrschaften
- Grenze 1793/95-1806

Brandenburg — Preußens Aufstieg und Fall

Der Große Kurfürst Friedrich Wilhelm legte den Grundstein für den Aufstieg von Brandenburg-Preußen zur zweiten deutschen Großmacht.

Friedrich der Große (1740-1780) brachte seinem Staat gewaltigen Gebietsgewinn ein. Durch den Ersten Schlesischen Krieg holte er sich 1742 von Österreich den Großteil des Herzogtums Schlesien, dazu die Grafschaft Glatz, und konnte diesen Besitz in zwei weiteren Kriegen erfolgreich verteidigen. 1744 ließ er unter Berufung auf eine kaiserliche Anwartschaft das zwar den Niederlanden vermachte, aber von diesen nicht angenommene Ostfriesland besetzen. Schließlich stellte er durch den Gewinn Westpreußens bei der Ersten Teilung Polens (1772) die Landverbindung zu Ostpreußen her.

An König Friedrich Wilhelm II. (1786-1797) fielen die alten fränkischen Stammlande Ansbach und Bayreuth 1791 zurück, doch mußten sie 1806 an Bayern abgetreten werden. Der Landgewinn bei der Zweiten und Dritten Polnischen Teilung war gewaltig: 1793 verleibte sich Preußen die Landschaft Großpolen mit Posen, Kalisch und Lodz als „Südpreußen" sowie die Hafenstadt Danzig ein; 1795 folgte Masowien mit Warschau und Bialystok als „Neu-Ostpreußen" (von diesen Erwerbungen blieb 1815 neben Westpreußen mit Danzig nur die Provinz Posen).

Der Reichsdeputationshauptschluß von 1803 brachte Friedrich Wilhelm III. (1797-1840) die früher geistlichen Gebiete von Erfurt, Eichsfeld, Hildesheim, Paderborn, Teile von Münster, Quedlinburg und Essen sowie die Reichsstädte Mühlhausen, Nordhausen und Goslar ein. Neu kamen auf dem Wiener Kongreß das westliche Vorpommern mit der Insel Rügen und ein beträchtlicher Teil des Königreichs Sachsen hinzu; im Westen wurden die preußischen Besitzungen durch Mediatisierungen und Abtretungen seitens Hessen-Darmstadts und Nassaus zu einer großen einheitlichen Provinz Rheinland abgerundet, Frankreich mußte Saarbrücken und Saarlouis herausgeben. Unter Friedrich Wilhelm IV. (1740-1758, entmündigt) kam das Stammland Hohenzollern in Südwestdeutschland durch Staatsvertrag zu Preußen.

Der Sieg im Deutsch-Dänischen Krieg brachte dem Preußen Wilhelm I. (1861-1888) zunächst die Herzogtümer Schleswig und Lauenburg. Nach dem Sieg über Österreich folgte Holstein, weiters verleibte sich Preußen, als Strafaktion gegenüber den Verbündeten Österreichs, das große Königreich Hannover, das Kurfürstentum Hessen, das Herzogtum Nassau, die Freie Stadt Frankfurt am Main sowie Teile des Großherzogtums Hessen ein. Schließlich bekam Wilhelm II. (1888-1918) im Jahr 1890 von Großbritannien im Tausch gegen die Kolonie Sansibar die Insel Helgoland.

Das Wachstum Brandenburg-Preußens unter den Hohenzollern läßt sich durch Zahlen eindrucksvoll illustrieren: Der erste Kurfürst verfügte 1440 über 29.478 Quadratkilo-

Der Alliierte Kontrollrat, das Gremium der vier Siegermächte im besetzten Deutschland, beschloß in seinem Gesetz Nr. 46 am 25. Februar 1947 die Auflösung des Staates Preußen.

Allegorie auf die Krönung Friedrichs I. zum König von Preußen im Jahr 1701. Stich des 18. Jh.

meter Land, Kaiser Wilhelm regierte als König von Preußen über 348.437 Quadratkilometer.

Aufgrund einer Volksabstimmung schlossen sich zuerst Pyrmont und 1929 das ganze ehemalige Fürstentum Waldeck Preußen an. 1937 wurde die vormals Freie Stadt Lübeck eingegliedert. Die Eroberungen Hitlers im Krieg gegen Polen, die als Reichsgaue Danzig-Westpreußen und Wartheland direkt dem Reich angeschlossen wurden, kamen nicht mehr an Preußen zurück. Der Diktator hatte für regionale Eigenständigkeit keinen Sinn. Selbst Hermann Göring hatte, als letzter Ministerpräsident Preußens, vergeblich versucht, eine Sonderstellung für das größte deutsche Land zu erhalten. Ein drogensüchtiger Reichsmarschall, aus Bayern gebürtig, dem Mann aus Österreich willenlos ergeben, als letzter Landeschef des stolzen Preußen – das ist eine böse Ironie der Geschichte. Insofern erfolgte die Todeserklärung Preußens durch die alliierten Siegermächte – sie dekretierten am 25. Februar 1947 den preußischen Staat für aufgelöst – ohnedies schon an einem Leichnam; zumal alles Land, das Preußen seinen Namen gegeben hatte, in Potsdam bereits Polen und der Sowjetunion überantwortet worden war.

Bremen — Hansestadt und Erzbistum

Die Freie Hansestadt Bremen befreite sich von der Bevormundung durch Bischöfe und Fürsten und konnte, neben Hamburg, als einzige der alten Reichsstädte ihre unabhängige Stellung – in Form eines Bundeslandes – bis in die Gegenwart bewahren.

Der Angelsachse Willehad, der Beauftragte Karls des Großen für die Missionierung der unterworfenen Sachsen und der Friesen, wurde der erste Bischof Sachsens: für ihn wurde 787 das Bistum Bremen gegründet. Als Ersatz für das von den Wikingern zerstörte Hamburg (s. d.) wurde es 845 zum Erzbistum erhoben.

Die ursprünglich königliche Stadt wurde von Otto I. mit Marktrechten ausgestattet und unter die Oberhoheit des Erzbischofs gestellt. Nach der Entmachtung der Welfen, die die Vogteirechte innegehabt hatten, erlangte der Rat von Bremen auch gegenüber dem Erzbischof weitgehende Autonomie. Demnach war Bremen schon Jahrhunderte vor der förmlichen Zuerkennung der Reichsunmittelbarkeit (1646) de facto eine freie Stadt. Dies war die Folge der bereits ausgedehnten Handelsbeziehungen, die sie sich durch Verträge mit Hafenstädten in England und Norwegen und durch die Anlage von Niederlassungen, etwa in Riga, gesichert hatte. 1358 der Hanse beigetreten, wurde die Stadt wohlhabend; die alteingesessenen Patrizier verstanden es, durch Übereinkünfte die Einigkeit in der Bürgerschaft unter ihrer Herrschaft zu wahren. „Eintracht" und „Neue Eintracht" beließen es allerdings im Ermessen der Patrizier, Bürger zu ihren Beratungen beizuziehen. 1436 konnte das Stadtgebiet durch die Erwerbung der weserabwärts gelegenen Herrschaft Blumenthal erweitert werden (dieses Gebiet ging allerdings im 18. Jahrhundert an Hannover verloren und wurde Bremen von Preußen erst 1939 zurückgegeben).

Die Reformation fand in Bremen 1522 Eingang; im Schmalkaldischen Krieg gehörten die Bürger zu deren eifrigsten Verfechtern, was ihnen die Reichsacht und eine (vergebliche) Belagerung eintrug. Dennoch hatten sie für die orthodoxe Starrheit der lutherischen Prediger kein Verständnis und wandten sich wenig später dem Calvinismus zu, der ja dem Selbstverständnis der aufsteigenden Kaufmanns- und Bankenschichten am besten entsprach.

Bis in die Reformationszeit hatten die Erzbischöfe das Gebiet zwischen Weser und Elbemündung als Fürsten beherrscht. Erzbischof Adeldag war vertrauter Ratgeber Kaiser Ottos I., Erzbischof Adalbert als Vormund Heinrichs IV. eine Zeitlang erster Mann im Reich. Schon im 12. Jahrhundert war dem Erzstift die Grafschaft Stade zugefallen. 1234 hatte Erzbischof Gerhard II. von Lippe gegen die freien Stedinger Bauern, die sich dagegen wehrten, zu Leibeigenen gemacht zu werden, einen Kreuzzug geführt, nachdem er sie beim Papst als Ketzer verklagt hatte. Bei Altenesch schlug er das Bauernheer, und seine Soldaten richteten unter den Besiegten ein Blutbad an. Hingegen blieben Versuche, die Stadt Bremen wieder unter die erzbischöfliche Oberhoheit zu bringen, ohne Erfolg. Trotz des Widerstands der letzten katholischen Erzbischöfe setzte sich die Reformation durch. Letzter Erzbischof war Friedrich, Prinz (und späterer König) von Dänemark. Er wurde 1645 von den Schweden vertrieben. Durch den Westfälischen Frieden wurde Bremen Herzogtum, und mit dem benachbarten Bistum Verden fiel es an Schweden. Im Nordischen Krieg wurde das Herzogtum von den Dänen besetzt, Schweden mußte es 1719 an Hannover abtreten.

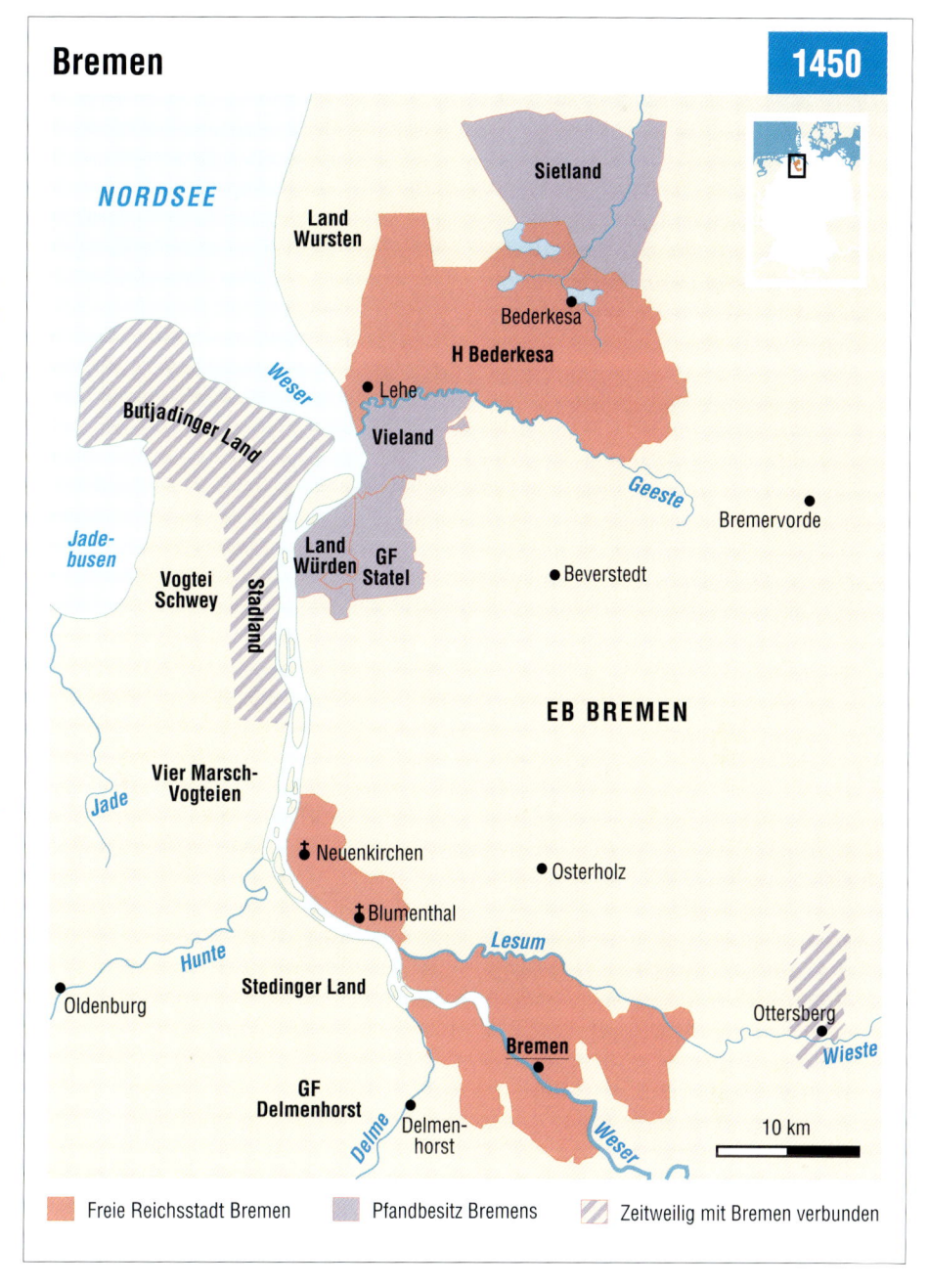

Schweden als mächtiger Nachbar hatte die Unabhängigkeit der Stadt Bremen nicht dulden wollen. Doch diese behauptete im Bremischen Krieg von 1666 unter schweren Opfern und dank der Fürsprache benachbarter Fürsten ihre Freiheit. Durch den Reichsde-

Bremen — Hansestadt und Erzbistum/Lübeck

putationshauptschluß wurde das Gemeindegebiet 1803 erweitert, und, nach der vorübergehenden Einverleibung als Hauptstadt des Departements Wesermündung durch Frankreich, erwarb Bremen 1827 von Hannover das für den Schiffsverkehr wichtige Gebiet von Bremerhaven. Im Inneren hatte der Rat zunächst sein Recht der Kooptierung von Bürgern durch einen beschränkten Wahlmodus ersetzt. 1848 genügte das der Masse der Bremer nicht mehr, und nach stürmischen Demonstrationen wurde eine Verfassung durchgesetzt, die eine echte Bürgervertretung sichern sollte.

In der Ära der Reaktion wurde dies mit Hilfe Hannoverscher Truppen teilweise wieder revidiert. Das Königreich Hannover war aber selbst für den konservativen Rat ein unangenehmer Nachbar, denn es zog einen Teil des Handelsverkehrs von Bremen in seine großzügig ausgebauten Hafenanlagen von Geestemünde – in unmittelbarer Nachbarschaft Bremerhavens – ab (Geestemünde wurde nach 1945 bremisch). Deshalb näherte sich die Stadt Preußen an, betrachtete die Einverleibung Hannovers durch dieses mit Zufriedenheit und trat dem Norddeutschen Bund und 1871 dem Reich bei. 1919 einen knappen Monat lang eine „Sozialistische Republik Bremen", gab sich Bremen anschließend eine demokratische Verfassung. Im Jahr 1933 kam es zusammen mit Oldenburg unter einen Reichsstatthalter. Von 1945 an war es als amerikanische Besatzungszone eine Enklave im britischen Besatzungsgebiet. 1947 wurde die Freie Hansestadt Bremen als Land proklamiert. Es ist das kleinste Bundesland Deutschlands.

Der „Roland" von Bremen, ein 1404 errichtetes Rechtswahrzeichen, wie es die Märkte etlicher Städte Norddeutschlands aufweisen.

Im Jahr 1919 wurde auch in Bremen die Rätebewegung niedergeschlagen. Es waren oft noch halbe Kinder, die, in Uniformen gesteckt, von der Regierung der Volksbeauftragten gegen die roten Matrosen und Arbeiter eingesetzt wurden.

Bis zum Jahr 1937 konnte – neben Bremen und Hamburg – noch eine dritte Hansestadt ihre Selbständigkeit bewahren: Lübeck an der Mündung der Trave in die Ostsee. Im Jahre 1226 erhielt Lübeck von Kaiser Friedrich II. die Reichsfreiheit. Einen neuen Angriff der Dänen konnte Lübeck durch den Seesieg an der Mündung der Warnow abwehren (1234). Von da an begann der rasche Aufstieg Lübecks zur blühenden Handelsstadt, die bald eine führende Rolle im Hansebund einnehmen sollte. Von 1361 bis 1370 mußte Lübeck erneut einen Krieg gegen Dänemark führen. Zunächst schien dessen König Waldemar IV. überlegen; er brachte der Lübecker Flotte eine Niederlage bei, der dafür verantwortliche Bürgermeister Johann Wittenborg wurde hingerichtet. Dann aber erfolgte der Gegenschlag: Kopenhagen wurde erobert, die Dänen mußten ein Einspruchsrecht der Hanse bei der Königswahl anerkennen.

Die Lage Lübecks zwischen Brügge und Nowgorod machte es zum bedeutendsten Handelsplatz im Hansebereich. An die hundert Städte im Ostseeraum übernahmen sein Stadtrecht. Lübeck konnte sein Gebiet um Travemünde erweitern. Ein Aufstand gegen die patrizische Stadtregierung wurde durch die Drohung Kaiser Sigismunds mit der Reichsacht um seinen Erfolg gebracht. Bürgermeister Nikolaus Brömse unterstützte den jungen Gustav Wasa in seinem Kampf gegen die Dänen, die Stockholm besetzt hatten, und brachte so das Haus Wasa auf den schwedischen Thron (1523).

Die Einführung der Reformation war mit einer Ablöse des patrizischen Stadtregimes verbunden. Der neue Bürgermeister Jürgen Wullenweber verwickelte Lübeck in die sogenannte Grafenfehde, indem er den gestürzten dänischen König Christian II. vergeblich gegen dessen Widersacher unterstützte. Durch Wullenwebers Niederlage wurde Lübecks führende Stellung schwer erschüttert.

Gegenüber Napoleon suchte Lübeck seine Neutralität zu wahren. Doch 1806 wurde die von den bei Jena geschlagenen Preußen besetzte Stadt durch die Truppen Bernadottes im Sturm genommen und drei Tage geplündert. 1810 wurde sie dem französischen Departement Elbmündung einverleibt. 1815 erhielt Lübeck seine Selbständigkeit zurück und wurde 1871 Bundesland des Deutschen Reiches. Am 1. April 1937 wurde die Stadt der preußischen Provinz Schleswig-Holstein einverleibt und blieb auch nach 1945 Teil dieses Bundeslandes.

Hamburg   Deutschlands Tor zur Welt

Der Stadtstaat Hamburg, zweitgrößte Gemeinde Deutschlands, kann seine Freiheit bis ins 13. Jahrhundert zurückführen. Sie war eine Voraussetzung dafür, daß die Hafenstadt an der Elbmündung Deutschlands „Tor zur Welt" wurde.

Nach 800, nachdem Karl der Große die Sachsen in blutigen Feldzügen unterworfen hatte und bis in den nördlichsten Teil deres Stammesgebietes, nach Nordalbingien, vorgedrungen war, ließ er an der Einmündung der Alster in die Elbe einen befestigten Platz, die Hammaburg, und in der Folge auch eine Taufkirche errichten. Zuerst wohl fränkische Garnison im eroberten Sachsen, wurde das Kastell bald zu einer wichtigen Grenzbefestigung gegen die benachbarten Slawen und Dänen, die wiederholt angriffen. Schon 831 wurde hier ein Bistum gegründet, drei Jahre später wurde es zum Erzbistum erhoben. Kaiser Ludwig der Fromme übergab es dem aus der Picardie stammenden Mönch Ansgar, der von hier aus begann, die Dänen und Schweden zu missionieren. Nachdem Hamburg von den Wikingern eingeäschert worden war, wurde das Erzbistum 845 in das weniger exponierte Bremen verlegt.

Das grenznahe Hamburg entwickelte sich in Friedenszeiten zu einem aufstrebenden Handelsplatz mit dem Osten und Norden,

Durch den Eintritt Hamburgs in die Hanse erlangte die Stadt Reichtum und Macht. Miniatur aus dem Hamburger Stadtrecht; Hamburg, Staatsarchiv

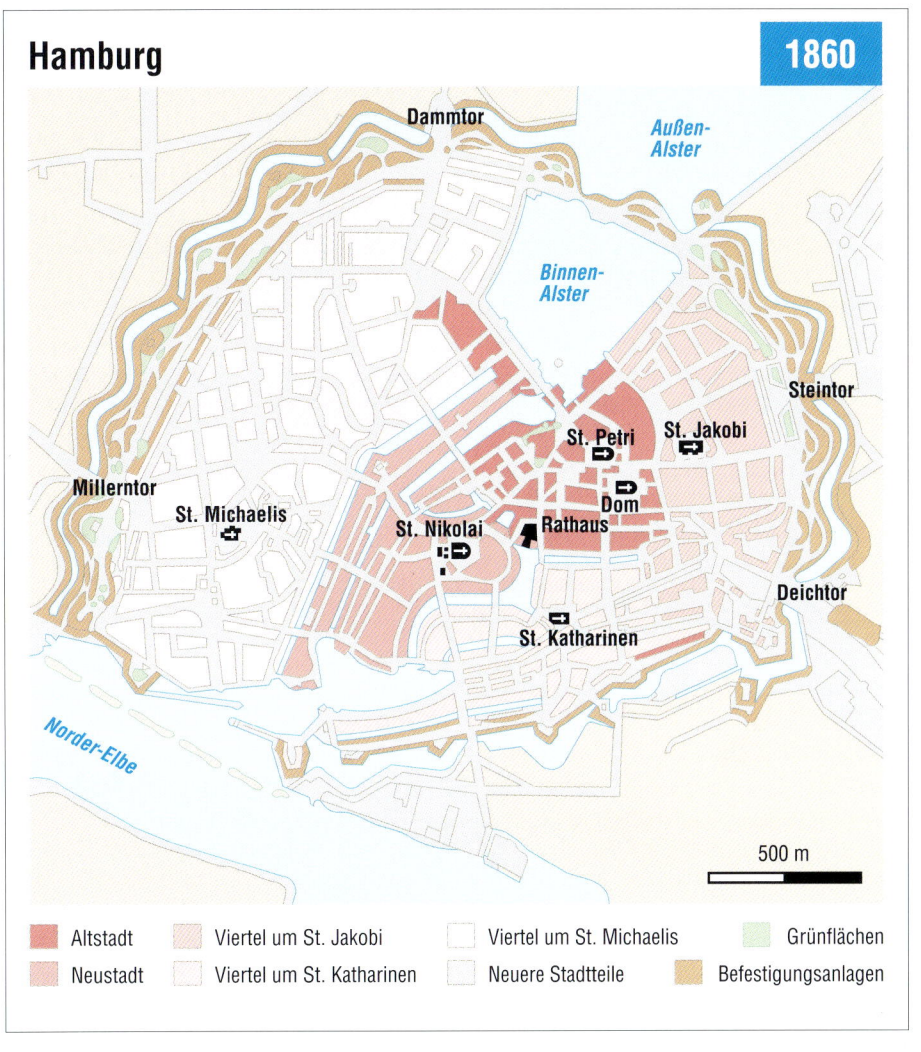

Hamburg 1860

Karte: Altstadt, Neustadt, Viertel um St. Jakobi, Viertel um St. Katharinen, Viertel um St. Michaelis, Neuere Stadtteile, Grünflächen, Befestigungsanlagen. Orte: Dammtor, Außen-Alster, Binnen-Alster, Steintor, Millerntor, St. Michaelis, St. Petri, St. Jakobi, St. Nikolai, Dom, Rathaus, Deichtor, St. Katharinen, Norder-Elbe. Maßstab 500 m.

auch wenn es immer wieder unter den Überfällen der Nachbarn zu leiden hatte, insbesondere im Slawenaufstand von 983, als die Stadt dem Reich für mehrere Jahre verlorenging. Die Bremer Erzbischöfe ließen 1037 einen Dom und zu dessen Schutz eine Burg errichten, die die Stadt vor einem neuen Slawenvorstoß allerdings nicht schützen konnte. Hamburg aber wurde immer wieder neu aufgebaut (1126 mit einem neuen Dom). Kaiser Lothar von Supplinburg belehnte die Grafen von Schauenburg mit Holstein und Stormarn (s. auch Schaumburg-Lippe); diese erkannten die Bedeutung des Handelsplatzes, holten Siedler in die nach Plan errichtete Neustadt um die Nikolaikirche und erwirkten bei Kaiser Friedrich Barbarossa Zollfreiheit, Fischereirechte und eine eigene Gerichtsbarkeit für Hamburg. Sie begnügten sich mit der Einsetzung eines Landvogts und überließen die Verwaltung der Stadt einem Rat (1190). Als Heinrich der Löwe Bardowiek, das ihm nach seiner Absetzung als Sachsenherzog die Tore verschlossen hatte, zerstörte und nur den Dom — mit der Inschrift „Spur des Löwen" verziert — stehen ließ, erhielt Hamburg Zuwachs von dessen hierher geflohenen, handelserfahrenen Bürgern.

Hamburg wurde zum Streitobjekt zwischen Dänemark und den Schauenburgern und wurde zwei Jahrzehnte lang von einem dänischen Statthalter regiert. 1225 kehrte Graf Adolf IV. zurück, ließ die Hamburger Bußgeld zahlen und residierte fortan in einem neuerrichteten Schloß am Rande der Stadt. Im weiteren Verlauf des Jahrhunderts befreite sich Hamburg durch finanzielle Ablösen aus der Bevormundung durch die Grafen und entwickelte sich zum bedeutenden Ausfuhrhafen. Um auch in London Handel treiben zu können, schloß es Verträge mit Lübeck und Bremen, zunächst als eigene Hanse (s. d.). Erfolgreich bekämpfte Hamburg die Piraterie in Nord- und Ostsee — die Freibeuter Klaus Störtebeker und Godeke Michel wurden gestellt und 1400 hingerichtet, die friesischen Häuptlinge, die die Elbmündung blockierten, bei Helgoland vernichtend geschlagen. Die Stadt erweiterte ihr Territorium, unter ande-

Hamburg — Deutschlands Tor zur Welt

rem durch die Erwerbung Ritzebühels (Cuxhaven) und der Insel Neuwerk; gemeinsam mit Lübeck wurden die rechtselbischen Vierlande um Bergedorf erobert. Nachdem die Stadt Hamburg, obwohl schon als reichsunmittelbar geltend, noch dem Dänenkönig (als Nachfolger der ausgestorbenen Holsteiner Schauenburger) hatte huldigen müssen, erklärte sie Kaiser Maximilian 1510 zur freien Reichsstadt.

Im Inneren der reichgewordenen Stadt begannen im frühen 15. Jahrhundert Auseinandersetzungen der Zünfte mit den patrizischen Stadtoberen. Zwischen Senat und Bürgern wurden ein sogenannter Rezeß geschlossen, der diesen einen 48er-Ausschuß zugestand.

1525 fand in Hamburg die Reformation Eingang; für den Beitritt zum Schmalkaldischen Bund mußte die Stadt dem Kaiser eine beträchtliche Buße zahlen. Der streng lutherische Stadtrat vertrieb die Mennoniten aus Hamburg, sie gründeten auf holsteinischem Boden Altona. Hingegen zeigte man sich gegenüber den aus Spanien geflüchteten Juden tolerant – sie belebten das Geldwesen der Handelsstadt. 1615 bekam Hamburg die erste Reichspost, dem Beispiel folgten bald andere. Die Aufforderung des Kaisers im Dreißigjährigen Krieg, eine deutsche Seeflotte aufzubauen, fand in Hamburg kein Gehör.

Vom Krieg selbst blieb die Stadt zwar verschont, doch führten dessen Auswirkungen zu einem fühlbaren Rückgang des Handels zugunsten der holländischen Konkurrenz. Die hohen Steuerlasten hatten 1685 einen Aufstand gegen den strengen Bürgermeister Meurer zur Folge. Die Rebellen riefen die Dänen um Hilfe, doch Hamburg schloß seine Tore und die Anführer des Aufruhrs wurden hingerichtet. Doch kam es schon acht Jahre später zu einem neuerlichen Aufstand, diesmal unter Führung des calvinistischen Pfarrers Mayer. Eine kaiserliche Kommission wies diesen aus der Stadt, doch kehrte er bald wieder zurück und setzte mit seinen Anhängern, den „Mayerianern", den Rat ab. Nun griffen Truppen des niedersächsischen Kreises ein, und nach langen Verhandlungen wurde der „Hauptrezeß" von 1712 abgeschlossen, der durch verfassungsmäßige Zugeständnisse des Rates an die unteren Klassen den inneren Frieden wieder herstellte. Hamburg war in diesen Jahrzehnten ein Zentrum deutscher Kultur. Hier wurde 1678 die erste deutsche Oper gegründet, die dann in Philipp Telemann einen herausragenden Direktor fand. Ein Jahrhundert später wurde das Deutsche Nationaltheater gegründet, an dem Lessing als Dramaturg wirkte.

Während des Siebenjährigen Krieges machten die Hamburger Kaufleute durch die Kornteuerung hohe Gewinne, 1763 aber folgte eine Krise, in der zahlreiche Kaufhäuser und Banken ihren Bankrott erklären mußten. Der Gottorpsche Vertrag von 1768 legte endgültig Hamburgs Unabhängigkeit von Dänemark fest. Durch den Reichsdeputationshauptschluß erhielt die Stadt den geistlichen Besitz des Dombezirks; der Dom wurde abgebrochen.

Nach dem kurzen Aufschwung, den die Eroberung Hollands durch die Franzosen mit sich gebracht hatte, kam die französische Besetzung 1806; der Anschluß an Frankreich und die Kontinentalsperre waren für die Handelsstadt ruinös. 1813 wurden die russischen Befreier begeistert begrüßt, wenn auch noch einmal von den Franzosen vertrieben, die den Hamburgern schwere Kontributionen auferlegten. Erst im Mai 1814 war die Hansestadt wieder Herrin im eigenen Haus und wurde 1815 souveräner Staat im Deutschen Bund. Schwere Not brachte 1842 eine gewaltige Feuersbrunst und fünfzig Jahre später eine Choleraepidemie mit sich. Im Jahr 1848 setzten die Demokraten nach Unruhen allgemeine Wahlen durch, der von einer konstituierenden Versammlung beschlossene Verfassungsentwurf blieb aber umstritten. Erst 1860 kam es endlich zu einer Einigung zwischen den „Oberalten" und der Bürgerschaft.

Hamburg, dessen Wirtschaft sich in den sechziger Jahren, mit Hilfe großzügiger Kredite der Österreichischen Bank, von einer durch Spekulationen entstandenen Krise wieder erholt hatte, ergriff trotz geringer Sympathien für Preußen 1866 dessen Partei und trat 1871 dem Deutschen Reich, aber erst 1888 dem Deutschen Zollverband bei; der Hafen blieb Freigebiet. Die Einwohnerzahl stieg stark an und überschritt 1913 die Millionengrenze. 1919 wurde eine Universität gegründet, und die Stadt erhielt eine neue Verfassung. Im Oktober 1923 kam es, infolge eines kommunistischen Aufstandsversuchs unter der Führung Ernst Thälmanns, zu Barrikadenkämpfen; nach der Niederschlagung des Aufruhrs wurde die KPD vorübergehend verboten. 1933 setzte die Regierung Hitler einen Reichsstatthalter ein.

1937 wurden die preußischen Städte Altona, Wandsbek und Harburg sowie 27 Landgemeinden einem Großhamburg eingegliedert, dafür kam Cuxhaven zu Preußen. Die Luftangriffe des Zweiten Weltkriegs richteten gewaltige Zerstörungen an Kulturdenkmälern, Wohnungen (53 Prozent) und Hafenanlagen (60 Prozent) an und forderten 55.000 Todesopfer. Am 3. Mai 1945 besetzten britische Truppen die Stadt. Nach den schweren ersten Aufbaujahren gab sich Hamburg 1952 eine neue Verfassung als „Freie und Hansestadt".

Im 19. Jahrhundert wurde der Hamburger Hafen für Deutschland zum „Tor zur Welt".

Hessen — Stammesherzogtum Franken

Die Franken gründeten Reiche – die Herausbildung eines Stammesherzogtums gelang ihnen allerdings nicht. Das Herzogtum Franken zerfiel rasch, und weder der Bischof von Würzburg noch der Protestantenfeldherr Bernhard von Weimar erreichten mehr als den Titel eines Herzogs von Franken.

Die Franken waren der reichsbildende germanische Stamm – für Frankreich wie für Deutschland. Zwar hatten die Franken bei der Eroberung Galliens ihre Sprache mitgebracht, im Laufe der Merowingerzeit wich sie jedoch im Gebiet zwischen Loire und Maas dem Provinzromanischen, das die vordem keltischen Gallier in der Römerzeit angenommen hatten. Im Osten hingegen herrschte die lingua theotisca, eine in verschiedene Stammesdialekten aufgesplitterte deutsche Volkssprache. So lief durch das Reich Karls des Großen eine Sprachgrenze, die sich im Laufe eines Jahrtausends nicht allzu stark verändern sollte.

Aber auch zwischen der frühen Heimat der Franken am Niederrhein und den germanischen Gebieten, die ihre kraftvolle Expansion „fränkisch" gemacht hatten, tat sich durch die sogenannte Lautverschiebung seit dem 8. Jahrhundert ein sprachlicher Unterschied auf; das Niederfränkische blieb den Ursprüngen wesentlich näher.

Das große Herzogtum Franken, das vom (heute pfälzischen) Rheinland bis in die spätere Oberpfalz reichte, im Spannungsfeld zwischen den Stammesherzogtümern Sachsen im Norden und Alemannien und Bayern im Süden, war zwar wichtigster Träger der Reichseinigung, doch fehlte ihm ein längerdauernder einigender Zusammenhalt. Als die Karolingermacht dahinzudämmern begann und die alten Stammesherzogtümer wieder auflebten, standen an Rhein und Main zwei Adelsgeschlechter gegeneinander: die Babenberger (nicht zu verwechseln mit dem gleichnamigen österreichischen Herzogshaus) vom mittleren Main und die Konradiner aus dem Lahngau. Die sogenannte Babenbergerfehde war ein Kampf, der bis zur Vernichtung der Unterlegenen geführt wurde: Die drei Brüder des Babenberger Hauses sahen sich bedroht, als die Konradiner in der Zeit des letzten Karolingers Ludwigs dem Kind, ihren Besitz nach Osten, bis Thüringen, auszudehnen suchten. Es begann ein gnadenloser Kampf. Einer der Brüder, Heinrich, fiel im Gefecht. Der zweite, Adalhard, wurde gefangengenommen und enthauptet. Der dritte, Adalbert, konnte die Brüder zunächst rächen: er überfiel Graf Konrad den Älteren bei Fritzlar und tötete ihn. Daraufhin wurde Adalbert vom jungen König Ludwig vor das Reichsgericht geladen; als er nicht erschien, veranlaßte Hatto, Erzbischof von Mainz, die Belagerung seiner Burg, und nachdem er sich ergeben mußte, wurde er ebenfalls geköpft.

Damit war Konrad unbestrittener Herzog von Franken, und konnte nach der Königskrone greifen. Als Konrad I. wurde er gesalbt, blieb aber glücklos: weder konnte er sich gegen die Stammesherzöge ringsum durchsetzen, noch das an das Westreich verlorene Lothringen zurückerobern, noch die Gefahr der Ungarneinfälle bannen. Nach seinem Tod stellte Sachsen die Könige, und nach dem Tod von Konrads Bruder Eberhard (939) wurde Franken unmittelbar dem König unterstellt. Das waren zwar dann, mit dem salischen Haus, wieder Herrscher fränkischen Stamms, doch das Herzogtum Franken schwand früher als andere Stammesherzogtümer dahin.

Schon im 12. Jahrhundert entstanden im westlichen Rheinfranken – der Name Franken kam für dieses Gebiet außer Gebrauch – zahlreiche kleine Herrschaften. Ostfranken entwickelte sich durch die Herrschaft der Bischöfe von Würzburg zu einem relativ geschlossenen Territorium; die Bischöfe beanspruchten den Titel eines Herzogs von Franken für sich. Doch konnten sie keine Oberhoheit über die anderen ostfränkischen Gebiete, wie das Bistum Bamberg oder die Stadt Nürnberg, erlangen. Ebensowenig gelang der Versuch Bernhards von Weimar, sich mit schwedischer Hilfe ein Herzogtum Franken aus den geistlichen Gebieten zusammenzuschneidern. Der Name Frankens lebte durch Maximilians Reichsreform und im 19. Jahrhundert in den drei nördlichen Regierungsbezirken des Königreichs Bayern fort.

Hessen

Durch Jahrhunderte war Hessen zwischen zwei Hauptlinien, Kassel und Darmstadt, geteilt. Sie gingen getrennte Wege, die ihrem Land und ihren Untertanen oft ein unterschiedliches Schicksal bescherten – sei es in der Reformation, im Dreißigjährigen Krieg, zu Napoleons Zeiten oder in der Auseinandersetzung zwischen Preußen und Österreich.

Das Land Hessen, von alters her von den germanischen Chatten, die dem Land den Namen gaben, bewohnt, war zu Beginn des 10. Jahrhunderts Teil des fränkischen Stammesherzogtums. Es kann für sich in Anspruch nehmen, den ersten deutschen König, Konrad I., gestellt zu haben, dessen Köngtum freilich Episode blieb; er wurde in Fulda begraben.

Der alte „Hessengau" an Eder und oberer Lahn war den Grafen von Gudensberg anvertraut. (Gudensberg hieß, wie seine älteste Schreibung zeigt, eigentlich Wodansberg, was Hessen als Zentrum altgermanischen Glaubens ausweist.) Durch die Heirat mit Hedwig von Gudensberg erwarb der Landgraf Ludwig I. von Thüringen ansehnliche Güter in Hessen. 1247 starben die thüringischen Ludowinger aus, und es kam zu einem Erbfolgekrieg um die Nachfolge. An dessen Ende stand die Teilung des Erbes, wodurch sich die Wege Hessens und Thüringens trennten; nur die Wappen der beiden Bundesländer, die beide den rotweißgestreiften ludowingischen Löwen im blauen Feld zeigen, erinnern an diese frühe Gemeinschaft.

Die Tochter der hl. Elisabeth von Thüringen, Sophie, verheiratet mit dem Herzog von Brabant, hatte für ihren Sohn Heinrich das Kind die Nachfolge in Hessen durchgesetzt. Diese Brabanter Linie wurde zu Landgrafen von Hessen und 1292 von König Adolf zu Reichsfürsten erhoben. In der Folge kam es im hessischen Fürstenhaus wiederholt zu Teilungen; die einzelnen Fürsten verstanden es, ihre Besitzungen zu mehren – unter anderem um Schmalkalden (heute in Thüringen) sowie um die Grafschaften Ziegenhain (bei Schwalmstadt), Nidda und Katzenelnbogen; das letztgenannte Gebiet bestand aus zwei Teilen, der Niedergrafschaft um Rheinfels und der Obergrafschaft um Darmstadt. Die Bezeichnung Katzenelnbogen ist wohl eine volkstümliche Auslegung für den Namen der Stammburg „Cazeneleboge", kurz „die Katz" (bei St. Goarshausen) genannt; eine überzeugende Deutung des Namens ist bisher nicht gelungen. Die Herren von Katzenelnbogen waren mit den Staufern verwandt. 1479 fiel die Grafschaft über die Erbtochter Anna an Landgraf Heinrich III. von Hessen. 1806 wurde „die Katz" von den Franzosen gesprengt.

Im Jahr 1500 konnte Landgraf Wilhelm II. alle hessischen Gebiete in seiner Hand vereinigen. Dieser Machtzuwachs wies seinem Sohn Philipp (1509-1567), der den Beinamen „der Großmütige" erhielt, eine wichtige Rolle in den ersten Auseinandersetzungen um die Reformation zu. Er bekannte sich bereits 1524 zu Luther und gründete in Marburg an der Lahn die erste evangelische Universität Deutschlands. Sein Protestantentum hinderte Philipp nicht, sich mit dem Kurerzbischof von Trier zu verbünden, um den Aufstand des Reichsritters Franz von Sickingen niederzuschlagen (1522). Ebenso bekämpfte er Thomas Müntzer und die aufständischen Bauern. Als eines der Häupter des Schmalkaldischen Bundes führte Philipp, durch französische Gelder unterstützt, Krieg gegen Karl V.; er verhalf dem Württemberger zur Rückkehr in sein von Habsburg vereinnahmtes Land, mußte sich aber schließlich dem Kaiser unterwerfen und wurde von 1547 bis 1552 gefangengehalten.

Die Teilung Hessens unter Philipps vier Söhnen zersplitterte das Land erneut. Schließlich verblieben im Jahr 1604 zwei Fürstenhäuser, Hessen-Kassel (später Kurhessen, bis 1866) und Hessen-Darmstadt

Philipp der Großmütige ist der Stammvater der beiden Linien Hessen-Kassel und Hessen-Darmstadt. Gemälde von H. Krell, um 1534; Eisenach, Wartburg

(später Großherzogtum Hessen, bis 1918). Innerhalb dieser Hauptlinien kam es wiederholt zu – vorübergehenden – Teilungen.

Der erste Landgraf von Hessen-Darmstadt, Georg I., konnte sein Land durch Erbschaften und Gebietstausch mit seinem Kasseler Bruder Wilhelm IV. abrunden. Aber schon unter deren Söhnen kam es zur erbitterten Feindschaft zwischen den beiden hessischen Häusern. Im Dreißigjährigen Krieg standen der Darmstädter Ludwig V. und dessen Sohn Georg II. auf der Seite des Kaisers. Das hatte vor allem seinen Grund darin, daß Ludwig V. „der Getreue" dem Luthertum treu geblieben war und daher alleinigen Anspruch auf Marburg erhob (sein kinderloser Onkel hatte dort in seinem Testament jede Religionsänderung untersagt). Ein kaiserliches Gericht sprach daher Ludwigs Kasseler Vetter Moritz I., der Calvinist geworden und der protestantischen „Union" beigetreten war, das Erbe ab. Das Kasseler Land wurde von den Truppen des Kaisers besetzt und verwüstet. Moritz' Sohn Wilhelm V. schloß daraufhin, als erster deutscher Fürst, ein Bündnis mit König Gustav Adolf von Schweden, ließ sich von diesem die Hochstifte Paderborn und Fulda schenken, mußte aber vor den Kaiserlichen nach Ostfriesland fliehen.

Seine energische Witwe Amalie Elisabeth konnte Hessen mit schwedischer und französischer Hilfe zurückerobern. Im Westfälischen Frieden mußte sie zwar die Hochstifte herausgeben, erhielt aber die Abtei Hersfeld und einen Teil der Grafschaft Schaumburg. Die Universität Marburg sollte von beiden Hessen verwaltet werden.

Auch im Zeitalter Ludwigs XIV. stand Hessen-Darmstadt treu zum Kaiser, was wiederholt Besetzungen und Verwüstungen durch französische Truppen zur Folge hatte. Die Früchte der Reformpolitik seiner Vorgänger wurden durch die Prachtliebe und die Jagdlust des Landgrafen Ludwig VIII. vergeudet – obwohl er die reiche Erbtochter des letzten Grafen von Hanau-Lichtenberg geehelicht hatte. Sein Sohn Ludwig IX., der die zerrütteten Finanzen wieder in Ordnung zu bringen suchte, residierte in dem durch Hanau ererbten Pirmasens; durch seine Ehefrau Karoline von Pfalz-Zweibrücken wurde sein Hof ein Anziehungspunkt für Dichter und Künstler.

Als Frankreich alles Gebiet links des Rheins annektierte, erhielt Ludwig X. 1801 als Entschädigung das bis dahin kur-kölnische Herzogtum Westfalen und Teile von

Darmstadt und Kassel

Kurmainz; danach besetzte er auch die Reichsstadt Wimpfen. Er erfreute sich der Gunst Napoleons, brachte Hessen-Darmstadt als Gründungsmitglied in den Rheinbund und nahm 1806 den Titel Großherzog Ludwig I. an. Zugleich erhielt er die Souveränität über die noch reichsunmittelbaren Grafen und Freiherren auf seinem Gebiet. Auf dem Wiener Kongreß mußte Ludwig 1815 Westfalen an Preußen abtreten, erhielt aber dafür links des Rheins ehemals geistliche und pfälzische Gebiete mit den Städten Mainz und Worms, die als „Rheinhessen" dem Großherzogtum eingegliedert wurden.

Hessen-Kassel hatte sich gegen Ende des 17. Jahrhunderts verstärkt Brandenburg zugewandt; Landgraf Wilhelm VI. hatte die Hohenzollerin Hedwig Sophie geheiratet, und diese führte nach seinem Tod durch Jahre die Vormundschaft über die unmündigen Nachfolger. Durch Erbschaft wurde das Land um Hanau-Münzenberg (mit der Stammburg der Hanauer Grafen) vergrößert. Im Siebenjährigen Krieg, unter Wilhelm VIII., kämpften Kasselsche Truppen als Verbündete England-Hannovers und Preußens gegen die Franzosen – auch in den amerikanischen Kolonien.

Als sein ältester Sohn Friedrich heimlich zum Katholizismus übergetreten war, verordnete der Vater auf Druck seiner Verbündeten die Assekurationsakte, die Friedrich die Aufnahme von Katholiken in öffentliche Dienste untersagte (1754). Als Landgraf hielt sich Friedrich II. an diese Bestimmungen, doch bleibt sein Name mit dem schmählichen Soldatenhandel verbunden, mit dem er, gegen Geld, England hessische Untertanen für den Kampf gegen die aufständischen amerikanischen Kolonisten zur Verfügung stellte. Sein Sohn Wilhelm wurde nach der Niederlage des Reichs 1803 für das abgetretene linksrheinische Rheinfels durch die Reichsstadt Gelnhausen und durch die Kurwürde entschädigt. Die Neutralität im Krieg Napoleons gegen Preußen nützte ihm nichts, der Franzosenkaiser erklärte ihn 1806 seiner Lande verlustig und schloß diese dem Königreich Westphalen unter seinem Bruder Jérôme an (siehe Nordrhein-Westfalen).

Nach der Völkerschlacht bei Leipzig konnte Wilhelm aus dem Exil nach Kassel zurückkehren und wurde von der Bevölkerung begeistert empfangen. Auf dem Wiener Kongreß trat er das alte Nieder-Katzenelnbogen an Preußen ab und erhielt dafür das Gebiet der früheren Abtei Fulda. Sein Wunsch, sich „König der Chatten" zu nennen, blieb unerfüllt – so hieß sein Land weiterhin Kurfürstentum Hessen, obwohl es kein Reich mehr gab. Wilhelm machte sich bei einem großen Teil seiner Untertanen rasch unbeliebt, weil er alle liberalen Reformen, die unter französischer Herrschaft eingeleitet worden waren, aufhob und vor allem darauf achtete, seine eigenen Einkünfte zu mehren. Bezeichnend für seine Haltung war, daß er den hessischen Soldaten wieder den Zopf als Haartracht verordnete. Für die nächsten Jahrzehnte war die Geschichte Hessens durch Verfassungskämpfe gekennzeichnet.

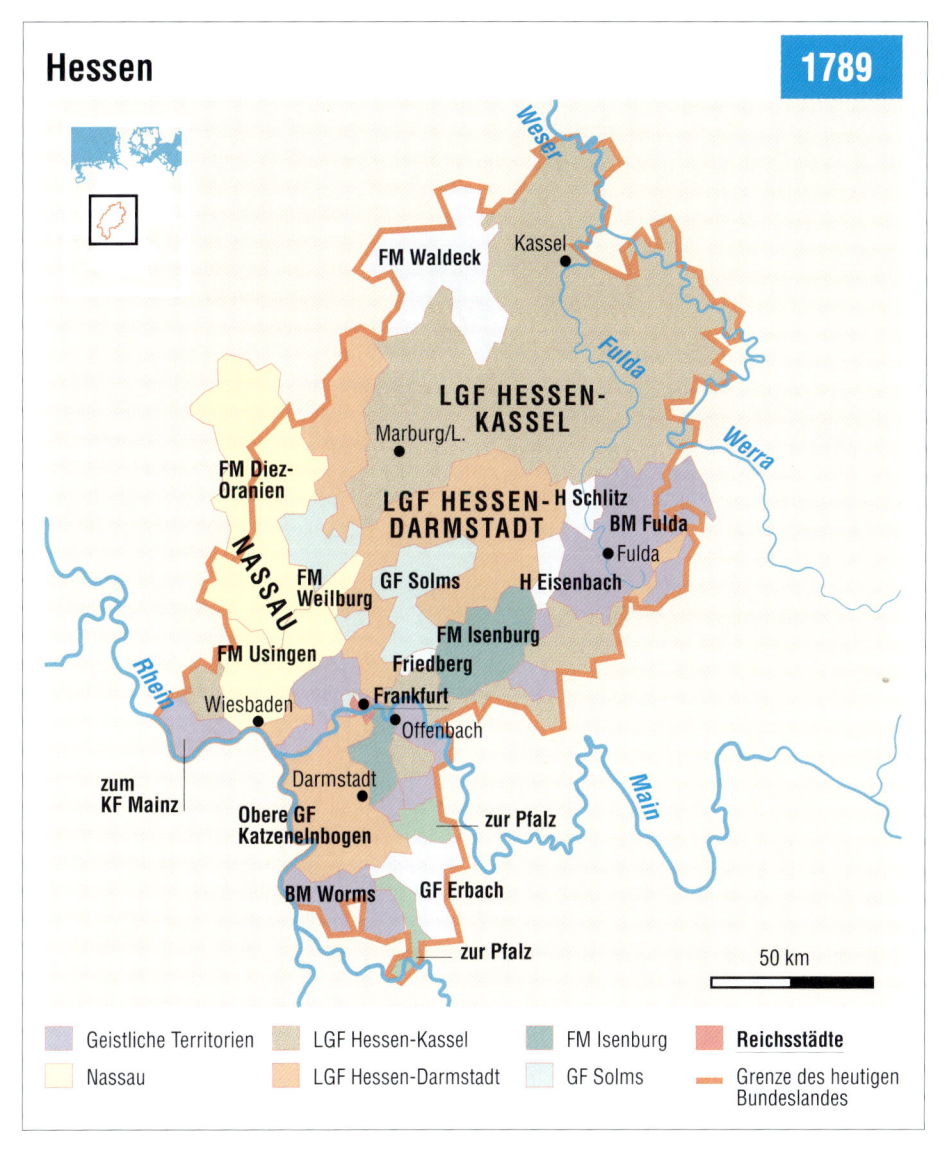

Wie sein Vater war auch Wilhelm II. ein Autokrat. Dazu kam seine antipreußische Haltung, die möglicherweise durch sein Eheleben bestärkt wurde: mit einer – übrigens allgemein beliebten – Hohenzollernprinzessin verheiratet, entfernte er diese von seinem Hof und erhob seine Geliebte Emilie Ortlöpp zur Gräfin von Reichenbach. Sein Versuch, dem Preußischen Zollverein einen Mitteldeutschen Handelsverein entgegenzusetzen, scheiterte nach ein paar Jahren kläglich.

Als es im Gefolge der französischen Julirevolution auch in Hessen-Kassel zu Unruhen kam, unterzeichnete der Kurfürst 1831 eine Verfassung. Sein Sohn Friedrich Wilhelm I., vom Landtag beim Zugriff aus Staatsgut behindert, hob 1847 auf, was ihn daran störte. Das Jahr 1848 brachte erneut eine Wende. Die Liberalen konnten zunächst allgemeine direkte Wahlen und Grundrechte durchsetzen. Als aber die Revolution allenthalben niedergeschlagen wurde und Österreich wieder erstarkt war, holte der Kurfürst 1850 den verhaßten Vormärz-Minister Hassenpflug wieder in sein Amt, löste den Landtag auf, verhängte das Kriegsrecht über sein Land und rief Österreich und Bayern zu Hilfe gegen seine eigenen, meuternden Truppen. Ein Korps von 25.000 Mann, als „Strafbay-

Hessen — Darmstadt und Kassel

Die Landgrafen von Hessen füllten ihre Kassen durch den Verkauf von Landeskindern als Soldaten an England; häufig kämpften sie im Freiheitskrieg der USA. Aquatintablatt von C. Ziegler, 18. Jh.

ern" verhöhnt, rückte in Hessen-Kassel ein. Ständevertreter wandten sich daraufhin an Preußen mit dem Ersuchen um Intervention. Nach dem Einrücken von zwei preußischen Divisionen im Norden des Landes schien der Krieg zwischen Nord und Süd schon unvermeidlich; doch der preußische König Friedrich Wilhelm IV. scheute dann doch vor einem offenen Konflikt zurück. Als sich 1859 selbst Österreich, infolge seiner Niederlage in Italien, zu einer Verfassung bequemte, verlangte man auch in Kassel immer stürmischer, das Zerrbild einer Verfassung, wie sie 1851 erlassen worden war, durch eine demokratische Konstitution zu ersetzen. Dreimal wurde die Kammer, die dies verlangte, aufgelöst, aber erst als Preußen mit dem Einmarsch drohte, wurde die Verfassung von 1831 wiederhergestellt.

Im Krieg von 1866 stellte sich Hessen-Kassel nach einigem Zögern an die Seite Österreichs. Das Land wurde in kürzester Zeit von den Preußen besetzt, der Kurfürst von seiner Residenz auf der Wilhelmshöhe als Staatsgefangener nach Stettin gebracht. Nachdem er sich standhaft geweigert hatte, sich dem neuen, von Preußen geführten Bund anzuschließen, wurde Kurhessen von Preußen – zusammen mit Nassau – annektiert und Teil der Provinz Hessen-Nassau. Friedrich Wilhelm begab sich nach Böhmen ins Exil; als er von dort für die Wiedererrichtung seines Fürstentums agitierte, sperrte ihm Preußen auch die ihm vordem überlassenen Einkünfte aus seinem Hausbesitz.

Das Großherzogtum Hessen-Darmstadt hatte sich dem Preußischen Zollverein von Anfang an aufgeschlossen gezeigt. Verfassungskämpfe ähnlich denen im Nachbarland blieben ihm erspart, wenn es auch 1848 zu Volksaufständen im Odenwald und im Vogelsgebirge kam. Großherzog Ludwig II. wurde sehr rasch mit den Liberalen einig und erfüllte vieler ihrer Forderungen. Nach einer anfänglichen Hinneigung zu Preußen geriet Darmstadt nach der kurzen liberalen Periode 1850 unter dem Minister Dalwigk wieder ganz ins österreichische Fahrwasser. 1866 erlitten die Truppen des Deutschen Bundes unter dem Oberbefehl des hessischen Prinzen Alexander bei Laufach gegen die Preußen eine blutige Niederlage. Die Preußen besetzten einen Großteil des Landes, der Großherzog floh nach Worms. Zwar versagte ihm Frankreich eine Intervention, doch die nahe Verwandtschaft des Fürstenhauses mit Rußland und England ließ Preußen vor einer Annexion zurückschrecken. Allerdings mußte die Landgrafschaft Homburg, die erst wenige Monate zuvor von einer Nebenlinie an Darmstadt heimgefallen war, abgetreten werden. (Der bekannteste Fürst aus dieser Linie war Prinz Friedrich von Homburg gewesen, der als preußischer General 1675 am Sieg bei Fehrbellin wesentlichen Anteil hatte und den Heinrich von Kleist zu einer Dramenfigur machte.)

Im Jahr 1870 zogen auch hessische Truppen in den Krieg gegen Frankreich, und das Großherzogtum trat 1871 in das Deutsche Reich ein. 1918 dankte Großherzog Ernst Ludwig ab, der „Volksstaat Hessen" wurde ausgerufen. Bei der Neugliederung nach 1945 wurde das linksrheinische Rheinhessen dem Bundesland Rheinland-Pfalz angegliedert, die beiden Hessen wurden zu einem Bundesland zusammengelegt.

Im heutigen Bundeslandes Hessen, im Lahngau, liegen auch die Gebiete der ehemaligen Grafschaft Solms. Als Edelfreie werden die Herren von Solms schon um 1130 erwähnt, ein Jahrhundert später erscheinen sie als Grafen. Im 14. und 15. Jahrhundert konnten sie in schweren Kämpfen mit den hessischen Landgrafen ihre Selbständigkeit bewahren. Die Grafen von Solms vermochten ihre Herrschaft vor allem dadurch zu erweitern und zu konsolidieren, indem sie 1418 die Herrschaft Falkenstein in der Wetterau erbten. Trotz Spaltung in mehrere Linien galt für alle solmischen Lande – die zeitweise auch Herrschaften in Brandenburg und Sachsen umfaßten – eine gemeinsame Gerichts- und Landordnung. In den Reichsfürstenstand wurde Solms-Braunfels (1742) und Solms-Lich (1792) erhoben, daneben bestanden mehrere gräfliche Linien. 1806 fielen die solmischen Gebiete an Hessen-Darmstadt und Nassau.

Die Isenburg bei Neuwied gab einer Grafschaft den Namen, deren erster Herr Rembold I. bereits 1098 bezeugt ist. Die Isenburger erwarben Büdingen und übten die Vogteirechte für die Reichsabtei Fulda aus. 1442 wurden sie Reichsgrafen. Das Grafengeschlecht spaltete sich in mehrere Linien; als Hauptlinien bestanden im 18. Jahrhundert noch Isenburg-Büdingen und Isenburg-Birstein. Die Birsteiner wurden in den Reichsfürstenstand erhoben, brachten alle übrigen isenburgischen Gebiete unter ihre Hoheit und traten 1806 dem Rheinbund bei. 1815 wurde Isenburg zunächst Österreich zugeteilt, wenig später jedoch auf die beiden hessischen Fürstentümer aufgeteilt.

Hessen, Nassau und Waldeck

Fast tausend Jahre regierten die Nassauer Grafen an der Lahn und im Taunus, ehe ihr Land 1866 von Preußen annektiert wurde. Aus ihren zahlreichen Nebenlinien ging das Haus Oranien hervor, dessen Nachkommen die Kronen der Niederlande und Luxemburgs tragen.

Wahrscheinlich stammten die Grafen von Laurenburg von einem um 815 erwähnten fränkischen Adeligen namens Hatto ab, der den Gau Kunigessundra („Königssondergau", das Gebiet um Wisibada, Wiesbaden) verwaltete. Zwei Laurenburger, die Brüder Dudo und Drutwin, bauten um das Jahr 1100 auf einem Berg auf dem linken Lahnufer über einem schon hundert Jahre zuvor urkundlich erwähnten Hofgut Nassowa, also Nassau, die Burg, nach der sich ihr Geschlecht fortan benannte.

Die Großzügigkeit eines frühen Grafen Heinrich, der um 1240 die halbe Stadt Siegen dem Erzstift Köln schenkte, war nicht nach dem Geschmack seiner Nachkommen. Zwei Jahrhunderte dauerten die Streitigkeiten zwischen den Nassauern und den Erzbischöfen, bis Köln seine Ansprüche auf Siegen aufgab. Heinrichs Söhne wurden die Stifter der zwei nassauischen Hauptlinien: Sie teilten 1255 ihre Besitzungen an der Lahn so, daß Walram II. das linke und Otto I. das rechte Ufer übernahm. Walram übte zudem Herrschaftsrechte über Wiesbaden aus, nachdem

Prinz Friedrich Heinrich von Nassau-Oranien eroberte als Statthalter der Niederlande die in spanischen Händen befindliche Stadt Herzogenbusch. Gemälde von J. Breecker, nach 1646

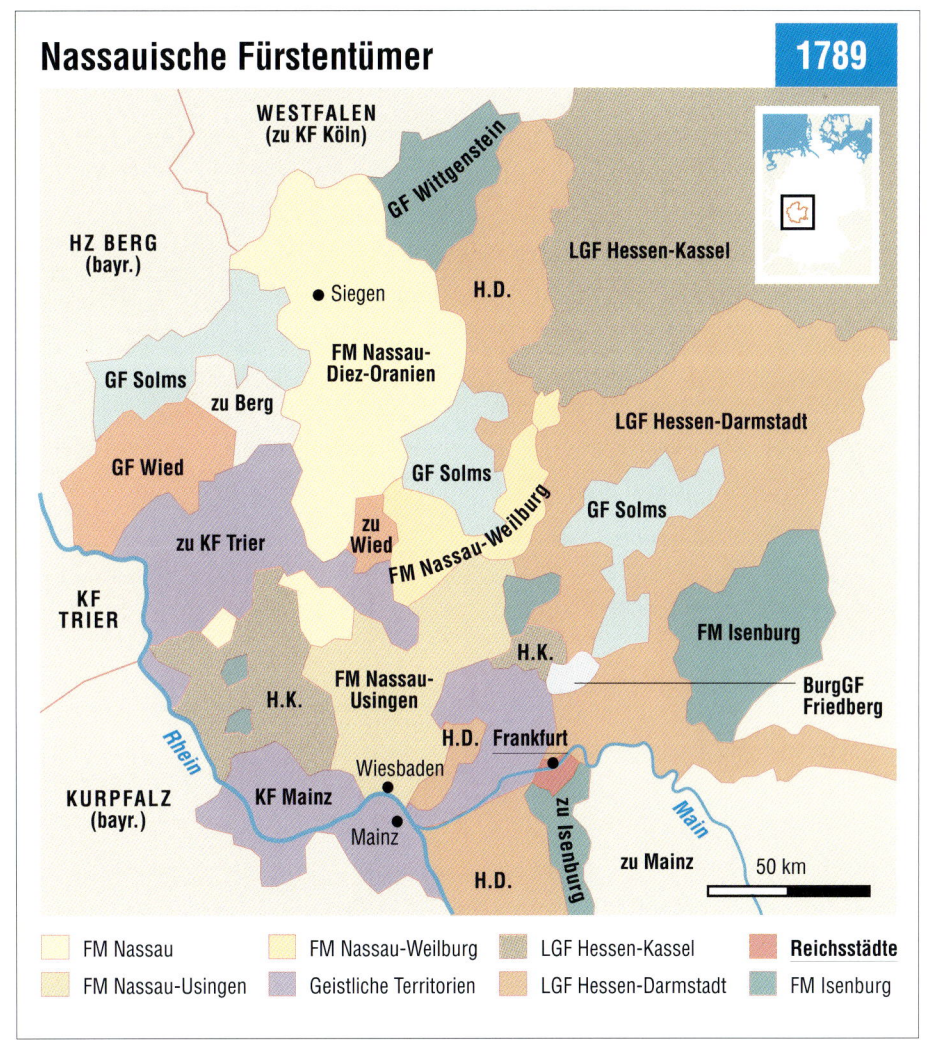

Nassauische Fürstentümer 1789

[Karte mit Legende: FM Nassau, FM Nassau-Usingen, FM Nassau-Weilburg, Geistliche Territorien, LGF Hessen-Kassel, LGF Hessen-Darmstadt, Reichsstädte, FM Isenburg]

dieses kurze Zeit Reichsstadt gewesen war. Damit waren aber die Teilungen noch lange nicht abgeschlossen: sowohl in der walramischen als auch in der ottonischen Linie erfolgten in den folgenden Jahrhunderten weitere, die den Überblick über die nassauischen Territorien äußerst kompliziert machen; als ihren gemeinsamen Besitz betrachteten die Verwandten nur die Stammburgen Nassau und Laurenburg. Im übrigen waren die einzelnen Linien bemüht, ihre sehr kleinen Teilgebiete nach Möglichkeit zu erweitern, sei es durch Kauf oder, über Heiraten, durch Erbschaften.

Aus dem älteren, walramischen Haus kam am Ende des 13. Jahrhunderts sogar ein deutscher König: Adolf von Nassau (1292-1298). Die drei geistlichen rheinischen Kurfürsten setzten seine mit bedeutenden Zugeständnissen erkaufte Wahl durch, um den Habsburger Albrecht, den Sohn Rudolfs I., vom Thron fernzuhalten. Albrecht aber gewann die Unterstützung des Papstes, in der Folge fielen die Kurerzbischöfe von Adolf ab, und der glücklose Nassauer, der vergeblich versucht hatte, den Wettinern Thüringen zu entreißen, fiel gegen Albrecht in der Schlacht bei Göllheim. Von den durch Erbteilung entstandenen walramischen Linien wurden im Laufe der Jahrhunderte unter anderem die untere Grafschaft Katzenelnbogen, die Grafschaften Saarbrücken und Saarwerden sowie Usingen erworben. Als die Saargrafschaften an Frankreich verlorengingen, wurden die Nassauer 1803 durch Gebiete der drei Erzstifte entschädigt.

Das jüngere, ottonische Haus zerfiel ebenfalls in verschiedene Linien. Diese erwarben unter anderem die Grafschaft Vianden in Luxemburg und die Grafschaft Diez an der unteren Lahn sowie Güter in den Niederlanden (Breda). Graf Wilhelm der Reiche führte die Reformation in Nassau ein. Sein Bruder Heinrich III., dem die niederländischen Besitzungen zugefallen waren, heiratete die Erbtochter des kleinen Fürstentums Orange in Südfrankreich; über deren kinderlosen Sohn kam es 1544 an seinen Neffen Wilhelm

Hessen — Nassau und Waldeck

Im Schloß Weilburg an der Lahn hielten die Nassauer Grafen von 1355 bis 1866 Hof; der Neubau des Schlosses wurde 1703 vollendet.

den Schweiger. Dieser wurde damit zum Gründer der Linie Nassau-Oranien – sie sollte europäische Bedeutung erlangen.

Wilhelm wurde in den Niederlanden erzogen und 1572 von den sich gegen die spanische Herrschaft erhebenden Seeprovinzen zum Statthalter ernannt (siehe Kapitel Niederlande). Auf seinen Anteil an den nassauischen Stammlanden verzichtete er. Sein Urenkel Wilhelm III., Erbstatthalter der Niederlande, heiratete Maria, die Tochter des letzten englischen Stuartkönigs Jakobs II., wurde von der englischen Parlamentsopposition 1686 um Hilfe gegen die Rekatholisierungsbestrebungen Jakobs gerufen und zum König gewählt („Glorreiche Revolution"). Mit ihm erlosch 1702 die „alte" Linie Nassau-Oranien. Der Titel ging auf die Linie Nassau-Diez über; deren Erbe Wilhelm IV. wurde neuer Statthalter, zunächst in Friesland, dann in den ganzen Niederlanden; allerdings ging das namengebende Stammfürstentum Orange an Frankreich verloren. Unter Wilhelm IV. waren alle Lande des ottonischen Hauses in einer Hand vereinigt. Sein Enkel Wilhelm VI. verzichtete, 1815 König der Niederlande geworden, auf die deutschen Besitzungen und erhielt dafür Luxemburg. In weiblicher Nachfolge regiert die „neue" Linie Nassau-Oranien bis heute in den Niederlanden.

Im walramischen Haus hatte Karl Wilhelm von Nassau-Usingen 1783 mit den Fürsten der anderen noch bestehenden Teilgebiete (Saarbrücken, Weilburg und Diez) den Nassauischen Erbverein geschlossen, 1806 entstand daraus der Gesamtstaat Nassau als Herzogtum. Hauptstadt wurde Wiesbaden, wo schon seit 1744 die Nassau-Usinger residierten. Nach einer gemeinsamen Regierung der drei Linien blieb Herzog Wilhelm von Diez als alleiniger Souverän übrig. Sein Sohn Adolf trat – gegen die Beschlüsse des nassauischen Landtags – 1866 auf die Seite Österreichs. Als die Preußen auch in Nassau einrückten, flüchtete Adolf mit seinen Truppen nach Bayern. In Nassau übernahm ein preußischer Zivilkommissar die Verwaltung; im Oktober 1866 wurde Nassau mit Preußen vereinigt und ging in der Provinz Hessen-Nassau auf.

Auf Herzog Adolf aber wartete eine neue Berufung. Als die oranische Linie in den Niederlanden 1890 im Mannesstamm erlosch, traten die unterschiedlichen Erbgesetze in Kraft: Adolf wurde als letzter männlicher nassauischer Nachkomme zum Großherzog von Luxemburg berufen; die Personalunion mit den Niederlanden, wo Wilhelmina, die Tochter des letzten männlichen Oraniers Wilhelm III., zur Königin gekrönt wurde, war damit beendet. Aber auch in Luxemburg erloschen die Nassauer im Mannesstamm; nun trat auch dort die weibliche Erbfolge in Kraft.

Als Land der Weimarer Republik hatte das ehemalige Fürstentum Waldeck noch bis 1929 Bestand. Die Grafen von Waldeck stammten aus dem Haus der Schwalenberger, welches sich auf den Sachsenherzog Widukind zurückführte (etliche Grafen führten diesen Namen noch bis ins späte 12. Jahrhundert). Nach wiederholten Teilungen fiel Waldeck unter die Lehenshoheit Hessens. Doch erbten die Grafen 1625 Pyrmont in Westfalen und erhielten dadurch die Reichsfürstenwürde. 1805 wurde für einen Bruder des in Arolsen residierenden Fürsten ein eigenes Fürstentum Waldeck-Pyrmont geschaffen (bis 1813). Durch den Beitritt zum Rheinbund erhielt Waldeck die Souveränität, 1815 wurde es Mitglied des Deutschen Bundes. 1866 unterstützte es Preußen und blieb, als Hessen-Kassel annektiert wurde, bestehen, auch wenn Fürst Georg Viktor 1868 Preußen die Verwaltung des Ländchens übergab.

Die waldeckische Prinzessin Emma heiratete den letzten niederländischen König aus dem Haus Nassau-Oranien, Wilhelm III., und führte für ihre Tochter Königin Wilhelmina (1890-1948) jahrelang die Vormundschaft. Der letzte Fürst von Waldeck, Friedrich, trat 1918 zurück; Waldeck wurde Freistaat. Pyrmont wurde 1922 der preußischen Provinz Westfalen, Waldeck nach einer Volksabstimmung 1929 der Provinz Hessen-Nassau eingegliedert und kam 1945 als Kreis zu Hessen.

Hessen

Reichsstadt Frankfurt

Nach den karolingischen Reichsteilungen war Frankfurt die erste Hauptstadt Deutschlands. Tausend Jahre später, im Jahr 1848, hatte es die Chance dafür noch einmal, als hier die deutsche Nationalversammlung tagte. 1866 wurde die letzte Freie Stadt im deutschen Binnenland Preußen einverleibt.

Karl der Große baute sich an der Franconofurt, der „Furt der Franken" über den Main, einen Königshof. Hier hielt er eine große Kirchenversammlung ab, auf der die Bilderverehrung, die bei den Franken an die Stelle des Götterkults gerückt war, als Ketzerei verurteilt wurde. Allmählich bildete sich um den Königshof eine Stadt. Karls Sohn Ludwig der Fromme wählte Frankfurt zu seinem Wohnsitz; in seiner Nachfolge wurde, nach der Teilung des Reichs (843), Frankfurt zur Hauptstadt des Ostfränkischen, also des Deutschen Reichs. Für die Stadt hatte das zahlreiche Reichstage und Kirchenversammlungen zur Folge, auch dann, als die deutschen Könige und Kaiser keine feste Residenz mehr hatten, sondern von Pfalz zu Pfalz reisten.

Seit Friedrich Barbarossa hier 1152 zum König gewählt wurde, blieb Frankfurt die ständige Wahlstadt für die Königskür (was 1356 durch die Goldene Bulle ausdrücklich bestätigt wurde). Dieser hohe politische Rang sowie das Aufblühen zum zentralen mitteleuropäischen Handelsplatz wurde schon von den Staufern durch die Verleihung weitgehender Privilegien, so eines modellgebenden Stadtrechts, gewürdigt. Im Jahr 1250 wurde die Burggrafschaft abgeschafft, an seine Stelle trat das Reichsschultheißenamt. Wenige Jahre später gab es für Frankfurt auch keine Vögte mehr. Im 14. Jahrhundert lösten zwei Bürgermeister an der Spitze des Rates die Schultheißen ab. Formell wurde Frankfurt zwar erst 1372 reichsunmittelbar, doch hatte es die Stellung einer de facto freien Reichsstadt schon mehr als ein Jahrhundert zuvor innegehabt. Seit 1240 wurden in Frankfurt Herbst-, seit 1330 auch Frühjahrsmessen veranstaltet. Letztere hatte die Stadt Kaiser Ludwig dem Bayern zu verdanken, in dessen besonderer Gunst sie stand, weil sie ihm die Tore vor dem heranrückenden habsburgischen Gegenkönig Friedrich dem Schönen geöffnet hatte. Ludwig gewährte der Stadt das Recht, Bündnisse zu schließen und verbot den Bau neuer Schlösser am Main sowie

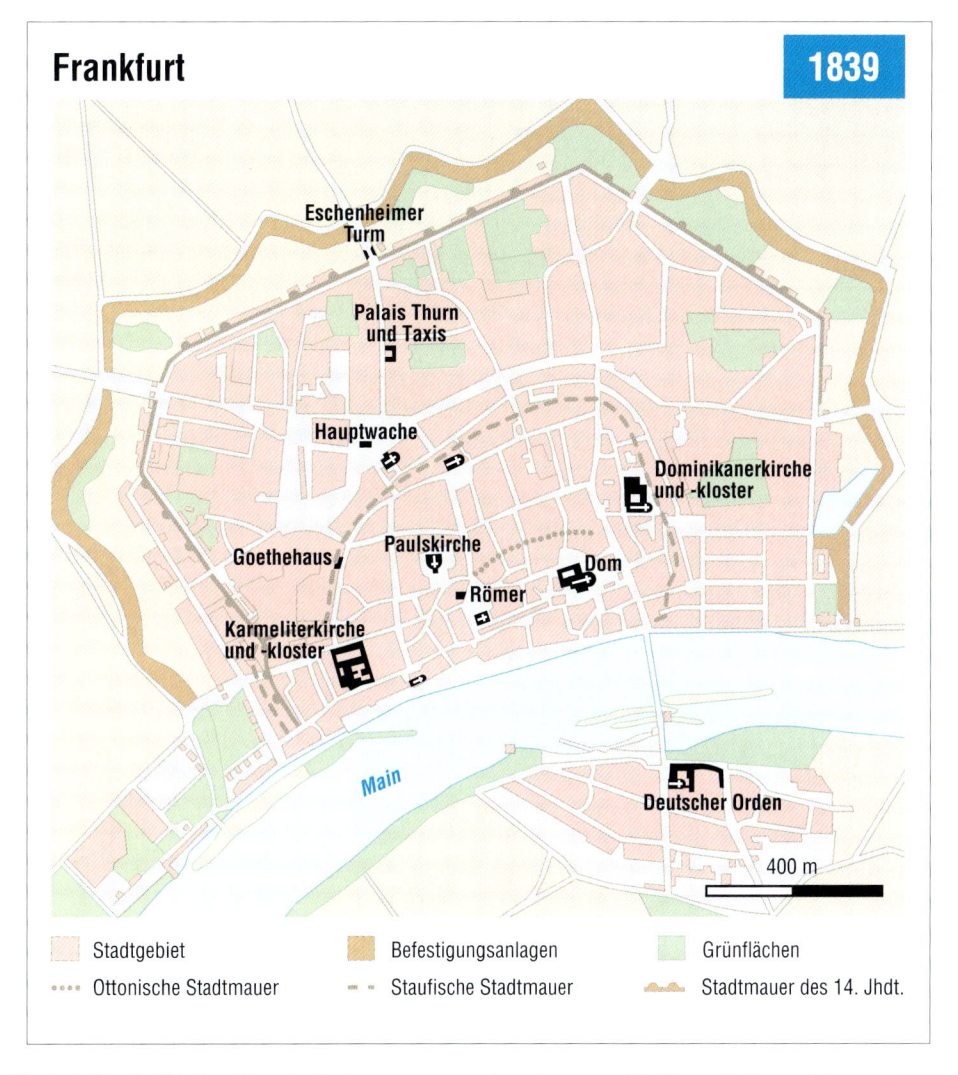

In Frankfurt fanden die Kaiserkrönungen im alten Reich statt: Die Stadt huldigt Franz I. Stephan von Lothringen vor dem Römer (11. Oktober 1745). Stich von W. Ch. Mayr, 18. Jh.

Hessen — Reichsstadt Frankfurt

Die Skyline von „Mainhatten"

die Einführung neuer Zölle im großen Umkreis Frankfurts. Ein Versuch des Grafen von Hanau, der Stadt nach Kaiser Ludwigs Tod das Schultheißenamt aufzudrängen und eine Zollstelle vor ihren Toren zu eröffnen, scheiterte.

Die Reformation fand in Frankfurt 1535 Eingang. Von 1562 an war Frankfurt auch die Krönungsstadt der deutschen Kaiser (Frankfurts großer Sohn Goethe hat uns in „Dichtung und Wahrheit" eine bemerkenswerte Schilderung der Krönung Franz I. Stephans von Lothringen, des Gemahls der Habsburgerin Maria Theresia hinterlassen). Die inneren Verhältnisse der Stadt blieben von der konservativen Ratsoligarchie bestimmt. Die Reformwünsche der Zünfte hatten wenig Erfolg. Kaiser Karl IV. gab ihnen nach heftigen Streitigkeiten 1355 eine der drei aus je vierzehn Mitgliedern bestehenden Ratsbänke. Doch im Unruhejahr 1525 und dann wieder 1612, als Kaiser Matthias dem Rat seine Privilegien bestätigte, kam es zu Aufständen. Als Sündenböcke vertrieben die von Vinzenz Fettmilch angeführten Rebellen die Juden aus der Stadt. Durch mainzische und hessische Truppen ließ der Kaiser die Ordnung wieder herstellen – unter Militärbedeckung durften die Juden in die Stadt zurückkehren.

Frankfurt verstand es, sich durch Neutralität aus dem Dreißigjährigen Krieg herauszuhalten. Die Klagen der Bürger über die ihnen vom Rat auferlegten drückenden Lasten hatten schließlich insofern Erfolg, als der Kaiser einen Bürgerausschuß einsetzte. Die französischen Revolutionstruppen unter General Custine besetzten die Stadt 1792 und erlegten ihr schwere Kontributionen auf; danach lösten erst preußische, dann österreichische Truppen die Franzosen kurzfristig in der Besetzung Frankfurts ab. Als durch den Reichsdeputationshauptschluß 1803 fast alle Reichsstädte ihre Unabhängigkeit verloren, blieb Frankfurts Status erhalten, und es wurde in seinem Gebiet um geistliche Besitzungen vergrößert. Erst mit der Gründung des Rheinbunds verlor die Stadt ihre Selbständigkeit und wurde Teil des Fürstentums von Karl von Dalberg (s. Mainz), 1810 Hauptstadt des neugeschaffenen, kurzlebigen Großherzogtums Frankfurt.

Dank der Vermittlung des Freiherrn vom Stein erstand Frankfurt auf dem Wiener Kongreß noch einmal als Freie Stadt. Hier hielt der Deutsche Bund seine Bundestage ab. 1833 versuchte ein „Männerbund" den Bundestag durch einen Putsch lahmzulegen und eine provisorische deutsche Regierung auszurufen, doch die Verschwörung dieses nicht unblutigen „Frankfurter Attentats" scheiterte; ihr folgten verschärfte Maßnahmen der reaktionären Regierungen der deutschen Großmächte. Am 18. Mai des Revolutionsjahres 1848 tagte in der Frankfurter Paulskirche zum ersten Mal die deutsche Nationalversammlung. Die Hoffnungen auf ein einiges, demokratisches Deutschland zerschlugen sich – am 31. Mai 1849 löste sich die Nationalversammlung auf. Der Frankfurter Fürstentag 1863 konnte die wachsenden Spannungen zwischen den deutschen Großmächten ebensowenig verhindern wie der 1865 in der Stadt zusammengetretene Abgeordnetentag. 1866 stellte sich Frankfurt auf die Seite Österreichs, wurde aber bald nach Kriegsausbruch von den Preußen besetzt, die der Stadt zunächst hohe Kontributionen auferlegten. Es folgte die Absetzung von Bürgermeister und Stadtsenat und die Übernahme der in Frankfurt ansässigen Thurn-und-Taxisschen Generalpostverwaltung durch Preußen. Am 18. Oktober 1866 schließlich wurde die Stadt Preußen einverleibt.

Im Zweiten Weltkrieg wurde die Frankfurter Innenstadt fast völlig zerstört. Ende 1945 wurde die von den Amerikanern besetzte Stadt dem neuen Bundesland Hessen eingegliedert. Sie entwickelte sich rasch zu einer internationalen Metropole des Bank- und Handelswesens.

Mecklenburg-Vorpommern — Mecklenburg

Die slawischen Bewohner Mecklenburgs wehrten sich lange gegen die deutsche Oberherrschaft – bis ihre Herzöge zu Reichsfürsten wurden. Im Jahr 1701 wurde das Land in Mecklenburg-Schwerin und Mecklenburg-Strelitz geteilt.

Der Landstrich zwischen unterer Elbe und Oder wurde nach dem Auszug der Germanenstämme, die ihn bis zu Beginn der Völkerwanderungszeit bewohnt hatten, von Slawen besiedelt. Im Westen saßen die Abodriten, im Osten die Liutizen (oder Wilzen). In ihre Streitigkeiten griff Karl der Große, nach den Sachsenkriegen zum Nachbarn geworden, zwar ein, doch konnten sie von den Franken nicht auf Dauer unterworfen und christianisiert werden. Erst die deutschen Könige Heinrich I. und Otto I. gründeten in ihrem Gebiet Bistümer, von denen die Missionierung Hand in Hand mit der Unterwerfung ausgehen sollte; als Markgraf wurde Hermann Billung eingesetzt. 983 schüttelten die Slawen in einem großen Aufstand die deutsche Oberherrschaft ab. Es folgte ein Jahrhundert innerer Auseinandersetzungen im Abodritenland; der getaufte Fürst Gottschalk, der mit dänischer Hilfe die Christianisierung vorantreiben wollte, wurde gestürzt und getötet, das gleiche Schicksal erlitt Bischof Johann von Mecklenburg. Eine deutsche Strafexpedition zerstörte das slawische Tempelheiligtum Rethra, aber erst dem Welfen Heinrich dem Löwen gelang es, nach langwierigen Kriegen, das Land 1160 bis zur Oder zu befrieden. Er belehnte Pribislaw, den Sohn des im Kampf gefallenen Abodritenfürsten Niklot, mit Mecklenburg und gab dessen Sohn seine Tochter Mechthild zur Frau. Deutsche Kolonisten und Mönche kamen ins Land, die Slawen wurden nun allmählich germanisiert. Mecklenburg umfaßte damals nur einen Teil des späteren Landes; auch die Grafen von Ratzeburg und die Könige von Dänemark versuchten, in der Region Einfluß zu gewinnen.

Der Enkel des zum Reichsfürsten erhobenen Pribislaw, Heinrich Borwin II. (gest. 1226), teilte seinen Besitz unter vier Söhnen, und in der Folgezeit bildeten sich weitere Nebenlinien. Die bedeutendste war jene, die ihr

Links: Der Abodritenfürst Niklot gilt als Stammvater der Herzöge von Mecklenburg. Sein Reiterstandbild steht vor dem Schweriner Schloß.
Rechts: Herzog Christian Ludwig II. war ein bedeutender Förderer der Künste. Gemälde von 1752

Mecklenburg-Vorpommern 1789

- HZ Mecklenburg-Schwerin
- HZ Mecklenburg-Strelitz
- zu Preußen
- zu Schweden
- Reichsstädte
- Grenze des heutigen Bundeslandes

Mecklenburg-Vorpommern — Mecklenburg

Rostock genoß viele Vorrechte; im 15. Jahrhundert blühte die Hansestadt durch weitverzweigte Handelsbeziehungen auf. Kupferstich aus „Civitates orbis terrarum", Köln 1572-1618

Fürstentum nach der alten Abodritenburg Werle benannte. Zu ihm gehörte die Herrschaft Parchim und eine Landschaft mit dem märchenhaft klingenden Namen Zirzipanien, der sich bei sprachwissenschaftlicher Betrachtung ganz nüchtern als das Land derer, die jenseits der Peene (slaw. „zerez Panie") wohnen, herausstellt. Später nannten sich die Herren von Werle Fürsten von Wenden, Mitte des 15. Jahrhunderts starb die Linie aus. So waren alle bis auf die älteste Linie Mecklenburg erloschen.

Diese war von Johann I. gegründet worden. Sein Sohn Heinrich I. geriet auf einer Fahrt ins Heilige Land in die Hände der Sarazenen und wurde sechsundzwanzig Jahre lang von ihnen gefangengehalten. Wichtige Erwerbungen gelangen Albrecht I.: er kaufte 1358 die Grafschaft Schwerin und wurde von Kaiser Karl IV. mit Stargard belehnt; Mecklenburg wurde zum Herzogtum erhoben. Albrecht war mit der schwedischen Prinzessin Euphemia verheiratet, was zur Folge hatte, daß sein gleichnamiger Sohn zum König von Schweden wurde. Ihn ereilte ein schweres Los: Die energische dänische Königin Margarete eroberte Schweden und hielt den Mecklenburger lange Zeit in Gefangenschaft, bis er auf den Thron verzichtete und in sein Stammland zurückkehrte.

Die nach den frühen Teilungen wiedergewonnene Einheit wirkte sich günstig auf die Entwicklung Mecklenburgs aus. In der durch den Hansehandel reichgewordenen Hafenstadt Rostock wurde 1419 die erste Universität Norddeutschlands gegründet. Im 16. Jahrhundert kam es in Schwerin und Güstrow wieder zu einer Teilung; beide Herzöge führten die Reformation ein. Am Dreißigjährigen Krieg nahmen die Mecklenburger an der Seite des Dänenkönigs teil. Dies hatte zur Folge, daß das Land 1628 von Kaiser Ferdinand II. an seinen Feldherrn Wallenstein verpfändet wurde. Der schwedische König Gustav Adolf setzte die Herzöge wieder ein. Zwar erlosch die Linie Güstrow 1695, doch schon 1701 kam es nach Erbstreitigkeiten zu einer neuen Teilung: Friedrich Wilhelm erhielt das weitaus größere Mecklenburg-Schwerin, Adolf Friedrich II. Mecklenburg-Strelitz (mit Stargard), dem, durch das andere Land getrennt, auch das einstige Fürstbistum Ratzeburg zugeschlagen wurde. Nur der Schweriner hatte das Recht, gemeinsame Landtage einzuberufen.

Wegen seiner hohen Schulden geriet der Schweriner Herzog Karl Leopold in einen bewaffneten Konflikt mit den Ständen. Er war mit der Zarentochter Katharina verheiratet, weshalb ihm die Russen zu Hilfe kamen. Kaiser Karl VI. wollte die Streitigkeiten durch eine Reichsexekution – Hannoversche Truppen marschierten ein – beenden. Als der Herzog sich den Anordnungen der kaiserlichen Kommissare widersetzte, wurde seinem Bruder Christian Ludwig die Regierung übertragen. Im provinziellen Neu-Strelitz ging es ruhiger zu; der niederdeutsche Dichter Fritz Reuter hat in seiner Erzählung „Dorchläuchting" ein treffendes Bild des etwas absonderlichen, gutmütigen Adolf Friedrich IV. gezeichnet.

Beide Mecklenburg traten notgedrungen Napoleons Rheinbund bei. Im Jahr 1815 nahmen die Fürsten den Titel Großherzog an. 1848 versuchten die Demokraten vergeblich, die alte ständische Verfassung durch eine Konstitution zu ersetzen. Unter preußischem Druck beteiligten sich beide Großherzogtümer 1866 am Krieg gegen Österreich, Strelitz allerdings so zögernd, daß seine Truppen gar nicht mehr zum Einsatz kamen. Eher widerwillig traten die Staaten dem Norddeutschen Bund und dem Zollverein bei, schickten ihre Soldaten in den Krieg gegen Frankreich und wurden Teil des deutschen Kaiserreichs. Die Rittergutsbesitzer widersetzten sich dennoch mit Erfolg der Einführung des für das Reich geltenden allgemeinen Wahlrechts in den Großherzogtümern. Im November 1918 dankte der Schweriner Großherzog Friedrich Franz IV. ab; der letzte Strelitzer Adolf Friedrich VI. hatte bereits Monate zuvor Selbstmord begangen. 1934 wurden die beiden Länder zusammengelegt, das Jahr 1945 brachte die Vereinigung Mecklenburgs mit Vorpommern.

In der DDR wurde das Land 1952 in die Bezirke Schwerin, Rostock und Neu-Brandenburg aufgeteilt, 1990 in der Bundesrepublik als Bundesland Mecklenburg-Vorpommern wieder hergestellt.

Mecklenburg-Vorpommern — Pommern

Das selbständige Herzogtum Pommern endete durch Aussterben seiner Herrscher im Jahr 1637. Danach war das Land lange zwischen Schweden und Brandenburg-Preußen geteilt. 1945 blieb Deutschland nur Vorpommern, nun mit Mecklenburg vereinigt.

In Pommern, in den ersten nachchristlichen Jahrhunderten von den germanischen Rugiern und Wandalen bewohnt, rückten gegen Ende des 6. Jahrhunderts die Slawen nach. Westlich der Oder siedelten die Liutizen, östlich davon die Pomoranen, ein den Polen nah verwandter Stamm; der polnische König Boleslaw Chrobry dehnte um 1000 seinen Machtbereich auch über Pommern aus. Als erster namentlich bekannter Herzog von Pommern tritt um 1100 Swantibor I. ins Licht der Geschichte. Unter seinen Söhnen wurde das Land in Slawien, später Pommern genannt (zwischen Peene und Persante), und Pommerellen (zwischen Persante und Weichsel) geteilt. Pommerellen mit der aufstrebenden Hafenstadt Danzig war nach dem Aussterben seiner Fürsten (kurz vor 1300) Zankapfel zwischen Pommern, Brandenburg, Polen und dem Deutschen Orden und fiel zunächst zum größten Teil diesem zu. Seine Bewohner, die Kaschuben, haben sich bis ins 20. Jahrhundert ihre pomoranische Eigenart bewahren können.

Wratislaw I. von Pommern-Stettin bekannte sich ab 1124 zum Christentum; Zentrum des neuen Glaubens war das Bistum Kammin. Wratislaws Söhne schlossen sich 1181 dem Reich an, allerdings verlieh Friedrich Barbarossa dem Markgrafen von Brandenburg die Lehenshoheit über das Herzogtum Pommern. Dieses zerfiel in der Folge in mehrere Linien. Das gemeinsame Wappentier blieb der Fabelvogel Greif – nach ihm benannten sich die Herzöge als „Greifen". Die Stettiner Linie führte langwierige, wechselvolle Kriege mit Brandenburg; 1427 mußte sie Prenzlau an dieses abtreten, 1464 starb sie aus.

Ihr Land fiel nun an die Linie Pommern-Wolgast. Hier hatte Herzog Wratislaw IV. bereits 1321 einen Erbvertrag mit Wisislaw, dem letzten Fürsten der Insel Rügen geschlossen. Wratislaws Söhne mußten Rügen allerdings erst gegen Ansprüche Mecklenburgs behaupten. Als Bundesgenosse Polens im Kampf gegen den deutschen Ritterorden rundete der Pommernherzog Bogislaw VIII. seinen Hinterpommerschen Besitz ab.

Die Teilung Pommerns — 1648

1648 Brandenburgisch · 1648–1720 Schwedisch · 1648–1815 Schwedisch · Reichsgrenze

Die Wolgaster zerfielen 1372 in zwei Linien, eine Hinter- und eine Vorpommersche. Weitere Teilungen folgten. Das Bemühen der Herzöge, sich von der Lehenshoheit Brandenburgs zu befreien und reichsunmittelbare Fürsten zu werden, hatte schließlich in der Weise Erfolg, daß der Kurmark dafür das Erbfolgerecht für den Fall des Aussterbens der Pommerschen Herzöge zugestanden wurde.

Um die Mitte des 16. Jahrhunderts war Pommern, nach langer Zersplitterung unter Barnim XI., wieder in einer Hand, wurde dann aber erneut auf zwei Territorien, Hinterpommern mit Stettin und Vorpommern mit Wolgast als Residenzen aufgeteilt. Als immer häufiger Angehörige des Herzoghauses ohne männliche Nachkommen starben, kam es zu einem aufsehenerregenden Prozeß gegen Sidonia von Bork, der Geliebten des Herzogs Ernst Ludwig von Wolgast. Sie wurde 1620 in Stettin enthauptet.

Unter Bogislaw XIV. kam Pommern 1625 noch einmal in eine einzige Hand. Er bemühte sich, sein Land aus dem Dreißigjährigen Krieg herauszuhalten. Dennoch wurde es von den Kaiserlichen und von den Schweden heimgesucht. Mitten in diesen Wirren starb 1637 der letzte Herrscher des Pommerschen Herzogshauses.

Trotz des eindeutigen Anspruchs Brandenburgs auf die Erbfolge wurde Vorpommern mit Rügen, Stettin, der Odermündung und den vorgelagerten Inseln Usedom und Wollin im Westfälischen Frieden 1648 an Schweden abgetreten – dadurch waren dessen Herrscher im Reichstag vertreten. Nur der Rest von Hinterpommern wurde brandenburgisch. Der Große Kurfürst Friedrich Wilhelm versuchte, die Schweden aus Vorpommern zu vertreiben; trotz seines Schlachtensiegs bei Fehrbellin (1675) mußte er, unter dem Druck Frankreichs, auf die Eroberung verzichten. Erst König Friedrich Wilhelm I. gelang es im Nordischen Krieg, nachdem Vorpommern zunächst von Russen und Polen besetzt worden war, Stettin und das Land bis zur Peene für Preußen zu gewinnen, doch mußte er Schweden dafür eine hohe Abfindung zahlen.

Den ihnen verbliebenen westlichen Rest von Vorpommern traten die Schweden im Tausch für Norwegen an Dänemark ab, dieses wiederum gab es den Preußen im Tausch für Lauenburg (1814). Pommern war bis 1945 preußische Provinz. Durch die Oder-Neiße-Grenze ging Hinterpommern mit Stettin an Polen verloren, die deutschen Bewohner wurden vertrieben. Das vereinigte Mecklenburg-Vorpommern, 1952 in drei Bezirke aufgeteilt, erstand 1990 als deutsches Bundesland wieder.

Niedersachsen

Das alte Stammesherzogtum Sachsen nahm das Gebiet des heutigen Niedersachsen, dazu Westfalen und Holstein ein. Der Name des Landes wanderte nach der Zerschlagung des Stammesherzogtums durch Barbarossa ostwärts.

Kein anderer deutscher Stammesname war einem solchen Bedeutungswandel unterworfen wie der der Sachsen; er ging mit einer Gebietsverschiebung des Sachsenlandes von Nordwesten nach Südosten einher.

Ptolemäus erwähnte die „Saxones" erstmals um 150 n. Chr. Sie saßen nördlich der Elbe, im westlichen Holstein. Im Laufe der nächsten Jahrhunderte führten Wanderbewegungen zur Verschmelzung mit anderen Germanenstämmen wie den Chauken und den Cheruskern. In ihrer Frühzeit waren die an der Küste sitzenden Sachsen gefürchtete Seeräuber; der Abzug der Römer aus Britannien ermöglichte ihnen, zusammen mit Angeln und Jüten, dessen Eroberung (ab 410). Die Namen ihrer sagenhaften Führer Hengist und Horsa deuten auf das enge Verhältnis der Sachsen zum Pferd als Totemtier hin. Der Name des Volkes wird als Ableitung des Wortes „sahaz" (Steinmesser) gedeutet – sie findet sich auch im Namen des Haupt- und Kriegsgottes Saxnot.

Mit vereinten Kräften hatten Franken und Sachsen das Thüringerreich zerstört (531). Die Schwäche der späten Merowinger nützten die Sachsen zu häufigen Überfällen im Grenzgebiet. Zum Unterschied von den Franken waren sie Heiden geblieben und hatten keine Könige. Für Heereszüge wurden Herzöge gewählt, die vier Stämme (Westfalen, Engern, Ostfalen und Nordalbinger) traten mit ihren Heerschaften kaum gemeinsam auf. Die Wahrung einer gewissen Einheit dürfte vor allem durch das Althing von Marklo, einer Vorform des Landtags, und durch kultische Orte erfolgt sein. Zwischen Edelingen, Freien und Liten (persönlich frei, aber zu Abgaben verpflichtet) wurde unterschieden.

Im Zuge der Sicherung der Grenzen seines Reiches wandte sich Karl der Große 772 erstmals auch gegen die Sachsen. Durch die Eroberung der Eresburg, einer Grenzbefestigung, und die Zerstörung der Irminsul – eines Heiligtums, das die Weltesche des altgermanischen Götterglaubens symbolisiert haben dürfte – demonstrierte der Frankenkönig

Die Grabplatte Widukinds in der ehemaligen Stiftskirche von Enger stammt aus der Zeit um 1100; dennoch galt die Kirche als Begräbnisstätte des Herzogs.

seine Macht. Für die Sachsen war dies ein ungeheurer Frevel, und als Karl nach Italien zog, verwüsteten sie in einem Rachefeldzug die fränkischen Gebiete am Rhein; ihr Zorn wandte sich insbesondere gegen Kirchen und Klöster. Daraufhin bereitete Karl eine gewaltige Strafaktion vor. Sein mit den Panzerreitern und der leichten Kavallerie den Sachsen überlegenes Heer zog durch Westfalen bis an die Weser; die weitab von der Rheingrenze völlig überraschten Engern und Ostfalen mußten sich unterwerfen, hingegen leisteten die Westfalen unter ihrem zum Heerführer gekürten Herzog Widukind Widerstand. Mit diplomatischem Geschick und dem Versprechen, ihre Privilegien zu erhalten, gelang es Karl, die meisten Edelinge in Engern und Ostfalen zur Taufe zu bewegen – die ja die Eingliederung in den fränkischen Reichsverband bedeutete. Die freien Bauern und Liten hingegen wollten nicht von ihrem alten Glauben lassen. Sie fanden in Widukind und anderen westfälischen Edlen die zum Widerstand gewillten Anführer. Als Karls Feldzug gegen die Mauren in Spanien mit einem Debakel endete, sah Widukind die Zeit für den Gegenschlag reif. Mit seinem Bauernheer vertrieb er die fränkischen Besatzungen und vor allem die Missionare. Nunmehr ging Karl mit unerbittlicher Härte gegen die widerspenstigen Sachsen vor. Er führte die fränkische Grafschaftsverfassung ein und bedrohte den Widerstand gegen die von ihm eingesetzten Adeligen und gegen die Mission mit drakonischen Strafen. Als sächsische Partisanen am Süntel eine fränkische Truppe vernichteten, befahl er in Verden an der Aller eine Massenexekution von angeblich 4.500 Sachsen. Dennoch war der Widerstand nicht erstickt, im Gegenteil, Widukind gewann nun auch die Friesen als Bundesgenossen. Erst als Karl 784/85 durch einen verwüstenden Feldzug die Lebensgrundlagen des Volkes zu vernichten drohte, mußten die Sachsen kapitulieren. Auch Widukind, an der Hase bei Osnabrück vernichtend geschlagen, ließ sich taufen.

Der Verfall der karolingischen Königsmacht gegen Ende des 9. Jahrhunderts, der das Land Sachsen schutzlos den Plünderungszügen der Wikinger und der Slawen aussetzte, führte zur Herausbildung eines Herzogtums. Der Sohn des Grafen Liudolf, Otto (gest. 912), wird als erster Herzog des Stammesherzogtums Sachsen genannt. Es reichte vom Rhein bis zur Elbe und von Holstein bis zu Harz und Sieg. Sein Sohn Heinrich I. wurde 919 zum deutschen König gewählt und begründete das sächsische Kaiserhaus, das bis zu seinem Erlöschen im Jahr 1024 regierte und mit Heinrichs Sohn Otto dem Großen das Heilige Römische Reich der Karlskrone erneuerte. Heinrich hatte die Ungarn, die bis an die Unstrut vordrangen, geschlagen, Otto befriedete sie vollends durch den Sieg auf dem Lechfeld bei Augsburg.

Nun konnte sich Sachsen ganz der unruhigen Slawengrenze an der Elbe zuwenden. Otto I. erhob den Grafen Hermann Billung, der sich dieser Aufgabe gewachsen gezeigt hatte, zum Herzog von Sachsen. Allerdings

Stammesherzogtum Sachsen

trennte er im Süden die Pfalzgrafschaft Sachsen vom Herzogtum ab. Die harte Hand der deutschen Kolonisatoren führte unter Hermanns Sohn Bernhard I. zu einem großen Slawenaufstand, wodurch das Neuland im Osten vorübergehend wieder verlorenging.

Als die fränkischen Salier auf die sächsischen Kaiser gefolgt waren, wurden die sächsischen Herzöge zu Anführern der fürstlichen Opposition. Den vom Volk mitgetragenen Widerstand bekam insbesondere Kaiser Heinrich IV. zu spüren, dessen in Goslar und am Harz errichtete Pfalzen als Zwingburgen empfunden wurden. Als dem sächsischen Großen Otto von Northeim das Herzogtum Baiern abgesprochen und der letzte Billungerherzog, Ordulf Magnus, eingekerkert wurde, kam es zu einem Aufstand gegen den Kaiser. Kaiser Heinrich V. suchte den Ausgleich durch die Vergabe der Herzogswürde an den sächsischen Grafen Lothar von Supplinburg, der mit einer Northeim verheiratet war. Lothar, zum deutschen König erhoben, suchte beim bairischen Welfenherzog Heinrich dem Stolzen eine Stütze. Der hatte von seiner billungischen Mutter Wulfhild die Hausgüter in Sachsen geerbt. Lothar verheiratete ihn mit seiner Tochter Gertrud und belehnte ihn auf dem Totenbett mit dem ganzen Herzogtum Sachsen.

Der neue staufische König Konrad III. wollte eine solche Machtzusammenballung nicht anerkennen, es kam zum Kampf; der Welfe wurde geächtet und seiner beiden Herzogtümer für verlustig erklärt. Sachsen wurde dem brandenburgischen Markgrafen Albrecht dem

Dieses Reliquiar aus Enger stammt wahrscheinlich aus dem Besitz Widukinds. Berlin, Kunstgewerbemuseum

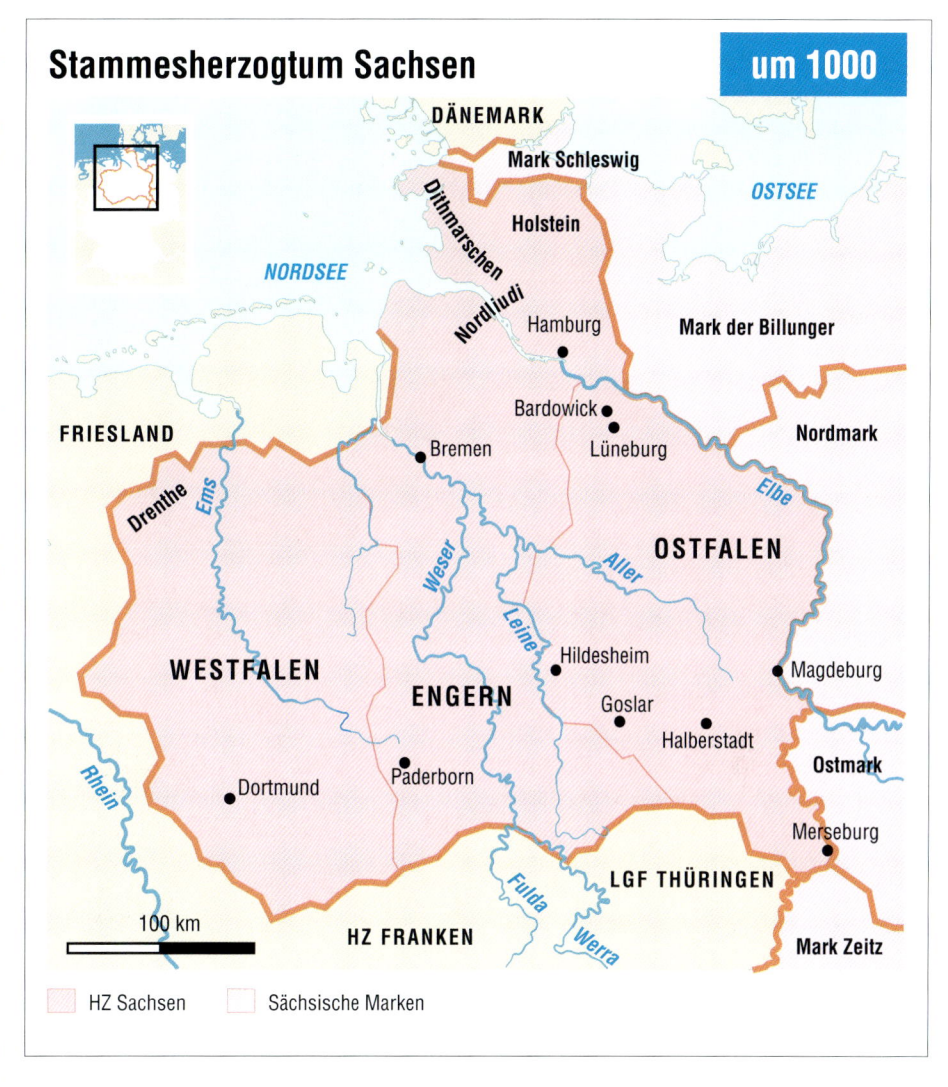

Bären (aus dem Haus der Askanier) übertragen, Bayern den Österreichern. Die Sachsen verwehrten Albrecht den Zugang zu ihrem Land, und Albrecht gab es 1142 an den Sohn Heinrichs des Stolzen, Heinrich den Löwen heraus, wofür die Mark Brandenburg fortan aus der Oberhoheit Sachsens entlassen war.

Heinrich der Löwe erweiterte den sächsischen Herrschaftsbereich über Mecklenburg und Pommern. Er fühlte sich in seiner Macht über fast ganz Norddeutschland so stark, daß er Kaiser Friedrich Barbarossa 1176 die Heeresfolge nach Italien verweigerte. Daraufhin verfiel er nicht nur der Reichsacht, sondern beschloß der Staufer auch die Zertrümmerung des Herzogtums. Heinrich unterwarf sich zwar, doch durfte er nur noch seine Allodialgüter Braunschweig und Lüneburg behalten. Bistümer, Fürsten und Städte wurden für reichsunmittelbar erklärt. Als Herzogtum Sachsen galt nun nur noch ein kleines, zweigeteiltes Gebiet an der mittleren und niederen Elbe. Es wurde dem Askanier Bernhard übertragen und bereits von dessen Enkeln in zwei Linien, Sachsen-Lauenburg und Sachsen-Wittenberg, geteilt. Die Wittenberger erhielten die Kurwürde. Als die Wittenberger Askanier 1422 ausstarben, überging Kaiser Sigismund die Ansprüche Lauenburgs und übergab das Herzogtum samt der Kurwürde dem Markgrafen Friedrich von Meißen aus dem Hause Wettin. Mit der Zeit ging der Name Sachsen auf sämtliche Besitzungen der Wettiner über, doch unterschied noch Kaiser Maximilian bei seiner Kreiseinteilung einen ober- und einen niedersächsischen Kreis. Im 19. Jahrhundert war „niedersächsisch" nur noch ein germanistischer Begriff, mit dem der größere Teil des niederdeutschen Sprachgebiets zusammengefaßt wurde.

Erst durch die Verordnung der britischen Militärregierung 1946 erstand Niedersachsen als Land neu, in dem Hannover, Braunschweig, Oldenburg und Schaumburg-Lippe zusammengefaßt wurden. Im Wappen trägt es, uraltes Sachsensymbol, das weiße Roß.

Niedersachsen

Braunschweig und Hannover waren die Gebiete, die den Welfen nach Zerschlagung ihrer großen Macht in Sachsen und Bayern blieben. Ein Jahrhundert lang waren Hannovers Herrscher auch Könige von England. Dann annektierte Preußen das Land.

Die Geschichte von Hannover und Braunschweig ist aufs engste mit dem uralten Geschlecht der Welfen verbunden. Aus fränkischem Adel, wurden die Grafen von Karl dem Großen mit Gütern in Schwaben ausgestattet. Die ältere Linie stellte Herzöge in Burgund und Kärnten, und als sie im Mannesstamm erlosch, wurde der Sohn der Erbtochter, Welf IV., dessen Vater dem lombardischen Haus Este angehörte, Begründer der jüngeren Linie. Sein Sohn Heinrich der Schwarze erheiratete sich den Hausbesitz des söhnelosen Kaiser Lothars von Supplinburg. Dem Höhenflug des Enkels, Heinrichs des Löwen, Herzog in Bayern und Sachsen, folgte ein tiefer Fall: Bei seiner Entmachtung durch Friedrich Barbarossa wurden ihm nur jene Allodialgüter aus dem Erbe Kaiser Lothars überlassen, die zwischen Elbe und Weser lagen.

Kaiser Friedrich II. erhob Otto das Kind, den Enkel Heinrichs des Löwen, in diesem Besitz zum Reichsfürsten von Braunschweig-Lüneburg. Der Herzog wurde zum Stammvater eines Hauses, dessen Fruchtbarkeit die Spaltung in zahlreiche braunschweigische Linien zur Folge hatte. Von diesen hatten schließlich nur Braunschweig-Wolfenbüttel und Braunschweig-Lüneburg, das spätere Hannover, Bestand.

Wilhelm von Lüneburg (1556-1592) wurde zum Stammvater des späteren Hauses Hannover. Er residierte in Celle. Seine sieben Söhne wollten Teilungen, wie sie unter den Vorvätern stattgefunden hatten, vermeiden. Deshalb schlossen sie einen kuriosen Vertrag: Der jeweils älteste Bruder sollte immer allein regieren, aber nur einer der Brüder – durch Los bestimmt – sollte heiraten. So regierten vier der Brüder nacheinander. Auch wenn der fünfte nicht mehr zum Zug kam, setzte sich über ihn – wenn auch zunächst noch durch eine Teilung in Celle und Calenberg (eine Burg an der Leine) – das Welfenhaus fort. Der Calenberger Ernst August, lutherischer Bischof von Osnabrück, wo seit dem Westfälischen Frieden abwechselnd ein Lüneburger Prinz und ein katholischer Prälat regieren, residierte wie bereits sein

Kurfürst Georg I. trug als erster seines Hauses die Kronen von Hannover und Großbritannien. Schabkunstblatt von Le Blon, 18. Jh.; Berlin, Kupferstichkabinett

Bruder und Vorgänger in Hannover. Es gelang ihm entgegen dem Versprechen, dem Haus Habsburg bei allen Kaiserwahlen seine Stimme zu geben, von Kaiser Leopold I. die neunte Kurwürde des Reichs für Hannover zu erwerben (1692). Seinem Sohn Georg Ludwig fiel dann das Erbe derer von Celle zu, die auch Sachsen-Lauenburg erworben hatten.

Das Haus Hannover erwarteten bald noch höhere Ehren: 1714 bestieg der Kurfürst als Georg I. den Thron von Großbritannien und Irland. Das britische Parlament hatte ihn dazu erkoren, weil seine Mutter Sophie eine Enkelin des Stuart-Königs Jakob I. war. Durch diese Personalunion waren die Geschicke Hannovers für die folgenden 123 Jahre mit denen Großbritanniens verbunden, und seine Kurfürsten residierten als Könige fern ihrer Stammheimat. Für Hannover hatte

Die Truppen Ernst Augusts rücken in Göttingen ein, nachdem die „Göttinger Sieben", liberale Professoren, vom König entlassen worden waren. Zeitgenössische Darstellung

das wirtschaftliche Vorteile, wenn es auch immer wieder in die Konflikte des Inselreichs verstrickt wurde. Noch konnte Georg Ludwig sein Kurfürstentum vergrößern: Als Verbündeter Dänemarks im Nordischen Krieg erreichte er die Abtretung des seit dem Westfälischen Frieden schwedischen Herzogtums Bremen (ohne die Stadt, die ja selbständig geblieben war) und des Fürstentums Verden. Als britischer König ließ er sich in Hannover durch einen Statthalter vertreten, und seine Nachkommen, die schon in England aufwuchsen, hielten es ähnlich.

Sein Sohn Georg II. schuf mit der Stiftung der Universität Göttingen ein neues Zentrum deutscher Gelehrsamkeit. Er unterstützte Maria Theresia gegen die französisch-bayrische Phalanx, die ihr das Erbe streitig machte, verstand es aber auch, durch einen Schutzvertrag mit Preußen der Gefahr eines französischen Angriffs auf Hannover vorzubeugen. Im Siebenjährigen Krieg wechselte England-Hannover die Fronten; als Folge des Bündnisses mit Friedrich mußte das Land eine längere Besetzung durch die Franzosen erdulden, doch befreite es sich selbst wieder davon.

Unter Georg III. erlebte Hannover zunächst einige gute, friedliche Jahrzehnte. Dann aber fiel es der Aggression Napoleons zum Opfer, der nur hier das ihm verhaßte England treffen konnte. 1803 mußte sich die Hannoversche Armee, die der Übermacht nichts entgegensetzen konnte, entwaffnen lassen. Marschall Bernadottes Truppen erlegten Hannover ein hartes Besatzungsregime auf. 1805 schenkte Napoleon das Land den Preußen, die es daraufhin besetzthielten. Kaum ein Jahr später aber, als der Franzosenkaiser die Preußen bei Jena und Auerstädt gezüchtigt hatte, verleibte er Hannover dem neuen Königreich Westphalen seines Bruders Jérôme ein. Im Jahr 1810 trennte ein neuer Willkürakt den Norden mit der Küste ab und machte daraus französische Departements.

Der Wiener Kongreß brachte dem nun als Königreich wiedererstandenen Land Gebietszuwachs: Preußen gab Hildesheim sowie Ostfriesland, Lingen und Meppen ab, wodurch Hannover nun an die Niederlande grenzte. Die Söhne Georgs III. waren als arrogant geltende englische Aristokraten: fernab dem Stammland zeigten sie wenig Verständnis für das 1830 aufflammende Verlangen nach einer Verfassung in Hannover. Als Vizekönig unterdrückte der Herzog von Cambridge 1831 einen Aufstandsversuch in Göt-

Hannover und Braunschweig

tingen, gab aber dann immerhin dem Beschluß eines neuen Landesgrundgesetzes die Zustimmung, das den Bauern eine Vertretung in der Ständeversammlung gewährte.

1837 erfolgte die Trennung von der britischen Krone aufgrund verschiedener Erbgesetze in England und Hannover. In Großbritannien bestieg Victoria, die Tochter des drittältesten Sohns Georgs III. den Thron, in Hannover folgte nach dem salischen Gesetz der nächste männliche Erbe, Georgs vierter Sohn Ernst August, Herzog von Cumberland. Als er die Verfassung aufhob, protestierten sieben Göttinger Professoren dagegen und wurden entlassen – ein Ereignis, das in ganz Deutschland Empörung erregte.

Das Ende der Personalunion sollte letztlich zur Beseitigung der Unabhängigkeit Hannovers führen. Denn Hannover, das dem Vormachtstreben Preußens in Norddeutschland voll Mißtrauen gegenüberstand, setzte 1866 auf Österreich, lehnte die von Potsdam ultimativ geforderte Neutralität ab und mußte nach einer Niederlage seiner Truppen bei Langensalza kapitulieren. Nun konnte Bismarck ein langgehegtes Ziel verwirklichen: Durch die Annexion Hannovers, die er wohl nie gewagt hätte, wären dessen Herrscher zugleich auch Könige von England gewesen, wurde die Landbrücke zwischen Brandenburg und den Rheinprovinzen im Westen geschlossen. Der letzte König von Hannover, der blinde Georg V., ging nach Wien ins Exil. Von hier aus betrieb er vergeblich die Agitation für eine Restauration des Welfenthrons. Das dem König zunächst zugesprochene, dann aber beschlagnahmte Vermögen verwendete Bismarck für den „Welfenfonds" zur Bekämpfung von derlei Umtrieben.

Im Gegensatz zu Hannover blieb das Herzogtum Braunschweig als eigenes Land bis 1945 bestehen. Nach zahlreichen Erbteilungen stand schließlich im 17. Jahrhundert die Linie Braunschweig-Wolfenbüttel im Alleinbesitz des Herzogtums, dessen Territorium durch das Gebiet des Bistums Hildesheim in zwei Teile getrennt blieb. Die Stadt Braunschweig mußte sich nach Loslösungsversuchen 1671 endgültig der herzoglichen Landeshoheit beugen.

Während des Siebenjährigen Krieges mußte Herzog Karl, als Bundesgenosse Preußens und Englands, die Ausplünderung seines Landes durch die Franzosen erdulden. Seine drückende Schuldenlast suchte er, wie andere deutsche Fürsten auch, durch die Vermietung seiner Soldaten an die Engländer – für den Einsatz im nordamerikanischen Unabhängigkeitskampf – zu mindern.

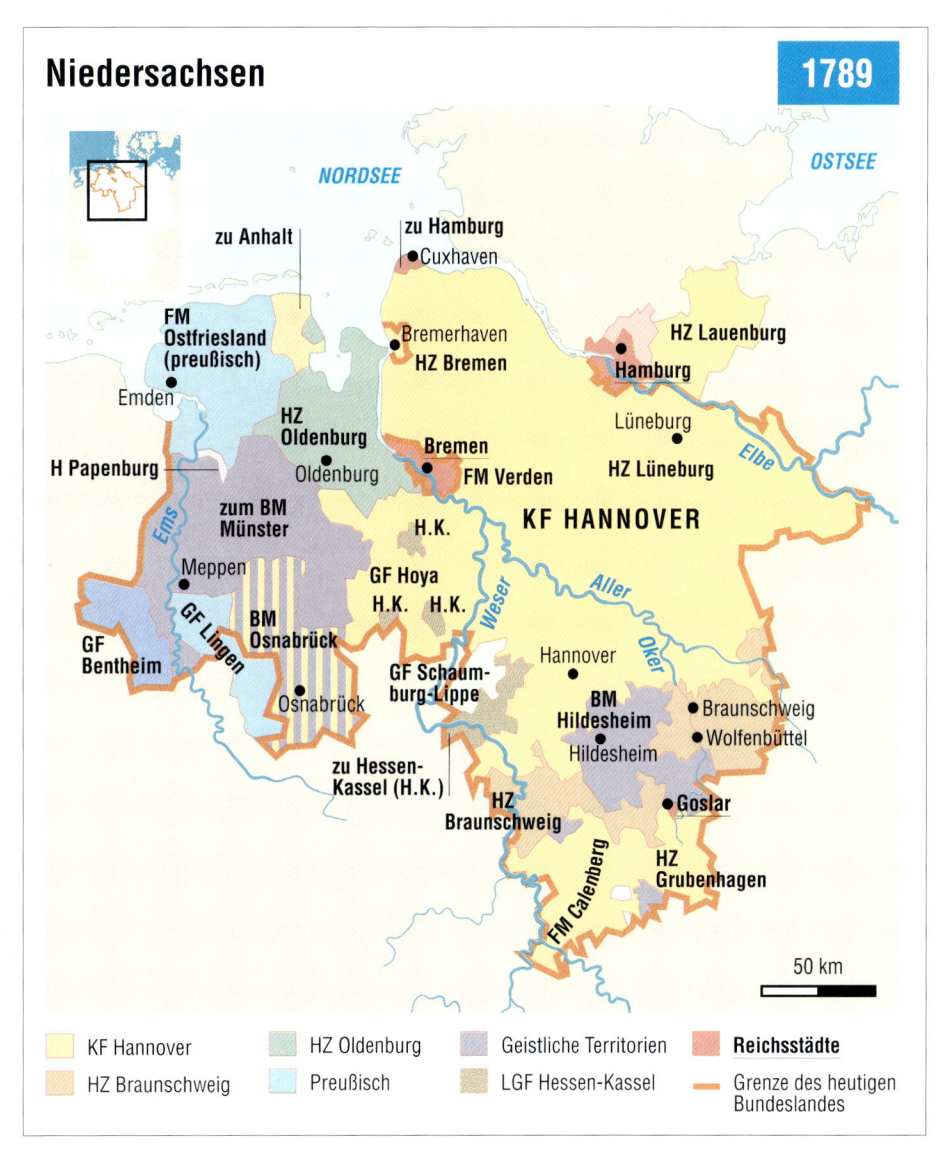

Braunschweig schloß sich eng an Preußen an. Im Jahre 1806 wurde Herzog Karl Wilhelm, Oberbefehlshaber der preußischen Armee, bei Auerstädt tödlich verwundet, sein Land von Napoleon dem Königreich Westphalen eingegliedert. Sein Enkel Karl II. verwickelte sich nicht nur in einen erbitterten Streit mit Hannover, sondern zerrüttete auch durch seine Verschwendungssucht die Staatsfinanzen so sehr, daß 1830 ein Aufstand ausbrach. Das Schloß in Braunschweig wurde in Brand gesteckt, der Herzog mußte flüchten und dankte zugunsten seines Bruders Wilhelm ab. Im Krieg von 1866 stellte sich Braunschweig an die Seite Preußens. Als Wilhelm 1884 starb, wäre die entthronte Hannoversche Linie erbberechtigt gewesen. Auf Drängen aus Berlin wurde ein Regentschaftsrat gegründet und der Erbanspruch des Herzogs von Cumberland abgewiesen. 1885 wurde Prinz Albrecht von Preußen, nach ihm der Herzog von Mecklenburg zum Regenten berufen; erst 1913 durfte noch einmal ein Welfe, Ernst August, den Braunschweiger Thron besteigen. 1918 wurde Braunschweig ein Land der Weimarer Republik. Ein Wahlsieg der NSDAP ermöglichte es 1932, Adolf Hitler formell als Braunschweiger Regierungsrat anzustellen und ihm die deutsche Staatsbürgerschaft zu verleihen.

Hannover wurde 1946 unter englischer Besetzung als eigenes Land wiedererrichtet, dann ging es, ebenso wie Braunschweig, im neuen Bundesland Niedersachsen auf.

Niedersachsen

Das Haus Oldenburg war lange Zeit dynastisch mit Dänemark verbunden. Nach 1945 ging es, wie auch Schaumburg-Lippe, im Land Niedersachsen auf.

Auf dem Gebiet des heutigen Bundeslandes Niedersachsen waren Oldenburg und Schaumburg-Lippe neben Braunschweig die einzigen Territorien, die ihre eigenstaatliche Sonderstellung für die Zeit von 1866 bis 1945 bewahren konnten. Alle anderen Landesteile – seit der Annexion von 1866 auch Hannover – gehörten zu Preußen.

Das Gebiet um Burg und Siedlung Oldenburg gehörte zum Stammesherzogtum Sachsen; um 1100 wird Elimar I. als Graf von Oldenburg erwähnt. Die Grafen suchten ihren Besitz durch Kämpfe mit den Friesen zu erweitern. Unter Heinrich dem Löwen fielen sie in Ungnade, nach dessen Sturz aber erhielt das gräfliche Brüderpaar Christian II. und Moritz – als Folge der Zersplitterungspolitik Barbarossas – die Reichsunmittelbarkeit.

Die Bauern des Stedingerlandes, dem fruchtbaren Gebiet der Wesermarsch, waren stolz auf ihre Freiheit und setzten sich gegen die Ausbeutungsversuche der Oldenburger Grafen und der Erzbischöfe von Bremen energisch zur Wehr. 1187 hatten sie die oldenburgischen Burgen Lichtenberg und Line zerstört. Den Grafen kam es sehr gelegen, daß der Bremer Erzbischof Gerhard II. beim Papst den Bannfluch über die Stedinger und

Der „Apostel der Deutschen", der Angelsachse Winfried-Bonifatius, starb beim Versuch, die Friesen zu missionieren, den Märtyrertod. Sakramentar aus Fulda, um 1000; Bamberg, Staatsbibliothek

die Erlaubnis für einen Kreuzzug gegen sie erreichte. Im Jahr 1234 überfiel ein Ritterheer aus Oldenburg, Holland und Bremen das Stedingerland, schlug die Bauern bei Oldenesch (1234) und übte grausame Rache. Ihr Gebiet wurde zwischen der Grafschaft Oldenburg und dem Erzbistum Bremen aufgeteilt.

Die Grafschaft Rietberg fiel über die Erbtochter Walburga (rechts, mit Schwester Ermengard) an die Grafen von Ostfriesland. Ausschnitt aus der „Rietbergtafel" des Hermann tom Ring, 1564; Münster, Westfälisches Landesmuseum für Kunst und Kulturgeschichte

In der Familie der Oldenburger kam es wiederholt zu Erbteilungen; so war die Grafschaft Delmenhorst – mit Unterbrechungen – bis 1647 von Oldenburg getrennt. Eine weitaus bedeutendere Scheidung erfolgte, als Graf Christian VIII. 1448 zum dänischen König (Christian I.) gewählt wurde, nachdem er die Witwe seines königlichen Vorgängers Christoph III. geheiratet hatte. Von seiner Mutter erbte Christian auch die Grafschaft Holstein. Die dänische Hauptlinie der Oldenburger regierte bis 1863, dann folgte ihr dort die Seitenlinie der Glücksburger. Die Grafschaft Oldenburg verblieb Christians Bruder Gerhard.

Die Grafen von Oldenburg schlugen sich weiterhin mit freiheitsliebenden Bauern herum. Das Butjadingerland, wo die Bauern auf fetten Marschen jenseits des Flusses Jade Pferde und Rinder züchteten, konnten sie 1514 unterwerfen, hingegen holten sie sich, im Verein mit ihren dänischen Vettern, bei den Dithmarschen in Holstein blutige Köpfe.

Graf Anton Günther hielt sich, obwohl Oldenburg längst lutherisch geworden war, aus dem Dreißigjährigen Krieg heraus; dafür erhielt er vom Kaiser das Recht zur Einhebung eines Weserzolls. Als er 1649 kinderlos starb, folgte ihm, als sein Erbe, König Christian V. von Dänemark. Die Vereinigung unter der dänischen Krone brachte Oldenburg Frieden und Wohlstand. Die Erbteilungen in der dänischen Linie aber hatten 1773 auch für Oldenburg einen Wechsel zur Folge: Eine der dänischen Teillinien war die von Holstein-Gottorp.

Diesem Haus entstammte Karl Friedrich, der mit Anna, der Tochter des russischen Zaren Peter des Großen verheiratet war. Deren Sohn wurde als Peter III. ebenfalls zum Zaren – jener Herrscher, der als Bewunderer Friedrichs des Großen sofort nach seinem Regierungsantritt die russischen Truppen aus dem Siebenjährigen Krieg zurückzog. Peter hatte Katharina II., eine Prinzessin von Anhalt-Zerbst geheiratet. Noch im Jahr seines Regierungsantritts, 1762, ließ sie ihn ermorden. Ihr gemeinsamer Sohn Paul schloß mit Dänemark einen Vertrag, durch den er Holstein gegen Oldenburg tauschte. Nachdem Paul 1796 zum Kaiser von Rußland geworden war, überließ er Oldenburg seinem Gottorper Cousin Friedrich August. Nur die alte friesische Herrschaft Jever, die Katharina II. als anhaltischen Besitz unter die Krone Rußlands gebracht hatte, wurde erst 1818 an Oldenburg abgetreten.

Oldenburg, Schaumburg-Lippe, Ostfriesland

Wegen der Verwandtschaft seiner Fürsten mit dem russischen Herrscherhaus wurde Oldenburg 1806 vorübergehend von den Franzosen besetzt; auf einen Tausch gegen Erfurt ging der Administrator Prinz Peter, der für seinen geisteskranken Vetter Herzog Wilhelm regierte, nicht ein – daraufhin wurde Oldenburg den französischen Departements an der Nordseeküste zugeschlagen. Dem Haus Oldenburg blieb als Refugium nur das Fürstentum Lübeck (um Eutin) aus dem einstigen Bistumsbesitz – seit 1586, ohne die Hansestadt selbst, gottorpisch.

Durch den Wiener Kongreß erhielt Oldenburg Gebietszuwächse im Süden und wurde zum Großherzogtum erhoben; dazu kam das kleine Fürstentum Birkenfeld in der Pfalz. Oldenburg schloß sich eng an Preußen an, veräußerte an dieses das Gebiet von Wilhelmshaven für den Bau eines Kriegshafens, war 1866 Bundesgenosse im Krieg gegen Österreich und verzichtete gegen Abtretung des Amtes Ahrensbök und finanzielle Abfindungen auf seine Erbrechte in Schleswig-Holstein. Im November 1918 dankte der letzte Großherzog, Friedrich August, ab. Die Dreiteilung des oldenburgischen Gebietes wurde erst 1937 aufgehoben, als Birkenfeld und Eutin-Ahrensbök an Preußen angeschlossen, dafür Wilhelmshaven an Oldenburg zurückgegeben wurde.

Schaumburg-Lippe, Fürstentum im Deutschen Bund und im Zweiten Reich, bis 1945 seiner Verwaltung nach selbständig, geht auf die alte Grafschaft Schauenburg an der mittleren Weser zurück, als deren erster Lehensträger um 1030 Adolf I. genannt wird. 1106 wurden die Schaumburger mit der Grafschaft Holstein belehnt, und bis zu einer Erbteilung im Jahr 1290 war ihr Stammland mit Holstein vereint. Zum Reichsfürsten erhoben, wurde nach dem Tod des kinderlosen, letzten Schaumburgers Ottos VII. dessen Onkel mütterlicherseits, Philipp von Lippe, 1643 Graf von Schaumburg. Das winzige Fürstentum Schaumburg-Lippe (Fläche: 340 Quadratkilometer) mit der Residenz Bückeburg erhielt sich seine Selbständigkeit durch den Beitritt zum Rheinbund auch in Napoleons Zeit, danach durch eine rechtzeitige Anlehnung an Preußen. In einem Erbfolgestreit um die Jahrhundertwende konnte Fürst Adolf seine Ansprüche auf Lippe nicht durchsetzen. In einem Volksentscheid forderten die 1946 Niedersachsen eingegliederten Schaumburger 1975 vergeblich die Selbständigkeit zurück.

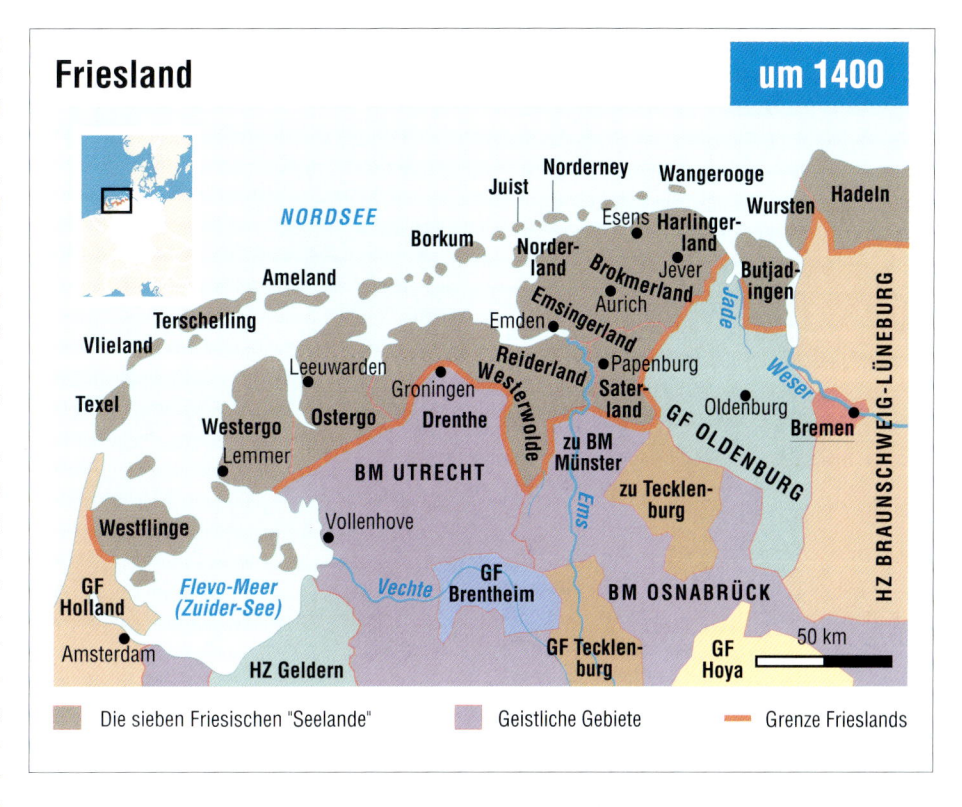

Auch Ostfriesland ist ein Teil Niedersachsens. Die Friesen, ein von den Chauken abstammendes germanisches Volk, das sich im niederländischen Friesland und zum Teil auf den nordfriesischen Inseln noch die eigene Sprache erhalten hat, wurden um 785 von den Franken unterworfen. Im deutschen Königreich bildeten sie kein eigenes Stammesherzogtum heraus, sondern nur einen Schutz- und Trutzbund von sieben Gauen, die im ständigen Konflikt mit den umliegenden Feudalherrn – von Holland bis Oldenburg – ihre Selbständigkeit zu behaupten suchten. Noch Kaiser Friedrich III. erkannte ihre Reichsunmittelbarkeit ausdrücklich an; dann fiel das westliche Friesland an das burgundische Erbe der Habsburger. In Ostfriesland hatte sich nach blutigen Fehden unter den Häuptlingsclans um 1430 Edzard Cirksena als Anführer eines „Bundes der Freiheit" durchgesetzt; er erreichte von der Hansestadt Hamburg die Abtretung Emdens. Seine Nachfolger wurden zu Reichsgrafen erhoben. 1744 erlosch mit Fürst Karl Edzard das Haus Cirksena. Daraufhin ließ Friedrich der Große das Land von seinen Truppen besetzen und machte es, gegen weibliche Erbansprüche, zur preußischen Provinz mit Aurich als Hauptort; er berief sich dabei auf eine von Kaiser Leopold I. erteilte Anwartschaft des Hauses Brandenburg auf Ostfriesland. Zu Napoleons Zeiten zuerst holländisch, dann französisch, wurde es vom Wiener Kongreß dem Königreich Hannover zugeteilt und mit dessen Annexion 1866 mit Preußen vereint.

Im Mittelalter bestand an der oberen Ems und im friesischen Saterland die Grafschaft Tecklenburg mit Lingen als Vorort. Sie fiel an die Grafen von Bentheim. Die aus Tecklenburg hervorgegangene Reichsgrafschaft Lingen war 1702 im Erbgang von Nassau-Oranien an Preußen gefallen, Bentheim-Tecklenburg folgte nach langem Rechtsstreit 1729, 1815 schließlich die Grafschaft Bentheim.

Eine eigene Grafschaft war von 1202 an – für die Zeit von drei Jahrhunderten – Hoya an der Weser. Nach dem Aussterben der Grafen wurde ihr Gebiet an die welfischen Linien aufgeteilt und verblieb schließlich bei Hannover.

Kurzlebig auf niedersächsischem Territorium war das Herzogtum Arenberg um Meppen, bis 1803 im Besitz des Bistums Münster. Es war den gleichnamigen Fürsten, die einer Linie des hennegauischen Geschlechts Ligne entstammten und treue Diener des Hauses Habsburg waren, als Ersatz für ihren verlorengegangenen linksrheinischen Besitz (südwestlich von Bonn) verliehen worden. 1815 wurde Arenberg mit Hannover vereint.

Nordrhein-Westfalen

Die Erzbischöfe und Kurfürsten von Köln mußten der Stadt ihre Freiheit zugestehen und nach Bonn als Residenz ausweichen; gemeinsam blieb beiden die Treue zur römischen Kirche sowie das Schicksal, Preußen einverleibt zu werden.

Die Stadt Köln war schon in römischer Zeit Sitz eines Bischofs und blieb es auch, als die Franken die Herrschaft antraten. Die merowingischen Könige vergrößerten den Bistumsbesitz, Karl der Große erhob seinen Erzkaplan Hildebold 794 zum Erzbischof; in der kirchlichen Organisation waren dem Erzstift die umliegenden Bistümer Lüttich, Minden, Utrecht, Münster und Osnabrück untergeordnet. Durch die fränkischen Teilungen zunächst im Mittelreich Lotharingien, kam Köln durch den Vertrag von Mersen mit dem linken Rheinufer 870 zum Ostfränkischen Reich. Brun, der Bruder Kaiser Ottos I., wurde 953 zum Erzbischof gewählt und zum Herzog von Lothringen ernannt. Er und seine Nachfolger konnten aber von diesem Herzogtum nur einen schmalen Landstreifen am linken Rheinufer als dauernden Besitz des Erzstiftes behaupten. Dennoch gehörte der Erzbischof von Köln zu den wichtigsten Würdenträgern des alten Reiches, und von Anfang war er einer der drei geistlichen Kurfürsten im siebenköpfigen Kurkollegium.

Gebhard Truchseß von Waldburg, Kurfürst und Erzbischof von Köln. Gemälde aus dem Historischen Museum der Stadt Köln

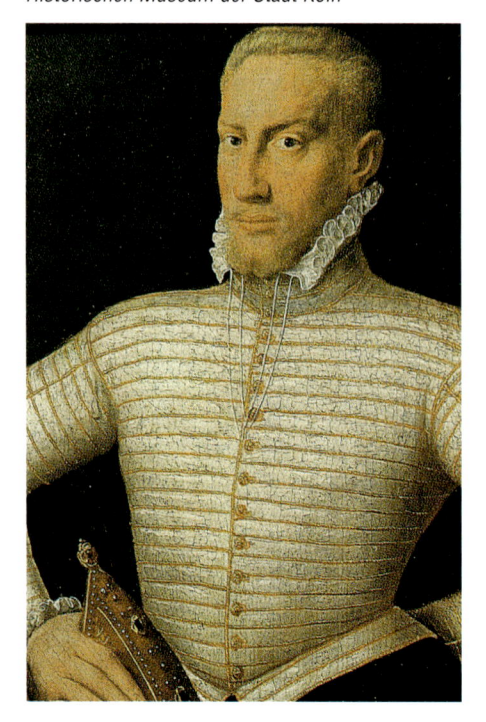

Der historische Festzug aus Anlaß der Fertigstellung des Kölner Doms am 16. Oktober 1880. Chromlithographie von T. Avenarius

Hohe Verdienste um Friedrich Barbarossa erwarb sich Erzbischof Rainald von Dassel; er begleitete den Kaiser nach Italien und trug zu dessen Sieg über die Römer bei. Bei der Aufteilung des Herzogtums Sachsen nach dem Sturz Heinrichs des Löwen erhielt Rainalds Nachfolger Philipp von Heinsberg Westfalen und den Westteil von Engern; fortan führten die Erzbischöfe auch den westfälischen Schimmel und Engerns drei goldene Herzen im Wappen. Die von Köln lehensabhängige Grafschaft Arnsberg wurde Bestandteil des kölnischen Herzogtums Westfalen, später wurde auch Recklinghausen erworben.

Trotz des äußeren Glanzes und des Gebietszuwachses waren die Erzbischöfe in schwere Auseinandersetzungen mit der durch Handel und Handwerk aufblühenden Stadt Köln geraten. Dort war ein selbstbewußtes Patriziat entstanden, das „die Geschlechter" genannt wurde und sich von der geistlichen Oberhoheit emanzipieren wollte. Schon unter Anno II., der in der Jugend Kaiser Heinrichs IV. die Reichspolitik mitbestimmte, hatten 1074 die Konflikte zwischen Erzbischof und Bürgerschaft begonnen, und sie flammten immer wieder auf. Der Stauferkönig Philipp stattete Anfang des 13. Jahrhunderts die Kölner mit Privilegien aus, die ihnen Reichsfreiheit bestätigten. Rudolf von Habsburg erteilte Köln ausdrücklich das Recht, die Reichstage zu beschicken. Erzbischof Siegfried von Westerburg wollte die Kölner gewaltsam wieder unter seine Oberhoheit zwingen, er unterlag aber 1288 bei Worringen gegen Brabant und Jülich; die Kölner nutzten seine Schwäche, um ihn aus der Stadt zu vertreiben. Die Vormachtstellung des Erzstiftes am Niederrhein war damit gebrochen. Die Erzbischöfe residierten von da an zunächst in Brühl, später in Bonn. Ausdrücklich als freie Reichsstadt bestätigt wurde Köln 1475 durch Kaiser Friedrich III.

Das 14. und 15. Jahrhundert waren erfüllt von den zahlreichen Fehden, die die Erzbischöfe gegen ihre Nachbarn austrugen. Diese Kämpfe brachten eine schwere Verschuldung des Erzstiftes mit sich, überdies verlor es die Stadt Soest. Aber auch in der Reichsstadt Köln kam es zu einem revolutionären Wandel, als 1396 die Zünfte gegen die „Geschlechter" aufstanden und die Patrizier vertrieben. Aus den Strafgeldern, die die bisherigen Stadtherren zahlen mußten, wurde der Rathausturm errichtet. Trotz dieser blutigen Auseinandersetzungen stieg der Reichtum der Bürger, nicht zuletzt dadurch, daß sich Köln 1367 der Hanse angeschlossen hatte. Davon zeugen neben dem Rathaus zahlreiche Prachtbauten wie der Dom (erst 1880 vollendet) und der Gürzenich, ein berühmter Festsaalbau. Mit 120.000 Einwohnern war Köln im 14. Jahrhundert die größte Stadt des Reiches – nach dem wirtschaftlichen Niedergang und den Kriegen der folgenden Jahrhunderte zählte es allerdings 1780 nur noch ein Drittel davon.

Schon Erzbischof Hermann V. von Wied wollte sich der Reformation anschließen und Köln zu einem weltlichen Fürstentum ma-

Erzstift und Reichsstadt Köln

chen; nach dem für die Protestanten ungünstigen Ausgang des Schmalkaldischen Krieges ließ er den Plan fallen. Zum „Kölnischen Krieg" kam es 1583, als sich Erzbischof Gebhard II. von Waldburg offen zum Protestantismus bekannte und heiratete. Daraufhin wurde er exkommuniziert und Herzog Ernst von Bayern zum Gegenerzbischof gewählt. Gebhard unterlag in mehrjährigen Kämpfen den Truppen Spaniens und Bayerns. Das Erzstift geriet in der Folge in Abhängigkeit von Bayern, und zwei Jahrhunderte lang trugen Wittelsbacher die kölnische Mitra.

Zur Niederlage der zum Protestantismus neigenden Kirchenfürsten hatte übrigens die Stadt Köln beigetragen. Die Bürger waren stolz darauf, auch in diesen unruhigen Zeiten treue Katholiken geblieben zu sein, sogar in ihrem Siegel führte die Stadt mit dem Bild des hl. Petrus die Umschrift „Sancta Colonia sanctae Romanae Ecclesiae fidelis filia" („das heilige Köln, treue Tochter der heiligen Römischen Kirche"). Waren schon 1425 die Juden aus Köln vertrieben worden, so war dort auch für Lutheraner und Calvinisten lange Zeit kein Platz. Noch der letzte Erzbischof, Maximilian Franz, ein Habsburger, war toleranter als die Stadtbehörden: Er stellte den Protestanten für ihre Gottesdienste ein vor den Mauern Kölns ankerndes Schiff zur Verfügung.

Nach dem Westfälischen Frieden begaben sich die Kölner Kurfürsten zusehends in das Fahrwasser des sie mit Subsidien unterstützenden Frankreich. Erzbischof Maximilian Heinrich von Bayern schickte seine Truppen bereits 1650 als Verbündete der Franzosen in den Krieg gegen Holland, im Gegenzug wurde sein Land von den Kaiserlichen und Niederländern besetzt und ihm erst 1679 im Frieden von Nimwegen zurückgegeben. Gegen den von Ludwig XIV. begünstigten Grafen Wilhelm Egon von Fürstenberg setzten zwar Papst und Kaiser die Wahl des bayrischen Prinzen Joseph Klemens durch, doch auch dieser trat, wie sein Stammland Bayern, im Spanischen Erbfolgekrieg an Frankreichs Seite, verfiel der Reichsacht und mußte die Jahre 1706-1714 im Exil in Lille verbringen. Sein Neffe Klemens August, ein prachtliebender Fürst, stand im Siebenjährigen Krieg an der Seite Frankreichs gegen Preußen, was einen neuerlichen Abfall vom Kaiserhaus unnötig machte. Letzter Kurfürst-Erzbischof war Franz von Österreich, das 16., jüngste Kind von Kaiserin Maria Theresia. Er regierte das Erzstift im Geiste der Aufklärung, wobei ihm sein Bruder Kaiser Josef II. Vorbild war. Franz starb im Jahr 1801, dem Jahr des Lunéviller Friedens, in dem das linke Rheinufer an Frankreich abgetreten und in der Folge das Erzstift säkularisiert wurde. Die rechtsrheinischen Reste erhielt Nassau-Usingen, Westfalen fiel an Hessen-Darmstadt und Recklinghausen an Arenberg.

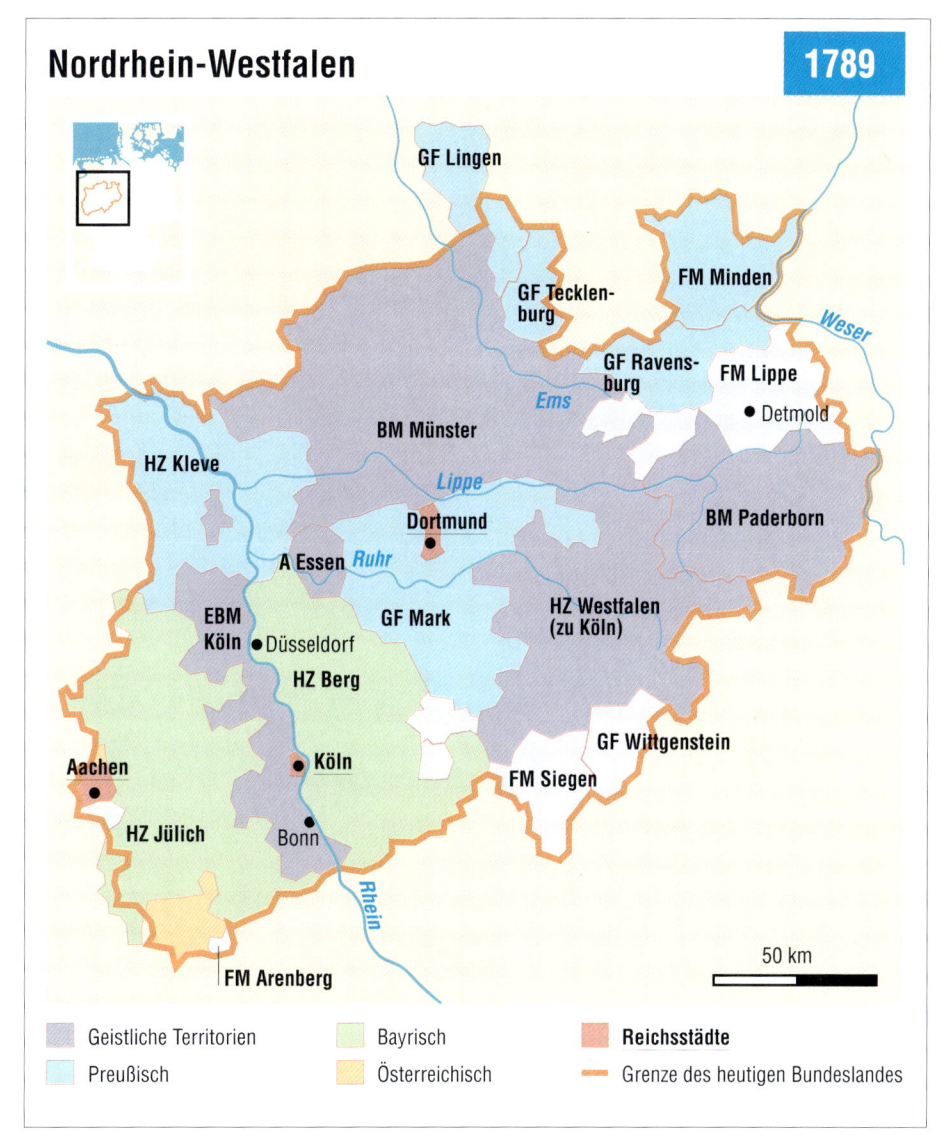

In der Reichsstadt Köln war die Französische Revolution von den ärmeren Schichten der Bevölkerung begeistert aufgenommen worden. Durch einen Aufstand wurde die alte Verfassung beseitigt. Die wohlhabenden Bürger und die Geistlichen flüchteten, die Universität – 1388 als erste Universität in einer Reichsstadt errichtet – wurde geschlossen. Köln, von den Revolutionstruppen besetzt, schloß sich mit Bonn und Aachen zur kurzlebigen Zisrhenanischen Republik zusammen und fiel dann an Frankreich. Auf dem Wiener Kongreß wurde Köln mit den übrigen Neuerwerbungen Preußens in die neue preußische Provinz Rheinland einbezogen, nach 1945 in das Bundesland Nordrhein-Westfalen. Zu Hauptstadtehren hat es die bevölkerungsreichste Rheinstadt weder in der preußische Provinz noch in dem neuen Bundesland gebracht – da lief ihm zuerst Koblenz und nach 1945 Düsseldorf den Rang ab.

Nordrhein-Westfalen — Westfalen und Lippe

Westfalen – das bedeutete im Lauf der Geschichte Unterschiedliches: sächsische Stammeslandschaft, von Köln regiertes Herzogtum, Königreich und französisches Protektorat, preußische Provinz und jetzt Teil eines deutschen Bundeslandes.

Das Stammesherzogtum Sachsen (s. d.) wurde in vier auf Aufgebotsverbänden für das Heer beruhende Großgaue eingeteilt: Westfalen, Engern, Ostfalen und Nordalbingien. Während die drei letztgenannten Landschaftsbezeichnungen mit der Aufsplitterung des alten Herzogtums verschwanden, hält sich der Name Westfalen bis heute.

Erzbischof Philipp von Köln erhielt nach dem Sturz Heinrichs des Löwen die herzogliche Gewalt über Westfalen, dem der Südteil von Engern angeschlossen wurde. Mittelpunkt des fortan von Kirchenfürsten verwalteten Herzogtums wurde Arnsberg. Es hatte eine eigene Verfassung mit einem eigenen Landtag, die Regierungsgeschäfte führte ein Statthalter in Vertretung des Kurfürsten und Erzbischofs. Die weltlichen Herrschaften blieben als kölnische Lehen bestehen, andere verselbständigten sich. Der Nordteil der späteren preußischen Provinz Westfalen war unter den Bischöfen von Minden, Münster, Osnabrück und Paderborn aufgeteilt. Durch den Reichsdeputationshauptschluß wurde das kölnische Westfalen Hessen-Darmstadt angeschlossen; auf dem Wiener Kongreß trat es das Herzogtum an Preußen ab.

Napoleon machte Westphalen zum Königreich und ließ dort nominell seinen jüngeren Bruder Jérôme regieren. Kupferstich von 1810; Münster, Westfälisches Landesmuseum für Kunst und Kulturgeschichte

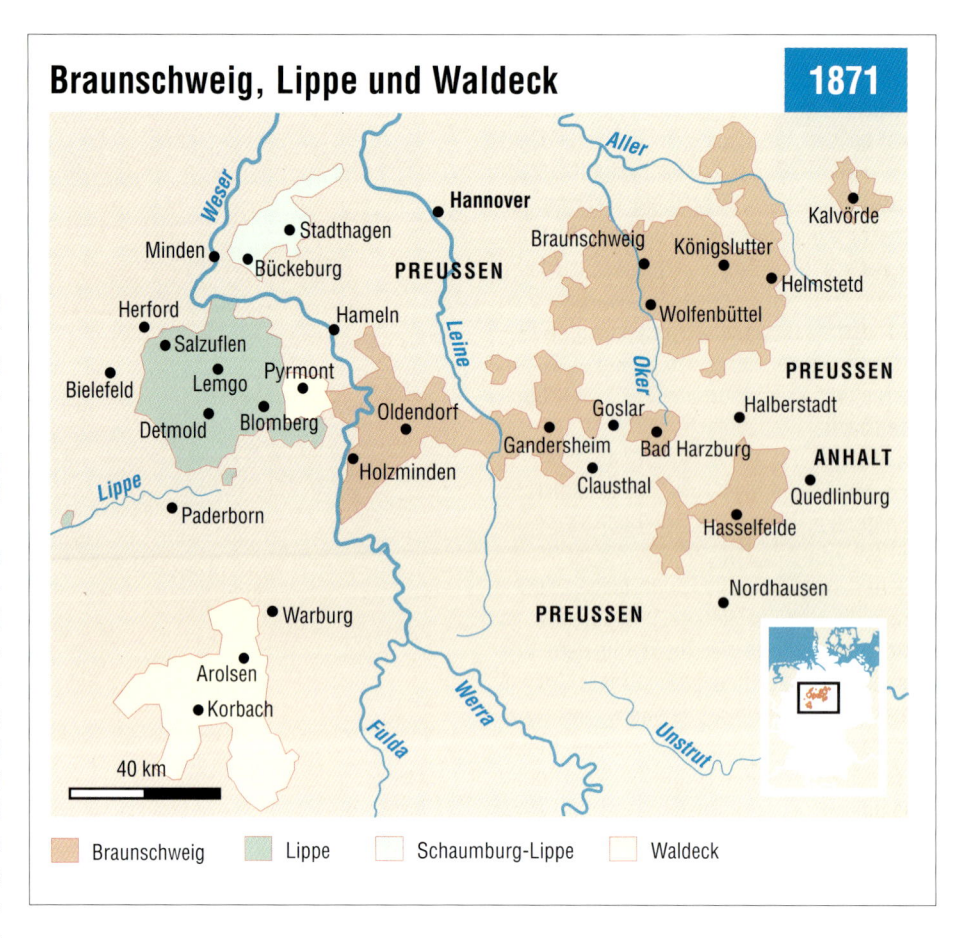

Braunschweig, Lippe und Waldeck — 1871

Legende: Braunschweig | Lippe | Schaumburg-Lippe | Waldeck

Als Gebiet zu unterscheiden von diesem mehr als sechs Jahrhunderte kölnischen Herzogtum Westfalen ist das von Napoleon 1807 durch Dekret geschaffene Königreich Westphalen, das der Kaiser seinem Bruder Jérôme übergab. Es bestand aus dem bisherigen Herzogtum Braunschweig, großen Teilen Hannovers, Kurhessens sowie aus preußischen Gebieten (Ravensberg, Magdeburg, Minden, Paderborn, Münster). Hauptstadt war Kassel.

Mit Westphalen sollte ein modernes deutsches Musterland nach französischem Vorbild geschaffen werden. Die Verfassung wies liberale Grundsätze auf, in der Volksvertretung saßen 70 Vertreter des Grundeigentums, 15 Kaufleute oder Fabrikanten und 15 Gelehrte. Nach französischem Muster wurde das Königreich in acht Departements eingeteilt. Alllerdings unterhielt Napoleon in Magdeburg eine starke französische Besatzung, verlangte von dem dem Rheinbund beigetreten Staat Truppenkontingente und erlegte ihm hohe Kriegssteuern auf, die dessen Budget schwer belasteten. Auch behielt sich der Kaiser vor, seine Generäle mit den Domänen des Landes zu belohnen. Die üppige Hofhaltung des ebenso gutmütigen wie leichtsinnigen Königs Jérôme erregte den Zorn der Untertanen. Widerstandsaktionen wie der Aufstand des hessischen Obersten Emmerich wurden im Keim erstickt. Die liberalen Reformen blieben durch Napoleons Kriegs- und Unterdrückungspolitik größtenteils unausgeführt. Preußen vereinigte nach dem Wiener Kongreß die ihm zurückgegebenen Gebiete mit dem ihm von Hessen überlassenen Herzogtum zur Provinz Westfalen; diese wurde 1946 mit dem nördlichen Teil der Rheinprovinz zum Bundesland Nordrhein-Westfalen zusammengeschlossen.

Auch das bis 1918 bestehende Fürstentum und spätere Land Lippe mit der Hauptstadt Detmold wurde Teil des neuen Bundeslandes. In der Zeit Napoleons verstand es die aus Anhalt stammende Fürstin Pauline, das Ländchen durch den Beitritt in den Rheinbund zu erhalten, danach trat Lippe dem Deutschen Bund bei. Im Krieg von 1866 stand es zu Preußen. Fürst Woldemar gewährte dem Land 1876 eine Verfassung, sein wie er kinderloser Bruder Alexander, der geisteskrank war, wurde durch Adolf zu Schaumburg-Lippe als Regenten ersetzt. Das Reichsgericht entschied dann für Leopold IV. aus der nicht souveränen Nebenlinie Lippe-Biesterfeld als Nachfolger.

Nordrhein-Westfalen — Jülich, Berge und Kleve

Schon Anfang des 17. Jahrhunderts versuchte Brandenburg, sich in den Nordwesten des Reiches auszudehnen. Doch gelang dies zunächst nur teilweise, weil sich in Jülich und Berg die Wittelsbacher festsetzten. Erst der Wiener Kongreß brachte Preußen die Einverleibung der großen Rheinprovinz.

Jülich und Berg — 1777

Vor dem Ende des alten Reichs waren zwei relativ große Territorien links und rechts des Niederrheins bayrisch: Jülich und Berg, Nebenländer der Kurpfalz, hatten den Wittelsbacher Karl Theodor zum Landesherrn, der 1777 auch Bayern erbte. Bis in die frühe Neuzeit hatten die beiden Herzogtümer aber eigene Fürsten gehabt.

Dem linksrheinischen Jülichgau stand im frühen 11. Jahrhundert ein Graf Gerhard vor; seine Nachkommen wurden im Zuge des Verfalls des großen Herzogtums Niederlothringen reichsunmittelbar. Die Grafen von Berg (der Name ihres Stammsitzes bei Altenberg an der Dhün) erwarben im 11. Jahrhundert weitläufige Güter am rechten Rheinufer. Auch eine neue Residenz an der Wupper nannten sie Berg. Der letzte Graf von Berg, Engelbert, zugleich Erzbischof von Köln, wurde 1225 von Friedrich von Isenburg in einem Hohlweg ermordet. Über weibliche Verwandte fiel die Grafschaft zunächst an Limberg.

Ludwig der Bayer ernannte den Jülicher Wilhelm V. zum Markgrafen, Karl IV. gab ihm die Herzogswürde. Seine Söhne erheirateten die Grafschaft Berg am gegenüberliegenden Rheinufer sowie das Herzogtum Geldern. Während Berg fortan mit Jülich vereint blieb – dazu wurde um 1400 auch die Grafschaft Ravensberg erworben –, ging Geldern dem Geschlecht wieder verloren, als dort die Stände 1423 die Grafen Egmont zu Herzögen machten.

Von 1809 an war Berg praktisch ein Teil Frankreichs: „Napoleons Einzug in Düsseldorf" (3. November 1811). Holzstich nach einer zeitgenössischen Darstellung

Zu Erbstreitigkeiten kam es, nachdem 1511 mit Wilhelm VIII. der letzte männliche Sproß des Jülicher Hauses gestorben war. Kaiser Maximilian I. hatte die Nachfolge den Herzögen von Sachsen versprochen, doch setzte sich die Tochter Wilhelms erfolgreich zur Wehr und erreichte die Anerkennung ihres Ehemanns Johann als Herzog, wodurch Jülich-Berg-Ravensberg mit den Grafschaften Kleve und Mark vereint wurden. Es wäre also durchaus der Ansatz zu einer größeren Territoriumsbildung am Rhein vorhanden gewesen, wenn nicht Herzog Johann Wilhelm 1609 kinderlos gestorben wäre. Nun erhoben gleich drei bedeutende Fürstenhäuser Anspruch auf diese rheinischen Gebiete: die brandenburgischen Hohenzollern, die sächsischen Wettiner und die wittelsbachische Linie Pfalz-Neuburg. Während Sachsen auf die Zusagen mehrerer Kaiser pochte, verlangten die Schwestern des letzten Herzogs ihr Erbteil, um es ihren brandenburgischen bzw. pfälzischen Gatten zu sichern. Als sich Brandenburg und Pfalz gegen Sachsen zusammenschlossen, griff der Kaiser ein, und kaiserliche und spanische Truppen besetzten Jülich. Das rief, von Brandenburg um Hilfe gerufen, die Franzosen auf den Plan, die eine Stärkung der habsburgischen Macht nicht

Nordrhein-Westfalen — Jülich, Berge und Kleve

Joachim Murat, französischer Marschall und Schwager Napoleons, war Großherzog von Berg, ehe ihm das Königreich Neapel übergeben wurde. Gemälde von A.-J. Gros, um 1810; Paris, Louvre

dulden wollten; Jülich wurde den Kaiserlichen wieder entrissen. So führte der Jülich-Klevische Erbfolgestreit im kleinen vor, was dann in der großen Tragödie des Dreißigjährigen Krieges Deutschland zerreißen sollte.

Obwohl nun die Gegner die faktische Macht innehatten, belehnte der Kaiser Sachsen mit dem Streitobjekt. Indes kam es auch zwischen Brandenburg und Pfalz-Neuburg zum Zerwürfnis. Der Versuch, die Streithähne durch eine Heirat zu versöhnen, mißlang. Der vom brandenburgischen Kurfürsten als Freier abgewiesene Pfälzer Wolfgang Wilhelm trat in einer Trotzreaktion zum Katholizismus über und heiratete eine bayrische Verwandte; Kurfürst Johann Siegmund wiederum trat von der lutherischen zur reformierten Kirche über. So fanden beide sogleich ihre Verbündeten: Vom Süden rückten spanische Truppen für den Pfälzer, vom Norden holländische für den Brandenburger ins Land. Schon drohte ein allgemeiner Krieg – da gewann noch einmal die Vernunft die Oberhand, und in Xanten wurde 1614 eine Vertragslösung gefunden: der Pfalzgraf erhielt Jülich und Berg und der Brandenburger Kleve, Mark und Ravensberg (im Westfälischen Frieden 1648 mußte dem auch der Kaiser zustimmen und Brandenburg auch das Hochstift Minden überlassen). Für den Fall des Aussterbens schloß man einen gegenseitigen Erbvertrag.

Als dies durch das Erlöschen der Linie Pfalz-Neuburg eingetreten war, kam es dennoch nicht dazu, daß Brandenburg-Preußen das Erbe zugesprochen erhielt; vielmehr begünstigte Kaiser Karl VI. den wittelsbachischen Kurpfälzer, und Friedrich der Große verzichtete nach der Annexion Schlesiens auf die Erbrechte. 1794 wurde Jülich von den Franzosen besetzt, 1801 ging es auch vertraglich an Frankreich.

1806 mußte Bayern auch Berg abtreten, wurde dafür aber durch das kurzfristig preußische Ansbach entschädigt. Napoleon dehnte Berg auf Kosten Preußens nach Norden aus, erhob es zum Großherzogtum und setzte seinen Schwager Joachim Murat in die Düsseldorfer Residenz. Als Murat König von Neapel wurde, folgte ihm ein Neffe Napoleons unter dessen Vormundschaft, so daß Berg, in vier Departements geteilt, praktisch zu Frankreich gehörte.

Der Wiener Kongreß gab Preußen nicht nur seine früheren Besitzungen Kleve, Mark, Ravensberg und Minden, die 1713 um Geldern erweitert worden waren, zurück, auch Berg und Jülich wurden – als Ausgleich für das bayrisch gebliebene Ansbach-Bayreuth – preußisch. Dazu kamen die großen ehemals geistlichen Gebiete von Köln, Trier und Münster sowie das bis 1810 souveräne Fürstentum Salm, so daß Preußen von der holländischen Grenze bis zur bayrisch gebliebenen Pfalz seine einheitliche Rheinprovinz bilden konnte. Es fühlte sich nun berufen, statt Österreich, das auf seine Besitzungen in Belgien und am Oberrhein verzichtet hatte, die „Wacht am Rhein" anzutreten, was notwendigerweise zur großen Auseinandersetzung mit Frankreich führen sollte.

Nordrhein-Westfalen

Rheinland-Besetzung

Mit dem Einmarsch der deutschen Truppen in das bis 1930 von den Alliierten besetzte Rheinland begign Hitler seinen ersten internationalen Vertragsbruch. Die Welt reagierte darauf nur lahm.

Der Artikel 428 des Versailler Vertrags legte fest: „Als Sicherheit für die Ausführung des vorliegenden Vertrages durch Deutschland werden die deutschen Gebiete westlich des Rheins einschließlich der Brückenköpfe durch die Truppen der alliierten und assoziierten Mächte während eines Zeitraumes von 15 Jahren besetzt, der mit dem Inkrafttreten des gegenwärtigen Vertrages beginnt." In den weiteren Punkten wurden die Abschnitte festgelegt, die von den Siegermächten im Fünfjahresrhythmus zu räumen seien, falls Deutschland seine Verpflichtungen – vor allem bezüglich der Reparationszahlungen – erfülle. Darüber hinaus war bereits im Artikel 42 die völlige Entmilitarisierung des gesamten Gebietes bis zu 50 Kilometer östlich des Rheins vorgeschrieben worden. Ein Zuwiderhandeln Deutschlands würde als „feindliche Handlung" und „Versuch der Störung des Weltfriedens" betrachtet.

Die Besetzung des Territoriums westlich des Rheins (und an einigen Stellen darüber hinaus) – es umfaßte den größeren Teil der preußischen Rheinprovinz und im Süden die damals bayrische Pfalz – war ein Kompromiß gegenüber den weitergehenden Vorstellungen Frankreichs gewesen. Der französische Generalstab unter Marschall Foch hätte es überhaupt am liebsten gesehen, wenn man (wie mit dem vorrevolutionären Rußland in einem Geheimvertrag vereinbart) das Rheinland auch staatlich von Deutschland getrennt hätte. Die USA und Großbritannien aber waren für eine solche Lösung nicht zu haben.

Das besetzte Gebiet wurde von Norden nach Süden in vier Besatzungszonen eingeteilt: eine belgische, eine britische, eine amerikanische und eine französische. Als sich in den USA die Isolationspolitik durchsetzte, verließen die Amerikaner ihre Zone, und auch dort rückten die Franzosen nach – die damit den weitaus größten Teil des Rheinlandes besetzt hielten. Die politische Oberhoheit übte eine von den vier Besatzungsmächten eingesetzte Rheinlandkommission aus, doch lag die Verwaltung de facto in der Hand der Militärkommandanten. Die Regierung in Berlin ernannte zur Vertretung der deutschen Interessen einen „Reichskommissar für die besetzten Gebiete".

Im März 1920 kam es in Berlin zum Putsch einer Offiziersclique um Wolfgang Kapp; ein Generalstreik zwang die Putschisten zum Aufgeben. Im Ruhrgebiet und in Westfalen versuchte die „Rote Ruhr-Armee" den Widerstand gegen Kapp in eine Revolution umzuleiten. Als die deutsche Regierung Truppen zur Niederschlagung der Kommunisten entsandte, sah Frankreich darin eine Überschreitung der vereinbarten rechtsrheinischen Entmilitarisierungsgrenze. Ohne Zustimmung der Verbündeten ergriff es „Sanktionen" und besetzte verschiedene ostrheinische Gebiete, so die Stadt Frankfurt.

Die deutschen Regierungen waren zunächst bemüht, die Reparationszahlungen zu leisten. Dafür wurden sie von der Rechten

Besetzung des Rheinlandes 1920–1936

- Im Versailler Vertrag abgetreten
- Besetzte Gebiete
- „Sanktionen" 1920–25
- Französischer „Ruhreinbruch" 1923–25
- Entmilitarisierte Zone

Nordrhein-Westfalen

Rheinland-Besetzung

als „Erfüllungspolitiker" verunglimpft; zudem wuchsen durch die Belastung Not und soziale Unruhe. Ein Stopp der Reparationslieferungen wurde von der Entente mit der Besetzung von Düsseldorf und Duisburg beantwortet. Die Drohung, daß das gesamte Ruhrgebiet besetzt werde, zwang die Regierung in Berlin, sich diesem „Londoner Ultimatum" zu beugen. An der Jahreswende 1922/23 aber blieb Deutschland mit seinen Holz- und Kohlelieferungen wiederum in Verzug. Dies nahm der französische Ministerpräsident Poincaré zum Anlaß, am 11. Januar 1923 an die 100.000 Mann starke französische und belgische Truppen ins Ruhrgebiet einrücken zu lassen – trotz britischer und amerikanischer Kritik.

Die Reichsregierung Cuno appellierte an die Bevölkerung im Ruhrgebiet: „Harret aus in duldender Treue, bleibt fest, bleibt ruhig, bleibt besonnen. Im Gefühle unseres guten Rechtes tretet in ernster Würde den Gewalthabern entgegen ..." Dies wurde allgemein als Aufruf zum passiven Widerstand betrachtet, um so mehr, als Berlin nach ersten Verhaftungen ausdrücklich festhielt, daß die Beamten deutschen Gesetzen zu folgen hätten und daher die mit diesen in Widerspruch stehenden Anordnungen der Besatzung nicht ausführen dürften. Die Bevölkerung war sich im Widerstand einig, es kam zu Massenstreiks. Verhaftete Industrielle wie Thyssen und Krupp wurden wie Volkshelden gefeiert. Als der ehemalige Freikorpsführer Albert Leo Schlageter wegen Sprengstoffattentaten auf französische Nachschublinien standrechtlich hingerichtet wurde, boten die Kommunisten auf Moskaus Weisung den Nationalisten ihre Zusammenarbeit an.

Für Frankreich erwies sich die Ruhrbesetzung als politischer wie wirtschaftlicher Fehlschlag, die Lieferungen aus der deutschen Stahlschmiede blieben unbedeutend. Doch auch die Weimarer Republik geriet in eine unhaltbare Lage, weil sie zur Unterstützung der Ruhr die Notenpresse überbeansprucht hatte und nun die Inflation mit aller Gewalt hereinbrach. Im September 1923 mußte die Regierung Stresemann den passiven Widerstand abblasen. Inzwischen aber hatte sich aus der Ruhrkrise ein englisch-französischer Konflikt entwickelt. Schließlich wurde auf einer Londoner Konferenz 1924 die Räumung des Ruhrgebiets vereinbart.

Auf dem Höhepunkt der Krise hatte Frankreich noch einmal, wie bereits 1919, versucht, separatistische Kreise zur Abspaltung

Im Jahr 1923 wurde die Besetzung des linksrheinischen Gebiets auf das Ruhrgebiet ausgedehnt: französische Kavallerie in Essen.

des Rheinlandes von Deutschland zu ermuntern. Im Herbst 1923 bildete sich in Koblenz eine „Vorläufige Regierung der Rheinischen Republik"; der französische Oberbefehlshaber erkannte sie an. Doch wurden die Separatisten in lokalen Kämpfen („Schlacht am Siebengebirge") von Selbstschutzeinheiten der Bevölkerung geschlagen, Ende November löste sich ihre Regierung auf. Einer „Autonomen Regierung der Pfälzischen Republik" erging es ähnlich.

Passiver Widerstand gegen die Ruhrbesetzung: Plakat von 1923

Die Annäherung zwischen Briand und Stresemann brachte ein Einlenken Frankreichs, zumal die Reparationszahlungen durch den Dawes- und danach durch den Young-Plan in geordnete Bahnen gebracht worden waren. 1926 wurde die belgische und die britische Zone, 1929/30 das von den Franzosen besetzte Gebiet des Rheinlands geräumt.

Die NSDAP hatte sich in ihrem Programm offen zur Revision des Versailler Vertrags bekannt. Als Hitler zwei Jahre nach seiner Machtergreifung, im März 1935, die Wiedereinführung der allgemeinen Wehrpflicht und die Aufhebung der Rüstungsbeschränkungen verkündete, beließen es die Westmächte bei papierenen Protesten. Das ermutigte Hitler zu seinem ersten Vabanquespiel: im geheimen bereitete er die Besetzung des Rheinlands vor. Anfang 1936 war die Welt einerseits mit Mussolinis Krieg gegen Äthiopien beschäftigt, andererseits fiel Hitler ein „Grund" für eine militärische Reaktion in den Schoß, nämlich der Abschluß eines französisch-sowjetischen Bündnisvertrages. Für den 7. März 1936 berief Hitler überraschend den Reichstag ein und hielt dort eine mehrstündige Rede. Er behauptete, Frankreich sei mit dem Bündnis Verpflichtungen eingegangen, die der Völkerbundsatzung widersprächen, weshalb sich Deutschland nicht mehr an die Vereinbarungen über die Entmilitarisierung der Rheinzone gebunden fühle. Allerdings wußte er um die Schwäche seiner Wehrmacht und ließ lediglich eine Division über die Rheinbrücken ziehen, gar nur drei Bataillone sollten bis Aachen, Trier und Saarbrücken vorfühlen. Einer westlichen Polizeiaktion, so gestand er später in seinen Tischgesprächen, wäre er sofort gewichen. Aber der Bluff gelang, nicht zuletzt deshalb, weil die Sieger von 1918 über die Behandlung Deutschlands längst uneins geworden waren. England, mit Blick auf Afrika, war um Sanktionen gegen Italien bemüht, Frankreich, das nun auf Sanktionen gegen Deutschland drängte, fand kein Gehör.

Zudem gab es im Westen Zweifel, ob der Sowjetunion, die für schärfere Maßnahmen gegen Hitler eintrat, nicht an einem Krieg zwischen der Entente und dem Reich gelegen war. Auch hatte sich in den Demokratien das Gefühl verstärkt, den Deutschen sei in Versailles Unrecht geschehen. So wurde Hitler nach und nach gewährt, was der jungen deutschen Demokratie vorenthalten worden war. Der Vertragsbruch hätte die Möglichkeit geboten, seinen Aufstieg zu stoppen.

Rheinland-Pfalz — Erzstifte Mainz und Trier

Die Erzbischöfe von Trier stellten einen der drei geistlichen Kurfürsten, die maßgeblichen Einfluß auf die deutsche Königswahl hatten. Erzkanzler waren die Erzbischöfe von Mainz und somit die angesehensten Fürsten Deutschlands. Im Mittelalter traten sie wiederholt als „Königsmacher" auf.

Die Stadt Trier war als Augusta Treverorum eine Gründung des Kaisers Augustus und wurde Hauptstadt der Provinz Belgica. In den Jahren 306 und 313 kam es im großen Amphitheater zu einem grausigen Schauspiel – Kaiser Konstantin ließ Hunderte gefangener Franken bzw. Brukterer von wilden Tieren zerreißen. Im vierten Jahrhundert ist mit Agritius auch der erste Bischof nachweisbar, doch weiß die Legende von Trierer Bischöfen schon zu Ende des ersten Jahrhunderts. Bereits 475 wurde die Stadt von den Franken erobert; der römische Palast wurde zur Pfalz. Um 800, unter dem fränkischen Bischof Richbod, scheint Trier bereits als Erzbistum auf. Im alten Reich waren ihm bis zu deren Verlust (1648) die Bistümer Metz, Toul und Verdun unterstellt.

Als Inhaber des ältesten Kirchensitzes Deutschlands nahm Bischof Rudbrecht das Recht für sich in Anspruch, König Otto I. zu krönen (936); später mußte Trier das Recht der Königskrönung an Köln abtreten. Die Erzbischöfe konnten ihr Gebiet um den Königshof Koblenz, im Laufe der Zeit auch um die Landverbindung zwischen Mosel und Rhein sowie um Güter im Westerwald und um die Reichsabtei Sankt Maximin vergrößern. Die drei rheinischen Erzbischöfe waren von Anfang an vorrangig an der Königswahl beteiligt. Die Goldene Bulle bestätigte dann auch für die Trierer Erzbischöfe den Rang von Kurfürsten. Erzbischof Balduin von Luxemburg, der die ganze erste Hälfte des 14. Jahrhunderts hindurch regierte, begründete die Territorialhoheit des Erzstiftes. Es wurde in das obere und niedere Stift (Trier und Koblenz) unterteilt.

Landkäufe und Kriege führten zur schweren Verschuldung des Erzstiftes. Die Stände protestierten dagegen und vereinigten sich zu einer Union. Im Jahr 1456 erreichte diese, daß die Erzbischöfe bei ihrer Bestellung künftig eine Wahlkapitulation unterschreiben mußten. 1473 wurde eine Universität gegründet, die bis zur Besetzung durch die Franzosen (1798) bestand. Die Stadt Trier versuchte, sich aus der Herrschaft des Erzbischofs zu lösen und schien am Ende der Stauferzeit auf dem Weg zur Reichsfreiheit, mußte aber 1308 die Gerichtsbarkeit des Erzbischofs wieder anerkennen. Allerdings gaben die Erzbischöfe in der Endzeit des Erzstiftes Koblenz den Vorzug und machten dieses nach Errichtung des neuen Schlosses (1786) zu ihrer Residenz.

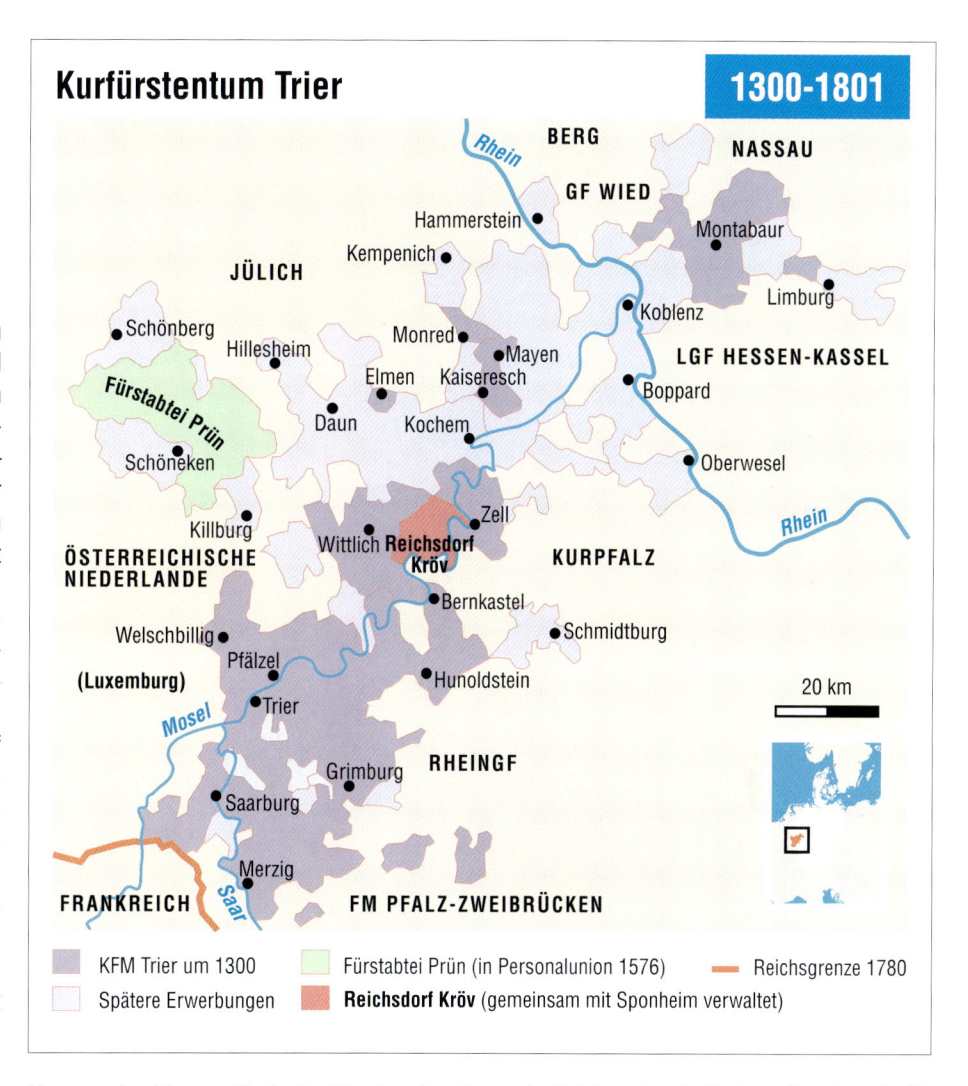

Unter Erzbischof Richard von Greiffenklau begann 1512 die Verehrung des „Heiligen Rocks", einer im Dom aufbewahrten Christusreliquie. Sie ist angeblich das von den Soldaten unter dem Kreuz verloste Gewand Jesu (das zu besitzen im Mittelalter auch andere Städte beanspruchten). Die Legende will wissen, daß Helena, die Mutter Kaiser Konstantins, sie aus Palästina nach Trier gebracht habe. Die Präsentation des Heiligen Rocks lockte sogleich Zehntausende Gläubige nach Trier, war mit dem Anblick der in feierlicher Prozession vorgeführten Reliquie doch auch ein Sündenablaß verbunden. In neuerer Zeit wird der Heilige Rock nur noch alle 25 Jahre gezeigt; im 19. Jahrhundert gab es im Zeichen des Kulturkampfes einen heftigen Streit um seine Echtheit.

Mit großer Energie wehrte Erzbischof Richard die Reformation von seinem Kurfürstentum ab. Sein Nachfolger Johann VI. von der Leyen holte die Jesuiten ins Land und übergab ihnen das Schulwesen. So blieb Trier katholisch, zumal Protestanten die Ansiedlung untersagt war. Im Dreißigjährigen Krieg wechselten Spanier und Franzosen einander in der Besetzung des Erzstiftes ab. Erzbischof Philipp Christoph von Sötern, der zu Frankreich neigte, wurde 1635 festgenommen und zehn Jahre lang in Wien gefangengehalten.

Der letzte Erzbischof war Clemens Wenzeslaus von Sachsen, der in einem Toleranzedikt endlich auch für Protestanten den Zugang zu seinem Land freigab. 1794 mußte er vor den französischen Revolutionstruppen nach Augsburg flüchten. Das linksrheinische Gebiet des besetzten Erzstifts fiel durch den Frieden von Lunéville an Frankreich, Trier wurde Hauptstadt des Departements Sarre.

Rheinland-Pfalz

Das rechtsrheinische Gebiet kam an Nassau. 1815 erhielt Preußen den größten Anteil des Erzstifts, mit der Einverleibung von Nassau folgte 1866 der Rest. Kirchlich wurde Trier nur noch als Bistum reorganisiert und dem Erzbistum Köln unterstellt.

Die Gebiete des Erzstifts Trier und der pfälzischen Fürstentümer sowie Teile des ehemals österreichischen Herzogtums Luxemburg (um die Stadt Bitburg) bilden den Hauptteil des heutigen Bundeslandes Rheinland-Pfalz. Zwischen Trier und der Pfalz hielt sich bis 1801 als einzige größere selbständige Herrschaft noch die Rheingrafschaft an der mittleren Nahe. Durch Heirat verschmolzen die Rheingrafen am Ende des 14. Jahrhunderts mit den sogenannten Wildgrafen von Kyrburg und trugen danach beide Titel. Dann erheiratete ein Wildgraf die Grafschaft Obersalm und nahm den Titel eines Fürsten von Salm an. Die Salm waren ein weitverzweigtes, aus dem Moselgau stammendes Adelsgeschlecht. Als die Rheingrafschaft an Frankreich verlorenging, erhielten die Salm ein Gebiet des ehemaligen Hochstifts Münster an der niederländischen Grenze. Mit dem Ende der napoleonischen Zeit verzichteten sie auf ihre Souveränität. Der größte Teil der Rheingrafschaft fiel an Bayern. Dieses gab dafür Birkenfeld an Preußen ab, von diesem wurde es als Fürstentum an Oldenburg übergeben; erst im Jahr 1937 wurde Birkenfeld der preußischen Rheinprovinz angeschlossen.

Um 15 v. Chr. wurde am Rhein, gegenüber der Mündung des Mains, das Militärlager Mogontiacum errichtet. Als Hauptort der römischen Provinz Germania prima war Mainz wohl schon zur späten Römerzeit auch Bischofssitz. Nach den Stürmen der Völkerwanderungszeit namentlich bezeugt ist Bischof Sidonius (um 550). Bonifatius wurde 747 vom Papst zum Erzbischof von Mainz erhoben. Diesem Erzbistum waren zunächst die Bischöfe fast des ganzen deutschsprachigen Raums, mit Ausnahme des Herzogtums Baiern (Bereich des Salzburger Erzbischofs) unterstellt; später kamen noch Prag und Olmütz hinzu (erst 1343 verlor Mainz die Metropolitangewalt über Böhmen).

Der Erzbischof von Mainz war der mächtigste und angesehenste Kirchenfürst Deutschlands. Er krönte den deutschen König und führte von 965 bis zum Ende des Heiligen Römischen Reichs den Titel Erzkanzler.

Etliche der Mainzer Kirchenfürsten spielten eine bedeutende Rolle in der deutschen Geschichte. Der große Gelehrte Hrabanus Maurus, der 847 Erzbischof wurde, verfaßte ein 22bändiges Lexikon des Wissens seiner Zeit, „De universi libri XXII". Hatto I., ein gebürtiger Alemanne, war Vormund des letzten Karolingerkönigs Ludwig und trug zur Beseitigung der fränkischen Babenberger bei, um seinem Freund Konrad I. zur Königskrone zu verhelfen. Auch bei den Sachsen geriet er in üble Nachrede – in Sagen spiegelt sie sich wider – weil er Herzog Heinrich (der dann Konrad auf dem Thron folgte) hatte erdrosseln lassen wollen.

In der Zeit nach dem Niedergang der Staufer übten die Mainzer Erzbischöfe wiederholt die Rolle von „Königsmachern" aus, wie dies das Grabmal eines zwei Könige krönenden Kirchenfürsten aus dem Geschlecht der Eppsteiner im Mainzer Dom festhält. Wiederholt kam es zu Konflikten zwischen Mainz und anderen Kirchenfürsten. Als Parteigänger Kaiser Ludwigs des Bayern, über den der Kirchenbann verhängt worden war, wurde Heinrich von Virneburg der Trierer Erzbischof Balduin als Gegenbischof entgegengesetzt. Heinrich wurde für abgesetzt erklärt, blieb aber in seinem Amt. Nach ihm wählte das Domkapitel einen anderen als den vom Papst gewünschten Erzbischof, und es kam erneut zu einer langwierigen Fehde. Das Stammgebiet des Mainzer Erzbistums beiderseits des Rheins und der Mainmündung war klein, doch wurden neben dem nahen Aschaffenburg auch die weitab liegenden Gebiete des thüringischen Eichsfeldes und die Stadt Erfurt erworben.

Die Liebfrauenkirche in Trier wurde in relativ kurzer Zeit, von 1235 bis 1260, erbaut und zeigt daher einen einheitlichen Stil.

Erzstifte Mainz und Trier

Auch mit ihrer Stadt Mainz bekamen die Erzbischöfe Schwierigkeiten. 1160 ermordeten die Bürger Erzbischof Arnold, woraufhin Kaiser Friedrich Barbarossa ein strenges Strafgericht über die Stadt hielt. Obwohl formell nie vom Erzstift losgelöst, gewann sie in den folgenden drei Jahrhunderten doch eine De-facto-Unabhängigkeit. Die Erzbischöfe verlegten ihre Residenz zuerst nach Eltville, dann nach Aschaffenburg. Im „goldenen Mainz", wie die Stadt wegen ihres Reichtums im späten Mittelalter genannt wurde, vollendete der Mainzer Patriziersohn Johannes Gutenberg um 1450 seine epochemachende Erfindung, die Buchdruckerkunst. Dann aber kam es zur sogenannten Mainzer Stiftsfehde, in der nicht nur Adolf II. von Nassau mit dem abgesetzten Dietrich II. von Isenburg kämpfte, sondern sich auch die Zünfte gegen die Patrizier erhoben. Mainz mußte sich dem siegreichen Erzbischof Adolf unterwerfen und seine Vorrechte wieder aufgeben. Nach Adolfs Tod kehrte Dietrich noch einmal auf den Kurfürstenthron zurück und gründet die Universität Mainz (1476).

Im Jahr 1631, in der Regierungszeit des Kurfürsten Anselm Kasimir, wurde Mainz vom Schwedenkönig Gustav Adolf besetzt. Er übergab das Erzstift keinem seiner deutschen Bündnispartner, sondern richtete eine schwedische Staatsverwaltung ein. Am rechten Ufer des Rheins, bei der Mainmündung, ließ er die Gustavsburg errichten und die Festungsbauten erweitern. Offenbar betrachtete er Mainz als Faustpfand, um Deutschland kontrollieren zu können. 1635 jedoch mußten die Schweden Mainz räumen, neun Jahre später wurde es von den Franzosen eingenommen. Erst durch den Westfälischen Frieden erhielt der neue Kurfürst Johann Philipp von Schönborn das Erzstift zurück. Ihm gelang es, die Stadt Erfurt, die sich von der Herrschaft der Erzbischöfe weitgehend emanzipiert hatte und die Reichsunmittelbarkeit anstrebte, wieder unter die kurfürstliche Oberhoheit zu zwingen.

Allmählich erholte sich die Stadt von den Drangsalen des Dreißigjährigen Krieges und der Kriegszüge Ludwigs XIV. Der letzte hier residierende Kurfürst war Friedrich Karl Joseph von Erthal, ein gebildeter Mann der Aufklärung, der die Universität auch für Protestanten öffnete. 1792 jedoch mußte er vor dem herannahenden französischen Revolutionsheer fliehen; in Mainz gründeten Intellektuelle, unter Führung des vordem vom Erzbischof als Hofbibliothekar berufenen Johann Georg Forster, einen Republikanischen Klub und riefen im März 1793 die „Rheinische Republik" aus. Forster fuhr nach Paris, um deren Anschluß an Frankreich zu betreiben, doch wurde Mainz schon wenige Wochen später von den Österreichern erobert. Erst im Frieden von Lunéville mußte die Stadt, zusammen mit allen linksrheinischen Gebieten, an Frankreich abgetreten werden.

Durch den Reichsdeputationshauptschluß war das Erzbistum säkularisiert worden. Dennoch war Karl Theodor von Dalberg, Bischof von Konstanz, zum Kurfürsten gewählt worden. Seine Nähe zu Napoleon bewirkte, daß er als einziger geistlicher Fürst – mit dem Hinweis auf seine Funktion als Erzkanzler – ein Territorium behielt: neben dem mainzischen Aschaffenburg wurde ihm das Bistum Regensburg zugeteilt. 1810 mußte er Regensburg abtreten, Aschaffenburg wurde um Frankfurt, Fulda und Hanau erweitert – Dalberg wurde Großherzog von Frankfurt. Mit dem Ende Napoleons verschwand das Großherzogtum. Im Jahr 1815 wurde Hessen-Darmstadt Mainz angegliedert („Rheinhessen"). Allerdings wurde die Stadt Mainz militärisch als Bundesfestung betrachtet, für die preußische und österreichische Truppen das Besetzungsrecht hatten. Im Revolutionsjahr 1848 kam es hier zu blutigen Straßenkämpfen zwischen den Bürgern und dem preußischen Militär.

Dieses linksrheinische Gebiet kam nach 1945 zum Bundesland Rheinland-Pfalz, zu dessen Hauptstadt Mainz ernannt wurde.

Erzbischof Siegfried von Eppstein setzt den beiden Gegenkönigen Kaiser Friedrichs II., Heinrich Raspe und Wilhelm von Holland, die Kronen auf. Grabmal im Mainzer Dom, nach 1249

Rheinland-Pfalz

Siebenhundert Jahre lang stellte das Haus Wittelsbach die Fürsten der Kurpfalz. Frankreich versuchte wiederholt, sich das Gebiet einzuverleiben. Erst 1940 wurde die Pfalz endgültig von Bayern getrennt.

Der Name Pfalz ging von einem allgemeinen Begriff auf eine spezielle Landschaft über. Das Wort kam über das lateinische „palatium", Palast, ins Deutsche und bezeichnete einen Ort, an dem sich ein königlicher Palast befand. Die Pfalz war eine Wohnstätte für den König bzw. Kaiser und seinen Hofstaat bei deren Reisen durch das Reich; sie wurde von einem Pfalzgrafen verwaltet.

In der rheinischen Pfalz, auf die sich im Laufe der Zeit der Begriffsname einengte, gab es eine Reihe von Königspfalzen. Doch hatte der erste „comes palatinus Rheni", Pfalzgraf bei Rhein (erstmals erwähnt 1093), Aachen zum Ausgangspunkt seiner Würde. Über die Besitzungen der Träger dieses Titels und das von ihnen ausgeübte Vogteirecht über das Erzbistum Trier verlagerte sich der Schwerpunkt ihrer Herrschaft allmählich vom Nieder- zum Mittelrhein. Kaiser Friedrich Barbarossa belehnte 1155 seinen Stiefbruder Konrad mit der Pfalzgrafenwürde; dieser bestimmte die Burg auf dem Jettenbühel bei Heidelberg zu seinem Hauptsitz.

Nach einem welfischen Zwischenspiel kamen die rheinfränkischen Lande 1214 an den Wittelsbacher Ludwig I., Herzog von Bayern, der den neuen Gebietszuwachs durch die Verheiratung seines Sohnes mit einer Welfin noch vermehrte. Fortan blieb die Pfalz wittelsbachisch. Die Enkel Ludwigs I. teilten den Besitz: Ludwig II. bekam Oberbayern und die Pfalz, Heinrich I. Niederbayern. Aus der pfälzischen Linie stammte Kaiser Ludwig der Bayer (1314-1347), der nur Oberbayern behielt und die Pfalz sowie das Gebiet des bayrischen Nordgaus an Nachkommen seines Bruders abtrat – dieser Teil hieß fortan Oberpfalz. Dem pfälzischen Haus verlieh Kaiser Karl IV. in der Goldenen Bulle die alleinige Kurwürde. Es stellte den zweiten deutschen König aus wittelsbachischem Geblüt, Ruprecht von der Pfalz (1400-1410), der den abgesetzten luxemburgischen König Wenzel ablöste.

Die vier Söhne Ruprechts von der Pfalz teilten das pfälzische Gebiet. Den ersten Rang hatte die jeweilige Kurlinie inne; zwischen 1410 und 1722 wechselte diese vier Mal unter verschiedenen Häusern; als einziges wittelsbachisches Haus überlebte Pfalz-Zweibrücken, das bis 1918 regierte.

Die Erbansprüche von Elisabeth Charlotte (Liselotte) von der Pfalz wurden von Frankreich zu einem Krieg gegen Kaiser Leopold genützt. Gemälde von N. de Largillierre; Chantilly, Musée Condé

All dies ist aber nur eine Vorwegnahme der wechselvollen Geschichte der Pfalz in den vorhergehenden Jahrhunderten. Um 1500 hatte das Land schwer unter einem wittelsbachischen Bruderkrieg, dem Bayrisch-Pfälzischen Erbfolgekrieg zu leiden, in welchem man um das Fürstentum Neuburg an der Donau kämpfte; schließlich verblieb dieses bei den Pfälzern, ebenso wie Sulzbach in der Oberpfalz.

Zum Unterschied von Bayern fand in den pfälzischen Landen die Reformation Eingang. Kurfürst Ottheinrich stiftete nach Plänen des Reformators Melanchthon an der (bereits 1386 eröffneten) Universität Heidelberg eine beispielgebende Bibliothek und ließ auf dem Jettenbühel den Prachtbau eines neuen Schlosses im Stil der Frührenaissance errichten (1556). Die Bibliothek mit ihren 3500 Handschriften wurde im Dreißigjährigen Krieg zur Beute des kaiserlichen Feldherrn Tilly, der sie dem Vatikan übergab. Die Truppen Napoleons verschleppten Teile davon von Rom nach Paris, ein Teil des Bestandes, darunter die berühmte Manessische Liederhandschrift, wurde im 19. Jahrhundert von Frankreich an (das inzwischen badisch gewordene) Heidelberg zurückgegeben.

Die pfälzischen Fürsten schwankten zwischen den Lehren Luthers und jenen Calvins, was sich insofern auf die Universität auswirkte, als einmal die lutherischen, dann wieder die reformierten Lehrer vertrieben wurden.

Im Jahr 1619 ließ sich Friedrich V. von der Pfalz dazu verleiten, die Krone Böhmens anzunehmen. Er wurde jedoch – daher die Bezeichnung „Winterkönig" – von Kaiser Ferdinand II. rasch von dort vertrieben und verlor nun auch die Pfalz samt der Kurwürde. Die Pfalz war besetztes Land, das erst Friedrichs Sohn Karl Ludwig im Westfälischen Frieden zurückbekam.

Der Frieden war der Pfalz nicht lange vergönnt: in den Kriegen mit Ludwig XIV. begann erst ihre schwerste Zeit. So schlug Kurfürst Karl Ludwig ein Bündnis mit Frankreich ab, woraufhin – in einem von 1673 bis 1679 andauerndem Krieg – sein Land von den gegnerischen Truppen verwüstet wurde und man einige linksrheinische Gebiete als sogenannte „Reunionen" beanspruchte (schon 1648 war Landau an Frankreich abgetreten worden).

Noch viel schwerer aber traf die Kurpfalz der Krieg von 1688/89, der sich an einem windigen Erbanspruch Ludwigs XIV. entzündete: Mit dem Tod des Sohnes Karl Ludwigs war die 2. pfälzische Kurlinie im Mannesstamm erloschen. Aufgrund der wittelsbachischen Erbvereinbarungen wurde die Kurpfalz von Philipp Wilhelm von Pfalz-Neuburg übernommen. Karl Ludwigs Tochter Elisabeth Charlotte (Liselotte von der Pfalz) war aus politischen Gründen mit dem Bruder von Ludwig XIV., dem Herzog von Orleans, verheiratet worden. Der König erhob nun – gegen den Willen Liselottes – Ansprüche auf Teile der Kurpfalz. Nachdem diese zurückgewiesen worden waren, besetzten die Franzosen das Land. Als Frankreich vor einer europäischen Koalition zurückweichen mußte, ließ Ludwig die pfälzischen Städte in barbarischer Weise verwüsten; damals wurde auch das berühmte Heidelberger Schloß in Brand gesteckt. Im Frieden von Rijswijk mußte sich die Pfalz dennoch auch noch zu einer hohen finanziellen Entschädigung Ludwigs XIV. für seine Ansprüche bequemen.

Philipp Wilhelm, der neue Kurfürst, war Katholik. Während des Krieges war er nach Wien geflüchtet; seine Rückkehr hatte die Unterdrückung der Protestanten zur Folge, erst auf Druck Preußens kam es zu einem Ausgleich, der Religionsfreiheit zusicherte. Sein jüngerer Sohn Karl Philipp verlegte seine Residenz wegen neuer konfessioneller Streitigkeiten von Heidelberg nach Mann-

Die Kurpfalz

heim. Nach seinem Tod fiel die Kurpfalz 1742 an Karl Theodor von Sulzbach (Vierte Kurlinie). Unter diesem hochgebildeten und kunstfreundlichen Fürsten wurde das Land durch Erbfall mit Bayern vereinigt. Da Karl Theodor den Aufenthalt in der Pfalz bevorzugte, war er bereit, den Plänen Josephs II., Alt-Bayern mit Österreich zu vereinigen und so die Stellung des Kaisers im Reich zu stärken, entgegenzukommen. Der Wunsch des Kurfürsten, seine unehelichen Kindern – seine Ehen blieben kinderlos – vom Kaiser in den Fürstenstand erheben zu lassen, spielte hierbei eine Rolle. Karl Theodor stimmte zu, Alt-Bayern gegen die österreichischen Niederlande (Belgien) einzutauschen, wodurch ein wittelsbachisches Fürstentum von der Nordseeküste bis zur Pfalz entstanden wäre.

Der preußische König Friedrich II. wollte eine solche Stärkung des Kaisers ebensowenig wie Frankreich; ein von Friedrich initiierter deutscher Fürstenbund verhinderte den Tausch, indem der Erbanspruch der Zweibrückener Linie der Wittelsbacher vorgeschoben wurde. Der Kaiser mußte nachgeben; im Jahr 1799, nach dem Tod Karl Theodors, trat Maximilian I. Joseph von Zweibrücken die Regierung in allen wittelsbachischen Territorien an.

Das kurpfälzische Gebiet links des Rheins (mit Simmern, Lautern und Sponheim) sowie Maximilians Stammland, das Herzogtum Zweibrücken, waren indes bereits von den französischen Revolutionstruppen besetzt. Im Frieden von Lunéville wurde es 1801 mit den übrigen linksrheinischen Gebieten des Reichs abgetreten. 1802 trat Bayern, das durch große ehedem geistliche Gebiete in seiner Nachbarschaft entschädigt worden war, auch die pfälzischen Gebiete rechts des Rheins ab: der größte Teil mit Heidelberg und Mannheim fiel an Baden, kleinere Gebiete kamen zu Nassau und Hessen-Darmstadt. Der Wiener Kongreß brachte Bayern nur noch die Pfalz links des Rheins (mit einigen Abtretungen an Preußen) zurück, dazu kamen Landau von Frankreich, die frühere reichsfreie Grafschaft Leiningen und Gebiete der Bistümer Speyer und Worms; Versuche, auch den rechtsrheinischen, badischen Teil zurückzugewinnen, schlugen fehl. Verwaltungszentrum „Rheinbayerns" wurde Speyer.

Speyer ist eine uralte Römerstadt. Ihr Dom birgt die Grabmäler von acht deutschen Kaisern. Im 13. Jahrhundert war Speyer freie Reichsstadt geworden. Sie war Sitz des Reichskammergerichts und Ort etlicher Reichstage. Das Umland bildete das Bistum Speyer, von dem sich die Stadt gelöst hatte. Die Stadt Speyer und Gebiete der Bistümer Speyer und Worms wurden 1817 bayrisch. Hingegen fiel die sagenumwobene Stadt Worms, heute ebenfalls in Rheinland-Pfalz, an Hessen-Darmstadt.

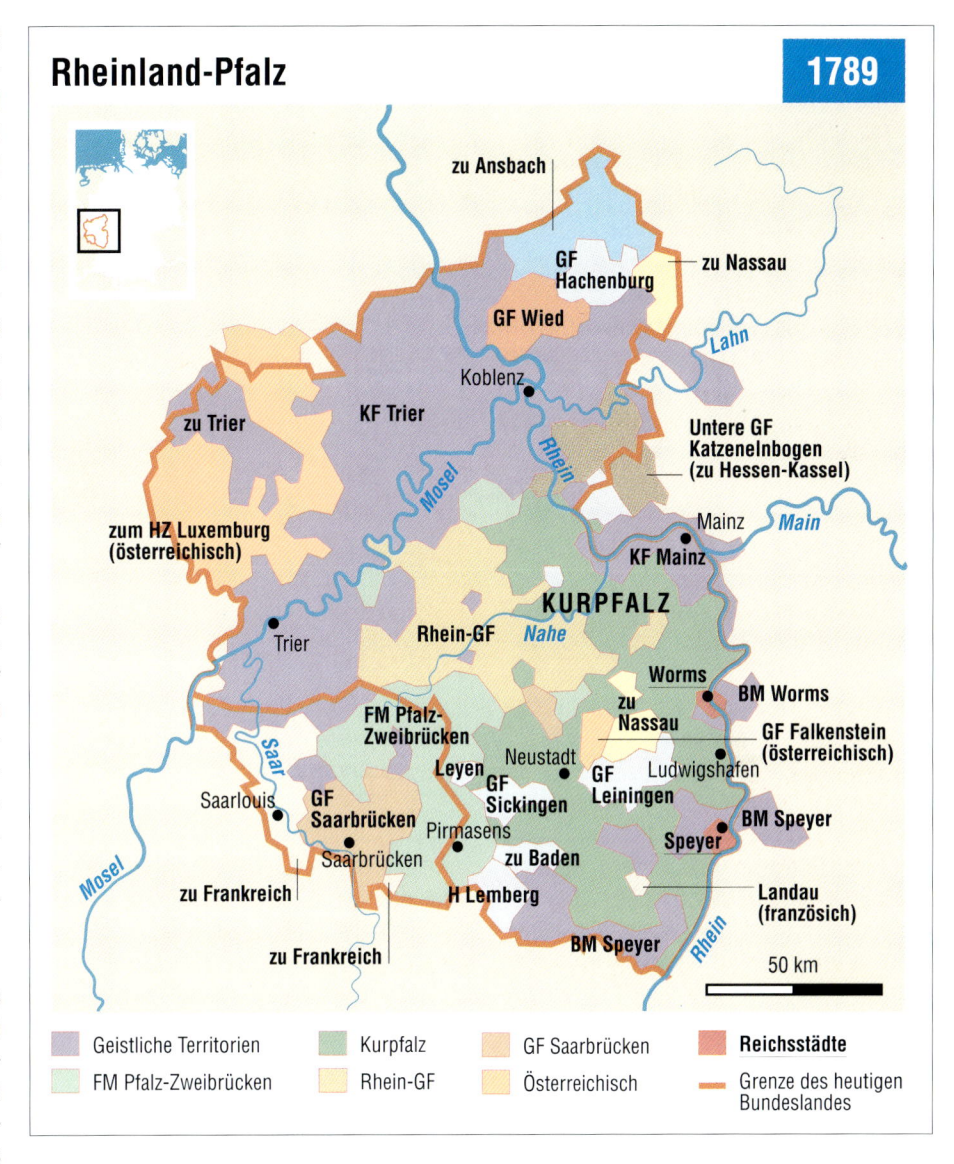

Schon seit der fränkischen Zeit war Worms eine der wichtigsten Städte des Reichs gewesen. Da es sich schon im 11. Jahrhundert von seinem Bischof löste, kann es als die älteste Reichsstadt betrachtet werden. Im Jahr 1122 wurde hier das Wormser Konkordat zwischen Kaiser und Papst geschlossen. Hier wurde auch das Wormser Edikt erlassen, das über Luther die Reichsacht verhängte. Ein Angebot des Kurfürsten von der Pfalz, Worms zu seiner Residenz zu machen, lehnten die Wormser ab. Speyer wie Worms wurden von den Truppen Ludwigs XIV. fast völlig zerstört; auch die Gruften der Kaiser wurden dabei verwüstet.

Von 1918 bis 1930 war die Pfalz von den Franzosen besetzt; westliche Gebietsteile waren dem Saargebiet einverleibt worden. 1940, bei Bildung des Reichsgaus Westmark (unter Einschluß Lothringens) wurde die Verbindung der Pfalz mit Bayern gelöst. Nach 1945 war die Pfalz, nunmehr dem neuen Bundesland Rheinland-Pfalz eingegliedert, neuerlich Teil der französischen Besatzungszone.

Saarland

Das Saarland ist nach den Stadtstaaten Berlin, Hamburg und Bremen das kleinste Bundesland Deutschlands. Ohne seine Sonderstellung nach dem Ersten und Zweiten Weltkrieg wäre das Saarland wohl kein eigenes Bundesland geworden.

Die Burg Saarbrücken wurde 999 erstmals erwähnt. Mit ihr belehnte Kaiser Otto III. den Bischof von Metz. Ein Jahrhundert später erscheinen die Grafen von Saarbrücken, die auch Besitzungen im Elsaß hatten, als Herren über Gebiete beiderseits des Saar-Flusses. 1274 starben die Saarbrückener Grafen aus, die Grafschaft ging, über das lothringische Geschlecht von Commercy, auf eine Linie der Nassauer über. Diese Grafen von Nassau-Saarbrücken erbten 1527 die Grafschaft Saarwerden (Sarre-Union); diese jedoch wurde, wegen Einführung der Reformation in Saarbrücken, ein halbes Jahrhundert später von Lothringen als erledigtes Lehen eingezogen. Die Grafen von Nassau-Weilburg, die Saarbrücken geerbt hatten, erhielten einen Teil davon zurück, der Rest fiel, ebenso wie die Reichsstadt Saarburg (Sarrebourg), über Lothringen an Frankreich. Mit Lothringen kam auch die Stadt Saargemünd (Sarreguemines) an Frankreich, nachdem die Grafen von Zweibrücken sie schon im 13. Jahrhundert dem Herzog von Lothringen abgetreten hatten.

Unter den Kriegen Ludwigs XIV. hatte das Land schwer zu leiden und wurde von 1681 bis 1697 von den Franzosen besetzt; damals wurde die Festung Saarlouis errichtet, die bis zum Jahr 1815 französisch blieb (in der Hitlerzeit wurde die Stadt in Saarlautern umbenannt). Französisch besetzt war das Saarland ebenso von 1793 an, bis es 1801 mit Bestätigung der Rheingrenze an Frankreich fiel. Auf dem Wiener Kongreß 1815 wurde die frühere Grafschaft Saarbrücken, dazu Saarlouis, Preußen übergeben und ein Teil der preußischen Rheinprovinz.

Das erklärte Ziel der Sieger von 1918, insbesondere Frankreichs, war es, nach der militärischen Niederwerfung Deutschlands auch dessen wirtschaftliche Macht zu brechen. Das war angesichts der Zerstörungen, die Frankreich während des Krieges durch die Besetzung seiner am stärksten industrialisierten Gebiete erlitten hatte, verständlich, wenn es auch den Selbstbestimmungsideen Wilsons widersprach. Um Deutschand von seiner erst gegen die Jahrhundertwende errungenen Stellung als führende Industriemacht zurückzudrängen, sollte es von seinen Rohstoffbasen abgeschnitten werden. Neben der Rückgabe des erzreichen Ost-Lothringens an Frankreich, der Teilung des oberschlesischen Kohlenbeckens und der Besetzung des Rheinlandes (und vorübergehend auch des Ruhrgebiets) gehörte auch die Abtrennung des kohle- und erzreichen Saargebiets zu den Zielen der französischen Politik.

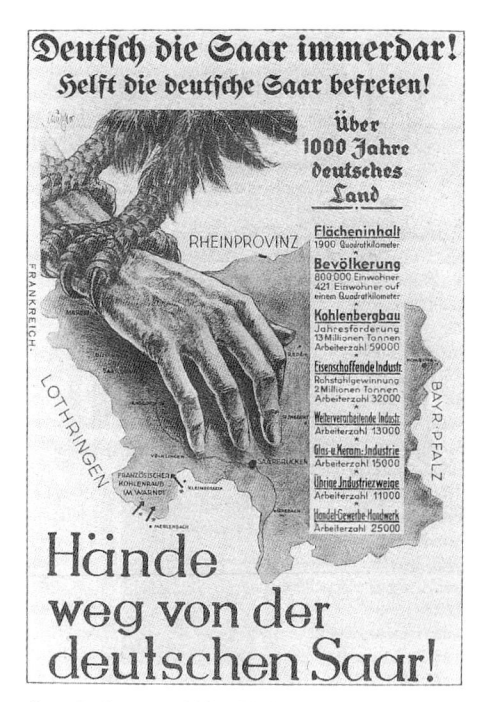

Saarabstimmung 1935: Die Bevölkerung stimmt mit überwältigender Mehrheit für die Rückkehr zum deutschen Vaterland.

Ursprünglich wollte Frankreich überhaupt die Annexion des Gebietes – dieser Plan scheiterte am Widerstand Großbritanniens und der USA. Um den französischen Wünschen dennoch entgegenzukommen, fand man einen Kompromiß: Im Vertrag von Versailles wurde festgesetzt, daß Deutschland im neugebildeten Saargebiet – es wurde aus Teilen der preußischen Rheinprovinz und der bayrischen Pfalz zusammengeschneidert – auf die Ausübung der Regierungsgewalt zugunsten des Völkerbundes verzichten müsse. Dieser Vertrag trat am 10. Januar 1920 in Kraft; nach fünfzehn Jahren sollte die Bevölkerung über ihre staatliche Zugehörigkeit entscheiden.

Das Saargebiet, damals 1900 Quadratkilometer groß und von rund 800.000 Menschen bewohnt, wurde nun von einer Regierungskommission verwaltet, der ein Franzose, ein Saarländer und drei nichtdeutsche Ausländer angehörten. De facto aber wurde es von Frankreich beherrscht. Aufgrund des Versailler Vertrags hatte Deutschland die saarländischen Kohlenfelder an Frankreich abtreten müssen; die Eigentümer mußten von der deutschen Regierung entschädigt werden. Im Falle der Wiedervereinigung mit Deutschland – so bestimmte es der Vertrag – mußte dieses die Kohlenbergwerke von Frankreich zurückkaufen. Auch zollrechtlich war das Saargebiet an Frankreich angeschlossen, seine Währung war der Franc. Vertragsbestimmungen dieser Art gehörten

Saarabstimmung 1956: Auch der zweite Versuch, das Saarland von Deutschland loszulösen, scheitert an der klaren Willenskundgebung seiner Bewohner. Stimmenauszählung im Landgericht von Saarbrücken.

Zweimal separiert

zu den Gründen, warum die rechtsnationalistischen Revanchegelüste wachsenden Widerhall fanden und schließlich im Nationalsozialismus münden konnten. Aber auch die deutsche Linke war – bis zur Machtergreifung Hitlers – gegen diese Abtretungs- und Ausbeutungspolitik der westlichen „Imperialisten" eingestellt.

Die saarländische Bevölkerung beantwortete den französischen Druck zunächst mit einer betonten Heimatbewegung. Die französenfreundlichen „Saarbündler" erhielten bei den Wahlen immer weniger Stimmen – Anfang der dreißiger Jahre war es nur noch ein Prozent. Auch eine Autonomistenbewegung blieb ohne großen Widerhall: Die deutschen Parteien – von ganz links bis ganz rechts – waren sich vor 1933 über den Anspruch auf Rückkehr der Saar einig.

So fiel das Saargebiet, als der Tag der Abstimmung mit 13. Januar 1935 gekommen war, Hitler als erster „Anschluß"-Erfolg in den Schoß. Mit 90,8 Prozent errang die „Deutsche Front" einen überwältigenden Sieg. Ihm konnten die Sozialistische Einheitsfront und der Christliche Volksbund, die ihres Verbots durch die Nazis gewärtig sein mußten und die als Losung die Beibehaltung des Status quo verfochten, nur 8,8 Prozent entgegenhalten. Weniger als ein Prozent entfiel auf Stimmen für den Anschluß an Frankreich. Die Nazipropaganda machte sich die patriotische Begeisterung über diesen Volksentscheid zunutze. Dem alten Bergmannslied „Glückauf, glückauf" wurde als neuer Text „Deutsch ist die Saar" unterlegt. Der Namenspatron des 13. Januar, Hilarius, mußte für eine prophetische Bestätigung des Sieges Hitlers herhalten: Von den Buchstaben des Namens wurde im Volksmund die Bedeutung „Hitler ist laut Abstimmung rechtmäßiger Inhaber unserer Saar" abgeleitet.

Das Saargebiet wurde einem Reichskommissar, dem später auch in Wien als Anschlußspezialisten eingesetzten Gauleiter der bayrischen Pfalz, Josef Bürckel, unterstellt und mit der Pfalz zum Gau Saarpfalz vereinigt; ab der Angliederung Lothringens nach der Niederlage Frankreichs 1940 hieß dieser Westmark.

Nach dem Zusammenbruch des Dritten Reichs tauchte die Saarfrage erneut auf. Frankreich trachtete wiederum danach, das Eisen- und Kohlerevier an der Saar unter seine Kontrolle zu bringen und womöglich zu annektieren. Dem widersprachen aber die Zielsetzungen der anderen Siegermächte. Allerdings wollten sie Frankreich eine Entschädigung für die mehr als vierjährige Besetzung nicht verwehren. Deshalb stimmten sie der Einbeziehung des Saargebiets in das französische Wirtschafts- und Zollgebiet zu. Seine Grenzen wurden gegenüber jenen von 1920 um das Gebiet von 142 Gemeinden erweitert, im Nordwesten aber bereits 1947 zum Teil wieder zurückgenommen.

Infolge der Abtrennung bildete sich das Saarland langsam als eigenständige politische Einheit heraus. Die französische Besatzung begünstigte Gruppierungen, die für einen Anschluß an Frankreich eintraten; sie waren im „Mouvement pour le Rattachement de la Sarre à la France" politisch organisiert. Doch wählten die Saarländer beharrlich die konventionellen deutschen Parteien. Diese sprachen sich unter dem Eindruck der schwierigen Situation zwar für eine vorübergehende wirtschaftliche Gemeinsamkeit mit Frankreich aus; in der Verfassung vom 15. Dezember 1947 erklärte sich das Saarland dennoch zu einem deutschen Bundesland.

Die Zeit arbeitete für die neu entstandene Bundesrepublik, die infolge des Kalten Krieges zum wichtigen Bündnispartner der westlichen Allianz geworden war. 1954 schloß Bundeskanzler Adenauer, stets ein Vertreter der deutsch-französischen Aussöhnung, mit dem französischen Ministerpräsidenten Mendes-France einen Vertrag über die „Europäisierung" der Saar. Eine solche jedoch wurde bereits ein Jahr später in einer Volksabstimmung von 67,7 Prozent der Wähler abgelehnt. Der am 27. Oktober 1956 zwischen Frankreich und Deutschland abgeschlossene Saarvertrag brachte die Rückkehr des Saarlandes zu letzterem; formell wurde die Eingliederung in die Bundesrepublik am 1. Januar 1957 vollzogen.

201

Sachsen

Die Keimzelle des Bundeslandes Sachsen war die Mark Meißen. Das Fürstenhaus der Wettiner, das dort seit 1123 regierte, erlangte im Lauf der Jahrhunderte die Kurwürde und den Königstitel, herrschte in Nebenlinien auch in thüringischen Kleinstaaten, mußte aber 1815 große Gebiete an Preußen abtreten.

Das Gebiet des heutigen Landes Sachsen ist deutscher Kolonisationsboden. Gegen Ende der Völkerwanderungszeit waren slawische Stämme in den Raum östlich der Elbe vorgedrungen. Unter den sächsischen Kaisern setzte eine Gegenbewegung ein. Im ersten Ansturm um 930 gelang es, die Stämme jenseits von Elbe und Saale der deutschen Oberhoheit zu unterwerfen. Burgen wurden angelegt, die Missionierung begann, und sehr rasch wurde auch die deutsche Kirchenorganisation auf das eroberte Land ausgedehnt. Während der Slawenaufstand zwischen Ostsee und Havel der Kolonisation einen Rückschlag zufügte, war der Süden bis zu den böhmischen Randgebieten rasch befriedet. Um diese sächsische Ostmark machte sich insbesondere Markgraf Gero verdient, und in seiner Nachfolge wurden mehrere mit Bischofssitzen verbundene Marken angelegt: Zeitz, Merseburg, Meißen, Lausitz.

Die Mark Meißen, die ursprünglich die slawischen Gaue der Daleminzen und Nisanen umfaßte, wurde zum Kernland des späteren Sachsen. Die sächsischen Kaiser setzten Adelige aus verschiedenen Geschlechtern als Markgrafen ein, unter ihnen Ekkehard I., der Heinrich II. die Königskrone streitig machen wollte. Die inneren Konflikte trugen dazu bei, daß Polen die Lausitz besetzte und die Grenze bis an die Meißner Mark vorschob. Im Jahre 1123 konnte Graf Konrad von Wettin, unterstützt vom sächsischen Herzog Lothar, sich der Mark bemächtigen und den Besitz gegen Kaiser Heinrich V. verteidigen. Fortan regierte das Haus der Wettiner hier ununterbrochen bis zum Jahre 1918. Das ursprünglich slawische Dorf Dresden wuchs als wichtiger Handels- und Verkehrsplatz rasch zur Residenz der wettinischen Fürsten heran.

Konrad und seine frühen Nachfolger konnten ihren Herrschaftsbereich sehr bald um das Pleißnerland um Zwickau (das zunächst Reichsland war) und das Osterland um Leipzig erweitern; dazu kam das ludowingische Erbe in Thüringen (s. d.). Das wettinische Gebiet reichte somit von der Oder bis zur Werra und vom Erzgebirge bis zum Harz, jedoch erschwerten häufige Erbteilungen die Herausbildung eines größeren zusammenhängenden Staatsgebietes.

Oben: Dem Kurfürsten August dem Starken war die Krone Polens der Übertritt zum Katholizismus wert. Holzstatuette, um 1710; Hamburg, Museum für Kunst und Gewerbe
Links: Der Dresdner Zwinger wurde von D. Pöppelmann im Auftrag Augusts des Starken erbaut. Die offengebliebene vierte Seite wurde 1847-54 durch den Bau der Gemäldegalerie von G. Semper geschlossen.

Das heutige Land Sachsen kam erst im 15. Jahrhundert zu seinem Namen – den des alten (niedersächsischen) Stammesherzogtums. Nach der Entmachtung Heinrichs des Löwen hatte nur noch das den Askaniern übergebene Ostfalen den Namen „Herzogtum Sachsen" bewahrt. Es wurde 1260 in Sachsen-Lauenburg und Sachsen-Wittenberg geteilt. Durch die Goldene Bulle (1356) erlangte Sachsen-Wittenberg die Kurwürde, hier starben die Askanier 1422 aus. Den wettinischen Markgrafen wurden vom Kaiser Herzogstitel, Kurwürde und damit der Name verliehen.

Die 1485 erfolgte Trennung des wettinischen Hauses in eine ernestinische und eine albertinische Linie – diese behielt die Mark Meißen – war eine endgültige, doch mußten die Ernestiner im Schmalkaldkrieg, als Folge eines Ränkespiels des Markgrafen Moritz, die Kurwürde mit dem Herzogtum Sachsen-Wittenberg an die Meißner abtreten. Die ernestinische Linie war damit endgültig auf

Von der Mark zum Königreich

Thüringen beschränkt, während für das neue Kurfürstentum Sachsen der Aufstieg begann; die Einführung der Primogenitur (1499), die Erbteilungen verhinderte, trug wesentlich dazu bei.

Der Übertritt seiner Lande zur Reformation hatte Moritz nicht daran gehindert, seinen ebenfalls protestantischen ernestinischen Verwandten in den Rücken zu fallen. Gegen Kaiser Karl V., der ihn mit der sächsischen Kurstimme ausstattete, war er freilich ebenso treulos. Um französische Hilfe für seinen Angriff auf Österreich zu erhalten, „schenkte" er namens der protestantischen Fürsten Frankreich die Erzbistümer Metz, Toul und Verdun und riß so die Westflanke des Reiches auf. Dem Kaiser rang er mit Truppenmacht den Passauer Vertrag ab – er sicherte den evangelischen Ständen Religionsfreiheit zu. Die Aufhebung der Hochstifte von Merseburg, Meißen und Naumburg durch die Reformation rundete das Territorium ebenso ab wie die Erwerbung des Vogtlandes.

Im Zeitalter zwischen Reformation und Westfälischem Frieden schwankten die sächsischen Kurfürsten zwischen einem engen Anschluß an das Haus Österreich und dem Bündnis mit den anderen protestantischen Fürsten. Das strenge Luthertum wurde durch die Einführung des Religionseides bekräftigt – eine Maßnahme, die sich vor allem gegen den Calvinismus richtete.

Der Union der protestantischen Stände trat Sachsen nicht bei, und zu Beginn des Dreißigjährigen Krieges unterstützte Kurfürst Johann Georg sogar Kaiser Ferdinand bei der Unterwerfung Schlesiens und der Lausitz. Diese wurde dann von Österreich an Sachsen verpfändet. Sachsen beendete seine Neutralität, als 1631 der kaiserliche Feldmarschall Tilly in das Land einfiel; die kurfürstlichen Truppen drangen in Böhmen ein, wurden aber rasch wieder vertrieben.

Im Frieden von Prag, der dem Kurfürsten den erblichen Besitz der Ober- und Niederlausitz zusicherte, schied Sachsen aus dem protestantischen Bündnis wieder aus. Das freilich hatte grausame Einfälle der Schweden zur Folge; bei Kriegsende war die Bevölkerung des Landes von rund drei Millionen auf die Hälfte geschrumpft. Doch das Land erholte sich rasch und wurde unter den Kurfürsten Johann Georg II., III. und IV. zu einem Mittelpunkt der französischen und italienischen Kunst; entgegen dem Hausgesetz der Primogenitur hatte allerdings Johann Georg I. seine zwei jüngeren Söhne mit Teilgebieten bedacht, so daß es vorübergehend die Nebenlinien Sachsen-Halle und Sachsen-Merseburg gab.

Friedrich August I. (1674-1733), genannt August der Starke, übertraf an Prachtliebe und Geltungssucht alle seine Vorgänger. Seinen enormen Geldbedarf befriedigte er unter anderem dadurch, daß er Sachsen-Lauenburg, das ihm durch Erbschaft zugefallen war, an Braunschweig verkaufte. Sein Wunsch, eine Königskrone zu tragen, war ihm den Übertritt zum katholischen Glauben wert – 1697 wurde er von dem bestochenen Sejm als August II. zum König von Polen gewählt. Widerwillig mußten sich die sächsischen Stände der nunmehrigen Bevorzugung der römischen Kirche fügen; selbst Augusts Gattin wies Bekehrungsversuche zurück. Jedoch wurde Dresden in der Regierungszeit Friedrich Augusts zu jenem „Elbflorenz", das zwei Jahrhunderte später durch die Bombenangriffe von 1945 so grausam zerstört werden sollte.

Der Erwerb der polnischen Krone stürzte Sachsen in langwierige kriegerische Verwicklungen. An der Seite Rußlands und Dänemarks beteiligte sich August am Nordischen Krieg gegen Schweden, wobei seine mäßigen Feldherrntalente seinen Truppen mehrmals Niederlagen einbrachten. Von dem schwedischen König Karl XII. wurde August zweimal als Polenkönig abgesetzt. Karl wurde dabei von jener polnischen Partei unterstützt, die befürchtete, daß August die Erblichkeit der Krone einführen könnte und die deshalb ihren Prätendenten Stanislaus Leszczynski vorzog. Vor allem der Hilfe Österreichs war es zu verdanken, daß August als König von Polen sterben konnte; er wurde in Krakau begraben.

Sein gleichnamiger Sohn folgte ihm auf beide Throne; er war mit Maria Josepha, der Tochter Kaiser Josephs I. vermählt. Im Österreichischen Erbfolgekrieg versuchte er vergeblich, der Erbtochter Kaiser Karls VI., Maria Theresia, Böhmen zu entreißen. Auch in

Sachsen — Von der Mark zum Königreich

Unter britischem Kommando stehende Bomber zerstörten am 13./14. Februar 1945 das als „Elb-Florenz" gerühmte Stadtbild Dresdens.

Der Aufstieg des Bürgertums und das rasche Wachstum der Industrie machte Sachsen zu einem unruhigen Land. Schon 1830 war es unter dem Eindruck der Pariser Julirevolution zu Unruhen gekommen. Daraufhin bekam das Land eine Verfassung, und der erste konstitutionelle Landtag genehmigte den Beitritt zum Preußischen Zollverein. Im Jahre 1848 verlangten die radikalen Demokraten eine grundlegende Reform des Regierungssystems, am 3. Mai kam es in Dresden zu einem blutigen Aufstand. Die Herrscherfamilie flüchtete nach Königstein, eine provisorische Revolutionsregierung stellte sich unter den Schutz der Frankfurter Nationalversammlung. Dem bedrohten Regime kamen preußische Truppen zu Hilfe, und der Aufstand war nach wenigen Tagen niedergeschlagen. Dennoch trat Sachsen, dessen Politik vom entschiedenen Preußenfeind Graf Beust gelenkt wurde, 1866 an die Seite Österreichs. Erneut war die Existenz des Königreichs bedroht, Bismarck aber sprach sich gegen eine Einverleibung Sachsens aus und begnügte sich mit dessen Beitritt zum Norddeutschen Bund. 1871 wurde Sachsen ein Gliedstaat des neuen Deutschen Reiches.

Das Anwachsen der Arbeiterschaft führte dazu, daß die Sozialdemokratie bereits um 1900 zur stärksten Partei im „roten Sachsen" geworden war. Am 13. November 1918 verzichtete der letzte König, Friedrich August III., auf den Thron; ihm werden dabei die Worte: „Dann macht euch den Dreck alleene" nachgesagt. Nach 1945 wurden dem Land durch die Oder-Neiße-Grenze die Reste schlesischer Gebiete (Görlitz, Zittau) angeschlossen. Bei der Gebietsreform der DDR von 1952 wurde Sachsen in die Bezirke Dresden, Karl-Marx-Stadt (Chemnitz) und Leipzig (im Norden erweitert um einen Gebietsstreifen von Delitzsch bis Torgau) aufgeteilt. 1990 ist es als Bundesland mit einigen kleinen Gebietsänderungen wiedererstanden. Dabei kamen die Kreise Hoyerswerda, Weißwasser, Senftenberg und Liebenwerda von Brandenburg zu Sachsen, Altenburg und Schmölln, die dem Bezirk Leipzig zugeteilt waren, wurden Thüringen zurückgegeben.

den Kriegen Österreichs mit Friedrich dem Großen agierten der zwischen den Parteien schwankende Kurfürst und sein allmächtiger Premierminister Graf Brühl glücklos; Sachsen wurde 1756 von Friedrich dem Große besetzt und gnadenlos ausgebeutet. Mit Friedrich Augusts Tod löste sich die Verbindung zu Polen.

Nach dem Ersten Koalitionskrieg gegen Frankreich erklärte Sachsen zunächst seine Neutralität (1796), unterstützte 1806 aber Preußen gegen Napoleon, trat jedoch dann, im Frieden von Posen, dem Rheinbund bei; gleichzeitig erklärte der Kurfürst Friedrich August III. sein Land zum Königreich. Die Gunst Napoleons verschaffte ihm die Personalunion mit dem neugeschaffenen Großherzogtum Warschau. Sächsische Truppen kämpften gegen Österreich sowie gegen die aufständischen Tiroler und erlitten dann, in der Katastrophe des Rußlandfeldzuges Napoleons, schwere Verluste.

Im Jahre 1813 wurde Sachsen zum Kriegsschauplatz. Friedrich August suchte in Prag Kontakte mit Österreich, blieb aber nach Drohungen Napoleons dessen Verbündeter. Obwohl seine Truppen in der Völkerschlacht bei Leipzig zu den Alliierten übergingen, wurde der König als Kriegsgefangener behandelt und das Land von einem russischen Generalgouverneur verwaltet. In der Folge überließen die Russen diese Aufgabe Preußen, das sich Sachsen einverleiben wollte.

Auf dem Wiener Kongreß setzten sich Talleyrand und Metternich für die Erhaltung Sachsens ein, nach langen Verhandlungen begnügte sich Preußen mit einer Teilung: Die Lausitz sowie der Kurkreis, der Thüringische und der Neustädter Kreis, Naumburg und Merseburg mußten an Preußen abgetreten werden, das sich die nordwestlichen Gebiete als „Provinz Sachsen" eingliederte; die Fläche des Königreichs war damit um mehr als die Hälfte reduziert worden. Die Bevölkerung war über diese Teilung empört, und die Truppen meuterten, als der Preußengeneral Blücher die neugewonnenen Soldaten aus der sächsischen Armee ausmusterte; etliche Rädelsführer wurden erschossen.

Sachsen-Anhalt — Erzstift Magdeburg

Das Erzbistum Magdeburg wurde von Kaiser Otto dem Großen als Ausgangspunkt für die Christianisierung der Elbslawen und damit der mittelalterlichen deutschen Ostsiedlung gegründet. Im Zeitalter der Glaubenskämpfe heftig umstritten, kam es schließlich in den Besitz von Brandenburg-Preußen.

Im Jahr 805 wird zum ersten Mal ein Ort Magadoburg genannt; an einem günstigen Elbübergang gelegen, wird er von Karl dem Großen zum Handelsplatz mit Slawen und Awaren bestimmt, über den die fränkischen Kaufleute nicht hinausgehen dürfen. Der Ortsname leitet sich wahrscheinlich von einem slawischen „Medeburu" her; nach dem Abzug der Germanenstämme in der Völkerwanderungszeit waren die Slawen bis an die Elbe und zum Teil darüber hinaus vorgestoßen.

Die Ostpolitik Heinrichs I. und Ottos I. wandelte sich von der Abwehr ungarischer Raubzüge und slawischer Übergriffe im Gegenschlag zur Unterwerfungs- und in der Folge zur Kolonisationsstrategie. Für den Nordosten Deutschlands bekam Magdeburg eine hervorragende Rolle dadurch zugewiesen, daß Kaiser Otto I. hier, auf dem Heiratsgut seiner englischen Frau Edgitha, 962 ein Erzbistum gründete. Es verfügte zunächst nur über ein kleines Gebiet, das vom Bistum Halberstadt abgetrennt worden war, doch war es ganz offenkundig mit dem Blick auf die Eroberung der ostelbischen Gebiete geschaffen worden; seine Jurisdiktion erstreckte sich bald von der Ostsee bis zum Erzgebirge und im Osten zunächst sogar bis nach Polen. Erster Erzbischof war Adalbert, Abt des elsässischen Klosters Weißenburg. Kaiser und Papst statteten ihn mit zahlreichen Vorrechten aus. Er wurde als Primas Germaniae den Erzbischöfen von Köln, Mainz und Trier gleichgestellt (der Ehrentitel ging 1648 an den Erzbischof von Salzburg über).

Von Magdeburg aus erfolgte die Gründung der Bistümer Meißen, Merseburg, Zeitz-Naumburg, Havelberg, Brandenburg und Posen. Die Stadt entwickelte sich zu einem wichtigen Handelsplatz mit den Völkern im Osten. Die Slawenaufstände 983 brachten allerdings Rückschläge und bedrohten sogar das feste Magdeburg; und mit der Gründung des Erzbistums Gnesen durch den frommen Schwärmer Otto III. im Jahr 1000 wurden der Ausbreitung Magdeburgs nach Polen Grenzen gesetzt.

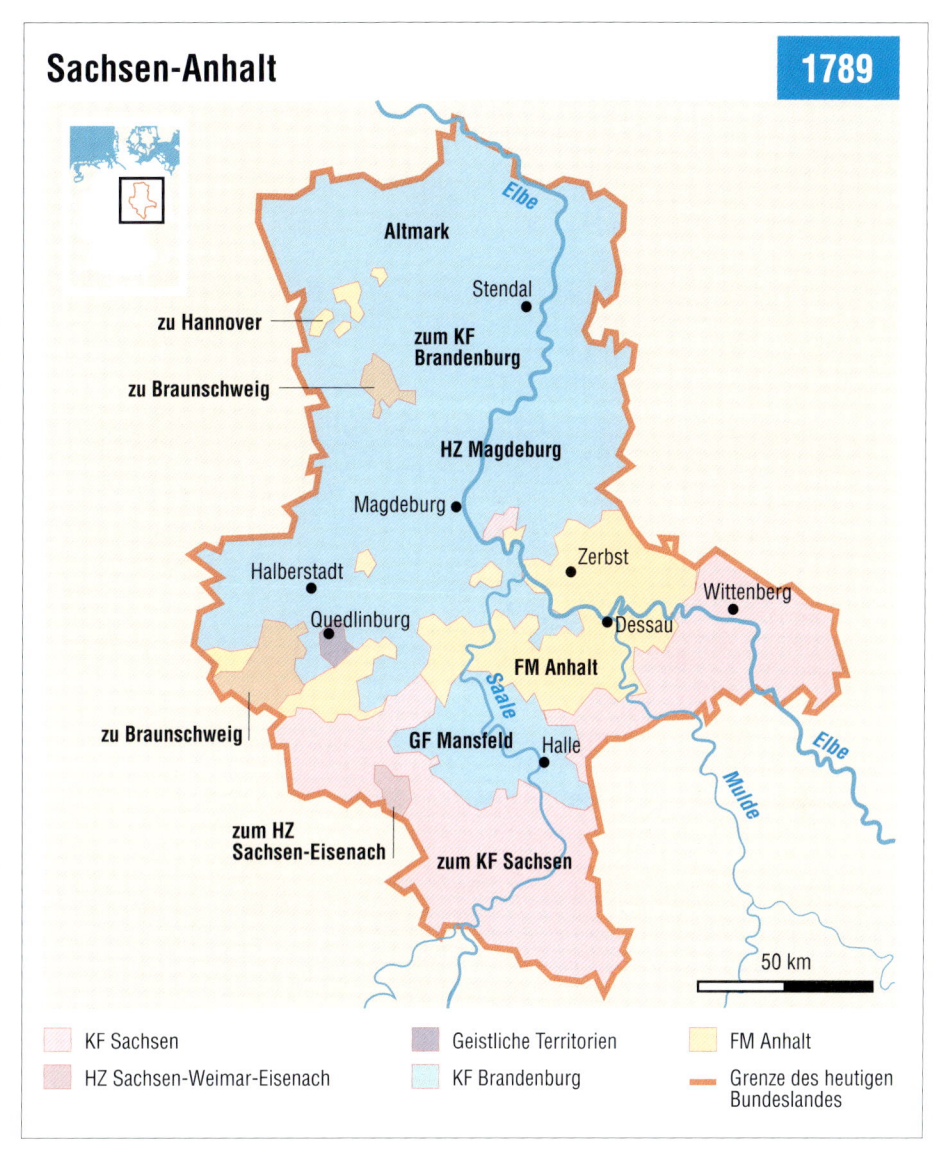

Unter den Erzbischöfen der großen Zeit Magdeburgs ragen der hl. Norbert aus Xanten, Gründer des Prämonstratenserordens (1121) und der kriegerische Wichmann hervor. Als Freund Friedrich Barbarossas war letzterer ein Gegner des Sachsenherzogs Heinrichs des Löwen und maßgebend an der Rückeroberung und Christianisierung des wieder slawisch gewordenen Brandenburgs beteiligt. Erzbischof Albrecht von Käfernburg legte nach einem Brand des Doms (1207) den Grundstein für dessen Neuerrichtung. Hier befindet sich das Grabmal Ottos des Großen und seiner Gemahlin. Der frühgotische Kirchenbau blieb wie durch ein Wunder sowohl beim Brand Magdeburgs im Dreißigjährigen Krieg als auch beim verheerenden Luftangriff vom 16. Januar 1945, der fast die gesamte Altstadt zerstörte – wenn auch beschädigt – erhalten.

Mitte des 13. Jahrhunderts kam es zum sogenannten Magdeburger Krieg zwischen den Erzbischöfen und den Markgrafen von Brandenburg, die sich von der Magdeburger Lehenshoheit für die Altmark befreien wollten (worauf die Kirchenfürsten aber erst 1449 verzichteten).

Zunächst im Schatten der Erzbischöfe, waren die Bürger von Magdeburg durch den Osthandel zusehens wohlhabend und selbstbewußt geworden. Ihr Stadtrecht, das Magdeburger Recht, eine Mischung aus altsächsischen Gewohnheits- und Magdeburger Lokalrechten, war Vorbild für zahlreiche Stadtverfassungen in den slawischen Ländern. Magdeburg wurde zwar nie freie Reichsstadt, aber der Zwist zwischen der Stadt und dem Erzbischof blieb nicht aus. Er entzündete sich an der Befestigung der Stadt gegen die Bedrohung durch die Hussiten und führte 1432 zu einem Aufstand der Bürger. Erzbischof Günther von Schwarzburg verhängte daraufhin über mehrere Jahre das Interdikt. Die

Sachsen-Anhalt

Erzstift Magdeburg

Entfremdung zwischen Stift und Stadt fand ihren sichtbaren Ausdruck darin, daß Erzbischof Moritz von Sachsen seine Residenz nach Halle an der Saale verlegte und sich dort die Moritzburg bauen ließ (1484).

Ausgehend von der Stadt Magdeburg faßte die Reformation rasch im gesamten Erzstift Fuß. Erzbischof Albrecht V. aus dem Hause Brandenburg, zugleich Kurfürst von Mainz und Kardinal, war ein großer Förderer von Wissenschaft und Künsten. Er war es, der den unmittelbaren Anlaß für die 95 Thesen Martin Luthers gegeben hatte: wegen seiner Schulden bei den Augsburger Kaufherren Fugger hatte er seinen Agenten, den Dominikaner Tezel, mit der Einbringung der Ablaßgelder beauftragt. In den ausbrechenden Streitigkeiten versuchte Albrecht zunächst zu vermitteln. Als die Bewohner des Erzstifts vom Protestantismus jedoch nicht lassen wollten, gewährte er ihnen, gegen Übernahme seiner Schulden, freie Religionsausübung und verließ seine Residenz Halle. Von Mainz aus, wo er als erster deutscher Fürst die Jesuiten aufnahm, riet er dem Kaiser zur Härte gegen die Protestanten und förderte den Zusammenschluß der katholischen Fürsten.

Die Stadt Magdeburg hatte sich indes schon vom Erzstift losgesagt und war dem protestantischen Fürstenbund von Schmalkalden beigetreten (1531). Als Kaiser Karl V. im Schmalkaldischen Krieg Sachsen eroberte, verweigerte Magdeburg die Unterwerfung, woraufhin die Reichsacht über die Stadt verhängt wurde. Gegen die Belagerung durch sächsische Truppen wehrte sie sich nach Kräften und gab erst auf, nachdem Kurfürst Moritz die Religionsfreiheit zugesagt hatte, mußte ihm aber das seit Jahrhunderten bestehende Amt des Burggrafen von Magdeburg überlassen.

Im Erzstift nahm die Entwicklung bald eine weitere Wende: der letzte vom Papst bestätigte Erzbischof, Siegmund von Brandenburg, trat zum Luthertum über und evangelische Bischöfe wurden – vorerst – die Herren des Erzstifts. Erzbischof Joachim Friedrich versöhnte sich mit der Stadt, öffnete den Dom für die Protestanten und heiratete seine Cousine Katharina von Küstrin.

Die Erfolge Wallensteins im Dreißigjährigen Krieg – er besetzte kurzfristig auch Magdeburg – erlaubten Kaiser Ferdinand II., seinen Sohn Leopold Wilhelm 1629 zum Erzbischof ernennen zu lassen. Inzwischen war

Der hl. Augustinus überreicht Norbert von Xanten die Ordensregeln. Vita Beati Norberti, Schäftlarn, um 1200; München, Bayrische Staatsbibliothek

die Stadt Magdeburg aber mit Unterstützung ihrer Bürger den Schweden übergeben worden. Die kaiserlichen Feldherrn Pappenheim und Tilly begannen mit der Belagerung. Die Verteidiger unter dem Schwedenoffizier Falkenberg hatten die unhaltbaren Vorstädte in Brand gesteckt. Am 10. Mai setzte die kaiserliche Übermacht zum Sturm auf die Stadt an. Dabei brachen an zahlreichen Stellen Brände aus – ob im Kampf durch die Eroberer oder bewußt durch die Verteidiger im Sinne „verbrannter Erde" gelegt, ist ungeklärt. Jedenfalls konnten die Sieger in der durch die Feuersbrunst zerstörten Stadt kaum Beute machen, wofür sie sich durch maßlose Grausamkeiten und Massaker rächten. Von den 36.000 Einwohnern überlebten nur wenige Tausend diese Katastrophe.

Nachdem sich Schweden und Sachsen bei der Besetzung der Ruinen noch einmal abgewechselt hatten, erhielt das Haus Kurbrandenburg im Westfälischen Frieden die Anwartschaft auf Stadt und Erzbistum, die noch vom Administrator August von Sachsen verwaltet wurden. Die Bürger der Stadt, die wohl Reichsfreiheit vorgezogen hätten, sträubten sich lange, dem Kurfürsten von Brandenburg zu huldigen, mußten sich aber schließlich fügen. 1680 wurde das frühere Erzstift als erbliches Herzogtum säkularisiert und gehörte fortan – mit Ausnahme der Zeit von 1807 bis 1814, als es an das bonapartische Königreich Westphalen abgetreten werden mußte – zu Brandenburg-Preußen. 1815, als Sachsen große Gebiete an Preußen abgeben mußte, wurden diese mit dem Herzogtum Magdeburg und der Altmark zur preußischen Provinz Sachsen vereinigt, die Stadt Magdeburg wurde deren Hauptstadt. Nachdem Magdeburg 1945 zunächst von amerikanischen Truppen besetzt worden war, wurde es dann der Sowjetzone zugeschlagen und Teil des neugebildeten Landes Sachsen-Anhalt. Die Stadt wurde 1952 zur Hauptstadt einer der neuen DDR-Bezirke, nachdem das Land Sachsen-Anhalt durch die Gebietsreform aufgelöst worden war. Die Wiedererstehung als neues deutsches Bundesland erfolgte 1990.

Das Grabmal des Erzbischofs Wichmann im Magdeburger Dom; er dehnte das Territorium des Erzstiftes aus und förderte die Ostsiedlung.

Sachsen-Anhalt

Anhalt und Mansfeld

Die Askanier waren in der Frühzeit des Reichs ein bedeutendes niedersächsisches Fürstengeschlecht. Sie regierten in der Mark Brandenburg zwar nur bis 1319, im kleinen Herzogtum Anhalt mit der Hauptstadt Dessau jedoch bis 1918.

Als Stammvater der Askanier gilt Graf Adalbert von Ballenstedt, der Anfang des 11. Jahrhunderts von seiner Mutter, einer Schwester des Elbmark-Grafen Gero, ansehnliche Güter zwischen Elbe und Saale erbte. Sein Urenkel Albrecht der Bär wurde mit der Mark Brandenburg belehnt (s. d.). Unter dessen Söhnen zerfiel das askanische Haus in die Linien der Markgrafen von Brandenburg, der Herzöge von Sachsen-Wittenberg, der Grafen von Anhalt und der Grafen von Orlamünde (in Thüringen).

Der erste Graf, der sich nach der Burg Anhalt über dem Selketal nannte, war Heinrich I. mit dem unschönen Beinamen „der Fette"; er gehörte schon 1218 als damals einziger Graf dem neugebildeten Reichsfürstenstand an. Unter seinen Nachkommen kam es zu zahlreichen Teilungen, die die Einheit des Hauses schwächten, so daß beim Aussterben der askanischen Linien in Brandenburg, Wittenberg und Lauenburg anhaltische Ansprüche nicht durchgesetzt werden konnten. Die Stadt Aschersleben ging im 14. Jahrhundert an das Bistum Halberstadt verloren und wurde mit diesem dann brandenburgisch. Abgesehen von der Inbesitznahme der Klostergüter von Nienburg, Gernrode und Hecklingen in der Reformationszeit konnten die Grafen ihren Besitzstand kaum vermehren.

Anhalt lag im weiteren Verlauf der Geschichte zwischen der hohenzollerisch gewordenen Mark Brandenburg und dem wettinischen Kursachsen eingekeilt und war zudem in mehrere Teile aufgelöst. Es erstreckte sich vom Fläming im Osten bis zum Harzvorland; das Hauptgebiet bildete das fruchtbare Tiefland an der mittleren Elbe um die Muldemündung bis hin zur Saale.

Erst Fürst Joachim Ernst aus der Dessauer Linie konnte infolge mehrerer Erbfälle 1570 alle anhaltischen Gebiete in seiner Hand vereinen – aber auch dies nur für einige Jahrzehnte. Nach seinem Tod wurde das Ländchen gleich unter fünf Söhnen aufgeteilt: Dessau, Bernburg, Köthen, Zerbst und Plötzkau. Immerhin bequemten sie sich 1635 zu einer Senioratsverfassung; der jeweils Älteste sollte die Mehrheitsbeschlüsse durchführen. In der Folge kam es teils zu Vereinigungen durch Erbfälle, teils zu Teilungen.

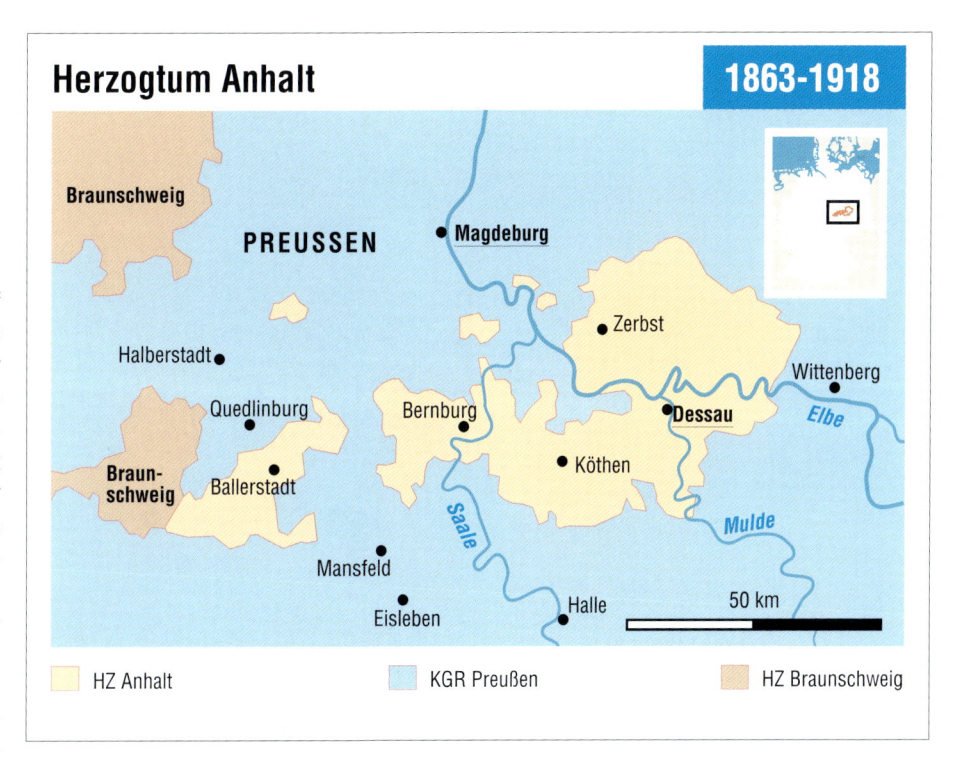

Das anhaltische Fürstenhaus brachte zwei bedeutende Persönlichkeiten hervor, deren Wirken weit über ihre Stammlande hinausging. Leopold I., Fürst von Anhalt-Dessau (gest. 1747) wurde unter dem Namen „der alte Dessauer" berühmt. Er trat in die Kriegsdienste des Kurfürsten von Brandenburg, war bei den Soldaten durch seine Strenge ebenso

Fürst Leopold von Anhalt-Dessau kämpfte in Preußens Kriegen gegen Frankreich, Schweden und Österreich. Seine Soldaten nannten ihn den „Alten Dessauer". Gemälde von G. Lisiewski

gefürchtet wie er als mutiger Haudegen angesehen war und führte das brandenburgische Kontingent, das an der Seite Österreichs im Spanischen Erbfolgekrieg gegen Ludwig XIV. kämpfte. In der Schlacht bei Höchstädt 1704 trug er wesentlich zum Sieg der verbündeten Österreicher und Engländer bei, unter dem Oberbefehl des Prinzen Eugen führte er seine Truppen bis vor Toulon, kämpfte dann mit Marlborough in Belgien und wurde zum Feldmarschall ernannt. 1715 trug er durch seine Erfolge im Krieg gegen Schweden zur Abtretung des östlichen Vorpommern an Brandenburg bei, im Ersten und Zweiten Schlesischen Krieg schließlich zog er für Friedrich II. gegen Österreich ins Feld. Gegen den Widerstand seiner Mutter, einer Prinzessin von Oranien, hatte er noch als junger Offizier die Apothekerstochter Louise Föse geheiratet und später beim Kaiser ihre Erhebung in den Reichsfürstenstand durchgesetzt, um standesgemäße Nachkommen zu haben.

Aus der Linie Anhalt-Zerbst kam Sophie Auguste, die spätere Katharina II., Kaiserin von Rußland. Ihr Vater Fürst Christian August war preußischer General; sie war auf Fürsprache König Friedrichs II. mit dem russischen Thronfolger Peter vermählt worden, der als Sohn des Herzogs von Holstein-Gottorp deutscher Abstammung war. Die unglückliche Ehe endete mit der Ermordung des Zaren. In den folgenden vierunddreißig Jahren wurde die Prinzessin aus Anhalt-Zerbst durch ihre für Rußland erfolgreiche Politik

Sachsen-Anhalt

Anhalt und Mansfeld

Sophie Friederike von Anhalt-Zerbst wurde als Katharina die Große eine der bedeutendsten Herrscherinnen Europas. Gemälde im Schloß Ambras, Innsbruck

ebenso berühmt wie durch ihre erotischen Passionen. Die ostfriesische Herrschaft Jever, die 1667 an Anhalt zerbst gefallen war, blieb über Katharina bis 1818 russisch.

Als Napoleon die deutsche Politik bestimmte, wurden die drei verbliebenen Fürstentümer Anhalt-Bernburg, Anhalt-Dessau und Anhalt-Köthen Herzogtümer; 1815 traten sie als souveräne Staaten dem Deutschen Bund bei. Durch die Abtretung der nördlichen Gebiete des Königreichs Sachsen an Preußen wurde Anhalt nun zu einer Insel in der neuen preußischen Provinz Sachsen. Infolge des Erlöschens der Linie Köthen 1847 und der Linie Bernburg 1863 wurden die anhaltischen Lande zum Herzogtum Anhalt, mit Dessau als Hauptstadt, vereinigt. Die Verbindung zu Brandenburg-Preußen, schon seit dem 17. Jahrhundert eng, führte Anhalt komplikationslos in den Norddeutschen Bund und ins neue Reich. 1918 dankte der letzte, erst 17jährige Herzog Joachim Ernst ab, und es bildete sich der Freistaat Anhalt.

Unter Hitler wurde Anhalt mit Braunschweig einem gemeinsamen Reichsstatthalter unterstellt. 1947 wurde das Land Sachsen-Anhalt gebildet, von 1952 bis zu dessen Wiedererstehen 1990 lag der größte Teil des früheren Anhalt im DDR-Bezirk Halle.

Bis zum Jahr 1780 hatte auf dem Gebiet des heutigen Sachsen-Anhalt die Grafschaft Mansfeld Bestand. Sie ging auf den sagenumwobenen Hoyer von Mansfeld zurück, der als Parteigänger und Feldherr Kaiser Heinrichs V. 1115 bei Welfesholz (nahe Eisleben) in einem Zweikampf mit dem Anführer der aufständischen Sachsen fiel. Das gräfliche Haus erlosch hundert Jahre später im Mannesstamm; Mansfeld fiel an die Herren von Querfurt, die den alten Namen übernahmen. Nach mehreren Teilungen und Verschuldung seiner Herren verloren diese die Reichsunmittelbarkeit, und Mansfeld fiel für 150 Jahre unter die Oberhoheit Sachsens bzw. Brandenburgs. Zwei Mansfelder, Peter Ernst I. und sein gleichnamiger, unehelicher Sohn, sind in die Geschichte der Religionswirren eingegangen: der Vater als General und Statthalter des spanischen Königs Philipp II. in Luxemburg, der Sohn als gefürchteter Söldnerführer im Dreißigjährigen Krieg. Zuerst kämpfte er für den Kaiser, ging dann zu den Protestanten über und zog mit seiner Truppe durch halb Europa, bevor er 1626 bei Sarajewo starb.

Nach dem Erlöschen der letzten, der gefürsteten katholischen Bornstädter Linie, wurde die Grafschaft zwischen Preußen und Sachsen geteilt. Der Name Mansfeld ging an das Adelshaus Colloredo über.

Schleswig-Holstein — „Up ewig ungedelt"

Um Schleswig-Holstein begann schon in der Zeit Karls des Großen der Streit mit Dänemark. Im Jahr 1460 wurde beschworen, daß die beiden Länder „up ewig ungedelt" sein sollten.

Der südliche Teil der jütländischen Halbinsel, zwischen den Flüssen Eider im Westen und Schlei im Osten, war in den ersten nachchristlichen Jahrhunderten von den germanischen Friesen, Angeln und Jüten bewohnt. Da ab dem 4. Jahrhundert die Dänen nach Süden vordrangen, brach ein Teil seiner Vorbewohner, gemeinsam mit benachbarten Sachsen, zur Eroberung Britanniens auf; die Verbleibenden verschmolzen mit den Dänen. Der anglische Ort Schleswig wurde Sitz eines dänischen Herzogs, in unmittelbarer Nähe wurde Haithabu, ein wichtiger Handelsplatz der Wikinger gegründet.

Südlich der Eider saß der sächsische Stamm der Nordalbinger. Als Karl der Große diese mit Unterstützung der slawischen Abodriten – denen er dafür die Landschaft Wagrien zwischen Kieler und Neustädter Bucht überließ – unterworfen hatte, fürchteten auch die Dänen einen Angriff des Frankenreichs. Ihr Herrscher Göttrik ließ daher an Schleswigs Südgrenze, zwischen Nord- und Ostsee, einen Wall errichten. Es blieb dennoch eine unruhige, zwischen Dänen und Deutschen umstrittene Grenze.

König Heinrich I. zwang den Dänenkönig Gorm zur Abtretung eines kleinen Gebiets an der Eider, wo er zum Grenzschutz die Mark Schleswig einrichtete. Das Mißtrauen war gegenseitig – Gorm ließ südlich des Orts Schleswig das Danewerk errichten, ein ausgeklügeltes Verschanzungssystem. Schließlich trat Kaiser Konrad II. 1027 die Mark an den mächtigen Dänenkönig Knut den Großen ab, der auch über England herrschte; von nun an sollte die Eider als Grenze zwischen dem Reich und Dänemark dienen.

Schleswig behielt innerhalb Dänemarks eine gewisse Sonderstellung. Meist wurde es von jüngeren Prinzen des Königshauses als Herzogtum regiert. In den Thronwirren, die Dänemark im 12. und 13. Jahrhundert erschütterten, und die auch Herzöge von Schleswig, wie Waldemar I. oder Abel auf den dänischen Thron brachten, wechselten relative Unabhängigkeit Schleswigs, Annäherung an Deutschland und enger Anschluß an Dänemark einander ab. Als 1326 der schleswigsche Herzog als Waldemar III. König wurde, trat er sein Herzogtum an seinen mächtigen Onkel Gerhard III. von Holstein, der in der dänischen Politik kräftig mitmischte, als dänisches Lehen ab. Dabei wurde in der „Constitutio Waldemariana" vereinbart, daß „Schleswig und Dänemark niemals wieder so vereinigt werden sollen, daß Ein Herr sei über beide". Zwar verlor Waldemar den Thron und kehrte nach Schleswig zurück, die Constitutio aber behielt ihre Gültigkeit und wurde mit einem Nachfolgerecht des Hauses Holstein verbunden. Im Jahre 1386 schließlich konnte dieses von Graf Gerhard VI. angetreten werden, der damit doppelter Lehensträger – dänischer für Schleswig und deutscher für Holstein – geworden war.

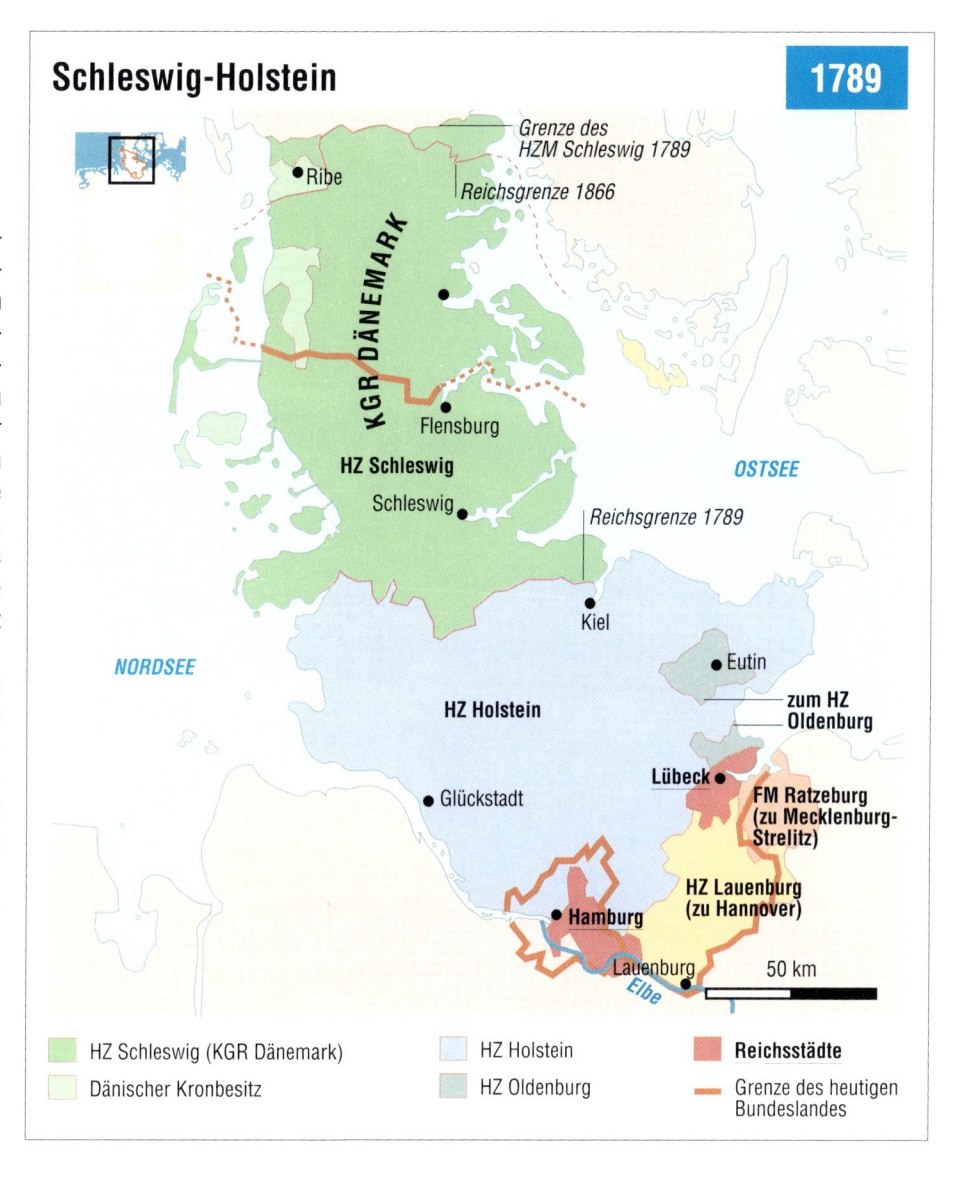

Holstein, das Land der nordalbingischen Sachsen, umfaßte von alters her die Landesteile Dithmarschen im Westen, Stormarn im Süden, Wagrien im Osten und das namengebende Holstein im Norden. Dithmarschen, ein Land wohlhabender freier Bauern, wurde im 11. Jahrhundert dem Erzbistum Bremen unterstellt; mit der Grafschaft Holstein belehnte Kaiser Lothar von Supplinburg 1111, nach dem Aussterben der Billunger, den Grafen Adolf I. von Schauenburg (siehe auch Schaumburg-Lippe).

Der Sachsenherzog Heinrich der Löwe trat Wagrien, das seit den Zeiten Karls des Großen von den Abodriten bewohnt war, an Adolf II. ab, der deutsche Siedler ins Land holte und an der Stelle einer von ihm zerstörten slawischen Burg die Stadt Lübeck gründete (die allerdings nicht lange unter der Herrschaft Holsteins blieb). Als Lohn für seine Treue zu Kaiser Friedrich Barbarossa erhielt Adolf III. Dithmarschen, mußte es aber schon wenig später an die übermächtigen Dänen abgeben, ja geriet sogar in deren Gefangenschaft. Waldemar II. ließ sich daraufhin in Lübeck zum König der Dänen und Slawen und zum Herrn von Nordalbingen ausru-

Schleswig-Holstein — „Up ewig ungedelt"

Die Schlacht bei Bornhöved, in der Graf Adolf IV. von Schauenburg über Waldemar II. siegte. Sächsische Weltchronik, frühes 14. Jh.; Staatsbibliothek zu Berlin – Preußischer Kulturbesitz

fen. Der junge Kaiser Friedrich II., ganz auf seine Italienpolitik konzentriert, trat Holstein mit päpstlichem Segen an Dänemark ab; dann aber geriet Waldemar selbst in die Gefangenschaft des Grafen von Schwerin. Die Holsteiner erhoben sich und Waldemar sah sich gezwungen, den Sohn des von ihm Vertriebenen, Adolf IV., als rechtmäßigen Herrn über Holstein, Dithmarschen und Wagrien anzuerkennen. Wieder freigelassen, wollte Waldemar dieses Ergebnis revidieren, wurde aber durch den Sieg eines deutschen Heeres bei Bornhöved (1227) zum „Verzicht auf ewige Zeiten" gezwungen.

Unter den Nachkommen Adolfs IV. zerfiel das holsteinische Grafenhaus in mehrere Linien. Der bedeutendste Fürst, Gerhard III., in der Regionalgeschichte „der Große" genannt, kam aus der Linie Rendsburg. Er drängte den dänischen König Christoph aus dem Herzogtum Schleswig zurück, setzte als dänischer Reichsvorsteher dessen Herzog Waldemar auf den Thron und machte so den Weg frei zur Vereinigung von Schleswig mit Holstein (siehe oben). Gerhard beherrschte das gesamte dänische Festland, als er 1340 in Randers ermordet wurde. 1386 wurde die Vereinigung Schleswigs und Holsteins durch die Belehnung Gerhards VI. zu Nystad förmlich vollzogen.

Friedvoll war der Anfang der Doppelherrschaft aber keineswegs. Gerhards Sohn Adolf VIII., der in die dänischen Thronwirren verwickelt war, mußte dreißig Jahre lang um sein Erbe kämpfen. Dann aber wurde ihm auch die dänische Krone angeboten. Der kinderlose, letzte holsteinische Schauenburger empfahl jedoch, an seiner Statt seinen Neffen Christian von Oldenburg zum König zu wählen. Dieser Christian I. wurde 1460 in Ribe auch zum Herzog von Schleswig und Grafen von Holstein ausgerufen. Er mußte beschwören, daß die beiden Länder „up ewig ungedelt" bleiben sollten, und ihren Landtagen weitgehende Rechte zugestehen. Kaiser Friedrich III. erhob die vereinigten Lande Holstein, Dithmarschen und Stormarn zum Herzogtum.

Die Dithmarschen waren mit dieser Unterstellung unter Holstein allerdings keineswegs einverstanden. Formell unter dem Schutz des Erzbischofs von Bremen, hatten sie ihr Land zu einer Art Bauernrepublik gestaltet, deren oberste Behörde die „Achtundvierziger" waren, ein Kollegium, in das jeder der vier Gaue zwölf Mitglieder entsandte. Mit dem dithmarsischen Landbuch hatten sie sich ihre eigenen Gesetze gegeben, jeder Freie trug Waffen. Nach der Entscheidung Kaiser Friedrichs III. protestierten die Dithmarschen beim Papst und wiesen darauf hin, daß sie Untertanen Bremens seien. Der Sohn König Christians I., Johann, zog mit einem großen Heer gegen die rebellische Bauernrepublik. Unter Führung Wolf Isebrands errichteten die Dithmarschen bei Hemmingstedt eine Schanze, lockten die Angreifer in die Sümpfe und bereiteten ihnen eine blutige Niederlage (1500).

Für die Reformation konnten sich die Dithmarschen nicht erwärmen, der Reformator Heinrich von Zütphen wurde, als er Luthers Lehre verbreiten wollte, in Heide verbrannt. 1559 schließlich wurden die Bauern von einem von Kaiser Karl V. und König Friedrich II. beauftragten Fürstenheer besiegt. Ihre Unabhängigkeit war damit beendet, doch durften sie ihre persönliche Freiheit und ihre Gemeindeverfassung behalten.

Schleswig-Holstein — Zwischen Dänemark und Deutschland

Nach langen Konflikten kam Dänemark 1773 in den Besitz von ganz Schleswig-Holstein. 1864 führten Preußen und Österreich um das Land Krieg, in der Folge wurde es Preußen angeschlossen. Nordschleswig fiel 1920 entlang der Sprachgrenze an Dänemark.

Die Enkel Christians I., des ersten Oldenburgers auf dem dänischen Thron, teilten 1544 die Besitzungen des Hauses. Die von Christian III. begründete königliche Linie stellte bis zu ihrem Erlöschen 1863 die dänischen Herrscher. Eine Gottorper Linie (benannt nach einem Schloß bei Schleswig) übernahm zunächst Schleswig-Holstein; an die Vereinbarungen über dessen Unteilbarkeit hielt man sich jedoch nur kurz: in einem neuen Vertrag wurden der königlichen Linie auch Besitzungen in Schleswig-Holstein überlassen, unter anderem Flensburg, Hadersleben und Plön. In der Folge kam es im Königshaus zu weiteren Teilungen; zwei dabei gegründete Linien, die von Augustenburg und die von Glücksburg, sollten im 19. Jahrhundert noch besondere Bedeutung erlangen.

Trotz Neutralität konnte der Gottorper Herzog Friedrich III. sein Land nach der Niederlage seines dänischen Vetters im Dreißigjährigen Krieg nicht vor Verwüstungen durch die Kaiserlichen schützen. Er führte für Schleswig-Holstein das Erstgeburtsrecht ein und erlangte, mit schwedischer Unterstützung, für sein Herzogtum die Zusicherung der Souveränität. Dänemark wollte das nicht anerkennen, es kam wiederholt zum Krieg.

Der österreichische Admiral Tegetthoff sprengte durch seinen Seesieg bei Helgoland die dänische Elbblockade.

1720 wurden dem aus seinem Land vertriebenen Herzog Karl Friedrich nur die holsteinischen Besitzungen zurückgegeben, während die schleswigschen mit dem königlichen Anteil vereint wurden. Der Sohn Karl Friedrichs bestieg als Peter III. den russischen Thron; nach dessen Ermordung verzichteten seine Gattin Katharina II. bzw. deren Sohn Paul I. auf die Mitherrschaft in Schleswig-Holstein und tauschten dieses gegen Oldenburg ein (s. d.). Somit kam Dänemark 1773 in den Besitz von ganz Schleswig-Holstein.

Die Düppeler Schanzen bei Dybbel in Nordschleswig waren in den Deutsch-Dänischen Kriegen heiß umkämpft. Hier die Anlage nach der Eroberung durch die Preußen.

Die dänische Herrschaft war für das Land zunächst segensreich. Der Geist der Aufklärung durchwehte das Land, Zensur und Folter wurden abgeschafft, die Leibeigenschaft wurde aufgehoben. Der Bau eines Kanals, der Nord- und Ostsee verband, förderte das Wirtschaftsleben. Bei der Auflösung des Heiligen Römischen Reiches 1806 wurde Holstein Dänemark voll eingegliedert. Waren die letzten Jahrzehnte des 18. Jahrhunderts in Kopenhagen durchaus deutschfreundlich gewesen, so regte sich nun dänischer Nationalismus; Dänisch wurde zur offiziellen Sprache erklärt. Das stieß auf Widerstand. Die holsteinischen Stände erinnerten den dänischen Hof vergeblich an das alte Recht der Einheit Schleswig-Holsteins. Als Herrscher über Holstein und das diesem durch einen Tauschhandel mit Preußen und Schweden angeschlossene Lauenburg war der dänische König Mitglied des Deutschen Bundes. Die Bevölkerung nahm die Aufhebung verschiedener Sonderrechte in der Hoffnung hin, daß, entsprechend dem Salischen Recht, die Herzogtümer des offensichtlich vor dem Aussterben stehenden Königshauses an die Augustenburger, Dänemark hingegen an eine andere Linie fallen würde. Als König Christian VIII. Dänemark einschließlich der Herzogtümer 1846 für unteilbar erklärte, kam es in den Landtagen und in Volksversammlungen in Schleswig-Holstein zu stürmischen Protesten; in nationaler Begeisterung sang man in

Schleswig-Holstein
Zwischen Dänemark und Deutschland

Abstimmungszonen in Schleswig 1920

Deutschland — Dänemark
Grenze 1864 — Grenze 1920
I. Abstimmungszonen 1920

Dänemark behandelte Schleswig-Holstein wie ein erobertes Land. Trotz Ablehnung durch die Stände wurde den Herzogtümern eine Gesamtstaatsverfassung oktroyiert. Das war gegen die mit Österreich und Preußen getroffenen Abmachungen. Auf deren Proteste hin wurden Holstein und Lauenburg zwar aus der Verfassung ausgegliedert, jedoch vieler Rechte beraubt. Schleswig wurde völlig mit Dänemark verschmolzen.

Als mit Friedrich VII. die alte königliche Linie erlosch, kam es zum Eklat: Während in Kopenhagen der Glücksburger Christian IX. auf den Thron folgte, erklärte sich der Augustenburger Friedrich zum Herzog von Schleswig-Holstein. Der Deutsche Bundestag beschloß die Exekution in Holstein und Lauenburg, wo Sachsen und Hannoveraner daraufhin ohne Widerstand der Dänen einrückten; Herzog Friedrich begann in Kiel zu amtieren. Die deutschen Patrioten waren begeistert – doch Bismarcks Pläne waren andere. Zum Entsetzen der Nationalbewegung verlangten Preußen und das auf Legitimität eingestellte Österreich, das die Politik Bismarcks nicht durchschaute, unter Berufung auf die Londoner Protokolle die Ausweisung des Augustenburgers. Zugleich aber forderten sie Dänemark ultimativ auf, die Schleswig annektierende Verfassung aufzuheben. Kopenhagen lehnte ab – am 1. Februar 1864 begannen Preußen und Österreicher zu marschieren (während die anderen Staaten des Deutschen Bundes nicht am Krieg teilnahmen). Nach dem Fall der Düppeler Schanzen drangen sie bis zum Lim-Fjord vor. Nachdem Dänemark sowohl den Vorschlag einer Personalunion mit Schleswig als auch eine Grenzziehung an der Sprachgrenze abgelehnt hatte, ging der Krieg weiter. Im Frieden von Wien am 30. Oktober 1864 mußte Dänemark ganz Schleswig-Holstein abtreten.

Die deutsche Öffentlichkeit betrachtete den Eintritt Schleswig-Holsteins in den Deutschen Bund als Mittelstaat unter dem Augustenburger für selbstverständlich. Das war gegen die Ziele Bismarcks, der keinen neuen Mittelstaat, sondern ein größeres Preußen wollte. Entgegen anderen Gutachten erklärte eine preußische Kommission die Rechte Friedrichs von Augustenburg infolge des Verzichts seines Vaters für erloschen. Entsprechend einer in Gastein ausgehandelten Konvention sollten die beiden deutschen Großmächte die Herzogtümer gemeinsam besitzen, Preußen sollte Schleswig, Österreich Holstein verwalten. Als dieses, entspre-

Gegen den Anschluß an Dänemark: Ein Anhänger des „Deutschen Ausschusses für Schleswig" trägt ein Werbeplakat durch die Straßen Berlins (1920).

chend den Wünschen der Holsteiner, dem Augustenburger seine Rechte abtreten wollte und den preußischen Protest mit der Übertragung der Entscheidung an den Deutschen Bund beantwortete, marschierten die Preußen in Holstein ein – das war der Beginn des Deutschen Bruderkrieges, der mit der Niederlage Österreichs, der Auflösung des Deutschen Bundes und der Einverleibung von Schleswig-Holstein in den preußischen Staat endete. Die Bevölkerung war über diese Art der „Befreiung" nicht glücklich – sie hätte die politische Selbständigkeit der Herzogtümer vorgezogen. Preußen suchte die Versöhnung auch dadurch, daß Prinz Wilhelm mit Viktoria von Augustenburg vermählt wurde. Oldenburg-Gottorps allfällige Erbansprüche wurden finanziell abgegolten.

Nach der Niederlage Deutschlands im Ersten Weltkrieg fand in Nordschleswig 1920 eine Volksabstimmung ab, bei der sich 75.000 (gegen 25.000) für den Anschluß an Dänemark entschieden, weshalb die deutschdänische Grenze neu gezogen wurde. 1937 wurde die bis dahin Freie Stadt Lübeck (seit 1226 Reichsstadt) mit Schleswig-Holstein vereinigt, Altona im Gegenzug an Hamburg abgetreten. 1946 ordnete die britische Besatzungsmacht die Bildung des Bundeslandes Schleswig-Holstein in den Grenzen der bisherigen preußischen Provinz an. Die dortige dänische Minderheit genießt, ebenso wie die deutsche im dänischen Nordschleswig, großzügige Rechte.

Deutschland allenthalben das Lied „Schleswig-Holstein, meerumschlungen".

Im Sturmjahr 1848 bildete sich in Schleswig-Holstein eine provisorische Regierung, die, von Preußen unterstützt, den Deutschen Bund um Aufnahme des Herzogtums Schleswig ersuchte. Im April brachen zwischen schleswig-holsteinischen Truppen und der dänischen Armee Kämpfe aus; als die siegreichen Dänen die Stadt Schleswig besetzten, griffen deutsche Bundestruppen ein. Auf englischen und russischen Druck hin wurde im August ein Waffenstillstand geschlossen. Die Verhandlungen blieben ergebnislos, und im April 1849 kam es zu neuen Kämpfen. Bayrische und sächsische Soldaten erstürmten die Düppeler Schanzen, doch besetzten die Bundestruppen nur Schleswig, während die Freischaren nach Jütland vorstießen. Ihnen aber fiel Preußen im Juli mit einem Sonderwaffenstillstand in den Rücken. Als die Schleswig-Holsteiner nach dem Scheitern von Verhandlungen mit Dänemark weiterkämpften, verlangte Österreich die gewaltsame Unterdrückung der Revolution. 1851 besetzten österreichische Truppen Holstein, dänische Schleswig. Im Londoner Protokoll von 1852 bestätigten die Mächte die Integrität Dänemarks. Die Augustenburger wurden von der Erbfolge ausgeschlossen, der Linie Glücksburg die Nachfolge auf den dänischen Thron zugesichert.

Thüringen — Die Landgrafschaft

Im Kampf gegen Franken und Sachsen ging das Thüringerreich unter. Mit Bildung der Landgrafschaft Thüringen fand der Volksstamm auf verkleinertem Gebiet zunächst ein geschlossenes Territorium.

Zum ersten Mal gegen Ende des 4. Jahrhunderts tauchen die „Toringi" in den römischen Quellen auf. In diesem germanischen Volk waren die schon um Christi Geburt zwischen den Weserquellen und der mittleren Elbe ansässigen Hermunduren mit aus Jütland und Schleswig zugewanderten Warnen und Angeln verschmolzen.

Der Ostgotenherrscher Theoderich der Große gewann die Thüringer für sein gegen die expandierenden Franken gerichtetes Bündnis- und Schutzsystem; er gab dem Thüringerkönig Herminafried seine Nichte Amalaberga zur Frau. Herminafrieds Machtbereich ging im Norden und Westen weit über das heutige Thüringen hinaus – zeitweise stießen thüringische Krieger bis an die Donau vor. Nach Theoderichs Tod jedoch erlagen die Thüringer 531/32 dem Angriff der vereinten Franken und Sachsen, die sich daraufhin das Reich teilten; die thüringische Ethnie erhielt sich nur in dem nun dem Frankenreich eingegliederten Kernraum.

Im Auftrag der Frankenkönige kam 725 Bonifatius ins Land. In Erfurt baute er ein Gotteshaus und machte die Thüringer zu Christen; die Gründung des Erzbistums Mainz, dem Thüringen unterstellt wurde, hatte nachhaltigen Einfluß auf die weitere politische Entwicklung des Landes.

Wohl schon unter Karl dem Großen wurde die Grafenverfassung eingeführt. Im ostfränkischen bzw. dann deutschen Königreich war Thüringen zunächst den Herzögen von Sachsen unterstellt; als diese die deutsche Königskrone trugen, wurde Thüringen zu einem Kernland des Reichs.

Unter den zahlreichen Grafengeschlechtern, die ihre Besitztümer in Thüringen hatten, wuchs das der aus Mainfranken eingewanderten Ludowinger zu ersten Landesherrn heran. Der Ahnherr Ludwig der Bärtige hatte sich thüringischen Grund und Boden erheiratet und auf diesem die Schauenburg bei Friedrichroda erbaut. Sein Sohn war Ludwig der Springer, dessen sagenumwobene Biographie das Bild eines rücksichtslosen Haudegens mit dem eines frommen Büßers vermengt. Er war in die Ermordung des säch-

Sängerkrieg am Hofe des Landgrafen Hermann von Thüringen, einem Freund der Künste. Manessische Liederhandschrift, Zürich (?), um 1310/20; Heidelberg, Universitätsbibliothek

sischen Pfalzgrafen Friedrich III. verwickelt, heiratete nichtsdestoweniger dessen Witwe Adelheid und erwarb so die Güter der Grafen von Goseck. Als Anhänger der gregorianischen Kirchenreform bekämpfte er die Kaiser Heinrich IV. und Heinrich V.; letzterer kerkerte ihn auf Giebichenstein bei Halle ein, von dort entkam er der Sage nach durch einen mutigen Sprung in die Saale – daher sein Beiname. Historisch belegt ist allerdings nur, daß er von seinen Söhnen durch einen Gefangenentausch ausgelöst wurde.

Schon 1073 hatte Ludwig den Wartberg bei Eisenach erworben und dort die Wartburg errichtet; sie wurde zu einem Zentrum der ludowingischen Macht. Sein wildes Leben beendete Ludwig 1123 als Mönch in dem von ihm gestifteten Kloster Reinhardsbrunn.

Die volle Aussöhnung mit dem Reich gelang seinem gleichnamigen Sohn. Diesem verlieh König Lothar von Supplinburg 1130,

Thüringen — Die Landgrafschaft

auf dem Reichstag zu Goslar, die Würde eines Landgrafen von Thüringen. Die Erhebung in den Fürstenstand stellte Ludwig I. zwar über die anderen Grafen des Landes, doch mußte er deren Unbotmäßigkeit gewaltsam unterdrücken. Die Sage erzählt von einem Schmied, bei dem der Landgraf, auf der Jagd verirrt, nächtigte, und den er bei jedem Schlag auf sein Eisen sagen hörte: „Landgraf, werde hart!" – weil sich das Volk Hilfe gegen den Übermut der Edelleute erhoffte.

In den Auseinandersetzungen mit dem Adel griff der zum „Eisernen" gewordene Ludwig in der Tat hart durch. Den Grafen von Tonna ließ er sogar enthaupten; dabei ging es freilich auch darum, einen gefährlichen Rivalen zu beseitigen, waren doch die von Tonna Vertrauensleute der Erzbischöfe von Mainz, welche ihre eigenen thüringischen Interessen durch die Bevorzugung des Landgrafen durch die Staufer gefährdet sahen. Mainz belehnte die Tonna mit der Burg Gleichen, weshalb sie sich von nun an Grafen von Gleichen nannten. Des Grafen Ernst III. (gest. 1228) hat sich die Sage bemächtigt: ihm wurde eine Doppelehe mit einer Gräfin von Käfernburg und einer vom Kreuzzug mitgebrachten Türkin nachgesagt, zu der der Papst die Dispens erteilt haben soll.

Durch Heirat hatte Ludwig der Eiserne die damals noch kleine Grafschaft Hessen am Oberlauf der Weser erworben. Sein Sohn Ludwig III. mußte sich mit Erfurt und den Grafen von Schwarzburg und von Gleichen herumschlagen. Als treuer Gefolgsmann Friedrich Barbarossas wurde er nach der Entmachtung Heinrichs des Löwen mit der sächsischen Pfalzgrafschaft – den königlichen Gütern um den Kyffhäuser – belehnt.

Als Ludwig III. auf dem Rückweg vom Kreuzzug 1190 starb, übernahm sein Bruder Hermann I. das ludowingische Erbe. Er war ein kunstliebender Fürst, an seinem Hof fanden unter anderen die Dichter Wolfram von Eschenbach und Walter von der Vogelweide zeitweise Aufnahme. Unter dem Schutz Hermanns soll der Sängerkrieg auf der Wartburg stattgefunden haben; Richard Wagner knüpfte in seinem „Tannhäuser" an diese Sage an. In seinem politischen Verhalten konnte Hermann zwar den Versuch Kaiser Heinrichs VI., Thüringen als erledigtes Reichsgut einzuziehen, vereiteln, schwankte dann aber, nach der Doppelwahl im Reich, zwischen dem Staufer Philipp und dem Welfen Otto IV. und ergriff schließlich unter päpstlichem Einfluß die Partei Friedrichs II. Seine Versuche, die Städte Mühlhausen und Nordhausen der Landgrafschaft einzuverleiben, mißlangen.

Hermanns ältestem Sohn Ludwig IV. schien auf dem Weg zu einem abgerundeten Territorium mehr Glück beschieden. Er genoß als Landesherr und als Ritter, obwohl erst 16jährig beim Tod des Vaters, hohes Ansehen. Kaiser Friedrich II. stellte ihm die Belehnung mit den Markgrafschaften Meißen und Lausitz in Aussicht, so daß sich Ludwig schon als Herr eines ausgedehnten mitteldeutschen Besitzes sehen konnte. Doch der Tod des erst 27jährigen machte diesen Hoffnungen ein Ende: Ludwig erlag 1227 auf dem Schiff, das ihn im Gefolge Friedrichs II. auf den Kreuzzug führen sollte, einer Seuche. Der Tod des Thüringers hatte schwerwiegende Folgen: der Kaiser befahl die Umkehr der Kreuzfahrer, was dem Papst die willkommene Gelegenheit bot, ihn mit dem Kirchenbann zu belegen.

Ludwig war mit Elisabeth, einer Tochter des Königs Andreas II. von Ungarn verheiratet. Sie war schon als Kind auf die Wartburg gekommen und als 15jährige die Ehe eingegangen. Ihre tiefe Frömmigkeit äußerte sich vor allem in Werken der Barmherzigkeit für die Armen und Kranken und ihrem Auftreten gegen die Verschwendung der Edelleute – unter denen sie sich dadurch zahlreiche Feinde schuf. Als sie ihren Gatten, der ihre Mildtätigkeit stets in Schutz genommen hatte – sie gebar ihm vier Kinder –, verloren hatte, übernahm dessen Bruder Heinrich Raspe die Macht in der Landgrafschaft. Er nahm Elisabeth die Witwengüter weg und vertrieb sie von der Wartburg; bei ihrem Onkel, dem Bischof von Bamberg, fand sie mit den Kindern Zuflucht. Sie trat in einen Orden ein, ging nach Marburg an der Lahn, gründete dort ein Spital und widmete sich bis zu ihrem frühen Tod (1231) aufopfernd der Krankenpflege. Schon vier Jahre später wurde die legendenumwobene Fürstin heiliggesprochen. Über ihrem Grab in Marburg wurde die frühgotische Elisabethkirche errichtet.

Heinrich Raspe speiste die Kinder seines Bruders mit dem von den Ludowingern ohnedies stets nur als Nebenland betrachteten Hessen ab. Nachdem er zum Landgrafen von Thüringen und zum sächsischem Pfalzgrafen geworden war, trachtete er danach, seine Macht über die Reichspolitik auszudehnen. Als staufischer Parteigänger war er zunächst Reichsverweser für Konrad, den Sohn Friedrichs II., ging aber schon bald zur päpstlichen Seite über. Als er 1246 zum Gegenkönig gewählt wurde sah er sich auf dem Gipfel der Macht. Da die Wahl jedoch nur von Seiten der geistlichen Fürsten erfolgt war, wurde er als „Pfaffenkönig" verspottet. Zwar konnte er noch im gleichen Jahr, mit einem vom Papst finanzierten Heer, König Konrad bei Frankfurt schlagen, starb jedoch – kinderlos – schon wenige Monate später. Da inzwischen auch die Söhne Elisabeths nicht mehr am Leben waren, war das ludowingische Geschlecht im Mannesstamm erloschen. Um deren Länder begann der thüringische Erbfolgestreit.

Durch ludowingische Frauen nämlich lebten zwei bedeutende deutsche Fürstengeschlechter fort: Über ihre Tochter Sophie, Heinrich von Brabant angetraut, wurde die hl. Elisabeth Stammutter des hessischen Herrscherhauses; und durch die Heirat Juttas, der Tochter Ludwigs des Eisernen, mit dem Markgrafen Dietrich von Meißen war die für Thüringen folgenschwere Verbindung mit den Wettinern hergestellt.

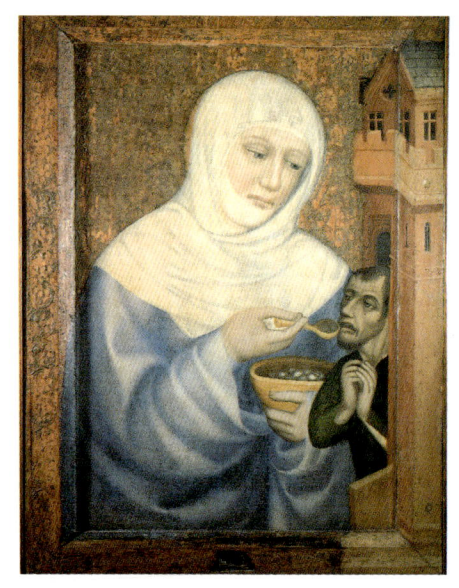

Elisabeth widmete sich nach dem Tod ihres Mannes ganz der Fürsorge der Kranken und Armen. Gemälde des Meister Theoderich, 14. Jh.; Prag, Nationalmuseum

Thüringen

Die sächsischen Herzogtümer

Durch unentwegte Erbteilungen wurde Thüringen zu einem der zersplittertsten Gebieten Deutschlands. Für das Haus der Wettiner war Thüringen der Boden für die Bildung etlicher „sächsischer Herzogtümer". Erst die Republik brachte die Vereinigung des Landes, das 1944/45 um preußische Gebiete vergrößert wurde.

Von 1247 bis 1264 kämpften die Söhne der ludowingischen Töchter um das Erbe des Hauses. Schließlich endete der Erbfolgestreit mit einer Dreiteilung: Juttas Sohn aus erster Ehe, der Wettiner Heinrich der Erlauchte, konnte seiner Mark Meißen die Landgrafschaft Thüringen und die sächsische Pfalzgrafschaft hinzufügen; der Sohn aus Juttas zweiter Ehe mit Poppo von Henneberg, Hermann, erhielt Schmalkalden; Sophie, die Tochter der hl. Elisabeth, setzte für ihren jungen Sohn Heinrich das Kind die Inbesitznahme Hessens und die Übernahme des Titels „Landgraf" durch.

Die Ausbildung eines thüringischen Territorialstaates war den Ludowingern nicht geglückt. Nunmehr schien sich den Wettinern die Chance auf ein umfangreiches Herrschaftsgebiet zu eröffnen. Doch wiederholte Erbteilungen sollten auch dies schließlich verhindern und dem Land Thüringen bis ins 20. Jahrhundert hinein als Flickenteppich einer Vielzahl souveräner Fürstentümer die Einheit verwehren.

Kurfürst Friedrich der Weise gewährte Martin Luther auf der Wartburg Schutz. Gemälde der Cranach-Schule; Florenz, Uffizien

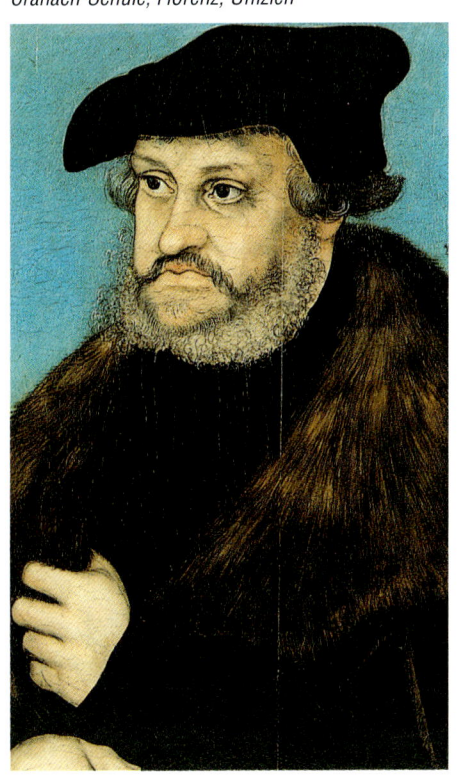

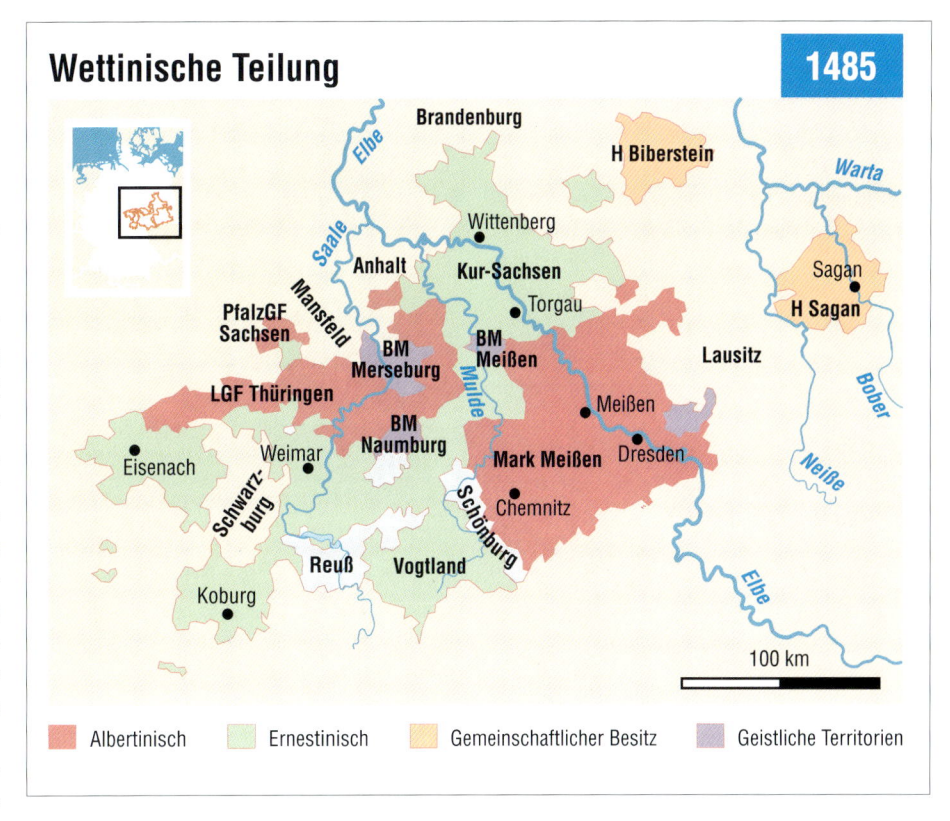

Es begann schon damit, daß Markgraf Heinrich die Herrschaft über Thüringen seinem Halbbruder Hermann von Henneberg und seinem Sohn Albrecht überließ. Albrecht war mit einer Tochter Kaiser Friedrichs II. verehelicht, gab sich jedoch offen der Leidenschaft für eine Kunigunde von Eisenberg hin, so daß seine Frau von der Wartburg floh. Als sie bald darauf starb, heiratete er Kunigunde und legitimierte den gemeinsamen Sohn; dieser Bruch mit dem adeligen Sittenkodex trug ihm den Beinamen „der Entartete" ein und wurde von der Verwandtschaft zum Anlaß genommen, ihm den Fehdehandschuh hinzuwerfen. Albrecht geriet immer mehr in Schulden und verkaufte Thüringen an König Adolf von Nassau. Als dieser im Kampf gegen Albrecht I. von Habsburg fiel, wollte der die Landgrafschaft für das Reich einziehen, blieb aber gegen die Wettiner erfolglos. Nach dem Tod des „Entarteten" befanden sich die Territorien wieder in einer Hand, nämlich in der seines einzigen überlebenden (und legitimen) Sohnes Friedrich I.

Neben den Querelen mit Grafengeschlechtern wie derer von Henneberg, von Schwarzburg oder von Reuß war vor allem die Tatsache, daß die Landgrafen die Oberhoheit über das natürliche Zentrum des Landes, die Stadt Erfurt, nie erreichen konnten, ein Grund für das Ausbleiben der Bildung eines geschlossenen Territoriums. Erfurt, das sich von der Oberherrschaft durch das Erzstift Mainz emanzipiert hatte und sogar Universitätsstadt geworden war, war insbesondere durch den Handel mit Waid, einem blauen Pflanzenfarbstoff, reich geworden. Die meisten Adeligen einschließlich der Landgrafen waren bei den Erfurtern verschuldet. Allerdings gelangten die Wettiner beim Aussterben der Grafen von Orlamünde in den Besitz von Weimar (1373), wenig später erbten sie, durch das Aussterben einer Henneberg-Linie, auch Coburg. Die Erfolglosigkeit des von den Wittelsbachern gegen den Luxemburger Karl IV. aufgestellten Gegenkönigs Günther von Schwarzburg – des zweiten thüringischen Gegenkönigs der deutschen Geschichte – verhinderte, daß die von Schwarzburg zu einer ernsthaften Bedrohung des wettinischen Vorrangs im Lande wurden.

Der letzte Landgraf aus der thüringischen Linie der Wettiner, Friedrich der Einfältige, war 1440 kinderlos gestorben, sein Besitz an die Markgrafen von Meißen zurückgefallen. Diese waren inzwischen zu Kurfürsten von Sachsen erhoben worden. Zwischen dem Kurfürsten Friedrich II. und dem Herzog Wilhelm III. kam es zu einem ruinösen Bruder-

Thüringen
Die sächsischen Herzogtümer

krieg, der damit endete, daß Wilhelm in seinem Besitz Thüringens bestätigt wurde. Von Weimar aus versuchte er, die Landeseinheit zu stärken. Es sollte ein letzter Versuch bleiben. Wilhelms sächsische Neffen Ernst und Albrecht lösten durch die Leipziger Teilung von 1485 die Landgrafschaft Thüringen auf. Sie wurde auf das Kurfürstentum und das Herzogtum Sachsen aufgeteilt. Die ernestinische Linie bekam mit der Kurwürde und Kursachsen (damals das Gebiet zwischen Wittenberg und Torgau) den größeren Südteil des thüringischen Besitzes, die albertinische Linie übernahm mit der Markgrafschaft Meißen den Nordteil.

Ernsts Sohn Friedrich III., der Weise, schrieb als Schutzherr Martin Luthers Weltgeschichte. Er hatte den Erfurter Augustinermönch an die von ihm gegründete Universität von Wittenberg berufen, wo der Reformator seine 95 Thesen veröffentlichte, er deckte mit seinem fürstlichen Notrecht die Weigerung Luthers, der Ladung nach Rom zu folgen, und er versteckte Luther nach Verhängung der Reichsacht auf der Wartburg. 1525 führte Kursachsen die Reformation ein. Für soviel Fürstenhuld mag Luther mit seiner scharfen Verurteilung der aufständischen Bauern und der „Schwarmgeister" um den Revolutionstheologen Thomas Müntzer Dankesschuld abgetragen haben. Im nordthüringischen Mühlhausen versuchte Müntzer, seine radikaldemokratischen Ideen zu realisieren – das aber war nicht die Glaubenserneuerung, wie die Fürsten sie sich vorgestellt hatten. Bei Frankenhausen schlug Friedrichs Bruder Johann die Bauernhaufen in die Flucht, Müntzer wurde gefangengenommen und hingerichtet.

Indes zeigte sich sehr bald, daß das gemeinsame Bekenntnis zur Reformation die Rivalität zwischen den beiden wettinischen Linien keineswegs aufhob. In Moritz (1541-1553) hatte das albertinische Sachsen einen macchiavellistischen Herrscher erhalten, der den Ernestinern die Kurwürde entreißen wollte und zu verhindern suchte, daß sie sich der bis dahin geistlichen Gebiete von Magdeburg und Halberstadt bemächtigten. Als Kurfürst Johann Friedrich an die Spitze des protestantischen Fürstenbundes von Schmalkalden trat und daraufhin von Kaiser Karl V. mit Krieg überzogen wurde, trat der „Judas von Meißen", wie Moritz von seinen thüringischen Gegnern genannt wurde, heimlich mit dem Kaiser in Verbindung. Ihm wurde die Kurwürde zugesagt, woraufhin er in die ernestinischen Lande einfiel. Zwar konnte Johann Friedrich, der seine Truppen von Süddeutschland in die Heimat führte, den Eindringling vertreiben, unterlag dann aber den Kaiserlichen 1547 bei Mühlberg an der Elbe und wurde gefangengenommen. Unter Androhung der Todesstrafe stimmte Johann Friedrich schließlich der Wittenberger Kapitulation zu, deren Inhalt 1554 durch den Naumburger Vertrag festgeschrieben wurde. Er mußte auf die Kurwürde verzichten und Kursachsen an Moritz bzw. an dessen Nachfolger August abtreten. Die Ernestiner blieben fortan auf ihre thüringischen Gebiete beschränkt.

Herzog Karl August bei Goethe im Juno-Zimmer. Stahlstich von Schwerdgeburth, 1860; Weimar, Goethe-Nationalmuseum

Während im albertinischen Sachsen die Primogenitur künftige Teilungen verhinderte, wurde das ernestinische Thüringen in den folgenden Jahrhunderten durch zahlreiche Erbteilungen in winzige Herzogtümer zersplittert. Auch bei den beiden anderen Adelsfamilien des Landes, den Reuß und den Schwarzburg, wurden die jeweiligen Söhne mit Teilgebieten bedacht, so daß man am Ende des 17. Jahrhunderts in Thüringen zehn Linien der Ernestiner, neun der Reuß und drei der Schwarzburg zählte. Das Aussterben verschiedener Linien reduzierte diese Zahlen zwar, doch bestanden im Zweiten Kaiserreich bis zum Jahr 1918 noch folgende thüringische Staaten: das Großherzogtum Sachsen-Weimar-Eisenach, die Herzogtümer Sachsen-Coburg-Gotha, Sachsen-Meiningen und Sachsen-Altenburg, dazu die Fürstentümer Schwarzburg-Sondershausen und Schwarzburg-Rudolstadt sowie die ältere und die jüngere Linie Reuß. Diese Duodezstaaten hatten im alten Reich kaum noch politische Bedeutung und wurden in ihrem Bestand nicht einmal von Napoleon zerstört. Vielfach aber waren sie Heimstätten von Kunst und Kultur. Als wichtigstes Beispiel für viele sei die Herrschaft Karl Augusts von Weimar erwähnt, der Goethe zu seinem Minister und seine Residenzstadt sowie die Universitätsstadt Jena zu Zentren der deutschen Klassik machte.

Unter den wenigen ernestinischen Fürsten, die über ihre engere Heimat hinaus aktiv in das politische Geschehen eingriffen, ist an erster Stelle Bernhard, der jüngste der acht Söhne des Herzogs Johann von Sachsen-Weimar zu nennen. Er war im Dreißigjährigen Krieg einer der fähigsten protestantischen Heerführer, trat als erster an die Seite des Schwedenkönigs Gustav Adolf, vertrieb die Kaiserlichen aus Sachsen und wollte sich zunächst aus den Bistümern Würzburg und Bamberg ein Herzogtum Franken, dann mit französischer Hilfe ein elsässisches Fürstentum schaffen. Er starb aber, möglicherweise durch Vergiftung, bereits 1639.

Die Stadt Erfurt nahm eine von den sächsischen Herzogtümern sehr unterschiedliche Entwicklung. Sie hatte sich vom Erzbistum Mainz so weit gelöst, daß sie evangelisch geworden war und am Ende des Dreißigjährigen Krieges hoffte, mit schwedischer Unterstützung die Reichsfreiheit durchzusetzen. Als dies mißlang, stellte Kurmainz gewaltsam und mit Hilfe von Truppen Ludwigs XIV. seine Oberhoheit wieder her. 1803 wurde Erfurt durch den Reichsdeputationshauptschluß Preußen zugeteilt. Eine weitere preußische Enklave in Thüringen bildete seit 1815 bzw. 1866 das ehemals Hennebergsche Gebiet um Schmalkalden.

1920 schlossen sich die zu „Freien Volksstaaten" gewordenen thüringischen Fürstentümer gegen den Wunsch Preußens zum Land Thüringen mit Weimar als Hauptstadt zusammen; nur Coburg gliederte sich aufgrund einer Volksabstimmung Bayern an (was ihm 1945 die Zugehörigkeit zur Sowjetzone ersparen sollte). 1944 wurde der preußische Regierungsbezirk Erfurt sowie der Kreis Schmalkalden dem Statthalter von Thüringen unterstellt. Diese Gebiete blieben auch 1945 beim Land Thüringen, das 1952 in die DDR-Bezirke Erfurt, Gera und Suhl aufgelöst und 1990 mit Erfurt als Hauptstadt wiederhergestellt wurde.

FRÜHERE LÄNDER
DES REICHES

Österreich

Mit den Babenbergern bekam Österreich ein Herrschergeschlecht, das die Grundlagen für die Eigenständigkeit des Landes legte.

Es war keineswegs eine „Stunde Null" für das Land östlich der Enns, als Kaiser Otto I. nach der entscheidenden Niederlage der Ungarn auf dem Lechfeld bei Augsburg (955) an die Wiedererrichtung der Mark im Osten schritt. Seit der Zerstörung der karolingischen Mark waren nur fünf Jahrzehnte vergangen. Auch wenn die in dem Gebiet ansässige deutsche und slawische Bevölkerung schwer unter der Magyarenherrschaft zu leiden hatte, wenn sie Gewalttaten, Plünderungen und Verschleppungen in die Sklaverei ausgesetzt war – es gibt keinen Grund zu der Annahme, daß die Ungarn aus dem Land eine menschenleere Wüste gemacht hätten. Schließlich mußten auch sie ein Interesse daran haben, daß die Tribute der Bewohner nicht versiegten.

Die erste Grenzwache, vermutlich von der Ennsburg aus, übernahm ein Markgraf namens Burkhard. Er dürfte bereits das Donautal mit dem südlichen Alpenvorland bis zum Fluß Traisen kontrolliert haben. Burkhard, dem bairischen Herzog Heinrich dem Zänker verpflichtet, war vermutlich an der Verschwörung gegen Kaiser Otto II. beteiligt; sie kostete seinem Herrn vorübergehend die Herzogswürde und ihn das Markgrafenamt. 976 belehnte der Kaiser Luitpold von Babenberg mit der Mark; zu dieser bemerkt eine Schenkungsurkunde zwanzig Jahre später, daß sie in der Volkssprache „Ostarrichi" genannt werde (der Landesname setzt sich also zusammen aus „ostar", nach Osten hin, und „richi", worunter damals ganz allgemein eine Region und noch nicht ein „Reich" als Imperium verstanden wurde). Die Herkunft der Babenberger ist noch immer eine wissenschaftliche Streitfrage; als wahrscheinlich gilt die Verwandtschaft mit dem bairischen Herzogsgeschlecht der Arnulfinger.

Luitpold mußte sich einen Teil seines Lehens erst erkämpfen und erweiterte die Grenzen der Mark bis zum Wienerwald. 991 verhinderte ein bairisches Heer einen Gegenschlag der Ungarn. Der Sohn Luitpolds, Heinrich I., konnte die Grenzen der Mark bis an die March ostwärts schieben; Urkunden bezeugen jedenfalls für die Zeit um die Jahrtausendwende bereits Schenkungen im Wiener Raum. Auch die Leitha als Grenzfluß dürfte um diese Zeit bereits erreicht worden sein.

Babenbergerlegende: Herzog Leopold V. von Österreich erhält vom Kaiser die rot-weiß-rote Fahne; rechts außen der englische König Richard Löwenherz. Ausschnitt aus dem Babenberger Stammbaum, 1489/92; Klosterneuburg, Stiftsherrenmuseum

Allmählich wurde auch das Umland des Donautals, wurden Wald- und Weinviertel und das niederösterreichische Alpenvorland kolonisiert, wobei sich die ansässigen Slawen mit den einwandernden Baiern und Franken vermischten. Doch gab es auch Rückschläge: In der Regierungszeit Adalberts I. mußte Kaiser Konrad II., nach dem Mißerfolg eines Ungarnfeldzugs in Wien eingeschlossen, die Stadt für kurze Zeit den Ungarn überlassen (1030). An der mährischen Grenze gab es wiederholt Zusammenstöße mit den slawischen Nachbarn. Dennoch gelang es Adalbert und seinem Sohn Ernst, ihre Herrschaft – auch gegen den von den salischen Kaisern begünstigten gräflichen Adel – zu festigen.

Kurze Zeit gefährdet schien die Herrschaft der Babenberger in Österreich, als sich Markgraf Leopold II. im Investiturstreit auf die päpstliche Seite schlug. Kaiser Heinrich IV. verlieh die Mark daraufhin dem Böhmenherzog Wratislaw. Der fiel in Österreich ein und besiegte das babenbergische Aufgebot bei Mailberg (1082). Leopold mußte Grenzgebiete um Znaim abtreten, die Mark aber behielt er. Sein Sohn Leopold III. unterstützte den gegen seinen Vater rebellierenden, späteren Kaiser Heinrich V. und heiratete über dessen Schwester Agnes in die Herrscherfamilie ein. Sich ganz dem Ausbau seiner Residenz in Klosterneuburg und seiner landesfürstlichen Macht widmend, lehnte Leopold die ihm von den Fürsten angebotene Wahl zum deutschen König ab. Der eifrige Klostergründer wurde 1485 heiliggesprochen.

Im Reich brach der Streit zwischen Welfen und Staufern aus. Kaiser Konrad III. wollte die Macht der Welfen, die zugleich die Herzogtümer Sachsen und Baiern beherrschten, brechen. Er übertrug das bairische Herzogtum dem österreichischen Markgrafen Leopold IV. Auch dessen Bruder Heinrich II. Jasomirgott, der ihm folgte, war zunächst Herzog von Baiern. Inzwischen aber suchte der neue Kaiser Friedrich Barbarossa die Aussöhnung mit dem Welfen Heinrich dem Löwen. Sie war nur durch die Rückgabe Baierns an diesen zu erreichen. Heinrich Jasomirgott war mit einer solchen Schmälerung seiner Macht keineswegs einverstanden, stimmte aber letztlich einem für Österreich höchst bedeutsamen Kompromiß zu: Für die Herausgabe Baierns wurde Österreich mit den im „Privilegium minus" festgehaltenen Rechten zu einem beinahe unabhängigen Herzogtum (1156) erklärt. Damit schied es aus dem Staatsverband des bairischen Stammesherzogtums aus und wurde um drei Grafschaften erweitert.

Mit dieser Begünstigung Österreichs wurde von Barbarossa ein Signal für die Organisation künftiger Landesherrschaften im ganzen Reich gesetzt – an die Stelle der Großorganisation der Stammesherzogtümer traten kleinere, für reichsunmittelbar erklärte Territorien. Jasomirgott, der mit einer byzantinischen Prinzessin verheiratet war, verlegte die babenbergische Residenz von Klosterneuburg nach Wien.

Die größte Ausdehnung des babenbergischen Herzogtums gelang Leopold V. Zunächst erwarb er für Österreich, als Heinrich der Löwe neuerlich in Ungnade gefallen war, Teile Oberösterreichs. Zur bedeutendsten Machterweiterung aber gab die Erhebung der Steiermark zum Herzogtum Gelegenheit. Leopold V. schloß mit dem kinderlosen Herzog der Steiermark, Otakar IV., auf dem Georgenberg bei Enns einen Erbvertrag. 1192 ging der Vertrag in Erfüllung: Die Steiermark, zu der damals auch der (oberösterreichische) Traungau mit der Stammburg der Otakare, Steyr, gehörte, und Österreich wurden staatlich vereint, blieben aber ihrer Verwaltung nach getrennt – so beließ man es bis zum heutigen Tag.

Zum Schutz des Grenzraums errichtete Leopold V. auf damals noch steirischem Gebiet Wiener Neustadt. Die Mittel dafür kamen aus einer aufsehenerregenden internationalen Affäre. Der englische König Richard Löwenherz hatte auf dem 3. Kreuzzug die

Von der Mark zum Herzogtum

Fahne des Herzogs von der Mauer Akkons entfernen lassen und diesen nicht an der Beute beteiligt. Auf der Heimreise schiffbrüchig geworden, mußte Richard den Landweg nehmen und wurde trotz seines Inkognitos bei Wien erkannt und gefangengesetzt. Leopold V. und Kaiser Heinrich VI. kassierten von England ein hohes Lösegeld, ehe sie den König freigaben.

Leopold VI. konnte die Früchte aus den Erfolgen seiner Vorgänger voll genießen. Er tat dies keineswegs nur durch eine glanzvolle, von Walther von der Vogelweide und anderen Minnesängern gerühmte Hofhaltung, sondern auch durch Ausbau der landesfürstlichen Macht im Inneren, vor allem durch den Kauf von Herrschaften aus weltlichem und geistlichem Besitz. Der Erwerb von Pordenone in Friaul zeigte an, daß Österreichs Fürsten sich auf den Weg zur Adria machten.

Leopolds Sohn Friedrich II., „der Streitbare", setzte diese Bestrebungen fort: Er ließ sich von einer griechischen Prinzessin scheiden und heiratete Agnes von Andechs-Meranien, die als Mitgift Besitzungen in Oberkrain einbrachte. Friedrich bezeichnete sich daraufhin als „Herr von Krain". Sehr bald geriet der Babenberger mit dem österreichischen Adel unter Führung der Kuenringer, dann mit den Städten, schließlich mit Kaiser Friedrich II. in Konflikt. Der Hohenstaufe verhängte die Reichsacht über den Herzog, zog in Wien ein und gab der Stadt die Stellung einer Reichsstadt. Friedrich mußte sich in Wiener Neustadt einigeln; erst als der Kaiser nach Italien abzog, gewann er sein Land zurück. Später kam es zur Aussöhnung zwischen den beiden Friedrichen, der Kaiser wollte sogar die Nichte des Herzogs, Gertrud, heiraten und Österreich in ein Königreich verwandeln. Die Kirche fürchtete, der Staufer plane damit nur die Beerbung des kinderlosen Babenbergers und riet Gertrud zur Ablehnung.

Beim Herannahen der Mongolen versprach der Babenberger dem bedrohten Ungarnkönig Béla IV. Hilfe und ließ sich dafür die Grenzgebiete um Wieselburg (Moson), Ödenburg (Sopron) und Eisenburg (Vasvar) abtreten. Die Hilfskontingente aus Österreich blieben jedoch aus, und als die Mongolen trotz eines Sieges über Béla wieder abzogen, verlangte dieser das besetzte Grenzgebiet zurück. Friedrich sah sich in einen Zweifrontenkrieg gegen Ungarn und Böhmen verwickelt. Der erst 35jährige Herzog erlitt bei Pottendorf den Schlachtentod (1246). Damit war das Geschlecht der Babenberger im Mannesstamm erloschen.

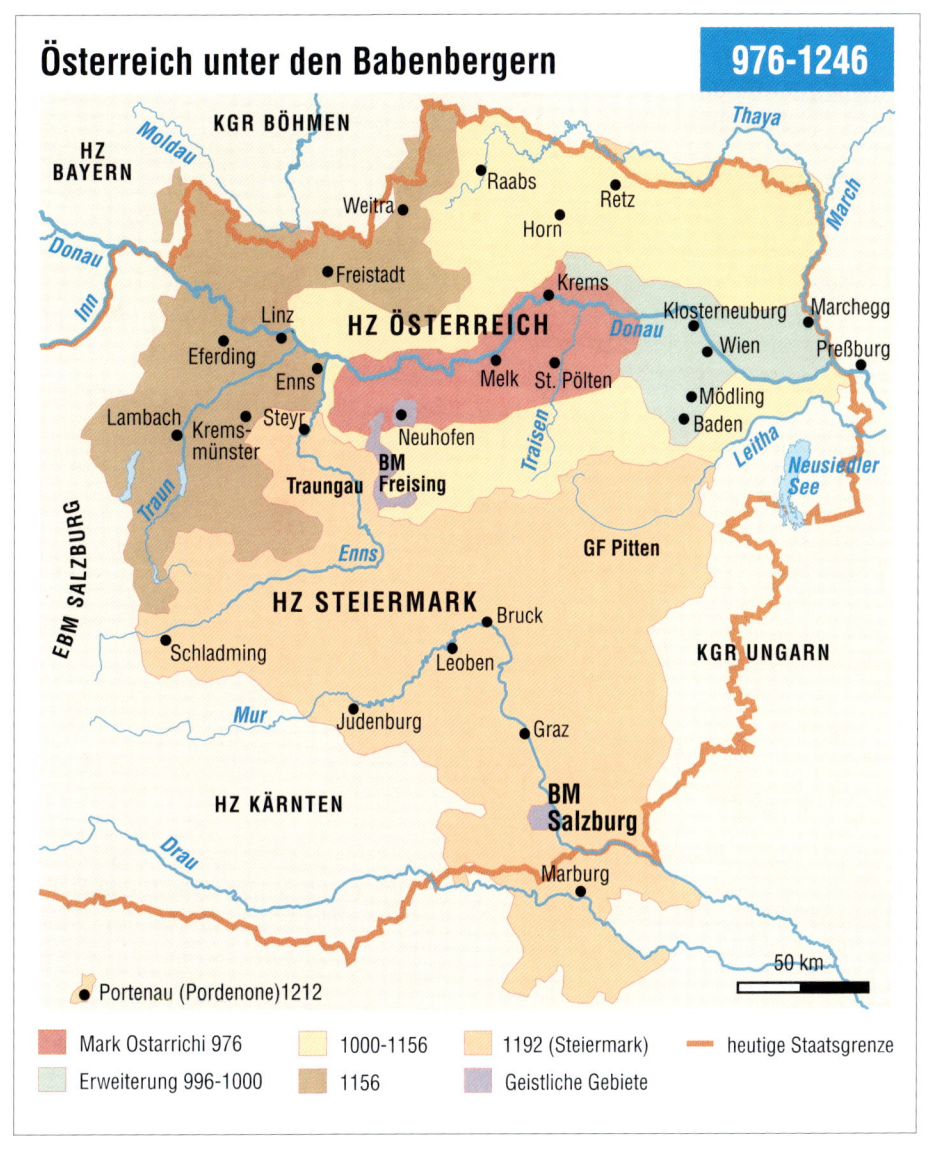

Über die Nichte des letzten Babenbergers, Gertrud, wollte sich deren Gemahl Hermann von Baden in den Besitz Österreichs setzen; doch der einheimische Adel lehnte ihn ab. Seinem jungen Sohn Friedrich war nur der Titel „von Österreich" geblieben, als er zusammen mit dem letzten Staufer Konradin in Neapel das Schafott bestieg.

Mit Hilfe der päpstlichen Partei brachte der böhmische König Ottokar II. Przemysl, der die verwitwete Schwester des letzten Babenbergers, Margarete, geheiratet hatte, zunächst das Herzogtum Österreich an sich. Aber Ottokars Pläne reichten weiter: Sie zielten auf ein Ostreich von der Ostsee bis zur Adria ab. Er beteiligte sich an einem Kreuzzug gegen die heidnischen Pruzzen – Ottokar zu Ehren erhielt Königsberg seinen Namen – und wollte die vom christlichen Glauben abgefallenen Litauer bekehren. Ein Aufstand des steirischen Adels gab ihm die Möglichkeit, die Ungarn, mit denen er zunächst das Babenbergererbe geteilt hatte, aus der Steiermark zu verdrängen. Der kinderlose Herzog von Kärnten vermachte ihm sein Land samt Krain, oberitalienische Städte stellten sich unter seinen Schutz, er besetzte die Reichsstadt Eger und brachte die schlesischen Fürstentümer unter seine Oberhoheit.

Die Macht Ottokars war der Hauptgrund dafür, daß die Fürsten 1273 nicht ihn, sondern den Grafen Rudolf von Habsburg zum König wählten. Für diesen waren Österreich, Steiermark und Kärnten „erledigte Reichslehen". Als Ottokar sie nicht herausgeben wollte, kam es zum Kampf. Auf dem Marchfeld östlich von Wien verlor der Böhme im Jahr 1278 Schlacht und Leben. Für Österreich stellte dies den Beginn einer neue Epoche dar: Rudolf belehnte seine Söhne mit dem Babenbergererbe.

Österreich unter den Babenbergern 976-1246

- Mark Ostarrichi 976
- Erweiterung 996-1000
- 1000-1156
- 1156
- 1192 (Steiermark)
- Geistliche Gebiete
- heutige Staatsgrenze

Österreich

Mit dem Erwerb des Doppelherzogtums Österreich-Steiermark begann der Aufstieg des Hauses Habsburg zu einer Macht von welthistorischer Bedeutung. Österreich wuchs weit über die Grenzen des Heiligen Römischen Reiches hinaus. In Preußen aber erstand ihm eine Gegenmacht, die es schließlich aus Deutschland verdrängen sollte.

Mit dem Erwerb Österreichs stieg das Haus Habsburg zu einer der bedeutendsten Dynastien Europas auf, seine Vertreter trugen seit 1273 (von 1438 an ohne Unterbrechung) die Krone des Heiligen Römischen Reiches bis zu dessen Untergang. Deshalb ist die Geschichte Österreichs nicht nur Regionalgeschichte, sondern Teil der deutschen, europäischen, ja globalen Historie.

Die „Schwaben", wie Rudolf mit seinem Gefolge in Wien genannt wurde, waren hier zunächst keineswegs beliebt, obwohl der König der Stadt ihre Privilegien aus der Stauferzeit bestätigte. Rudolf war dennoch willens, seinem Haus an der Donau ein zweites Standbein zu dessen Besitzungen im Elsaß, im Aar- und Thurgau zu schaffen. Die nach dem Aussterben der Babenberger erledigten Lehen, die Herzogtümer Österreich und Steiermark, wurden 1282 seinen Söhnen übergeben; mit dem von Ottokar übernommenen Kärnten belehnte er seinen treuen Gefolgsmann Meinhard von Görz-Tirol und verpfändete ihm auch die Mark Krain.

Rudolfs Sohn Albrecht I. machte Österreich habsburgisch, und das, wenn es sein mußte, mit eiserner Faust. Die Wiener, deren Reichsunmittelbarkeit für immer verlorenging, bekamen dies ebenso zu spüren wie der rebellische Adel. Die landfremde alemannische Familie aber wurde in Österreich heimisch – von den einundzwanzig Kindern Albrechts erreichten elf das Erwachsenenalter. Und schon streckte Albrecht, inzwischen deutscher König geworden, die Hand nach Böhmen aus, wo das Aussterben der Przemysliden vorhersehbar war: eine Heirat sollte einen seiner Söhne auf den Hradschin bringen – dessen früher Tod jedoch zwang Habsburg, zu warten.

Zunächst blieb die Ausdehnung des habsburgischen Machtbereichs vor allem auf den Alpenraum beschränkt. Für die Herrscher war es wichtig, eine Landbrücke zu den Besitzungen im Westen zu finden, hatten ihnen doch die reichsfreien Waldstätte der Innerschweiz bereits 1315 bei Morgarten eine erste schwere Niederlage beschert. Zugleich sollten Erwerbungen im Süden den Zugang zum Meer eröffnen. Dynastische Wirrnisse und trickreiche Verträge brachten den Habsburgern 1335 einen großen Teil Kärntens und die Pfandschaft Krain ein; Ludwig dem Bayer war versprochen worden, daß ihm aus dem Erbe der erlöschenden Görzer Tirol zufallen sollte. Die Besetzung Tirols durch die Wittelsbacher jedoch hätte der Verbindung Österreichs mit den habsburgischen Stammlanden einen Riegel vorgeschoben. Herzog Rudolf dem Stifter (nämlich der Wiener Universität), kam letzlich zugute, daß die Erbin Tirols, Margarete Maultasch, stets ohne Rücksicht auf Konventionen Entscheidungen traf: Schon nämlich wollten auch die Luxemburger das wichtige Paßland erheiraten – da schickte die Herzogin den impotenten Prinzen, den man ihr angetraut hatte, heim zu seinem Vater und nahm einen Wittelsbacher zum Mann. Es schien, daß in Tirol nun doch die Bayern zum Zug kommen würden. Aber sowohl ihr Gatte als auch ihr einzige Sohn starben vor Margarete, sie war nun alleinige Regentin – und dankte zugunsten des österreichischen Herzogs ab: im Jahr 1363 wurde Tirol habsburgisch. Die erste Erwerbung in Vorarlberg brachte die Habsburger noch ein Stückchen näher zu ihren Stammlanden; im Laufe von zwei Jahrhunderten folgten dort die anderen, unter den Zweigen des Hauses Montfort aufgeteilten Grafschaften.

Der schwäbische Graf Rudolf von Habsburg belehnte als deutscher König seine Söhne mit Österreich und Steiermark und begründete so das „Haus Österreich". Grabmal im Dom von Speyer, 13. Jh.

Rudolf IV., mit neunzehn Jahren Landesherr und mit sechsundzwanzig schon in der Fürstengruft zu St. Stephan, war von der Berufung des Hauses Österreich besessen: dem Luxemburger Kaiser Karl IV. legte er eine gefälschte Urkunde, das „Privilegium maius" vor, das Österreich praktisch unabhängig von Reichspflichten machte und seine Herrscher zu Erzherzögen (einem Titel, der habsburgisches Unikat blieb) erhob – wenn sie der Kaiser schon nicht in das Kurfürstenkollegium aufgenommen hatte. Zwar unterschrieb der Kaiser, von Petrarca beraten, nicht – als aber wieder ein Habsburger auf den deutschen Thron kam, galten die Zweifel an der Echtheit nicht mehr. Allerdings mußte das Privileg der Befreiung Österreichs von Reichskriegen wirkungslos bleiben – bis zu Napoleons Zeiten hatten seine Herrscher ohnedies die Hauptlast der deutschen Kriege in West und Ost zu tragen.

Im Jahr 1382 gelang Habsburg der Sprung ans Meer: in diesem Jahr unterstellte sich Triest seiner Herrschaft, dazu kam der östliche Teil der Halbinsel Istrien. In den folgenden Jahrzehnten rundete Österreich seinen Besitz im Südosten ab: die Steiermark und Krain wurden um den Bestand der früheren Grafschaft Cilli/Celje erweitert. Dagegen kamen die Pläne, das alte Herzogtum Schwaben unter habsburgischer Krone wiederzuerrichten, nicht zum Durchbruch. Zwar hatte

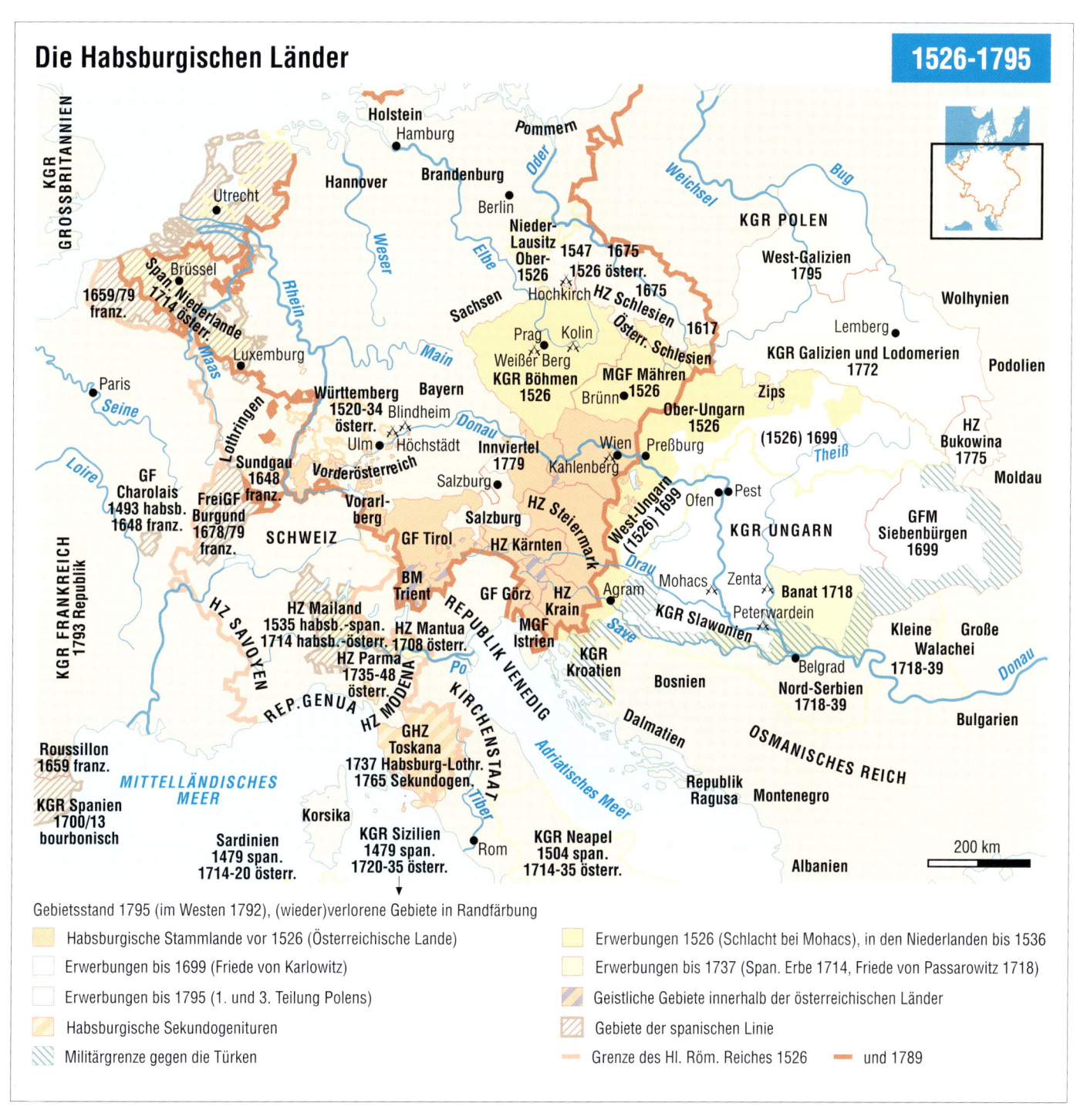

Die habsburgische Großmacht

Die Habsburgischen Länder 1526-1795

Gebietsstand 1795 (im Westen 1792), (wieder)verlorene Gebiete in Randfärbung

- Habsburgische Stammlande vor 1526 (Österreichische Lande)
- Erwerbungen bis 1699 (Friede von Karlowitz)
- Erwerbungen bis 1795 (1. und 3. Teilung Polens)
- Habsburgische Sekundogenituren
- Militärgrenze gegen die Türken
- Erwerbungen 1526 (Schlacht bei Mohacs), in den Niederlanden bis 1536
- Erwerbungen bis 1737 (Span. Erbe 1714, Friede von Passarowitz 1718)
- Geistliche Gebiete innerhalb der österreichischen Länder
- Gebiete der spanischen Linie
- Grenze des Hl. Röm. Reiches 1526 und 1789

---

sich Freiburg schon 1368 den Habsburgern unterstellt, und der alte Stammbesitz im Sundgau machte nun zusammen mit dem Breisgau die Lande an beiden Ufern des Oberrheins habsburgisch. Doch die Gebiete im Aar-, Thur- und Zürichgau waren nach der schweren Niederlage der Österreicher gegen die Eidgenossen bei Sempach (1386) nicht mehr zu halten; ein knappes Jahrhundert später leistete Habsburg auch formell auf sie Verzicht. Ebenso schlug ein im Jahr 1520 unternommener Versuch Kaiser Karls V. fehl, sich Württemberg (s. d.) einzugliedern.

Um diese Zeit aber hatte Habsburg schon weit über seine Territorien an Donau, Inn und Oberrhein hinausgegriffen. Mit Kaiser Maximilian I. begann jene Zeit, für die der Spruch überliefert wird: „Bella gerant alii, tu felix Austria nube!" (Kriege mögen andere führen, du, glückliches Österreich, heirate.) Allerdings blieb der vordere Teil dieses Satzes ein frommer Wunsch, waren die Habsburger doch ständig in Kriege verwickelt – obwohl, oder gerade weil, sie ihren Besitz durch das Heiraten in so gewaltigem Ausmaß mehren konnten. Im Wettstreit mit Frankreich hatte es Kaiser Friedrich III. verstanden, seinem Sohn Maximilian eine „glänzende Partie" durch die Heirat mit Maria von Burgund zu verschaffen. Deren Vater, Karl dem Kühnen, versprach er die Umwandlung seines Herzogtums in ein Königreich (womit das alte Lotharingien als Riegel zwischen Deutschland und Frankreich wiedererstanden wäre). Karl fiel jedoch 1477 im Kampf gegen Lothringer und Schweizer. Dennoch stand die Erbtochter Maria zu ihrem Verlobten und zog ihn, den „letzten Ritter", dem verwachsenen Dauphin von Frankreich vor. Der Habsburger mußte

Österreich   Die habsburgische Großmacht

sich die Traumhochzeit in den aufmüpfigen Niederlanden zwar erst erkämpfen, der Sohn aus dieser – infolge eines tödlichen Reitunfalls Marias allzu kurzen – „Traumehe", Philipp der Schöne, wurde jedoch zum Herzog von Burgund.

Und nicht nur das: 1496 schloß der Achtzehnjährige eine Ehe von welthistorischer Bedeutung, als er Johanna von Kastilien-Aragon heiratete; gleichzeitig ehelichte Johannas Bruder eine Habsburgerin. Vater Maximilian wollte durch diese Doppelhochzeit Frankreich, mit dem er jahrelang um die burgundischen Besitzungen hatte Krieg führen müssen, in die Zange nehmen. Als Johannas Bruder vorzeitig starb, wurde Philipps und Johannas 1500 geborener, kleiner Sohn Karl der Erbe Spaniens. Jenes Spaniens, das, eben erst geeint, das letzte maurische Königreich Granada erobert hatte und im Begriff war, sich die von Kolumbus entdeckte Neue Welt einzuverleiben. So konnte sich Karl V. im Zenit seiner Macht als Herr eines Weltreichs fühlen, „in dem die Sonne nicht untergeht". Aber damit nicht genug: auch im Osten bahnte eine Doppelhochzeit die machtvolle Erweiterung des habsburgischen Besitzes an. Sie war von Maximilian mit den in Böhmen und Ungarn herrschenden Jagiellonen für seinen jüngeren Enkel Ferdinand und deren Schwester angebahnt und mit einem gegenseitigen Erbvertrag besiegelt worden. 1526 trat überraschend der Erbfall ein, als der junge König Ludwig II. in der Schlacht bei Mohács gegen die Türken das Leben verlor. Ferdinand kam dadurch in den Besitz der Länder der böhmischen Krone (die bereits 1438 kurzfristig habsburgisch gewesen waren) und Ungarns – über das Österreich für anderthalb Jahrhunderte freilich nur in beschränktem Maß gebieten konnte, hatten die Türken dem Habsburger doch nur den Westrand bis zum Plattensee, im Süden Kroatien und im Norden die Slowakei überlassen.

Karl V. mußte sich, wohl auch unter dem Eindruck der ständig zu führenden Kriege – infolge der Reformation auch im Inneren Deutschlands, vor allem aber gegen Frankreich – der Einsicht fügen, daß eine solch gewaltige Ländermasse auf Dauer von einem einzelnen Herrscher nicht zu regieren war. Deshalb überließ er die deutschen Lande und die Neuerwerbungen im Osten seinem Bruder Ferdinand, Spanien mit den Kolonien und auch das burgundische Erbe seinem Sohn Philipp II. Doch blieb die Einheit des „Hauses Österreich" in der gegen Frankreich gerichteten Bündnispolitik gewahrt. Der spanische Einfluß hatte allerdings auch die starre gegenreformatorische Haltung der deutschen Habsburger zur Folge, die für das Reich verhängnisvoll war.

Der für Habsburg unglückliche Ausgang des Dreißigjährigen Krieges brachte erste Rückschläge. Österreich mußte den Sundgau an Frankreich abtreten, wodurch dieses seinen Fuß am Rhein stehen hatte. Damit begann die Aufrollung der Westgrenze des Reichs. Im Osten hingegen konnte nach der zweiten Belagerung der Haupt- und Residenzstadt Wien durch die Türken (1683) die Macht des Sultans gebrochen werden: Im Jahr 1699 wurden Ungarn und Siebenbürgen von der osmanischen Herrschaft befreit, die Siege des Prinzen Eugen brachten Österreich das Banat ein (1718); hingegen konnte Serbien nur vorübergehend, bis 1739, gehalten werden.

Der Plan, nach dem Aussterben der dortigen Habsburger eine zweite habsburgische Ära in Spanien einzuleiten, scheiterte letztlich an der Gleichgewichtspolitik Englands: nach dem frühen Tod Kaiser Josefs I. nämlich wäre dessen Bruder Karl VI. zum Alleinerben geworden. Sizilien und Unteritalien blieben nur wenige Jahre österreichisch, hingegen schien Mailand ein sicherer Besitz. Mit der Erbschaft der südlichen Niederlande (Belgiens) war der ständige Konflikt mit Frankreich vorprogrammiert.

Im Jahr 1740 starben mit dem Tod Karls VI. auch die deutschen Habsburger im Mannesstamm aus; durch die Heirat seiner Tochter Maria Theresia mit Franz Stephan blühte das Geschlecht als Habsburg-Lothringen fort, doch mußte der Lothringer, auf französischen Druck, sein Stammland gegen die Toskana eintauschen. Als Friedrich II. von Preußen über die ihr Erbe gegen die Ansprüche Frankreichs, Bayerns und Sachsens verteidigende Maria Theresia herfiel, ging Schlesien verloren. Das war ein schwerer Schlag für die Stellung Österreichs im deutschen Reich. Maria Theresias Sohn Josef II. erkannte dies und wollte das entlegene Belgien gegen Alt-Bayern eintauschen, doch wurde auch dies von Friedrich II. verhindert. Die Verdrängung Österreichs aus Deutschland hatte begonnen. Die Erwerbung Galiziens, das die Teilungen Polens einbrachten, war dafür kein Ersatz.

Die französische Revolution verdrängte Österreich aus Belgien, Napoleons Siege kosteten es vorübergehend Tirol, Vorarlberg und das eben erst gewonnene, vormals geistliche Fürstentum Salzburg; der Verlust der schwäbischen Vorlande und Belgiens wurde auf dem Wiener Kongreß endgültig besiegelt – nach vier Jahrhunderten überließ Österreich die „Wacht am Rhein" somit den Preußen. Nun konzentrierte es sich auf die Beherrschung Italiens, wo ihm 1797 die morsche Republik Venedig mit der istrischen und dalmatinischen Küste zugefallen war, und wo es nach 1815 – wie sich zeigen sollte, vergeblich – die italienischen Einigungsbewegung hintanzuhalten suchte. 1859/60 gingen die Lombardei, die Toskana und Modena verloren, 1866 folgte Venetien. Zugleich wurde mit der Niederlage von Königgrätz die Verdrängung Österreichs aus Deutschland abgeschlossen.

Die letzte Erwerbung Habsburgs, das 1878 okkupierte und 1908 annektierte Bosnien-Herzegowina, sollte schließlich den Anlaß für den Ersten Weltkrieg bieten; an dessen Ende stand der Zerfall des Habsburgerreiches. Die kleine, an sich selbst zweifelnde Republik, der der Name Österreich blieb, mußte sich wieder mit in etwa dem Gebiet begnügen, über das Habsburg am Beginn seines Aufstiegs zur Weltmacht regiert hatte.

Herzog Rudolf der Stifter, Fälscher des „Privilegium maius". Gemälde um 1360/65; Wien, Erzbischöfliches Dom- und Diözesanmuseum

Österreich   Tirol

Das Paßland um den Brenner gewann infolge der Italienzüge der Kaiser große Bedeutung. Nach seiner Einigung unter den Grafen von Tirol und Görz fiel es 1363 an Österreich. 1919 mußte Südtirol an Italien abgetreten werden.

Tirol und Vorarlberg — um 1520

- Kernland Tirol
- Geistliche Gebiete in Tirol
- 14. Jhdt. Österreichisch
- 15./16. Jhdt. Österreichisch
- heutige Staatsgrenze

In den frühen mittelalterlichen Urkunden der deutschen Könige hatte Tirol noch keinen Namen. Es hieß „terra montana", Land im Gebirge. Die Herausbildung des Paßlandes auf beiden Seiten des Brenners, das dann durch viele Jahrhunderte eine kompakte Einheit bildete, war kompliziert und widersprüchlich.

Die Römer hatten das Gebirgsland durch den Feldzug der Brüder Drusus und Tiberius im Jahre 15 v. Chr. unter ihre Botmäßigkeit gebracht. Die dort wohnenden rätischen Stämme – Breonen, Genaunen, Venosten, Isarker – waren rasch romanisiert worden; die Ladiner sind ein Rest dieser rätoromanischen Bevölkerung, die vordem in vielen Alpentälern Westösterreichs gelebt hatte.

Nach dem Untergang Westroms strömten seit dem 6. Jahrhundert von Norden die Bajuwaren in das Land. Noch vor 600 überschritten sie den Brenner. Im oberen Pustertal stießen sie mit den aus Kärnten vordringenden Slawen zusammen. Im Süden wurde das bairische Stammesherzogtum von der Königsmacht der über Italien herrschenden Langobarden begrenzt; das Etschtal war umstritten, schon Ende des 7. Jahrhunderts ist ein bairischer Graf in Bozen belegt. Zunehmend geriet das Langobardenreich mit den Franken, die den Vintschgau kontrollierten und Baiern ihre Oberhoheit auferlegten, in Konflikt. Erst mit der Einbeziehung Italiens in das Frankenreich verlor die Staatsgrenze im Etschtal ihre Bedeutung – das Inntal begann, mit den Zentralräumen um Bozen und Meran zusammenzuwachsen.

Die geistlichen Lehensträger erwiesen sich für die deutschen Könige – im Ringen mit den Stammesherzögen, aber auch mit dem Papst – als die verläßlichsten Stützen. Im Paßland Tirol, als Übergang nach Italien, aber auch durch seinen Bergbau wichtig, hatte dies besondere Bedeutung. Im Jahr 1004 verlieh Kaiser Heinrich II. das (bis dahin weltliche) Herzogtum Trient an den dort residierenden Bischof. Entscheidend für die weitere Entwicklung wurde das Jahr 1027: Konrad II. machte den Bischof von Trient zum Reichsfürsten und belehnte ihn mit der Grafschaft Bozen, möglicherweise auch mit dem Vintschgau (der zum Bistum Chur gehörte). Dem Bischof von Brixen (bis 992 war Säben bei Klausen Bistumssitz) wurde die „Grafschaft im Nurichtal" (am Eisack), das westliche Unterinntal und wahrscheinlich auch das Oberinntal („Poapintal") übergeben, Heinrich IV. erweiterte den Brixener Herrschaftsbereich um das Puster-, Gader- und Passeiertal sowie um Buchenstein und Schlanders.

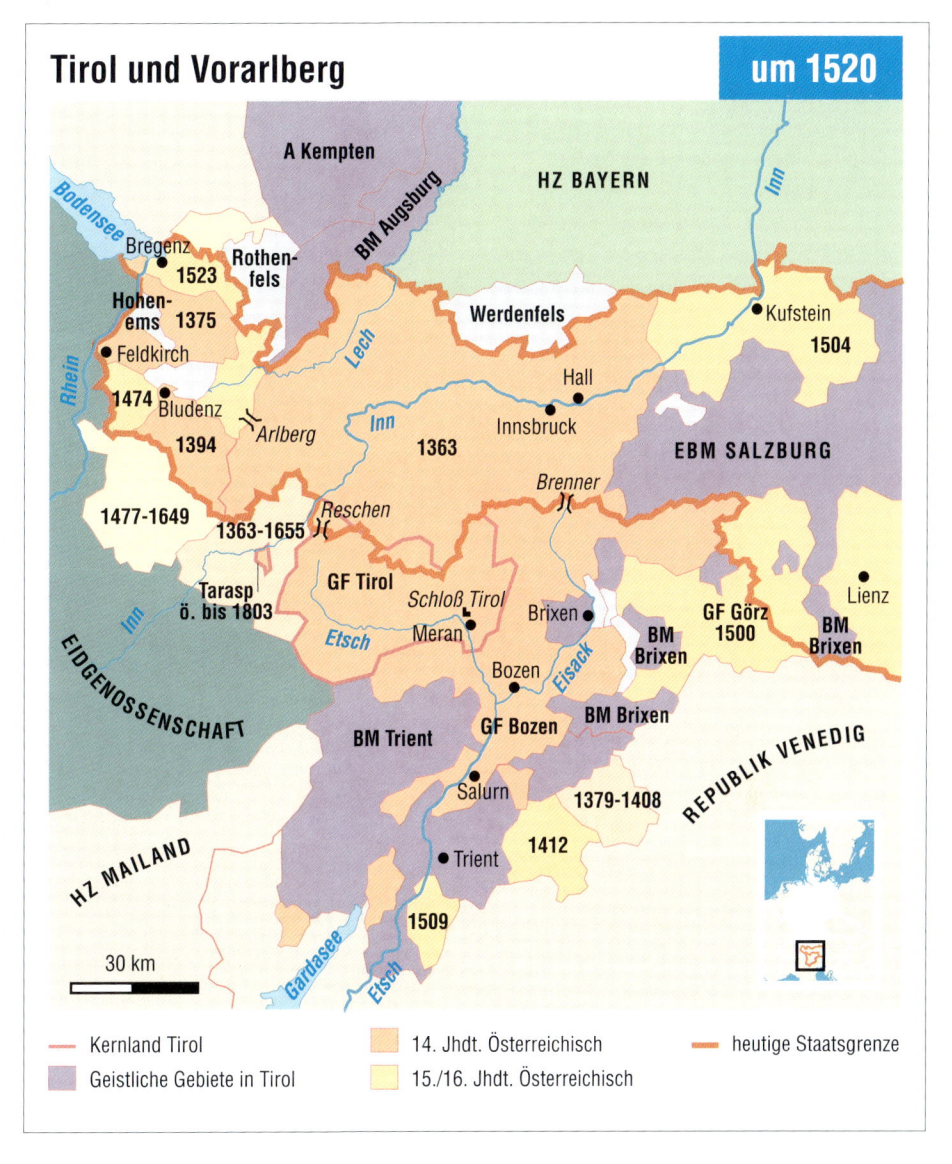

Wie man den Herrschaftsbereich der Tiroler Bischöfe – die stets aus Adelsgeschlechtern ausgewählt wurden – in Italien beurteilte, zeigt eine Beschreibung Brixens durch den Bischof Anselm von Lucca: „In einer entsetzlichen und äußerst rauhen Örtlichkeit, wo ständig Hunger und fast immer andauernder Frost herrschen, mitten in den schneebedeckten Alpen; dort ist kaum der Name des Christentums vorhanden."

In der Tat dürfte die Kolonisation des schütter besiedelten Alpenraums zu dieser Zeit noch im Gang gewesen sein. Die von den Bischöfen gerufenen bairischen Siedler machten das Land bis in die letzten Seitentäler urbar und legten ihre Einzelhöfe auch weit hinauf in die Gebirge an. Allerdings bezeugen zahlreiche geographische Namen, insbesondere in West- und Südtirol, daß sie kein menschenleeres Land vorfanden, sondern sich mit den rätoromanischen Vorbewohnern friedlich vermischten.

Die Bischöfe gründeten etliche Klöster, zugleich ließen sie als Schutzherren des für die deutschen Herrscher so wichtigen Paßlandes zahlreiche Burgen bauen, so daß Tirol zu einer der burgenreichsten Landschaften Europas wurde. Doch obwohl sie als Reichsfürsten die eigentlichen Lehensherren waren und somit die Abgrenzung vom bairischen Stammesherzogtum erfolgt war, hatten die Bischöfe, wohl auch mangels der Vererbungsmöglichkeit ihrer Territorien, keine

223

Österreich — Tirol

staatsbildende Kraft. Auch bedurften sie zu ihrem militärischen Schutz und für die Ausübung der Blutgerichtsbarkeit adeliger Vögte. Diese gräflichen Familien wurden die treibenden Kräfte für die weitere Entwicklung.

Es war nicht von vornherein klar, welches der Grafengeschlechter, die an Etsch und Inn geboten und Schutz- und Gerichtsherren der Hochstifte waren, zu Einigern des Landes werden würden. In langwierigen Fehden der adeligen Herren untereinander und in den steten Versuchen, den Bischöfen möglichst viel Macht zu entziehen, spielten sich zunächst die Grafen von Flavon, Andechs-Meranien („Meranien" hat nichts mit der Stadt Meran zu tun, sondern bezeichnet eine in Dalmatien liegende Besitzung), Eppan-Ulten und Tirol in den Vordergrund. Nach dem über Meran liegenden Schloß der Letztgenannten erhielt schließlich das Territorium seinen Namen.

Die Andechser, Erbauer des Schlosses Ambras bei Innsbruck, wurden nach dem Aussterben der Grafen von Morit-Greifenstein (1170) die Vögte von Brixen, die Tiroler hatten die Vogtei über Trient inne. Heinrich von Andechs-Meranien jedoch verfiel – wegen seiner Beteiligung am gewaltsamen Tod des Stauferkönigs Philipp (der 1208 von Otto von Wittelsbach ermordet wurde) – der Reichsacht, weshalb ihm die Brixener Vogtei entzogen und Albert III. von Tirol übertragen wurde. Mit viel Geschick machte Albert seinen bischöflichen Lehensherren und dem Bischof von Chur ihren Adel abspenstig und zog dessen Burgen an sich. Selbst ohne Söhne, versuchte er, durch eine umsichtige Verheiratung seiner Töchter das Herrschaftsgebiet Tirols zu vermehren: Elisabeth heiratete den letzten Sproß aus dem Hause Andechs und danach den Grafen Gebhard von Hirschberg, die jüngere Adelheid den Grafen Meinhard von Görz, der Besitzungen im Pustertal hatte und seinen Schwiegervater im Bemühen um Gebietserweiterungen kräftig unterstützte.

Nach Alberts Tod drohte das Einigungswerk durch einen Teilungsvertrag der Schwiegersöhne zu zerfallen. Doch gelang es Alberts Enkel Meinhard II. von Görz (1258–1295), die Landesherrschaft weiter auszubauen. Allerdings mußte er in der Erbteilung von 1271 das Pustertal seinem Bruder Albert überlassen. Nun gab es zwei politische Gebilde: die Grafschaft Tirol und die Grafschaft Görz (Pustertal und heutiges Osttirol).

Mit Meinhards Sohn Heinrich starb die Tiroler Linie aus, und wieder schien die Einheit des Landes gefährdet: Wittelsbacher und Habsburger wollten es teilen. Aber die Tiroler wehrten sich und zunächst verzichteten die Habsburger. Margarete Maultasch, die letzte Tiroler Gräfin, verwickelte das Land in langwierige Fehden: Ihren ersten – impotenten – Gemahl Heinrich von Luxemburg verjagte sie, in zweiter Ehe nahm sie den Wittelsbacher Ludwig von Brandenburg zum Mann; Tirol wurde sogar mit dem Kirchenbann belegt.

Ihren Sohn Meinhard III. verheiratete Margarete mit der Schwester des Habsburgers Rudolf IV., des Stifters. Als Meinhard 1363 früh verstarb, verlangten die Wittelsbacher das Erbe, wogegen sich die Tiroler Stände zur Wehr setzten. Margarete übernahm noch einmal kurz die Regierung, entsagte aber dann zugunsten der Habsburger. So wurde Tirol 1363 österreichisch. Maximilian I. konnte das Land beim Aussterben der Görzer (1500) um deren Besitzungen im Pustertal und um Lienz erweitern. Im Landshuter Erbfolgekrieg nahm er Bayern das letzte Stück Tirol – das Unterinntal mit der Festung Kufstein und Kitzbühel – ab. Über die Territorien der Bischöfe von Brixen und Trient sowie über das salzburgische Zillertal, Itter und Matrei übten die Habsburger durch Jahrhunderte hindurch Hoheitsrechte aus, ehe diese Gebiete durch den Reichsdeputationshauptschluß unbeschränkt österreichisch wurden.

Der Gastwirt Andreas Hofer wurde 1809 zum Führer des Tiroler Aufstandes gegen die bayrisch-französische Herrschaft. Anonym. Gemälde

Die Niederlage gegen Napoleon zwang Österreich 1805 im Frieden von Preßburg, Tirol und Vorarlberg an Bayern abzutreten. Nach dem Aufstand Andreas Hofers (1809), der die Bayern und Franzosen zeitweilig hatte vertreiben können, wurde der Südteil Tirols mit Bozen und Trient von Bayern abgetrennt und dem Königreich Italien angeschlossen. Der Wiener Kongreß stellte die alten Grenzen wieder her.

Die Zerreißung Tirols erfolgte durch den Frieden von Saint-Germain 1919. Nicht nur das Trentino wurde Italien überlassen; auch den deutschen und ladinischen Tirolern südlich des Brenners wurde das Selbstbestimmungsrecht verweigert. Die brutale Italianisierungspolitik Mussolinis durchlöcherte die seit 1400 Jahren bestehende Sprachgrenze bei Salurn durch Massenansiedlung von Italienern in den aus dem Boden gestampften Industriegebieten um Bozen. Hitler schloß mit Mussolini ein Abkommen über die Aussiedlung der Südtiroler; vor die Wahl gestellt, die Heimat zu verlassen oder Italiener zu werden, optierten 210.000 deutsch- bzw. ladinischsprachige Südtiroler für Deutschland, nur 34.000 für Italien. Die Aussiedlung wurde durch den Krieg unterbrochen und nach der Kapitulation Italiens gestoppt, Südtirol als Teil der „Operationszone Alpenvorland" vom Gauleiter von Tirol verwaltet.

Vergeblich verlangte die wiedererstandene Republik Österreich 1946, bei den Friedensverhandlungen mit Italien, unter Hinweis auf die Unterschriften von 134.000 Südtirolern die Rückgabe des Landes bis zur Salurner Klause, später nur des Puster- und Eisacktals, um die Verbindung zwischen Nord- und Osttirol wieder herzustellen. Immerhin aber wurde das sogenannte „Pariser Abkommen" zwischen Italien und Österreich geschlossen, doch versuchte man in Rom zunächst, eine echte Autonomie für Südtirol zu umgehen. Nach Bombenattentaten brachte Österreichs Außenminister Kreisky das Südtirolproblem 1957 vor die Vereinten Nationen. Die UNO gab den Auftrag zu neuen Gesprächen zwischen Rom und Wien, womit bestätigt war, daß Südtirol nicht als rein inneritalienische Angelegenheit zu betrachten sei. Schließlich kam es zur sogenannten „Paket"-Lösung, deren Umsetzung Landeshauptmann Silvius Magnago 1992 als abgeschlossen verkünden konnte. Das „Paket" brachte den Südtirolern unter Berücksichtigung des „ethnischen Proporzes" in allen öffentlichen Institutionen eine weitgehende Autonomie.

Österreich
Kärnten

Aus einem slawischen, dann unter bairische Oberhoheit geratenen Fürstentum entwickelte sich das Land Kärnten. Bereits 976 wurde es – mit einem weit größeren Umfang als heute – Reichsherzogtum.

Der erste und, vor 1991, einzige slowenische Staat entstand im frühen Mittelalter auf dem Boden Kärntens. Als „Spätlinge" der Völkerwanderungszeit waren die Slawen im 6. Jahrhundert in die von den Römern aufgegebenen, von den Germanen nur als Durchzugsgebiet benutzten früheren Provinzen Pannonien, Norikum und Illyrien vorgedrungen. Der von den Vorfahren der Slowenen damals – wenn auch dünn – besiedelte Raum war wesentlich größer als deren heutiges Sprachgebiet. Er reichte von Friaul und vom oberen Pustertal über die spätere Steiermark bis zur Donau und im Osten bis zum Plattensee. In seinem Zentralraum entwickelte sich das slawische Fürstentum Karantanien. Die deutschen Nachbarn bezeichneten die Karantanen mit dem germanischen Sammelnamen für die Slawen, Wenden oder Windische.

Nach ersten Zusammenstößen mit ihren nordwestlichen Nachbarn, den Baiern, scheint sich Karantanien dem großen Slawenreich Samos angeschlossen zu haben. Als es gegen Mitte des 8. Jahrhunderts dem Reitervolk der Awaren tributpflichtig wurde, suchte Boruth, der erste mit Namen bekannte Karantanenfürst, bairische Hilfe. Sein Sohn Cacatius nahm, als bairische Geisel erzogen, das Christentum an, woraufhin sich der noch heidnische Adel erhob. Dies hatte einen Krieg Baierns gegen die Karantanen zur Folge, an dessen Ende die bairische Oberhoheit über Kärnten stand. Unter den Karolingern traten deutsche Grafen an die Stelle der einheimischen Adeligen, vor allem Oberkärnten wurde nun bairisch besiedelt. Für den ostfränkisch-deutschen König Arnulf von Kärnten (887-899) war das Land eine Machtbasis. Aber noch blieb es Teil des bairischen Stammesherzogtums. Östlich und südlich von Kärnten wurden Grenzmarken, vor allem zum Schutz gegen die Ungarn, gegründet.

Erst das Jahr 976 brachte eine grundlegende Änderung: Kärnten wurde von Baiern getrennt und zu einem diesem ebenbürtigen Reichsherzogtum (und das im selben Jahr, als in Österreich erst die Babenberger-Markgrafen eingesetzt worden sind). Dieser staatsrechtlichen Änderung war der Versuch des Baiernherzogs Heinrich des Zänkers vorausgegangen, einen Aufstand gegen Kaiser Otto II. anzuzetteln. Das war für den Kaiser die günstige Gelegenheit, das durch die Marken gewaltig gewachsene Baiern zu verkleinern. Zum neuen Reichsherzogtum gehörten

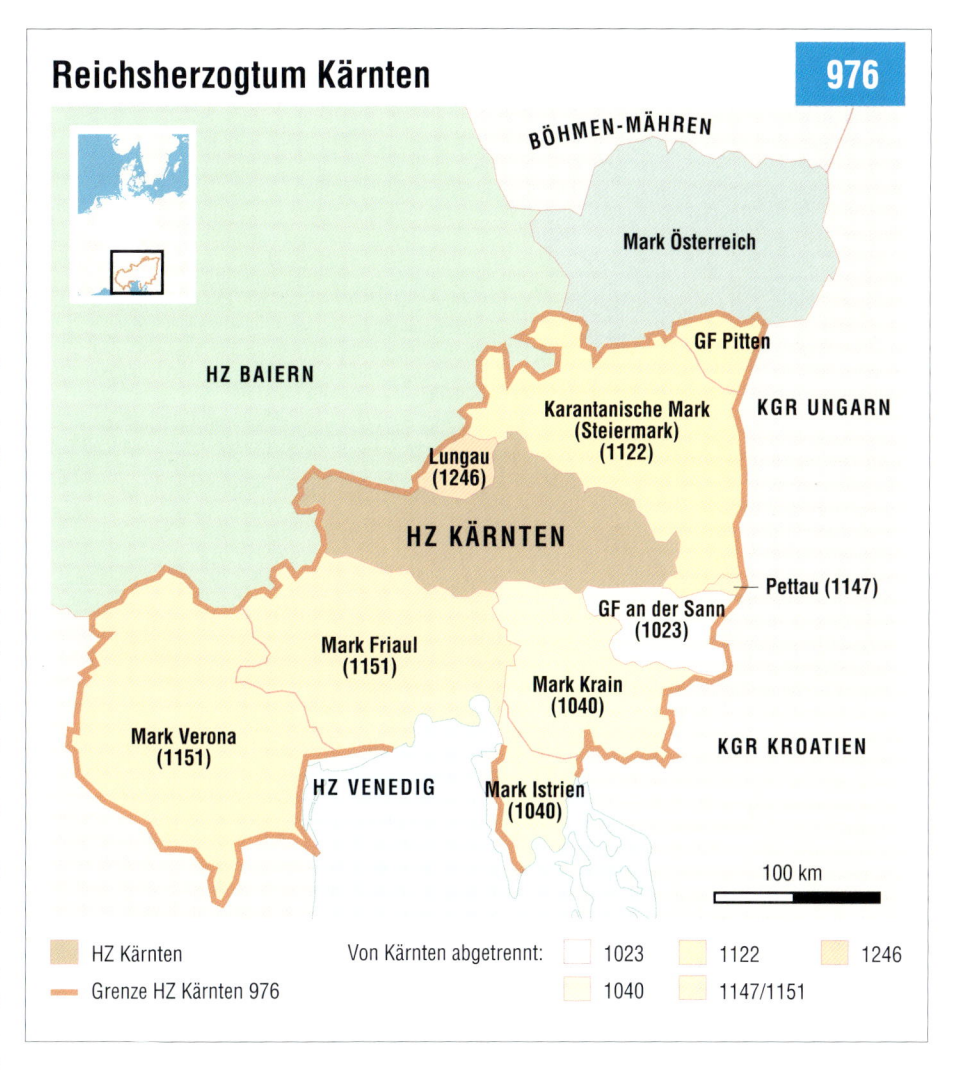

Lange lebte hier eine Zermonie fort: Auf dem Steinthron saß ein Bauer, der erst Platz machte, wenn der Fürst versprochen hatte, ein christlicher und gerechter Herr zu sein.

nun auch (mit Ausnahme Österreichs, das noch bairisch blieb) die Karantanische Mark (später Steiermark), die Marken an der Sann und hinter dem Drauwald, Krain, Istrien, Friaul und Verona.

Erster Herzog wurde der Liutpoldinger Heinrich, doch lag den Kaisern offenbar daran, in Kärnten kein neues erbliches Herzogsgeschlecht zu installieren. Allmählich begann der Prozeß der Loslösung der Marken; die von den Kärntner Herzögen am meisten geschätzte, die Mark Verona, ging 1151 verloren, die Steiermark wurde 1180 ein eigenes Herzogtum. Herzöge aus verschiedenen Häusern – manche von ihnen betraten den Boden des Landes gar nicht – lösten einander ab. Die erste Dynastie auf Kärntner Boden und mit reichem Eigenbesitz im Land war die der Eppensteiner; ihr erster Herzog allerdings, Adalbero, wurde 1035 wegen Hochverrats abgesetzt. Den Spanheimern, die 1122 mit dem Herzogtum Kärnten belehnt wurden, gelang es zwar, die Erblichkeit des Lehens durchzusetzen, doch sahen sie sich einer

225

Österreich — Kärnten

Darstellung der Herzogseinsetzung auf dem Zollfeld bei Klagenfurt. Leopold Stainreuter, Österreichische Chronik der 95 Herrschaften, 1479/80; Bern, Burgerbibliothek

Entwicklung gegenüber, die ihre Versuche, die Landeshoheit zu erringen, letztlich scheitern ließ. Dies lag vor allem am Prozeß der Loslösung der Marken vom Herzogtum.

Die wichtigste Mark Kärntens im Osten hatte zunächst keinen eigenen Namen – sie hieß einfach Karantanische Mark. Ihr Zentrum lag im Murtal um Graz (vom slawischen „gradec", Burg). Die Kaiser stärkten die Position der Markgrafen, um in ihnen verläßliche Grenzposten gegen Ungarn zu besitzen. Als die Markgrafschaft an die bairischem Adel entstammenden Traungauer Grafen fiel, erhielt sie ihren neuen Namen nach deren Stammburg Steyr (die Stadt liegt heute in Oberösterreich) – Steiermark. Die komplizierten Lehensverhältnisse hatten zur Folge, daß die Traungauer zum Teil unter der Hoheit der bairischen Herzöge standen; aus ihr wurden sie durch die Erhebung des Markgrafen Otakar IV. zum Herzog gelöst. Er war der letzte Traungauer. Durch einen Erbvertrag mit den Babenbergern fiel die Steiermark an Österreich und war somit endgültig auch aus dem Kärntner Hoheitsbereich ausgeschieden. Sie blieb aber ein eigenes Herzogtum. Im Vertrag von St. Germain (1919) mußte die slowenisch besiedelte Untersteiermark an Jugoslawien abgetreten werden; mit dem Anspruch auf die überwiegend deutsche Stadt Marburg an der Drau konnte sich Österreich nicht durchsetzen.

Nicht nur, daß die Marken sich loslösten, auch im engeren Gebiet Kärntens hatten sich geistliche und weltliche Herrschaften herausgebildet, die den Herzogsbesitz in manchen Teilen des Landes fast zur Enklave werden ließen. Zu diesen zählten insbesondere die Besitztümer der Grafen von Görz und die geistlichen Gebiete von Salzburg, Brixen und Bamberg.

Im Interregnum fiel Kärnten an Ottokar II. von Böhmen. Der Przemyslide führte eine effektive Verwaltung ein und ernannte den ersten Kärntner Landeshauptmann. Als ihm seine außerböhmischen Lehen von Rudolf von Habsburg aberkannt wurden, besetzte Graf Meinhard von Görz Kärnten und Krain. Diesen treuen Bundesgenossen belehnte König Rudolf nach Ottokars Niederlage mit Kärnten und gab ihm Krain als Pfand. Die Teilungen im Hause Görz hatten einen weiteren Zerfall des Landes zur Folge. Zu Erben der Teilgebiete wurden die Habsburger: 1335 belehnte Kaiser Ludwig der Bayer sie mit dem Kärntner Zentralraum, 1500 kam Oberkärnten mit Osttirol an Österreich. Damals erfolgte eine neue Grenzziehung zwischen Kärnten und Tirol: Kaiser Maximilian I. gliederte das Lienzer Gebiet Tirol ein – wogegen die Kärntner Stände, um die Landeseinheit (die „Schließung des Landes") bemüht, freilich vergebens, protestierten. Ein Aufstand der im „Windischen Bundschuh" vereinten Bauern, die die „alte Gerechtigkeit", die „stara prava" verlangten, wurde blutig unterdrückt.

Die innere politische Einheit des Landes wurde endgültig erreicht, als auch die geistlichen Herren die Oberherrschaft des Landesfürsten anerkennen mußten. Bereits im 16. Jahrhundert hatte Salzburg bedeutende Kärntner Besitzungen verloren. Die großen bambergischen Besitzungen – im Süden Villach und Tarvis, im Norden St. Leonhard und Wolfsberg – kamen 1759 durch Kauf an Österreich. Die letzten Salzburger Ländereien – darunter Maria Saal und Friesach – wurden Kärnten schließlich durch den Reichsdeputationshauptschluß 1803 einverleibt. Danach wurde der westliche Teil Kärntens mit Villach als Teil der napoleonischen „Illyrischen Provinzen" kurzfristig Frankreich zugeschlagen. Sie fanden eine Fortsetzung im „Königreich Illyrien", in welchem im Rahmen der Habsburgermonarchie die Kronländer Kärnten, Krain, Görz, Triest und Istrien bis zum Jahre 1849 zusammengefaßt waren; danach kehrte man zur alten Aufteilung zurück.

Der Vertrag von Saint-Germain erzwang 1919 die Abtretung von Gebieten an der Südgrenze, die ein Jahrtausend lang zum Reich und zu Kärnten gehört hatten: das überwiegend deutsche Tarvis mit dem Kanaltal fiel an Italien, das slowenische Miestal und Seeland kamen zu Jugoslawien. Dessen Ansprüche waren größer gewesen. Die Alliierten jedoch ordneten, nach Auseinandersetzungen mit Landesverteidigern im sogenannten „Abwehrkampf", für Südkärnten eine Volksabstimmung an, in der mehr als 59 Prozent der Bevölkerung für den Verbleib bei Österreich stimmte; das bedeutet, daß sich auch ein Teil der slowenischen Bürger des Gebiets dafür ausgesprochen hatte. Nach dem Ende der Monarchie ging die Zahl der slowenischsprachigen Kärntner permanent zurück.

Österreich — Erzstift Salzburg

Das Erzbistum Salzburg war bis zum Jahre 1802 ein souveränes geistliches Fürstentum. In Napoleons Zeiten Zankapfel zwischen Bayern und Österreich, fiel es 1816 endgültig letzterem zu.

Die Missionierung der Völker in den unterworfenen Gebieten jenseits des Rheins war für die Frankenkönige ein Politikum ersten Ranges. So drängten sie auch die bairischen Agilolfinger-Herzöge, dem katholischen Christentum vollends zum Durchbruch zu verhelfen – insbesondere beim Adel, dessen Glaubenskonservativismus einen Teil seiner Widerstandskraft gegen die fremde Vorherrschaft bildete. Da ersten Missionsversuchen der Franzosen Emmeram und Korbinian sowie des Burgunders Eustasius wenig Erfolg beschieden war, wurde ein Rheinfranke, Rupert, Bischof von Worms und aus königlichem Geblüt, zu den widerspenstigen Bajuwaren entsandt. Auch er hatte es nicht leicht: „Der bairisch adel und die lantschaft, die schrien nieder sant Ruprecht, sagten, sie wölten nit, möchgten auch nit abtrünnig werden von irem alten glauben. Der christlich glaub wär neu und widerwärtig mänlichen leuten und kriegern", schreibt der spätmittelalterliche bayrische Historiker Aventin.

Die Abfuhr, die Rupert beim Adel in Regensburg erhielt, dürfte ihn veranlaßt haben, sich 696 in den Ruinen des römischen Iuvavum, von den Baiern Salzburg genannt, niederzulassen. Hier gab es noch eine kleine romanische Gemeinde, die offenbar ihr Christentum bewahrt hatte. Rupert bekam die Burg und alles Land im Umkreis, einen Anteil an den Reichenhaller Salzbergwerken und achtzig Höfe mit romanischen Zinspflichtigen. Der Baiernherzog Theodo verband damit den Wunsch, die benachbarten Slawen zu missionieren und so Karantanien zu unterwerfen. Rupert gründete Kirchen und Klöster im Salzburger Land, kehrte aber vor seinem Tod nach Worms zurück.

Schon in der Missionszeit gab es kircheninterne Konflikte. In Rom hegte man mitunter Mißtrauen gegen die irisch-schottischen Missionare, da diese Kelten oft recht eigenständig handelten. Der Angelsachse Winfried/Bonifatius hingegen hatte das volle Vertrauen Roms und der Frankenkönige. Dieser „Apostel der Deutschen" kam auch kurz nach Baiern und setzte in Salzburg seinen Landsmann Johannes ein; Salzburg wurde 739 Bistumssitz. Nach dessen Tod aber entschied sich der Baiernherzog Odilo für den Iren Virgil, der die Missionierung der Karantaner planmäßig in Angriff nahm. Die Agilolfinger-Herzöge und später auch die fränkischen und deutschen Könige beschenkten die 798 unter Bischof Arno zum Erzbistum und damit zur kirchlichen Metropole des bairischen Stammesgebiets erhobene Stadt mit weiten Waldgebieten im Pongau und mit Einzelbesitzungen in Bayern, Kärnten, der Steiermark, Tirol und Niederösterreich. Wiens älteste Kirche, die Ruprechtskirche am Donaukanal, weist auf Salzburgs Ausstrahlung in die Ostlande hin.

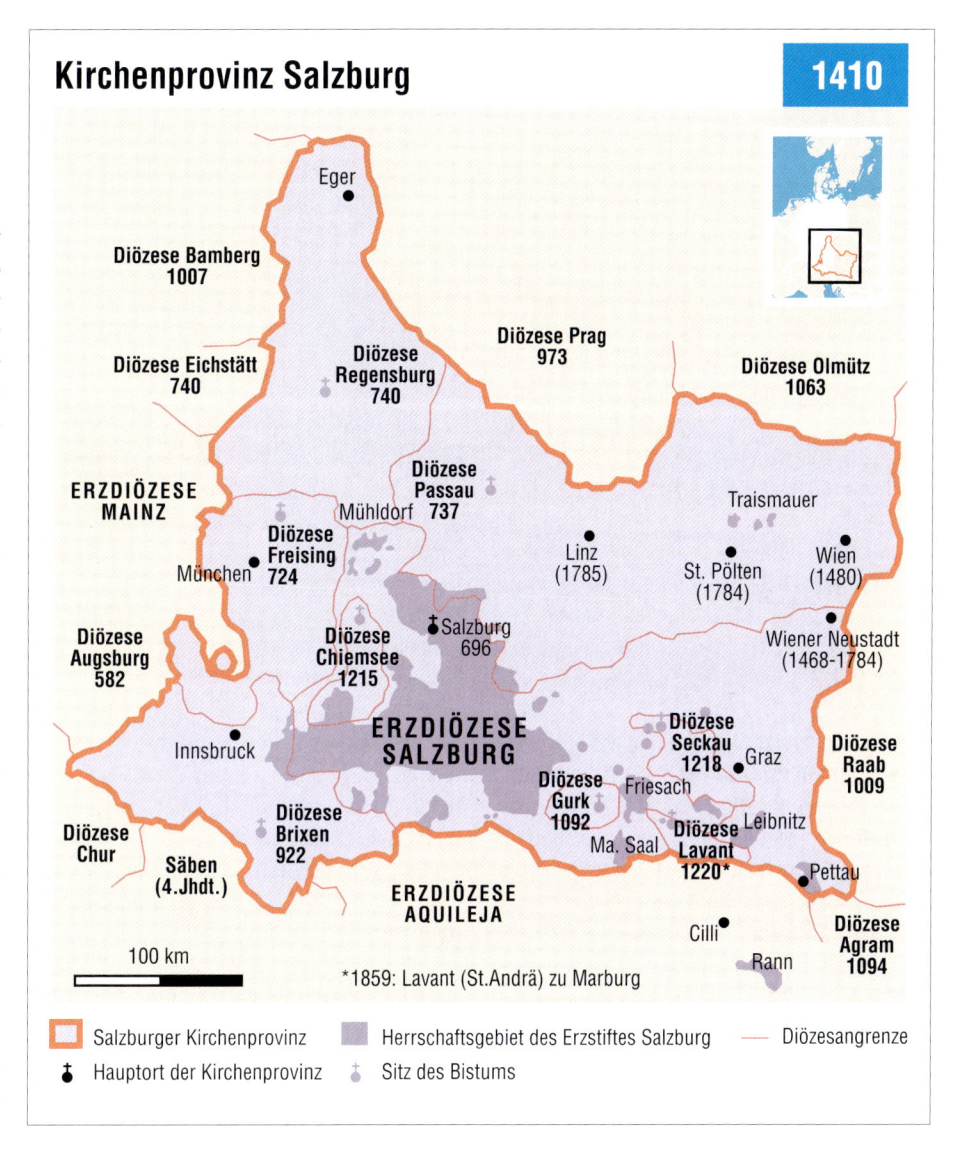

Die ersten Ansätze zur Bildung eines geschlossenen Territoriums gab es also zunächst im Pongau, wo die Erzbischöfe umfangreiche Rodungen vornehmen ließen und Bauern ansiedelten. Zu den frühesten Besitzungen Salzburgs gehörte auch das Zillertal, das König Arnulf den Erzbischöfen schon 889 geschenkt hatte. Das Zillertal blieb bis in die napoleonische Zeit salzburgisch.

Durch ein Tauschgeschäft gewannen die Erzbischöfe das Gebiet von Rauris, das wegen seines Goldbergbaues wichtig wurde. Im 13. Jahrhundert wurden auch die Grafschaften Lebenau und Plain im Norden der Stadt, am linken Salzachufer, später Rupertiwinkel genannt, salzburgisch; unverständlicherweise verzichtete Österreich beim Wiener Kongreß auf diesen altsalzburgischen Gebietsteil.

Der Grundstein für die Salzburger Landeshoheit aber wurde gelegt, als Kaiser Friedrich II. den Erzbischof Eberhard II. 1228 mit dem Pinzgau belehnte, der vordem im Besitz der bairischen Grafen von Lechsgemünd gewesen war. Die besondere Bedeutung dieser Belehnung lag in der Verleihung der Blutgerichtsbarkeit, die Voraussetzung für die spätere Landeshoheit war. Da der Pinzgau bairisches Lehen war, mußte dieser Belehnung ein Tauschgeschäft vorausgehen: Eberhard trat seine Besitzungen im Chiemgau

Kirchenprovinz Salzburg — 1410

- Salzburger Kirchenprovinz
- Herrschaftsgebiet des Erzstiftes Salzburg
- Diözesangrenze
- Hauptort der Kirchenprovinz
- Sitz des Bistums

Diözese Bamberg 1007 · Diözese Eichstätt 740 · Diözese Regensburg 740 · Diözese Prag 973 · Diözese Olmütz 1063 · ERZDIÖZESE MAINZ · Diözese Passau 737 · Diözese Freising 724 · Diözese Augsburg 582 · Diözese Chiemsee 1215 · Salzburg 696 · ERZDIÖZESE SALZBURG · Diözese Seckau 1218 · Diözese Raab 1009 · Diözese Chur · Diözese Brixen 922 · Säben (4.Jhdt.) · Diözese Gurk 1092 · Diözese Lavant 1220* · Diözese Agram 1094 · ERZDIÖZESE AQUILEJA

Eger, Mühldorf, München, Linz (1785), St. Pölten (1784), Traismauer, Wien (1480), Wiener Neustadt (1468-1784), Innsbruck, Friesach, Graz, Ma. Saal, Leibnitz, Pettau, Cilli, Rann

*1859: Lavant (St.Andrä) zu Marburg

Österreich — Erzstift Salzburg

ab und verzichtete damit auf seinen Plan, Salzburg nach Westen bis zum Inn auszudehnen (kurioserweise forderte nach dem Zweiten Weltkrieg Österreichs KP die Inngrenze).

Der Lungau, der zunächst zu Kärnten gehörte, von diesem aber durch hohe Gebirge getrennt war, wurde 1213 salzburgisch. Das kupferreiche Gasteinertal fiel am Ende des 13. Jahrhunderts an das Erzbistum. Nicht für Österreich erhalten werden konnte die Propstei Berchtesgaden, die 1393 für vierzehn Jahre salzburgisch wurde und dann wieder 1803. Die Salzkammergutgebiete Mondsee und St. Wolfgang fielen nach kurzem salzburgischem Besitz im Jahre 1565 an Österreich.

Die Erzbischöfe, die ja allesamt aus Adelsfamilien kamen, standen in der Ausbeutung ihrer Untertanen den weltlichen Herren um nichts nach. Noch vor den großen Bauernaufständen des 16. Jahrhunderts kam es deshalb in Salzburg bereits 1462 zu einer Rebellion des Landvolks. Anlaß dafür war, daß Erzbischof Burkhard von Weißbriach bald nach seiner Bestellung zum Landesherrn eine neue „Weihsteuer" einführte. Das war den Bauern im Gebirge zuviel. Im Pinzgau, Pongau und Brixental kam es zu Zusammenrottungen, die Bauern besetzten die Pässe, belagerten Schlösser und verjagten die erzbischöflichen Amtsleute. Auch einige unzufriedene Ritter machten mit den Aufständischen gemeinsame Sache.

Der Erzbischof sah sich gefährdet und bat vorsorglich Herzog Ludwig von Bayern-Landshut um Hilfe. Ehe dieser militärisch eingreifen wollte, bot er sich als Schiedsrichter an. Am 8. Oktober 1462 fällte Herzog Ludwig seinen Spruch. Danach sollte den Bauern die Weihsteuer erlassen werden, auch wurde der von ihnen kritisierte Weinausschank der Pfarrer eingestellt. Die Obrigkeit sollte auf Bestrafung der Rebellen verzichten. Dafür mußten die Bauern das Recht des Erzbischofs auf Ernennung von Beamten anerkennen.

Folgenschwer für Salzburg war der sogenannte Ungarische Krieg. Er wurde von dem Habsburger-Kaiser Friedrich III. gegen Erzbischof Bernhard von Rohr geführt, weil dieser nicht zugunsten des aus Ungarn geflüchteten Erzbischofs von Gran (Esztergom), Johann Beckenschlager, abdanken wollte, sondern sich mit dem Ungarnkönig Matthias Corvinus verbündete. Während dieser im Osten Österreichs erfolgreich war, verwüsteten die Truppen des Kaisers Teile Salzburgs; Bernhard trat schließlich 1482 zurück und mußte einen Gebietsstreifen im Südosten an Österreich abtreten.

Auch in Salzburg kam es zu einer Judenaustreibung: Im Jahre 1498 wies Erzbischof Leonhard II. von Keutschach sämtliche Juden aus dem Erzstift. Sein Nachfolger Matthias Lang versuchte, die Reformation mit Gewalt zu unterdrücken – mit ein Grund, warum er 1525 von den aufrührerischen Bauern hart bedrängt wurde: die Hohensalzburg wurde belagert, und erst Bayern und Österreicher retteten ihn vor den Aufständischen. Ein bitteres Los traf Erzbischof Wolf-Dietrich von Raitenau, einen typischen Renaissancefürsten, der Salzburg mit Prachtbauten verschönte und sich offen zu seiner Geliebten Salome Alt bekannte. Er unterlag im sogenannten „Salzkrieg" gegen Bayern und wurde von 1612 an bis zu seinem Tod 1617 von seinem Nachfolger Marcus Sitticus von Hohenems als Gefangener in der Festung Hohensalzburg gehalten.

Im Dreißigjährigen Krieg bewahrte Salzburg seine Neutralität. Das wirkte sich für das Land segensreich aus und ermöglichte den Nachfolgern des baufreudigen Wolf-Dietrich, ihre Residenzstadt zu einem Juwel des Barockstils auszubauen. Seit 1650 führte der Salzburger Erzbischof den Ehrentitel „Primas Germaniae". Waren die Protestanten zunächst im Land geduldet, so führte der Einfluß der Jesuiten 1731/32 dazu, daß Erzbischof Leopold Anton von Firmian seine evangelischen Landeskinder auswies. Die Auswanderung von 30.000 sogenannten „Exulanten" war ein gewaltiger Aderlaß für Salzburg; sie wurden vor allem von Preußen aufgenommen. Für das Musikgenie Wolfgang Amadeus Mozart, zunächst erzbischöflicher Konzertmeister, zeigte Erzbischof Graf Colloredo wenig Verständnis, und der Komponist ging 1777 außer Landes.

Das Ende des geistlichen Fürstentums kam erst in der napoleonischen Zeit, als der Reichsdeputationshauptschluß die geistlichen Gebiete an weltliche Fürsten vergab. Salzburg wurde 1802 Kurfürstentum, auf den letzten Fürsterzbischof Hieronymus von Colloredo folgte als erster und letzter Kurfürst der Habsburger Ferdinand, dem die Toskana abgenommen worden war. 1805 kam das Land zu Österreich, 1809 zu Bayern und 1816 endgültig zu Österreich.

Noch ahnt er nichts von seinem späteren Schicksal: Wolf Dietrich von Raitenau (mitte, mit Kardinalshut) an der Festtafel der Grafen von Hohenems; als Kind vorne der kleine Marcus Sitticus, sein Nachfolger. Gemälde von A. Bays, 1578; Museum Policka, Tschechien

Elsaß — Drang zum Rhein

Durch den Dreißigjährigen Krieg erreichte Frankreich sein Ziel: die Rheingrenze. Das Elsaß entfremdete sich dem Reich; die Rückeroberung erst durch Bismarck und dann durch Hitler trug zur Hinwendung der Elsässer an Frankreich bei.

Der Sieg der Franken über die Alemannen (496) brachte das Elsaß unter fränkische Oberherrschaft. In dieser Zeit taucht der Name Elsaß auf, er wird vom althochdeutschen „ali-saz", Fremdsitz, abgeleitet. Das Land bekam fränkische Herzöge, die Etichonen, bis die Karolinger die Grafenverfassung einführten. Schon 614 wurde Straßburg als Bischofssitz erwähnt. Bei den fränkischen Teilungen schwuren Karl der Kahle und Ludwig der Deutsche einander 843 zu Straßburg Bündnistreue (diese erhaltenen Straßburger Eide sind frühe Zeugnisse für das Altfranzösische und Althochdeutsche). Im Jahr 870 kam das Elsaß, zunächst ein Teil des Mittelreichs Lotharingien, durch den Vertrag von Mersen zum Ostfränkischen, also Deutschen Reich, und wurde Teil des Stammesherzogtums Schwaben.

Unter den Staufern wurde das Elsaß zu einem Zentrum der königlichen Herrschaft und der deutschen Kultur. Zugleich aber begann der Zerfall in eine Vielzahl von Feudalgewalten. Die Könige begünstigten dabei besonders die Städte – neben Straßburg (das zunächst, bis 1262, unter der Herrschaft des Bischofs stand) waren dies die zehn Reichsstädte Hagenau, Rosheim, Colmar, Schlettstadt, Weißenburg, Oberehnheim, Mülhausen, Kaisersberg, Türkheim und Münster. Als Vertreter der Reichsgewalt wurden Landgrafen und Reichsvögte bestellt, die ebenfalls die Tendenz hatten, sich zu verselbständigen. Eine der Familien, die Vögte im Oberelsaß (Sundgau) stellten, waren die Habsburger; ihre Herkunft verliert sich im dunkeln, jedenfalls gehörten Besitzungen um den Oberrhein – im Aargau, im Klettgau und im Sundgau – zu ihren Stammlanden. Als Landgraf im Oberelsaß wurde Rudolf von Habsburg zum bedeutendsten weltlichen Landesherrn im Elsaß. Er konnte sein Land durch die Erwerbung von Dattenried (Delle) abrunden, sein Enkel Albrecht erheiratete die Grafschaft Pfirt (Ferette); dazu kam Belfort jenseits der Vogesen und schließlich 1547 die Grafschaft Rapottenstein. Verwaltungssitz für die gesamten österreichischen Vorlande war Ensisheim. Die Landgrafschaft im Unterelsaß (Nordgau) wurde zunächst von verschiedenen Adelsfamilien verwaltet und dann dem Bischof von Straßburg übergeben.

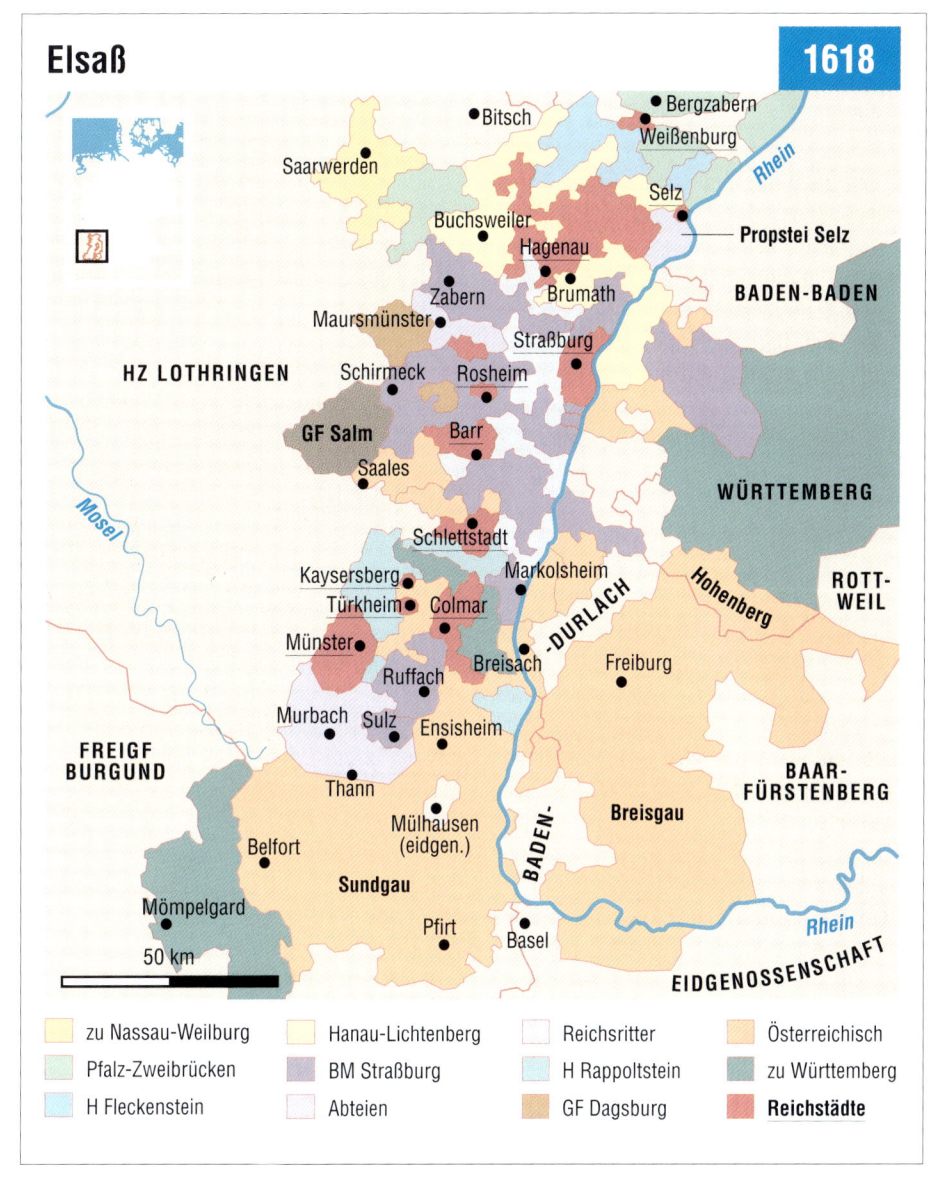

Schon früh war das Elsaß Hauptziel des französischen „Drangs zum Rhein". Die sächsischen und salischen Kaiser hatten entsprechende Versuche erfolgreich zurückgewiesen. Im 14. Jahrhundert erhob Enguerrand von Coucy Anspruch auf die österreichischen Besitzungen im Elsaß und drangsalierte das Land mit seinen Söldnerscharen, im 15. Jahrhundert bedrohten die – zunächst vom Kaiser gegen die Schweizer zu Hilfe gerufenen – Armagnacs unter Führung des französischen Dauphins Straßburg und Mülhausen. Die Elsässer wehrten sich so gut es ging und oftmals ohne kaiserlichen Schutz – so auch gegen die Burgunder Karls des Kühnen, dem der in Geldnöten befindliche Habsburger Sigmund von Tirol Sund- und Breisgau verpfändet hatte.

Die Reformation fand rasch Anhänger, vor allem in den elsässischen Städten; im Straßburger Münster wurden die Katholiken für ihre Messen auf den Chor beschränkt. Die freie Reichsstadt lag mit ihrem Bischof, der in Zabern residierte, und mit der gegenreformatorischen österreichischen Herrschaft in Konflikt. Als die Bistümer Metz, Toul und Verdun von den protestantischen Reichsfürsten 1552 Frankreich überlassen wurden, wollte dessen König Heinrich II. auch Straßburg zur Annahme seiner Schutzherrschaft überreden.

Im Dreißigjährigen Krieg hatte das Elsaß schwer zu leiden. Die Angst der Protestanten vor der kaiserlichen Gegenreformation wechselte mit der Hoffnung, daß der evangelische Heerführer Bernhard von Weimar sich hier, mit französischer Hilfe, ein eigenes Fürstentum schaffen würde. Doch Bernhard starb vorzeitig, möglicherweise durch Vergiftung – als zu eigenwilliger Bundesgenosse hätte er

Elsaß — Drang zum Rhein

die weitergehenden Pläne des Kardinals Richelieu durchkreuzen können. Nunmehr besetzten französische Truppen die elsässischen Städte, wobei sie von Fürsten wie den Salm und den Lichtenberg unterstützt wurden. Bei den Friedensverhandlungen wurde das Elsaß zum Faustpfand Frankreichs. Kaiser Ferdinand III. mußte Österreichs linksrheinische Besitzungen sowie die Schutzherrschaft über die zehn Reichsstädte an Frankreich abtreten. Mit dem bis dahin habsburgischen Sundgau (ausgenommen Mülhausen, das 1515 der Eidgenossenschaft beigetreten war) hatte Frankreich den Rhein erreicht.

Nachdem König Ludwig XIV. durch eine europäische Koalition daran gehindert worden war, sein Lilienbanner über den Niederlanden zu entfalten, wandte er sich der Arrondierung seiner elsässischen Enklaven zu. Er richtete die sogenannten Reunionskammern ein, die alte Lehensverhältnisse zum Vorwand für französische Ansprüche nahmen. Viele Ortschaften wurden so mit Frankreich „wiedervereinigt", und etliche Fürsten und Grafen mußten sich der französischen Krone unterwerfen. Die Befestigungen der zehn Städte, die rechtlich noch immer Reichsstädte waren und deren Treue König Ludwig anzweifelte, wurden vorsorglich geschleift. Nach einem neuen Krieg mußte im Frieden von Nimwegen (1678) Spanien die zum Reich gehörende Freigrafschaft Burgund (Franche Comté) abtreten und der Kaiser die Oberherrschaft Frankreichs über das ganze Elsaß, ausgenommen Straßburg und Mülhausen, anerkennen.

Straßburg war nun eine Stadt ohne Hinterland geworden. Das war für deren reiche Bürger ein schwerer Schlag. Wirtschaftliche Interessen ließen sie Kontakt mit den Vertretern Frankreichs aufnehmen. Das bestärkte Ludwig XIV. darin, rasch zu handeln. Er verzichtete auf den Umweg über ein wenigstens den Schein des Rechts wahrendes Reunionsverfahren und ließ seine Soldaten in der Nacht von 27. auf 28. September 1681, mitten im Frieden, Straßburg besetzen. Zwei Tage später, nach einem Ultimatum, unterzeichneten die Stadtväter die Kapitulation. Ludwig XIV. zog bald darauf im Triumph in die Stadt, ihm folgte Fürstbischof Franz Egon von Fürstenberg, der das nun rekatholisierte Münster in Besitz nahm.

Die Elsässer nahmen die französische Herrschaft als unvermeidlich hin – in wirtschaftlicher wie rechtlicher Hinsicht mußte die Ablösung der vorherigen feudalen Zer-

Als das Straßburger Münster seiner Vollendung entgegenstrebte, war die inzwischen reformierten Reichsstadt nicht mehr in der Hand des Bischofs: Das Bauwerk war bis zur Annexion durch Frankreich (1681) in der Hand der Protestanten.

splitterung durch die absolute Königsgewalt vielen als Fortschritt erscheinen. Der Rat des Prinzen Eugen im Spanischen Erbfolgekrieg, sich das Elsaß vom geschwächten Frankreich zurückzuholen, blieb von Karl VI. unbefolgt.

Im 18. Jahrhundert erlebte das Elsaß eine gute Zeit. Die Brücken zu Deutschland waren in keiner Weise abgebrochen, die Straßburger Universität, auch von Herder und Goethe besucht, war ein Zentrum völkerverbindender Geistigkeit. Gegen Ende der Königsherrschaft allerdings machte sich bereits das Erwachen des nationalistischen Geistes bemerkbar, als das Französische den Status der alleinigen Schul- und Amtssprache erhielt.

Die Revolution schien anfänglich die Regionalsprachen wieder in ihr Recht setzen zu wollen, doch vollzogen die Jakobiner die Wendung zum radikalen Nationalismus. In Straßburg hatte ein Volksaufstand den Stadtrat verjagt, zum ersten Mal wurde ein Bürgermeister, Friedrich von Dietrich, frei gewählt. Im Salon seiner Gattin wurde 1792 die Marseillaise, damals noch „Kriegslied der Rheinarmee" genannt, erstmals vorgetragen. Inzwischen aber waren die Girondisten gestürzt worden und die Jakobiner an die Macht gekommen. Dietrich starb unter der Guillotine. Der „terreur" griff auch auf das Elsaß über und holte sich seine Opfer. Der Straßburger Dom wurde ein „Tempel der Vernunft", von dem die Heiligenstatuen abgerissen wurden und nur zum Teil gerettet werden konnten. Die 1621 gegründete Universität wurde aufgelassen. Das Elsaß wurde in zwei Departements, Haut-Rhin und Bas-Rhin, geteilt.

Die Errungenschaften der Revolution und die zentralistische neue Ordnung banden das Elsaß und seine Bewohner ganz in Frankreich ein. Es wäre gegen den Willen der Mehrheit von dessen Bevölkerung gewesen, wenn das Land durch den Wiener Kongreß von Frankreich losgelöst worden wäre. Das Legitimitätsdenken der konservativen Sieger über Napoleon und der endgültige Rückzug Österreichs vom Rhein gaben solchen Vorschlägen ohnedies keine Chance.

Die Niederlage Frankreichs im Krieg von 1870/71 schien Preußen die Möglichkeit zu geben, für das Elsaß das Rad der Zeit zurückzudrehen. Bismarck machte sich die von ihm zunächst als „Professorenidee" betrachtete Forderung nach Abtretung des Elsaß und des östlichen Lothringen (wo allerdings die Sprachgrenze mit der Einverleibung von Metz aus strategischen Gründen überschritten wurde) zu eigen. Die Elsässer fügten sich dieser Einverleibung in das neue Deutsche Reich nur widerwillig, mehr als hunderttausend Bewohner verließen das Land. Die wilhelminische Politik war nicht dazu angetan, diese Abneigung zu verkleinern. Weil man keinem deutschen Fürsten die Übernahme des Landes zutraute und auch vergönnte, wurde es als „Reichsland" nach dem Muster einer preußischen Provinz verwaltet. Bei den Reichstagswahlen hatten frankreichfreundliche Protestler oder Autonomisten Erfolg. Erst 1911 bekam Elsaß-Lothringen den Status eines deutschen Bundeslandes. Der Vertrag von Versailles gab es an Frankreich zurück; nun wurden Autonomisten erst recht verfolgt, und es begann eine straffe Französisierung.

Nach der Besetzung Frankreichs durch die Hitlerarmee wurde das Elsaß, ohne völkerrechtlich von Frankreich abgetrennt zu werden, einer deutschen Zivilverwaltung unterstellt und dem Gau Baden angeschlossen. Im Jahr 1945 wurde es wieder voll in den französischen Staat integriert.

Lothringen

Ein Land „zwischen zweien"

Lothringen war von seiner Entstehung an ein Streitobjekt zwischen Frankreich und Deutschland. Der letzte Herzog von Lothringen aus dem von 1048 bis 1736 regierenden Fürstengeschlecht wurde zum Stammvater des österreichischen Kaiserhauses Habsburg-Lothringen.

Im Jahr 843 teilten die drei Enkel Karls des Großen im Vertrag von Verdun das karolinge Kaiserreich. Lothar, der älteste Sohn Ludwigs des Frommen, erhielt den wertvollsten Teil (und die Kaiserwürde): Sein Gebiet reichte von Friesland im Norden über das ganze Gebiet zwischen Rhein und Maas, über Burgund und die Provence bis nach Mittelitalien hinein. Auch Kaiser Lothar I. hatte drei Söhne. Sie teilten ihr Erbe so, daß der mittlere Bruder, der wie sein Vater Lothar hieß, den Nordteil bekam. Die Bezeichnung dieses Gebietes als Lotharingien dürfte sich zu jener Zeit eingebürgert haben.

Lothringen war von Anfang an ein „pays d'entre deux", ein Land zwischen zweien. Es lag zwischen dem Westfränkischen und dem Ostfränkischen Reich, und die Sprachgrenze zwischen Romanen und Germanen, die sich im Laufe eines Jahrtausends nur wenig ändern sollte, lief mitten durch das Königreich hindurch. Dazu kam, daß die drei Enkel Kaiser Lothars ohne Nachkommen starben. So wurde das „Zwischenreich" sogleich zum Zankapfel zwischen west- und ostfränkischen Karolingern – ein Schicksal, das Lothringen durch Jahrhunderte seiner Geschichte begleiten sollte. Nach dem Tod Lothars II. wurde es zunächst von dem Westfranken Karl dem Kahlen beherrscht, doch auch der Ostfranke Ludwig der Deutsche machte seine Ansprüche geltend. Der Konflikt wurde im Vertrag von Mersen (870) so gelöst, daß Ludwig den Ostteil Lothringiens – Friesland, Köln und Aachen, den ganzen Lauf der Mosel, das Elsaß und Teile Burgunds – bekam. Wenige Jahre später kamen noch Toul und Verdun dazu. König Arnulf gab das Land seinem illegitimen Sohn Zwentibold, der jedoch gegen aufständische Lothringer (900) fiel; deren Anführer Reginar von Hennegau schloß sich als erster Herzog von Lothringen Frankreich an. Erst König Heinrich I. brachte, nach zwei Feldzügen, 925 ganz Lothringen wieder unter die deutsche Krone.

Kaiser Otto I. machte den Verschwörungen des lothringischen Adels ein Ende: Er unterstellte das Land seinem Bruder, dem Erzbischof Bruno von Köln, und teilte es in zwei Herzogtümer, Niederlothringen im Norden und Oberlothringen im Süden (959). Noch einmal erstand das alte Lotharingien als Einheit, als die beiden Teile 1033 unter dem Niederlothringer Gozelo vereint wurden. Als sich dessen Sohn Gottfried mit Frankreich gegen Kaiser Heinrich III. verbündete, wurde er abgesetzt.

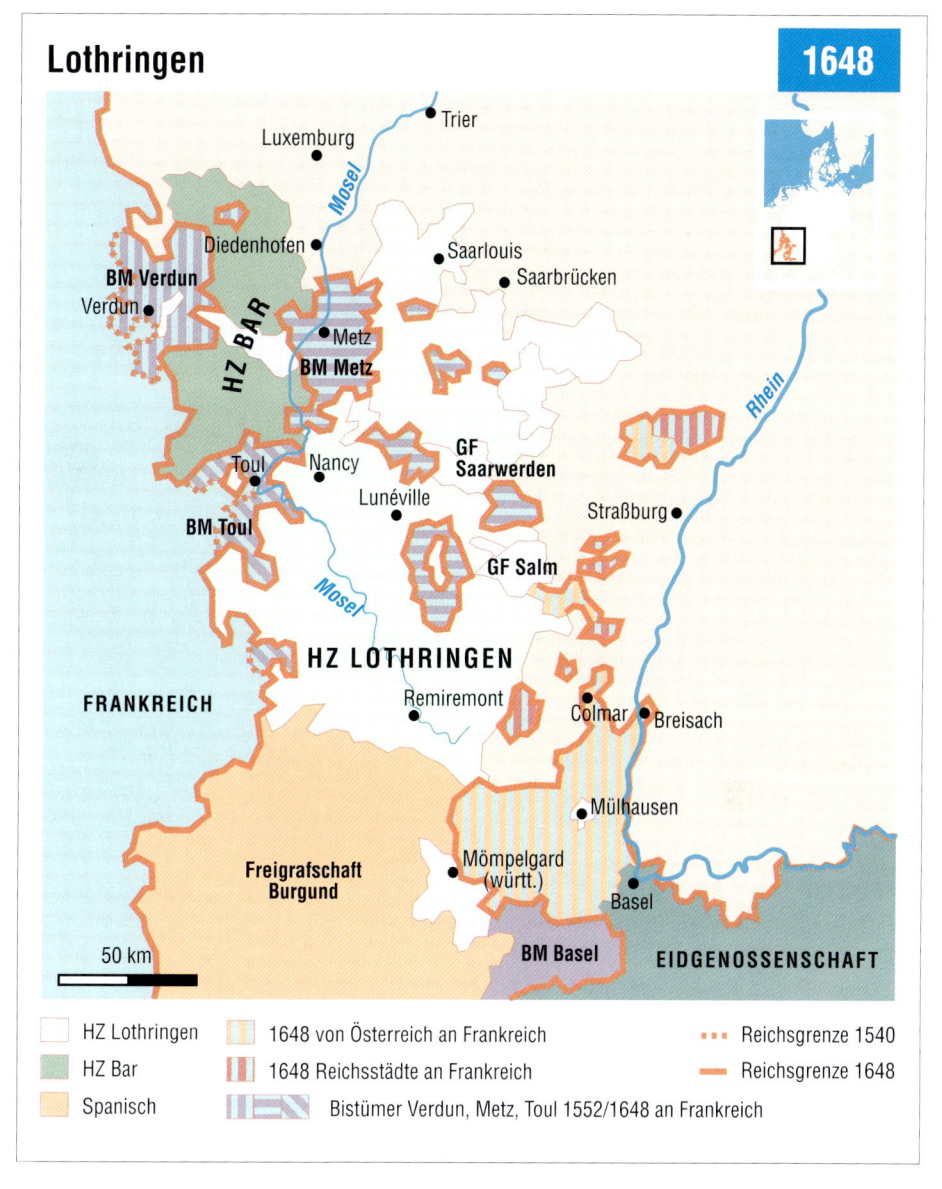

Als Frankreich Ansprüche auf Oberlothringen erhob, traf der Kaiser mit seinem französischen Namensvetter, Heinrich I., in Ivois zusammen. Der Kaiser forderte den König zum Zweikampf auf, doch der Franzose zog es vor, heimlich die Stadt zu verlassen. Im Jahr 1048 belehnte Heinrich III. den Grafen Gerhard von Elsaß mit Oberlothringen. Dessen Nachkommen beherrschten das Land bis 1736, und Herzog Franz Stephan wurde als Mann Maria Theresias Stammvater des Hauses Habsburg-Lothringen.

Den Kern Niederlothringens bildete die Grafschaft Brabant; als deren Herren mit dem Herzogtum belehnt wurden, verschwand der alte Name. Von diesem Zeitpunkt an ist die Geschichte des Gebiets mit der der Niederlande (s. d.) verbunden. Oberlothringen hingegen entwickelte sich zum Herzogtum Lothringen. Es wurde auf den Südwesten des Gebiets beschränkt, während die Grafen von Bar (bis zu dessen Vereinigung mit Lothringen 1431) und die Trierer Kurfürsten über den Nordteil herrschten.

Mit dem Niedergang der Staufer verschwand der Einfluß des Reiches auf sein westliches Grenzland; im Krieg gegen die Engländer waren die Herzöge von Lothringen Bundesgenossen Frankreichs. Herzog Dietbald (Thibaut) II. hatte 1306 bestimmt, daß in Lothringen auch die weibliche Erbfolge möglich sein sollte, was in der Folge zu Konflikten führte. Seiner Ururenkelin Isabella, 1430 die

Lothringen 1648

Legende:
- HZ Lothringen
- HZ Bar
- Spanisch
- 1648 von Österreich an Frankreich
- 1648 Reichsstädte an Frankreich
- Bistümer Verdun, Metz, Toul 1552/1648 an Frankreich
- Reichsgrenze 1540
- Reichsgrenze 1648

231

Lothringen — Ein Land „zwischen zweien"

einzige aus Dietbalds Linie, bestritt ihr Cousin Anton von Vaudemont das Erbrecht. Isabella war mit René von Anjou, dem „guten König René" (seine Königreiche Neapel und Jerusalem hat er nie beherrscht) verheiratet. Es war in dieser Zeit, daß das Mädchen Jeanne aus dem lothringischen Grenzdorf Domremy die Engländer aus Frankreich zu vertreiben begann.

König Renés Enkel in männlicher Linie hatte keine Nachkommen, und so kam 1473 mit René II. der Vaudemonter Zweig zum Zug. Er konnte sich seines Throns nicht lange erfreuen, denn der Burgunderherzog Karl der Kühne vertrieb ihn aus der lothringischen Hauptstadt Nancy und ließ sich als neuer Herzog von Lothringen huldigen. René II. gab nicht auf. Er verbündete sich mit den Schweizern, die Karls Ritterheer schon bei Murten geschlagen hatten, und zerstörte den Traum des Burgunders, das alte Lotharingien von der Ostsee bis zum Mittelmeer wiedererstehen zu lassen: Bei Nancy verlor Karl der Kühne 1477 gegen René und seine schweizerischen und elsässischen Mitstreiter Schlacht und Leben.

Vergeblich bemühte sich René II. um das Erbe seines Großvaters: weder Neapel noch die Provence kamen in seinen Besitz, ihm verblieben nur Lothringen und Bar. Obwohl ihm Frankreich sein provenzalisches Erbe genommen hatte, neigte er eher diesem als dem Reich zu: So stand er Maximilian nicht bei, als dieser um sein Erbe kämpfte. Die Bindung zum Reich war schon soweit gelockert, daß Kaiser Maximilian auf die Belehnung Renés mit dem ganzen Herzogtum Lothringen verzichtete. Vergeblich warb Renés Sohn Anton dafür, den französischen König Franz I. bei der deutschen Kaiserwahl dem Habsburger Karl V. vorzuziehen. Im Jahr 1542 stimmte, nach langen Verhandlungen, Karl V. zu, Lothringen zum „freien Herzogtum" zu erklären, das weder dem Reich noch Frankreich lehenspflichtig sein, aber unter dem Schutz des Kaisers stehen sollte. Renés zweiter Sohn Claude begründete die französische Linie der Herzöge von Guise, die sich im Kampf gegen die Hugenotten hervortaten.

Die Unabhängigkeit Lothringens war freilich nicht von Deutschland, sondern von Frankreich bedroht. Zunächst hatte sich der König von Frankreich die Lehenshoheit über einen Teil des Herzogtums Bar gesichert. Dann war ihm von den protestantischen Fürsten im Krieg gegen Karl V. rechtswidrig das Reichsvikariat über die Bistümer und Reichsstädte Metz, Toul und Verdun übertragen worden (1648 mußten sie dann an Frankreich abgetreten werden). Lothringens Selbständigkeit achtete er wenig, der Erbe Karl III. wurde im Kindesalter zur Erziehung nach Frankreich gebracht und mit einer Tochter des Königs verheiratet.

Die Herzöge von Guise trugen dazu bei, daß die Belagerung von Metz durch Kaiser Karl V. fehlschlug und so der Keil durch das Territorium ihres Stammlandes erhalten blieb. Die Ambitionen Herzog Karls III. auf den französischen Thron scheiterten. Dadurch versäumte er, auf das Angebot des französischen Königs Heinrich III. einzugehen, als Gouverneur über die drei Bistümer Lothringen zu einem geschlossenen Territorium zu machen.

Im Dreißigjährigen Krieg suchte sich Herzog Karl IV. als Verbündeter des Kaisers – Lothringen war katholisch geblieben – der drohenden französischen Übermacht zu erwehren; 1632 jedoch wurde das Land von den Franzosen besetzt und erst 1659 dem Herzog, der als Truppenführer zeitweise eine Art Partisanenkrieg im eigenen Land geführt hatte, zurückgegeben. Drei Jahre später wollte Karl eine überraschende Wende herbeiführen: Er, der ein abenteuerliches, amouröses Leben geführt und keine erbberechtigten Kinder hatte, schloß einen Vertrag mit dem französischen König Ludwig XIV., in dem diesem die Nachfolge in Lothringen angeboten wurde. Karls Bruder Kardinal Nikolaus-Franz erreichte jedoch die Kündigung des Vertrages – seinem Sohn Karl V. war somit das Erbe gesichert.

Karl V. wurde 1675 ohne Widerspruch zum Herzog von Lothringen und Bar; allerdings war das Land wieder von den Franzosen besetzt, und er sollte die Herrschaft dort niemals antreten können. Seine Eltern waren beim Einmarsch der Franzosen geflohen, er wurde in Wien geboren. Im Alter von einundzwanzig Jahren wurde er zum Kommandanten, dann zum Generalissimus der kaiserlichen Armee ernannt. Vergeblich versuchte er, mit den Truppen des Kaisers, sein Land zurückzuerobern. 1683 errang Karl zusammen mit dem Polenkönig Johann Sobieski seinen stolzesten Sieg: der Entsatz des von den Türken belagerten Wien.

Erst nach dem Frieden von Rijswijk (1697) konnte Karls Sohn Leopold nach Lothringen zurückkehren. Jedoch war das Herzogtum bereits wieder in der Zeit von 1702 bis 1714, im Spanischen Erbfolgekrieg, von französischen Truppen besetzt. Als sich das Kriegsglück von Frankreich abwandte, schlug Leopold vor, das alte Lothringen als Barriere wiedererstehen zu lassen und ihm die Gebiete zwischen Luxemburg und dem Elsaß zu übertragen – bei den Friedensverhandlungen jedoch ging Lothringen leer aus; der Kaiser als „Schutzmacht" versagte.

Herzog Leopold, ein Repräsentant des aufgeklärten Absolutismus, hatte in Voltaire einen Verehrer, der dessen Machtlosigkeit angesichts der drückenden Bevormundung durch Frankreich erkannte, „aber man konnte ihm nicht das schönste Recht wegnehmen, Gutes seinen Untertanen zu tun, ein Recht, von dem kein Fürst so sehr Gebrauch gemacht hat wie er". Leopold sah in einem guten Verhältnis zu Wien die letzte und einzige Möglichkeit, sich und seinen Nachkommen sein Stammland zu erhalten. Sein erstgeborener Sohn war als Gemahl der Kaisertochter Maria Theresia ausersehen; als er an den Pocken starb, rückte der zweitgeborene, Franz Stephan, an seine Stelle – die Verbindung wurde trotz aller dynastischer und politischer Beweggründe eine Liebesheirat. Schweren Herzens mußte Franz Stephan Lothringen, das die Franzosen im Polnischen Erbfolgekrieg 1733 erneut besetzt hatten, aufgeben. Es wurde ein Ländertausch vereinbart: Der König von Sachsen, August III., wurde als polnischer König anerkannt, sein von Frankreich unterstützter Gegenkandidat Stanislaus Leszczynski erhielt Lothringen auf Lebenszeit (nach seinem Tod sollte es an Frankreich fallen), Franz Stephan die Toskana, wo das Aussterben der Medici absehbar war. Der Lothringer wurde dann als Franz I. Kaiser des Heiligen Römischen Reichs. Lothringen wurde 1766 in französische Verwaltung übernommen, blieb aber bis 1801 im Reichsfürstenrat vertreten.

Im Frieden von Frankfurt (1871) mußte Frankreich neben dem Elsaß auch Ost-Lothringen (Departement Moselle und Teile von Meurthe) an das Deutsche Reich abtreten. Nicht beachtet wurde dabei die Sprachgrenze – auch das Gebiet um Metz und Dieuze wurde dem „Reichsland" Elsaß-Lothringen einverleibt. Der Vertrag von Versailles verfügte 1919 die Rückgabe an Frankreich. Von 1940 bis 1945 bildete dieser Teil Lothringens mit dem Saarland und der Pfalz den Gau Westmark. Die deutsch-lothringische Sprachlandschaft befindet sich in Auflösung.

Schweiz — Die Eidgenossenschaft

Die Schweizer errangen ihre Eigenständigkeit im Kampf gegen Habsburg. Schließlich mußte Österreich seine Besitzungen aufgeben; 1648 schied die Schweiz auch formell aus dem Reich aus.

Eigentlich war es die Wahl zum deutschen König, die Rudolf von Habsburg aus einer erfolgreichen Politik der Ausweitung seiner alemannischen Besitzungen riß: er hatte sich 1264, beim Aussterben der Kyburger, als deren Erbe in den Landgrafschaften Zürich, Thurgau und Glarus gegen die Ansprüche Savoyens durchgesetzt. Sein Ziel war die Verbindung der Besitzungen im oberelsässischen Sundgau mit den Territorien nördlich des Sankt-Gotthard-Passes gewesen – doch konnte er die Auseinandersetzung mit dem dabei wichtigsten Gegenspieler, dem Bischof von Basel, nicht mehr austragen, harrten seiner doch, als deutschem König, die Aufgaben im Osten des Reiches. Dadurch wurden die habsburgischen Bestrebungen im Westen in wohl entscheidendem Maße verzögert. 1291 konnte er seine Position aber noch durch den Erwerb von Luzern festigen.

Der Gotthard-Paß war für die Italienpolitik der Stauferkaiser von größter Wichtigkeit gewesen. Deshalb hatte Kaiser Friedrich II. 1231 der Talschaft Uri und 1240 den Schwyzern die Reichsunmittelbarkeit verliehen. In diesen inneralpinen Talschaften bestand noch eine archaische, durch Sippschaftsdenken geprägte bäuerliche Gesellschaft; anders als sonst im Reich wurden hier noch Fehden zwischen den Bauernfamilien, nicht nur zwischen Adelsgeschlechtern geführt. Um zu geordneten Rechtszuständen zu gelangen, schlossen Uri, Schwyz und Nidwalden – die „Waldstätten" – 1291 einen „ewigen Bund". Während die nichthabsburgischen deutschen Könige (nach der Ermordung Albrechts I. durch seinen Neffen 1308) sich beeilten, die Reichsfreiheit der Waldstätten zu bestätigen, versuchten die Habsburger, ihre alten Vogteirechte geltend zu machen. Die Geschichten um Wilhelm Tell und Geßler sowie um den „Burgenbruch" (die Zerstörung adeliger Zwingburgen), die heute allgemein als Sagen betrachtet werden, sind Ausdruck der Suche der Waldstätten nach Eigenständigkeit. Die Auseinandersetzungen nach der Doppelwahl von Ludwig dem Baiern und dem Habsburger Friedrich dem Schönen nutzten die Schwyzer, um das Kloster Einsiedeln zu überfallen. Daraufhin rückte der österreichische Herzog Leopold I. mit einem Ritterheer zu einer Strafaktion gegen die Eidgenossen an. In einem Engpaß bei Morgarten am Ägerisee wurde es von den Schwyzer Bauern in die Flucht geschlagen. Dieser Sieg steigerte zweifellos das Selbstbewußtsein der Waldstätten.

Für den weiteren Verlauf der historischen Entwicklung, die letztlich zur unabhängigen Schweiz führte, war ausschlaggebend, daß Habsburgs Bemühungen um die Schaffung einer Landeshoheit in Konflikt mit lokalen, zunächst sehr partikulären und unter-

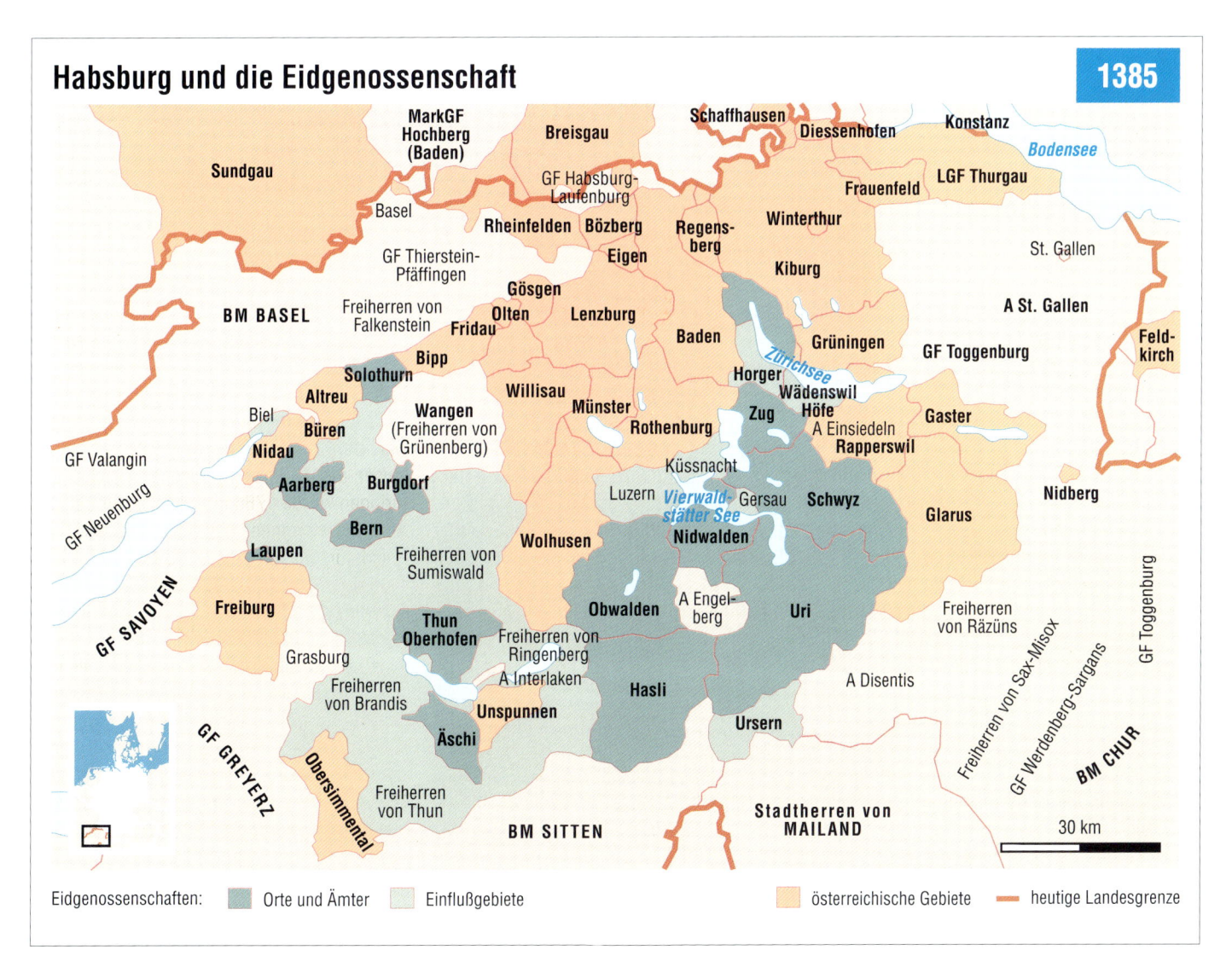

Habsburg und die Eidgenossenschaft — 1385

Eidgenossenschaften: Orte und Ämter — Einflußgebiete — österreichische Gebiete — heutige Landesgrenze

Schweiz

schiedlich gelagerten Interessen geriet. So wehrte sich Luzern gegen die Einschränkung seiner Stadtrechte seitens des österreichischen Vogts 1332 durch einen Beitritt zum Bund der Waldstätten; doch sollten auch Österreichs Rechte, soweit sie „nach altem Herkommen" bestanden, gewahrt bleiben. In Zürich wiederum war ein erfolgreicher Aufstand der Handwerker unter der Führung des Ritters Rudolf Brun gegen das habsburgisch gesinnte Patriziat (1336) Ausgangspunkt für die Entfremdung von Österreich und die Annäherung an die Eidgenossen. Die Bauern von Glarus, das seit 1264 habsburgisch war, die schon die Beteiligung am Morgartenkrieg auf Seiten ihrer Herrschaft verweigert hatten, traten dem Bund 1352 bei. Ebenso die für die Paßstraße nach Italien wichtige Landstadt Zug, und zwar auf kuriose Weise: sie wurde von den Bündischen belagert, und nachdem ihre (habsburgische) Herrschaft drei Tage lang ihrer Schutzpflicht durch Entsatz nicht nachgekommen war, öffnete sie den Eidgenossen die Tore. Auch die Reichsstadt Bern versuchte durch ihren Beitritt 1353 dem österreichischen Druck zu begegnen. Dieser einte die Schweizer zu einer für das Mittelalter bemerkenswerten Überwindung der ansonsten bestehenden Gegensätze zwischen Städten und Landgemeinden.

Die Machtstellung Österreichs war durch das anfängliche Zusammenspiel Kaiser Karls IV. mit den Habsburger-Herzögen Albrecht II. und Rudolf IV. wieder größer geworden. Im sogenannten Brandenburger Frieden (weil durch den Markgrafen Ludwig von Brandenburg vermittelt) mußte Luzern die österreichische Oberhoheit anerkennen und Zürich das besetzte Rapperswil herausgeben; Zug und Glarus wurden gezwungen, auf ihre eidgenössischen Bündnisse zu verzichten, wofür Habsburg seine ohnehin nur noch formalen gräflichen Ansprüche auf die Waldstätten aufgab.

Rudolf dem Stifter gelang dann mit dem Regensburger Frieden (1355) ein weiterer Erfolg: Zürich wurde wieder in das habsburgische Bezugsnetz eingebunden, Ritter Brun zum österreichischer Hofrat ernannt. Allerdings verdarb es sich der ungestüme Rudolf mit seinem kaiserlichen Schwiegervater, als er den Titel eines Herzogs von Schwaben und Elsaß annahm; dennoch hätte seine Zielstrebigkeit möglicherweise diesen Anspruch realisiert, wenn er nicht schon 1365, allzu jung, gestorben wäre. Die Schwyzer nützten dies sofort aus, um Zug wieder an sich zu binden.

Herzog Leopold III., der im Zuge der habsburgischen Güterteilung die österreichischen Alpenländer und die Vorlande beherrschte, zeigte durch den Erwerb der Grafschaft Feldkirch (1375) und der Landvogteien Ober- und Unterschwaben, daß der Traum von einem umfassenden schwäbisch-alemannischen Habsburgerterritorium keineswegs aufgegeben war. Er erhielt die Reichsvogtei über das Bistum Basel und zwang die Stadt zu einem Vertrag mit Österreich.

Durch den österreichischen Machtanspruch spitzten sich die Gegensätze zu: Leopold hatte nahezu die gesamte Ritterschaft des südwestdeutschen Raums hinter sich, auf der anderen Seite standen die Reichsstädte, die sich in einem Konstanzer Bund zusammengeschlossen hatten, sowie die eidgenössischen Talgemeinden. Am 9. Juli 1386 kam es bei Sempach zur Entscheidungsschlacht. Nach hartem Ringen siegten die vereinigten Luzerner, Urner, Schwyzer und Unterwaldner über das Ritterheer, Leopold wurde im Kampf erschlagen. Der Ausgang der Schlacht war der Anfang vom Ende der österreichischen Herrschaft in der Schweiz; zugleich markierte er den Abstieg der für die hochmittelalterliche Kriegsführung so bedeutsamen Ritterschaft, die sich bei Sempach nicht, wie in Morgarten, in einem Hinterhalt, sondern in offener Schlacht den Stadtbürgern und Bergbauern unterlegen gezeigt hatte.

War zur Zeit Rudolfs IV. die Option, ob die Gebiete nördlich des Gotthard österreichisch oder eidgenössisch werden sollten, noch durchaus offen, so war drei Jahrzehnte später Habsburgs Ziel der Errichtung einer landesfürstlichen Herrschaft in diesem Raum de facto gescheitert, auch wenn die Ansprüche noch einige Zeit aufrechtblieben. Die Eidgenossenschaft trat nun in ihre expansive Phase. Die österreichischen Herrschaften, wehrlos geworden, wurden als Untertanenlande den „alten Orten" einverleibt oder traten als „zugewandte Orte" der Eidgenossenschaft bei. In Baden im Aargau wurde der „Stein", der herzoglich-habsburgische Amtssitz, 1415 bei der Eroberung in Brand gesteckt und jener Teil der vorländischen Urba-

Die Appenzeller belagern Bregenz; ein schwäbisches Ritterheer kam zum Entsatz, der „Bund ob dem See" fiel auseinander. Miniatur aus der Tschachtlan-Chronik; Zürich, Zentralbibliothek

Die Eidgenossenschaft

rien vernichtet, in dem die habsburgischen Ansprüche auf die Waldstätten verzeichnet waren. Die Appenzeller drangen in Vorarlberg ein und schlossen dort mit den Bauern den „Bund ob dem See", doch erlag diese Bauernrepublik dann den schwäbisch-österreichischen Ritterheeren. Das Oberwallis, vom Bischof von Sitten als Grafen verwaltet, wandte sich 1416 den Eidgenossen zu und unterwarf in der Folge das (französischsprachige) Unterwallis. Bern nahm den Grafen von Savoyen das Waadtland ab. Das nun von Feindesland umgebene Freiburg (Fribourg) im Üchtland, 1277 von Rudolf von Habsburg erworben, ergab sich 1452 dem Herzog von Savoyen und trat einige Jahrzehnte später der Eidgenossenschaft bei.

Auch die Reichsabtei Sankt Gallen schloß einen Vertrag mit den Eidgenossen, zudem kaufte sie die Grafschaft Toggenburg, mußte aber im Zuge der Reformation die Stadt Sankt Gallen aufgeben. Dem 1415 eroberten Aargau folgte als letztes größeres Besitztum der Habsburger der Thurgau, den die Eidgenossen Österreich im Jahr 1460 entrissen und den „sieben alten Orten" (ohne Bern) als „gemeine Vogtei" unterwarfen. 1474 leistete Österreich formell Verzicht auf die eidgenössischen Gebiete. Die Reichsstädte Basel und Schaffhausen wurden 1501 zum Beitritt zur Eidgenossenschaft gezwungen.

Gegen die Versuche der Habsburger, sich die Rheinquellen und das Engadin untertan zu machen, hatten sich der Graue Bund, der Gotteshausbund und der Zehngerichtebund gebildet. Sie vereinigten sich mit der Reichsstadt Chur und schlossen mit den Eidgenossen ein Bündnis. Die Graubündner eroberten 1512 das mailändische Veltlin (erst in Napoleons Zeiten ging es verloren), die Eidgenossen das Tessin, das bis 1803 als Untertanenland (Welsche Vogteien) verwaltet wurde. Gegen französische und österreichische Vereinnahmungsversuche wahrte Jürg Jenatsch im 17. Jahrhundert die Unabhängigkeit Graubündens. 1803 wurde Graubünden zu einem Schweizer Kanton. Ebenso, 1815, auch Genf, das seine im Bündnis mit den Eidgenossen gewonnene Unabhängigkeit lange Zeit gewahrt hatte und das vorübergehend Frankreich einverleibt worden war. Das beim Reich verbliebene Bistum Basel (von dem sich die eidgenössische Stadt ja schon in der Reformationszeit gelöst hatte), wurde 1793 von Frankreich annektiert; das überwiegend französischsprachige Gebiet kam dann durch den Wiener Kongreß an den Kanton Bern und löste sich von diesem 1975 als Kanton Jura. Die Reichsstadt Mülhausen im Elsaß, noch bis 1648 rings von österreichischem Gebiet umgeben, trat im Jahre 1515 der Eidgenossenschaft bei (in der sie bis 1789 verblieb).

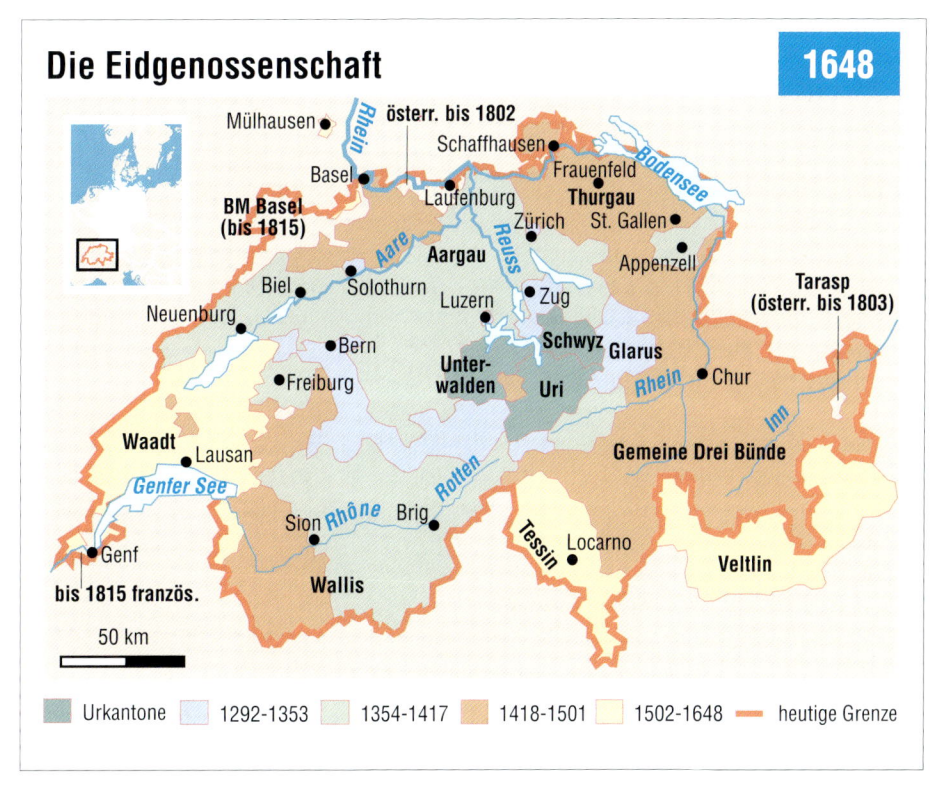

Die von Kaiser Maximilian I. geschaffene Kreiseinteilung des Reichs sparte die Lande der Eidgenossen bereits aus, und 1648, mit dem Westfälischen Frieden, schied die Schweiz offiziell aus dem Reichsverband.

Als letzte österreichische Gebiete wurden 1805 Laufenburg und Rheinfelden mit dem Fricktal am linken Rheinufer schweizerisch, 1807 der kleine Badeort Tarasp, (der einzige katholische Ort Graubündens), ein Rest der 1622 nur für zwei Jahre erfolgten Inbesitznahme des Engadin durch Österreich. Eine Volksabstimmung im österreichischen Vorarlberg, die sich 1919 mit großer Mehrheit für einen Anschluß an die Schweiz ausgesprochen hatte, blieb von den Alliierten bei den Pariser Friedensverhandlungen unberücksichtigt.

Das österreichische Adelsgeschlecht der Liechtensteiner, das 1623 in den Reichsfürstenstand erhoben worden war, erwarb Herrschaften in Mähren und Schlesien. Durch den Erwerb von Schellenberg und Vaduz setzte es sich zwischen Vorarlberg und der Schweiz fort. Als Liechtenstein wurde das Gebiet im Jahre 1719 reichsunmittelbares Fürstentum. 1806 trat Liechtenstein dem Rheinbund, 1815 dem Deutschen Bund bei und gewann souveränen Status. Durch eine Zollunion schloß es sich bis 1919 eng an Österreich an, bevor es sich mit der Schweiz verband.

Der Vierwaldstätterbund zwischen Schwyz, Uri, Unterwalden und Luzern wird öffentlich auf dem Weinmarkt beschworen. Luzerner Chronik des Diebold Schilling, 1513; Luzern, Zentralbibliothek (Eigentum Korporation Luzern)

Savoyen

Savoyen, Grafschaft, später Herzogtum und schließlich Königreich, gehörte formell bis zum Jahre 1801 zum Reich. Die Herrscher aus dieser alten Dynastie trugen von 1861 bis 1946 die Krone Italiens.

Der Name Savoyen kommt vom keltischen Sapaudia, „Waldland". In diesem Gebiet siedelte der römische Feldherr Aetius 443 die noch verbliebene Bevölkerung der von den Hunnen besiegten Burgunder an. Nachdem das Burgunderreich fränkisch geworden war, entstand in Savoyen eine Grafschaft, die das Aostatal, das obere Isèretal und Wallis umfaßte. Hier herrschte Graf Humbert Weißhand, der Ahnherr jener Dynastie, die Italien bis zum Jahre 1946 regieren sollte. Bei der Erwerbung des Königreichs Burgund (1032) leistete er König Konrad II. wichtige Dienste.

Dem Grafengeschlecht gelang eine weitere Ausweitung seiner Herrschaft, als Humberts Sohn Oddo die Erbtochter der Grafschaft Turin, Adelheid, heiratete. Durch diese Verbindung wurde Piemont savoyisch, und seine Grafen herrschten diesseits und jenseits des Alpenhauptkamms über eine ethnisch französische, provenzalische und italienische Bevölkerung. Die Verbindung zum Reich blieb aber eng. Kaiser Heinrich IV. heiratete Bertha von Turin und wurde Schwager von Oddos Sohn Amadeus II. Der unterstützte den Kaiser, als er nach Canossa zog, um den Papst zur Lösung des Kirchenbanns zu bewegen.

Savoyen blieb in den stürmischen Stauferzeiten kaisertreu. Als Reichsvikar leistete Graf Thomas I. Kaiser Friedrich II. treue Dienste. Er erbaute das Schloß von Chambéry und machte die Stadt zu seiner Residenz. In der Zeit des Interregnums unterwarfen die Savoyer das Waadtland. 1310 wurden die Grafen von dem Luxemburger Heinrich VII. zu Reichsfürsten erhoben. Die freie Stadt Nizza unterstellte sich den Savoyern 1388.

Das Kernstück des Königreichs Arelat (Burgund), die Dauphiné, war 1349 an den französischen Thronfolger gefallen. Daher löste Kaiser Karl IV. Savoyen aus der formell noch bestehenden burgundischen Oberhoheit und machte 1365 seinen Herrscher Amadeus VI. zum reichsunmittelbaren Grafen und Reichsverweser für den beim Reich verbliebenen Teil des Arelat. Amadeus, wegen seiner Rüstung bei Turnieren der „grüne Graf" genannt, war ein Haudegen, der gegen die Türken in Griechenland kämpfte und den byzantinischen Kaiser Johannes Paläologos aus den Händen der Bulgaren befreite. In der Lombardei eroberte er Ivrea und Vercelli, beim Versuch, Neapel zu unterwerfen, starb er. Sein Enkel Amadeus VIII. erfuhr eine weitere Rangerhöhung seines Landes, als ihn Kaiser Sigismund zum Herzog erhob und mit der Grafschaft Genf (ohne der Stadt) belehnte. Nicht genug damit, wurde Amadeus VIII., nachdem er sich als Witwer von den Regierungsgeschäften zurückgezogen hatte, vom Basler Konzil als Felix V. zum Papst gewählt.

Durch den Gebietserwerb waren die Herzöge von Savoyen im 15. Jahrhundert die mächtigsten Fürsten in Norditalien geworden; ihr Machtschwerpunkt verlagerte sich von dem von Frankreich immer wieder bedrohten Stammland nach Piemont. Die Bindung an das Reich blieb eng. So gliederte Kaiser Maximilian I. Savoyen 1512 dem oberrheinischen Reichskreis ein, während die anderen italienischen Gebiete, die noch formell zum Reich gehörten, uneingekreist blieben. Im Kampf mit den Eidgenossen mußten die Sa-

Der berühmteste Sohn des Hauses Savoyen war Prinz Eugen; im Dienste Habsburgs siegte er über die Türken und Franzosen. Gemälde von J. van Schuppen; Turin, Galleria Sabauda

Vorposten in den Westalpen

voyer im 16. Jahrhundert Genf, Wallis und Waadt abtreten. Der französische König Franz I. eroberte fast ganz Savoyen und drängte den zu jener Zeit hier herrschenden Karl III. aus dem Land. Erst dessen Sohn Emanuel Philibert, der Kaiser Karl V. als Feldherr diente, erhielt es zurück. Er verständigte sich mit den Schweizern, ließ in Turin eine Zitadelle errichten und begann im Hafen von Villafranca mit dem Bau einer Kriegsflotte.

Im Jahr 1630 spaltete sich die Dynastie in zwei Linien: Viktor Amadeus I. behielt den Hauptteil des Herzogtums, sein Bruder Thomas wurde zum Fürsten von Carignano (bei Turin). Dessen jüngerer Sohn erhielt von Frankreich das Lehen Yvois in den Ardennen, das fortan Savoyen-Carignan benannt wurde. Aus dieser Linie entwickelte sich ein jüngerer Zweig, Carigan-Soissons. Ihr entstammte der berühmte Feldherr Prinz Eugen von Savoyen, der im Dienste des Kaisers gegen Türken und Franzosen kämpfte. 1763 starb diese französische Linie aus.

Nachdem Herzog Viktor Amadeus II. der großen Allianz gegen Ludwig XIV. beigetreten war, wurde Savoyen 1690 erneut von den Franzosen besetzt. Im Frieden erhielt der Herzog alles zurück, schloß sich bei Ausbruch des Spanischen Erbfolgekriegs vorsichtshalber Frankreich an, trat aber dann zu Österreich über. Sein Staat wurde daraufhin neuerlich okkupiert. Durch den Sieg Prinz Eugens jedoch konnte Viktor Amadeus nach Turin zurückkehren. Im Frieden zu Utrecht wurde er für seinen Seitenwechsel reichlich belohnt: Von Frankreich erhielt er alle Täler auf der Ostseite der Kottischen Alpen und der Seealpen, aus der spanischen Erbschaft ganz Montferrat und beträchtliche Teile des Herzogtums Mailand sowie die Insel Sizilien mit dem Königstitel. Auf Drängen Kaiser Karls VI. jedoch mußte er diesem Sizilien überlassen und bekam dafür Sardinien; den Königstitel durfte er behalten. Zum Unterschied von Sizilien, das die Habsburger bald darauf verloren, blieb Sardinien in der Hand der Savoyer. Diese nannten ihr Reich fortan Sardinische Monarchie, obwohl Piemont das Hauptland blieb.

Im Österreichischen Erbfolgekrieg wechselte Savoyen erneut die Bündnispartner: Karl Emanuel III. ging von Frankreich zu Maria Theresia über und konnte im Frieden von Aachen seine oberitalienischen Besitzungen abrunden. Sein Sohn Viktor Amadeus III., mit den Bourbonen versippt, begünstigte die aus dem revolutionären Frankreich geflohenen Adeligen. Daraufhin marschierten die Revolutionstruppen 1792 ein erstes Mal in Savoyen ein, konnten aber mit englischer, zwei Jahre später mit österreichischer Hilfe zurückgeworfen werden. Im Jahre 1796 schließlich mußte Viktor Amadeus sein Stammland Savoyen und die Stadt Nizza an Napoleon abtreten.

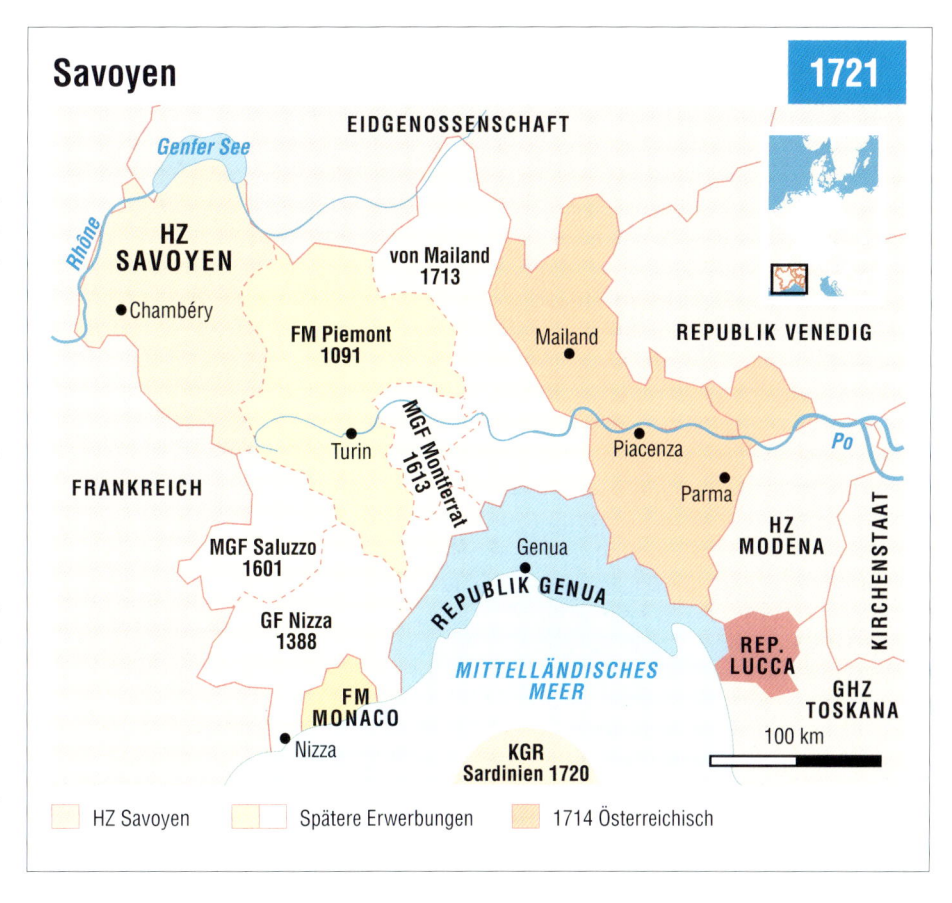

Nach dem Tod des Königs verzichtete dessen älterer Sohn, in der Zitadelle von Turin von Napoleon eingeschlossen, auf seine festländischen Besitzungen und zog sich nach Sardinien zurück. Damit war das Land auch formell aus dem Reich ausgeschieden. 1814 erhielt der jüngere Sohn, Viktor Emanuel I., das gesamte Königreich zurück. Mit dessen Bruder Karl Felix starb die Hauptlinie der Dynastie 1831 aus; mit Karl Albert kam nun Savoyen-Carignan zum Zug. Piemont wurde zum Zentrum der Einigung Italiens im Kampf gegen Österreich, Viktor Emanuel II. 1861 zum König Italiens gekrönt. Als Dank für die französische Hilfe mußte er das Stammland Savoyen und Nizza für immer Frankreich überlassen. Für dreiundzwanzig Jahre mußte König Viktor Emanuel III. die Macht dem „Duce" Mussolini abtreten, durfte aber die Krone behalten. Im Jahr 1946 wurde Italien durch Volksabstimmung zur Republik. Der letzte König, Umberto, trug den Namen seines Ahnherrn.

Auch andere italienische Gebiete blieben noch bis zur napoleonischen Zeit formell unter der Lehenshoheit des Reiches. In der Stadtkommune Mailand herrschten nach der guelfischen Familia della Torre die ghibellinischen Visconti. Ihnen wurde das Reichsvikare bestätigt, sie erlangten die Oberhoheit über die Lombardei und wurden 1395 zu Herzögen erhoben. Nach ihrem Aussterben folgten die Sforza (1447).

Am Ende des Spanischen Erbfolgekriegs fiel Mailand 1714 an Österreich. Damals wurde auch Mantua, wo seit 1329 die Gonzaga geherrscht hatten, dem Herzogtum Mailand einverleibt. Nach dem französischen Zwischenspiel von 1797 bis 1815 konnten die Habsburger ihre Herrschaft noch bis zum Jahre 1859 aufrechterhalten.

Schon Karl der Große hatte, nach der Eroberung des Langobardenreiches, die Markgrafschaft Tuszien (Toskana) gegründet. Nach dem Untergang der Staufer einten die Medici von Florenz aus die Toskana und eroberten im Jahr 1559 zudem die Republik Siena. Der letzte Medici bestritt zwar die Lehenszugehörigkeit zum Reich, doch wurde die Toskana 1738 dem späteren Kaiser Franz Stephan von Lothringen übertragen (s. Lothringen).

Niederlande

Durch die habsburgische Heiratspolitik waren die heutigen Niederlande unter spanische Oberhoheit geraten, von der sie sich in einem acht Jahrzehnte währenden Freiheitskampf loslösten. 1648 schieden sie als selbständiger Staat aus dem Reich aus.

Das Gebiet der heutigen Niederlande war vor tausend Jahren von Niederfranken, Sachsen und Friesen bewohnt. Seit den karolingischen Teilungen gehörte es politisch zu Lotharingien und seit dessen Angliederung an das Deutsche Reich zu Niederlothringen. Im 11. Jahrhundert, als die Herzogsgewalt an Macht verlor, begannen sich Grafschaften, Bistümer und Abteien zu verselbständigen. Gleichzeitig aber lösten sich die durch Handel und Gewerbe immer reicher werdenden Städte an Maas, Schelde und Rhein mehr und mehr aus der feudalen Oberherrschaft, indem sie von den ständig in Geldnöten befindlichen Feudalherren Freibriefe und Privilegien kauften. Die Stände (in den Niederlanden „Staaten" genannt) als Vertreter des niederen Adels, der Prälaten und Städte bekamen Mitspracherecht bei der Bewilligung der Finanzen. Durch Verwendung ihres niederfränkischen Dialekts als Schriftsprache gingen die Niederländer ab dem 12. Jahrhundert sprachlich allmählich einen eigenständigen Weg.

Die Versuche der Wittelsbacher (Hennegau, Seeland, Holland, Friesland) und der Luxemburger (Luxemburg, Brabant), ihre Hausmacht in den Niederlanden auszubauen, blieben ohne dauernden Erfolg. Vor dem Erlöschen ihres Hauses, das fünf deutsche Könige bzw. Kaiser gestellt hatte, verpfändeten die Luxemburger ihre Stammlande, die Wittelsbacher verloren ihre niederländischen Besitzungen an Burgund. Dessen Herzöge machten Brüssel zu ihrer Hauptstadt und faßten die Stände der einzelnen Gebiete zu den „Generalstaaten" zusammen. So wurden die Niederlande zum wichtigsten Teil des burgundischen Zwischenreichs, das schließlich durch die Heirat Maximilians I. mit der Erbtochter Maria an das Haus Österreich fiel; Maximilians in Gent geborener Enkel Karl V. übergab es 1555, bei der Teilung des habsburgischen Weltreichs, an Spanien. Allerdings blieben die Niederlande zugleich Teil des Heiligen Römischen Reiches, dessen westliche Grenzen durch Maximilian, der auch Flandern und Artois aus dem burgundischen Erbe behaupten konnte, erweitert worden waren.

Schon Maximilian hatte anfangs Mühe gehabt, seine Herrschaft in den Niederlanden durchzusetzen; zeitweise wurde er von den Bürgern von Brügge sogar gefangengesetzt. Zwei Frauen, Maximilians Schwester Margarete und später Karls V. Schwester Maria, verstanden es, die neuerworbenen Lande zu beruhigen; in Karls Weltreich konnten die niederländischen Kaufleute ungehindert Handel betreiben. Karl erhob die siebzehn niederländischen Provinzen zu einer staatsrechtlichen Einheit, die untrennbar sein sollte. Allerdings begann unter seiner Regierung auch

Oben: Margarete der Niederlande, eine Tochter Kaiser Karls V., war den Spanischen Niederlanden eine milde Regentin. Sie verständigte sich mit dem protestantischen Adel, wurde jedoch 1567 abgelöst.

Links: Der Stoff ist aus der Bibel, die Handelnden sind Zeitgenossen: Pieter Breughels Gemälde von der Ermordung der unschuldigen Kinder zeigt die schwarzen Söldner des Herzogs Alba, die ein niederländisches Dorf überfallen. 1565; Wien, Kunsthistorisches Museum

der Konflikt mit dem rasch um sich greifenden Calvinismus. Die Gegenreformation wurde insbesondere unter Karls Sohn, dem spanischen König Philipp II., durch die Inquisitionsgerichte mit großer Härte durchgeführt. Noch glaubte die neue Statthalterin, Philipps Halbschwester Margarete von Parma, die von Madrid diktierten Maßnahmen mildern zu können, da kam 1566 der Widerstand in Form des Bildersturms – der Zerstörung der

Hollands Freiheitskampf

Heiligenfiguren in den Kirchen – zum gewaltsamen Ausbruch.

Philipp II. antwortete mit Härte. Er entsandte 10.000 Soldaten unter der Führung des Herzogs von Alba nach Brüssel, der den Aufstand zunächst erstickte. Er nahm die Köpfe des adeligen Geusenbundes gefangen – lediglich Wilhelm von Nassau-Oranien, einst von Karl V. zum Statthalter von Utrecht ernannt, entkam in sein Stammland nach Dillenburg. Die Adeligen Grafen Lamoral von Egmont und Philipp von Hoorne waren unter den Hunderten, die Albas Schreckensherrschaft aufs Schafott brachte. Erst 1572 gelang es den Meergeusen – Freibeutern, die sich in den Dienst des Freiheitskampfes gestellt hatten –, die Spanier aus Seeland und Holland zu vertreiben; Wilhelm von Oranien wurde als Statthalter an die Spitze der befreiten Gebiete berufen.

Die Gewalttätigkeit der spanischen Truppen empörte auch die katholisch gebliebenen südlichen Provinzen. Doch kam es nur zu einer vorübergehenden Einigung: Der neue spanische Statthalter, Alexander Farnese, verstand es, die wallonischen Provinzen zum Bund von Artois zusammenzuschließen; dem stand die nördliche Utrechter Union gegenüber (1579). Flandern und Brabant schwankten, wo sie sich anschließen sollten. Nachdem Wilhelm von Oranien 1584 von einem fanatischen katholischen Landsmann ermordet worden war, wurden sie von Farnese unterworfen.

Der Kampf um die Niederlande wurde Teil der großen Auseinandersetzung zwischen Philipp II. und Elisabeth I. von England. Die Utrechter Union stellte sich unter den Schutz der Briten, doch mußte der Graf von Leicester wegen seiner unentschlossenen Kriegsführung das Land bald wieder verlassen. Hingegen konnte Moritz von Nassau die Spanier völlig aus dem Norden verdrängen, gleichzeitig schlugen die niederländischen Flotten die Spanier auf den Meeren und entrissen ihnen die portugiesischen Kolonien (Portugal war damals mit der spanischen Krone vereinigt) auf Ceylon und in Malaia. 1581 setzten die Generalstaaten Philipp II. ab und vereinigten sich zu einem losen Staatenbund. Schließlich mußte Erzherzog Albrecht, ein österreichischer Habsburger, der zum Generalgouverneur der Niederlande berufen worden war, 1609 einen Waffenstillstand mit der aus der Utrechter Union hervorgegangenen Republik der Vereinigten Niederlande schließen.

Die Niederlande 1579-1648

- Spanische Niederlande vor 1579
- ....nach 1648
- Reichsgrenze
- Utrechter Union - Republik der Vereinigten Niederlande 1579
- 1648 an die Niederlande

Mit dem Dreißigjährigen Krieges brachen auch in den Niederlanden erneute Feindseligkeiten aus. Friedrich Heinrich von Nassau, nach dem Tod seines Bruders Moritz neuer Statthalter, beendete die religiös begründeten Streitigkeiten und Verfolgungen und verbündete sich mit Frankreich gegen das Haus Habsburg. Die Spanier erlitten schwere Niederlagen und mußten das nördliche Brabant aufgeben, 1628 kaperten die Niederländer sogar ihre Silberflotte. Im Westfälischen Frieden wurde die Republik der Vereinigten Niederlande als unabhängiger Staat anerkannt. Damit war nicht nur ihre Verbindung zu Spanien, sondern auch jene zum Heiligen Römischen Reich gelöst. Die südlichen Niederlande hingegen blieben vorerst unter spanischer Oberhoheit.

Wilhelm I. von Nassau-Oranien wurde zum Begründer der niederländischen Unabhängigkeit. Gemälde von A. T. Key, 1579; Den Haag, Mauritshuis

Belgien und Luxemburg

Zum Unterschied von den Niederlanden, die 1648 aus dem Heiligen Römischen Reich ausschieden, blieben Belgien und Luxemburg, zunächst als Spanische, dann Österreichische Niederlande, bis 1794 im Staatsverband des Reiches. Nach französischer und holländischer Herrschaft wurde Belgien 1830 unter Abtrennung Luxemburgs unabhängig.

Die Wittelsbacher wären vielleicht heute noch Könige, Belgien hätte sich zwei Revolutionen erspart und Österreich wahrscheinlich eine völlig andere Entwicklung genommen: dies alles hat der preußische König Friedrich II. verhindert, als er den schon weit gediehenen Versuch Kaiser Josefs II. torpedierte, die Österreichischen Niederlande gegen Altbayern (die heutigen Regierungsbezirke Ober- und Niederbayern sowie die Oberpfalz) einzutauschen. Bereits zehn Jahre danach erfüllte sich die trübe Ahnung des Kaisers, daß Belgien nicht zu halten sei. Der erste belgische Staat, und noch dazu eine Republik, entstand im Kampf gegen die österreichische Monarchie.

Die Verbindung Belgiens mit Österreich dauerte nur achtzig Jahre, von 1714 bis 1794, die Verbindung mit dem Hause Habsburg währte viel länger. Maximilian I., der „letzte Ritter", hatte den Besitz der damals noch ungeteilten Niederlande für seine Kinder durch seine Ehe mit der Burgundererbin Maria erheiratet. Mit ihren Seehäfen, allen voran dem bürgerstolzen Antwerpen, waren die Niederlande am Beginn des Zeitalters der Entdeckungen und der großen Seefahrer einer der reichsten Landstriche Europas; im Bürgertum der Städte entwickelte sich hier ein früher Kapitalismus.

Maximilians Enkel Karl V., durch die Heirat seines Vaters Erbe jenes Weltreichs, in dem „die Sonne nicht unterging", schlug die Niederlande (s. d.), als er sein Reich teilte, Spanien zu. In dem 1566 einsetzenden Freiheitskampf der Niederländer gelang es nur dem nördlichen Teil, nach seiner wichtigsten Provinz auch Holland genannt, sich von Spanien loszureißen. Die südlichen Niederlande, obwohl zunächst mit dem Grafen Egmont ein Zentrum des Widerstandes, blieben katholisch und als spanische Niederlande Teil des Römischen Reichs. Ihre Westgrenze war permanent von Frankreich bedroht, das sie 1658 um Artois und 1668 um Lille verkleinerte.

Nach dem Aussterben der spanischen Habsburger kam Österreich im Frieden von

Graf von Egmont, Statthalter in Flandern und Artois, trat an die Spitze der Adelsopposition gegen die spanische Verwaltung der Niederlande; Herzog Alba ließ ihn in Brüssel enthaupten.

Rastatt 1714 in den Besitz des Landes. Das brachte zunächst Hoffnung auf eine neue Blüte nach der spanischen Mißwirtschaft. Mit der Ostende-Kompanie wollte sich Österreich in die Reihe der Welthandelsmächte drängen, was freilich zu unerfreulichen Reaktionen der Seemächte England und Holland führte. Zudem war die Bewegungsfreiheit der Österreicher und ihrer neuen Untertanen durch den „Barrieretraktat" beschränkt, durch welchen den Niederlanden ein Besatzungsrecht in belgischen Festungen (zum Schutz gegen Frankreich) eingeräumt wurde. Aus spanischer Zeit blieb vorerst auch die Schließung der Scheldemündung durch Holland bestehen, die den Seehandel beeinträchtigte.

Dennoch schien der Gebietszuwachs für Österreich erfreulich, und die anfänglich guten Beziehungen fanden in der Berufung zahlreicher Niederländer in Vertrauensstellungen an den Wiener Hof Ausdruck. Freilich litt das Land unter dem französisch-österreichischen Gegensatz: 1745 wurde es von den Franzosen besetzt und erst 1748 an Maria Theresia zurückgegeben. Der Kaiserin bewahren die Belgier bis heute ein gutes Andenken: Ihr Bild ziert, neben anderen Fürstenbildnissen, immer noch die Saalwand des Parlaments in Brüssel.

Die Habsburger hatten bei Übernahme der Niederlande den Ständen ihre Privilegien bestätigen müssen. Diese ständische Verfassung geriet in Gegensatz zum Reformwerk von Josefs II. aufgeklärtem Absolutismus; der Kaiser wollte sein Reich zu einem zentral verwalteten Einheitsstaat machen.

Josefs Reformen sind zuerst und am gründlichsten in den Niederlanden gescheitert. Zum Unterschied von seinen Stammlanden hatte Josef in den Niederlanden weder die niedere Geistlichkeit noch das Bürgertum als Bundesgenossen für seine Reformen gewinnen können. Im Gegenteil, der Klerus lei-

Im Gefecht von Falmagne kämpfen kaiserliche Truppen gegen belgische Aufständige. Stich von H. Löschenkohl

Die österreichischen Niederlande

stete erbitterten Widerstand, und die Stände beriefen sich auf den Artikel 59 der „Joyeuse entrée", der ständischen Verfassung, die die Gehorsamsverweigerung zuließ, wenn der Herrscher die Untertanenrechte mißachtete.

1783 hatte Josef 183 Klöster aufheben lassen, 1784 folgten Neuregelungen für Heirat und Begräbnis, 1786 wurden die geistlichen Seminare geschlossen. Gegen alle diese Maßnahmen formierte sich ein Widerstand, der aus zwei Quellen gespeist wurde: Die ständische Bewegung unter dem von Geistlichen beratenen Advokaten Van der Noot wollte nur die Wiederherstellung der alten Privilegien, die demokratisch-patriotische Bewegung des Anwalts Vonck zielte auf einen unabhängigen Staat ab. Sie war daher auf französische Unterstützung ausgerichtet, während die alten Stände in Holland, England und Preußen Verbündete suchten.

Wegen der wachsenden Unruhen wurden die Reformen 1787 zurückgenommen. Ein Ultimatum an die damit nicht befriedigten Stände wurde 1789 mit offenem Aufruhr beantwortet. Am 24. Oktober fielen in Holland ausgebildete Rebellentruppen unter Van der Meersch bei Hoogstraten in das Land ein, nach schwierigen Partisanenkämpfen gegen den österreichischen General Schröder eroberten sie am 18. Dezember 1789 Brüssel. In einem „Manifest an das brabantische Volk" erklärten sie die Volkssouveränität für wiederhergestellt, und am 11. Januar 1790 wurde in Brüssel die „Souveräne Republik der Vereinigten belgischen Staaten" ausgerufen (der Name „Belgien" war Cäsars Bericht über den keltischen Stamm der Belgen entnommen). Nur die Festung Luxemburg war in der Hand der Österreicher geblieben.

Inzwischen war Kaiser Josef II. gestorben. Sein Bruder Leopold II. versuchte, Belgien durch Verhandlungen zurückzugewinnen. Angesichts der revolutionären Entwicklung in Frankreich waren die Niederlande und Preußen nicht mehr an einem selbständigen Kleinstaat interessiert, sondern sahen in einem von den Österreichern verteidigten „cordon sanitaire" den besseren Schutz. Nach einem Ultimatum an die Rebellen befand sich Brüssel am 2. Dezember 1790 wieder in österreichischer Hand.

Das freilich nur noch für kurze Zeit. Im 1. Koalitionskrieg gegen das revolutionäre Frankreich wechselte Belgien zwischen französischen und österreichischen Truppen dreimal die Besitzer, dann blieb es in der Hand der Franzosen. Dies bedeutete aber nicht die Souveränität, sondern die Eingliederung in die Französische Republik.

Der Wiener Kongreß brachte keine Rückkehr der österreichischen Herrschaft; stattdessen wurden Belgien und Luxemburg auf Betreiben Englands mit dem Königreich der Niederlande vereint. Die unterschiedliche historische Entwicklung aber hatte die Bewohner der beiden Territorien einander längst entfremdet, zudem war in Belgien, trotz der flämischen Bevölkerungsmehrheit, vorerst das französische Element dominierend. Im Jahr 1830 kam es zum Aufstand gegen die holländische Herrschaft, und nach blutigen Kämpfen wurde Belgien ein unabhängiges Königreich. „König der Belgier" wurde Leopold I. aus dem Fürstenhaus Sachsen-Coburg.

Der deutschsprachige Teil der Provinz Luxemburg (aber ohne Arlen/Arlon), im Mittelalter Stammheimat des nach ihm benannten Kaiserhauses, wurde 1839 selbständiges Großherzogtum, zunächst in Personalunion mit den Niederlanden; bis 1866 war es zugleich auch Mitglied des Deutschen Bundes und blieb bis 1919 in Zollunion mit dem Deutschen Reich. Nach dem Erlöschen des niederländischen Königshauses im Mannesstamm (1890) kam es aufgrund verschiedener Hausgesetze zur Trennung: In Luxemburg wurde nach dem Salischen Gesetz der nächste männliche Verwandte, Herzog Adolf von Nassau, Staatsoberhaupt. Erst nach ihm ermöglichte eine Verfassungsänderung auch in Luxemburg die weibliche Erbfolge. 1940 wurde Luxemburg von deutschen Truppen besetzt und dem Gau Moselland angeschlossen. Großherzogin Charlotte und die luxemburgische Regierung amtierten in dieser Zeit im Londoner Exil.

Schlesien

Das zunächst polnische Schlesien war schon im Mittelalter gemischtsprachig geworden. Der Eroberungskrieg Friedrichs II. zwang Österreich, das Land an Preußen abzutreten. Die Folgen der Eroberungspolitik Hitlers führten zur Vernichtung des Deutschtums in Schlesien.

Mehr als dreizehn Jahrhunderte lang war Schlesien gemischtsprachiges Grenzland zwischen Germanen und Slawen. Reste germanischer Bevölkerung dürften dort noch gesessen sein, als slawische Stämme im 6. Jahrhundert das Land zu besiedeln begannen – sonst ist kaum erklärbar, wieso der Name Schlesien, polnisch Slask, erhalten geblieben ist, den die Wissenschaft von den wandalischen Silingen ableitet. Um 900 kam das rechte Oderufer, um 990 ganz Schlesien an das Königreich Polen. Kaiser Otto III. gründete nicht nur das Erzbistum Gnesen/Gniezno, sondern auch das Bistum Breslau/Wroclaw.

Im polnischen Herrschergeschlecht der Piasten kam es von der Mitte des 11. Jahrhunderts an immer wieder zu Erbteilungen. Schlesien gehörte 1138 zunächst zum Teilfürstentum Krakau. Als dessen Herzog vertrieben wurde, griff Kaiser Friedrich Barbarossa zu seinen Gunsten ein: es entstanden eine nieder- und eine oberschlesische Linie, beide dem Reich tributpflichtig. Zahlreiche Erbteilungen folgten, Schlesien wurde in kleine piastische Fürstentümer aufgesplittert – zuletzt waren es achtzehn. In viele von ihnen holte man deutsche Siedler, vor allem aus den benachbarten Ländern Thüringen und Sachsen, vermehrte doch die Erschließung durch Handwerker, bäuerliche Kolonisten und Kaufleute den Reichtum der Fürsten. Im Jahr 1241 stießen die Mongolen bis Schlesien vor, belagerten Herzog Heinrich II., Sohn der schlesischen Schutzpatronin, der hl. Hedwig, und töteten ihn in der Schlacht bei Wahlstatt; allerdings kehrten sie dann um, vermutlich wegen Thronstreitigkeiten.

Die Fürsten verloren ihre Beziehung zu ihrer polnischen Stammheimat. 1327 unterstellten sie sich, um polnische Ansprüche auszuschließen, der Lehenshoheit der böhmischen Krone; Böhmen, längst Teil des Reiches, war zu jener Zeit dem Haus Luxemburg untertan. 1526, als der junge Ludwig II., König von Ungarn und Böhmen, in der Schlacht bei Mohács gegen die Türken fiel, kam Schlesien mit Böhmen im Erbweg an Österreich. Damals waren einige der schlesischen Herzogtümer, deren Herrscherfamilien schon ausgestorben waren, direktes Erbe der Habsburger, ein Teil war noch lehensabhängig (der letzte Piast, Georg Wilhelm von Wohlau, starb 1675). Der Protestantismus hatte sich in Schlesien rasch verbreitet, die Habsburger setzten ihm harte gegenreformatorische Maßnahmen entgegen. Schließlich aber wurden, im Unterschied zu anderen österreichischen Gebieten, die Protestanten mit Einschränkungen geduldet.

Preußens Friedrich II. berief sich, als er die Schlesischen Kriege gegen Maria Theresia vorbereitete, auf fragwürdige Ansprüche der Hohenzollern auf die schlesischen Fürstentümer Liegnitz, Brieg, Wohlau und Jägerndorf. Letzteres war 1523 von einem Hohenzollern gekauft worden; als dessen Nachkomme sich zu Beginn des Dreißigjährigen Krieges jedoch auf die Seite des „Winterkönigs" stellte, wurde er vom Kaiser seines Ländchens für verlustig erklärt. Für die drei anderen Teilfürstentümer waren, ebenfalls im 16. Jahrhundert, Erbverträge abgeschlossen worden.

Als Österreich sich weigerte, die Ansprüche Friedrichs II. anzuerkennen, begann dieser den Krieg gegen Maria Theresia und fiel in Schlesien ein. Im Frieden von Breslau (1742) mußte Österreich fast ganz Schlesien, dazu die böhmische Grafschaft Glatz an Preußen abtreten. Österreich blieben nur die Fürstentümer Teschen, Troppau und Jägerndorf (fortan Österreichisch-Schlesien). Eine Sonderstellung nahm das Herzogtum Auschwitz ein. Von 1815 bis 1866 gehörte es zum Deutschen Bund. Die preußische Provinz Schlesien wurde 1815 durch Teile der von Sachsen abgetretenen Oberlausitz vergrößert.

War Schlesien zunächst vor allem wegen seiner Landwirtschaft und seines Gewerbes begehrenswert gewesen, so erhielt es im 19. Jahrhundert durch seine Steinkohlenlager – die größten des europäischen Festlandes – Bedeutung. Das begünstigte den Ausbau einer gewaltigen Hüttenindustrie, die der zweiten Basis preußisch-deutscher Wirtschaftsmacht, dem Ruhrgebiet, an Wichtigkeit kaum nachstand.

Um 1900 war von den 4,5 Millionen Einwohnern Preußisch-Schlesiens eine knappe Million Polen. In ihrem Hauptsiedlungsgebiet Oberschlesien (Regierungsbezirk Oppeln/Opole) bildeten sie die Bevölkerungsmehrheit. Sozial meist zur Unterschicht gehörend – Landarbeiter, Kleinbauern, Industrieproletariat –, waren sie starkem Germanisierungsdruck ausgesetzt. Ihr Dialekt war von Germanismen durchsetzt, was ihnen die Spottbezeichnung „Wasserpolacken" eintrug. Unter den Abgeordneten Schlesiens im Reichstag befanden sich fünf Polen, die mit ihren Landsleuten aus Posen einen nationalen Block bildeten. Die Mittelmächte errichteten im Ersten Weltkrieg den polnischen Staat wieder, zunächst freilich nur als Protektorat und nur auf dem Gebiet des Russischen Reichs. Wilson hatte in seinen 14 Punkten die Errichtung eines unabhängigen Polen, „bewohnt von einer zweifellos polnischen Bevölkerung, der ein freier und sicherer Zugang zum Meer zu sichern ist", versprochen. Aufgrund dieser Zusage verlangte das junge Land zu den ihm von vornherein ohne Abstimmung überlassenen Gebieten von Posen und Westpreußen auch Oberschlesien und die Masuren – Gebiete, in denen ethnische Polen die Mehrheit der Bevölkerung bildeten.

Für die Siegermächte war der Anspruch auf Schlesien schon deshalb willkommen, weil Deutschland mit dem oberschlesischen Industrierevier eine wirtschaftliche und vor allem eine Rüstungsbasis zu verlieren drohte. Schon im Dezember des Jahres 1918, als die Grenzen noch nicht festgelegt waren, brach in Posen ein polnischer Aufstand aus, der auf Oberschlesien übergriff. Er trug hier weniger nationalistische, als kommunistische Züge. Da die deutsche Armee in Auflösung begriffen war, organisierten Offiziere Freikorps; es kam zu bürgerkriegsartigen Kämpfen, in denen die bis vor Breslau vorgedrungenen Polen zurückgeworfen wurden. Frankreich verlangte von der Regierung in Berlin ultimativ die Einstellung der Kämpfe; daraufhin wurde eine Waffenstillstandslinie gezogen, die fast ganz Oberschlesien Polen überließ. Dieses wollte aus dem Provisorium die zukünftige Staatsgrenze machen; Wilson aber bestand auf eine Volksabstimmung. Nach neuen Kämpfen übernahm am 11. Februar 1920 eine internationale Kontrollkommission die Verwaltung Oberschlesiens, alliierte Truppen sorgten für Ruhe. Am 21. März 1921 fand die Volksabstimmung statt. Sie ergab 706.820 Stimmen für Deutschland gegen 479.414 für Polen. Dennoch beharrten die Alliierten auf der Teilung Oberschlesiens aufgrund der Stimmenverteilung – was deshalb schwierig war, weil auf dem Lande die polnischen, in den Städten hingegen die deutschen Stimmen überwogen.

Zwischen Österreich und Preußen

Abstimmungsgebiet Oberschlesien — 1921

- Heutige Staatsgrenze Deutschlands
- Staatsgrenzen 1921–1937
- Staatsgrenzen vor 1919
- Sprachgrenzen um 1900 (Deutsch, Polnisch, Tschechisch)
- Abstimmungsgebiet 21.5.1921
- Endgültig an Polen 20.10.1921
- An die CSR 1919

Nationalpolnische Oberschlesier wollten diese Zerstückelung verhindern. Der frühere Reichstagsabgeordnete Korfanty stellte eine Privatarmee auf, und als die Interalliierte Kommission am 2. Mai in Oppeln die Teilung des Landes bekanntgab, begann mit einem Generalstreik die Erhebung. Binnen dreier Tage hatten die Aufständischen das gesamte Abstimmungsgebiet unter ihre Kontrolle gebracht. Frankreich stand, im Einverständnis mit der polnischen Regierung, dem Geschehen eher wohlwollend gegenüber, während der englische Premier Lloyd George gegen die Mißachtung des Versailler Vertrags protestierte. Erst nach zwei Wochen traten die überraschten deutschen Selbstschutzverbände und Freikorps zur Gegenoffensive an. Am 21. Mai fiel die Entscheidungsschlacht auf dem Annaberg. Die Niederlage zwang Korfanty zum Einlenken, umgekehrt verfügte die Reichsregierung unter alliiertem Druck die Entwaffnung der Freikorps. Schließlich zog der Völkerbund die endgültige Grenze. Polen erhielt ein Drittel von Oberschlesien, vor allem die reiche Industrie- und Bergbauzone um Kattowitz/Katowice und Königshütte/Chorzów.

Österreichisch-Schlesien, das größtenteils deutsch besiedelt war, war Teil der neuen Tschechoslowakei geworden. Nur der überwiegend polnische Osten, um die Doppelstadt Bielitz-Biala, war Polen überlassen worden. Der Wunsch Polens, sich auch Teschen/Cieszyn einzuverleiben, wurde im Herbst 1938 im Gefolge des Münchener Abkommens erfüllt.

Nach der Niederlage Polens im Herbst 1939 wurde Ostoberschlesien samt Teschen dem Reich angegliedert. Dazu wurde die Grenze Schlesiens nach Osten vorgeschoben, so daß auch Auschwitz auf Reichsgebiet, im 1941 gebildeten Gau Oberschlesien, lag. Der Name Auschwitz ist durch die Errichtung des Vernichtungslagers auf ewig mit dem größten Verbrechen Hitlerdeutschlands, der Ermordung von Millionen europäischer Juden, verbunden.

Durch die Potsdamer Beschlüsse von 1945 fiel nahezu ganz Preußisch-Schlesien, abgesehen von einem kleinen Gebiet westlich der Görlitzer Neiße, unter polnische Verwaltung. Die deutsche Bevölkerung, soweit sie nicht bereits geflüchtet war, wurde vertrieben. Die sogenannten Autochthonen, also die polnischstämmige Bevölkerung, wurden von der Vertreibung ausgenommen. In Schlesien wurden vor allem Menschen aus den bei der Sowjetunion verbliebenen Gebieten des früheren Ostpolen angesiedelt.

Böhmen und Mähren

Tausend Jahre dauerte die Verbindung Böhmens mit dem Reich und in der Folge mit der Habsburger-Monarchie. Die anfängliche Symbiose zwischen Tschechen und Deutschen wandelte sich, zunächst unter religiösen Vorzeichen, zum Widerstand gegen Bevormundung und endete 1945 in der Tragödie der Vertreibung.

Der Name Böhmens ist uralt: er geht auf die keltischen Boier zurück, die im Jahrhundert vor der Zeitenwende von den germanischen Markomannen verdrängt wurden. In der Völkerwanderungszeit strömten slawische Stämme in das böhmische Becken. Etwa ein Jahrhundert nach der Landnahme, nach 620, konnte sich der fränkische Kaufmann Samo in diesem Gebiet zum „König" aufschwingen und sein kurzlebiges Reich erfolgreich gegen den Merowingerkönig Dagobert I. verteidigen.

Die Mährer bekamen durch die Siege Karls des Großen über die Awaren die Chance einer Reichsbildung. Um 860 versuchte Fürst Rastislaw, sich dem Druck des Fränkischen Reiches dadurch zu entziehen, daß er die Missionierung den griechischen Slawenaposteln Kyrill und Method übertrug – ein politischer Akt, ging die lateinische Mission doch Hand in Hand mit fränkisch-bairischen Oberhoheitsbestrebungen. Vom Frankenreich begünstigt, stürzte Swatopluk (Zwentibald) seinen Vetter Rastislaw und vertrieb die griechischen Missionare. Das Bekenntnis zu Rom ermöglichte die Ausdehnung seines Großmährischen Reiches bis an die obere Elbe und Oder, im Süden weit nach Pannonien hinein. Als die Ungarn in die pannonische Tiefebene einbrachen, wurde dieses Slawenreich zerstört (906).

Der Einigungsprozeß der Slawen in Böhmen ging langsamer vor sich als in Mähren, war aber um so dauerhafter. Aus sagenumwobenen Anfängen trat das Adelsgeschlecht der Przemysliden, deren Ahnherr auch als der Gründer Prags gilt, als Fürsten der Tschechen in Böhmen hervor. Im Jahr 874 ließen sich Herzog Borziwoi und seine Frau Ludmilla taufen, doch noch wurde der neue Glaube nicht allgemein angenommen; ihr Enkel Wenzel wurde als Opfer einer heidnischen Adelsfronde ermordet – Böhmen hatte damit seinen Nationalheiligen.

Im 10. Jahrhundert war die Einigung Böhmens abgeschlossen. Um 950, im gemeinsamen Kampf gegen die Ungarn, entstand ein Lehensverhältnis zum deutschen König. 973 errichtete Kaiser Otto I. das Bistum Prag. Der Herzog von Böhmen nahm eine Sonderstellung im Reich ein und wurde als Träger eines Erzamtes (Mundschenk) geehrt. Heinrich IV. verlieh einem der Herzöge die Königswürde ad personam, unter den Staufern wurde sie erblich – der böhmische Reichsfürst war durch Jahrhunderte der einzige, der zugleich die Königskrone trug.

König Ottokar II. Przemysl errichtete ein Reich, das von Schlesien bis an die Adria reichte. Er fiel 1278 auf dem Marchfeld bei Wien. Zeitgenössischer Holzschnitt

Schon 1029 fiel Mähren an Böhmen, blieb aber eine eigene Markgrafschaft, in der die zweitgeborenen Söhne der böhmischen Reichsfürsten die Herrschaft ausübten. König Ottokar II. konnte nach dem Aussterben der Babenberger seine Macht über Österreich, Steiermark und Kärnten bis an die Adria ausdehnen, verlor aber 1278 gegen den deutschen König Rudolf von Habsburg Schlacht und Leben, womit die Przemysliden wieder auf Böhmen beschränkt waren.

Für das tschechische Volkstum wurde, im negativen wie im positiven Sinn, die im 12. Jahrhundert einsetzende und von den Przemysliden geförderte deutsche Kolonisation zum historischen Schicksal. Die Deutschen kamen als Priester und Mönche, als Kaufleute, Handwerker und Bergleute, als Künstler und Höflinge und schließlich auch – und das überwiegend in häufig noch waldbestandenen Randgebieten – als bäuerliche Siedler ins Land. Über das lateinische Bohemia hielten sie am alten Namen des Landes fest und gaben ihn auch den slawischen Bewohnern – obwohl diese ihren eigenen Namen hatten. Es war zunächst eine durchaus befruchtende Begegnung: dem deutschen Vorbild folgend, fügten die Tschechen schon im 13. Jahrhundert die eigene Schriftsprache der lateinischen hinzu.

Im Jahr 1306 erlosch mit Wenzel III. das Haus der Przemysliden im Mannesstamm. Die böhmischen Stände wählten Graf Johann von Luxemburg zum König, den Sohn Kaiser Heinrichs VII. und Schwager Wenzels III. Er gewann die Oberhoheit über die Piastenfürstentümer in Schlesien. Und unter ihm vollzog sich auch das Schicksal eines deutschen Landstrichs, der ursprünglich zum bairischen Nordgau gehörte: das Egerland wurde für Johanns Stimme bei der Königswahl Ludwigs des Bayern an Böhmen verpfändet. Die Pfandschaft wurde bis 1806 nicht eingelöst, und so kam Eger/Cheb mit dem Ende des alten Reichs staatsrechtlich zu Böhmen.

Unter Johanns Sohn, dem späteren Kaiser Karl IV. (1346-78) erlebte Böhmen eine kulturelle Hochblüte. Prag wurde zum Mittelpunkt des Heiligen Römischen Reiches. Karl erwarb die Lausitz und faßte sie mit Böhmen, Mähren und Schlesien zu den Ländern der böhmischen Krone als politische Einheit zusammen. 1348 gründete Karl in Prag die er-

Unten und rechts: Der tschechische Reformator Jan Hus wurde auf dem Konstanzer Konzil verurteilt und als Ketzer verbrannt. Chronik des Konstanzer Konzils, Augsburg 1536

Zwischen Symbiose und Trennung

ste Universität nördlich der Alpen. In der Goldenen Bulle wurde der König von Böhmen mit einer der sieben Kurwürden ausgestattet.

Dem starken Kaiser folgte in Wenzel ein Sohn, der seine Unfähigkeit durch Gewalttätigkeit auszugleichen suchte. Seine aufsehenerregendste Bluttat war die Hinrichtung des erzbischöflichen Generalvikars Johannes Nepomuk durch Ertränken in der Moldau; der hl. Nepomuk gilt seitdem als Brückenheiliger, aber auch – angeblich der Grund für seinen Tod – als Hüter des Beichtgeheimnisses. Von den böhmischen Großen wurde Wenzel schließlich entmachtet, von den geistlichen Kurfürsten als deutscher König abgesetzt. (Die Bezeichnung der böhmischen Krone als Wenzelskrone bezieht sich nicht auf diesen Herrscher, sondern auf seinen przemyslidischen Vorgänger Wenzel I.)

Unter der Herrschaft Wenzels bereitete sich im tschechischen Volk ein Ausbruch vor, in dem sich kirchenreformerische mit nationalbewußten Elementen verbinden sollten. Der tschechische Prediger Jan Hus hatte die Ansichten des englischen Theologen John von Wycliffe übernommen: Er stellte die Autorität des Papstes – durch das Schisma gab es damals ja zwei Päpste, einen in Rom und einen in Avignon – in Frage, lehnte den Zölibat ab und forderte die Armut der Kirche. Er gewann beim tschechischen Adel und auch im Volk Anhänger, am Königshof war er zeitweise Beichtvater und dürfte an Wenzels Einschränkung der nichtböhmischen „Nationen" beim Stimmrecht an der Prager Universität mitgewirkt haben (die deutschen Magister und Studenten übersiedelten 1409 nach Leipzig).

Inzwischen hatte in der Bodenseestadt Konstanz das Konzil begonnen, das die Einheit der Kirche wiederherstellen sollte. Auch die Lehren des Jan Hus sollten dort behandelt werden. Erbitterte böhmische Gegner hatten bei den geistlichen Gerichten gegen ihn Anklage erhoben. Der Luxemburger Kaiser Sigismund stellte Hus einen Geleitbrief für die Reise nach Konstanz aus. Aber die theologische Kommission verdammte seine Lehren, und als Hus trotz der Vermittlungsbemühungen des Kaisers nicht abschwören wollte, wurde er als Ketzer auf dem Scheiterhaufen verbrannt. In Böhmen löste die Hinrichtung ungeheure Empörung aus, in Prag kam es zu einem ersten „Fenstersturz". Hus' Anhänger, die Hussiten, bekannten sich zu einer reformierten böhmischen Nationalkirche, die als äußeres Unterscheidungsmerkmal den Laienkelch bei der Kommunion einführte; darüber hinaus verlangten sie tschechische Predigten, Aufhebung aller Sakramente mit Ausnahme von Taufe und Abendmahl und die Armut der Geistlichkeit. Sie zerfielen in zwei Hauptgruppen, die Kalixtiner oder Utraquisten, vor allem vertreten durch den Adel, und die im Volk mit republikanisch-kommunistischen Idealen Anhänger gewinnenden Taboriten. In dem nun ausbrechenden Bürgerkrieg waren zunächst die deutschen Städte in Böhmen das Hauptziel der hussitischen Angriffe, dann griff der Krieg, den Sigismund vergeblich einzudämmen suchte, auch auf die deutschen Nachbargebiete über. Erst ein Kompromißfriede mit den Utraquisten führte nach Jahren zur Vernichtung der Taboriten.

Der Erbe des letzten Luxemburger Kaisers Sigismund war der österreichische Erzherzog Albrecht (als deutscher König II.). In seiner Nachfolge wurde er 1438 König von Böhmen und Ungarn – eine Vorwegnahme des Zustands, der ein Jahrhundert später die österreichische Monarchie auf lange Dauer festschrieb. Albrecht starb schon ein Jahr später, sein Sohn – Ladislaus Postumus – war zu dieser Zeit noch nicht geboren. Die böhmischen Stände wollten klare Verhältnisse und boten die Krone sowohl einem Wittelsbacher als auch dem Habsburger Kaiser Friedrich III., einem Onkel Ladislaus' an. Dieser überließ die Verwaltung Böhmens bis zur

Böhmen und Mähren — Zwischen Symbiose und Trennung

Der Prager Fenstersturz: Der Beginn des Dreißigjährigen Krieges in einem zeitgenössischen Holzschnitt der „Wahrhaftigen Zeitung aus Praag".

Volljährigkeit des Erben den Ständen. Das hatte neue Konflikte zur Folge, aus denen die Utraquisten mit Georg von Podiebrad an der Spitze als Sieger hervorgingen. Er wurde Gubernator Böhmens und nach Ladislaus' frühem Tod 1458 zum König gewählt. Als nationaltschechischer Herrscher gewährte er, trotz eines Verbots durch Kaiser und Papst, Religionsfreiheit, an der auch sein Nachfolger, König Wladyslaw von Polen aus dem Haus der Jagiellonen, festhielt. Als dessen Sohn Ludwig II., zugleich König von Ungarn, 1526 in der Schlacht von Mohács gegen die Türken fiel, gingen Wenzels- wie Stephanskrone auf den Habsburger Ferdinand I. über. Die Länder der böhmischen Krone blieben bis 1918 ein Teil der habsburgischen Monarchie (allerdings ging die Lausitz 1648 an Sachsen und der Großteil Schlesiens 1742 an Preußen verloren).

Die Habsburger betrieben mit zunehmendem Eifer auch in Böhmen die Gegenreformation. Den Verwüstungen der Hussitenkriege, die dem Deutschtum in Böhmen arg zugesetzt hatten, war im 16. Jahrhundert eine neue Zuwanderungswelle, insbesondere in die Städte und in die Bergbaugebiete, gefolgt. Damit waren zu den Utraquisten und den von ihnen abgespalteten Mährischen Brüdern auch Lutheraner und Wiedertäufer ins Land gekommen. Der Majestätsbrief Kaiser Rudolfs II. (Prag war die bevorzugte Residenz dieses weltabgewandten, der Astrologie und Alchimie ergebenen Herrschers) gewährte zwar 1609 den Ständen auf ihren Gütern Religionsfreiheit, doch kam es wegen der privilegierten Stellung der katholischen Kirche erneut zu Streitigkeiten. Die überwiegend nichtkatholischen Stände traten dabei auch gegen die zentralistischen Tendenzen des Herrscherhauses auf. Zwei lokale Konflikte führten schließlich zu jener Revolte, die den Dreißigjährigen Krieg auslöste. Im böhmischen Braunau und in Klostergrab waren evangelische Gotteshäuser auf Befehl des Prager Erzbischofs geschlossen worden, wogegen sich die Bürger zur Wehr setzten. Beschwerden bei Kaiser Matthias wurden zurückgewiesen, und so kam es am 21. Mai 1618 unter Führung des Grafen Heinrich von Thurn zu jenen Vorgängen, die als Prager Fenstersturz in die Geschichte eingegangen sind. Ehe noch ein Kompromiß gefunden werden konnte, war Kaiser Matthias gestorben, und sein Nachfolger Ferdinand II., der, in Spanien erzogen, schon in Innerösterreich eifrig die Rekatholisierung betrieben hatte, wurde von den Ständen für abgesetzt erklärt. Sie wählten den Kurfürsten Friedrich von der Pfalz zum böhmischen König.

Dem Sieg des Kaisers in der Schlacht am Weißen Berg (1620) folgte ein großes Strafgericht: ohne Rücksicht auf ihre Nationalität wurden tschechische wie deutsche protestantische Adelige hingerichtet oder des Landes verwiesen; ihre Güter wurden enteignet und an zumeist nichtböhmische Gefolgsleute der Habsburger vergeben. Das Tschechische, noch in der Reformationszeit auch die Sprache vieler Gebildeter, wurde zur „Dienstbotensprache" entwürdigt, die böhmischen Länder unterstellte man den Wiener Zentralbehörden.

Der erwachende Nationalismus des 19. Jahrhunderts führte zu wachsenden Auseinandersetzungen zwischen Tschechen und Deutschen. Die Niederlage Österreich-Ungarns im Ersten Weltkrieg gab die Möglichkeit zur Bildung des tschechoslowakischen Staates. Die Forderungen Deutsch-Österreichs, ihm die rein deutschsprachigen Gebiete zu überlassen, wurden von den Siegermächten abgelehnt – schon deshalb, weil eine solche Grenzziehung notwendigerweise den Anschluß an Deutschland zur Folge gehabt hätte; zudem berief sich der tschechoslowakische Staatsgründer Masaryk auf das böhmische Staatsrecht, hatten doch die Habsburger im 19. Jahrhundert eine Neuordnung ihres Staates nach ethnischen Gesichtspunkten, wie sie in der Revolutionszeit von 1848 vorgeschlagen worden war, versäumt. So wurde die Tschechoslowakei zum multinationalen Staat mit einer Minderheit von 28 Prozent Deutschen, die sich nun ihrerseits benachteiligt fühlten.

Die große Wirtschaftskrise traf die sudetendeutschen Industriegebiete besonders hart; die den deutschen Nationalsozialisten nahestehende Sudetendeutsche Partei Konrad Henleins konnte sich regen Zulaufs erfreuen. Der von den Westmächten im Münchener Abkommen mitgetragenen Abtretung des Sudetenlandes folgte Hitlers wortbrüchige Einverleibung der „Rest-Tschechei" als Protektorat Böhmen und Mähren. Am Ende der Tragödie stand 1945 die Vertreibung fast aller Deutschen und die fast ein halbes Jahrhundert während kommunistische Diktatur.

ANHANG

Kaiser und Könige

FRANKENREICH

Karolinger
Pippin	751-768
Karl I., der Große	768-814
Ludwig I., der Fromme	814-840

OSTFRÄNKISCHES REICH
Ludwig der Deutsche	843-876
Ludwig der Jüngere	876-882
Karl III.*, der Dicke	876-887
Arnulf von Kärnten	887-899
Ludwig das Kind	900-911
Konrad I.	911-918

Sachsen (Ottonen, Liudolfinger)
Heinrich I.	919-936

HEILIGES RÖMISCHES REICH

Otto I., der Große	936-973
Otto II.	973-983
Otto III.	983-1002
Heinrich II.	1002-1024

Salier (Franken)
Konrad II.	1024-1039
Heinrich III.	1039-1056
Heinrich IV.	1056-1106

Gegenkönige: Rudolf v. Rheinfelden, Hermann v. Salm, Konrad
Heinrich V.	1106-1125
Lothar III.* v. Supplinburg	1125-1137

Staufer (Hohenstaufen)
Konrad III.	1138-1152
Friedrich I. Barbarossa	1152-1190
Heinrich VI.	1190-1197
Philipp von Schwaben	1198-1208
Otto IV. *(Welfe)*	1198-1215
Friedrich II.	1212-1250
Konrad IV.	1250-1254

Gegenkönige: Heinrich Raspe v. Thüringen, Wilhelm v. Holland

Verschiedene Häuser
Wilhelm von Holland	1254-1256
Richard von Cornwall	1257-1272
Alfons von Kastilien	1257-1275
Rudolf I. von Habsburg	1273-1291
Adolf von Nassau	1292-1298
Albrecht I. von Österreich	1298-1308
Heinrich VII. von Luxemburg	1308-1313
Ludwig IV.,* der Bayer	1314-1347
Friedrich der Schöne	1314-1330

Luxemburger
Karl IV.	1347-1378

Gegenkönig: Günther v. Schwarzburg
Wenzel	1378-1400
Ruprecht von der Pfalz *(Wittelsbacher)*	1400-1410
Jobst von Mähren	1410-1411
Sigismund	1410-1437

Habsburger
Albrecht II.	1438-1439
Friedrich III.	1440-1493
Maximilian I.	1486-1519
Karl V.	1519-1556
Ferdinand I.	1556-1564
Maximilian II.	1564-1576
Rudolf II.	1576-1612
Matthias	1612-1619
Ferdinand II.	1619-1637
Ferdinand III.	1637-1657
Leopold I.	1658-1705
Joseph I.	1705-1711
Karl VI.	1711-1740

Wittelsbacher
Karl VII. Albrecht	1742-1745

Habsburg-Lothringen
Franz I. Stephan	1745-1765
Joseph II.	1765-1790
Leopold II.	1790-1792
Franz II.	1792-1806

KAISER VON ÖSTERREICH
Franz I.	1804-1835
Ferdinand I.	1835-1848
Franz Joseph I.	1848-1916
Karl I.	1916-1918

KAISER DES DEUTSCHEN REICHS
Hohenzollern
Wilhelm I.	1871-1888
Friedrich III.	1888
Wilhelm II.	1888-1918

* Die historische Numerierung der Herrscher zählt die Träger der Kaiserkrone: Karl II. regierte in Westfranken, Lothar I. und II. herrschten im Mittelreich Lotharingien, Ludwig II. und III. waren karolingische Könige in Italien.

BRANDENBURG-PREUSSEN

MARKGRAFEN
Askanier
Albrecht I., der Bär	1134-1170
Otto I.	1170-1184
Otto II.	1184-1205
Albrecht II.	1205-1220

1220-1317 geteilt in Linien
Stendal und *Salzwedel*
Waldemar der Große	1308-1319
Heinrich II.	1319-1320

KURFÜRSTEN
Wittelsbacher
Ludwig der Ältere	1323-1351
Ludwig der Römer	1351-1365
Otto der Faule	1351-1373

Luxemburger
Wenzel	1373-1378
Sigismund	1378-1388
Jobst von Mähren	1388-1411
Sigismund (2. Mal)	1411-1415

Hohenzollern
Friedrich I.	1415-1440
Friedrich II.	1440-1471
Joachim Friedrich	1598-1608
Johann Sigismund	1608-1619
Georg Wilhelm	1619-1640
Friedrich Wilhelm I., der Große Kurfürst	1640-1688

KÖNIGE VON PREUSSEN
Friedrich I. (König 1701)	1688-1713
Friedrich Wilhelm I.	1713-1740
Friedrich II., der Große	1740-1786
Friedrich Wilhelm II.	1786-1797
Friedrich Wilhelm III.	1797-1840
Friedrich Wilhelm IV.	1840-1858
Wilhelm I.	1858-1888
Friedrich III.	1888
Wilhelm II.	1888-1918

BAYERN

HERZÖGE
Nach Stammesherzögen *(Agilolfinger, Luitpoldinger, Liudolfinger)* Welfen (1070-1139)

Wittelsbacher
Otto von Wittelsbach	1180-1183
Ludwig I., der Kelheimer	1183-1231
Otto I., der Erlauchte	1231-1253

1253-1447 Teilung Bayerns in mehrere Herzogtümer, geeint nur 1340-1347 unter Kaiser Ludwig IV.
Albrecht IV., der Weise	1503-1508
Wilhelm IV.	1508-1550
Albrecht V., der Großmütige	1550-1579
Wilhelm V., der Fromme	1579-1597

Staatsoberhäupter und Regierungschefs

KURFÜRSTEN
Maximilian I.	1597-1651
Ferdinand Maria	1651-1679
Maximilian II. Emanuel	1679-1726
Karl Albrecht	1726-1745
Maximilian III. Josef	1745-1777
Karl Theodor	1777-1799

KÖNIGE
Maximilian I. (König 1806)	1799-1825
Ludwig I.	1825-1848
Maximilian II.	1848-1864
Ludwig II.	1864-1886
Otto (regierungsunfähig)	1886-1913
Luitpold (Prinzregent)	1886-1912
Ludwig III.	1913-1918

SACHSEN

Wettiner
Mit Konrad dem Großen (1127-1156) begann das Haus Wettin die Markgrafschaft Sachsen zu regieren. 1423 übernahm es die Kurwürde von einer erloschenen Nebenlinie der Askanier.

KURFÜRSTEN
Friedrich I.	1381-1428
Friedrich II.	1428-1464
Ernst	1464-1486

Ernestinische Linie
Friedrich III., der Weise	1486-1525
Johann	1525-1532
Johann Friedrich I.	1532-1547

Albertinische Linie
Moritz	1547-1553
August	1553-1586
Christian I.	1586-1591
Christian II.	1591-1611
Friedrich Wilhelm (Regent)	1591-1601
Johann Georg I.	1611-1656
Johann Georg II.	1656-1680
Johann Georg III.	1680-1691
Johann Georg IV.	1691-1694
Friedrich August I., der Starke	1694-1733
Friedrich August II.	1733-1763
Friedrich Christian	1763
Xaver (Regent)	1763-1768

KÖNIGE
Friedrich August III. (I.)	1763-1827
Anton	1827-1836
Friedrich August II.	1836-1854
Johann	1854-1873
Albert	1873-1902
Georg	1902-1904
Friedrich August III.	1904-1918

HANNOVER

Welfen
Das nach dem Sturz Heinrichs des Löwen den Welfen verbliebene Gebiet im ehemaligen Herzogtum (Nieder-)Sachsen wurde wiederholt geteilt. Die Linie Calenberg-Hannover erhielt 1692 die Kurwürde und trug 1714-1901 (getrennt 1837) die Krone Englands.

KURFÜRSTEN
Ernst August	1679-1698
Georg I. Ludwig	1698-1727
Georg II.	1727-1760

KÖNIGE
Georg III.	1760-1820
Georg IV.	1820-1830
Wilhelm	1830-1837
Ernst August	1837-1851
Georg V.	1851-1866

WÜRTTEMBERG

Württemberger
Als erster Graf Württembergs gilt Ulrich I. (1240-1265). Unter Eberhard VI. (1480-1498) wurde Württemberg Herzogtum. Herzog Ulrich (1498-1550) wurde vertrieben, 1520-1534 war das Land österreichisch. 1803 wurde Württemberg Kurfürstentum, 1805 Königreich.

KÖNIGE
Friedrich I.	1797-1816
Wilhelm I.	1816-1864
Karl	1864-1891
Wilhelm II.	1891-1918

DEUTSCHES REICH

KAISER
siehe oben

REICHSKANZLER 1871-1918
Otto von Bismarck	1871-1890
Leo von Caprivi	1890-1894
Chlodwig zu Hohenlohe-Schillingfürst	1894-1900
Bernhard von Bülow	1900-1909
Theobald von Bethmann-Hollweg	1909-1917
Georg Michaelis	1917
Georg von Hertling	1917-1918
Max von Baden	1918

STAATSOBERHÄUPTER 1918-1945
Friedrich Ebert	1919-1925
Paul v. Hindenburg	1925-1934
Adolf Hitler	1934-1945
Karl Dönitz	1945

REICHSKANZLER 1919-1945
Philipp Scheidemann (SPD)	1919
Gustav Bauer (SPD)	1919-1920
Hermann Müller (SPD)	1920, 1928-30
Konstantin Fehrenbach (Z)	1920-21
Joseph Wirth (Z)	1921-1922
Wilhelm Cuno (parteilos)	1922-1923
Gustav Stresemann (DVP)	1923
Wilhelm Marx (Z)	1923-25, 1926-28
Hans Luther (parteilos)	1925-26
Heinrich Brüning (Z)	1930-1932
Franz v. Papen (Z)	1932
Kurt v. Schleicher (parteilos)	1932-1933
Adolf Hitler (NSDAP)	1933-1945

BUNDESREPUBLIK DEUTSCHLAND

BUNDESPRÄSIDENTEN
Theodor Heuss (FDP)	1949-1959
Heinrich Lübke (CDU)	1959-1969
Gustav Heinemann (SPD)	1969-1974
Walter Scheel (FDP)	1974-1979
Karl Carstens (CDU)	1979-1984
Richard von Weizsäcker (CDU)	1984-1994
Roman Herzog (CDU)	1994-

BUNDESKANZLER
Konrad Adenauer (CDU)	1949-1963
Ludwig Erhard (CDU)	1963-1966
Kurt Georg Kiesinger (CDU)	1966-1969
Willy Brandt (SPD)	1969-1974
Helmut Schmidt (SPD)	1974-1982
Helmut Kohl (CDU)	1982-

DEUTSCHE DEMOKRATISCHE REPUBLIK

STAATSOBERHÄUPTER
Wilhelm Pieck	1949-1960
Walter Ulbricht	1960-1973
Willi Stoph	1973-1976
Erich Honecker	1976-1989
Egon Krenz	1989
Manfred Gerlach	1989-1990
Sabine Bergmann-Pohl	1990

MINISTERPRÄSIDENTEN
Otto Grotewohl	1949-1964
Willi Stoph	1964-73, 1976-89
Horst Sindermann	1973-1976
Hans Modrow	1989-1990
Lothar de Maizière	1990

Personenregister

Abkürzungen bei den Herrschernamen:
K.=Kaiser, Kg.=König (bei deutschen und fränkischen Herrschern ohne Zusatz),
P.=Papst, Eb.=Erzbischof, B.=Bischof, Kf.=Kurfürst, Eh.=Erzherzog, H.=Herzog,
Mg.=Markgraf, G.=Graf, Lg.=Landgraf

A
Abel Karl v. 84
Adalbert (Wojtech), B. 22, 26, 33
Adalbert v. Bremen, Eb. 27
Adenauer Konrad 122, 126, 136, 201
Adolf II., G. v. Schaumburg 23
Adolf IV., G. v. Schaumburg 169
Adolf v. Nassau, Gh. v. Luxemburg 241
Adolf v. Nassau, Kg. 37, 38
Aetius Flavius 236
Agilulf, langob. Kg. 147
Agnes v. Poitou (Frau Heinrichs III.) 27
Alarich, westgot. Kg. 9, 10
Alba Fernando, H. 239
Alboin, langob. Kg. 11
Albrecht d. Bär, Mg. 23, 30, 183
Albrecht I., Kg. 37, 38, 182
Albrecht II., Kg. 41, 42, 44, 46, 245
Albrecht v. Brandenburg-Ansbach, Hochm. 34
Albrecht v. Mecklenburg, Kg. v. Schweden 36
Albrecht, Eh. v. Österr. 84
Alexander I., K. v. Rußland 78, 80, 143
Alexander III., P. 30
Alexander VI., P. 51
Alfinger Ambrosius 92
Alfons v. Kastilien, Kg. 37
Alkamil, Sultan 32
Amalasuntha, ostgot. Kg. 11
Anderl von Rinn 42
Andreas II., Kg. v. Ungarn 33
Anna v. Ungarn 46
Anno v. Köln, Eb. 27
Ansgar 169
Arbogast 13
Arco G. 154
Ariovist 8
Arius 10
Armin 8, 9
Armleder 42
Arnulf d. Böse, H. v. Baiern 148
Arnulf v. Kärnten, Kg. 19, 231
Attila 11
Auer Erich 154
August III., Kf. v. Sachsen 67
Augustenburg Viktoria v. 212
Augustus, röm. K. 8
Authari, langob. Kg. 147

B
Babenberger (ältere), Heinrich, Adelhard, Adalbert 171
Bakunin Michail 86
Balduin v. Luxemburg, Eb. 38
Ballenstedt Adalbert v. 207
Bauer Gustav 98, 100
Beatrix (Frau Friedrichs I.) 30
Beauharnais Eugène 157
Beauharnais Josephine 144
Beauharnais Stephanie 144
Becher Johannes R. 130
Benedek Ludwig v. 88
Benesch Eduard 118
Berengar v. Ivrea, Kg. v. Italien 24
Bergmann-Pohl Sabine 133
Berlichingen Götz v. 54, 157
Bernadotte Jean Baptiste 168, 184
Bernard v. Clairvaux 23
Bernhard, H. v. Sachsen-Weimar 58, 64, 171, 183, 229
Bertha v. Savoyen (Frau Heinrichs IV.) 27
Berthold v. Zähringen, H. v. Kärnten 27
Besymenski Lew 99
Bethmann-Hollweg Theobald v. 95, 96
Beust Friedrich Ferdinand, G. 204
Biermann Wolfgang 131
Bismarck Otto Fürst v. 87, 88, 89, 92, 93, 94, 98, 108, 154, 185, 204
Bloch Ernst 131
Blücher Gebhard, Fürst v. Walstatt 80, 204
Blum Robert 86
Boleslaw Chrobry, Kg. v. Polen 22, 26, 181
Bonifatius 14, 15, 157, 158, 213
Bonifatius VIII., P. 38
Boso, Kg. v. Burgund 46
Brandt Willy 125, 126, 127, 128, 131, 133, 162
Brecht Bertolt 130
Bretislaw, H. v. Böhmen 27
Briand Aristide 102, 194
Brömse Nikolaus 168
Brühl Heinrich, G. 69, 204
Brunichilde 14
Brüning Heinrich 103, 104
Bruno v. Köln, Eb., H. v. Lothringen 231
Bruno v. Querfurt, B. 33
Brussilow Alexej 95
Bürckel Josef 201
Burkhard, G. v. Churrätien 138
Burkhard, Mg. v. Österr. 218

C
Calixtus II., P. 29
Calvin Johann 53
Cäsar Caius Iulius 8, 241
Ceausescu Nicolae 119
Chamberlain Neville 107, 110
Charlotte, Gh. v. Luxemburg 241
Childerich I., Kg. 13
Childerich III., Kg. 14
Chilperich I., Kg. 14
Chlodomer, Kg. 14
Chlodwig, Kg. 13, 14, 138
Chlothar I., Kg. 14, 147
Chlothar II., Kg. 14
Christian IV., Kg. v. Dänemark 56, 57
Christian v. Braunschweig, H. 56
Christoph v. Oldenburg, G. 36
Chruschtschow Nikita 125
Churchill Winston 111, 113, 119
Churchill John, H. v. Marlborough 46, 64
Cirksena Edzard 187
Clemenceau Georges 97
Clemens II. (Suitger v. Bamberg), P. 27
Clemens IV., P. 32
Clemens V., P. 38
Columban 138
Cuno Wilhelm 194
Custine Adam Philippe 177

D
Dagobert I., Kg. 14, 147, 158, 177
Dalberg Karl Theodor v., Kf. 74, 75
Dalwigk Karl Friedrich 174
Damasus II. (Poppo v. Brixen), P. 27
Dante Alighieri 38
Daun Leopold G. 69
della Torre 237
Desiderius, langob. Kg. 15
Dietrich Friedrich v. 230
Dollfuß Engelbert 106
Dönitz Karl 114
Dörnberg Wilhelm 79
Drakulf B. 20
Drusus 8
Dudo u. Drutwin 175
Dürer Albrecht 159

E
Eberhard, H. v. Franken 171
Ebert Friedrich (Bgm.) 125
Ebert Friedrich (Reichspr.) 100
Eck Johann 51
Edgitha (Frau Ottos I.) 24
Egmont Lamoral G. 239, 240
Einhard 17
Eisenhower Dwight D. 122
Eisner Kurt 101, 154
Ekkehard I. v. Meißen 202
Elisabeth (Frau Albrechts II.) 41
Elisabeth Christine v. Braunschweig 67
Elisabeth I., Kg. v. England 36, 239
Elisabeth, K. v. Rußland 69, 70
Elser Georg 110
Emmeram 147
Enzio, Kg. v. Sardinien 32
Epp Ritter v. 155
Erchanger, H. v. Alemannien 138
Erhard Ludwig 126
Ermanarich, ostgot. Kg. 11
Ernst II., H. v. Schwaben 27, 138, 139
Erzberger Matthias 101
Este Azzo v. 149
Eugen IV., P., 44
Eugen, Prinz v. Savoyen 62, 64, 66, 143, 230, 236, 237

F
Falkenhayn Erich v. 95
Farnese Alexander 239
Ferdinand I., K. 46, 53, 61, 64, 144, 246
Ferdinand I., K. v. Österr. 85, 86
Ferdinand II., K. 36, 57, 58, 151, 203, 246
Ferdinand III., K. 58, 59, 60
Ferdinand, Kf. v. Würzburg 157, 158
Fettmilch Vinzenz 43, 177
Flavius Magnentius, röm. K. 9
Foch Ferdinand 97
Forster Johann Georg 197
Franco Francisco 107, 110
Franz Ferdinand v. Este 94
Franz I. Stephan v. Lothringen, K. 64, 66, 68, 70, 145, 178, 237
Franz I., Kg. v. Frankreich 44, 47, 53, 63
Franz II., K. (als K. v. Österr. Franz I.) 34, 64, 72, 74, 76, 78, 79, 81
Franz Joseph, K. v. Österr. 32, 86, 88, 90, 94, 96
Fredegunde 14
Friedrich d. Schöne, Kg. 38, 177
Friedrich Heinrich v. Nassau 239
Friedrich I. Barbarossa, K. 30, 31, 42, 149, 157, 158, 177, 183, 198, 218, 242
Friedrich II. d. Gr., Kg. v. Preußen 67, 68, 69, 70, 152, 187, 240, 242
Friedrich II., K. 31, 32, 33, 42, 157, 159, 168, 184, 187, 219, 233
Friedrich III. (Preußen) K. 94
Friedrich III. d. Weise, Kf. v. Sachsen 51
Friedrich III., K. 41, 44, 45, 47, 63, 145, 187, 188, 228, 245
Friedrich m. d. leeren Tasche, H. v. Tirol 44
Friedrich V. v. d. Pfalz, Kf. 56, 151
Friedrich v. Sachsen, Hochm. 34
Friedrich v. Staufen, H. v. Schwaben 139
Friedrich Wilhelm d. Gr. Kf. 92
Friedrich Wilhelm I., Kg. v. Preußen 67
Friedrich Wilhelm II., Kg. v. Preußen 156
Friedrich Wilhelm III., Kg. v. Preußen 78
Friedrich Wilhelm IV., Kg. v. Preußen 85, 86
Friedrich, Mg. v. Baden 138
Fugger Jakob 160
Fürstenberg Franz Egon v., B. 144, 230

G
Gagern, Heinrich v. 86
Gaismair, Michael 54, 55
Gallus 138
Garibald I., H. v. Baiern 147
Gattinara 63
Geiserich, wandal. Kg. 12
Genscher Hans-Dietrich 133
Georg II., Kg. v. England 68, 69
Georg v. Podiebrad, Kg. v. Böhmen 246
Gerlach Manfred 133
Germanicus 8
Gero, Mg. 22, 24, 202
Gerold I., Mg. 148
Gertrud (Frau Heinrichs d. Stolzen) 149
Geyer, Florian 54
Géza II., Kg. v. Ungarn 21
Goebbels Joseph 105, 162
Goethe Johann Wolfgang v. 72, 77, 178, 230
Gonzaga 237
Gorbatschow Michail 128, 131, 132, 133
Göring Hermann 104, 107, 108, 166
Gottfried, H. v. Lothringen 27, 231
Gozelo, H. v. Lothringen 231
Gregor V. (Bruno v. Kärnten), P. 26
Gregor VII. (Hildebrand), P. 28, 42
Gregor VII., P. 139
Gregor IX., P. 32
Groeben Otto Friedrich v. 92
Gromyko Andrej 127
Grumbach Wilhelm v. 49
Günther v. Schwarzburg, Kg. 39
Gustav I. Wasa, Kg. v. Schweden 168
Gustav II. Adolf, Kg. v. Schweden 36, 58, 197

Personenregister

Gutenberg Johannes 197
Gysi Gregor 133

H
Haakon VII., Kg. v. Norwegen 111
Hadik Andreas 162
Hakon Magnusson, Kg. v. Schweden 36
Hallstein Walter 126, 136
Hassenpflug Hans Daniel 173
Hauser Kaspar 144
Hecker Friedrich Franz 46
Hedwig (Frau Kg. Rudolfs I.) 145
Heinrich (Sohn Kg. Manfreds) 32
Heinrich d. Löwe, H. v. Sachsen u. Baiern 23, 30, 149, 183, 184, 149, 202
Heinrich d. Schwarze, H. v. Baiern 184
Heinrich d. Stolze, H. v. Sachsen u. Baiern 30, 149
Heinrich d. Zänker, H. v. Baiern 26,149
Heinrich I., Kg. 22, 24, 148, 157, 163, 179, 182, 209, 231
Heinrich II. Jasomirgott, H. v. Österr. u. Baiern 149
Heinrich II., K. 26, 27, 149, 202, 223
Heinrich II., Kg. v. Frankreich 63
Heinrich III., K. 21, 27
Heinrich IV., K. 27, 28, 149
Heinrich V., K. 28, 29, 30, 202, 218
Heinrich VI., K. 31
Heinrich VII. v. Luxemburg, K. 38
Heinrich Raspe, Kg. 32
Held Heinrich 155
Hengist u. Horsa 182
Henlein Konrad 107, 246
Hermann Billung, Mg. 22, 24, 179, 182
Hermann v. Salm, Kg. 28
Hermann v. Salza, Hm. 33, 34
Herminafried, Kg. d. Thüringer 213
Herwegh Georg 86, 144
Herzl Theodor 115
Heydrich Reinhard 116
Himmler Heinrich 106
Hindenburg Paul v. 95, 100, 101, 108
Hitler Adolf 71, 77, 99, 102-116, 155, 162, 166, 170, 185, 194, 201, 224, 246
Hofer Andreas 77, 79, 153, 224
Hofmann Johannes 154
Honecker Erich 131
Honorius II., P. 32
Hoorne Philipp, G. 239
Hubmaier Balthasar 55
Hus Jan 41, 51, 245
Hutten Hans v. 140

Hutten, Ulrich v. 49, 53
Hutter Jakob 55

I
Ignatius v. Loyola 53
Innozenz II., P. 30
Innozenz III., P. 31, 32, 42
Innozenz IV., P. 32
Irene (Frau Kg. Philipps) 31
Irmengard (Frau Ludwigs I.) 18
Isaak Angelos, K. v. Byzanz 31
Isabella, Kg. v. Spanien 90
Isenburg Rembold I. v. 174

J
Jagiello (Wladyslaw II.), Kg. v. Polen 34
Jakob I., Kg. v. England 184
Jakob II., Kg. v. England 176
Jakob III. Stuart 65
Jaruzelski Wojciech 131
Jeanne d'Arc 232
Jelzin Boris 128
Jenatsch Jürg 235
Jérôme Bonaparte, Kg. v. Westphalen 79, 142, 184, 190
Joachim Friedrich, Kf. v. Brandenburg 34
Joachim Hektor, Kf. 43
Joachim Murat, Gh. v. Berg 192
Johann Friedrich I., Kf. v. Sachsen 43
Johann III. Sobieski, Kg. v. Polen 62
Johann v. Luxemburg, Kg. v. Böhmen 38, 39
Johann, B. v. Mecklenburg 179
Johann, Eh. v. Österr. 86
Johann, Kg. v. England 31
Johann, Kg. v. Jerusalem 32
Johanna d. Wahnsinnige, Kg. v. Kastilien 46
Johannes XII., P. 25
Johannes XII., P. 26
Johannes XXII., P. 38
Jolanthe v. Brienne (Frau K. Friedrichs II.) 32
Josef Ferdinand, Prinz v. Bayern 65
Joseph Clemens, Kf. v. Köln 65
Joseph I., K. 64, 66, 67, 152, 203
Joseph II., K. 21, 43, 70, 71, 76, 119, 150, 189, 240, 241
Judith (Frau Ludwigs I.) 18, 19
Julian, röm. K. 9, 13, 138
Julius II., P. 51

K
Kahr Gustav v. 155
Kapp Wolfgang 101, 193
Kara Mustafa 62
Karl August, H. v. Pfalz-Zweibrücken 71

Karl d. Gr., K. 11, 14, 15, 16, 17, 18, 20, 22, 30, 77, 136, 169, 171, 177, 179, 182, 188, 205, 213, 237
Karl d. Kahle, K. 18, 19, 229, 231
Karl d. Kühne, H. v. Burgund 44, 47, 229, 232
Karl I., K. v. Österr. 96
Karl II., Kg. v. Spanien 65
Karl III. d. Dicke, K. 19
Karl IV., K. 38, 39, 41, 46, 159, 163, 178, 236, 246
Karl Martell 14, 148
Karl Theodor, Kf. v. Bayern 71, 72
Karl v. Anjou, Kg. v. Sizilien 32
Karl V., H. v. Lothringen 62
Karl V., K. 34, 44, 46, 51, 53, 61 63, 92, 140, 144, 145, 158, 160, 210, 237-240
Karl VI., K. 64, 66, 67, 92, 152, 237
Karl VII. Albrecht, K. 67, 68
Karl XII., Kg. v. Schweden 165
Karl, Eh. v. Österr. 72, 77, 79
Karlmann (Bruder Pippins) 14
Karlmann (Bruder Karls d.Gr.) 15
Kasimir III. d. Gr., Kg. v. Polen 42
Kasimir IV., Kg. v. Polen 34
Katharina II. d. Gr., K. v. Rußland 70, 207, 208, 211
Kaunitz Wenzel Anton G. 69
Kennedy John F. 125
Kerenskij Alexander 96
Khlesl Melchior, Eb. 53
Kiesinger Kurt-Georg 126
Kilian 157
Kleist Heinrich v. 174
Knut d. Gr., Kg. v. Dänemark 209
Kohl Helmut 127, 128, 132, 133, 134, 136
Konrad (Sohn Heinrichs IV.) 28
Konrad d. Jüngere 27
Konrad I., Kg. 24, 138,148, 156, 171
Konrad II., K. 27, 139, 209, 223
Konrad III., Kg. 30, 42, 139, 149
Konrad IV., Kg. 32, 37
Konrad, H. v. Masowien 33
Konradin, H. v. Schwaben 32, 138, 139, 140
Konstantin, röm. K. 15, 42, 195
Konstanze (Frau Heinrichs VI.) 31
Korfanty Wojciech 243
Kreisky Bruno 224
Krenz Egon 133
Krupp Alfred 91
Kunigunde v. Luxemburg (Frau Heinrichs II.) 26
Kyburg Werner v. 139

L
Ladislaus Postumus, Kg. v. Böhmen 41, 44, 46, 245
Lenin Wladimir Iljitsch 96, 99
Leo III., P. 17
Leo VIII., P. 25, 26
Leo IX. (Bruno v. Toul), P. 27
Leopold I. v. Habsburg, H. v. Österr. 38, 233
Leopold I., K. 43, 62, 64-66, 152, 165
Leopold I., Kg. d. Belgier 241
Leopold II., K. 72, 241
Leopold III., H. v. Österr. 145, 234
Leopold IV., Mg. v. Österr., H. v. Baiern 30, 149
Leopold v. Hohenzollern-Sigmaringen 90
Lessing Gotthold Ephraim 170
Leszczynski Stanislaus, H. v. Lothringen 66, 232
Lettow-Vorbeck Paul v. 93
Levien Max 154
Leviné Eugen 154
Leyen Philipp Franz v. 144
Liebknecht Karl 101
Liechtenstein, Fürsten 235
Lippold 43
Liutgard (Tochter Ottos I.) 27
Lloyd George David 97, 234
Lollius 8
Lothar I., K. 18, 19
Lothar III. v. Supplinburg, K. 23, 30, 149, 159, 169, 213
Louis Bonaparte, Kg. v. Holland 79
Louis Philipp, Kg. v. Frankreich 83, 84
Ludendorff Erich 96, 102, 155
Lüderitz Adolf 92
Ludwig IV. d. Bayer, K. 38, 39, 40, 42, 144, 163, 177, 191
Ludwig d. Deutsche, Kg. 18, 19, 229, 231
Ludwig d. Kind, Kg. 19, 24, 171
Ludwig I. d. Fromme, K. 17, 18, 169, 177
Ludwig I., Kg. v. Bayern 84
Ludwig I., Kg. v. Württemberg 139
Ludwig II., Kg. v. Böhmen u. Ungarn 46, 61, 246
Ludwig XIV. 47, 50, 62, 64, 66, 67, 144, 164, 197, 198, 199, 216, 230, 232, 237
Ludwig XV., Kg. v. Frankreich 69
Ludwig XVI., Kg. v. Frankreich 72
Ludwig, Mg. v. Baden 62
Luise v. Mecklenburg, Kg. v. Preußen 79

Luitpold v. Babenberg, Mg. 149
Luitpold, H. v. Baiern 20, 148
Luther Martin 34, 43, 51, 52, 53, 206
Lüttwitz Walther v. 101
Lützow Adolf v. 80
Luxemburg Rosa 101

M
Mac Mahon Maurice G. 90
Magnago Silvio 224
Maizière Lothar de 133
Manfred, Kg. v. Sizilien 32
Mansfeld, Ernst v., G. 56, 57
Mao Tse-tung 127
Marbod 9
Marc Aurel, röm. K. 9
Margarete v. Österr. 46. 48, 238
Margarete Maultasch, H. v. Tirol 38, 224
Margarete v. Parma 238
Maria (Frau Kg. Ludwigs II.) 46
Maria (Schwester Karls V.) 238
Maria Anna v. Pfalz-Neuburg 65
Maria Antoinette (Frau Ludwigs XVI.) 72
Maria die Katholische, Kg. v. England 64
Maria Theresia, Eh. u. Kg., 21, 67-70, 77, 119, 141, 145, 156, 240, 242
Maria v. Burgund 44, 46, 47, 50
Maria, Kg. v. England 176
Marie Louise v. Österr. (Frau Napoleons I.) 79
Marshall George C. 122
Marsilius v. Padua 38
Masaryk Jan 246
Mathilde v. England (Frau Heinrichs V.) 29
Mathilde, Mg. v. Tuscien 27, 28, 29
Matthias Corvinus, Kg. v. Ungarn 45, 228
Matthias, K. 56, 178. 246
Max von Baden 96
Maximilian I., K. 44, 45, 47-50, 139, 140. 150, 170, 235
Maximilian II. Emanuel, Kf. v. Bayern 65, 66
Maximilian II., K. 53
Maximilian II., Kg. v. Bayern 84
Maximilian III. Josef, Kf. v. Bayern 71
Mayer, Pfarrer 170
Medici 237
Melanchthon Philipp 53
Mendes-France Pierre 201
Metternich Clemens Wenzel Fürst 77, 79, 80, 81, 82, 83, 85, 142, 145, 153, 204
Michels Godeke 36, 169

251

Personenregister

Mieszko, H. v. Polen 22
Mitterrand François 128, 136
Mkwawa, Fürst d. Hehe 93
Modrow Hans 133
Moltke Helmuth v. (1. Weltkr.) 95
Moltke Helmuth v. 88
Mompert Walter 133
Montez Lola 84
Montgelas Maximilian Graf 153, 154
Montgomery Bernard Law 113
Morgenthau Henry 120
Moritz, H. v. Sachsen 53, 63, 64, 202, 216, 239
Mozart Wolfgang Amadeus 228
Müller Hermann 100
Müntzer Thomas 54, 172
Mussolini Benito 106, 107, 109, 111, 113, 117, 224, 237

N
Nachtigal Gustav 92
Napoleon I., K. d. Franzosen 34, 43, 66, 72–82, 142–144, 153, 160, 168, 173, 204
Napoleon III., K. v. Frankreich 88, 90
Neumann Balthasar 157
Nikolaus II., K. v. Rußland 96
Noske Gustav 100, 101

O
Odoaker 11, 12
Oppenheimer Joseph Süß 43, 140, 142
Ordulf Magnus, H. v. Sachsen 183
Otakar IV., H. d. Steiermark 218
Ottachar, bair. G. 148
Öttingen-Wallerstein Ludwig v. 84
Otto I. d. Gr., K. 20, 22, 24, 25, 26, 77, 81, 175, 179, 182, 205, 218, 231
Otto I., H. v. Braunschweig-Lüneburg 32
Otto II., K. 149, 158, 22, 26, 218
Otto III., K. 22, 26
Otto IV. v. Braunschweig, K. 31, 32, 139
Otto v. Freising, B. 149
Otto v. Northeim, H. v. Sachsen 27, 28, 149
Otto v. Wittelsbach, H. v. Baiern 30, 149
Otto, H. v. Sachsen 182
Ottokar II. Přemysl, Kg. v. Böhmen 33, 37

P
Papen Franz v. 104
Pappenheim Gottfried Heinrich 206
Paschalis II., P. 28
Paul, K. v. Rußland 78, 186

Paulus Friedrich 113
Pétain Philippe 111
Peter III., K. v. Rußland 70, 186, 208, 211
Peter v. Amiens 42
Peters Carl 92, 93
Petrarca Francesco 39
Philipp I. d. Schöne, Kg. v. Kastilien 46, 48
Philipp IV. d. Schöne, Kg. v. Frankreich 38
Philipp v. Schwaben, Kg. 31, 139
Philipp II., Kg. v. Spanien 64, 238, 239
Philipp V., Kg. v. Spanien 65, 66
Philipp von Valois, Freigraf v. Burgund 46
Pieck Wilhelm 130
Pippin d. Jüngere, Kg. 14, 15, 16, 148
Pippin d. Mittlere 14
Poincaré Raymond 194
Pompadour, Madame 69
Pribislaw, Heveller-H. 23
Princip Gavrilo 94
Ptolemäus 182
Pufendorf Samuel 60

Q
Quisling Vidkun 111

R
Radetzky Johann Josef G. 86
Rainald v. Dassel 30
Rakoczy Georg I., Fürst v. Siebenbürgen 58
Rathenau Walther 101, 102
Reginar v. Hennegau, H. v. Lothringen 231
Reuter Ernst 122, 123, 124, 125, 162
Reuter Fritz 180
Richard I. Löwenherz, Kg. v. England 30, 218
Richard v. Cornwall, Kg. 37
Richarda (Frau Karls III.) 19
Richelieu Armand-Jean du Plessis, H., Kard. 58, 59, 64
Riemenschneider Tilman 157
Rindfleisch 42
Robespierre Maximilien 72
Röhm Ernst 105, 108
Rommel Erwin 112, 113
Romulus Augustulus, röm. K. 11
Roosevelt Franklin Delano 113
Rudolf Brun, Ritter 234
Rudolf I. v. Habsburg, Kg. 37, 139, 140, 145, 188, 219, 226, 229, 233
Rudolf II., K. 53. 140, 246
Rudolf III., Kg. v. Burgund 26, 47
Rudolf IV. d. Stifter, H. v. Österr. 39, 234
Rudolf v. Rheinfelden, H. v.

Schwaben, Kg. 27, 28, 139
Rudolf, österr. Kronprinz 94
Rupert, B. 20, 147
Ruprecht v. d. Pfalz, Kg. 41

S
Sachs Hans 159
Saladin, Sultan 32
Samo 244
Samuel, Kg. d. Herero 92
Schabowski Günter 132
Scheel Walter 127
Scheidemann Philipp 97, 100
Schill Ferdinand v. 79
Schiller Friedrich 141, 142
Schlageter Leo 194
Schleicher Kurt v. 104, 105
Schmid Carlo 122
Schmidt Helmut 127
Schröder Louise 123, 162
Schubart Daniel 141
Schumacher Kurt 126
Schuman Robert 135
Schuschnigg Kurt 107
Schwarzenberg Felix Fürst 86
Segestes 8
Semper Gottfried 86
Seyß-Inquart Arthur 107
Sforza 46, 237
Sickingen Franz v. 49, 53
Siegfried v. Eppstein, Eb. 32
Sigibert I., Kg. 14
Sigibert, rheinfränk. Kg. 13
Sigismund, K. 34, 41, 49, 150. 157, 163, 168, 236, 245
Sigmund, Eh. v. Österr. 145
Silvester II. (Gerbert v. Aurillac), P. 26
Soliman II., Sultan 61
Solms, G. 174
Spaak Paul-Henri 136
Stadion Johann Philipp G. 76, 77, 79
Stalin Josef 110, 111, 113, 118, 119, 120, 123, 124, 129
Stauffenberg Claus Graf Schenk v. 114
Stein Karl vom 79
Stephan I., Kg. v. Ungarn 26
Stephan II., P. 15
Stilicho 9
Stoph Willy 131, 132
Störtebeker Klaus 36, 169
Stoß Veit 159
Strasser Georg 104
Stresemann Gustav 100, 102, 194
Struve Gustav v. 84
Suworow Alexander 78
Swanahild, bair. Prinzessin 148
Swantopluk, H. v. Pommern 33
Swatopluk (Zwentibald) Fürst v. Mähren 148
Syagrius 13

T
Talleyrand 204
Talleyrand Charles Maurice de 74
Tassilo III., H. v. Baiern 16, 20, 148
Teja, ostgot. Kg. 11
Telemann Philipp 170
Tell Wilhelm 233
Tezel Johannes 51, 206
Thälmann Ernst 104, 70
Thankmar (Sohn Heinrichs I.) 24
Theobald, H. v. Schwaben 138
Theoderich d. Gr., ostgot. Kg., 10, 11, 213
Theodo, H. v. Baiern 147
Theophanu (Frau Ottos II.) 26
Theudelinde, Kg. d. Langobarden 147
Thiers Adolphe 83, 90
Thorstensson Lennart 58
Thugut Johann v. 78
Thurn Matthias G. 56, 246
Thusnelda 8
Tiberius, röm. K. 8
Tilly Johann Tserclaes v. 56, 58, 206
Tiso Jozef 107
Toller Ernst 154
Totila, ostgot. Kg. 11
Trautmansdorff Maximilian v. 59
Trotha, General 92
Truman Harry S. 119
Tugumir 163

U
Ulbricht Walter 125, 129, 131
Ulrich I., H. v. Württemberg 49, 139, 145
Ulrich v. Jungingen, Hochm. 34

V
Valens, röm. K. 11
Van der Meersch 241
Varus 8
Veleda 9
Victor II. (Gebhard v. Eichstätt), P. 27
Visconte Giangaleazzo 41
Visconti 237
Voltaire 156

W
Wagner Richard 86, 154
Waldemar IV., Kg. v. Dänemark 35, 168
Wallenstein Albrecht v. 36, 56, 57, 58
Weizsäcker Richard v. 119, 128
Welf I., H. v. Baiern 28, 149, 158
Wellington Arthur Wellesly H. v. 80
Wels Otto 104
Welser Bartholomäus 160

Welser Philippine 160
Wenzel, Kg. 41, 43
Werner A. 123, 162
Werner v. Bacharach 42
Widukind, sächs. H. 17, 24, 182
Wilhelm I., K. 87, 88, 89, 94
Wilhelm I., Kg. d. Niederlande 176
Wilhelm II., K. 93, 94, 96, 98
Wilhelm III., Kg. v. England 176
Wilhelm v. Holland, Kg. 32, 37
Wilhelm v. Nassau-Oranien 239
Willigis, Eb. 26
Wilson Woodrow 95, 96, 97, 242
Windischgraetz Alfred Fürst 86
Winrich v. Kniprode, Hochm. 34
Witigis, ostgot. Kg. 11
Wittenborg Hans 35
Wladyslaw Jagiello, Kg. v. Böhmen u. Ungarn 46, 246
Wlassow Andrej 113
Wohler 144
Wojtech (Adalbert) 22, 26, 33
Wolfe James 70
Wrede Karl Philipp 153
Wullenweber Jürgen 36, 168
Wycliffe John 245

Y
Yorck v. Wartenburg Ludwig, G. 79

Z
Zacharias, P. 14, 15
Zütphen Heinrich v. 210
Zwentibold, H. v. Lothringen 231
Zwingli, Ulrich 53

Landesfürsten

LANDESFÜRSTEN
(im Länderteil, in der Reihenfolge ihrer Erwähnung)

Württemberg 140, 141, 142:
Ulrich I., Eberhard II., Ulrich I., Eberhard III., Eberhard Ludwig, Karl August, Karl Rudolf, Karl Eugen, Friedrich I., Wilhelm I., Karl I., Wilhelm II.

Baden 143, 144
Hermann I., Hermann VI., Friedrich, Bernhard III., Ernst, Wilhelm, Ludwig Wilhelm, Friedrich VII. Magnus, Karl III. Wilhelm, Karl Friedrich, Karl, Ludwig, Leopold, Friedrich II., Max v. Baden

Hohenzollern 146
Friedrich III., Friedrich, Eitelfriedrich, Eitelfriedrich IV., Karl II.

Bayern (Wittelsbacher) 150–154
Otto I., Ludwig I., Otto II., Ludwig d. Strenge, Rudolf, Otto v. Landshut, Ludwig d. Bayer, Ernst, Albrecht III. (Agnes Bernauerin), Albrecht IV., Maximilian I., Maximilian II. Emanuel, Josef Ferdinand, Karl VII. Albrecht, Maximilian III. Josef, Karl Theodor v. d. Pfalz, Maximilian IV. (I.), Joseph, Ludwig I., Maximilian II., Ludwig II., Prinzregent Luitpold, Ludwig III.

Ansbach-Kulmbach-Bayreuth 156
Friedrich I., Friedrich IV., Kasimir, Albrecht Alkibiades, Johann Georg, Wilhelm Friedrich, Karl Wilhelm Friedrich (m. Friederike Luise), Friedrich (m. Wilhelmine), Alexander

Berlin-Brandenburg-Preußen 161–166
Askanier: Albrecht d. Bär, Johann I., Hermann, Waldemar; Wittelsbacher: Ludwig d. Bayer, Ludwig d. Römer; Hohenzollern: Friedrich I., Friedrich II., Albrecht Achilles, Joachim I., Albrecht (Hochmeister), Johann Sigmund (m. Anna), Georg Wilhelm, Friedrich Wilhelm d. große Kurfürst, Friedrich I., Friedrich Wilhelm I., Friedrich II., Friedrich Wilhelm II., Friedrich Wilhelm III., Friedrich Wilhelm IV., Wilhelm I., Wilhelm II.

Hessen 172-174
Ludwig I. v. Thüringen, Sophie, Heinrich d. Kind, Heinrich III., Wilhelm II., Philipp; Darmstadt: Georg I., Wilhelm IV., Ludwig V., Georg II., Ludwig VIII., Ludwig IX. (m. Karoline v. Pfalz-Zweibrücken), Ludwig X., Gh. Ludwig I., Ludwig II., Ernst Ludwig; Kassel: Moritz I., Wilhelm V., Amalie Elisabeth, Wilhelm VI., Wilhelm VIII., Friedrich II., Wilhelm I., Wilhelm II., Friedrich Wilhelm I. Zudem: Prinz Friedrich v. Homburg, Prinz Alexander

Nassau 175-176
Heinrich, Walram II., Otto I., Adolf v. Nassau, Wilhelm d. Reiche, Heinrich III., Wilhelm v. Nassau-Oranien, Wilhelm III., Wilhelm IV., Kg. d. Niederlande, Wilhelm VI., Karl Wilhelm v. Usingen, Wilhelm v. Diez, Adolf

Waldeck 176
Georg Viktor, Emma, Friedrich

Mecklenburg 179-180
Gottschalk, Niklot, Pribislaw, Heinrich Borwin II., Johann I., Heinrich I., Albrecht I.; Schwerin: Friedrich Wilhelm, Karl Leopold, Christian Ludwig, Franz IV.; Strelitz: Adolf Friedrich II., Adolf Friedrich IV., Adolf Friedrich VI.

Pommern 181
Swantibor I., Wratislaw I., Wratislaw IV., Bogislaw VIII., Barnim XI., Ernst Ludwig, Bogislaw XIV.

Lüneburg-Hannover 184-185
Otto das Kind, Wilhelm, Ernst August, Georg I., Ludwig, Georg II., Georg III., Ernst August, Georg V.

Braunschweig 185
Karl, Karl Wilhelm, Karl II., Wilhelm, Albrecht v. Preußen (Regent), Ernst August

Oldenburg 186
Elimar I., Christian II., Moritz, Christian VIII., Anton Günther, Kg. Christian V. v. Dänemark, Karl Friedrich (m. Anna, Tochter K. Peters d. Gr.), Peter III., Friedrich August, Peter, Wilhelm, Friedrich August

Schaumburg-Lippe 186
Adolf I., Otto VII., Philipp v. Lippe, Adolf

Jülich und Berg 191
Berg: Gerhard, Engelbert; Jülich: Wilhelm V., Wilhelm VIII., Johann, Johann Wilhelm, Wolfgang Wilhelm v. d. Pfalz, Johann Sigmund v. Brandenburg, Karl Theodor (Bayern), Joachim Murat

Kurpfalz (Wittelsbacher) 198-199
Ludwig I., Ludwig II., Ruprecht v. d. Pfalz, Ottheinrich, Friedrich V., Karl Ludwig, Philipp Wilhelm, Elisabeth Charlotte (Liselotte), Karl Philipp, Karl Theodor, Maximilian I. Joseph v. Zweibrücken

Sachsen (Wettiner) 202-204
Konrad, Ernst, Albrecht, Moritz, Johann Georg, Johann Georg I.–IV., Friedrich August I. (K. August II. der Starke v. Polen), Friedrich August II., Friedrich August I., III.

Anhalt 207
Heinrich I., Joachim Ernst, Leopold I. (Anhalt-Dessau), Christian August (Anhalt-Zerbst), Tochter: Sophie Friederike, als Katharina II. K. v. Rußland; Joachim Ernst

Schleswig-Holstein 209-211
Schleswig: Waldemar I., Abel, Waldemar II.; Holstein: Gerhard III., Gerhard IV., Adolf I. v. Schauenburg, Adolf II., Adolf III., Adolf IV., Gerhard III., Gerhard VI., Adolf VIII.; Christian v. Oldenburg, Johann, Christian III., Friedrich III. (Gottorp), Karl Friedrich, Peter III. (K. v. Rußland), Christian VIII., Friedrich VII.

Thüringen 213-216
Ludowinger: Ludwig d. Bärtige, Ludwig d. Springer, Lg. Ludwig I. d. Eiserne, Ludwig III., Hermann I., Ludwig IV., Elisabeth, Kg. Heinrich Raspe, Jutta; Wettiner: Heinrich d. Kind, Hermann v. Henneberg, Albrecht, Friedrich d. Einfältige, Wilhelm III., Ernst, Albrecht, Friedrich III. d. Weise, Moritz v. Sachsen, Johann Friedrich, August, Bernhard v. Weimar, Karl August v. Weimar

Österreich 218-223
Babenberger: Luitpold, Heinrich I., Adalbert I., Ernst, Leopold II., Leopold III. d. Heilige, Leopold IV., Heinrich II. Jasomirgott, Leopold V., Leopold VI., Friedrich II. d. Streitbare; Habsburger: Albrecht I., Rudolf IV. d. Stifter, Friedrich III., Maximilian I., Karl V., Ferdinand I., Joseph I., Karl VI., Maria Theresia, Franz I. Stephan v. Lothringen, Joseph II.

Tirol 223
Albert III. v. Tirol, Gebhard v. Hirschberg, Meinhard I. v. Görz, Meinhard II., Albert v. Görz, Heinrich, Margarete Maultasch, Rudolf IV. d. Stifter

Kärnten 225-226
Slawen: Boruth, Cacatius; Reichsherzöge: Heinrich, Adalbero v. Eppenstein, Meinhard v. Görz. Steiermark: Otachar IV.

Lothringen 231-232
Gerhard v. Elsaß, Dietbald II., Isabella, René II., Anton, Claude v. Guise, Karl III., Karl IV., Karl V., Leopold, K. Franz I. Stephan

Savoyen 236-237
Humbert Weißhand, Oddo, Amadeus II., Thomas I; Amadeus VI., Amadeus VIII. (P. Felix V.), Karl III., Emanuel Philibert, Viktor Amadeus I., II., Karl Emanuel III., Viktor Amadeus III., Viktor Emanuel I., Karl Felix; Savoyen-Carignano: Thomas, Viktor Emanuel I., III., Umberto; Carignan-Soissons: Prinz Eugen

Schlesien 242
Heinrich II. v. Liegnitz, Georg Wilhelm v. Wohlau

Böhmen u. Mähren 244-246
Großmähr. Reich: Rastislaw, Swatopluk (Zwentibald); Przemysliden: Borziwo, Wenzel I., Ottokar II., Wenzel III.; Luxemburger: Johann, Karl IV., Wenzel, Sigismund; Mähren: Jobst, Prokop

GEISTLICHE FÜRSTEN

Würzburg: 157 B. Conrad v. Thüngen
Bamberg: 157 B. Otto I., Georg III. v. Limburg, Schönborn
Regensburg: 158 B. Wolfgang v. Pfullingen, Karl v. Dalberg
Passau: 158 B. Pilgrim, Albertus Magnus, Leonhard v. Layming
Bremen: 167 Eb. Adeldag, Adalbert, Gerhard II. v. Lippe, Friedrich (K. v. Dänemark)
Köln: 188-189 Eb, Kf. Hildebold, Brun, Rainald v. Dassel, Philipp v. Heinsberg, Siegfried v. Westerburg, Hermann V. v. Wied, Gebhard v. Waldburg, Ernst v. Bayern, Maximilian Heinrich v. Bayern, Wilhelm Egon v. Fürstenberg, Joseph Klemens v. Bayern, Klemens August v. Bayern, Maximilian Franz v. Österreich
Trier: 195 Eb., Kf. Rudbrecht, Balduin v. Luxemburg, Richard v. Greiffenklau, Johann VI. v. Leyen, Clemens Wenzeslaus v. Sachsen
Mainz: 196 Eb., Kf.: Hrabanus Maurus, Hatto I., Arnold, Siegfried v. Eppstein, Heinrich v. Virneburg, Dietrich II. v. Isenburg, Anselm Kasimir, Johann Philipp v. Schönborn, Friedrich Karl Joseph v. Erthal, Karl Theodor v. Dalberg
Magdeburg: 205-206 Eb. Adalbert v. Weißenburg, Norbert v. Xanten, Wichmann, Albrecht v. Käfernburg, Günther v. Schwarzburg, Moritz v. Sachsen, Siegmund v. Brandenburg, Joachim Friedrich, Leopold Wilhelm v. Österreich.
Salzburg: 227-228 B. Rupert, Johannes, Virgil, Eb. Arno, Eberhard II., Burkhard v. Weißbriach, Bernhard v. Rohr, Johann Beckenschlager, Leonhard II. v. Keutschach, Matthias Lang, Wolf Dietrich v. Raitenau, Marcus Sitticus v. Hohenems, Leopold Anton v. Firmian, Hieronymus v. Colloredo.

253

Literatur

Alemannisches Institut (Hg.): *Vorderösterreich.* Freiburg/Br. 1959

Die Bajuwaren (Katalog der Landesausstellung). Rosenheim und Mattsee 1978

Bartnuss, Hans-Joachim: *Kleine Geschichte Sachsen-Anhalts.* Halle 1992

Baum, Wilhelm: *Rudolf IV. der Stifter.* Graz 1996

Ds.: *Kaiser Sigismund.* Graz 1993

Ds.: *Maria Maultasch.* Graz 1994

Bessel, Georg: *Bremen.* Leipzig 1935

Bleiber, Waltraut: *Das Frankenreich der Merowinger.* Wien 1988

Bott, Gerhard (Hg.): *Luther.* Frankfurt/M. 1975

Bracher, Karl Dietrich: *Die deutsche Diktatur.* Köln 1969

Bremen, Heimatchronik. Köln 1955

Bundesministerium für Vertriebene (Hg.): *Die Vertreibung der deutschen Bevölkerung aus den Gebieten östlich der Oder-Neiße, ... aus der Tschechoslowakei. Das Schicksal der Deutschen in Jugoslawien, ... in Rumänien, ... in Ungarn.* Neudruck Augsburg 1993-94

Deakin F. W.: *Die brutale Freundschaft* [Achse Rom-Berlin]. Köln 1962

De Bertier de Savigny, Guilleaume: *Metternich.* Gernsbach 1988

Déricum, Christa (Hg.): *Burgund und seine Herzöge.* Düsseldorf 1966

Engel, Evamaria/Holtz, Eberhard (Hg.): *Deutsche Könige und Kaiser des Mittelalters.* Wien 1989

Ermacora, Felix: *Südtirol – Die verhinderte Selbstbestimmung.* Wien 1991

Faber, Gustav: *Auf den Spuren Karls des Großen.* München 1984

Feijtö, François: *Joseph II.* München 1987

Ferro, Marc: *Der Große Krieg 1914-1918.* Frankfurt 1988

Fest, Joachim: *Hitler.* Frankfurt 1973

Findeisen, Jörg Peter: *Gustav II. Adolf.* Graz 1996

Fink, Humbert: *Josef II.* Düsseldorf 1990

Fischer-Fabian, S.: *Die ersten Deutschen.* München 1975

Fragen an die deutsche Geschichte (Katalog zur Ausstellung). Bonn 1988

Franken, Wegbereiter Europas (Katalog zur Ausstellung). Mannheim 1996

Franzl, Johann: *Rudolf I.* Graz 1986

Fräss-Ehrfeld, Claudia: *Geschichte Kärntens – Das Mittelalter.* Klagenfurt 1984

Frische, Sepp: *Die Saar blieb deutsch.* Leoni 1956

Gerber, Harry: *Kampf um die Saar.* Frankfurt 1956

Gerstner, Ruth: *Geschichte der lothringischen und rheinischen Pfalzgrafschaft.* Bonn 1941

Gidal, Nachum T.: *Die Juden in Deutschland.* Gütersloh 1988

Gisevius, Hans Bernd: *Adolf Hitler.* München 1963

Goetz, Hans-Jürgen: *Thomas Müntzer.* München 1989

Ds.: *Die Täufer.* Berlin 1988

Grimm, Friedrich: *Vom Ruhrkampf zur Rheinlandräumung.* Hamburg 1930

Grote, H.: *Stammtafeln.* Leipzig 1877

Haas, Rudolf: *Die Pfalz am Rhein.* Mannheim 1968

Hamann, Brigitte (Hg.): *Die Habsburger.* Wien 1988

Hartmann, Gerhard/Schmidt, Karl Rudolf: *Die Kaiser.* Graz 1996

Hass, Gerhard: *Der Hitler-Stalin-Pakt.* Berlin 1990

Heer, Friedrich: *Das Heilige Römische Reich.* Bern o. J.

Ds.: *Der König und die Kaiserin.* München 1981

Hermann, Horst: *Martin Luther.* München 1983

Hermann, Joachim: *Frühe Kulturen der Westslawen.* Leipzig 1981

Heydecker, Joe J.: *Der Große Krieg 1914-1918.* Frankfurt 1986

Higounet, Charles: *Die deutsche Ostsiedlung im Mittelalter.* Berlin 1986

Hilberg, Raul: *Die Vernichtung des europäischen Judentums.* Frankfurt o. J.

Hiller, Herbert: *Otto der Große und seine Zeit.* München 1980

Hödl, Günther: *Habsburg und Österreich 1273-1493.* Wien 1988

Hönsch, Jörg: *Geschichte Böhmens.* München 1987

Horst, Eberhard: *Friedrich der Staufer.* Düsseldorf 1989

Hubensteiner, Benno: *Bayerische Geschichte.* München 1977

Hundt, Barbara: *Ludwig der Bayer.* München 1989

Ingrão, Charles W.: *Josef I.* Graz 1979

Jensen, Hans: *Dat se bliven tosamende* (Schleswig-Holstein). Lübeck 1960

Kaindl, Friedrich: *Österreich – Preußen – Deutschland.* Wien 1926

Kann, Robert: *Geschichte des Habsburgerreiches 1526-1918.* Wien 1990

Köbler, Gerhard: *Historisches Lexikon der deutschen Länder.* München 1995

Koch, Hansjoachim W.: *Geschichte Preußens.* München 1978.

Koerschner, Walter: *Das Werden des Landes Hessen.* Marburg 1950

Krockow, Christian Graf v.: *Die Deutschen in ihrem Jahrhundert 1890-1990.* Hamburg 1992

Heinrich, Gerd: *Geschichte Preußens.* Frankfurt 1981

Kurowski, Franz: *Die Friesen.* Augsburg 1986

Landgraf, Wolfgang: *Heinrich IV.* Berlin 1991

Lechner, Karl: *Die Babenberger.* Wien 1976

Maria Theresia und ihre Zeit (Katalog zur Ausstellung). Wien 1980

Mast, Pete: *Thüringen.* Graz 1992

Mayr-Harting, Anton: *Der Untergang – Österreich-Ungarn 1848-1922.* Wien 1988

Maczynska, Magdalena: *Die Völkerwanderung.* Zürich 1993

Mesmer, Beatrix (Hg.): *Geschichte der Schweiz und der Schweizer.* Basel 1986

Mirow, Jürgen: *Geschichte des deutschen Volkes.* Gernsbach 1990

Misch, Jürgen: *Die Langobarden.* Pfaffenhofen 1977

Mitchell, Alan: *Revolution in Bayern.* München 1967

Mraz, Gottfried: *Prinz Eugen.* München 1985

Mueller, Ernst: *Kleine Geschichte Württembergs.* Stuttgart 1969

Mueller, Hermann-Dieter: *Der schwedische Staat in Mainz 1631-36.* Mainz 1976

Nawratil, Heinz: *Vertreibungsverbrechen an Deutschen.* München 1982

Niemetz, Gustav: *Geschichte der Sachsen.* Waltersdorf 1994

Nöhbauer, Hans F.: *Die Bajuwaren.* Bern 1976

Palmer, Alan: *Franz Josef I.* Wien 1994

Pesendorfer, Franz: *Lothringen und seine Herzöge.* Graz 1974

Pfaundler, Wolfgang/Köfler, Werner: *Der Tiroler Freiheitskampf.* München 1984

Pfister, Kurt: *Konradin.* München 1941

Pleticha, Heinz (Hg.): *Deutsche Geschichte.* 12 Bde., Gütersloh 1982

Probst, Christian: *Lieber bayrisch sterben.* München 1978

Riedmann, Josef: *Geschichte Tirols.* Wien 1982

Ritter-Schaumburg, Heinz: *Der Cherusker.* München 1988

Schell, Klaus: *Karl der Kühne.* Essen o. J.

Schindling, Anton/Ziegler, Walter: *Die Kaiser der Neuzeit.* München 1990

Literatur, Bildnachweis

Schnath, Georg: *Niedersachsen und Hannover.* Hannover 1956

Schoeffer, Ivo: *Kleine Geschichte der Niederlande.* Frankfurt 1956

Schreiber, Georg: *Franz I. Stephan.* Graz 1986

Schreiber, Hermann: *Das Elsaß und seine Geschichte.* Gernsbach 1988

Ds.: *Wie die Deutschen Christen wurden.* Bergisch Gladbach 1984

Schulze, Hagen: *Kleine deutsche Geschichte.* München 1996

Seidlmayr, Michael: *Geschichte Italiens.* Stuttgart 1989

Sievers, Leo: *Juden in Deutschland.* Hamburg 1977

Simányi, Tibor: *Er schuf das Reich. Ferdinand von Habsburg.* Wien 1987

Stoob, Heinz: *Karl IV.* Graz 1990

Studt, Bernhard/Olsen, Hans: *Hamburg – Die Geschichte einer Stadt.* Hamburg 1951

Stuhlpfarrer, Karl: *Umsiedlung Südtirol 1939-40.* Wien 1985

Suetterlin, Berthold: *Geschichte Badens.* Karlsruhe 1965

Vogel, Werner: *Führer durch die Geschichte Berlins.* Berlin 1966

Vossen, Carl: *Maria von Burgund.* Stuttgart 1984

Waas, Adolf: *Die Bauern im Kampf um Gerechtigkeit.* München 1964

Wedgwood, C. V.: *Der Dreißigjährige Krieg.* München 1965

Wies, Ernst W.: *Otto der Große.* München 1989

Wolf-Dietrich von Raitenau (Katalog zur Landesausstellung). Salzburg 1987

Wolfhart, Heinz: *Die Welt der Ritterorden.* Wien 1978

Wolfram, Herwig: *Das Reich und die Germanen.* Berlin 1990

Ds.: *Die Geburt Mitteleuropas.* Wien 1987

Ds.: *Die Goten.* München 1990

Zanetti, Wolfgang: *Der Friedenskaiser* [Friedrich III.]. Herford 1985

Die Zeit der Staufer (Katalog zur Ausstellung). Stuttgart 1977

Zimmer, Frank: *Bismarcks Kampf gegen Kaiser Franz Josef.* Graz 1996

Zimmering, Dieter: *Der Deutsche Ritterorden.* Düsseldorf 1988

Zimmermann, Wilhelm: *Geschichte des großen Bauernkriegs.* Essen o. J. (Neudruck von 1856)

Zöllner, Erich: *Geschichte Österreichs.* Wien 1974

HISTORISCHE ATLANTEN

Ammann, Hektor/Schib, Karl: *Historischer Atlas der Schweiz.* Aarau 1958

Bayerischer Schulbuchverlag (Hg.): *Großer historischer Weltatlas.* 4 Bde., München 1978-1995

Birkenfeld, Wolfgang/Schausberger, Norbert: *Westermann Geschichtsatlas.* Wien 1974

Gilbert, Martin: *Endlösung. Die Vertreibung und Vernichtung der Juden.* Reinbek 1982

Hilgemann, Werner: *Atlas zur deutschen Zeitgeschichte 1918-1968.* München 1984

Kinder, Hermann/Hilgemann, Werner: *Atlas zur Weltgeschichte.* München 1982

Neskiel, Richard: *Der große Atlas zum Zweiten Weltkrieg.* München 1974

Putzger, F. W.: *Historischer Atlas.* Bielefeld 1940

Putzger/Lendl/Wagner: *Historischer Weltatlas.* Wien 1972

Scheuch, Manfred: *Historischer Atlas Österreich.* Wien 1994

Schier, Wilhelm: *Atlas zur allgemeinen und österreichischen Geschichte.* Wien 1966

Spindler, Max: *Bayerischer Geschichtsatlas.* München 1969

Stier, Hans-Erich (Hg.): *Großer Atlas zur Weltgeschichte.* Braunschweig 1985

Zentralinstitut für Geschichte (Hg.): *Atlas zur Geschichte.* 2 Bde., Berlin 1975

BILDNACHWEIS

Anthony-Verlag, München: *Seite 176 (Photo Castro, CU-7649-1281), 178 (Photo Krautwurst,CM-8138)*
Archiv für Kunst und Geschichte, Berlin: *Seite 12, 26, 32, 97, 98 oben links, 172, 179 links, 180, 191, 207*
Austria Presse Agentur, Wien: *Seite 128 oben u. unten rechts, 132 oben*
Austrian Archives, Wien: *Seite 17 (2), 34, 81, 94 oben, 98 oben u. unten links, 100 oben, 102 unten, 106, 115 (2), 123, 168 oben, 170, 194 oben, 202 unten, 211 (2)*
Bayerische Staatsbibliothek, München: *Seite 206 oben*
Bildarchiv Foto Marburg: *Seite 182*
Bildarchiv Preußischer Kulturbesitz, Berlin: *Seite 36 (2), 60, 84 oben, 89, 93 (2), 94 unten, 102 oben, 107, 114, 119, 124 oben, 144 oben, 154 unten, 161, 164, 174, 184 oben, 188 oben, 204.*
Christian Brandstätter, Wien: *Seite 78 oben*
Burgerbibliothek Bern: *Seite 48 oben (Mss. hist. helv. I. 3 S. 285: D. Schilling, Amtliche Berner Chronik, um 1481/83) S. 226 (cod. A 45, p. 133, f. 66v.: Österreichische Chronik, 1479/80)*
Deutsches Historisches Museum, Berlin: *Seite 51 oben, 129, 130 (2), 131, 134 unten, 136, 160*
dpa, Bildarchiv Frankfurt: *Seite 128 links, 131, 132 unten, 134 oben*
Graphische Sammlung Albertina, Wien: *Seite 68*
Hamburg, Staatsarchiv: *Seite 169*
Herzog August Bibliothek, Wolfenbüttel: *Seite: 22 unten*
Hessische Landesbibliothek, Fulda: *Seite 30*
Franz Hubmann, Wien: *Seite 20 oben*
Keystone Pressedienst, Hamburg: *Seite 110, 112, 114, 120, 122, 200 unten*
Kunsthistorisches Museum, Wien: *Seite 41, 48 unten, 76*
Landesamt für archäologische Denkmalpflege Sachsen-Anhalt: *Seite 14 oben*
Erich Lessing, Wien S. *8, 10 unten, 15, 39 oben, 46, 61, 64, 66, 70, 71 oben, 74 oben, 80, 140, 146 (2), 152 unten, 158, 192, 196, 198, 202 oben, 208, 214, 220, 230, 238 (2), 239*
Münchner Stadtmuseum, München: *Seite 153 rechts*
Österreichische Nationalbibliothek, Wien: *Seite 44 unten, 58 oben, 62 unten, 175, 177, 240 oben*
Österreichischer Bundesverlag, Wien: *Seite 53, 58 unten, 74 unten, 104, 244 oben*
Pressedienst Votava, Wien: *Abbildung auf Schutzumschlag unten rechts (Helmut Kohl)*
Staatliche Museen zu Berlin – Preußischer Kulturbesitz: *Seite 162*
Staatsbibliothek zu Berlin – Preußischer Kulturbesitz: *Seite 210 (Ms. germ. fol. 129 Bl 123 v.)*
Stiftung Weimarer Klassik /Museen, Weimar: *Seite 216*
Süddeutscher Verlag, Bilderdienst: *Seite 118, 124 unten, 154 oben, 168 unten, 212*
Gerhard Trumler, Wien: *Seite 62 oben*
Universitätsbibliothek Heidelberg: *Seite 138 unten (Cod. Pal. Germ., fol 7 r.), S. 213 (Cod. Pal. Germ. 848, fol. 219 v.)*
Verlag Christian Brandstätter, Wien: *Seite 10 oben, 14 unten, 19, 20 unten, 22 oben, 23, 24 (2), 27, 28 (2), 39 unten, 42, 44 oben, 46, 51 unten, 56, 65, 66, 67, 71 unten, 72, 78 unten, 82 (2), 84 unten, 86, 88, 90, 98 oben rechts, 100 unten, 138 oben, 142 (2), 144 unten, 148, 152 oben, 153 links, 159, 166 (3), 179 rechts, 183, 184 unten, 186 oben, 188 unten, 194 unten, 200 oben, 206 unten, 215, 218, 222, 224, 225, 228, 234, 236, 240, 244 unten, 245, 246*
Wehrgeschichtliches Museum, Rastatt: *Seite 88 unten*
Westfälisches Landesmuseum für Kunst und Kulturgeschichte Münster: *Seite 186, 190*
Wittelsbacher Ausgleichsfond, München: *Seite 150*
Zentralbibliothek Luzern (Eigentum Korporation Luzern): *Seite 54, 235*

Die Deutsche Bibliothek - CIP-Einheitsaufnahme

Scheuch, Manfred:
Historischer Atlas Deutschland und seine Länder :
vom Frankenreich zur Wiedervereinigung ; in Karten, Bildern und Texten / Manfred Scheuch. - Wien : Brandstätter, 1997
ISBN 3-85447-706-6

1. Auflage 1997

Die graphische Gestaltung und der Entwurf des Schutzumschlages (unter Verwendung der Karte „Deutsches Reich" aus
B. Kozenns „Geographischer Atlas für Mittelschulen", Wien 1905) stammen von Christian Brandstätter.
Die Karten wurden gestaltet von dem Original Grafik Service der Austria Presse Agentur, Gunoldstraße 14, 1199 Wien.
Die technische Betreuung erfolgte durch Franz Hanns,
die Bildrecherche durch Sonja Paschen, das Lektorat durch Sonja Paschen und Herbert Schillinger.
Gesetzt wurde aus der Helvetica schmal, 9 auf 11, 5 Punkt.
Die Gesamtherstellung des Werkes übernahm das Druckhaus Grasl in Bad Vöslau.

Abbildungen der Kapiteltitelseiten:
Seite 7: Die Hierarchie des Heiligen Römischen Reichs,
Schedelsche Weltchronik, Hartmann Schedel, 1493
© Deutsches Historisches Museum, Berlin
Seite 137: Karl IV. und die sieben Kurfürsten,
Kolorierter Holzschnitt aus dem Wappenbuch von Gehre
© Bildarchiv Preußischer Kulturbesitz, Berlin
Seite 217: „Das hailig Römisch reich mit seinen gelidern",
Hans Burgmair, um 1510
© Verlag Christian Brandstätter, Wien
Seite 247: Reichsapfel, Westdeutschland, letztes Viertel 12. Jh.
Wien, Weltliche Schatzkammer
© Verlag Christian Brandstätter, Wien

Copyright © 1997 by Verlag Christian Brandstätter, Wien
Alle Rechte, auch die des auszugsweisen Abdrucks oder der Reproduktion einer Abbildung, sind vorbehalten.
Das Werk einschließlich aller seiner Teile ist urheberrechtlich geschützt. Jede Verwertung ohne Zustimmung des Verlages ist unzulässig.
Dies gilt insbesondere für Vervielfältigungen, Übersetzungen, Mikroverfilmungen und die Einspeicherung und
Verarbeitung in elektronischen Systemen.
ISBN 3-85447-706-6

Christian Brandstätter Verlagsgesellschaft m. b. H.
A-1080 Wien, Wickenburggasse 26
Telephon (+43-1) 408 38 14